ERICH SCHMIDT VERLAG

Archivrecht

Von

Prof. Dr. Thomas Henne

1. Auflage

ERICH SCHMIDT VERLAG

Bibliografische Information der Deutschen Nationalbibliothek
Die Deutsche Nationalbibliothek verzeichnet diese Publikation in der Deutschen Nationalbibliografie; detaillierte bibliografische Daten sind im Internet über http://dnb.d-nb.de abrufbar.

Weitere Informationen zu diesem Titel finden Sie im Internet unter
ESV.info/978-3-503-24042-5

1. Auflage 2025

Gedrucktes Werk: ISBN 978-3-503-24042-5
eBook: ISBN 978-3-503-24041-8

Satz: L101 Agentur für Mediengestaltung, Fürstenwalde
Druck: docupoint, Barleben

Vorwort der Leiterin der Archivschule Marburg

Archivrecht ist für die meisten Archivarinnen und Archivare ein mit großem Respekt betrachteter Aufgabenbereich, der für sie als Nicht-Juristen oft nur zum Teil durchschaubar ist. Eine Auseinandersetzung mit den rechtlichen Grundlagen des Archivwesens ist aber unerlässlich, wenn Archivarbeit rechtlich korrekt durchgeführt werden soll. In den letzten Jahren sind zwei Bände erschienen, die einen Überblick über das Archivrecht in der Praxis bieten. Archivrecht – Ein Leitfaden von Jost Hausmann, der vor allem für Standesbeamte geschrieben wurde und das Handbuch Archivrecht, ein Sammelband, der von Clemens Rehm und mir herausgegeben wurde und dezidiert für die Nutzung in der Praxis vorgesehen war.

Die vorliegende Darstellung des Archivrechts erhält ihren Wert vor allem durch die Kontextualisierung in der allgemeinen Rechtsordnung. In diesem allgemeinen Teil behandelt der Autor, Thomas Henne, alle Teile der Rechtsordnung, die für die Archive und ihre Rechtsanwendung relevant sind. Danach beschreibt er detailliert und entlang der archivarischen Fachaufgaben die Rechtsanwendung im Archiv.

Das Werk ist mit einem rechtswissenschaftlichen Anspruch geschrieben worden, der nicht nur auf die Praxis zielt, sondern auch rechtssystematische Fragestellungen wie die Verortung des Archivrechts in der Rechtsordnung und rechtsdogmatische Fragestellungen wie die Definition von Unterlagen in Archivgesetzten berücksichtigt.

Der Band ist für die archivrechtliche Lehre an der Archivschule Marburg – Hochschule für Archivwissenschaft erarbeitet worden und aus ihr erwachsen. Er erfüllt damit eine zentrale Funktion in der Ausbildung und ist ein Meilenstein der Professionalisierung des Archivwesens.

Ich danke Herrn Henne für seine engagierte Arbeit und für seine Bereitschaft, die Inhalte des Bandes immer wieder zu diskutieren und zu überarbeiten.

Marburg, im Mai 2025

Dr. Irmgard Christa Becker
Leiterin der Archivschule Marburg
– Hochschule für Archivwissenschaft –

Vorwort des Autors

Schon zu Zeiten des Reichsgerichts wurden archivrechtliche Fragen entschieden, und seit mehreren Jahrzehnten gibt es Archivgesetze. Es gibt aber bislang kein Lehrbuch des Archivrechts, so dass hier erstmals und aus der Perspektive eines Juristen ein strukturierter Gesamtüberblick zum archivrelevanten Recht vorgelegt wird.

I. Aufbau der Bände und thematische Eingrenzung

Der **„Allgemeine Teil"** („Archivrelevante Teile der Rechtsordnung") zieht als grundlegende Überlegungen „vor die Klammer". Dieser Teil des Buches entfaltet jene Teile der Rechtsordnung, die – auch und gerade jenseits der Archivgesetze – für archivspezifische Rechtsprobleme eine besonders hohe Relevanz haben. Beispiele mit Archivbezug dienen dabei zur Erläuterung und zur Verzahnung mit dem Rest des Buches.

Der **„Besondere Teil"** („Das Recht der archivischen Fachaufgaben") geht – unter besonderer Berücksichtigung des Bundesarchivgesetzes und der Landesarchivgesetze – den rechtlichen Fragen nach, die ab der Abgabe von Verwaltungsunterlagen und deren Widmung zu Archivgut über Erschließung und Bestandserhaltung bis hin zur Nutzung des Archivguts entstehen. Diese Reihenfolge liegt auch der Gliederung zugrunde.

Das archivrelevante **Urheberrecht** wird im Folgenden **nicht behandelt.** Es stehen online bereits mehrere Abhandlungen zur Verfügung, die auf urheberrechtliche Probleme in Archiven fokussieren:

- Alexandra Maria Zilles, **Urheberrecht in Archiven und anderen Kultureinrichtungen** (Fassung 2018, online zugänglich[1])
- Cindy Braun/Jörn Brinkhus, **Die bisherigen Reformen des Urheberrechts und die Onlinestellung digitalisierten oder digitalen Archivguts**, Gutachten für den KLA-Ausschuss „Archive und Recht" (Fassung Sept. 2019, online zugänglich[2])
- Paul Klimpel, Fabian Rack, John H. Weitzmann, **Neue rechtliche Rahmenbedingungen für Digitalisierungsprojekte von Gedächtnisinstitutionen**, 4. Aufl., Stand Nov. 2017 (Überblick zu den neuen Regelungen im Urheberrechts-Wissensgesellschafts-Gesetz (UrhWissG)

---

1 https://afz.lvr.de//media/archive_im_rheinland/publikationen/achivistik_digital/2018-02-15_Zilles_Urheberrecht_final.pdf.

2 https://www.bundesarchiv.de/DE/Content/Downloads/KLA/aur-gutachten-onlinestellung-digitalisate.pdf?__blob=publicationFile.

- Winfried Bullinger u. a. (Hrsg.), Urheberrechte in Museen und Archiven, Baden-Baden 2010

II. Vorbemerkung zum BArchG-Kommentar von Becker/Oldenhage

Zum Umgang mit dem Kommentar von Siegfried Becker und Klaus Oldenhage zum früheren Bundesarchivgesetz[3] ist eine **Vorbemerkung** nötig: Klaus Oldenhage, bis 2006 Vizepräsident des Bundesarchivs, publizierte im Handbuch der Deutschen Burschenschaft, Traunstein 2005, in einem Kontext, der nach Einschätzung einer Anfrage der Bundestagsfraktion Die Linke „geschichtsrevisionistische und rassistische Sichtweisen" verbreitet.[4] Soweit ersichtlich, kann ein solcher Vorwurf gegen den Kommentar zum BArchG von Becker/Oldenhage nicht erhoben werden; der Kommentar wird daher verwendet.

III. Danksagungen und Perspektive der Darstellung

Dieses Werk wurde im Auftrag der Archivschule Marburg auf der Grundlage eines Arbeitsvertrags erarbeitet.

Erste Fassungen dieses Textes sind in enger Zusammenarbeit mit Rechtsanwalt Prof. Dr. Viktor Nerlich (Hochschule der Sächsischen Polizei (FH)) entstanden. Ltd. Archivdirektorin Dr. Irmgard Christa Becker (Archivschule Marburg), Dr. Hannes Berger (Universität Erfurt), Archivrat Dr. Eike Alexander von Boetticher (Landesarchivverwaltung Rheinland-Pfalz), Prof. Dr. Rainer Polley (ehemals Archivschule Marburg), Archivoberrat Dr. Michael Ucharim (Hessisches Landesarchiv), Archivoberrätin Dr. Kristina Odenweller (Institut für Stadtgeschichte Frankfurt/M.) und Dr. Isabel Taylor, MAS, LL.M. (Universitätsarchiv Hamburg) haben mit vielfältigen Hinweisen meinen Text bereichert.

Prof. Dr. Andreas Hedwig und Dr. Johannes Kistenich-Zerfaß, bis 2024 bzw. seit 2025 Präsidenten des Hessischen Landesarchivs, haben ermöglicht, dass vielfältige Fragen aus der hessischen Archivpraxis in diesen Text eingegangen sind. Aus dem Kreis der Teilnehmer.innen der Wissenschaftlichen Lehrgänge und der FH-Lehrgänge an der Archivschule Marburg habe ich dankenswerterweise wichtige Anregungen für diesen Text erhalten. Auch die Teilnehmer.innen

---

3 Bundesarchivgesetz. Handkommentar, 1. (einzige) Aufl., Baden-Baden 2006; nicht mehr beim Verlag erhältlich.

4 http://dipbt.bundestag.de/doc/btd/19/072/1907208.pdf, S. 1 f. mit Belegen. Das Vorwort des im Jahr 2005 publizierten Buches spricht vom „Beitritt Mitteldeutschlands [sic!] zur Bundesrepublik Deutschland", Oldenhage schreibt auf S. 234: „Der Grundsatz der Ehre verbietet jeden Angriff auf die Ehre […] einer anderen Rasse" [sic!], auf S. 280 teilt er mit: Vielen „ist es jedoch ein Dorn im Auge, wenn Deutsche die deutschen Gebiete östlich von Oder und Neiße nicht ohne weiteres preisgeben wollen […] Deutschland war und ist mehr als die territoriale Summe aus zwei Gebieten westlich und östlich der Elbe". Auf S. 288 liest man: „Auch an dem deutschen Charakter der sudetendeutschen Gebiete […] bestand nie ein Zweifel", auf der folgenden Seite ergänzt er zu den Gebieten östlich von Oder und Neiße: „Historisch gibt es keinen Grund, den deutschen Anspruch auf diese Gebiete aufzugeben."

von mir geleiteter archivrechtlicher Fortbildungskurse haben zu den folgenden Überlegungen beigetragen. Zudem sind archivrechtliche Diskussionen auf LinkedIn immer wieder anregend gewesen.

Eckard Zissel und Stefan Sack haben als Verwaltungsleiter der Archivschule die Entstehung dieses Buches vielfältig gefördert. Dipl.-Bibliothekarin Monika Oehme (Archivschule Marburg) hatte immer ein offenes Ohr für meine Literaturwünsche.

Frau Kristina Hornung (Erich Schmidt-Verlag) danke ich für die gute Zusammenarbeit bei der Publikation des Buches.

Die folgenden Ausführungen setzen weitgehend das **Regelwerk der reformierten Rechtschreibung** um. Dies vereinfacht für Leserinnen und Leser, die sich in einem → Sonderrechtsverhältnis befinden, den Umgang mit meinem Text, denn (nur) für diese Personen ist das Regelwerk der reformierten Rechtschreibung bindend. Zu beachten ist dabei, dass u. a. das **Grundgesetz** zurzeit noch in der **„alten" Rechtschreibung** verfasst ist, denn in bestehenden Gesetzen wird die Rechtschreibung nur bei einer Neufassung aktualisiert, die beim Grundgesetz bislang noch nicht erfolgt ist. Bei Zitaten wird die dort zu findende Rechtschreibung übernommen.

Der folgende Text ist weitgehend **gegendert**, wofür Sonderzeichen verwendet werden. Der Koalitionsvertrag der CDU/SPD-Regierung in Hessen legt dazu fest:

> „Wir werden festschreiben, dass in der öffentlichen Verwaltung sowie weiteren staatlichen und öffentlich-rechtlichen Institutionen (wie Schulen, Universitäten, Rundfunk) auf das Gendern mit Sonderzeichen verzichtet wird und eine Orientierung am Rat für deutsche Rechtschreibung erfolgt."[5]

Seit Mai 2024 liegt eine Dienstanweisung des Wissenschaftsministeriums vor, die die angekündigte „Festschreibung" „für den dienstlichen Schriftverkehr" vornimmt und zugleich mitteilt, dass die Wissenschaftsfreiheit davon „unberührt" bleibe. Jene Dienstanweisung ist daher für das folgende Werk irrelevant.

Zur Vereinfachung werden die für das Archivrecht zentralen Normen außerhalb der Archivgesetze im folgenden Text dann mit abgedruckt, wenn auf sie vertieft eingegangen wird.

Verbesserungsvorschläge und Fragen sind willkommen; meine Mailadresse ist auf der Homepage der Archivschule Marburg angegeben.

Marburg/L., Mai 2025 *Thomas Henne*

---

5 Zugänglich z. B. bei https://www.spd-hessen.de/wp-content/uploads/sites/269/2023/12/Koalitionsvertrag_2024-2029.pdf, dort S. 55, 2. Abs.

Inhaltsübersicht

Inhaltsverzeichnis

Hinweise zur Zitierweise von Normen und Gerichtsentscheidungen

Zitierweise von Normen:	Beispiel:
Der **Name des Gesetzes** wird nicht der Norm vorangestellt, sondern folgt ihr	§ 1 BArchG
Wird auf **mehrere Paragrafen** verwiesen, wird „§§ … ff.“ verwendet	§§ 433 ff. BGB
Absätze einer Norm werden mit römischen Ziffern aufgeführt (ohne Komma)	Art. 1 III GG
Ein Satz innerhalb eines Absatzes wird mit arabischen Ziffern angegeben (ohne Komma)	Art. 5 III 1 GG
Hat eine Norm **keine Absätze, sondern nur Sätze**, wird zwischen der Nummer der Norm und der Zahl des Satzes ein Komma gesetzt	§ 35, 1 VwVfG
Zudem wird ggf. angegeben:	
die **Alternative** („x oder y“)	§ 35, 2 3. Alt. VwVfG
der **Halbsatz** („Hs.)	Art. 5 I 1 Hs. 2 GG
die **Nummer** einer Aufzählung	§ 1 Nr. 2 BArchG
der **Buchstabe** einer Aufzählung	§ 17 III d DS-GVO

Wenn in Zitaten auf Normen verwiesen wird, wird die dortige Zitierweise beibehalten.

Zitierweise von Gerichtsentscheidungen:		
Nach dem abgekürzten Namen des Gerichts wird angegeben		Beispiel:
•	der Band der amtlichen Entscheidungssammlung oder	BVerfGE
•	der Name der Zeitschrift	NJW
gefolgt von	der ersten Seitenzahl der Entscheidung und	BVerfGE 7, 198
	ggf. in „( )“ die Stelle, auf die verwiesen wird	BVerfGE 7, 198 (205)

Abkürzungsverzeichnis

Wenn Abkürzungen nur in einem kurzen Textabschnitt verwendet werden, sind sie „vor Ort“ angeben und nicht in der folgenden Liste aufgeführt. Auch nicht aufgeführt sind allgemein übliche Abkürzungen.

aA	anderer Ansicht
aE	am Ende
AG	Aktiengesellschaft
Alt.	Alternative (bei mehreren Alternativen in einem Normtext)
APR	Allgemeines Persönlichkeitsrecht (in Art. 2 GG)
Art.	Artikel (eines Gesetzes)
BArchG	Bundesarchivgesetz Vgl. dazu das eigene Abkürzungsverzeichnis zum BArchG im Anschluss an dieses Abkürzungsverzeichnis
BDSG	Bundesdatenschutzgesetz
BGB	Bürgerliches Gesetzbuch
BGH	Bundesgerichtshof
BVerfG	Bundesverfassungsgericht
BVerfGE	Entscheidungen des BVerfG, hrsg. von Mitgliedern des Gerichts
BVerwG	Bundesverwaltungsgericht
BVerwGE	Entscheidungen des BVerwG, hrsg. von Mitgliedern des Gerichts
DIN	Deutsches Institut für Normung
DS-GVO	Datenschutz-Grundverordnung
EMRK	Europäische Menschenrechtskonvention
Fn.	Fußnote
GG	Grundgesetz
GmbH	Gesellschaft mit beschränkter Haftung
GStA PK	Geheime Staatsarchiv Preußischer Kulturbesitz
hM	herrschende Meinung
Hs.	Halbsatz (innerhalb einer Norm)
IFG	Informationsfreiheitsgesetz
iVm.	in Verbindung mit
ISO	Internationale Organisation für Normung
iSv.	im Sinne von
KGSG	Gesetz zum Schutz von Kulturgut
LArchG	Landesarchivgesetz Vgl. dazu das eigene Abkürzungsverzeichnis zu den LArchG im Anschluss an dieses Abkürzungsverzeichnis

mE	meines Erachtens
NJW	Neue Juristische Wochenschrift
OLG	Oberlandesgericht
Rn.	Randnummer
StGB	Strafgesetzbuch
StPO	Strafprozessordnung
stRspr	ständige Rechtsprechung
VA	Verwaltungsakt
VG	Verwaltungsgericht
VoLG	Vernichtungs- oder Löschungsgebot
VwGO	Verwaltungsgerichtsordnung
VwVfG	Verwaltungsverfahrensgesetz
ZPO	Zivilprozessordnung

Abkürzungsverzeichnis zum Bundesarchivgesetz und zu den Landesarchivgesetzen

Da die von den Landesgesetzgebern gewählten Abkürzungen für die LArchG keiner einheitlichen Systematik folgen, übernehmen die folgenden Abkürzungen für die Länder Deutschlands die **Liste der ISO-3166-2-Codes.** Wegen der häufigen Gesetzesänderungen wird auf den Nachweis der derzeit letzten Änderung verzichtet. Über sind die jeweils aktuellen Fassungen der LArchG leicht zugänglich.

			Offizielle Gesetzesbezeichnung
	Bund	**BArchG 2013**	Gesetz über die Sicherung und Nutzung von Archivgut des Bundes (Bundesarchivgesetz) vom 8.1.1988, zuletzt wesentlich geändert durch Gesetz vom 27.6.2013
	Bund	**BArchG**	Gesetz über die Nutzung und Sicherung von Archivgut des Bundes (Bundesarchivgesetz) vom 10. März 2017
	Baden-Württemberg	LArchG **BW**	Gesetz über die Pflege und Nutzung von Archivgut [in Baden-Württemberg] (Landesarchivgesetz – LArchG)
	Bayern	LArchG **BY**	Bayerisches Archivgesetz (BayArchivG)
	Berlin	LArchG **BE**	Archivgesetz des Landes Berlin – ArchGB
	Brandenburg	LArchG **BB**	Gesetz über die Sicherung und Nutzung von öffentlichem Archivgut im Land Brandenburg (Brandenburgisches Archivgesetz – BbgArchivG)
	Bremen	LArchG **HB**	Gesetz über die Sicherung und Nutzung öffentlichen Archivguts im Lande Bremen (Bremisches Archivgesetz – BremArchivG)

			Offizielle Gesetzesbezeichnung
	Hessen	LArchG **HE**	Hessisches Archivgesetz (HArchivG)
	Hamburg	LArchG **HH**	Hamburgisches Archivgesetz (HmbArchG)
	Mecklenburg-Vorpommern	LArchG **MV**	Archivgesetz für das Land Mecklenburg-Vorpommern (Landesarchivgesetz – LArchivG M-V)
	Niedersachsen	LArchG **NI**	Gesetz über die Sicherung und Nutzung von Archivgut in Niedersachsen (Niedersächsisches Archivgesetz – NArchG)
	Nordrhein-Westfalen	LArchG **NW**	Gesetz über die Sicherung und Nutzung öffentlichen Archivguts im Lande Nordrhein-Westfalen (Archivgesetz Nordrhein-Westfalen – ArchivG NRW)
	Rheinland-Pfalz	LArchG **RP**	Landesarchivgesetz (LArchG) [Rheinland-Pfalz]
	Saarland	LArchG **SL**	Gesetz Nr. 1296 – Saarländisches Archivgesetz (SArchG)
	Sachsen	LArchG **SN**	Archivgesetz für den Freistaat Sachsen
	Sachsen-Anhalt	LArchG **ST**	Archivgesetz Sachsen-Anhalt (ArchG LSA)
	Schleswig-Holstein	LArchG **SH**	Gesetz über die Sicherung und Nutzung öffentlichen Archivgutes in Schleswig-Holstein (Landesarchivgesetz – LArchG)
	Thüringen	LArchG **TH**	Thüringer Gesetz über die Sicherung und Nutzung von Archivgut (Thüringer Archivgesetz – ThürArchivG)

Auswahlbibliographie

Wichtige, übergreifende Publikationen zum Archivrecht
(ohne Urheberrecht)

Literatur zu archivspezifischen Straftatbeständen ist bei Thema 9 nachgewiesen

Verkürzte Zitierweise:
Für die im Folgenden aufgeführten Werke wird die hier angeführte, verkürzte Zitierweise verwendet

Becker, Irmgard Ch./Rehm, Clemens, **Archivrecht für die Praxis**. Ein Leitfaden, München 2016 (zit.: Becker/Rehm, Archivrecht)

dies./Rehm, Clemens/Schäfer, Udo, **Nicht nur Archivgesetze** ... Archivarinnen und Archivare auf schwankendem rechtlichem Boden? Beiträge zum 22. Archivwissenschaftlichem Kolloquium der Archivschule Marburg, Marburg 2019

Becker, Siegfried/Oldenhage, Klaus, **Bundesarchivgesetz**. Handkommentar, 1. [einzige] Aufl., Baden-Baden 2006 (zit.: Becker/Oldenhage, BArchG-Kommentar)

Berger, Hannes, Das deutsche **Archivrecht im Wandel**, Zeitschrift für Landesverfassungsrecht und Landesverwaltungsrecht, Jg. 2016, S. 12 ff.

Online zugänglich über https://www.zlvr.de/archiv/, dort ZVLR-Ausgabe 1/2016

ders., **Sächsisches Archivgesetz**. Kommentar, Hamburg 2018

ders., Öffentliche Archive und staatliches Wissen. Die **Modernisierung des deutschen Archivrechts**, Diss. Univ. Erfurt, Baden-Baden 2019

Hausmann, Jost, **Archivrecht – ein Leitfaden**, Frankfurt/M. 2006 (zit: Hausmann, Archivrecht)

Kotte, Jenny, Das Verwaltungsverfahren bei **Schutzfristverkürzungen**, Der Archivar, Jg. 61 [2008], S. 133 ff.

Online: www.archive.nrw.de/archivar/hefte/hefte/2008/index.html

Manegold, Bartholomäus, **Archivrecht**. Die Archivierungspflicht öffentlicher Stellen und das Archivzugangsrecht des historischen Forschers im Lichte der Forschungsfreiheitsverbürgung des Art. 5 Abs. 3 GG, Diss. jur., Berlin 2002 (zit.: Manegold, Archivrecht)

Nau, Petra, **Verfassungsrechtliche Anforderungen** an Archivgesetze des Bundes und der Länder, Kiel 2000

Partsch, Christoph/Koschmieder, Norman, Der archivrechtliche Informationszugang **nach der Novelle** [sic!] **des BArchG**, Neue Juristische Wochenschrift Jg. 2017, S. 3416 ff.

ders./Berger, Sven/Mütze, Axel/Koschmieder, Norman, **Bundesarchivgesetz. Handkommentar**, 1. Aufl. Baden-Baden 2019, 2. Aufl. ebd. 2021(zit: Partsch/[Bearbeiter], BArchG-Kommentar)

Polley, Rainer (Hrsg.), **Archivgesetzgebung in Deutschland**. Ungeklärte Rechtsfragen und neue Herausforderungen. Beiträge des 7. Archivwissenschaftlichen Kolloquiums der Archivschule Marburg 2003

ders. (Hrsg.), **Anbietung von Unterlagen öffentlicher Stellen an Archive**: Rechtslagen, Probleme, Lösungswege. Beiträge zu einem Workshop am 27. November 2008 an der Archivschule Marburg, Marburg 2011

Schoch, Friedrich u. a., **Entwurf eines Archivgesetzes** des Bundes (ArchG-ProfE), Berlin 2007 (zit: Schoch, ArchivG-ProfE)

Schmitt, Heiner (Red.), Alles was Recht ist. **Archivische Fragen – juristische Antworten**. 81. Deutscher Archivtag in Bremen [Tagungsdokumentation], Fulda 2012

Strauch, Dieter, Das **Archivalieneigentum**. Untersuchungen zum öffentlichen und privaten Sachenrecht deutscher Archive, Köln/München 1998 (2. Aufl. Köln 2014)

Die bis 2016 erschienene Literatur ist von Rainer Polley umfassend zusammengestellt als „Fachbibliographie Archivrecht“ auf der Homepage der Archivschule Marburg unter

https://www.archivschule.de/uploads/Bibliographien/Archivrechtsbibliographie_20160202.pdf

Auch über die neuere Literatur informiert die „Bibliographie Archivwesen“, die unter

https://hds.hebis.de/asmr/index.php zugänglich ist.

Einleitung

Das Modulhandbuch der Archivschule gibt für die Lehrveranstaltungen im Archivrecht vor:

„Durch
- Wissensvermittlung und
- Ausbildung eigener rechtswissenschaftlicher Kompetenz

soll die korrekte rechtliche Planung, Ausübung und Begründung der archivarischen Fachaufgaben von der Überlieferungsbildung bis zur Veröffentlichung des Archivgutes im schriftlichen oder mündlichen Verkehr sichergestellt werden. Zugleich soll […] auch die Reform de [archivrelevanten] Rechtsbereiche über den Berichtsverkehr durch Normsetzung und durch Erlasse und Verfügungen mit Erfolg eingeleitet und umgesetzt werden können.“[1]

Diese Themenvorgaben strukturieren die folgenden Ausführungen; archivrechtsbezogene Wissensvermittlung und *„learning to think like a lawyer“* stehen im Vordergrund. Der Fokus liegt dabei auf rechtlichen Fragen, die sich auf der *Leitungsebene* eines Archivs stellen. Sich dabei auf Rechts- oder gar nur Gesetzeskunde zu beschränken, ist nicht zielführend.

A. Archiv – Recht – Archivrecht

I. „Archiv“ im juristischen Sinne

„Archiv“ wird im (1) Alltag erheblich umfassender verstanden als in der (2) Archivwissenschaft. In den folgenden Ausführungen geht es aber um einen dritten, nämlich den (3) juristischen Begriff „Archiv“. Dieser ist nicht identisch mit (1) oder (2), aber selbstverständlich auch nicht unabhängig von den beiden anderen Begriffen. In den folgenden Ausführungen wird der juristische Begriff „Archiv“ nicht verengt auf Institutionen, die Verwaltungsunterlagen zu Archivgut widmen,[2] aber auch nicht uferlos erweitert auf jede vorübergehende private Sammlung von Unterlagen.

Das **Kulturgesetzbuch für Nordrhein-Westfalen** liefert jetzt erstmals[3] eine gesetzliche Definition, was ein Archiv ist:

---

1 https://www.archivschule.de/uploads/Ausbildung/Modulhandbuch-hD_2013-o.pdf, dort S. 38f.

2 So Angelika Menne-Haritz, Schlüsselbegriffe der Archivterminologie, 3. Aufl., Marburg 2000, S. 42.

3 Das BArchG und die LArchG beschreiben „nur“ die Aufgaben von Archiven.

Archive sind zentrale Orte des kulturellen Gedächtnisses der Gesellschaft und als solche ein wesentlicher Teil der kulturellen Infrastruktur.[4]

Stellungnahme: Diese Definition ist erstens evident *vage*, weil eine Abgrenzung zu anderen „Orten des kulturellen Gedächtnisses" fehlt,[5] und zweitens ist die Definition *problematisch*, weil sie nur einen Teil der Aufgaben von Archiven aufgreift: Unterlagen sind auch dann archivwürdig, wenn sie „nur" der Rechtssicherung oder der ordnungsgemäßen Funktion der Verwaltung dienen;[6] im Hinblick auf diese Unterlagen können Archive aber kaum im Sinne der zitierten Norm als „Orte des kulturellen Gedächtnisses" bezeichnet werden. Die Norm muss also mit einem zusätzlichen Wort „auch" gelesen werden: „Archive sind *auch* zentrale Orte des kulturellen Gedächtnisses der Gesellschaft".[7]

In Übereinstimmung mit einer These des Rates für Informationsinfrastrukturen[8] wird das LArchG BW zudem festlegen, dass **Archive Teil der Forschungsdateninfrastruktur** sind.[9]

II. Recht

„Recht" ist immer ein Produkt seiner Zeit. Es ist nie zeitlos, nicht mathematisch, nicht in Stein gemeißelt. Um „Recht" zu verstehen, muss man folglich die Historizität des – im Luhmann'schen Sinne – Systems „Recht" einbeziehen.

Viele streitige Diskussionen zu Rechtsfragen beruhen darauf, dass bei der jeweiligen These nicht präzisiert wird, welcher der folgenden drei Formen des Rechtsverständnisses angewendet wird. Deshalb ist auch bei archivrechtlichen Debatten zu klären, von welchem Rechtsverständnis ausgegangen wird.

1. *Formales Rechtsverständnis*

Gemäß diesem Rechtsverständnis ist Recht nur die **Summe der geschriebenen und ungeschriebenen Rechtsnormen**. Deshalb fordert der **Rechtspositivismus** eine Auslegung von Normtexten nur auf der Grundlage des formalen Rechts-

4 Kulturgesetzbuch für das Land Nordrhein-Westfalen (Kulturgesetzbuch – KulturGB NRW) vom 01.12.2021, zugänglich hier. Zuvor: Gesetzentwurf der Landesregierung NRW für ein Gesetz zum Erlass eines Kulturgesetzbuches v. 12.05.2021, Drucksache 17/13800.

5 Dazu Thema 8, Teil 1, Abschnitt A II 1.

6 Dazu Thema 8, Teil 1, Abschnitt D II.

7 So im Ergebnis auch die Angabe auf der Homepage des Ministeriums für Kultur und Wissenschaft des Landes NRW: Das Kulturgesetzbuch NRW enthalte „spezielle Regelungen zu den kulturellen Aspekten der Archive".

8 Zu den „Infrastrukturbereichen – den sogenannten ‚Wissensspeichern' [gehören] etwa Bibliotheken, Archiv[e] […]"; Rat für Informationsinfrastrukturen (Hrsg.), Herausforderung Datenqualität. Empfehlungen zur Zukunftsfähigkeit von Forschung im digitalen Wandel, 2. Aufl., Göttingen 2019, S. 1 (online hier zugänglich).

9 Mündliche Mitteilung von Herrn Dr. Kai Naumann beim 25. Archivwissenschaftlichen Kolloquium der Archivschule Marburg in Juni 2021.

verständnisses. Dieser Ansatz wurde im späten 19. Jahrhundert von Paul Laband als Programm formuliert:

- „Die wissenschaftliche Aufgabe der Dogmatik eines bestimmten positiven Rechts liegt aber in der Konstruktion der Rechtsinstitute, in der Zurückführung der einzelnen Rechtssätze auf allgemeinere Begriffe und andererseits in der Herleitung der aus diesen Begriffen sich ergebenden Folgerungen.
- Dies ist, abgesehen von der Erforschung der geltenden positiven Rechtssätze, d. h. der vollständigen Kenntnis und Beherrschung des zu bearbeitenden Stoffes, **eine rein logische Denkthätigkeit**.
- Dies ist, abgesehen von der Erforschung der geltenden positiven Rechtssätze, d. h. der vollständigen Kenntnis und Beherrschung des zu bearbeitenden Stoffes, **eine rein logische Denkthätigkeit**.
- Zur Lösung dieser Aufgabe gibt es kein anderes Mittel als die Logik; dieselbe läßt sich für diesen Zweck durch nichts ersetzen; **alle historischen, politischen und philosophischen Betrachtungen** – so wertvoll sie an und für sich sein mögen – **sind für die Dogmatik eines konkreten Rechtsstoffes ohne Belang** und dienen nur zu häufig dazu, den Mangel an konstruktiver Arbeit zu verhüllen.“[10]

2. *Materiales Rechtsverständnis*

Gemäß dem materialen Rechtsverständnis müssen für die Auslegung von Normtexten **zusätzlich zum formalen Rechtsverständnis maßgeblich externe Referenzebenen herangezogen werden**. Neben wenig objektivierbaren Kriterien und Prinzipien wie „Gerechtigkeit, Ethik, Moral, Sitten“ sind vor allem die folgenden externe Referenzebenen von Bedeutung → Graphik:

10 Paul Laband, Das Staatsrecht des Deutschen Reiches, 2. Aufl., Bd. 1, 1888 (hier: Auszüge aus dem Vorwort, hier zitiert nach dem Wiederabdruck in der 5. Aufl.; Hervorhebungen von Th. H.).

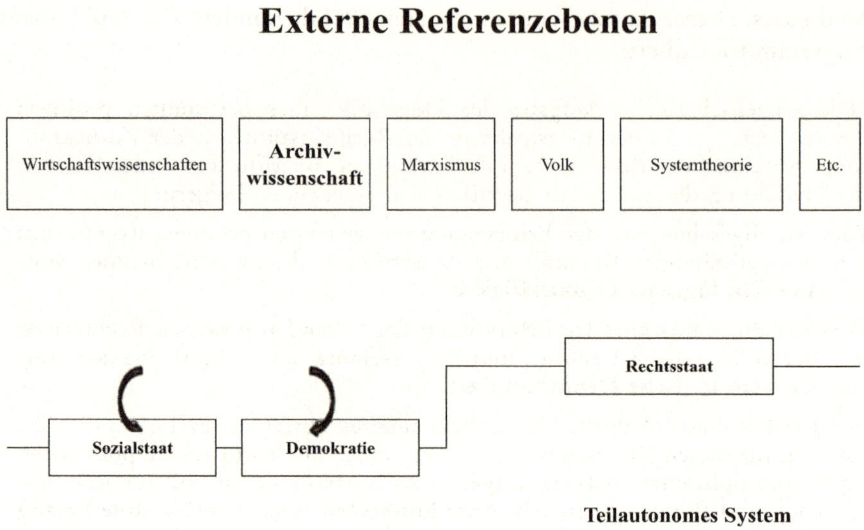

NORMTEXTE

Für archivrechtliche Fragen ist vorrangig die **Referenzebene „Archivwissenschaft“** relevant.

> *Beispiel 1*: Der Begriff „Unterlagen“ in Archivgesetzen wird anhand archivwissenschaftlicher Kriterien präzisiert.[11]
>
> *Beispiel 2*: (mit Bezug auf die Herausforderungen, die der digitale Wandel für Archive erzeugt) „[D]ie im Bundesarchivgesetz definierten Aufgaben des Bundesarchivs stehen nicht zur Disposition. Wohl aber musste geklärt werden, wie das Bundesarchiv seinem Auftrag unter den sich ändernden Bedingungen gerecht werden kann.“[12]

Die Einbeziehung der **Referenzebene „Moral“** lässt sich bei der Entscheidung über Nutzungsanträge häufig nicht vermeiden. Michael Klein hat das so auf den Punkt gebracht:

> „Maßgebend bleibt also neben den Rechtsnormen das Vertrauen des Archivs in den Benutzer, darin, dass dieser verantwortungsbewusst mit seinem gewonnenen Wissen und der Freiheit, es benutzen zu können, umgeht.“[13]

---

[11] Dazu Thema 8, Teil 1, Abschnitt A.III.1.

[12] Andrea Hänger/Michael Hollmann, Das Bundesarchiv im digitalen Wandel, in: Forum – Das Fachmagazin des Bundesarchivs, Ausgabe 2018, S. 10.

[13] Michael Klein, Die Benutzung von eingeschränkt zugänglichen Archivalien, Archivpflege in Westfalen und Lippe Jg. 58 (2003), S. 22 ff. (27).

Wenn keine Einigkeit besteht, welche externe Referenzebene herangezogen wird oder wenn sich über die herrschende Ansicht innerhalb der externen Referenzebene zu einem bestimmten Thema keine Einigkeit herstellen lässt, kann auch bei der zugrundeliegenden Rechtsfrage keine Einigkeit erzielt werden.

3. *Prozedurales Rechtsverständnis*

Gemäß dem prozeduralen Rechtsverständnis gilt: **Recht ist Diskurs**, Recht kann nur über ein Medium wirken. Daraus folgt, dass „Recht", über das nicht (mehr) kommuniziert wird oder über dessen Nicht-Geltung Einigkeit besteht, durch Vergessen bzw. durch die allgemeine Nicht-Anwendung zu „Nicht-Recht"[14] wird.

> *Beispiel*: Die Weimarer Reichsverfassung wurde in der NS-Zeit nicht vollständig außer Kraft gesetzt, es bestand aber Einigkeit, dass sie keine Geltungskraft mehr hatte

III. Archivrecht

Archivrecht liefert nur eine *juristische* Sicht auf Vorgänge im Archiv. Dadurch wird nicht die Archivwissenschaft überrollt, und es erfolgt auch nicht im Habermas'schen Sinne eine Kolonialisierung der Lebenswelt von Archivarinnen und Archivaren.

Stattdessen folgen – im Sinne der Luhmann'schen Systemtheorie – der

- Code des Rechts und der davon unterschiedliche
- Code der Archivwissenschaft

ihrer je *eigenen* Logik. Archivarisches Handeln wird „nur" in rechtliche Kategorien „übersetzt" und nach dem Code des Rechts („rechtmäßig" vs. „rechtswidrig") bewertet. Dieser Code des Rechts enthält keine Bewertung der materiellen Archivarbeit. Im Bereich der „Rechtmäßigkeit" gibt es regelmäßig große Gestaltungsmöglichkeiten für die archivalische Arbeit, ohne dass Juristen mit ihren Entscheidungskriterien dort Vorgaben machen können.

Aus Sicht des Archivwissenschaftlers formuliert Christian Keitel diese Zusammenhänge wie folgt:

> „Das Archivrecht untersucht den Abgleich, Austausch und die wechselseitige Weiterentwicklung zwischen den zentralen Fragestellungen der Archive und dem jeweiligen nationalen und internationalen Rechtsrahmen."[15]

---

14 Dazu Michael Stolleis, Vom Verschwinden verbrauchten Rechts, in: Rainer Maria Kiesow u.a. (Hg.), Summa. Festschrift für Dieter Simon, Frankfurt/M. 2005, S. 539ff.

15 Zwölf Wege ins Archiv. Umrisse einer offenen und praktischen Archivwissenschaft. Stuttgart 2018, S. 11.

> Viele archivfachliche Fragen in der täglichen Praxis sind Rechtsfragen. H
> Zuständigkeit bei der Übernahme, nach Deposital- oder Einbringungsver
> Gebührenerhebung

These auf www.blha.brandenburg.de

Im Hinblick auf das Verhältnis von „archivfachlichen Fragen" zu „Rechtsfragen" würde ich anders formulieren. Die Problematik der obigen These zeigt sich schon bei einer Übertragung in andere Bereiche: Sind viele medizinische Fragen in der täglichen Praxis Rechtsfragen? Nicht nur, aber eben auch.

Aus der Unterschiedlichkeit der Codes von Recht und Archivwissenschaft folgt, dass **juristische und archivische Begrifflichkeiten differieren können**.

> Beispiele:
>
> Aus juristischer Sicht sind Allgemeinverfügung und Verordnung strikt getrennte Kategorien,[16] doch man kann, wie Holger Berwinkel feststellt, „die Allgemeinverfügung (aktenkundlich!) doch eher als eine bekanntzumachende Verordnung ansehen".[17]
>
> Urkunden sind für die Archivwissenschaft „förmliche und beglaubigte Schriftstücke zur Bekräftigung und als Zeugnis von rechtlich wirksamen Verhältnissen."[18] Im materiellen Strafrecht ist eine Urkunde viel weitergehend „die Verkörperung einer allgemein oder für Eingeweihte verständlichen Gedankenerklärung, die den Erklärenden erkennen lässt und geeignet und bestimmt ist, im Rechtsverkehr Beweis zu erbringen.[19]

Zugleich aber beschränkt sich die Rolle des Rechts nicht auf die der Pathologie. Ein sinnvoller Umgang mit „Recht" führt von vornherein zu dessen Einbeziehung in das tägliche Handeln – dass archivarische Arbeit **nicht in einem rechtsfreien Raum stattfindet** und nicht stattfinden kann, ist in einem Rechtsstaat selbstverständlich und ein Gewinn.

---

[16] Eine Allgemeinverfügung ist, falls sie rechtswidrig ist, als VA regelmäßig nicht nichtig, sondern nur anfechtbar und aufhebbar (§§ 43, 44, 48 VwVfG); eine rechtswidrige Verordnung ist hingegen nichtig.

[17] Holger Berwinkel, Was sind Allgemeinverfügungen?, in: Aktenkunde, 9.4.2020, https://aktenkunde.hypotheses.org/1779, das Zitat dort im letzten Absatz.

[18] Angelika Menne-Haritz, Schlüsselbegriffe für das Fach Archivwissenschaft, 3. Aufl., Marburg 2000, S. 94.

[19] Thomas Fischer, StGB-Kommentar, 63. Aufl. 2016, § 267 Rn. 2 mN.

1. *Professionsbildung und Archivrecht*

Archivrechtliche Kenntnisse tragen zur Professionsbildung bei, also dazu,

> „berufliche Kompetenz auf wissenschaftlicher Basis und Handlungsautonomie zu gewinnen, [eingebunden] in ethische Verpflichtungen gegenüber der jeweiligen Klientel, um den Ansprüchen von Trägern und Märkten aufgabenspezifische Standards entgegenzusetzen."[20]

Leiter*in des Kreisarchivs
Landkreis Gr
Vollzeit, Teilzeit

Weiter zur Bewerbung

Sie bringen folgende Voraussetzungen mit

Laufbahnbefähigung für den gehobenen Archivdienst (Diplomarchivar*in FH), erfolgreicher Abschluss eines Fachhochschulstudiums der Archivwissenschaften (B.A. im Archivwesen) oder eine andere vergleichbare Qualifikation im Archivwesen
umfassende Kenntnisse im Umgang mit archivischen Fachanwendungen, [illegible] Technologien (idealerweise Erfahrungen mit der [illegible]rchivsoftware Arcinsys)
gute Kenntnisse in Archivrecht [illegible]d Archivtechnik

Archivwissenschaftliche Standards können also gegen angeblich juristisch bedingte Einschränkungen leichter verteidigt werden, wenn Kompetenzen vorliegen, um damit die Rechtmäßigkeit archivwissenschaftlich motivierter Entscheidungen zu verteidigen.

Kenntnisse im Archivrecht ermöglichen zudem, dass Archivarinnen und Archivare ihr Wissen zielorientiert in Gesetzgebungs- und -auslegungsdiskussionen einbringen, weil die Archivare dann den juristischen Code beherrschen.

Und nicht zuletzt trägt es zur Professionalität von Archivnutzer.innen bei, wenn sie über ihre Rechte informiert sind.

> „Die Erfahrungen im archivischen Alltag lassen […] vermuten, dass eine Mehrheit der Historikerinnen und Historiker die für ihre Forschung bestimmende Archivgesetzgebung nicht kennt."
>
> Simone Chiquet, Einleitung zu traverse 2003/2 – Zeitschrift für Geschichte [der Schweiz], S. 7

---

20 Wiltrud Gieseke, Professionalisierung der Erwachsenenbildung/Weiterbildung, in: R. Dobischat u. a. (Hrsg.), Das Personal in der Weiterbildung, Wiesbaden 2017, S. 60 ff.

2. *Die Vollzugstauglichkeit des Archivrechts*

Es erscheint jedoch fraglich, inwieweit Archivare alle Normen und deren Inhalte in der Praxis wirklich kennen können und so zu einer rechtmäßigen Entscheidung kommen. Man könnte auch fragen, wie anwenderfreundlich – um es neudeutsch zu sagen – die Gesetze sind, um tatsächlich zu rechtmäßigen Entscheidungen zu gelangen?[21]

Aus Sicht der meisten Archivar.innen ist Archivrecht zu kompliziert und zu voraussetzungsreich. Die Seitenzahl des vorliegenden Lehrbuchs scheint dafür ein weiteres Argument zu liefern: Ist es realistisch zu verlangen, dass Archivar.innen bei ihrer täglichen Arbeit die Inhalte dieses 500seitigen Lehrbuchs präsent haben? Könnte es nicht stattdessen, so ein an den Verf. wiederholt herangetragener Wunsch, ein Archivgesetz geben, dass alle archivrelevanten Regelungen enthält, so dass weder dieses Lehrbuch noch andere Gesetzestexte nötig sind?

Die diesem Wunsch zugrundeliegende Idee von „Volksrecht" gibt es seit vielen Jahrhunderten[22] und auch in anderen Rechtsgebieten; erinnert sei nur an die darauf aufbauende populistische Forderung nach der „Steuererklärung auf dem Bierdeckel".[23]

Es ist hier nicht der Ort, aus einer rechtstheoretischen Perspektive die Notwendigkeit von Rechtswissenschaft und der Ausdifferenzierung des Rechtssystems als Voraussetzung eines sozialen Rechtsstaats zu begründen. Doch soll ein Aspekt betont werden: Als die Archivgesetze entstanden, gab es die aktuelle Rechtsetzungslehre noch nicht. Kein Normenkontrollrat hat das Entstehen der Archivgesetze begleitet, eine Gesetzesevaluation im Hinblick auf die Vollzugstauglichkeit war nicht vorgesehen. Inzwischen hat sich der rechtsdogmatische Kern der Archivgesetze verfestigt, und auch deshalb sind in den nächsten Jahren keine fundamentalen Änderungen zu erwarten.

„Urheberrecht und Archivrecht sind Ressourcenfresser für Archive."

Lilli Iliev, Tweet (4.11.2020),

https://twitter.com/lilliiliev/status/1191428491763433473?t=Gbo91HXVzDhQNmmHfOmIGg&s=08

Daher lohnt sich um so mehr ein Blick auf zwei Strukturelemente, die wesentlich zur aktuellen Unzufriedenheit der Archivar.innen mit der Kompliziertheit des Archivrechts beitragen:

---

21 Michael Klein, Die Benutzung von eingeschränkt zugänglichen Archivalien, Archivpflege in Westfalen und Lippe Jg. 58 (2003), S. 22ff. (23).

22 Im 19. Jahrhundert traten vor allem die sog. Germanisten innerhalb der Historischen Rechtsschule dafür ein; dazu umfassend Frank L. Schäfer: Juristische Germanistik. Frankfurt/M. 2008.

23 Diese Idee wurde 2003 vom jetzigen Bundeskanzler Friedrich Merz formuliert, der sich inzwischen aber davon distanziert hat.

- Als territorial organisierte Behörden sind Archive nicht nur für alle archivischen Fachaufgaben, sondern zusätzlich auch für die Anwendung des Archivrechts zuständig. Auch komplexere Rechtsfragen können nicht an „Archivrechts-Beratungsstellen“ geschickt werden, sondern bestenfalls an Archivberatungen oder das zuständige externe Justitiariat, bei dem aber nicht selten die spezifische archivrechtliche Expertise fehlt.
- Sowohl unter den Archivar.innen, die die drei archivischen Ausbildungsinstitutionen durchlaufen, als auch unter den Quereinsteiger.innen sind höchst selten Personen, die eine juristische Ausbildung abgeschlossen haben. Auch in größeren Landesarchiven und im Bundesarchiv werden archivrechtliche Fragen daher häufig von Nicht-Jurist.innen bearbeitet.

Diese beiden Strukturelemente lassen sich natürlich nicht durch dieses Lehrbuch beeinflussen. Immerhin aber liegt nun ein von einem Juristen verfasstes Lehrbuch vor, das als eine in Buchdeckeln gefasste Archivrechts-Beratungstelle fungieren kann.

B. Archivrechtliche Fragestellungen im Kontext der aktuellen rechtswissenschaftlichen Diskussion

Archivrecht ist überwiegend ein Teil des Kulturverwaltungsrechts, das wiederum zum Kulturrecht gehört. Aber:

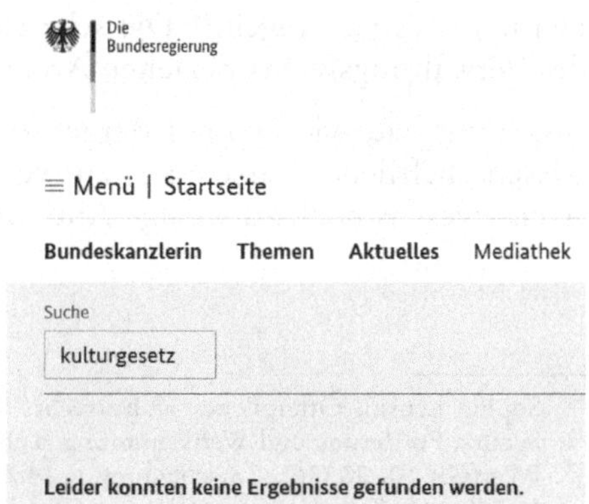

Es gibt **kein allgemeines Kulturgesetz**, das eine Aufgabenzuschreibung und Abgrenzung der drei „Gedächtnisinstitutionen“ Archiv, Museum und Bibliothek vornimmt.[24] Auch das jüngst in Kraft getretene **Kulturgesetzbuch Nordrhein-Westfalen**[25] lässt das Landesarchivgesetz bestehen und ergänzt es nur um einige allgemeine Regelungen zu Archiven.

Und „im nationalen Kontext ist der Begriff der **Kultur als Rechtsbegriff**

---

[24] Auch das neue Kulturgesetzbuch für das Land Nordrhein-Westfalen (Kulturgesetzbuch – KulturGB NRW) vom 01.12.2021 ist insoweit nicht ergiebig, sie dort § 63, zugänglich hier. Planungen für ein „spartenübergreifendes Kulturgesetz“ gibt es (ohne Anspruch auf Vollständigkeit) in
- Thüringen: www.kulturrat.de/presse mitteilung/thueringen-plant-spartenuebergreifendes-kulturgesetz/. und
- Berlin: www.kulturfoerderngesetz.de/

[25] Kulturgesetzbuch für das Land Nordrhein-Westfalen (Kulturgesetzbuch – KulturGB NRW) vom 01.12.2021. Zur Definition von „Archiven“ im KulturGB NRW siehe oben Einleitung, Abschnitt A.I.

fast ausschließlich im Steuerrecht relevant."[26] Juristisch maßgeblich ist insoweit immer noch eine Definition des BVerfG in einer Entscheidung zur Stiftung preußischer Kulturbesitz. Die deutlich von ihrer Entstehungszeit (1959) geprägte und aus heutiger Sicht u. a. zu normativ verengte Definition lautet: Kultur ist

> „die Gesamtheit der innerhalb einer Gemeinschaft wirksamen geistigen Kräfte, die sich unabhängig vom Staate entfalten und ihren Wert in sich tragen".[27]

Damit ist jedenfalls juristisch abgesichert, dass Archive (auch) kulturbewahrende Institutionen sind.

Auch das **Kulturverwaltungsrecht** als Teil jenes allgemeinen Kulturrechts **ist insgesamt eine Materie mit geringer Normierungsdichte** (beispielsweise gibt es „keine Theater-, Bücherei- oder Museumsgesetze"[28]), zudem ist dem Kulturverwaltungsrecht „aus rechtswissenschaftlicher Sicht jedenfalls in den letzten Jahrzehnten nur äußerst geringe Aufmerksamkeit geschenkt worden."[29] Lediglich das Spezialgebiet des **Kulturgutschutzes** hat in den letzten Jahren eine verstärkte Aufmerksamkeit von Juristinnen und Juristen erfahren, sowohl im Hinblick auf Normierungen als auch bei Veröffentlichungen.[30] Aber auch hier gibt es keine Definition von „Kultur" durch den Gesetzgeber.

Aus anderer Perspektive einen übergreifenden Zugriff auf archivrechtliche Fragestellungen liefert das **Informationsverwaltungsrecht** als Rechtsgebiet, das den Umgang mit Informationen zwischen Behörden und gegenüber Bürgerinnen und Bürgern regelt.[31] Die sehr elaborierten Debatten in diesem Teilgebiet des Verwaltungsrechts beziehen Archive aber meist nur am Rande mit ein.

Insgesamt hat, wie Hannes Berger konstatiert, „die bisher erschienene rechtswissenschaftliche Forschung zu verschiedenen Fragen des modernen [...] Archivwesens noch zu wenige Antworten gefunden."[32]

---

[26] Sophie Lenski, Öffentliches Kulturrecht. Materielle und immaterielle Kulturwerke zwischen Schutz, Förderung und Wertschöpfung, Tübingen 2013; Hervorhebung von Th. H.

[27] BVerfGE 10, 20 (36), Entscheidung v. 14.7.1959. Im Hinblick auf die Gründung der Stiftung Preußischer Kulturbesitz ausführlich S. ... in diesem Buch.

[28] Susanne Behnisch-Hollatz, Recht auf Zugang zu öffentlichem Kulturgut, Aachen 2004 (= Diss. jur. Uni Heidelberg), S. 2. Die These ist im Hinblick auf „Büchereigesetze" aber nur teilweise zutreffend, da es in einigen Bundesländern Bibliotheksgesetze gibt (z. B. in Thüringen). Vgl. im Übrigen zu dieser von Prof. Dr. Mußgnug (Heidelberg) betreuten Dissertation die hier zugängliche scharfe Kritik von Eric W. Steinhauer: „Es kann nicht angehen, einen Schwerpunkt im Archivrecht zu setzen und ein 2002 erschienenes Standardwerk nicht einmal zu zitieren. Die Rede ist von Bartholomäus Manegold, Archivrecht, Berlin 2002".

[29] Sophie-Charlotte Lenski, Öffentliches Kulturrecht, Tübingen 2013, S. 1.

[30] Dazu Band 2 („Das Recht der archivischen Fachaufgaben").

[31] Zusammenfassend zur Entwicklung dieses Rechtsgebiets Margrit Seckelmann, Evaluation und Recht, Tübingen 2018, S. 37 ff.

[32] Hannes Berger, Sächsisches Archivgesetz, Hamburg 2018, Einl. Rn. 5 aE.

Hinzu kommt, wie Bernhard Homa zutreffend festgestellt hat: „**Gerichtliche** – erst recht ober- oder höchstgerichtliche – **Entscheidungen** mit konkretem Archivbezug sind insgesamt eher selten."[33]

Das Rechtsgebiet „Archivrecht" hat sich daher in den letzten Jahren vor allem in Diskussionen unter Archivarinnen und Archivarinnen entfaltet, die nur ausnahmsweise auch über einen juristischen Studienabschluss verfügen (während z. B. Medizinrecht überwiegend von Juristen, nicht von Medizinern betrieben wird). Nicht selten wurden daher Erträge der Rechtsdogmatik bislang eher vernachlässigt und rechtsdogmatische Antworten ohne Berücksichtigung der Lösungen in benachbarten Rechtsgebieten gesucht. Oder es wird umgekehrt versucht, eine archiv*wissenschaftliche* Fragestellung („was ist der Zweck eines Archivs?" „was sind Unterlagen?") kurzerhand anhand von archiv*rechtlichen* Gesetzestexten zu beantworten. Die Angst vor der Kolonialisierung der eigenen archivarischen Lebenswelt durch zu viel Archivrecht korreliert also auf eigentümliche Weise mit dem Wunsch, Archivrecht als Rückfallebene zu funktionalisieren. Es ist daher auch ein Anliegen des vorliegenden Lehrbuchs, insoweit neue Perspektiven zu eröffnen.

In diesem Sinne ist „Archivrecht" für Archivarinnen und Archivare eine „Hilfswissenschaft" im besten Sinne: Das Archiv ist ein rechtlich strukturierter Raum.

C. Die verwaltungs*interne* Stellung von Archivarinnen und Archivaren öffentlicher Archive

I. Keine Archivarkammer, keine Approbation

Es gibt **keine berufsständische Körperschaft** der Archivarinnen und Archivare. Anders als z. B. bei Ärztinnen und Ärzten oder Rechtsanwältinnen und Rechtsanwälten („Ärztekammer"/„Rechtsanwaltskammer") gibt es im Archivwesen keine Institution, die aufgrund von gesetzlich übertragenen Befugnissen bestimmte Aufgaben eigenverantwortlich wahrnimmt und bei der eine Pflichtmitgliedschaft besteht.

Stattdessen ist der „VdA – Verband deutscher Archivarinnen und Archivare e.V." als eingetragener Verein mit freiwilliger Mitgliedschaft ein **privatrechtlicher Fachverband** zur Interessenvertretung.

Es gibt – ebenfalls anders als bei MedizinerInnen und RechtsanwältInnen – auch **keine Approbation,** also keine staatliche Zulassung zur Berufsausübung zur Tätigkeit als Archivar oder Archivarin in Deutschland. **Die Bezeichnung „Archivar/in" ist nicht geschützt** und juristisch nicht definiert – die Archivge-

33 Ausgewählte neuere Rechtsprechung zu archivischen Aufgabenfeldern: in: Recht und Zugang, Heft 2-2021 (DOI: https://doi.org/10.5771/2699-1284-2021-2-90), S. 90ff. (92) mit dem ebenfalls zutreffenden Hinweis auf eine Häufung von Gerichtsentscheidungen rund um die Zugänglichkeit sog. Nachrichtendienste.

setze enthalten nur Legaldefinitionen von „Archivierung“. Geschützt ist nur der Grad, der beim Studienabschluss an einer archivischen Ausbildungsstätte (z. B. „Assessor/Assessorin des Archivdienstes“[34] bzw. „Diplom-Archivar/in (FH)“[35]) erworben wurde.

Und anders als im Gaststättenrecht erfolgt keine generelle Überprüfung der Zulässigkeit und/oder Fachkunde, wenn jemand in einem öffentlichen oder privaten Archiv arbeitet, sondern es ist in das Ermessen des Archivträgers gestellt, welcher Qualifikationen er fordert.

Das Fehlen einer berufsständischen Körperschaft und das Fehlen der Approbation belegen die **verwaltungsinterne Stellung** der staatlichen und kommunalen Archive.

II. Die Rechtsgrundlage der archivischen Ausbildungsinstitutionen

Zur verwaltungsinternen Stellung der öffentlichen Archive passt, dass die Archivschule Marburg, die – neben der Fachhochschule Potsdam – einen wesentlichen Teil der Aus- und Fortbildung übernimmt, als Landesbetrieb, also als rechtlich unselbstständiger Teil der Landesverwaltung, organisiert ist.[36] Das ist ungewöhnlich für eine (Fach-)Hochschule, die meist als Körperschaften des öffentlichen Rechts arbeiten und daher über Selbstverwaltungsrechte verfügen.[37] Die Archivschule Marburg ist hingegen dem Hessischen Ministerium für Wissenschaft und Kunst unmittelbar nachgeordnet.

---

[34] § 26 II 2 Ausbildungs- und Prüfungsordnung für den Laufbahnzweig Archivdienst im höheren allgemeinen Verwaltungsdienst in Hessen (APOhDArchiv) v. 1.11. 2021, Staatsanzeiger für das Land Hessen 2021 Nr. 48.

[35] Z. B. § 23 III Verordnung des [baden-württembergischen] Wissenschaftsministeriums über die Ausbildung und Prüfung für den gehobenen Archivdienst (Ausbildungs- und Prüfungsordnung für den gehobenen Archivdienst APrOArch gD) v. 21.11.2014, https://www.landesarchiv-bw.de/sixcms/media.php/120/57820/BW_AProArchgD2014_gD.pdf

[36] Landesbetriebe sind in der Regel – aber nicht zwingend – erwerbswirtschaftlich ausgerichtet. Bei der Archivschule gibt es Einnahmen durch Gebühren für die Ausbildung der Studierenden (es gilt aber das Kostendeckungsprinzip nach § 26 Landeshaushaltsordnung).

[37] Allerdings lassen sich bei Verwaltungsfachhochschulen verschiedene Organisationsformen finden.

Allgemeiner Teil:
Archivrelevante Teile der Rechtsordnung

Thema 1: Grundlagen

Teil 1: Grundbegriffe: Rechtssubjekte und -objekte, subjektive Rechte und Rechtsreflexe

Rechtssubjektivität bzw. Rechtsfähigkeit sind die Grundvoraussetzungen für rechtlich relevantes Handeln, das sich auf Rechtsobjekte bezieht.

A. Rechtssubjekte und Rechtsfähigkeit in der Welt der Archive

Rechtssubjekte sind Träger von Rechten und Pflichten; sie sind daher **rechtsfähig**.

Rechtssubjekte sind erstens **natürliche Personen**, das sind alle Menschen – sie sind aufgrund ihres Menschseins und unabhängig von Alter, Geschlecht etc. rechtsfähig (vgl. § 1 BGB).

Zweitens können **juristische Personen** rechtsfähig sein. Dies sind Personenvereinigungen oder Vermögensmassen, denen durch einen staatlichen Akt die Eigenschaft des Rechtssubjekts verliehen wird. Dieser Status beginnt mit der Eintragung in ein Register[1] und endet durch Auflösung oder Insolvenz bzw. Entziehung der Rechtsfähigkeit.[2]

Zu den **juristischen Personen des Privatrechts** gehören z.B. Vereine (§§ 21 ff. BGB) und Stiftungen bürgerlichen Rechts (§§ 80 ff. BGB)

> Beispiel: Das Bach-Archiv Leipzig ist als Stiftung bürgerlichen Rechts organisiert, ebenso das Deutsche Rundfunkarchiv.

Zu den **juristischen Personen des öffentlichen Rechts** zählen vor allem:

- der Staat (Bund und Länder)
- andere Gebietskörperschaften wie z.B. Kreise, Gemeinden, Zweckverbände
- sonstige Körperschaften wie z.B.
  - Universitäten
  - die Landschaftsverbände in Nordrhein-Westfalen (Rheinland [LVR] und Westfalen-Lippe [LWL])
- Anstalten wie z.B. die Bundesagentur für Arbeit und die Deutsche Nationalbibliothek
- öffentlich-rechtliche Stiftungen.

---

1 § 21 BGB hinsichtlich des Vereins oder § 80 BGB hinsichtlich der selbständigen Stiftung.

2 §§ 41 – 43 BGB für das Vereinsrecht.

Beispiele:

Die „Stiftung Preußischer Kulturbesitz“ ist eine rechtsfähige Stiftung des öffentlichen Rechts.

Aber: Die meisten Archive sind als Behörden organisiert und daher nicht rechtsfähig.[3]

Auch die „Stiftung Archiv der Parteien und Massenorganisationen der DDR“ ist eine *unselbstständige* Stiftung des öffentlichen Rechts im Bundesarchiv (§ 4 I BArchG 2017); diese Stiftung ist also kein Rechtssubjekt.

Die **Rechtsfähigkeit** ist die Fähigkeit, Träger von Rechten und Pflichten zu sein. Einen Vertrag im eigenen Namen abschließen oder Eigentümer sein kann daher nur, wer rechtsfähig ist.

Beispiel: Das nicht rechtsfähige Bundesarchiv ist daher nicht Eigentümer „seines“ Archivguts, sondern der Bund ist Eigentümer des Archivguts, soweit das Eigentum nicht z. B. bei der abgebenden Stelle geblieben ist.

Rechtsfähig sind darüber hinaus auch bestimmte Personengesellschaften wie z. B. eine Gesellschaft bürgerlichen Rechts[4] oder die offene Handelsgesellschaft nach dem HGB. Sie sind zwar keine juristischen Personen, von denen sie sich in vielerlei Hinsicht unterscheiden. Die Rechtsprechung hat ihnen aber Rechtsfähigkeit zuerkannt, soweit sie im Rechtsverkehr nach außen treten, was immer dann der Fall ist, wenn sie z. B. Rechtsgeschäfte abschließen.

Beispiel: Ein öffentliches Archiv (genauer: dessen Archivträger, vertreten durch das Archiv) kann einen Depositalvertrag mit einer OHG abschließen.

B. Rechtsobjekte und die Stellung von Archivgut

Alle Rechtsobjekte sind Gegenstand des Rechtsverkehrs. Menschen, der Weltraum und die offene See sind *res extra commercium* und daher kein Gegenstand des Rechtsverkehrs. Es gibt daher (vereinfacht[5]) nur zwei Arten von Rechtsobjekten:

---

3 Das ist im Hinblick auf das Bundesarchiv – unter anderem im Anschluss an Thesen bei Bartholomäus Manegold, Archivrecht, S. 63 f. – vielfach kritisiert worden, eine Änderung ist aber nicht in Sicht.

4 §§ 705 ff. BGB.

5 Durch die neuere Gesetzgebung sind mehrere neue, dazwischenstehende Kategorien entstanden: Zum Beispiel gibt es nun in § 453 BGB „sonstige Gegenstände“: „Die Vorschriften über den Kauf von *Sachen* finden auf den Kauf von *Rechten* und sonstigen Gegenständen entsprechende Anwendung.“

Sachen	Rechte
alle[6] körperlichen Gegenstände (§ 90 BGB)	alle unkörperlichen Gegenstände
das BGB gilt uneingeschränkt **ausnahmsweise** gilt ein *modifiziertes* BGB-Sachenrecht,[7] nämlich u. a. bei • öffentlichen Straßen • **Archivgut**	das BGB gilt uneingeschränkt • Forderungen • Eigentum

Der Vorschlag von Schoch/Kloepfer/Garstka, Archivgut als *res extra commercium* zu behandeln, aber dennoch das BGB-Sachenrecht anzuwenden, soweit es nicht einigen von Schoch und Kollegen aufgeführten Prinzipien widerspricht,[8] führt im Ergebnis auch zu einem modifizierten BGB-Sachenrecht, allerdings mit dem Ausgangspunkt einer verkomplizierenden Zwischenkategorie.

Das deutsche Kulturgutschutzrecht macht Kulturgüter nicht zu *res extra commercium*.[9] Soweit Archivgut Kulturgut ist,[10] ist es also auch nicht auf diesem Weg dem Rechtsverkehr entzogen.

Ein rechtsdogmatisches Problem wird allerdings dadurch geschaffen, dass die Archivgesetze eigenwilligerweise nicht von dem rechtsdogmatisch jahrhundertelang bewährten und ausdifferenzierten Rechtsbegriff „Sache" ausgehen, sondern von „Unterlagen".[11] Jedenfalls analoges Archivgut fällt aber wohl durchgängig unter „Sachen".

C. Subjektive Rechte und Rechtsreflexe

Das subjektive Recht ist die Rechtsstellung, die ein Rechtssubjekt hat, um eine Rechtsposition aus der objektiven Rechtsordnung durchzusetzen.

6 „Tiere sind keine Sachen. [...]. Auf sie sind die für Sachen geltenden Vorschriften entsprechend anzuwenden, soweit nicht etwas anderes bestimmt ist." (§ 90 a BGB). Mit der Aufnahme derartiger Normen in ein Gesetzbuch wird evident missachtet, dass das Recht, wie in der Einleitung, Abschnitt A, erläutert, dem *juristischen* Code und nicht der Alltagssprache folgt. Wenn man dies verstanden hat, ist es auch für Tierfreund.innen unproblematisch, dass Tiere „Sachen" im Sinne des BGB sind – eben „Sachen" nur gemäß der Rechtsdogmatik.

7 So die hM, die der Theorie des modifizierten Privateigentums folgt. Dazu Thema 6, Teil 3, Abschnitt A.2.

8 Schoch, ArchivG-ProfE, § 10 VII Rn. 17ff.

9 Zum internationalen Sachenrecht: Amalie Weidner, Kulturgüter als *res extra commercium* im internationalen Sachenrecht, Berlin 2001.

10 Dazu Thema 6, Teil 3.

11 Dazu Thema 10, Teil 1, Abschnitt A.III.1.

Ein **subjektives öffentliches Recht** ist die Rechtsmacht von Rechtssubjekten, von einer juristischen Person des öffentlichen Rechts im *eigenen* Interesse ein bestimmtes Tun oder Unterlassen verlangen zu können. In der deutschen Rechtsordnung kann man – anders als z. B. im US-amerikanischen Recht – grundsätzlich nur *eigene* Rechte geltend machen. Es gibt **keinen Anspruch auf rechtmäßigen Gesetzesvollzug.**

Beispiele:

Aus der Informations- als Teil der Meinungsfreiheit (Art. 5 I GG) folgt u. a. das Recht des Einzelnen, sich zu informieren.[12] Daraus wiederum ergibt sich ein subjektives Zugangsrecht zu Archivgut in öffentlichen Archiven,[13] geltend zu machen gegen die juristische Person, die Träger des Archivs ist.[14]

Wenn bestritten wird, dass ein Archiv die archivischen Fachaufgaben rechtmäßig ausführt, reicht das alleine noch nicht für ein subjektives Recht von Nutzer.innen. Deshalb gibt es z. B. **keinen Anspruch auf Erschließung oder Bestandserhaltung.**[15]

Auch ein **Rechtsreflex** ist nicht ausreichend, um daraus eigene Rechte abzuleiten. Die Abgrenzung im Einzelfall ist allerdings schwierig.

Beispiele:

- Kann ein Nachfahre gegen die vom Archiv hergestellte Zugänglichkeit von Daten seiner Vorfahren vorgehen, wenn der Nachfahre z. B. wegen der Religion oder der Straftaten der Vorfahren Nachteile für sein eigenes Leben befürchtet?[16]
- Liegt personenbezogenes Archivgut auch vor, wenn es sich um personenbeziehbares Archivgut handelt?[17]

Eine Leitlinie für die Abgrenzung gibt eine Entscheidung des BGH vor:

„Ein Pressebericht über einen Straftäter kann je nach Art und Inhalt der Darstellung durchaus auch andere Tatbeteiligte oder auch Angehörige des Täters in ihrem Persönlichkeitsrecht unmittelbar verletzen, wenn ihre eigenen persönlichen Verhältnisse in den Bericht einbezogen werden; sei es auch erst vermittelt durch die Person des Straftäters, etwa durch die Darstellung seiner Lebensverhältnisse und Beziehungen, die auf jenen Dritten hinweisen.

Doch **muss in solchen Fällen die Persönlichkeitssphäre des Dritten selbst als zum Thema des Berichts zugehörig erscheinen**, damit das Erfordernis der Unmittelbarkeit noch gewahrt bleibt.

12 Thema 2, Teil 3, Abschnitt A.
13 Thema 13, Teil 3, Abschnitt A.
14 Thema 1, Teil 1, Abschnitt A.
15 Zum fehlenden Anspruch auf Erschließung siehe Thema 11, Teil 1, Abschnitt A.
16 Dazu Thema 13, Teil 5, Abschnitt F.III.3.b. (Datenbanken zu jüdischen Holocaustopfern und überlebenden Nachfahren).
17 Dazu Thema 14, Teil 5, Abschnitt G.VI.1.

- Nicht genügen kann, wenn der Dritte wegen seiner engen Beziehung zu dem Straftäter durch eine Berichterstattung, die ihn selbst nicht – sei es ausdrücklich oder stillschweigend – erwähnt, sich ‚persönlich' betroffen fühlt.
- Ebenso wenig reicht aus, dass Leser den beanstandeten Bericht über eine Straftat zum Anlass nehmen, Angehörige des Täters zu belästigen oder anzufeinden, wie dies nach den Feststellungen des Berufungsgerichts im Streitfall geschehen ist.

Solche Ausstrahlungen auf die **Person des Dritten, in denen sich gar nicht der Inhalt der Veröffentlichung**, sondern nur noch die persönliche Verbundenheit zu der in die Öffentlichkeit gerückten Person ausdrückt, bleiben als bloße **Reflexwirkungen** schutzlos."[18]

Überträgt man diese Thesen auf die Eingangsfragen, gilt: **Personenbeziehbares Archivgut ist kein personenbezogenes Archivgut.** Wenn Nachfahren wegen der Religion oder wegen Straftaten ihrer Vorfahren Nachteile fürchten oder auch tatsächlich erleiden, weil ein Archiv die Zugänglichkeit von Daten der Vorfahren herstellt, liegt kein subjektives Recht der Nachfahren gegenüber dem Archiv vor, sondern insoweit nur ein Rechtsreflex.[19] Stattdessen haben die Nachfahren vielfältige Rechte gegen die Personen, die die Nachteile zufügen.

Beispiel: Ein Journalist beantragt die Nutzung von Unterlagen zu einem bekannten Serienmörder. Ein Nachfahre möchte das verhindern, weil er – auch wegen des seltenen Nachnamens des Straftäters – Nachteile im privaten und im Berufsleben fürchtet. Das ist aber ein bloßer Rechtsreflex.

Teil 2: „Archivrecht": Rechtssystematischer Ort, Genese, Rechtsquellen, Methodik der Anwendung

A. Ein Querschnittsgebiet zwischen öffentlichem Recht und Privatrecht

„Archivrecht" umfasst nicht die Behandlung aller Rechtsfragen, die in einem Archiv auftreten können (z.B. arbeitsrechtliche Fragen), sondern nur **Rechtsgebiete, die spezifisch archivische Fragen** behandeln (**„bereichsspezifische Regelung"**[20]).

---

18 BGH GRUR (= Gewerblicher Rechtsschutz und Urheberrecht) 1980, 813, dort Rn. 12. Hervorhebungen vom Verf.

19 Vgl. dazu auch die Ausführungen zum Umgang mit „Euthanasie"-Unterlagen: Thema 13, Teil 5., Abschnitt F.III.3. und die Ausführungen zu „personenbezogenem Archivgut", Thema 13, Teil 5, Abschnitt G.VI.1.

20 Rainer Polley, Archivrecht in Deutschland, in: Becker/Rehm, Archivrecht, S. 18ff. (31). Bartholomäus Manegold verwendet das Stichwort „rechtlicher Eigenbereich" (in: Heiner Schmitt (Red.), Alles was Recht ist. Archivische Fragen – juristische Antworten, Fulda 2012, S. 31ff. (31)).

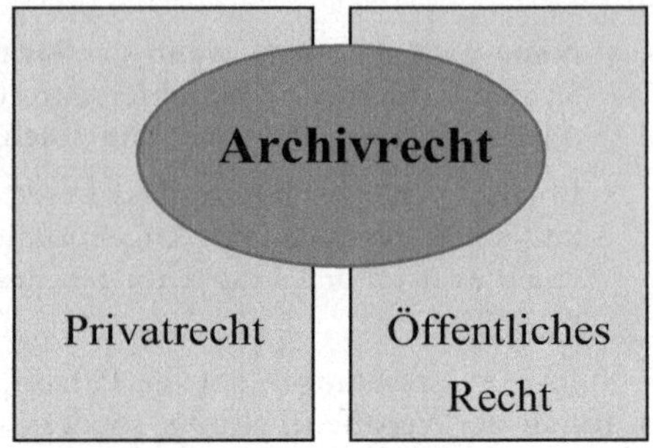

Diese Fragen werden in vielen Bereichen des öffentlichen und privaten Rechts behandelt. Die Abgrenzung dieser beiden Rechtsgebiete erfolgt nach der **modifizierten Subjektstheorie**: Wenn eine Norm ausschließlich einen Träger öffentlicher Gewalt verpflichtet oder berechtigt, gehört sie zum öffentlichen Recht. Diese Theorie, auch Sonderrechtstheorie oder Zuordnungstheorie genannt, wird heutzutage im deutschen Recht überwiegend angewandt.[21]

Daher ist das heutige „Archivrecht" ein **Querschnittsgebiet** wie z. B. auch Museumsrecht, Medizinrecht oder Energierecht.[22] Die verschiedenen Rechtsgebiete, die zusammengenommen das „Archivrecht" bilden, können daher unter Umständen divergierende Begrifflichkeiten verwenden und bei Rechtsstreitigkeiten auch zu verschiedenen Gerichtsbarkeiten führen.

Die Archivgesetze enthalten gemäß einer häufig verwendeten Formel **„bereichsspezifisches Datenschutzrecht"** im Hinblick auf die DS-GVO[23] und mit Abstrichen wohl auch gegenüber den Informationsfreiheitsgesetzen.[24] Zudem findet sich in den Archivgesetzen (wenig) bereichsspezifisches Verwaltungsverfahrensrecht[25] und aus dem großen Bereich des materiellen Zivilrechts (sehr wenig) bereichsspezifisches Sachenrecht.[26]

---

21 Überholt ist die Subordinationstheorie, wonach öffentliches Recht vorliegt, wenn ein Unter-/Überordnungsverhältnis gegeben ist. Diese Theorie stammt aus der Zeit, als Archive noch Anstalten im klassischen Sinn waren.

22 Enger noch Rainer Polley 1995: „Das Archivrecht ist, soweit es sich auf die Archive in hoheitlicher Trägerschaft bezieht, Bestandteil eines umfassenderen besonderen Verwaltungsrechts" (Der Grundsatz der Amtsuntersuchung im Archivbenutzungsrecht, in: Hermann Bannasch (Hrsg.), Zeitgeschichte in den Schranken des Archivrechts, Stuttgart 1995, S. 71). Dieser These Polleys zustimmend: Herbert Günther, Archive und Verwaltung oder: Über die Grenzen des Archivrechts, in: Irmgard Christa Becker u. a. (Hrsg.), Archiv – Recht – Geschichte. Festschrift für Rainer Polley, Marburg 2014, S. 195.

23 In der trockenen Formulierung des VGH Baden-Württemberg (Urteil v. 30. Juli 2014 [„Mappus-Fall"] = NVwZ-RR 2015, 161 = DÖV 2014, 936): „§ 5 Abs. 3 Satz 2 LArchG [BW] regelt, dass Löschungsansprüche bei Archivgut ausgeschlossen sind. Für einen Umkehrschluss, dass vor Anbieten gegenüber dem Landesarchiv sich Löschungsansprüche gegenüber dem Archivrecht durchsetzen, fehlen Gründe." Rn. 112 in der online-Publikation unter https://openjur.de/u/711532.html), noch mit Bezug auf das frühere Bundesdatenschutzgesetz. Zur Bedeutung des „Mappus-Falls" für das Archivrecht siehe Thema 10, Teil 1, Abschnitt A.III.4.

24 Dazu ausführlich das Thema 5 „Archivrelevante Teile des Datenschutzrecht".

25 Beim Thema 4 „Archivrelevante Teile des Allgemeinen Verwaltungsrechts" muss daher vorrangig auf das VwVfG eingegangen werden.

26 Beim Thema 8 „Archivrelevantes Zivilrecht" muss daher vorrangig auf das BGB eingegangen werden.

Doch jedenfalls gegenüber anderen Rechtsgebieten können Archivgesetze diese Besonderheit als bereichsspezifisches Recht nicht beanspruchen: Die Archivgesetze enthalten (leider)

- **kein bereichsspezifisches Urheberrecht**[27]
- kein bereichsspezifisches Zivilprozessrecht[28] und z. B.
- kein bereichsspezifisches Presserecht
- etc.

B. Die Genese des „Archivrechts"

I. Bis in die 1980er Jahre: Archivrecht im Anstaltsstaat

„Am Anfang der wissenschaftlichen Behandlung des Archivrechts" ab der Mitte des 17. Jahrhunderts ordnete man das *ius archivi* „unter die *iura superioritatis*, mithin die **Hoheitsrechte**, ein" und verstand „Archivrecht als die Berechtigung, Archive oder Briefkammern aufzurichten und den darin verwahrten Urkunden vollen (wörtlich ‚völligen') Glauben zu verschaffen."[29]

Die Französische Revolution führte auch im Archivrecht zu einem neuen Zeitalter: Im Kontext der Revolution eröffnete ein Gesetz 1794 „jedem Bürger ungehinderten Zugang zu Archivalien des Staates"[30] und begründete „‚archivische Menschenrechte' ":[31]

> „Tout citoyen pourra demander dans tous les dépôts […] communication des pièces qu'ils renferment : elle leur sera donnée sans frais."[32] (in den Jahren der napoleonischen Herrschaft auch in Deutschland eingeführt)

Noch im alten Sinne und mit Betonung der Rechtsvermutung der Echtheit von Urkunden argumentierte hingegen das liberale Staatslexikon von Rotteck-Welcker 1856: Archiv-

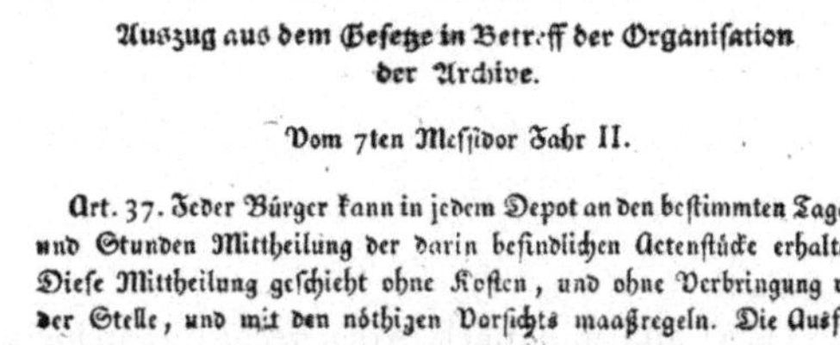

Auszug aus dem Gesetze in Betreff der Organisation der Archive.

Vom 7ten Messidor Jahr II.

Art. 37. Jeder Bürger kann in jedem Depot an den bestimmten Tagen, und Stunden Mittheilung der darin befindlichen Actenstücke erhalten. Diese Mittheilung geschieht ohne Kosten, und ohne Verbringung von der Stelle, und mit den nöthigen Vorsichts maaßregeln. Die Ausfer-

[27] Sondern siehe § 60 f UrhG.

[28] Dazu Henne, Juristische Anforderungen an die Beweiswerterhaltung bei digitaler Archivierung, in: Irmgard Christa Becker u. a. (Hrsg.), E-Government und digitale Archivierung. Tagungsband zum 23. Archivwissenschaftlichen Kolloquium der Archivschule Marburg im Juni 2018, Marburg 2021, S. 97 ff.

[29] Dazu ausführlich: Fritz Merzbacher: Ius Archivi. Zum geschichtlichen Archivrecht, in: Archivalische Zeitschrift Jg. 75 (1979), S. 135 ff. (135). Hervorhebung von Th. H.

[30] Klaus Oldenhage, Archivrecht? Überlegungen zu den rechtlichen Grundlagen des Archivwesens in der Bundesrepublik Deutschland, in: Heinz Boberach u. a. [Hrsg.], Aus der Arbeit des Bundesarchivs, Boppard am Rhein 1977, S. 187 ff. (188).

[31] Clemens Rehm, Recht auf Erinnerung: Rechtssicherung durch Überlieferungsbildung, in: Archive im Rechtsstaat. Zwischen Rechtssicherung und Verrechtlichung, Archivhefte 49. Schriftenreihe des Landschaftsverbands Rheinland, Bonn 2018, S. 43 ff. (44).

[32] Art. 37, Gesetz vom 7. Messidor des Jahres II (25.06.1794).

recht meint „die **Befugnis, öffentliche Archive zu haben**, ihnen öffentliches Ansehen zu verleihen und für die darin aufbewahrten, an sich unverdächtigen Urkunden die **Rechtsvermutung der Echtheit** zu verordnen.“[33] Archive waren also ein Teil der Verwaltung und von ihr nicht getrennt. Ein Recht auf den Zugang zu den Archivalien wurde nur für eng begrenzte Fälle aufgrund des zeitgenössischen Zivilprozessrechts bejaht.[34]

Der **Karlsruher Archivtag von 1907** forderte hingegen, den Ansatz der französischen Gesetzgebung von 1794 zu übernehmen, die Folgejahre führten aber nicht zu einer strukturierten Archivgesetzgebung (trotz Gründung des Reichsarchivs im Jahre 1919). Auf gesetzlicher Ebene erfolgten im Wesentlichen nur Regelungen zum Archivalienschutz.

Daraus ergab sich eine zentrale Stellung von Archiv**benutzungsordnungen**.

Daran änderte sich auch nach 1945 und in der Bundesrepublik Deutschland erst einmal wenig: „Es gab – außer einem reinen Organisationsgesetz – „**bis über die Mitte der [19]80er Jahre hinaus** in der Bundesrepublik Deutschland **keine Archivgesetze**. Sie wurden aus politischen Opportunitätsgesichtspunkten als hinderlich abgelehnt“,[35] „während in vielen europäischen Staaten sowie den USA längst Gesetze bestanden, die den Zugang zu Archiven regelten.“[36]

Maßgeblich waren daher bloße Verwaltungsvorschriften, die die Zulassung von Archivbenutzern in das pflichtgemäße Ermessen des jeweiligen Archivs bzw. Behörde stellte.[37] Damit einher ging die Vorstellung eines „Anstaltsstaats“ und eines „**besonderen Gewaltverhältnisses**“, in das Archivbenutzer.innen (wie z.B. auch Schüler, Studierende und Militärangehörige) eingegliedert seien. Die Grundrechte der Benutzer.innen hatten im Archiv von vornherein keine Geltung.

---

33 A[lexander] Müller, Artikel „Archivrecht (jus archivi), in: Carl v. Rotteck/Karl Theodor Welcker, Das Staats-Lexikon: Encyklopädie der sämmtlichen Staatswissenschaften für alle Stände, 3. Aufl. 1856, Bd. 1, S. 669 (online zugänglich unter http://dl.ub.uni-freiburg.de/diglit/staatslexikon1856-1/0733?sid=641b749a1711680b4d9f28ce66cbf2d8.

34 Joseph Huggenberger, Die Pflicht zur Urkundenedition nach der Reichscivilprozessordnung und dem Entwurfe eines Bürgerlichen Gesetzbuches für das Deutsche Reich, München 1889, S. 60ff. Siehe auch Hans Schlieckmann, Die Urkundenedition von Seiten Dritter nach der Reichs-Civilprozessordnung, Diss. jur. Halle a.S., 1896, S. 50–53; Ernst Sigel, Die Vorlegung von Urkunden im Prozeß, Jena 1904, S. 236–240. Herrn Archivdirektor a.D. Hans-Joachim Hecker (München) danke ich für die Hinweise auf diese Publikationen. Heute ist insoweit **§ 273 II 2 ZPO** einschlägig.

35 Becker/Oldenhage, BArchG-Kommentar, Einleitung Rn. 8.

36 Anna-Bettina Kaiser, Archiv und Recht, in: Marcel Lepper/Ulrich Raulff, Handbuch Archiv. Geschichte, Aufgaben, Perspektiven, Darmstadt 2016, S. 107ff. (110).

37 Becker/Oldenhage, BArchG-Kommentar, § 5 Rn. 4 mwN.; vgl. im Übrigen den Abschnitt zur Genese des Archivrechts.

Ein Handlungsdruck wurde auch von Benutzerseite nicht aufgebaut, weil insgesamt eine „liberale Benutzungspraxis der späten 50er und 60er Jahre“[38] konstatiert werden kann. Wohl deshalb gab (und gibt) es in Deutschland – anders als z. B. in den USA – Organisationen zur Vertretung von Nutzerinteressen gegenüber Archiven nur für spezielle Nutzergruppen.

II. Zeittafel zur Gesetzgebung im Archivrecht

1970 trat das Hessische Datenschutzgesetz in Kraft – es war das weltweit erste eigenständige Datenschutzgesetz und ging auf Prof. Dr. jur. Spiros Simitis (Universität Frankfurt/M.) zurück.[39] Archivtätigkeit hatte sich damit [und mit den späteren Datenschutzgesetzen der anderen Bundesländer] „von bloßer Leistungsverwaltung zu **Eingriffsverwaltung** gewandelt“.[40]

In den **1970er Jahren** kamen als weitere Triebkräfte der späteren Archivrechtsgesetzgebung hinzu: Eine schrittweise Durchsetzung

- der Wesentlichkeitstheorie[41] *und*
- der → „*Lüth*-Entscheidung“ plus
- die stärkere Wahrnehmung von Grundrechtsfunktionen jenseits der Abwehrrechte (zu allen drei Punkten später)

Teilweise wird der Beitrag dieser Veränderungen der Grundrechtstheorie mE etwas unterschätzt und zu monokausal die Entwicklung im Datenschutzrecht als Anstoß gesehen.[42] Bei Schoch[43] wird bereits die Wesentlichkeitstheorie als

---

38 Becker/Oldenhage, BArchG-Kommentar, Einl., Rn. 4.

39 Simitis hatte zuvor an der Universität Marburg studiert – also in jedenfalls geographischer Nähe zur Archivschule.

40 Susanne Behnisch-Hollatz, Recht auf Zugang zu öffentlichem Kulturgut, Aachen 2004, S. 30 mit Verweis auf Gallwas, Datenschutz und historische Forschung in verfassungsrechtlicher Sicht, in: Datenschutz und Forschungsfreiheit, München 1986, S. 35 ff. (36).

41 Leitentscheidung: BVerfGE 33, 125 (Facharzt) v. 9.5.1972. In diesem Kontext betont das VG Magdeburg zutreffend, dass die Wesentlichkeitstheorie mit den Archivgesetzen „erstmalig umgesetzt“ wurde (Urteil v. 04.04.2013 – 3 A 49/13 = BeckRS 2013, 50719, zugänglich auch über https://archivalia.hypotheses.org/4253).

42 „Die Archivgesetze sind also eher aus einem **defensiven Reflex** und nicht aus einem republikanisch-demokratischen Impuls nach Teilhabe und Forschungsfreiheit und Transparenz entstanden“ (Bartholomäus Manegold, Archivrecht? Archivrecht!, in: Heiner Schmitt (Red.), Alles was Recht ist. Archivische Fragen – juristische Antworten, Fulda 2012, S. 31 ff. (31 und 33). Ähnlich Hartmut Weber, Jedermann-Recht mit Einschränkungen. Die Zugangsregelungen der deutschen Archivgesetze, in: traverse – Zeitschrift für Geschichte (der Schweiz) 2003/2, S. 87 ff. (87): „Als **Befreiungsschlag gegen zunehmende Fesseln**, die das neue Datenschutzrecht […] den Archiven bei der Sicherung von Archivgut seit Ende der 1970er Jahre […] anzulegen droht[e], wurde in Deutschland die Arbeit der Archive auf eine gesetzliche Basis gestellt.“ Noch schärfer Gregor Richter: Es haben „die Gesetzgebung und die Rechtsprechung der jüngsten Zeit in mehrfacher Hinsicht **Barrieren errichtet, die [vieles] erschwerten, ja teils sogar verhinderten**“ (Die Landesarchivgesetzgebung in Baden-Württemberg, in: Hermann Bannasch u. a., Archivrecht in Baden-Württemberg, Stuttgart 1990, S. 229 ff. (232 f.)).

43 Archivgesetz, S. 29.

Mitverursacher der Archivgesetze weitgehend negiert, indem auf die bloße Notwendigkeit abgestellt wird, aufgrund der Wesentlichkeitstheorie Archivgesetze zu erstellen. Doch erst

1977 forderte Klaus Oldenhage, ein Mitarbeiter des Bundesarchivs, ein **Archivgesetz.**[44] Nahezu zeitgleich wurde das Bundesdatenschutzgesetz verabschiedet, das jedoch von einem Verständnis von Datenschutz (nur) als Schutz personenbezogener Daten vor einer nicht gesetzlich verankerten Datenverarbeitung ausging. In dieser Zeit begannen zudem die Vorarbeiten zum späteren BArchG, das jedoch „lange regierungsinterne Beratungen“[45] erforderte.

1983 erging das **Urteil des BVerfG zum** damaligen **Volkszählungsgesetz.**[46] „Das Urteil kann als Geburtsstunde der Archivgesetzgebung in Deutschland charakterisiert werden“.[47]

1987 trat das **LArchG BW** in Kraft. Das Gesetz hatte eine „gewisse Pilotfunktion“[48] für die anderen LArchG, die bis 1996 in allen Bundesländern entstanden.

Allerdings gibt es – was aus Sicht von Rechtsanwenderinnen und Rechtsanwendern ärgerlich ist – keine Übereinstimmung dieser Gesetze wie beim Bundes- bzw. den Landesverwaltungsverfahrensgesetzen (B/LVwVfG).

1988 trat das **BArchG** in Kraft – „eine mit **Kulturgutschutz**elementen angereicherte ‚bereichsspezifische **Datenschutzgesetzgebung**‘“,[49] so dass die Abwägung von Wissenschafts- und Informationsfreiheit vs. Schutzrechte betroffener Personen ein zentraler Bestandteil des Gesetzes ist. Das BArchG ist nicht etwa ein Bundesgesetz über mit grundlegenden Regelungen über Archive im Allgemeinen, sondern es ist im Wesentlichen „nur“ ein Gesetz über die Institution „Bundesarchiv“ und über Archivgut des Bundes. Doch wurde jedenfalls, schreibt ein Verwaltungsgericht rückblickend, die Wesentlichkeitstheorie „im Archivrecht erstmalig [!] umgesetzt durch das Bundesarchivgesetz vom 6.1.1988“[50] – hinzuweisen ist allerdings auf das geringfügig „ältere“ LArchG BW. Erfolgte damit in den fast 40 Jahren zuvor ein permanent rechtswidriges Handeln aller Archivarinnen und Archivare? Nein, denn vergangene Zeiten an

---

44 Oldenhage, Archivrecht? Überlegungen zu den rechtlichen Grundlagen des Archivwesens in der Bundesrepublik Deutschland, in: Heinz Boberach u.a. [Hrsg.], Aus der Arbeit des Bundesarchivs, Boppard am Rhein 1977, S. 187ff.

45 Becker/Oldenhage, BArchG-Kommentar, Rn. 13.

46 Prozessvertreter vieler Beschwerdeführer war der Marburger Rechtsanwalt Dr. Peter Hauck (-Scholz).

47 Rainer Polley, Archivrecht in Deutschland, in: Becker/Rehm, Archivrecht, S. 19ff. (26). Ausführlich zu diesem Urteil der Abschnitt „Recht auf informationelle Selbstbestimmung“ in diesem Buch.

48 Schoch, ArchivG-ProfE, S. 30.

49 Polley, Fachbibliographie, S. 4.

50 VG Magdeburg, Urteil v. 04.04.2013, BeckRS 2013, 50719, auch bei http://archivalia.hypotheses.org/4253.

späterem Recht mit heutiger Methodik zu messen, ist hier wie auch sonst eine methodisch unzulässige Nachsubsumtion.

1991 nahm das **Stasi-Unterlagengesetz (StUG)** die dort geregelten Unterlagen aus dem Geltungsbereich des BArchG heraus.

2006 entstand mit dem **Informationsfreiheitgesetz** eine „Tendenz zur Rivalität".[51]

2007 erfolgte eine Reform des **Personenstandrechts** – Personenstandsakten können jetzt Archivgut im Sinne des Archivrechts werden.[52]

2016 trat eine Neufassung des **Gesetzes zum Schutz von Kulturgut** (KGSG) mit vielen archivrelevanten Regelungen in Kraft.[53]

2017 wurde das bisherige BArchG durch das **BArchG 2017** abgelöst, das im März 2017 in Kraft trat.[54] Das neue Gesetz ist rechtstechnisch **keine Novellierung** des bisherigen BArchG, **sondern löst das bisherige BArchG ab.**[55] Die korrekte rechtstechnische Einordnung ist keine bloße terminologische Frage, sondern hat eine wesentliche Bedeutung bei der Anwendung von Landesarchivgesetzen, die auf das Bundesarchivgesetz von *1988* verweisen, das eben nicht novelliert, sondern außer Kraft getreten ist.[56]

Inhaltlich erfolgten vor allem Änderungen bei den Schutzfristen und im Hinblick auf den Umgang mit digitalen Unterlagen; die Änderungen bei der Anbietungspflicht für sog. Nachrichtendienste wurden kontrovers diskutiert, aber letztlich in das neue Gesetz aufgenommen.

---

51 Rainer Polley, Archivrecht in Deutschland, in: Becker/Rehm, Archivrecht, S. 18 ff. (31).

52 Dazu Thema 10, Teil 1, Abschnitt A.II.5.

53 Dazu Thema 6.

54 Zusammenstellung des Gesetzgebungsverfahrens: http://dipbt.bundestag.de/extrakt/ba/WP18/740/74013.html.

55 Mit Inkrafttreten des BArchG 2017 wurde **das bisherige BArchG aufgehoben**, siehe Art. 6 Satz 2 im Gesetz zur Neuregelung des Bundesarchivrechts, BGBl. I, 2017, S. 410 ff. Allerdings hatte der Koalitionsvertrag, der Anlass für das Gesetzgebungsverfahren war, das Projekt einer Novellierung erwähnt; offenbar deshalb spricht auch die Begründung des Gesetzesentwurfs mehrfach von einer Novellierung, obwohl schon damals eine Neufassung geplant war. Die unzutreffende These von der bloßen Novellierung im BArchG 2017 ist seitdem vielfach wiederholt worden, sogar titelgebend bei Partsch/Koschmieder, Der archivrechtliche Informationszugang nach der Novelle [sic!] des BArchG, NJW 2017, 3416 ff.
Hingegen spricht das **BVerwG** zutreffend vom (bisherigen) „BArchG" und vom „BArchG 2017" in einer Entscheidung v. 12.09.2017 (6 A 1/15), https://datenbank.nwb.de/Dokument/Anzeigen/710597/.
Zur rechtstechnischen Abgrenzung von (Einzel-)Novelle und Ablösungsgesetz siehe Bundesministerium der Justiz und für Verbraucherschutz, Handbuch der Rechtsförmlichkeit, 3. Aufl., http://hdr.bmj.de/page_d.2.html#an_504 (zum Ablösungsgesetz) bzw. http://hdr.bmj.de/page_d.3.html#an_516 (zur Einzelnovellle).

56 Siehe dazu Thema 13, Teil 5, Abschnitt E.III.

2018 wurde die **EU-Datenschutz-Grundverordnung** wirksam. Damit enthalten erstmals Normen außerhalb der Archivgesetze etliche explizit auf Archive bezogene Regelungen. Folgt daraus Änderungsbedarf im Archivrecht?[57]

C. Die Bedeutung der Phasen des Föderalismus für die Normsetzung im Archivrecht

Die im Folgenden vorgestellten Phasen lösten sich nicht einander ab, sondern überlagern sich. Die Jahreszahlen zeigen also nur an, wann die Strukturelemente der jeweiligen Phase dominierend waren.

Phase 1: 1949 – Ende der 1960er Jahre: Zentralisierung und Unitarisierung im **Exekutivföderalismus**

Die Länder akzeptierten wegen ihrer Mitwirkungsmöglichkeiten im Bundesrat, dass der Bund vermehrt Gesetzgebungszuständigkeiten an sich zog – daher ist die Unitarisierung im GG angelegt. „Leidtragende" waren und sind die Landtage: Deren ursprünglicher Katalog von Zuständigkeiten nahm stetig ab.

Folge im Archivrecht:

Um so mehr Zeit steht den Landtagen für die verbliebenen Felder zur Verfügung, womit sich die Detailfreude erklären lässt, mit der sich nicht wenige Landtage seit dem Beginn der Archivgesetzgebung „ihrem" Landesarchivrecht gewidmet haben.

Phase 2: 1970er Jahre – Ende der 1980er Jahre: **Kooperativer Föderalismus** – Politikverflechtung im Mehrebenensystem

Diese neue Phase des Föderalismus wurde in der großen Koalition ab 1966 durch Grundgesetzänderungen vorbereitet und entfaltete sich dann ab den 1970er Jahren. Es gab nun eine wesentlich verstärkte Kooperation zwischen Bund und Ländern und ein allgemeines Einverständnis, diese Kooperation weiter zu verstärken. Dies ging einher mit einer Reform der Finanzbeziehungen und – für Archive besonders wichtig – der Entstehung vieler gemeinsamer informeller Bund/Länder-Gremien.

57 Siehe dazu Thema 5.

Folgen im Archivrecht:

Während des kooperativen Föderalismus ist es z. B. beim Verwaltungsverfahrensgesetz (VwVfG) gelungen, nach langjähriger Kommissionsarbeit weitestgehend inhaltsgleiche Fassungen des Bundes- bzw. der Landes-VwVfG zu erreichen. Dies erleichtert die Rechtsanwendung wesentlich – man kann einfach „das VwVfG" anführen.

Andererseits ist die Entstehung der Archivgesetze (leider) nicht durch diese Phase des Föderalismus geprägt worden. Es gab keine Bund-Länder-Kommission, die einen Entwurf für ein Archivgesetz erarbeitet hat, das dann inhaltsgleich auf Bundes- und Landesebene verabschiedet wurde.

Phase 3: 1989 ff: Gestaltungsföderalismus

In der Zeit nach 1989ff. veränderten mehrere voneinander unabhängige Faktoren den Föderalismus grundlegend:

1. nach 1989 erfolgte eine **Reföderalisierung der Gebiete der** nunmehr ehemaligen **DDR** („5 Länder-Variante") als Umsetzung des nach wie vor vorhandenen Landesbewusstseins, obwohl die neuen Länder teilweise sehr klein und ohne Länderfinanzausgleich nicht lebensfähig waren. Demokratischer Wille siegte über wirtschaftliche Vernunft.
2. Ein **stärkerer Finanzausgleich der Länder** untereinander (vor allem zugunsten der fünf neuen Bundesländer) führte zu einer strategischen Koalition der „reichen" Flächenstaaten Hessen/NRW/BaWü/Bayern über Parteigrenzen hinweg. Dies war verbunden mit „Partnerschaften" zwischen alten und neuen Bundesländern (Bayern-Sachsen, Hessen-Thüringen etc.) und stärkte die „reichen" Flächenstaaten nochmals.
3. Der **Maastricht-Vertrag** von 1992 stärkte den europäischen Binnenmarkt und die EU-Wirtschaftsförderung. Diese ist jetzt ausgerichtet auf *Regionen* (in Deutschland: auf die Bundesländer), nicht auf Nationalstaaten. Das komplizierte Antragsverfahren kann in den „reichen" Flächenstaaten dank besserer personeller Ausstattung eher bewältigt werden.

Daraus folgte eine umfassende Stärkung der „großen" Bundesländer. Die **Folge im Archivrecht**: Es entstanden **einzelne Gruppen von LArchG**, jeweils passend zu den strategischen Partnerschaften. Inzwischen sind aber jedenfalls die erwähnten LArchG-Gruppen kaum noch zu finden, weil sich die aktuellen Archivgesetzgebungen in den neuen Bundesländern kaum noch an den Archivgesetzen ihrer „Partnerländer" orientieren.

Ein realistischer Weg, die zersplitterte Archivgesetzgebung in näherer Zukunft zu vereinheitlichen, ist nicht ersichtlich. Der von Friedrich Schoch u. a. im Jahre 2007 vorgelegte, sorgfältig erarbeitete **Entwurf eines Archivgesetzes** des Bundes (ArchG-ProfE)[58] hat, soweit ersichtlich, keine Leitfunktion übernommen. Und anders als z. B. im Bauordnungsrecht gibt es bei den Archivgesetzen auch kein Bundesministerium, das die Harmonisierung der Archivgesetze federführend betreibt.

> „Wir haben 16 Landesbauordnungen, die sich in unterschiedlicher Weise an der Musterbauordnung orientieren", sagte Gunther Adler, Staatssekretär im Bundesbauministerium. „Mein Ziel ist es, das weiter anzugleichen. Aber das ist ein dickes Brett. Der Widerspruch gegen einen solchen Harmonisierungsprozess ist enorm", so der Staatssekretär.[59]

Es bleibt daher bis auf Weiteres nichts anderes übrig, als mit der zersplitterten Vielgestaltigkeit der Archivgesetzgebung zu leben.

Phase 4: 2006 ff.: Beteiligungsföderalismus

Die umfangreiche Föderalismusreform von 2006 hatte wesentliche archivrechtsrelevanten Auswirkungen. Die umfassende Änderung von Gesetzgebungskompetenzen zugunsten der Länder (Abschaffung der die Länder einengenden Rahmengesetzgebung) und die Verringerung von Zustimmungserfordernissen des Bundesrats führte zu neuen Formen der Zusammenarbeit zwischen Bundes*exekutive* und Länder*exekutiven* (somit zu einem weiteren Bedeutungsverlust der Landesparlamente) und vor allem zu einer Lockerung des Kooperationsverbots in Art. 104 b I 1 GG durch Art. 91 b GG.

> **Art. 91 b GG**
> (1) Bund und Länder können auf Grund von Vereinbarungen in Fällen überregionaler Bedeutung bei der Förderung von **Wissenschaft, Forschung und Lehre** zusammenwirken.

Dadurch sind etliche vom Beteiligungsföderalismus geprägte Institutionen im Archivbereich neu entstanden:

- „Koordinierungsstelle für die Erhaltung des schriftlichen Kulturguts (KEK)
- „Deutsche Digitale Bibliothek" (DDB)
- Themenportal „Wiedergutmachung nationalsozialistischen Unrechts" im Archivportal-D

[58] Berlin 2007.
[59] WELT KOMPAKT v. 30.05.2018, S. 22

D. Rechtsquellen des Archivrechts

I. Allgemeines

Recht kann aus sehr verschiedenen, teilweise ineinander übergehenden Quellen stammen:

	Beispiele aus dem Archivrecht
Gesetze	BArchG, LArchG, VwVfG, BGB etc.
Gewohnheitsrecht	Die Befugnis, private Wappen zu führen
Richterrecht	Die Justitiabilität von Bewertungsentscheidungen ist maßgeblich durch ein Urteil des Verwaltungsgerichts Darmstadt[60] geprägt
herrschende Meinung“ („hM“) in der Rechtsprechung bzw. in Kommentaren	Die Belegexemplarpflicht wird von vielen Archivgesetzen und vielen Autoren verteidigt[61]
Völkerrecht	Art. 56 Haager Landkriegsordnung
supranationales Recht	Datenschutzgrundverordnung (DS-GVO)[62]
Kirchenrecht	kirchliches Archivrecht
internes Recht von Organisationen	Compliance-Regelungen in Archiven

II. Die Normhierarchie

Im Kollisionsfall gilt:
Lex superior derogat legi inferiori:
Eine höherstehende Norm
hat Geltungsvorrang vor einer niedriger
stehenden Norm
(Europarecht hat aber nur Anwendungsvorrang)

Satzungsautonomie haben u. a.:
- Gemeinden
- Universitäten (meist)
- Stiftungen des öffentlichen Rechts

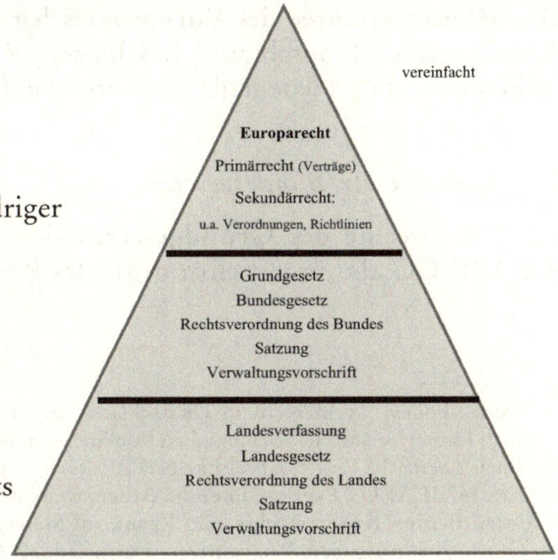

60 VG Darmstadt NJW 2004, 1471 ff. Dazu Thema 10, Teil 1, Abschnitt D.V.

61 Meine Gegenthese und die Begründung dazu bei Thema 13, Teil 6, Abschnitt C II 2.d.

62 Die Bedeutung der DS-GVO für Archive wird allerdings weitgehend verneint von Hannes Berger, Die Anwendbarkeit der Datenschutz-Grundverordnung in öffentlichen Archiven, Recht der Datenverarbeitung (RDV), Jg. 2018, S. 201 ff.

- *Lex specialis derogat legi generali*: Das speziellere Gesetz verdrängt das allgemeine
  Gemüß einer These von Rainer Polley gilt: „Ziel des Archivwesens ist zweifellos, dass die Archivgesetze als *lex specialis* angesehen und damit für die archivischen Arbeitsbereiche vorrangig zu behandeln sind.“[63]
- *Lex posterior derogat legi priori*: Das spätere Gesetz verdrängt das frühere
- *Bundesrecht bricht Landesrecht* (Art. 31 GG)
  Folgt daraus: „Bundesarchivrecht bricht Landesarchivrecht“? Nein, denn die Zuständigkeit für Archivgut knüpft daran an, ob die Unterlagen bei einer Bundes- oder Landesstelle angefallen sind;[64] wegen des Verbots der Mischverwaltung ist damit die Zuständigkeit eindeutig.

III. Europarecht bis Satzung – ein Überblick zu archivrechtlichen Normen

1. *Europarecht*

Die EU ist zwar zuständig für „Erhaltung und Schutz des kulturellen Erbes von europäischer Bedeutung“,[65] hat aber keine Kompetenz, das Kulturrecht der Mitgliedsstaaten zu harmonisieren. Daher gehen von europäischem Kulturrecht „nur wenige rechtlich verbindliche Vorgaben für das Archivgut aus“.[66] Anders ist es im Bereich des Datenschutzrechts, wo die **Datenschutz-Grundverordnung** (DS-GVO) als unmittelbar geltendes Recht zu beachten ist.[67]

Das **Ministerkomitee des Europarates** hat im Jahr 2000 über den Zugang zu Archiven eine „Empfehlung“ beschlossen,[68] die aber nicht unmittelbar rechtsverbindlich ist und jedenfalls in Deutschland wenig rezipiert wurde.

2. *Grundgesetz/Bundesgesetze*

Die Grundrechte des **Grundgesetzes** sind von öffentlichen Archiven gemäß Art. 1 III GG als „unmittelbar geltendes Recht“ zu beachten. Die Grundrechte

---

63 Rainer Polley, Archivrecht in Deutschland, in: Becker/Rehm, Archivrecht, S. 18ff. (29); ebd. auch Hinweise auf die Vorrangigkeit von anderem Recht.

64 Dazu Thema 10, Teil 1, Abschnitt A.II.2.

65 Art. 167 II AEUV (Vertrag über die Arbeitsweise der Europäischen Union).

66 Anna-Bettina Kaiser, Archiv und Recht, in: Marcel Lepper/Ulrich Raulff, Handbuch Archiv. Geschichte, Aufgaben, Perspektiven, Darmstadt 2016, S. 107ff. (108). Ähnlich Schoch, ArchivG-ProfE, S. 35: „Europarechtliche Determinanten“ des Archivrechts „bestehen […] kaum.“

67 Dazu Thema 5.

68 *Recommendation No R (2000) 13 on a European policy on access to archives*, zugänglich unter https://rm.coe.int/16804cea4f. Dazu Charles Kecskeméti/Iván Székely, Access to archives. A handbook of guidelines for implementation of Recommendation No R (2000) 13 on a European policy on access to archives, 2005.

liefern in der Regel[69] zwar **keine eigenständige Anspruchsgrundlage** von Bürger.innen gegenüber den Archiven,[70] sie sind aber bei der Auslegung der gesamten Rechtsordnung leitend. Archivrelevant sind vor allem

- **Art. 5 GG** (als Grundrecht von Nutzer.innen) und
- **Art. 2 und 12 GG** als Grundrechte derjenigen, um deren Daten es in den Unterlagen geht.[71]

Art. 1 III GG: „Die nachfolgenden Grundrechte binden [die] vollziehende Gewalt […] als unmittelbar geltendes Recht."

Zudem prägt das Rechtsstaatsprinzip die Erfüllung der archivischen Fachaufgaben.[72]

Von den Bundesgesetzen hat das **BArchG** eine zentrale Bedeutung vor allem für Archivgut des Bundes.

Hierfür hat der Bund die Gesetzgebungskompetenz: Es besteht zwar keine ausschließliche Gesetzgebungskompetenz nach Art. 73–75 GG, aber es liegt eine **Kompetenz kraft „Natur der Sache"**[73] vor, denn die Unterlagen des Bundes stehen in seinem Eigentum. Zum „Archivgut des Bundes" (§ 1 BArchG) gehört daher sowohl Archivgut aus der unmittelbaren Bundesverwaltung (z. B. oberste Bundesbehörden) als auch aus der mittelbaren Bundesverwaltung (z. B. bundesunmittelbare Anstalten wie die Deutsche Nationalbibliothek). Der Bundesrat hat dem Gesetz zugestimmt, dies war „nach Art. 84 Abs. 1 GG erforderlich, weil das [BArchG] insbesondere in den §§ 2 und 8 bis 11 in die Verwaltungsverfahren der Länder eingreift".[74]

Aber auch das **BGB**[75] und die **Kulturgutschutzgesetze**[76] sind für die Erfüllung der archivischen Fachaufgaben von zentraler Bedeutung.

---

69 Zum den Rechtsfolgevoraussetzungen des (seltenen) unmittelbar aus der Pressefreiheit hergeleiteten Auskunftsanspruchs gegenüber Archiven siehe Thema 13, Teil 2, Abschnitt C.I.

70 „Grundrechtliche Positionen, die im Zusammenhang mit einem archivrechtlichen Nutzungsanspruch aus § 11 Abs. 6 i. V. m. § 10 Abs. 1 Satz 1 BArchG geltend gemacht werden, sind diesem nicht als eigenständige Ansprüche zur Seite zu stellen, sondern bei der Auslegung der einfachrechtlichen Anspruchsgrundlage zu berücksichtigen." BVerwG 6 A 7.20, Urteil v. 13.01.2022, Leitsatz 1 (NJW 2022, 1760).

71 Dazu umfassend Thema 2.

72 Dazu Thema 3.

73 Diese These liegt der aktuellen Gesetzgebung im Archivrecht zugrunde (siehe z. B. Bundestags-Drucksache 19/2630 v. 11.6.2018 (https://dserver.bundestag.de/btd/19/026/1902630.pdf), S. 11, Abschnitt IV) und ist auch die herrschende Meinung in der Literatur; siehe die Nachweise bei Herbert Günther, Archive und Verwaltung oder: Über die Grenzen des Archivrechts, in: Irmgard Christa Becker u. a. (Hrsg.), Archiv – Recht – Geschichte. Festschrift Polley, Marburg 2014, S. 195 ff. (S. 198 Fn. 6); aA Manegold, Archivrecht, S. 150 und Schoch, ArchivG-ProfE, S. 35 f.

74 Becker/Oldenhage, BArchG-Kommentar, § 1 Rn. 7.

75 Dazu Thema 8.

76 Dazu Thema 6.

Da das BArchG und die LArchG nur einige wenige verfahrensrechtliche Regelungen enthalten, ist im Übrigen das **Verwaltungsverfahrensgesetz** (VwVfG) einschlägig.[77]

3. *Landesgesetze*

Die 16 Landes-Archivgesetze sind für das Archivgut der Länder einschlägig.

4. *Satzungen/Verwaltungsvorschriften*

Gemeinderäte können Satzungen erlassen, die (auch) Archivrechtsfragen regeln. Verwaltungsvorschriften, die – anders als Gesetze und Verordnungen – keine Rechtsvorschrift sind[78] und grundsätzlich keine Außenwirkung haben,[79] regeln Einzelheiten der Arbeit nachgeordneter Behörden.

Beispiel: Verzeichnisrichtlinien.

IV. *Ius Archivi* heute – eine juristische Kategorie?

Das *ius archivi* war im Spätmittelalter und in der Frühen Neuzeit der Ausgangspunkt für eine in etlicher Hinsicht starke und herausgehobene Stellung von Archiven, deren Gründung und Betrieb zu den Hoheitsrechten der Herrscher gehörten; die Archivunterlagen besaßen eine besondere beweisrechtliche Stellung.[80] Zum *ius archivi* gehörte allerdings nicht die Nutzung durch Private, und *ius archivi* war auch kein Rechtsgebiet. Ob das 19. Jahrhundert ein „vielhundertjähriges Archivrecht liquidiert" hat, wie eine zugespitzte Formulierung von Lieberich lautet,[81] kann hier offen bleiben[82] – auf jeden Fall bleibt eine besondere juristische Stellung der öffentlichen Archive erhalten, erwähnt seien nur

- die Möglichkeit einer Widmung der Unterlagen passend zu den Zwecken des Archivs,[83]
- die Einstufung (nahezu[84]) aller Archivalien als Kulturgut und
- das Archivprivileg der DS-GVO[85]

---

[77] Dazu Thema 4.

[78] Das ist bei einigen LArchG relevant bei der Frage, wie die maximal 30-jährige Aufbewahrungsfrist verlängert werden kann. Dazu Thema 10, Teil 1, Abschnitt A.V.2.

[79] Zur Abgrenzung von VA und Verwaltungsvorschrift siehe Thema 4, Teil 2, Abschnitt B.IV.

[80] Dazu Friedrich Merzbacher, Ius Archivi. Zum geschichtlichen Archivrecht, Archivalische Zeitschrift Bd. 75 (1979), S. 135ff.; Heinz Lieberich, Art. „Archive", in: Handwörterbuch der deutschen Rechtsgeschichte, 1. Aufl., Bd. 1, Berlin 1971, Sp. 211ff.

[81] Lieberich, Archive (Fn. zuvor), Sp. 213.

[82] Vgl. dagegen nur A. Müller, Art. „Archive" und „Archivrecht", in: Karl Welcker, Das Staats-Lexikon, 3. Aufl., Bd. 1, Leipzig 1856, S. 664ff. und S. 669ff.

[83] Dazu Thema 10, Teil 1, Abschnitt E.

[84] Dazu Thema 6, Teil 3.

[85] Art. 89 Abs. 3 DS-GVO.

Daraus lässt sich aber nicht ableiten, dass insoweit das *ius archivi* die Grundlage war und ist. Es gibt nämlich keine direkte Linie des *ius archivi* von der Frühen Neuzeit in Gegenwart, z. B. gilt für die Abgabepflicht:

> Das „Monopol der (amtlichen) Aktenaussonderung haben sich die Archivare [...] hierzulande schwer erkämpfen müssen. Selbst in Preußen, wo bereits 1833 die erste Kassationsanweisung erging, dauerte es immerhin mehr als 100 Jahre, ehe eine Verwaltungsvorschrift den Anspruch absicherte“.[86]

Auch die Nutzung von Archivgut als Jedermannrecht und die Funktion von Archiven zur Schaffung von Transparenz in einem Rechtsstaat lassen sich nicht auf das *ius archivi* zurückführen. Es besteht auch kein *ius archivi*, das die Zuständigkeit für Beglaubigungen auf Archive begrenzt; vielmehr haben Bund und Länder viele staatliche Stellen dazu ermächtigt.[87]

Es gibt also **keine ununterbrochene juristische Kontinuität**, mit der begründet werden kann, dass aus dem *ius archivi* heute unmittelbar ein juristisches Argument abgeleitet werden kann, das z. B. das Archiv gegen die Wertungen anderer Rechtsgebiete abschließt. Dies wird relevant unter anderem bei den folgenden Fragen:

- Ergibt sich aus dem *ius archivi* ein Argument gegen die zivilprozessual begründbare Pflicht zur Nachsignierung digitaler Unterlagen, weil das Archiv *per se* ein vertrauenswürdiger Ort sei?[88]
- Regeln wegen des *ius archivi* Archivgesetze „als *lex specialis* die Benutzung von Archivgut“,[89] so dass anders begründete Nutzungsansprüche draußen bleiben müssen?

Die Antwort auf beide Fragen lautet aus meiner Sicht nein. Schon weil die Ausstrahlungswirkung der Grundrechte auch die Auslegung des Archivrechts prägt, kann es keine immunisierte Rechtsinsel „Archivrecht“ geben. Es würde auch dem Gebot der Normenklarheit widersprechen, wenn die ausdifferenzierte, demokratisch legitimierte Archivgesetzgebung durch eine ausfüllungsbedürftige Generalklausel ohne demokratische Verankerung jederzeit verdrängt werden könnte.

---

86 Hans Booms, Gesellschaftsordnung und Überlieferungsbildung. Zur Problematik archivarischer Quellenbewertung, Archivalische Zeitschrift Bd. 68 (1972), S. 3 ff. (9).

87 Zum Beispiel gilt in Hessen als Umsetzung von § 33 I 2 VwVfG: „*Alle Behörden* im Sinne des § 1 Abs. 1 des Hessischen [VwVfG] sind befugt, Beglaubigungen nach den §§ 33 und 34 des Hessischen [VwVfG] vorzunehmen.“ Hessische Verordnung zur Bestimmung der zu Beglaubigungen befugten Behörden v. 21.09.2009, Gesetz- und Verordnungsblatt für das Land Hessen, Teil I, Jg. 2009, S. 404 (Hervorhebung von Th. H.).

88 Dazu Henne, Juristische Anforderungen an die Beweiswerterhaltung bei digitaler Archivierung, in: Irmgard Christa Becker u. a. (Hrsg.), E-Government und digitale Archivierung. Tagungsband zum 23. Archivwissenschaftlichen Kolloquium der Archivschule Marburg im Juni 2018, S. 97– 118.

89 Arnd Vollmer, Archiv- oder Presserecht? Rechtliche Probleme bei der Nutzung von Archiven durch Medien, in: Edgar Lersch und Peter Müller (Hrsg.), Archive und Medien. Vorträge des 69. Südwestdeutschen Archivtags am 20. Juni 2009 in Münsingen, Stuttgart 2010, S. 38 ff. (43).

Es ist nur möglich, dass mit der viel verwendeten Formel „Archivrecht ist bereichsspezifisches Datenschutzrecht“ die begründungslose und automatische Anwendung von Wertungen eines *einzelnen* Rechtsgebiets im Archiv abgelehnt werden kann, was sich mit der geschilderten Genese des Archivrechts begründen lässt – es wurde ja gerade zu diesem Zweck geschaffen.[90] Im Hinblick auf das Presserecht, das Zivilprozessrecht und andere Rechtsgebiete ist jene Argumentation hingegen schwer vertretbar. Auch Ansprüche nach dem Informationsfreiheitsgesetz ragen wohl in das Archiv hinein.[91]

V. Technische Normung für das Archivwesen auf nationaler, europäischer und internationaler Ebene: DIN-Vorschriften, ISO-Regeln

Für viele Lebensbereiche haben halb-amtliche oder privat getragene Institutionen Vorschläge für einheitliche Verfahren gemacht. In Deutschland engagieren sich in diesem Bereich mit Archivbezug u. a.

- das Deutsche Institut für Normung [nicht: „Normierung“!] und
- die Archivreferentenkonferenz des Bundes und der Länder (ARK)

Für das Archivwesen relevant sind z. B. Vorschriften zur Schriftgutverwaltung, zu Archivzweckbauten[92] und zum Umgang mit Archivalien (Lagerung, Bestandserhaltung etc.). Die ARK hat z. B. Empfehlungen zur Bewertung von Wiedergutmachungsunterlagen, zur Erschließung der Wiedergutmachungsüberlieferung und zur Benutzung von Wiedergutmachungsakten erstellt.[93]

Der große Bekanntheitsgrad mancher technischen Normungen („DIN A4“) geht aber häufig mit einer Fehleinschätzung der rechtlichen Bedeutung dieser Regeln einher:

> „**DIN-Vorschriften** sind **keine** verbindlichen Rechtsvorschriften, sondern lediglich das Ergebnis einer in privater Hand befindlichen technischen Normung, die
>
> - mangels demokratischer Legitimation und
> - in der Regel auch fehlender freier Zugänglichkeit der Normungsergebnisse
>
> keine Verbindlichkeit beanspruchen können. Sie stellen keine Rechtsnormen dar, das Deutsche Institut für Normung hat keine Rechtsetzungsbefugnisse.“[94]

[90] Dazu Thema 5, Teil 1.

[91] Dazu Thema 5, Teil 2.

[92] DIN ISO 11799 Information und Dokumentation – Anforderungen an die Aufbewahrung von Archiv- und Bibliotheksgut, 2004.

[93] https://www.bundesarchiv.de/DE/Content/Downloads/KLA/wiedergutmachung-abschlussbericht.pdf.

[94] VGH München, DVBl. 2015, 196.

Auch die für das Archivwesen wichtigen **ISO-Vorschriften** sind gemäß einer Formulierung des BVerwG

„ein von einem privaten Normungsgremium erstelltes, technisches Regelwerk“.[95]

Folglich ist es rechtlich unproblematisch, wenn das Normungsgremium die Ergebnisse seiner Arbeit nicht kostenlos zur Verfügung stellt.[96]

DIN-Vorschriften können vom Gesetzgeber für rechtsverbindlich erklärt werden,[97] oder Vertragsparteien können in ihrem Verhältnis die Geltung der DIN-Vorschriften vereinbaren. Beides ist im Hinblick auf Archive bislang nicht erfolgt. Dennoch können DIN-Vorschriften (zum Beispiel im Haftungsfall) eine erhebliche Bedeutung erlangen.

> Beispiel: Im Mängelgewährleistungsrecht sowie im Delikts- und Produkthaftungsrecht werden die DIN-Vorschriften häufig herangezogen, um die allgemein anerkannten Regeln zu ermitteln und dann zu beurteilen, ob bei einem Fahrlässigkeitsvorwurf die verkehrsübliche Sorgfalt („anerkannte Regeln der Technik“) eingehalten wurde.

Trotz der fehlenden Verbindlichkeit der DIN-Vorschriften ist es also **in der Regel empfehlenswert, ihnen zu folgen** – außer man verfügt über professionelles Wissen oder über andere gute Gründe, die DIN-Vorschriften nicht anzuwenden.

Im Hinblick auf den Menge dieser Normungen im Archivwesen ist es im Übrigen auffällig, dass mit der Schriftgutverwaltung zwar das „Vorfeld“ der archivischen Fachaufgaben umfassend durch eine Normung erfasst ist, von den Kernbereichen der archivischen Arbeit (in der Formulierung des BArchG 2017: „sichern, nutzbar zu machen und wissenschaftlich zu verwerten“)[98] sich aber **nur die Bestandserhaltung stark an Normungen orientiert**. Schon die Erschließung und Verzeichnung sind in der Praxis nur in geringerem Maß von Normungen erfasst – selbst dort, wo z.B. mit der Normdatenbank ein im Bibliothekswesen langjährig erprobtes Hilfsmittel zur Verfügung steht.[99] Die gängige Archivsoftware setzt zwar durch die Verzeichnisfelder Normungen um, zum Beispiel die Errichtung einer Tektonik oder die Klassifizierung sind aber kaum an Normungen orientiert. Erst recht die Nutzung von Archivgut ist –

---

95 BVerwG, Urt. v. 27.06.2013, 3 C 21/12, http://www.bverwg.de/entscheidungen/pdf/270613U3C21.12.0.pdf.

96 Anders und wie üblich lautstark Klaus Graf: „DIN-Normen-Abzocke“/„Beuthelschneiderei“, siehe https://archivalia.hypotheses.org/67537 mit Hinweis auf ein entgegenstehendes Urteil des OLG Hamburg.

97 Das ist z.B. im Umweltrecht umfassend erfolgt.

98 § 3 I 1 BArchG 2017.

99 Dazu vertiefend eine im 51. Wiss. Lehrgang entstandene Transferarbeit mit dem Titel „Von VIPs und Durchschnittsbürgern – Überlegungen zur Systematisierung von relevanten Personengruppen zur Erweiterung der Gemeinsamen Normdatei für die archivische Erschließung“ (zugänglich unter https://www.landesarchiv-bw.de/sixcms/media.php/120/Transferarbeit2018_Laux.pdf).

soweit es nicht um den Archivbau und die Bestandserhaltung geht – durchgängig ohne Normung geblieben.[100]

Die Zertifizierung z.B. von Hotels gemäß den Qualitätsmanagementsystemen der ISO 9000ff. ist nicht selten und schafft für Hotelkundinnen und -kunden Sicherheit und für das Hotel ein wichtiges Marketinginstrument. Der Weg zum ersten **ISO-zertifizierten Archiv** ist hingegen noch sehr lang.

VI. Compliance im Archivwesen

Unter ‚Compliance' ist im Bereich der Wirtschaft die Gesamtheit der Maßnahmen zu verstehen, die das rechtmäßige und ethische Verhalten u.a. der Mitarbeiterinnen und Mitarbeiter eines Unternehmens im Hinblick auf unternehmenseigene Gebote und Verbote gewährleisten soll.[101] Zu diesem Kontext gehört auch ein **„Ethischer Kodex für Archivarinnen und Archivare"**,[102] der im Jahr 1996 von der Generalversammlung des *International Council on Archives* beschlossen wurde. Auch hier handelt es sich um eine nicht-amtliche Institution, die nur eine nicht rechtsverbindliche Empfehlung für eine **„gute fachliche Praxis"** aussprechen kann. Doch es gibt eine wichtige Verzahnung mit der Rechtspraxis,

WELTWEITE ALLGEMEINE ERKLÄRUNG ÜBER ARCHIVE

Archive dokumentieren und bewahren Entscheidungen, Handlungen und Erinnerungen. Archive stellen ein einzigartiges, unersetzliches kulturelles Erbe dar, das von Generation zu Generation weitergegeben wird. Archivgut wird von seiner Entstehung an so verwaltet, dass sein Wert und seine Aussagekraft erhalten bleiben. Als zuverlässige Informationsquelle stärkt Archivgut rechenschaftsfähiges und transparentes Verwaltungshandeln. Die Archive spielen eine wesentliche Rolle für die gesellschaftliche Entwicklung, da sie das individuelle und das kollektive Gedächtnis sichern und unterstützen. Der freie Zugang zu Archiven bereichert unser Wissen über die menschliche Gesellschaft, fördert die Demokratie, schützt die Bürgerrechte und verbessert die Lebensqualität.

Aus diesen Überlegungen heraus bekennen wir uns zu:

Daher verpflichten wir uns zur Zusammenarbeit, damit:

> „etwa wenn der Maßstab einer guten Praxis den allgemeinen Maßstab des billigen Ermessens konkretisiert (BGH NJW 2006, 684)."[103]

VII. Die Bedeutung der Washingtoner Erklärung für Archive (NS-‚Raubgut')

Zusätzlich zu den erwähnten Rechtsquellen kann es **nicht bindende Vereinbarungen** geben, die Einfluss auf die Rechtsausübung insbesondere von öffentlichen Archiven haben.

[100] Gemeint ist also: Es gibt viele Normierungen zur Nutzung, aber z.B. wenige DIN-Vorschriften.

[101] Aus der in den letzten Jahren stetig zunehmenden Literatur zum Thema sei mit Blick auf den öffentlichen Sektor herausgegriffen: Nicola Ohrtmann, Compliance. Anforderungen an rechtskonformes Verhalten öffentlicher Unternehmen, Köln 2009.

[102] www.ica.org/sites/default/files/ICA_1996-09-06_code%20of%20ethics_DE.pdf.

[103] Creifelds, Rechtswörterbuch, 19. Aufl. 2007, Stichwort „Gute Praxis" (S. 545).

Archivrelevant ist insoweit die **Washingtoner Erklärung** vom 3.12.1998;[104] sie bezieht sich auf die Rückgabe von **NS-verfolgungsbedingt entzogenem Kulturgut**, alltagssprachlich häufig „Raubgut" genannt.[105] In einer gemeinsamen Erklärung haben sich Bund, Länder und kommunale Spitzenverbände im Dezember 1999 zu den Prinzipien der Washingtoner Erklärung bekannt und dabei auch die „öffentlich unterhaltenen Archive" ausdrücklich zur Umsetzung jener Prinzipien aufgefordert.[106] Im Hinblick auf privatrechtlich organisierte Archive erging eine bloße Empfehlung.

Die Beauftragte der Bundesregierung für Kultur und Medien hat zur Umsetzung der Washingtoner Erklärung eine umfangreiche, aber ebenfalls rechtlich nicht verbindliche **„Handreichung"** erstellt.[107]

Aus der Perspektive des Archivrechts ist vor allem relevant, dass zwei wichtige Bestandteile der sachenrechtlichen Rechtsdogmatik erhalten bleiben:

- die **Ersitzung** zugunsten von Archiven[108] und
- die **Einrede der Verjährung des Eigentumsherausgabeanspruchs**[109]

Wenn aber

- zwischen 1933 und 1945
- Eigentums- oder Besitzveränderungen zugunsten von Archiven
- NS-verfolgungsbedingt
  - wie im Wiedergutmachungsrecht gilt bei jüdischen Geschädigten die Vermutung der NS-bedingten Verfolgung

stattgefunden haben, wird

1. in der Regel auf die Erhebung der Einrede der Verjährung des Eigentumsherausgabeanspruchs verzichtet[110] und
2. sollen Archive ihr Ermessen ausüben, um eine „faire und gerechte Lösung" herbeizuführen (das können z.B. Rückgaben oder Schadensersatzleistungen an Berechtigte sein).

Zudem soll die Lösung dem Deutschen Zentrum Kulturgutverluste gemeldet werden.[111]

---

[104] https://www.kulturgutverluste.de/Webs/DE/Stiftung/Grundlagen/Washingtoner-Prinzipien/Index.html.

[105] Der plaktative Begriff ist juristisch wenig passend, da jenes Kulturgut meist erpresst, unterschlagen oder gestohlen, aber selten im Sinne von § 249 StGB geraubt wurde.

[106] https://www.kmk.org/fileadmin/veroeffentlichungen_beschluesse/1999/1999_12_09-Auffindung-Rueckgabe-Kulturgutes.pdf. Das Zitat ebd. S. 4 unter IV.

[107] https://www.kulturgutverluste.de/Webs/DE/Recherche/Handreichung/Index.html.

[108] Thema 8, Teil 3, Abschmitt D II 1.a.

[109] Thema 8, Teil 3, Abschnitt D II 3.b.

[110] Dazu Thema 8, Teil 3, Abschnitt D II 3 b bb.

[111] www.kulturgutverluste.de/restitutionsmeldung.

Die Washingtoner Erklärung bezieht sich nicht auf den Umgang mit **Unterlagen aus kolonialen Kontexten**. Insoweit besteht noch erheblicher Handlungsbedarf, die aktuell diskutierten Praktiken zu vereinheitlichen, so dass auch für dieses Feld ein Text ähnlich der Washingtoner Erklärung entsteht.

E. Die Methodik der Anwendung des Archivrechts in der Praxis

I. Die Struktur archivrechtlicher Regelungen: Rechtsfolgevoraussetzung und Rechtsfolge

1. Allgemeines

Viele Normen bestehen aus einer Rechtsfolgevoraussetzung, häufig „Tatbestand“[112] genannt, und einer Rechtsfolge. Es liegt also ein **„Wenn – Dann“-Schema** vor, das je nach der Norm im Wortlaut mehr oder weniger deutlich ist.

> Beispiel: „Jeder Person *steht nach Maßgabe dieses Gesetzes* auf Antrag *das Recht zu,* Archivgut des Bundes *zu nutzen.*“[113]
>
> Die Rechtsfolgevoraussetzung ist unterstrichen, die Rechtsfolge *kursiv*. „Archivgut des Bundes“ ist dabei eine Rechtsfolgevoraussetzung, weil sich das Nutzungsrecht gemäß dieser Norm nur auf Archivgut des Bundes bezieht und daher der Antrag auf Nutzung von Archivgut des Bundes gerichtet werden muss.
>
> Im „Wenn – Dann“-Schema könnte die Norm also lauten: „*Wenn* irgendeine Person Archivgut des Bundes nutzen möchte und einen Antrag stellt, *dann* steht ihr nach Maßgabe dieses Gesetzes das Recht auf Nutzung zu.“

„Ein Blick in das Gesetz erleichtert die Rechtsfindung“

dieses Bonmot, das jedenfalls nicht unzutreffend ist, wird dem ersten Präsidenten des Bundesarbeitsgerichts, Hans Carl Nipperdey, zugeschrieben

112 Im Prozessrecht hat der Begriff „Tatbestand“ allerdings eine andere Bedeutung.
113 § 10 I BArchG.

2. *Legaldefinitionen und Programmsätze*

Etliche andere Normen enthalten **Legaldefinitionen**: Das Gesetz legt fest, was unter einem bestimmten Rechtsbegriff zu verstehen ist.

> Beispiel: „Archivgut des Bundes: Unterlagen von bleibendem Wert, die das Bundesarchiv nach Ablauf der Aufbewahrungsfristen dauerhaft übernommen hat [...]“[114]
>
> Strukturell liegt auch hier eine Formulierung im „Wenn – Dann“-Schema vor: *Wenn* der Begriff ‚Archivgut des Bundes‘ auftaucht, *dann* sind damit gemeint: Unterlagen von bleibendem Wert, die ...

Außerdem gibt es Normen, mit denen **abstrakte Ziele und Aufgaben** festgelegt werden; auch hier liegt jedenfalls strukturell das „Wenn – Dann“-Schema zugrunde.

> Beispiel: „Das Bundesarchiv hat die Aufgabe, das Archivgut des Bundes auf Dauer zu sichern, nutzbar zu machen und wissenschaftlich zu verwerten.“[115]
>
> Reformuliert nach dem „Wenn – Dann“-Schema: *Wenn* es sich um eine Institution des Bundesarchivs handelt, *dann* hat sie die Aufgaben, die in den „drei Gesetzesbefehlen“[116] im zweiten Satzteil festgelegt sind.

3. *Besonderheiten bei den Rechtsfolgen: Ermessen, juristische Fiktionen, Verweise*

Bei Normen, die bei der Rechtsanwendung ein **Ermessen** einräumen, ist der „Dann“-Teil offen – dazu später vertieft.[117]

> Beispiel: „Die Nutzung *kann* zum Schutz öffentlicher Belange und zur Wahrung schutzwürdiger Interessen Betroffener mit Auflagen verbunden [...] werden“.[118]

Außerdem kann die Rechtsfolge eine **juristische Fiktion** enthalten; dies wird häufig mit Formulierungen wie „gilt als ...“ oder „wird behandelt als ...“ ausgedrückt. Gemeint ist: Obwohl eine bestimmte Rechtsfolgevoraussetzung nicht erfüllt ist, soll trotzdem die daran geknüpfte Rechtsfolge eintreten.

> Beispiel: „Unterlagen aus dem Zwischenarchiv des Bundesarchivs, deren Aufbewahrungsfristen bereits abgelaufen sind, deren bleibender Wert jedoch noch nicht festgestellt worden ist, werden wie Archivgut des Bundes behandelt.“[119]

---

[114] § 1 Nr. 2 BArchG

[115] § 3 I BArchG.

[116] Partsch, BArchG-Kommentar, § 3 Rn. 11, zuvor schon Oldenhage, BArchG-Kommentar, § 1 Rn. 17. Der Begriff „Gesetzesbefehl“ gehört aber eher in den früheren Obrigkeitsstaat, der sich an Untertanen richtete.

[117] Thema 1, Teil 2, Abschnitt E.III.1.

[118] § 10 II BArchG.

[119] § 1 Nr. 2 2. Hs. BArchG.

> Diese Unterlagen erfüllen nicht die Voraussetzungen der→ Legaldefinitionen „Archivgut des Bundes", sie werden aber den gleichen Rechtsfolgen unterworfen und gelten daher als Archivgut des Bundes.

Und schließlich kann die Rechtsfolge ein Verweis auf eine andere Norm sein.

> Beispiel:
>
> „Die Bewertung des Zwischenarchivguts des Bundes […] ist zulässig; § 5 Absatz 5 ist entsprechend anzuwenden."[120] (§ 5 V BArchG legt fest, dass nach der Anbietung und Abgabe die Verarbeitung personenbezogener Daten für archivische Zwecke bei der Erschließung zulässig ist. Da Zwischenarchivgut noch nicht angeboten und abgegeben wurde, kann § 5 V BArchG nicht direkt auf Zwischenarchivgut angewandt werden)
>
> Reformuliert als „Wenn – Dann"-Regelung: „*Wenn* eine Bewertung des Zwischenarchivguts des Bundes erfolgt, *dann* ist diese zulässig und § 5 Absatz 5 ist entsprechend anzuwenden."

Bei derartigen Verweisen gibt es zwei Typen:

- **Statischer Verweis**: die aktuell geltende Fassung des Gesetzes wird angegeben – das ist präzise und daher rechtsstaatlich überzeugend, doch besteht die Gefahr, das insbesondere Landesgesetzgeber die notwendigen Aktualisierungen versäumen, so dass dann der Verweis ins Leere läuft.[121]
- **Dynamischer Verweis**: es wird nur auf das andere Gesetz in seiner jeweils geltenden Fassung verwiesen; das ist wenig präzise und rechtsstaatlich bedenklich.

Wenn der Verweis nicht auf eine einzelne Norm, sondern auf ganze Gesetze oder gar auf alle anderen Gesetze erfolgt, liegt ein **Blankettgesetz** vor:

> Beispiel: „Von der Anbietungspflicht ausgenommen sind […] Unterlagen, die *nach gesetzlichen Vorschriften* vernichtet oder gelöscht werden müssen und die nach diesen gesetzlichen Vorschriften nicht ersatzweise den zuständigen öffentlichen Archiven angeboten werden dürfen."[122]

> Hier können also alle gesetzlichen Vorschriften herangezogen werden.

II. Die Auslegung archivrechtlicher Regelungen

Im Alltagsleben bestehen notwendigerweise individuell verschiedene Auffassungen von Gerechtigkeit. Wenn diese unterschiedlichen Auffassungen unmittelbar zu Entscheidungen führen, sind diese für den Betroffenen (1) häufig nicht vorhersehbar und im Ergebnis, abhängig vom Entscheider, (2) unterschiedlich, aber (3) nicht hinterfragbar. Aus Sicht derjenigen, die von solchen Entscheidungen betroffen sind, besteht also ein dreifaches Gerechtigkeitsdefizit.

---

120 § 8 II 3 BArchG.

121 Dazu mit Beispielen aus der Archivgesetzgebung: Thema 13, Teil 5, Abschnitt E.III.

122 § 6 II BArchG.

Rechtmethodik (als Lehre von der Begründung juristischer Entscheidungen) und Rechtsdogmatik (als Wissenschaft der systematischen Rechtsanwendung) sorgen also für Vorhersehbarkeit und damit für „Gleichheit, die den Kern der Gerechtigkeit ausmacht“[123] – und zudem für die Möglichkeit, den Weg zur Entscheidung im Diskurs zu hinterfragen.

Die Forderung, dass die Kenntnis und Beachtung rechtsmethodischer und rechtsdogmatischer Standards jede Anwendung von Archivrecht anleiten, ist damit im Sinne der Ausführungen in der Einleitung keine Einengung der archivarischen Arbeit und keine Erschwerung, sondern die Voraussetzung, um gerechte und nachvollziehbare juristische Entscheidungen zu treffen.

1. *Die Subsumtionstechnik im Archivrecht*

Das Herstellen einer Beziehung zwischen einem Lebenssachverhalt und einem Begriff ist keine spezifisch juristische Herangehensweise.

> Beispiel: Die Antwort auf die Frage „Wie war es im Urlaub?“ erfordert schon im Hinblick auf den Begriff „Urlaub“ drei Schritte. Erstens muss der Gefragte sich überlegen, was sein Verständnis von „Urlaub“ ist. Zweitens muss man einen Sachverhalt aus dem eigenen Leben auswählen und drittens prüfen, ob dieser Sachverhalt zum eigenen Verständnis von „Urlaub“ passt. Nur wenn dies zu einer bejahenden Antwort führt, kann man nun Überlegungen zur Teilfrage „Wie war es?“ starten.

Bei der juristischen **Subsumtion** müssen die Maßstäbe der Rechtsordnung, hier also die archivrechtlichen Regelungen, in eine Beziehung zu einem konkreten Sachverhalt gebracht werden. Die erste Leistung ist also, die einschlägigen Regelungen zu finden. Zu fragen ist dann im zweiten Schritt, ob die einzelnen Rechtsfolgevoraussetzungen vorliegen und welche Rechtsfolgen für den konkreten Sachverhalt sich daraus ergeben. Die Antwort lässt sich am besten mit einem **juristischen Syllogismus** strukturieren:

Obersatz → Untersatz → Schlussfolgerung

> Beispiel: A forscht zur Geschichte der Y-AG und beantragt daher gemäß einem Schreiben „die Zulassung, im Bundesarchiv Unterlagen zu nutzen.“
>
> Schritt 1: Die von A gewünschte Rechtsfolge ergibt sich aus § 10 I 1 BArchG.
>
> Schritt 2: Für alle Rechtsfolgevoraussetzungen dieser Norm sind Subsumtionen durchzuführen. Hier wird nur auf die Rechtsfolgevoraussetzung „jede Person“ eingegangen:
>
> Obersatz: Das Nutzungsrecht besteht für „jede Person“.
>
> Untersatz: A ist ein Mensch und daher ab Geburt im juristischen Sinne eine Person (gäbe es z.B. noch Vogelfreiheit, „Klostertod“ oder Reichsacht und daher Menschen ohne die Rechtsqualität „Person“, müsste hier ausführlicher argumentiert werden).
>
> Schlussfolgerung: Folglich gehört A zu „jede Person“ im Sinne von § 10 I 1 BArchG.

[123] Diese Formulierung ist Teil der berühmten Radbruchschen Formel.

Mit diesem Ansatz müssen – in einer sinnvollen Reihenfolge – *alle* Rechtsfolgevoraussetzungen der jeweiligen Norm geprüft werden. Dabei kann es nötig sein, mehrere Regelungen zu kombinieren, also beispielsweise eine → Legaldefinition einzubeziehen.

Mitteilenswert sind aber derartige Prüfungen natürlich nur, wenn ihr Ergebnis nicht – wie im obigen Beispiel – evident ist. Diese Entscheidung über die intellektuelle Fallhöhe ist bei jeder juristischen Argumentation ein wesentlicher und unverzichtbarer Teil der Leistung der Verfasser.in.

2. *Die Auslegung des Archivrechts*

Bei der Subsumtion muss wie oben erläutert mit den einzelnen Worten der Regelungen gearbeitet werden. Dabei ist zu klären, ob das jeweilige Detail des Sachverhalts von dem jeweiligen Wort der Regelung erfasst, also „getroffen“ wird.

> Beispiel: Eine Gruppe von Mitarbeiter.innen der Y-Aktiengesellschaft (Y-AG) forscht zur Geschichte ihrer Firma und beantragt daher gemäß einem Schreiben „die Zulassung für die Y-AG, im Bundesarchiv Unterlagen zu nutzen.“ Fällt die Y-AG unter „jede Person“ im Sinne von § 10 I 1 BArchG? (Die Antwort folgt im weiteren Text.)

Die Auslegungskriterien sind in der deutschen Rechtsordnung nicht vom Gesetzgeber vorgegeben. Es ist bewährt und auch empfehlenswert, die folgenden vier Kriterien zu verwenden, die häufig – aber unpräzise[124] – auf den Juristen Friedrich Carl v. Savigny zurückgeführt werden:

a. Wortlautauslegung (grammatische Auslegung)

Dieser erste Auslegungsschritt knüpft an das juristische (!) Verständnis des Wortes an – Recht ist, wie oben erläutert, ein teilautonomes System.

> Beispiel (Fortsetzung): Die Y-Aktiengesellschaft ist – gemäß den zivilrechtlichen Regelungen – eine juristische Person.
>
> Beispiel: Wenn in juristischen Regelungen von „Eigentum“ und „Besitz“ gesprochen wird, darf keinesfalls das meist andere Verständnis der Alltagssprache herangezogen werden.

Wenn es kein spezifisch juristisches Verständnis des Wortes gibt (als → Legaldefinition oder als Praxis in Rechtsprechung bzw. Rechtslehre), kann das Verständnis durch die Heranziehung einer externen Referenzebene gewonnen werden, hier also unter Rückgriff auf die Begrifflichkeit der Archivwissenschaft.

---

[124] Dazu z.B. Ulrich Huber, Savignys Lehre von der Auslegung der Gesetze in heutiger Sicht, in: Juristenzeitung Jg. 2003, S. 1 ff. und Joachim Rückert, Methode und Zivilrecht beim Klassiker Savigny (1779–1861), in: ders./Ralf Seinecke, Methodik des Zivilrechts – von Savigny bis Teubner, 3. Aufl. 2017, S. 53 ff.

Beispiel: Eine Nutzungsversagung ist möglich, wenn durch die Nutzung der „Erhaltungszustand des Archivguts des Bundes gefährdet würde".[125] Maßstäbe für die Bestandserhaltung werden nicht unter Jurist.innen diskutiert, daher ist für die Auslegung auf den Meinungsstand bei den Bestandserhaltungsexpert.innen zurückzugreifen.

Wenn sich der Meinungsstand in der externen Referenzebene wandelt, wirkt das (meist mit Zeitverzögerung) auch auf den juristischen Diskurs zurück.

Der Wortlaut der Regelung setzt jedoch eine letztliche, abstrakt nur schwer zu bestimmende Grenze. Das BVerfG legt den möglichen Wortsinn als Grenze der Auslegung fest: Jedenfalls ist ein Apfel keine Birne.

Beispiel: Das BArchG begründet nur eine Anbietungs*pflicht* (dieses Wort ist in § 6 II explizit erwähnt), aber kein damit korrespondierendes „Anforderungs*recht*" der Archive;[126] und Onkel und Tanten sind vermutlich „Angehörige" für die Veranstalter von Familienfeiern, aber nicht nach dem Angehörigenbegriff des BArchG.[127]

b. Auslegung mit Blick auf die Entstehungsgeschichte der Regelung

Diese verkürzt häufig „historische Auslegung" genannte Auslegungsmethode wird teilweise als zweiter, teilweise als dritter Schritt erörtert. Letztlich ist die Reihenfolge dieser beiden Schritte wohl austauschbar.

Bei der „historischen Auslegung" blickt man auf die Vorstellungen, die der damalige Gesetzgeber mit der Regelung verband. Auf europäischer Ebene, also insbesondere für Verordnungen und Richtlinien, gibt es sogar die normierte Pflicht, Rechtsakte zu begründen;[128] dies erfolgt durch „**Erwägungsgründe**".

Aufschlussreich ist also ein Blick in die Gesetzgebungsmaterialien bzw. bei EU-Recht in die Erwägungsgründe.

Beispiele:

Zur Frage, ob der Informationszugang nach dem IFG, der vor der Widmung zu Archivgut gemäß § 11 V Nr. 2 BArchG „offengestanden haben" muss, *nur abstrakt* offen gewesen sein muss oder ob konkret Zugang nach dem IFG *gewährt* worden sein muss, enthalten die Gesetzgebungsmaterialien eine These.[129]

„Kinder" sind Angehörige im Sinne des BArchG. Zählen auch Adoptivkinder dazu? Dies ist gemäß der Gesetzesbegründung zu bejahen.[130]

---

125 § 13 II Nr. 1 BArchG.

126 Allerdings kann das Bundesarchiv nach § 5 II 2 BArchG 2017 „auf die Anbietung und Abgabe von Unterlagen ohne bleibenden Wert verzichten", was jedenfalls eine mit der Anbietungspflicht korrespondierende Rechtsstellung konstituiert.

127 Siehe den Wortlaut von § 1 Nr. 1 BArchG.

128 Art. 296 II Vertrag über die Arbeitsweise der Europäischen Union (AEUV).

129 Dazu Thema 13, Teil 2, Abschnitt C.II.

130 Dazu mit Nachweis Partsch, BArchG-Kommentar, § 1 Rn. 2 aE.

„Genetische Daten“ sind im Erwägungsgrund 34 der DS-GVO definiert. Nachfahren von Opfern der „Euthanasie“-Morde können daher gegenüber Archiven eine *eigene* Rechtsstellung geltend machen.[131]

Überraschenderweise führt der Wortlaut von § 6 IV 2. Alt. BArchG nach § 11 III BArchG zu einer generellen 60-jährigen Schutzfrist für personenbezogenes Archivgut. Dem steht aber eindeutig die historische Auslegung entgegen.[132]

Dieses Auslegungskriterium liefert aber nur ein zusätzliches Argument, denn viele Wertungen des Gesetzgebers sind zeitabhängig.

Beispiel: In den Gesetzgebungsmaterialien zum Art. 2 GG finden sich keine Überlegungen zum Recht auf informationelle Selbstbestimmung,[133] dennoch liegt eine rechtmäßige, weil teleologische (dazu gleich) Auslegung des Art. 2 GG vor.

Zudem hat das Organ, das die Regelung verabschiedet hat, nur den Regelungstext in seinen Willen aufgenommen, nicht aber die Gesetzgebungsmaterialien. Die „historische Auslegung“ kann also, wenn sie nicht zum selben Ergebnis kommt wie die anderen Auslegungskriterien, nicht maßgebend sein.

c. Systematische Auslegung

Dieses Auslegungskriterium orientiert sich am Ziel, durch die Auslegung Widersprüche innerhalb eines Gesetzes und möglichst auch innerhalb der Rechtsordnung zu vermeiden („Harmonisierung“). Wenn z. B. die Wortlautauslegung mehrere Auslegungen ermöglicht, ist die Auslegung vorzuziehen, die zur Widerspruchsfreiheit führt.

Beispiel 1: Der Wortlaut des BArchG enthält keinen Hinweis, wie die tage- und gar minutengenaue Berechnung der Schutzfristen vorzunehmen ist. Da die Archivgesetze überwiegend Verwaltungsrecht enthalten, ist auf die Regelungen im VwVfG zurückzugreifen. Dort wiederum wird auf das BGB verwiesen.[134]

Beispiel 2: Das BArchG ermöglicht eine Schutzfristverkürzung, wenn die Nutzung zur „Wahrnehmung berechtigter Belange unerlässlich ist, die im überwiegenden Interesse einer anderen Person“ liegen.[135] Kann dieses „überwiegende Interesse“ gegen das postmortale Persönlichkeitsrecht von Personen, die in den Unterlagen vorkommen, abgewogen werden? Der Wortlaut des BArchG spricht nicht dagegen, aber das Grundgesetz: Dort ist das postmortale Persönlichkeitsrechts in der von Art. 1 GG geschützten Menschenwürde verankert, und diese kann nach herrschender und zutreffender Ansicht nicht abgewogen werden.[136]

---

131 Dazu Thema 13, Teil 5, Abschnitt F.III.3.b.aa.
132 Dazu Thema 13, Teil 5, Abschnitt G.V.3.
133 Zu diesem Grundrecht Thema 2, Teil 2 Abschnitt B.
134 § 31 VwVfG iVm. §§ 187–193 BGB.
135 § 12 II Nr. 1 2. Alt. BArchG.
136 Zu diesem Problem ausführlich Thema 2, Teil 2 Abschnitt C II.

d. Teleologische Auslegung

Das vierte dieser Auslegungskriterien ist das letztlich maßgebende: Welche Interessenlage greift die Regelung auf, welcher Interessenausgleich leitet die Regelung an? Auch diese Ermittlung des **Regelungszwecks** muss immer an der Gegenwart orientiert sein.

Beispiel (Fortsetzung und Lösung zum Nutzungsrecht der Y-Aktiengesellschaft): Die AG ist wie erwähnt eine juristische Person und besitzt daher nach der Wortlautauslegung ein Nutzungsrecht. Doch zielt der Regelungszweck des Nutzungsrechts darauf, dieses einer AG einzuräumen? Das Nutzungsrecht dient dazu, die Informationsfreiheit aus Art. 5 GG auszuüben. Die AG als solche kann sich nicht informieren, sondern sie wird vertreten durch die für sie handelnden Personen.

Argumentationsmöglichkeit 1: Doch gelten die Grundrechte nach Art. 19 III GG auch für eine AG, wenn das Grundrecht seinem „Wesen nach" anwendbar ist (ob dieses Argument aus einer systematischen oder teleologischen Auslegung stammt, kann letztlich dahinstehen). Hier wird die AG auf der Grundlage der Unterlagen informiert und letztlich mit einer These der AG zu ihrer Geschichte an die Öffentlichkeit treten.

Argumentationsmöglichkeit 2: Das Nutzungsrecht ist ein höchstpersönliches Recht, bei dem Stellvertretung nicht möglich ist.[137] Daher können nur konkret benannte Vertreter der AG ein jeweils höchstpersönliches Nutzungsrecht erhalten.[138] Das Archiv wäre zudem überfordert, wenn es bei jeder neuen Nutzung prüfen müsste, ob die jeweilige Person noch als Stellvertreter der AG handelt.

Beispiel 2: „Das Bundesarchiv hat die Aufgabe, das Archivgut des Bundes auf Dauer zu sichern, nutzbar zu machen und wissenschaftlich zu verwerten."[139]

Das Bundesarchiv ist also weder eine Wahrheitsagentur noch eine Institution, die möglichst hohe Einnahmen erzielen soll. Und ob die drei dem Bundesarchiv zugewiesenen Aufgaben gleichrangig sind (wofür der Wortlaut spricht, da „Aufgabe" im Singular verwendet wird[140]), ist letztlich ebenfalls durch teleologische Auslegung zu ermitteln.

Beispiel 3: Der Begriff „Schutzfristen" kommt außer in den Archivgesetzen auch in anderen Gesetzen vor. Der gleiche Wortlaut führt aber aufgrund einer teleologischen Auslegung nicht zu einer gleichen Bedeutung, da der Ablauf der „Schutzfristen" im Archivrecht und in anderen Rechtsgebieten wesentlich andere Interessenlagen regelt.[141]

3. *Verfassungskonforme Auslegung und Wechselwirkungslehre*

Wenn mehrere Auslegungen einer Norm möglich sind, ist die vorzuziehen, die die Grundrechte am besten umsetzt; das ist ein Unterfall der systematischen Auslegung. Auf diese Weise ist insbesondere dann vorzugehen, wenn ein Teil der Auslegungsmöglichkeiten zu einem verfassungswidrigen Ergebnis führt.

137 Dazu vertieft Thema 13, Teil 4 Abschnitt A.

138 So wohl im Ergebnis wohl auch Partsch, BArchG-Kommentar, § 10 Rn. 14 mit Fn. 36.

139 § 3 I 1 BArchG.

140 Anders, aber ohne Begründung, Becker/Oldenhage, BArchG-Kommentar, § 1 Rn. 20: „Der dritte Gesetzesbefehl ist gegenüber den beiden ersten nachrangig." (Zur entsprechenden Norm im BArchG 2013).

141 Dazu ausführlich Thema 13, Teil 5 Abschnitt G II.

> Beispiel: Soweit Landesarchivrecht für die widmungsgemäße Nutzung von Archivgut noch ein „berechtigtes Interesse“ verlangt, ist diese Rechtsfolgevoraussetzung verfassungskonform auszulegen.[142]

Bei Art. 5 II GG (Meinungsfreiheit und Einschränkung durch allgemeine Gesetze) ist diese Form der Auslegung als **Wechselwirkungslehre** bekannt: Nötig ist „eine Wechselwirkung in dem Sinne, dass die ‚allgemeinen Gesetze‘[...] ihrerseits aber [...] in ihrer das Grundrecht begrenzenden Wirkung selbst wieder eingeschränkt werden müssen“ (*vulgo* „Schaukeltheorie“).

4. *Rangverhältnis der Auslegungskriterien, Analogie und teleologische Reduktion*

Ausschlaggebend ist grundsätzlich die Auslegung, die sich am objektiv festzulegenden Sinn der Regelung orientiert. Wenn die teleologische Auslegung zu einem Ergebnis führt, das der Wortlautauslegung entgegensteht, kann der Wortlaut entweder zu eng oder zu weit sein.

Bei einem zu engen Wortlaut kann z. B. mit dem Mittel der Analogie eine Rechtsfortbildung herbeigeführt werden.

Eine **Analogie** setzt voraus

- eine Lücke im Gesetz, zu deren Schließung eine andere Regelung herangezogen wird,
- die eine vergleichbare Interessenlage betrifft.[143]

> Beispiel: Sind amtliche Unterlagen in Archiven der parteinahen Stiftungen nationales Kulturgut gemäß § 6 I Nr. 2 KGSG? Eine bejahende Antwort kann nicht mit dem Wortlaut des KGSG begründet werden. Allerdings ist es der Sinn des KGSG, Archivgut umfassend unter seinen Schutz zu stellen. Daher kann die Lücke durch eine analoge Anwendung einer anderen Norm geschlossen werden.[144]
>
> Beispiel: Der **Verhältnismäßigkeitsgrundsatz**, der das gesamte Verwaltungsrecht und auch das Archivrecht prägt, ist aus dem Rechtsstaatsprinzip, den einzelnen Grundrechten und aus Art. 19 II GG als sog. „Gesamtanalogie“ entwickelt worden.
>
> Beispiel: Wenn man die → Legaldefinitionen, dass „Ehegatten“ und „Lebenspartner“ Angehörige im Sinne des BArchG sind,[145] im Rahmen der Wortlautauslegung so liest, dass damit Ehegatt*innen* und Lebenspartner*innen* nicht gemeint sind, so sind diese jedenfalls bei einer analogen Anwendung der Norm dennoch als Angehörige anzusehen.

---

142 Dazu ausführlich Thema 10, Teil 3, Abschnitt A.

143 Zudem darf kein Analogieverbot bestehen; das ist für das Strafrecht relevant, aber wohl nicht für das Archivrecht.

144 Dazu ausführlich Thema 6, Teil 3, Abschnitt C.II.3.

145 § 1 Nr. 1 BArchG.

Wenn die Wortlautauslegung zu einer weiteren Anwendbarkeit einer Regelung führt, als dies nach der teleologischen Auslegung geboten ist, kann mit der sog. **„teleologischen Reduktion“** gearbeitet werden.

> Beispiel: Das BArchG 2013 forderte für das Eingreifen der besonderen Schutzfrist für personenbezogenes Archivgut nur einen *Bezug* des Archivguts auf natürliche Personen. Damit erfolgte aber eine sinnwidrige, weil zu große Ausweitung des Anwendungsbereichs für die strengen personenbezogenen Schutzfristen. Die damalige Rechtspraxis des Bundesarchivs hat daher eine Einschränkung des vom Gesetz vorgesehenen weiten Begriffs des personenbezogenen Archivguts vorgenommen.[146]

III. Ermessen und unbestimmte Rechtsbegriffe/Beurteilungsspielraum

Meist kann in vollem Umfang durch die Rechtsaufsichtsbehörde von Archiven oder auch gerichtlich überprüft werden, ob die Rechtsfolgevoraussetzung einer Norm vorliegt. Wenn das der Fall ist, ist die sich daraus ergebende **Rechtsfolge** regelmäßig **zwingend**, d. h. dem Archiv steht kein Spielraum hinsichtlich der Anwendung des Gesetzes zur Verfügung.

Es gibt jedoch Fälle, in denen die Verwaltung nicht strikt gebunden ist, sondern mehrere Entscheidungsmöglichkeiten hat, und zwar bei einem Beurteilungsspielraum und im Fall des Ermessens.

- Ein **Beurteilungsspielraum** liegt vor, wenn beim Tatbestand, also der Rechtsfolge*voraussetzung*, ausnahmsweise ein Begriff mit einer so großen inhaltlichen Unbestimmtheit verwendet wird, dass gemäß der Lehre vom Beurteilungsspielraum bei einem solchem Begriff nur eine eingeschränkte gerichtliche Überprüfung der Auslegung stattfindet. Die Rechtsfolge ist bei einer solchen Norm hingegen zwingend.
- **Ermessen** liegt vor, wenn die Verwaltung zwischen mehreren Rechts*folgen* auswählen darf. Die Rechtsfolgevoraussetzungen sind bei einer solchen Norm hingegen zwingend.

Beurteilungsspielraum und insbesondere Ermessen haben in der archivischen Rechtspraxis eine hohe Relevanz.

1. Ermessen

Eine große Zahl archivrechtlicher Normen räumt ein Ermessen ein. Typischerweise enthalten diese Normen die Worte

- „kann“ oder
- „soll“ (dann folgt die regelmäßige Rechtsfolge, von der nur ausnahmsweise abgewichen werden kann)

[146] Dazu mit Belegen Thema 13, Teil 5, Abschnitt G VI.1.b.

> Beispiele:
>
> Es „*kann* das Bundesarchiv die Nutzung einschränken oder versagen, wenn durch die Nutzung 1. der Erhaltungszustand des Archivguts des Bundes gefährdet würde […]" (§ 13 II Nr. 1 BArchG).
>
> Es „*sollen* Unterlagen spätestens 30 Jahre nach ihrer Entstehung dem Bundesarchiv angeboten werden." (§ 5 I 2 BArchG).

a. Arten des Ermessens

Man unterscheidet herkömmlicherweise folgende Arten des Ermessens:

- **Entschließungsermessen:**
  betrifft die Frage, *ob* die Verwaltung überhaupt handelt bzw. tätig werden will

> Beispiel: „Das Bundesarchiv kann auch Unterlagen […] natürlicher Personen als Archivgut des Bundes übernehmen oder erwerben, wenn […]" (§ 3 III BArchG).

- **Auswahlermessen:**
  betrifft die Frage, *welche* Maßnahmen die Verwaltung ergreift

> Beispiel: „Die Nutzung kann […] mit Auflagen verbunden oder unter dem Vorbehalt des Widerrufs genehmigt werden." (§ 10 II BArchG).

- **Organisationsermessen:**

insoweit liegt regelmäßig ein sog. **„weites" Ermessen** vor

dies betrifft u.a. die Frage, welche Zahl und Art der Stellen in einem Archiv bestehen (das ist ganz vorrangig eine arbeits-/beamtenrechtliche Frage) und wie im Archiv die Erfüllung der archivischen Fachaufgaben organisiert wird

> Beispiel: Es sprach die Archivleiter.in: „Ihre Blogbeiträge nerven mich! Was immer Sie zur Nutzung bestellen, werde ich sofort in die Bestandserhaltung geben und sperren lassen!"

b. Die juristischen Anforderungen an Ermessensentscheidungen: Ermessensfehler

Wenn der Behörde, z.B. einem öffentlich-rechtlichen Archiv, Ermessen eingeräumt ist, darf sie das **nur** in der Form des pflichtgemäßen bzw. rechtlich gebundenen Ermessens ausüben. Das regelt die insoweit zentrale Norm des § 40 VwVfG.

> § 40 VwVfG:
>
> „Ist die Behörde ermächtigt, nach ihrem Ermessen zu handeln, hat sie ihr Ermessen entsprechend dem Zweck der Ermächtigung auszuüben und die gesetzlichen Grenzen des Ermessens einzuhalten."

Deshalb muss die Verwaltung beachten, aus welchem Grund der Gesetzgeber ihr einen Ermessensspielraum eingeräumt hat. Ermessen ist **keine Erlaubnis zu willkürlichem Handeln.**

Wie grundsätzlich alle Maßnahmen und Handlungen der Verwaltung können auch Ermessensentscheidungen durch das Verwaltungsgericht überprüft werden – allerdings nur eingeschränkt. Denn die gerichtliche Kontrolle bezieht sich lediglich auf das **Vorliegen von Ermessensfehlern.** Dies folgt aus § 114 VwGO. Es besteht kein Anspruch auf rechtmäßigen Gesetzesvollzug, sondern nur ein Anspruch auf eine ermessensfehlerfreie Entscheidung.

> § 114 VwGO:
> „Soweit die Verwaltungsbehörde ermächtigt ist, nach ihrem Ermessen zu handeln, prüft das Gericht auch, ob der Verwaltungsakt oder die Ablehnung oder Unterlassung des Verwaltungsakts rechtswidrig ist, weil
> - die gesetzlichen Grenzen des Ermessens überschritten sind oder
> - von dem Ermessen in einer dem Zweck der Ermächtigung nicht entsprechenden Weise Gebrauch gemacht ist.“

Daraus ergeben sich folgende Ermessensfehler:

- **Ermessensüberschreitung**
  es erfolgt die Auswahl einer Rechtsfolge außerhalb des Ermessensrahmens
- **Ermessensnichtgebrauch**
  die Behörde nutzt ihr Ermessen nicht

> Beispiel: Wenn ein Bescheid nach einem Nutzungsantrag lautet: „... sind wir nach dem Gesetz gezwungen, die beantragte Nutzung wegen des Schutzes öffentlicher Belange abzulehnen; Auflagen werden seitens des Archivs grundsätzlich nicht in Erwägung gezogen“, dann liegt im Hinblick auf § 10 II BArchG ein Ermessensnichtgebrauch vor, denn die Norm lautet: „Die Nutzung *kann* zum Schutz öffentlicher Belange [...] mit Auflagen verbunden [...] werden.“

- **Ermessensfehlgebrauch**
  die Behörde übt ihr Ermessen nicht ausschließlich entsprechend dem Zweck der Ermächtigungsgrundlage bzw. unter Missachtung der gesetzlichen Zielvorstellungen aus

> Beispiele:
> „Das Bundesarchiv *kann* auf die Anbietung und Abgabe von Unterlagen ohne bleibenden Wert verzichten.“ (§ 5 II 3 BArchG). Wenn auf die Anbietung und Übergabe verzichtet wird, *weil* eine von der Aufsichtsbehörde festgelegte **Übernahmequote** erreicht ist, wird jedenfalls nicht dem Ziel von § 5 II 3 BArchG entsprochen.
>
> Ermessensfehlgebrauch liegt auch bei dem Beispiel zum Stichwort „Organisationsermessen“ vor.

Bleibt dem Archiv nur *eine* Wahlmöglichkeit (weil alle Alternativen ermessensfehlerhaft wären), spricht man von **Ermessensreduzierung auf Null** bzw. Ermessensschrumpfung. Das kommt vor allem in Fällen vor, wo Grundrechte betroffen sind.

Auch wenn, wie im Abschnitt über die allgemeinen Grundrechtslehren begründet,[147] kein Leistungsrecht z. B. auf Erschließung oder Bestandserhaltung besteht, so kann doch in diesem Zusammenhang ein Ermessensfehler vorliegen, wenn keine pflichtgemäße Ausübung des weiten Organisationsermessens erfolgt. Für die Justitiabilität muss aber zusätzlich ein **subjektives Recht bezogen auf die konkrete Ermessensausübung** bestehen.

> Beispiel: Bei der Neustrukturierung in einem größeren Archiv erhält der letzte Mitarbeiter, der sich noch mit Entschließung beschäftigt, andere Aufgaben. Jener Mitarbeiter kann ggf. eine Verletzung des weiten Organisationsermessens geltend machen; potentielle Nutzer.innen des nicht erschlossenen Archivguts aber nicht.

Zusammenfassung:

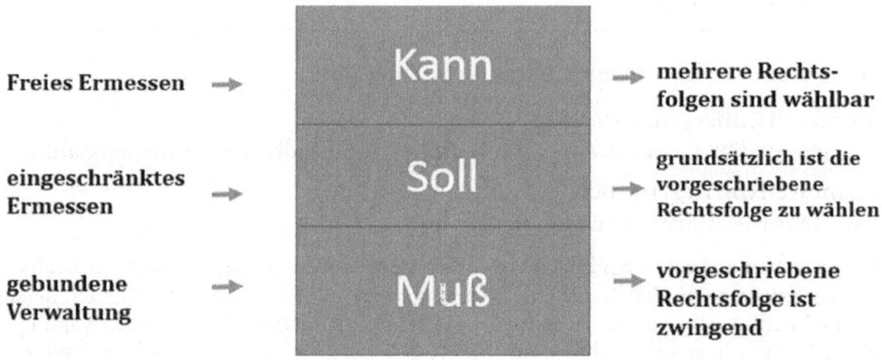

c. Ermessensrichtlinien und Verwaltungspraxis

Oftmals sind die Grundsätze, nach denen Ermessen auszuüben ist, in sog. Ermessensrichtlinien behördenintern niedergelegt. Es handelt sich hierbei um **Verwaltungsvorschriften**, denen **keine Außenwirkung** zukommt, die also primär nur die Behördenmitarbeiterinnen und -mitarbeiter binden. Allerdings entfaltet ihre regelmäßige Anwendung eine **mittelbare Außenwirkung** der Ermessensrichtlinien, die wegen des Gleichheitsgrundsatzes (Art. 3 I GG) zu einer Bindung führt. Danach ist wesentlich Gleiches gleich zu behandeln. Eine nicht sachgerechte bzw. willkürliche Abweichung von der Ermessenspraxis bedeutet dann einen Grundrechtsverstoß und damit die Rechtswidrigkeit der Maßnahme.

[147] Thema 2, Teil 1, Abschnitt B.

2. *Unbestimmte Rechtsbegriffe und die Lehre vom Beurteilungsspielraum*

a. Allgemeines

Eine Rechtsfolgevoraussetzung kann vage sein, und es ist möglich, dass die Wortlautauslegung zu mehreren Ergebnissen führt. Trotzdem kann es auch in diesen Fällen grundsätzlich nur eine Auslegung geben, die die Verwaltung finden muss. Gerichte können auch bei unbestimmten Rechtsbegriffen die Auslegungen grundsätzlich umfassend überprüfen.

Nur in wenigen Fallgruppen steht der Verwaltung ein eigener, nur begrenzt überprüfbarer Beurteilungsspielraum zu. Das ist allgemein anerkannt und bekannt bei Prüfungs- bzw. prüfungsähnlichen Entscheidungen; auch bei beamtenrechtlichen Beurteilungen besteht ein Beurteilungsspielraum.[148]

Die zwei wichtigsten Fälle von Beurteilungsspielräumen im Archiv sind

- **Bewertungsentscheidungen** und
- Prognoseentscheidungen über eine **Staatswohlgefährdung** bei Nutzungsanträgen

In beiden Fällen besteht kein Ermessen bei der Rechtsfolge, sondern ein Beurteilungsspielraum im Hinblick auf das Vorliegen der Rechtsfolge*voraussetzungen*.[149]

> **Beispiel:**[150]
>
> § 4 Abs. 2 + 3 BArchG a. F. kombinierte ① zwingende Rechtsbegriffe, ② Ermessen und einen ③ Beurteilungsspielraum:
>
> (2) Dem Betroffenen ① **ist** auf Antrag Auskunft über die im Archivgut zu seiner Person enthaltenen Daten zu erteilen, soweit das Archivgut durch Namen der Person erschlossen ist. Anstelle einer Auskunft ② **kann** das Bundesarchiv Akteneinsicht gewähren.
>
> (3) Wird festgestellt, dass personenbezogene Angaben unrichtig sind, so ① **ist** dies in den Unterlagen zu vermerken oder auf sonstige Weise festzuhalten. Bestreitet ein Betroffener die Richtigkeit personenbezogener Angaben, so ① **ist** ihm die Möglichkeit einer Gegendarstellung einzuräumen. Das zuständige Archiv ist ① **verpflichtet**, die Gegendarstellung den Unterlagen hinzuzufügen. Die Gegendarstellung kann auch von Erben des Betroffenen verlangt werden, wenn sie ein ③ **berechtigtes Interesse** daran geltend machen.

---

148 Auch Entscheidungen wertender Art durch weisungsfreie und mit Sachverständigen bzw. Interessenvertretern besetzte Ausschüsse (z. B. Ausschüsse zur Einschätzung der Jugendgefährdung von Filmen) und Prognose- und Risikoeinschätzungen, vor allem im Umwelt- und Wirtschaftsrecht, unterliegen einer nur eingeschränkten gerichtlichen Überprüfung.

149 Dazu ausführlich Thema 10, Teil 1, Abschnitt C V. (zum Beurteilungsspielraum bei Bewertungsentscheidungen) bzw. Thema 13, Teil 5, Abschnitt F. I. (Beurteilungsspielraum bei der „Staatswohlgefährdung").

150 Ausführlich: Herbert Günther, Unbestimmte Rechtsbegriffe der Archivgesetze als Aufforderung an die Fachwissenschaft, in: Karsten Uhde (Hrsg.), Qualitätssicherung und Rationalisierungspotentiale in der Archivarbeit. Beiträge des 2. Archivwissenschaftlichen Kolloquiums der Archivschule Marburg, Marburg 1997, S. 89 ff.

b. Auslegungsrichtlinien zu unbestimmten Rechtsbegriffen

Wie bei Ermessensentscheidungen gibt es auch für die Auslegung unbestimmter Rechtsbegriffe oftmals **behördeninterne Richtlinien bzw. Verwaltungsvorschriften.**

Beispiel aus dem Archivrecht: „Für einen Teil der Dienststellen liegen Bewertungsmodelle vor, die das Aussonderungsverfahren deutlich vereinfachen. Durch sie wird festgelegt, welche Unterlagen für das Archiv von Interesse sind und welche ohne vorherige Anbietung vernichtet werden können. Teils liegen auch übergreifende, für alle Ressorts gültige Bewertungsmodelle vor."[151]

Das oben Gesagte gilt auch hier, so dass eine sachgrundlose Abweichung von der Auslegung einen Grundrechtsverstoß bedeutet (Verletzung von Art. 3 GG).

c. Die gerichtliche Überprüfung der Auslegung unbestimmter Rechtsbegriffe

Gemäß der Lehre vom Beurteilungsspielraum sind bei der juristischen Überprüfung der Auslegung unbestimmter Rechtsbegriffe drei Gruppen von Auslegungsfehlern relevant. Diese drei Gruppen entsprechen den Fehlergruppen beim Ermessen, nur eben auf der Seite der Rechtsfolgevoraussetzung. Möglich sind daher

- eine **Beurteilungs*überschreitung***, wenn der gesetzliche Rahmen verkannt wurde

> Beispiel: „Meine Berufserfahrung sagt mir, was archivwürdig ist, dazu brauche ich keine Archivgesetze."

- eine **Beurteilungs*unterschreitung*** (oder: Beurteilungs*ausfall*), wenn nicht erkannt wurde, dass **ein Beurteilungsspielraum vorlag**, oder wenn entscheidungserhebliche Gesichtspunkte verkannt wurden

> Beispiel: „Die vom Land vorgegebene Übernahmequote meines Archivs wurde im November erreicht, daher muss ich die von Ihnen angebotenen Unterlagen als nicht archivwürdig einstufen."

- ein **Beurteilungs*missbrauch***, wenn sachfremde Erwägungen die Auslegung des unbestimmten Rechtsbegriffs anleiten

> Beispiel: „Meine Ex-Freundin ist zwar inzwischen Bürgermeisterin meiner Stadt, aber in mein Archiv kommt nichts von ihr! Für sie rühre ich keinen Finger mehr!" Zu diesem Beispiel siehe auch ein Lehrvideo.[152]

---

[151] https://landesarchiv.hessen.de/fuer-behoerden/aussonderung-bewertung.
[152] Zugänglich online: https://www.youtube.com/watch?v=pFeANr2zA9g.

IV. Die Funktion von Prüfungsschemata

Aus der Struktur von Rechtsnormen ergeben sich teilweise logisch zwingende oder jedenfalls empfehlenswerte Reihenfolgen, in der die einzelnen Rechtsfolgevoraussetzungen geprüft werden sollten.

Beispiel: Die Prüfung der Rechtsfolgevoraussetzungen bei einem Nutzungsantrag.[153]

Das gilt sowohl für das materielle Recht als auch für das Prozessrecht. Es sei aber dringend davor gewarnt, die sich daraus ergebenden „Aufbauschemata“ mechanisch „abzuklappern“ und juristische Texte mit belanglosen Selbstverständlichkeiten anzufüllen.[154] Eine zentrale Leistung bei der Beantwortung juristischer Fragestellungen besteht darin, den Schwerpunkt der Prüfung auf *problematische* Rechtsfolgevoraussetzungen zu legen.

Teil 3: Die Rechtsgrundlagen und Zuständigkeiten wichtiger archivischer Institutionen

A. Vorbemerkung I zu „Zwischenarchiven“

Ein **„Zwischenarchiv“** ist archivrechtlich eine **Alt-Registratur**, bei deren Unterlagen – im juristischen Sinne – noch nicht über die Archivwürdigkeit entschieden wurde; vor allem wurden die Unterlagen noch nicht zu Archivgut gewidmet. Vielmehr betreibt das Archiv aus eigenen Interessen[155] für die Behörde jene Alt-Registratur. Das BArchG verwendet dafür den juristisch eigenwilligen Begriff „Zwischenarchivgut“ und legt dazu zutreffend fest: „Zwischenarchivgut“ sind

> Unterlagen, die das Bundesarchiv vor Ablauf der Aufbewahrungsfristen vorläufig übernommen hat und in einem Zwischenarchiv oder digitalen Zwischenarchiv verwahrt.[156]

Dieses „Zwischenarchivgut“ wird im BArchG zwar aufgrund einer juristischen Fiktion „wie“ Archivgut behandelt, doch

> beschränkt sich die Verantwortung des Bundesarchivs auf die notwendigen technischen und organisatorischen Maßnahmen zur Verwahrung und Sicherung der Unterlagen.[157]

---

153 Thema 13, Teil 4.

154 Beispiel: „Es müsste die Zuständigkeit der deutschen Gerichtsbarkeit gegeben sein. Es geht um eine Nutzungsversagung durch ein Archiv des Bundeslandes X. X liegt innerhalb der Bundesrepublik Deutschland. Folglich ist die Zuständigkeit der deutschen Gerichtsbarkeit zu bejahen.“

155 Dazu Harald Stockert/Christoph Popp, Behördenberatung und Anbietung, in: Becker/Rehm, Archivrecht, S. 43 ff. (50 ff.).

156 § 1 Nr. 11 BArchG.

157 § 8 II 2 BArchG.

Im Hinblick auf die Nutzung dieser Unterlagen gilt:

„Bei den vom Bundesarchiv aufbewahrten Unterlagen, die noch einer behördlichen Aufbewahrungsfrist unterliegen und noch nicht zu Archivgut umgewidmet wurden, richtet sich der Zugang nach dem **Informationsfreiheitsgesetz.**“[158] ... und nicht nach dem BArchG. Möglich ist auch ein Zugang aufgrund von Gesetzen, die für die Stelle gelten, die ihre Unterlagen dem Zwischenarchiv übergeben hat.

Solange die behördlichen Aufbewahrungsfristen noch nicht abgelaufen sind, kann der Zugang der Behörde zu den Unterlagen nicht vom Archiv begrenzt werden.[159]

Die nur „vorläufige Übernahme“ von „Zwischenarchivgut“ sollte also nicht mit der archivrechtlich relevanten und endgültigen Widmung von Unterlagen zu Archivgut verwechselt werden.

B. Vorbemerkung II: Sind Archive systemrelevant bzw. Teil der kritischen Infrastruktur?

I. Die juristische Systemrelevanz von Archiven

Die Eröffnungsrede von Heribert Prantl (Süddeutsche Zeitung) für den Deutschen Archivtag 2011 in Bremen hat damals und bis heute weit über das übliche Maß hinaus Aufmerksamkeit erzeugt – Prantls Thesen zur „Systemrelevanz der Archive“ sind seitdem vielfach und zustimmend zitiert worden. Auch weil Prantl seinen Vortrag mit der These abschloss:

„Archive sind systemrelevant. Ich habe versucht, es zu beweisen.“[160]

Prantls „Beweisführung“ verwendete vor allem politikwissenschaftliche und demokratietheoretische Argumente. Das veranlasst die Frage: Sind Archive aus *juristischer* Sicht systemrelevant?

Der Rechtsbegriff „systemrelevant“ wurde noch vor einiger Zeit, soweit ersichtlich, nur im Bankenrecht verwendet. Nun aber lassen sich mit Hilfe von *buzer.de* über dreißig Belege auch aus vielen anderen Rechtsgebieten finden – vom Energiewirtschaftsrecht bis zu Regelungen, die im Zusammenhang mit der Corona-Pandemie entstanden sind.[161] Sucht man in all diesen Normen nach der juristischen Systemrelevanz von Archiven, wird man – soweit ersichtlich – bei allen von *buzer.de* aufgeführten Regelungen nicht fündig[162].

---

158 Diese Hinweise bei https://www.bundesarchiv.de/DE/Content/Pressemitteilungen/ueberfuehrung-stasi-unterlagen.html.

159 Becker/Oldenhage, BArchG-Kommentar, § 5 Rn. 2

160 Link zur pdf-Datei der Rede: https://www.vda.archiv.net/uploads/media/Prantl_GedaechtnisderGesellschaft_2011.pdf.

161 https://www.buzer.de/s2.htm?v=systemrelev.

162 Vgl. das Suchergebnis bei https://www.buzer.de/s2.htm?v=systemrelev+und+archiv.

Fazit also: Die von Prantl zutreffend dargelegte **Systemrelevanz von Archiven aus demokratietheoretischer und politikwissenschaftlicher Sicht** hat bislang nicht zur Erstreckung des juristischen Begriffs „Systemrelevanz" auf Archive geführt. **Im juristischen Sinne sind Archive folglich gegenwärtig nicht systemrelevant.** Die Beweislast liegt bei denen, die das Gegenteil behaupten. Und das ist auch jenseits von pathosgeladenen Bekenntnissen relevant.

> Beispiele:
>
> **Notbetreuung in Kindertagesstätten während der Corona-Pandemie:** Eine immerhin 31-seitige Liste der Berliner Senatsverwaltung für Inneres und Sport, die die Notbetreuung für Kinder regelt, deren Eltern in systemrelevanten Berufen arbeiten,[163] führt zwar etliche systemrelevante Berufe im Abschnitt „Staat und Verwaltung" auf,[164] aber keinen Beruf mit Archivbezug.
>
> **Stromversorgung im Notfall:** Wenn die Zuteilung von Strom bei einem umfassenden Notfall an die Systemrelevanz von Einrichtungen anknüpft, sind zwar Teile der öffentlichen Verwaltung,[165] aber nicht die öffentlichen Archive erfasst.

II. Sind Archive Teil der „kritischen Infrastruktur"?

Die Critical Entities Resilience Richtlinie (CES-RL) der EU von 2022[166] verpflichtet die Mitgliedsstaaten, „kritische Einrichtungen" zu identifizieren und deren physische Widerstandsfähigkeit gegenüber Bedrohungen wie Naturgefahren, Terroranschläge oder Sabotage zu stärken. Geschützt werden müssen auch Einrichtungen der öffentlichen Verwaltung – also inklusive der öffentlichen Archive?[167] Die CER-RL fordert u. a.: Eine Einrichtung, die zu schützen ist,

> „besitzt Rechtspersönlichkeit oder ist gesetzlich dazu befugt, im Namen einer anderen Einrichtung mit eigener Rechtspersönlichkeit zu handeln" (Art. 2 Nr. 10 b).

Abgesehen vom Geheimen Staatsarchiv Preußischer Kulturbesitz sind öffentliche Archive in Deutschland nicht rechtsfähig[168] und folglich keine gemäß der CER-RL zu schützende Einrichtung. Auch die weitere Voraussetzung, dass Archive Verwaltungsentscheidungen treffen, die die Rechte von Personen

> „im grenzüberschreitenden Personen-, Waren-, Dienstleistungs- oder Kapitalverkehr berühren" (Art. 2 Nr. 10 d CER-RL)

163 https://www.tagesspiegel.de/berlin/downloads/uebersicht-der-berufsgruppen-notbetreuung-2.

164 Ebd. S. 22ff.

165 Siehe z.B. die Auflistung bei https://www.bdsw.de/images/Covid-19/Anlage_Kurzarbeit_2.pdf.

166 https://eur-lex.europa.eu/legal-content/DE/TXT/HTML/?uri=CELEX:32022L2557#d1e2060-164-1.

167 Steffen Schwalm (msg systems AG) und Dr. Paolo Cecconi (Stadtarchiv Chemnitz) danke ich für vielfältige Hinweise zu den folgenden Ausführungen.

168 Zur Rechtsfähigkeit von Archiven siehe Thema 1, Teil 1, Abschnitt A.

ist bei Archiven mindestens zweifelhaft, da sie höchstens bei ausländischen Nutzer.innen erfüllt ist. Bis Mitte Oktober 2024 muss die CER-RL in nationales Recht umgesetzt werden (Art. 26 I CER-RL). Was sagen die im Bundesministerium des Innern und für Heimat erarbeiteten Referentenentwürfe zu Archiven? Diese Entwürfe sollen zum KRITIS-Dachgesetz und damit zur Umsetzung der CER-RL führen. Allein daraus, dass im Referentenentwurf v. 21.12.2023 auch „Datenspeicherung und -verarbeitung" erwähnt werden,[169] lässt sich nicht ableiten, dass damit Archive zur kritischen Infrastruktur gehören, denn mit diesem Entwurfstext sollte nur die generelle Zuständigkeit des Bundes erwähnt werden. Dazu passt, dass „Kultur" als Stichwort im aktuellen Referentenentwurf des KRITIS-Dachgesetzes nur in einer abschließenden Öffnungsklausel vorkommt:

> „Unbeschadet der Regelungen dieses Gesetzes können Bund und Länder im Rahmen ihrer jeweiligen Zuständigkeiten resilienzsteigernde Maßnahmen sowie Vorgaben für ein Störungsmonitoring festlegen, insbesondere in den Sektoren und Bereichen Medien und **Kultur**, Bildung, Betreuung."

Fazit: Gemäß dem aktuellen Stand des Entwurfs für das KRITIS-Dachgesetz **gehören öffentliche Archive generell nicht zur kritischen Infrastruktur.**[170]

Es bleibt § 10 I im Gesetz über das Bundesamt für Sicherheit in der Informationstechnik (BSI-Gesetz – BSIG). Demnach bestimmt das Bundesministerium des Inneren, für Bau und Heimat durch Rechtsverordnung, „welche Einrichtungen, Anlagen oder Teile davon als Kritische Infrastrukturen im Sinne dieses Gesetzes gelten". Jedenfalls soweit das Bundesarchiv sein Digitales Zwischenarchiv[171] als Dienstleister für den Bund betreibt und dafür die digitale Infrastruktur des Bundes nutzt, spricht viel dafür, dass jedenfalls **insoweit das Bundesarchiv über eine kritische Infrastruktur verfügt.**

Was lässt sich insoweit aus der **Haager Konvention zum Schutz von Kulturgut bei bewaffneten Konflikten** ableiten?

Als erstes ist der Perspektivenwechsel wichtig, den der Angriffskrieg Russlands auf die Ukraine ausgelöst hat: Dieses Abkommen, ein Teil des humanitären Völkerrechts, ist für Archive in Deutschland nun viel stärker auch im Hinblick auf mögliche zukünftige Konflikte in Deutschland und ihre Auswirkungen auf Archive relevant. Archivalien und Archivgebäude sind Kulturgut im Sinne der Haager Konvention.[172] Die Vertragsparteien, also auch Deutschland, sollen schon

[169] Art. 3 III Nr. 11 des Referentenentwurfs.

[170] Blue Shield Germany, ein Netzwerk für die Stärkung des Kulturgutschutzes, an dem auch der VdA – Verband deutscher Archivarinnen und Archivare e.V beteiligt ist, hat dieses Ergebnis in einer Stellungnahme ausführlich kritisiert: https://www.vda-blog.de/blog/2023/09/13/positionspapier-kritis-kultur/.

[171] Dazu oben Thema 1, Teil 3, Vorbemerkung I zu „Zwischenarchiven".

[172] Art. 1 a und b der Konvention.

> „in Friedenszeiten die Sicherung des auf ihrem eigenen Hoheitsgebiet befindlichen Kulturguts gegen die voraussehbaren Folgen eines bewaffneten Konflikts [vorbereiten], indem sie alle Massnahmen treffen, die sie für geeignet erachten.“ (Art. 3 der Konvention)

Die Einbeziehung von Archiven in die als kritische Infrastruktur geschützten Einrichtungen wäre eine im Sinne der Haager Konvention geeignete Maßnahme.

C. Die Rechtsgrundlagen und Zuständigkeiten einiger wichtiger staatlicher Archive

I. Das Bundesarchiv

1. Rechtsgrundlagen des Archivs

Wenn der Bund seine Gesetze selbst ausführt, liegt **bundeseigene** Verwaltung nach Art. 86, 87 GG vor. Dies erfolgt beim Bundesarchiv: Es ist als eine von rund 70 **Bundesoberbehörden** Teil der **unmittelbaren Bundesverwaltung.**[173] Bundesoberbehörden unterstehen unmittelbar der Dienst- und Fachaufsicht einer obersten Bundesbehörde, das ist beim Bundesarchiv der oder die „Beauftragte der Bundesregierung für Kultur und Medien“ (BKM).[174] Zur Praxis dieser Aufsicht teilt das Bundesarchiv mit:

> „Der Vorwurf einer politischen Einflussnahme auf die archivfachliche Arbeit des Bundesarchivs ist absurd und entbehrt jeder Grundlage. Noch nie wurde in den zurückliegenden Jahren seit Bestehen des Bundesarchivgesetzes durch die dem Bundesarchiv vorgesetzten obersten Bundesbehörden der Versuch unternommen, den Zugang zu Archivgut des Bundes aus politischen Überlegungen einzuschränken oder gar zu versagen.“[175]

Bundesoberbehörden sind zwar für das gesamte Bundesgebiet zuständig, besitzen aber keine nachgeordnete Behörde. Daher gibt es beim Bundesarchiv nur „Standorte“ und „Außenstellen“.

Als Behörde besitzt das Bundesarchiv **keine Rechtsfähigkeit**, die Benutzungsordnung von 1993 ist eine Rechtsverordnung des Bundesministeriums des Innern.[176]

---

173 Mittelbare Bundesverwaltung erfolgt durch juristische Personen des öffentlichen Rechts, dazu gleich beim GstA PK.

174 § 2 BArchG.

175 https://www.bundesarchiv.de/DE/Content/Pressemitteilungen/ueberfuehrung-stasi-unterlagen.html (Stand 2021).

176 http://www.bgbl.de/xaver/bgbl/start.xav?startbk=Bundesanzeiger_BGBl&jumpTo=bgbl193s1857.pdf. Daraus ergibt sich, dass das **Zitiergebot nach Art. 80 I 3 GG gewahrt** ist. Das Bundesarchiv gibt auf seiner Seite nur eine insoweit verkürzte Fassung der Verordnung an, bei der der Verordnungsgeber nicht erwähnt ist (https://www.bundesarchiv.de/DE/Content/Artikel/Ueber-uns/Rechtsgrundlagen/rechtsgrundlagen_benutzungsverordnung.html).

2. *Zuständigkeiten des Archivs*

Das Bundesarchiv ist für **Archivgut des Bundes** zuständig; das BArchG legt in § 3 II fest, was dazu gehört. Archivgut des Bundes stammt von den „öffentlichen Stellen des Bundes" (Legaldefinition dazu in § 1 Nr. 8 BArchG) und von **„Stellen" seit dem Deutschen Bund und bis zur DDR**. Dazu gehören auch die Parteien und Massenorganisationen der DDR; für sie ist gemäß § 4 I BArchG eine „unselbständige Stiftung des öffentlichen Rechts" im Bundesarchiv verantwortlich.[177]

Zudem übernimmt das Bundesarchiv seit dem 1.1.2019 „Aufgaben der aufgelösten ‚Deutschen Dienststelle für die Benachrichtigung der nächsten Angehörigen von Gefallenen der ehemaligen deutschen Wehrmacht' (**WASt**)'" (§ 3 a I BArchG).[178] Insoweit erteilt das Bundesarchiv im Rahmen eines Verwaltungsverfahrens **Auskünfte**; da es sich um Verwaltungsunterlagen und nicht um Archivgut handelt, erfolgt die Auskunft nicht gemäß § 10 III BArchG, sondern nach § 25 Satz 2 VwVfG. Soweit die Unterlagen noch nicht zu Archivgut gewidmet sind, sind diese über eine analoge Anwendung der §§ 10–16 BArchG dennoch als Archivgut nutzbar. Aktuell steht aber im Hinblick auf Unterlagen der ehemaligen WASt die Auskunftserteilung noch im Zentrum.

Seit dem 17.6.2021 ist das BArchG auch für die **Stasi-Unterlagen** einschlägig; die Unterlagen sind seit diesem Tag Archivgut des Bundes.[179] Die Nutzung der Unterlagen erfolgt jedoch weiterhin ausschließlich nach dem Stasi-Unterlagengesetz (StUG).[180]

Das Bundesarchiv ist außerdem für die **Archivierung privat produzierter Kinofilme** zuständig. Dazu schreiben Becker/Oldenhage in ihrem BArchG-Kommentar:

---

177 Eine solche Stiftung besitzt keine Rechtspersönlichkeit und ist daher nicht Träger von Rechten und Pflichten. Näheres zu dieser Stiftung unter http://www.bundesarchiv.de/DE/Navigation/Meta/Ueber-uns/Organisation/Stiftung-Archiv-der-Parteien-und-Massenorganisationen-der-DDR-im-Bundesarchiv-SAPMO/stiftung-archiv-der-parteien-und-massenorganisationen-der-ddr-im-bundesarchiv-sapmo.html.

178 Dazu https://www.bundesarchiv.de/DE/Content/Artikel/Ueber-uns/Aus-unserer-Arbeit/Textsammlung-Unterlagen-Abt-PA/unterlagen-abt-pa.html?chapterId=62992; das Gesetz, das zu § 3 a BArchG führte, ist als Bundestags-Drucksache 19/2630 zugänglich; das frühere Berliner Gesetz findet sich unter https://gesetze.berlin.de/bsbe/document/aiz-jlr-WAStGBErahmen%4020050101.

179 „Das Bundesarchiv […] verwahrt […] die […] Unterlagen des Staatssicherheitsdienstes als Archivgut des Bundes nach Maßgabe des Stasi-Unterlagen-Gesetzes." § 3 b 1 BArchG gemäß dem „Gesetz zur Änderung des Bundesarchivgesetzes, des Stasi-Unterlagen-Gesetzes und zur Einrichtung einer oder eines SED-Opferbeauftragten" v. 9.4.2021; das Gesetz trat am 17.6.2021 in Kraft. Zur Entstehung von Archivgut siehe Thema 10, Teil 1, Abschnitt E.

180 Dazu Thema 13, Teil 2, Abschnitt D.

„Da das Grundgesetz eine Zuständigkeit des Bundes für die Sicherung des privat produzierten Kinofilms [...] nicht enthält, die Archivierung aber aus wirtschaftlichen Gründen nach einheitlichen Gesichtspunkten erfolgen muss,[181] **nimmt der Bund diese Aufgabe** teilweise durch das Bundesarchiv **als gleichsam beauftragte Einrichtung** im Rahmen eines Kinematheksverbundes **wahr.**"[182]

Präziser: Das „gleichsam beauftragte" Bundesarchiv arbeitet hier nicht im Rahmen der Bundesauftragsverwaltung, sondern die ‚Beauftragung', konkreter: **die Ermächtigung des Bundesarchivs zur Mitarbeit an dieser Aufgabe erfolgte durch einen Bund-Länder-Vertrag,** durch den der Kinematheksverbund entstanden ist.[183]

II. Das Geheime Staatsarchiv Preußischer Kulturbesitz (GStA PK)

1. *Rechtsgrundlagen des Archivs*

Das Geheime Staatsarchiv Preußischer Kulturbesitz (GStA PK) ist eine Einrichtung der Stiftung Preußischer Kulturbesitz, die als **bundesunmittelbare Stiftung** des öffentlichen Rechts arbeitet[184] und über eine eigene Satzung verfügt.[185] Das GStA PK ist damit Teil der **mittelbaren Bundesverwaltung** durch juristische Personen des öffentlichen Rechts.

Als Verwaltungseinheit mit **eigener Rechtspersönlichkeit** hat das GStA PK seine Benutzungsordnung selbst erlassen (Beschluss des Stiftungsrats).[186] Die Benutzungsordnung, so wird auf der Homepage mitgeteilt, ergänze das „entsprechend" anzuwendende BArchG.

---

181 Eine mE bedenklich dünne Begründung, um die Regelungen zum Bund-Länderverhältnis im GG durch eine neue Kategorie („gleichsam beauftragt") mit einer zentralstaatlichen Tendenz zu umschiffen, zumal natürlich auch nur auf Länderebene eine einheitliche Regelung gefunden werden kann.

182 Becker/Oldenhage, BArchG-Kommentar, § 2 Rn. 73; siehe auch Abschnitt „Medienarchive" in diesem Buch Thema 1, Teil 3, Abschnitt E.V. Der Kinematheksverbund selbst ist durch einen Bund-Länder-Vertrag entstanden.

183 Pflichtexemplarregelungen für Filme analog zum Pflichtexemplarrecht bei Druckerzeugnissen gibt es im Übrigen nur in einigen Bundesländern.

184 Das GstA PK ist daher keine Bundesoberbehörde.

185 Zugänglich unter https://www.preussischer-kulturbesitz.de/fileadmin/user_upload_SPK/documents/mediathek/ueber_uns/rp/rechtliche_ordnung_spk_berlin_2014.pdf.

186 https://gsta.preussischer-kulturbesitz.de/nutzung/nutzungshinweise/rechtsgrundlagen/nutzungsordnung.html.

2. *Die umstrittene Gesetzgebungskompetenz des Bundes bei der Errichtung der Stiftung Preußischer Kulturbesitz*

In den 1950er Jahren war die Gesetzgebungskompetenz des Bundes zur Errichtung der Stiftung bestritten, wurde vom BVerfG aber „in einer bis heute wegweisenden Entscheidung“[187] bejaht.[188]

Ausgangspunkt war eine Regelung im GG, wonach ehemals preußisches Vermögen an sich dem Land zusteht, in dem es sich befindet (Art. 135 I – III GG). Dazu passend hatten im Jahr 1955 jene westdeutschen Bundesländer, zu denen ehemals preußische Gebietsteile gehörten,[189] eine Verwaltungsvereinbarung geschlossen. Dementsprechend wurden diejenigen ehemals preußischen Archive, Museen und sonstigen Sammlungen, die am 1.1.1939 ihren Standort in Berlin hatten und in der Folgezeit nach Westdeutschland verlagert worden waren, nur von diesen westdeutschen Bundesländern und jedenfalls vorläufig ohne Beteiligung des Bundes verwaltet.

Die im Kulturbereich dominierende Länderzuständigkeit ist vom GG aber in Art. 135 IV GG eingeschränkt, denn der Bundesgesetzgeber konnte nach dieser Norm eine von Art. 135 I–III GG abweichende Regelung bei „überwiegende[m] öffentliche[m] Interesse“ treffen. Als der Bund im Jahr 1957 eine derartige Regelung vornahm und bundesrechtlich die Stiftung Preußischer Kulturbesitz durch einen Hoheitsakt gründete, wurde dies vom BVerfG gebilligt, weil bei der damaligen Bejahung des überwiegenden öffentlichen Interesses durch den Bund jedenfalls kein offensichtlicher Missbrauch vorliege. Inzwischen sind alle Bundesländer und die Bundesregierung im Stiftungsrat vertreten; der Bund verfügt aber über eine 3:2 Stimmenmehrheit.[190]

III. Parlamentsarchive auf Bundes- und Länderebene

Der Bundestag hat ein eigenes Archiv inkl. einer eng an das BArchG angelehnten **„Archivordnung“**[191] (des Bundestages). Diese ist eine Satzung auf Bundesebene,[192] 2019 vom Ältestenrat des Bundestages beschlossen.

---

[187] Wilhelm Mößle (Hrsg.), Öffentliches Recht – Handbuch des Museumsrechts, Opladen 1999, S. 34.

[188] BVerfGE 10, 20ff.; die Bundeskompetenz war bestritten worden von Baden-Württemberg, Hessen und Niedersachsen.

[189] Baden-Württemberg, Berlin, Hessen, Niedersachsen, Nordrhein-Westfalen, Rheinland-Pfalz und Schleswig-Holstein.

[190] § 2 der Satzung der Stiftung „Preußischer Kulturbesitz“; Link siehe fünf Fn. zuvor.

[191] Zugänglich unter www.bundestag.de/blob/190272/4aeb08bc16eded370e056211a3a841d6/archivordnung-data.pdf.

[192] Jedenfalls die Geschäftsordnung des Bundestages ist gemäß der verfassungsgerichtlichen Judikatur eine Satzung; Belege dazu bei Jarass/Pieroth, GG-Kommentar, 14. Aufl. 2016, Art. 40 GG, Rn. 8.

Auch „die Landtage haben sich in den Archivgesetzen in der Regel das Recht eingeräumt, eigene Archive zu unterhalten.“[193] Zum Beispiel gilt in Thüringen:

> „Der Thüringer Landtag unterhält ein eigenes Archiv und regelt die Archivierung und Benutzung der bei ihm entstandenen archivwürdigen Unterlagen eigenständig nach Maßgabe dieses Gesetzes.“[194]

IV. Das Politische Archiv des Auswärtigen Amtes

Dies ist ein Ressortarchiv des Bundes mit Quellen zur Außenpolitik seit 1867; „archivgeschichtlich ein Relikt“ und „archivrechtlich […] eine **(Alt-)Registratur**, deren Aufgaben von Archivaren erledigt werden“.[195] Im Gesetz über den Auswärtigen Dienst (GAD) regelt § 10 Rechtsstellung, Zuständigkeit und Aufgaben des Politischen Archivs des Auswärtigen Amtes.

Im Politischen Archiv befinden sich auch Unterlagen der deutschen Botschaften.[196] Das BArchG gilt nur für die Nutzung, und es gibt eine eigene Benutzungsordnung, erlassen durch das Auswärtige Amt.[197]

V. Das Archiv der „Bundeskanzler Helmut Schmidt-Stiftung“

Das Bundesgesetz zu dieser Stiftung des öffentlichen Rechts ist in Kraft seit 1.1.2017; als Ziel sind formuliert: die öffentliche Nutzung der **Unterlagen im Hause Schmidt** und die Zusammenarbeit mit dem Bundesarchiv.[198] Jenes Bundesgesetz ist spezieller als das BArchG, das im Übrigen angewandt wird.[199]

---

193 Becker, Staatsaufbau und Archivwesen, in: Becker/Rehm, Archivrecht, S. 13 ff. (14).

194 § 8 II LArchG TH; Link zum Archiv: http://www.archive-in-thueringen.de/de/archiv/view/id/133

195 Becker, Staatsaufbau und Archivwesen, in: Becker/Rehm, Archivrecht, S. 13 ff. (13).

196 Dies lässt sich § 10 GAD entnehmen („alle Unterlagen“) und mittelbar auch einem Hinweis für Nutzung des „Politischen Archivs“ auf dessen Homepage, wo Nutzerfragen beantwortet werden: „Ich forsche zum Land X und möchte die Akten der deutschen Botschaft in X einsehen!“ Antwort: „Alle Entscheidungen wurden in der Zentrale getroffen und maßgeblich in deren Archivbeständen dokumentiert. Die Parallelüberlieferung der Auslandsvertretungen hat meist nur ergänzenden Wert.“ (https://archiv.diplo.de/arc-de/gut-zu-wissen/haeufig-gefragt-faq-/1502184?openAccordionId=item-1502198-1-panel).

197 https://www.bundesarchiv.de/das-bundesarchiv/rechtsgrundlagen/benutzungsverordnung-des-bundesarchivs/.

198 Zugänglich unter www.bgbl.de/xaver/bgbl/start.xav?startbk=Bundesanzeiger_BGBl&jumpTo=bgbl116s2358.pdf, dort § 2 III:
„Der Erfüllung des Stiftungszwecks dienen auch die Pflege und Auswertung des bestehenden Archivs Helmut Schmidt im Hause der Eheleute Schmidt […] sowie die Schaffung der Voraussetzungen seiner öffentlichen Nutzung. In Archivfragen arbeitet die Stiftung mit der Friedrich-Ebert-Stiftung e.V. und dem Bundesarchiv zusammen.“

199 Mündliche Auskunft von Mitarbeiterinnen der Stiftung im Februar 2019.

VI. Die Sicherungsverfilmungsstellen

Der Bund kann Länder beauftragen, Bundesgesetze auszuführen (Art. 85 GG). Ein solche Form der Verwaltung ist – außer bei ausdrücklicher Regelung im GG (*obligatorische* Bundesauftragsverwaltung, z. B. Art. 90 II GG und viele mehr[200]) – auch bei der Regelung durch ein Bundesgesetz mit Zustimmung des Bundesrates (*fakultative* Bundesauftragsverwaltung) möglich.[201]

Es gibt soweit ersichtlich in den Ländern keine Archivinstitutionen, die obligatorische Bundesauftragsverwaltung wahrnehmen. Sicherungsverfilmungsstellen sind die einzige Institution der Länder im Bereich der fakultativen Bundesauftragsverwaltung. „Auf Grundlage der Haager Konvention zum Schutz von Kulturgut bei bewaffneten Konflikten vom 14. Mai 1954 verfilmen Sicherungsverfilmungsstellen **im Auftrag des Bundes** seit 1961 Archivbestände von besonderem Wert. […] Heute finanziert der Bund 14 Verfilmungsstellen, die über territoriale Zuständigkeiten verfügen. Die **Sicherungsverfilmungsstelle Thüringen** wurde 2005 eingerichtet und **ist beim Hauptstaatsarchiv Weimar angesiedelt.**“[202]

VII. Archive von Stiftungen und Anstalten des öffentlichen Rechts

Ein Teil der regionalen Wirtschaftsarchive und der Archive von kulturellen Stiftungen ist als Stiftung des öffentlichen Rechts organisiert.[203] Es liegt also **mittelbare Landesverwaltung** durch juristische Personen des öffentlichen Rechts vor.

Beispiel: Goethe-Schiller-Archiv in Weimar, Teil der Klassik-Stiftung Weimar

Möglich ist auch, dass als Organisationsform eine Anstalt des öffentlichen Rechts gewählt wird.

---

200 Diese Art der Verwaltung besteht in folgenden Bereichen:
- bei Bundesautobahnen und sonstigen Fernverkehrsstraßen (Art. 90 Abs. 2 GG),
- bei Bundeswasserstraßen auf Antrag und für das Gebiet eines Landes (Art. 89 Abs. 2 GG),
- in der Luftverkehrsverwaltung, soweit bundesgesetzlich bestimmt (Art. 87b Abs. 2 GG),
- für die dem Bund ganz oder zum Teil zufließenden, von ihm aber nicht verwalteten Steuern (Art. 108 Abs. 2, 3 GG),
- im Verteidigungswesen nach bundesgesetzlicher Regelung (Art. 87b Abs. 2 GG),
- bei Ausführung von Gesetzen über Erzeugung und Nutzung der Kernenergie und über den Strahlenschutz, soweit bundesgesetzlich bestimmt (Art. 87c GG),
- in Lastenausgleichssachen (Art. 120a GG),
- bei bestimmten Geldleistungsgesetzen (Art. 104a Abs. 3 S. 2 GG).

201 Präzisiert durch Art. 104a III 2 GG: „Bestimmt das [Bundes-]Gesetz, dass der Bund die Hälfte der Ausgaben oder mehr trägt, wird es im Auftrage des Bundes durchgeführt.“

202 https://landesarchiv.thueringen.de/sicherungsverfilmung.

203 Diese Angabe bei Becker, Staatsaufbau und Archivwesen, in: Becker/Rehm, Archivrecht, S. 13 ff. (15).

Beispiel: Archiv des Deutschen Museums in München; das Museum ist eine Anstalt des öffentlichen Rechts. Folglich ist das LArchG BY anwendbar.[204]

VIII. Die Landesarchive

Diese sind Teil der **unmittelbaren Landesverwaltung,** die in vielen Bereichen dreistufig organisiert ist (Oberste Landesbehörden, Landesmittelbehörden und Untere Landesbehörden). Davon wird bei Landesarchiven aber kein Gebrauch gemacht.

Beispiel: Das Landesarchiv Baden-Württemberg ist seit 2005 zusammengelegt mit den bis dahin nachgeordneten sechs Staatsarchiven in Baden-Württemberg, die jetzt „Standorte" sind.

Die Bezeichnung des Archivs, das die oberste Landesbehörde darstellt, ist vielfältig: (Haupt-)Staatsarchiv oder auch Landes(haupt)archiv.[205]

D. Die Rechtsgrundlagen und Zuständigkeiten von Archiven der kommunalen Gebietskörperschaften und anderer Körperschaften des öffentlichen Rechts

Die Landesarchivgesetze machen es durchgängig zur **Pflichtaufgabe** der kommunalen Gebietskörperschaften, ihr Archivgut zu sichern und zur Nutzung zur Verfügung zu stellen;[206] es liegt eine pflichtige Selbstverwaltungsaufgabe vor.[207] Die kommunalen Gebietskörperschaften können also – wie bei vielen Aufgaben der Daseinsvorsorge[208] – nicht über das „Ob" der Wahrnehmung dieser Aufgabe, sondern nur über das „Wie" entscheiden.

Die im LArchG HE zu findende Einschränkung, dass die Träger der kommunalen Selbstverwaltung Archivierung **nur „im Rahmen ihrer wirtschaftlichen Leistungsfähigkeit"** betreiben,[209] steht generell im Einklang mit den Haushaltsgrundsätzen nach der Hessischen Gemeindeordnung (§ 92): Es sind *alle* Pflichtaufgaben im Rahmen der wirtschaftlichen Leistungsfähigkeit zu erfüllen, Archive sind insoweit nicht nachrangig. Bei einem rechtssystematisch nicht korrekten, isolierten Blick nur auf jene Norm im LArchG HE kann sich daraus aber eine unzutreffende Rechtfertigung für den Verzicht auf die Archivierung in

[204] Beispiel bei Becker, Staatsaufbau und Archivwesen, in: Becker/Rehm, Archivrecht, S. 13 ff. (16 f.).

[205] Übersicht bei https://de.wikipedia.org/wiki/Liste_staatlicher_Archive.

[206] Beispiel: „Die Kreise, Gemeinden, Ämter und Zweckverbände regeln die Archivierung und Nutzbarmachung der bei ihnen entstandenen Unterlagen in eigener Verantwortung." (§ 15 I LArchG NI).

[207] Pflichtaufgaben der Kommunen im Auftrag des Bundes oder des Landes sind im Hinblick auf Archive nicht relevant.

[208] Bsp.: Abwasserbeseitigung, Straßenreinigung, Wasser- und Energieversorgung.

[209] § 18 Satz 2 LArchG HE.

Kommunen ergeben. Jedenfalls ist es kein im LArchG HE vorgesehener Weg, anstelle der Archivierung in einem Komunalarchiv die Unterlagen einem staatlichen Archiv anzubieten.

Unabhängig davon, ob das jeweilige Bundesland dem Aufgabenmonismus[210] oder dem dualistischen System[211] folgt, sind die **Gemeinden Träger der kommunalen Archive.**

Die Antwort auf die Frage, ob die kommunale Archivierung zur **mittelbaren Staatsverwaltung** gehört, hat Auswirkungen im archivrelevanten Strafrecht:

> Beispiel: Der Besitz kinderpornographischer Inhalte ist durchgängig strafbar,[212] es gibt aber einen Tatbestandausschluss bei „Handlungen, die ausschließlich der rechtmäßigen Erfüllung von […] 1. *staatlichen* Aufgaben" dienen. Ist die Archivierung durch ein *Kommunal*archiv die Erfüllung einer staatlichen Aufgabe?

Geht man von einem „eher formalen Verständnis" der kommunalen Selbstverwaltung aus, ist mittelbare Staatsverwaltung zu bejahen, bei einem „partizipatorischen Selbstverwaltungsverständnis" ist das hingegen zu verneinen.[213]

> Ob der erwähnte Tatbestandsausschluss eingreift, hängt also davon ab, welchem Selbstverwaltungsverständnis man folgt. Auch wenn bei einem Anschluss an das partizipatorische Selbstverwaltungsverständnis die mittelbare Staatsverwaltung durch Kommunalarchive verneint wird, ist aber eine Analogie des Tatbestandsausschlusses zugunsten der Täter.innen möglich. Außerdem greift in diesen Fällen wohl in der Regel der Tatbestandsausschluss aufgrund der ausschließlichen Erfüllung von „dienstlichen oder beruflichen Pflichten" ein.[214]

Da die Archivierung auf kommunaler Ebene eine Selbstverwaltungsaufgabe ist, besteht **nur** eine **Rechtsaufsicht**, keine Fachaufsicht. Es kann also nur die Rechtmäßigkeit des Verwaltungshandelns überprüft werden, nicht seine Zweckmäßigkeit.

---

210 Gemäß diesem Ansatz nehmen die Gemeinden Selbstverwaltungs- *und* Auftragsangelegenheiten in eigener Verantwortung war. Der Aufgabenmonismus prägt das Kommunalverfassungsrecht in BW, BB, HE, NW, SN und SH; Nachweise der zugehörigen Normen unter https://de.wikipedia.org/wiki/Aufgabenmonismus.

211 Gemäß diesem Ansatz wird zwischen Selbstverwaltungsaufgaben und vom Staat übertragenen Aufgaben (= mittelbare Staatsverwaltung) unterschieden. Bei Selbstverwaltungsaufgaben kann das Bundesland das „Ob" festlegen; das ist bei der kommunalen Archivierung durch die Landesarchivgesetze erfolgt. Das dualistische System prägt das Kommunalrecht in BY, MV, NI, RP, SL, ST und TH (Aufzählung gemäß Christoph Brüning, Kommunale Selbstverwaltung, in: Wolfgang Kahl/Markus Ludwiegs, Handbuch des Verwaltungsrechts, Bd. 3, Heidelberg 2022, § 64 Rn. 48 mit Fn. 118.).

212 § 184 b V Nr. 1 StGB; dazu Thema 9, Abschnitt E.

213 Dies im Anschluss an Brüning, Selbstverwaltung (zwei Fn. zuvor), § 64 Rn. 12.

214 § 184 b V Nr. 3 StGB.

Das **Konnexitätsprinzip**, das sich in vielen Landesverfassungen findet,[215] regelt die finanzielle Seite dieser Aufgabenzuweisung: Nach dem sog. „strikten" Konnexitätsprinzip" muss das Land die Kosten übernehmen, oder das Land muss sich nach dem „relativen" Konnexitätsprinzip jedenfalls mit den Kosten beschäftigen.

> Beispiel: Art. 137 VI 2 der Hessischen Landesverfassung: „Führt die Übertragung neuer oder die Veränderung bestehender eigener oder übertragener Aufgaben zu einer Mehrbelastung oder Entlastung der Gemeinden oder Gemeindeverbände in ihrer Gesamtheit, ist ein entsprechender Ausgleich zu schaffen."

Das Konnexitätsprinzip betrifft – wie auch bei anderen pflichtigen Selbstverwaltungsaufgaben – nur das „Ob", hier also das „Ob" der Archivierung.

Die Kosten, die vom Konnexitätsprinzip erfasst sind, entstehen aber nicht durch den Beschluss einer Kommune, das „Ob" umzusetzen, sondern erst durch das – von der Gemeinde im Rahmen der Selbstverwaltung gestaltbare – „Wie". Deshalb **trägt die Kommune die Kosten der Archivierung**, und folglich führt die bloße Verankerung des „Ob" in Archivgesetzen nicht zu einer flächendeckenden Errichtung kommunaler Archive. Anders wäre die Lage nur, wenn das Landesarchivgesetz zum „Ob" detaillierte Vorgaben macht.[216]

Wenn eine Kommune eine pflichtige Selbstverwaltungsaufgabe nicht ausführt, also z.B. kein kommunales Archiv hat, kann das Land nur im Rahmen seiner Rechtsaufsicht einschreiten. Dazu ist gegebenenfalls politischer Druck nötig, doch kann dann die Kommune behaupten, dass die kommunale Altregistratur ein „Archiv" sei (und dann ist eine präzise Argumentation nötig, warum diese Argumentation unzutreffend ist).

Zudem verfügt die Rechtsaufsicht über keine Zwangsmittel. Und wenn – wie ärgerlicherweise in Hessen[217] – das „Ob" nur im Rahmen der wirtschaftlichen Leistungsfähigkeit erfüllt werden muss, sind der Rechtsaufsicht die Hände noch weiter gebunden.

---

215 Eine Übersicht der Formulierungen bei https://kommunalwiki.boell.de/index.php/Konnexit%C3%A4tsprinzip.

216 Z.B.: „Die Kommunen müssen auch eine Sammlung mit kommunalen Dokumenten aus privater Hand unterhalten".

217 § 18 Satz 2 LArchG HE.

I. Archive der Kommunen

In einigen LArchG ist vorgeschrieben, dass die Kommunen *eigene* Archive unterhalten müssen,[218] in anderen Bundesländern[219] können auch *gemeinschaftlich* betriebene Archive geschaffen werden, oder es reicht die Übernahme[220] durch ein anderes öffentliches Archiv aus.

Im Übrigen gibt es zur Erfüllung der Pflichtaufgabe „Archivierung" **Stadt-, Kreis- und Gemeindearchive** (in den Stadtstaaten sind die Kommunalarchive staatlich).[221] Wenn zur Erfüllung der Aufgabe der Weg der Privatisierung gewählt wird, ist das rechtlich unbedenklich.[222]

Das ist keine unzulässige „Privatisierung amtlicher Unterlagen", denn dabei wird die Anbietungspflicht an ein *bestehendes* öffentliches Archiv umgangen,[223] während bei der Aufgabenerfüllung durch ein privates Archiv ein solches öffentliches Archiv nicht vorhanden ist. Allerdings muss natürlich in einem privatisierten Kommunalarchiv das jeweilige Archivgesetz umfassend angewandt werden, um das dort vorgeschriebene Schutzniveau bei amtlichen Unterlagen zu gewährleisten.

Die **Landschaftsverbände** in Nordrhein-Westfalen sind ein Zusammenschluss von Gebietskörperschaften.

> Es gibt den Landschaftsverband Rheinland (LVR) und den Landschaftsverband Westfalen-Lippe (LWL).

Beide Landschaftsverbände betreiben eigene Archive.

Leider ist in den Archivgesetzen nur teilweise ein Maßstab für die archivfachliche Qualität der Kommunalarchive vorgeschrieben.

> Beispiel: Nach dem LArchG NW gilt: „Archive und Gemeinschaftseinrichtungen müssen archivfachlichen Anforderungen entsprechen"[224] bzw. die Archivierung muss nach fachlichen Gesichtspunkten erfolgen.[225] Zum Beispiel fehlt im LArchG HE eine solche Regelung mit Bezug auf Kommunalarchive; nur für das Landesarchiv gibt es insoweit Vorgaben.[226]

---

218 So z.B. § 7 I 1 LArchG BW.

219 So z.B. § 15 I LArchG SH.

220 Der Wortlaut von § 15 I 2 Nr. 3 LArchG SH fordert zusätzlich zum Angebot auch die Übergabe an das Archiv, an das angeboten wurde. Zwar gilt gemäß dieser Norm, dass nur beim Landesarchiv die Bereitschaft zur Annahme die Voraussetzung für das Angebot ist; dies gilt nicht bei einem sonstigen Übergabeangebot. Allerdings fordert diese Regelung *in jedem Fall* eine Übergabe an ein Archiv; der dauerhafte Verbleib der Unterlagen beim Registraturbildner ist rechtswidrig, auch weil damit dauerhaft nur ein Zugang ohne die Möglichkeiten des Archivrechts erfolgen kann.

221 Soweit Kommunalarchive nicht staatlich sind, sind sie also keine untere Verwaltungsbehörde, da sich die Behördenhierarchie nur auf die *Staats*verwaltung bezieht.

222 Zu den Typen der Privatisierung siehe Thema 8, Teil 1, Abschnitt A I.3.

223 Dazu Thema 8, Teil 1, Abschnitt A VII.2.

224 § 10 III LArchG NW.

225 So z.B. § 3 IV LArchG SH.

226 § 13 I 2 LArchG HE.

II. Archive der übrigen kommunalen Gebietskörperschaften

All dies gilt für die große und unübersichtliche Gruppe der **übrigen Körperschaften des öffentlichen Rechts,**[227] also z. B. für **Zweckverbände, Kommunalverbände** und **Gemeindeverwaltungsverbände** entsprechend:[228] Auch hier ist die Archivierung eine Pflichtaufgabe jener Körperschaften, und im Hinblick auf das „Wie" sind die Vorgaben der LArchG zu beachten. Wenn sich ein solcher Verband über mehrere Bundesländer erstreckt, stellt sich die Frage, welches LArchG anzuwenden ist. Da die LArchG dazu keine Regelungen enthalten, spricht viel dafür, wie im Wirtschaftsrecht auf den Ort abzustellen, in dem der Zweckverband seinen Sitz hat.

> „Archivarbeit ist auch kommunale Daseinsvorsorge."
>
> Aus dem „Wahlprogramm 2020 bis 2025" des CDU-Kreisverbandes Siegen-Wittgenstein. Zitat aus: https://www.siwiarchiv.de/kreistagswahl-2020-archivpolitischer-check-der-wahlprogramme/#comments.

Für einige dieser Körperschaften ist aber die Anwendbarkeit der jeweiligen LArchG ausgeschlossen, insbesondere für die öffentlich-rechtlich organisierten Religionsgemeinschaften und häufig für Institutionen, die **am wirtschaftlichen Wettbewerb teilnehmen.**[229] Bei letzteren findet keine „Zweiteilung bei der Anwendbarkeit des Archivrechts"[230] statt, es wird also nicht nach den Tätigkeitsfeldern unterschieden. Die Landesarchivgesetzgeber, die so verfahren, haben sich entschieden, auf diese Weise Wettbewerbsnachteile für Institutionen, die am wirtschaftlichen Wettbewerb teilnehmen, gegenüber privatrechtlichen Konkurrenten zu verhindern.

> Beispiel: Für einen Wasser-Zweckverband, der einerseits als einziger Anbieter die Wasserversorgung in der Gemeinde übernimmt und andererseits im Wettbewerb mit anderen Anbietern die Arbeiten an den örtlichen Verteilnetzen ausführt, ist insgesamt das LArchG HE und die dortige Anbietungspflicht nicht anzuwenden, sondern der Zweckverband regelt die Archivierung seiner Unterlagen „in eigener Zuständigkeit".[231]

Da der Landesgesetzgeber eine Pflichtaufgabe geschaffen hat, muss er auch für die nötige Finanzausstattung sorgen.

---

227 Dazu die Übersicht bei https://de.wikipedia.org/wiki/Gebietsk%C3%B6rperschaft_(Deutschland).

228 So z. B. ausdrücklich § 7 IV LArchG BW.

229 So z. B. § 1 III LArchG HE, anders § 10 II LArchG BW.

230 Diese Formulierung bei Joachim Küppers, Sicherung von Archivgut (kommunaler) Unternehmen – Rechtliche Möglichkeiten und Grenzen, in: Heiner Schmitt (Red.), Alles was Recht ist. Archivische Fragen – juristische Antworten. 81. Deutscher Archivtag in Bremen, S. 125 ff. (127). Bei Becker/Rehm, Archivrecht, wird nicht auf das Thema eingegangen.

231 So ausdrücklich § 19 II iVm. § 19 I und § 2 VII LArchG HE.

> Art. 28 II 1 GG: „Den Gemeinden muß das Recht gewährleistet sein, alle Angelegenheiten der örtlichen Gemeinschaft im Rahmen der Gesetze in eigener Verantwortung zu regeln."

Durch die Aufsichtsbehörden erfolgt, da Art. 28 II 1 GG die Eigenverantwortlichkeit der Gemeinden schützt,[232] keine Zweckmäßigkeits-, sondern **nur eine Rechtmäßigkeitskontrolle.**

Um die weisungsfreie Pflichtaufgabe „Archivierung" zu erfüllen, können (und sollten!) die kommunalen Gebietskörperschaften auf der Grundlage ihrer Stellung als Rechtssubjekt **Satzungen** erlassen. „Auch besitzen noch heute nicht alle Kommunen den Archivgesetzen gemäße Archivsatzungen als Rechtsnormen".[233]

Teilweise regeln die Landesgesetzgeber in den LArchG auch weitere Teilaufgaben der Archivierung auf der kommunalen Ebene, z.B. die Anbietungspflicht oder den rechtlichen Rahmen der Nutzung. Das engt zwar die Satzungsautonomie der Kommunen ein, kann aus archivischer Sicht aber vorteilhaft sein, weil z.B. die Anbietungspflicht auf der kommunalen Ebene nicht durch Beschlüsse von Organen der kommunalen Selbstverwaltung aufgehoben werden kann.[234]

E. Die Rechtsgrundlagen und Zuständigkeiten nicht-staatlicher, nicht-kommunaler Archive

Die Bemühungen der staatlichen Archivverwaltungen in den Jahren 1921–72, „eine Aufsichtsfunktion über das nichtstaatliche Archivgut zugewiesen zu bekommen, haben zu keinerlei Erfolg geführt".[235] Folglich gilt grundsätzlich:

> „Die Gesamtarbeit dieser ‚Privatarchive' […] wird durch das **Privatrecht** geregelt. Sie können als Eigentümer (§ 903 BGB) ihrer Bestände die Benutzung in ihrem Archiv **nach Belieben** gestatten, versagen oder auch mit Auflagen versehen. Weder Art. 14 Abs. II GG (Sozialbindung des Eigentums) noch das Grundrecht auf Informations- und Wissenschaftsfreiheit (Art. 5 Abs. 1, 3 GG) begründen private

---

[232] Das ist die sog. objektive Rechtsinstitutionsgarantie.

[233] Rainer Polley, Archivrecht in Deutschland, in: Becker/Rehm, Archivrecht, S. 18ff. (28). Anders Hartmut Weber in einer Publikation von 2003: Es ist „seit 1997 das Archivwesen in Bund, Ländern, den Gebietskörperschaften und den der öffentlichen Aufsicht unterstellten sonstigen Körperschaften, Anstalten und Stiftungen flächendeckend geregelt" (Jedermann-Recht mit Einschränkungen. Die Zugangsregelungen der deutschen Archivgesetze, in: traverse – Zeitschrift für Geschichte der Schweiz, 2003/2, S. 87ff. (87)).

[234] Dazu Irmgard Christa Becker, Staatsaufbau und Archivwesen, in: Becker/Rehm, Archivrecht, S. 13ff. (14) mwN.

[235] Norbert Reimann, Kulturgutschutz und Hegemonie. Die Bemühungen der staatlichen Archive um ein Archivalienschutzgesetz in Deutschland 1921 bis 1972, „als Manuskript gedruckt 2003 vom Landschaftsverband Westfalen-Lippe", S. 27. Das so wichtige wie leider schwer zugängliche Werk steht inzwischen in der Bibliothek der Archivschule zur Verfügung.

Informationsansprüche."[236] Allerdings werden diese Archive „häufig mit öffentlichen Mitteln finanziert und sind deshalb öffentlich zugänglich"[237] – ohne dass jedoch, soweit ersichtlich, die öffentlichen Geldgeber als Voraussetzung für die Unterstützung dieser Archive die Anwendbarkeit des BArchG bzw. der LArchG fordern.

Durch die Neufassung des **Bundesdatenschutzgesetzes (BDSG)** von 2018 liegen jetzt ausdrückliche datenschutzrechtliche Normen auch für die Datenverarbeitung durch nichtöffentliche Stellen und somit auch für deren Archive vor. Einschlägig sind insbesondere die §§ 22, 24 und 33 BDSG; die datenschutzrechtlichen Aufsichtsbehörden (§ 40 BDSG) sind auch für die Archive der nichtöffentlichen Stellen zuständig.

Zudem ist das **Kulturgutschutzgesetz** auch für private Archive einschlägig, wenn das Archiv in das Verzeichnis national wertvoller Archive aufgenommen wurde.

Vorbemerkung zur folgenden Gliederung: Üblich ist die Zusammenfassung von Parlaments-, Partei- und Verbandsarchiven zu einer Gruppe.[238] Das ist aus archiv*rechtlicher* Sicht nicht hilfreich, da in Parlamenten staatliches Archivgut, bei Parteien und Verbänden hingegen private Archivalien entstehen. Dieser Unterschied führt angesichts der Wesentlichkeitstheorie zu grundsätzlich unterschiedlichen Anforderungen an die archivrechtlichen Normierungen im Hinblick auf Parlamentsarchive einerseits und im Hinblick auf die Regelungen bei Partei- und Verbandsarchiven andererseits.

I. Kirchliche Archive

Art. 140 GG iVm. Art. 137 Weimarer Reichsverfassung begründet für die anerkannten Kirchen ein weitgehendes Selbstverwaltungsrecht, auch im Hinblick auf die kirchlichen Archive. Es haben aber die „Kirchen mittlerweile den weltlichen Mustern mehr (evangelische Landeskirchen) oder weniger (katholische Bistümer) entsprechende Regelungen im Range einer kirchlichen Rechtsnorm erlassen"[239], und zwar als **Satzungen**, da die Kirchen Körperschaften des öffentlichen Rechts sind.

Für die **katholische Kirche** gilt dabei: Die „Kirchliche Archivordnung – KAO"[240] ist von der Bundeskonferenz der kirchlichen Archive in Deutschland erarbeitet worden, dann hat die Bischofskonferenz dieser Empfehlung zuge-

236 Andrea Korte-Böger, Archivrecht, in: Evelyn Kroker u. a. (Hrsg.), Handbuch für Wirtschaftsarchivare, 2. Aufl., Berlin 2005, S. 217 ff. (219), Hervorhebungen von Th. H.
237 Becker, Staatsaufbau und Archivwesen, in: Becker/Rehm, Archivrecht, S. 13 ff. (16).
238 Z. B. bei den Fachgruppen des Verbandes deutscher Archivarinnen und Archivare.
239 Rainer Polley, Archivrecht in Deutschland, in: Becker/Rehm, Archivrecht, S. 18 ff. (28).
240 www.katholische-archive.de/Portals/0/Medien/PDF/KAO/KAO_2014.pdf.

stimmt.[241] Doch wird die KAO trotz der zentralistischen Struktur der katholischen Kirche nicht von der Bischofskonferenz oder gar dem Papst, sondern jeweils vom einzelnen Bischof nur für sein Bistum in Kraft gesetzt.[242] Nur soweit die Normtexte danach identisch sind, kann man von „der“ KAO sprechen.

II. Familien-/Adelsarchive

Teilweise folgt aus dem Fideikommissrecht eine Verpflichtung, das Archiv zugänglich zu machen.

III. Wirtschaftsarchive

Die Mitglieder der Vereinigung deutscher Wirtschaftsarchivare e.V. erkennen durch ihre Mitgliedschaft in diesem Verein die „ethischen Grundsätze für Archivarinnen und Archivare“ an.[243]

IV. Partei- und Verbandsarchive/Archive sozialer Bewegungen

Es gibt kein Bundesgesetz zu den politischen Stiftungen der Parteien und daher auch keine gesonderten rechtlichen Vorgaben für die Parteiarchive. Fast alle[244] Parteistiftungen arbeiten als eingetragene Vereine und sind damit Privatarchive. Die Parteiarchive übernehmen auch die Unterlagen der jeweiligen Parlamentsfraktionen.

Von den vielen übrigen Archiven seien nur erwähnt:

- **DGB-Archiv**: Dieses Archiv wurde 1995 in das Archiv der Sozialen Demokratie der Friedrich-Ebert-Stiftung integriert;[245] es gibt keine spezifischen archivrechtlichen Normierungen.
- **Archiv der deutschen Frauenbewegung**: Dieses Archiv wird seit 2003 von einer (privaten) Stiftung getragen (zuvor als Verein organisiert), auch hier gibt es keine spezifischen archivrechtlichen Normierungen. Als im Jahr 2008 die Auszeichnung mit dem Hessischen Archivpreis erfolgte, hieß es in der

241 Siehe „Arbeitspapiere der Bundeskonferenz der kirchlichen Archive in Deutschland“ unter www.katholische-archive.de/Portals/0/Medien/PDF/Arbeitspapiere%20der%20BuKo.pdf, dort 1.3.

242 Dieser Weg, gleichlautende Normtexte durch verschiedene Gesetzgeber einführen zu lassen, ist auch im Bereich des staatlichen Rechts verbreitet: In den 1970er Jahren wurde so das Verwaltungsverfahrensgesetz (VwVfG) erstellt (das Bundes-VwVfG und die Landes-VwVfG sind weitgehend identisch), und im 19. Jahrhundert entstanden auf diese Weise das „Allgemeine Deutsche Handelsgesetzbuch“ (ADHGB) und die „Allgemeine Deutsche Wechselordnung“ (ADWO). Vgl. dazu die Veranstaltung „Tektonik der Rechtsordnung bis 1900“.

243 https://www.wirtschaftsarchive.de/mitgliedschaft/.

244 Ausnahme: Die FDP-nahe Friedrich-Naumann-Stiftung ist eine Stiftung privaten Rechts.

245 https://www.fes.de/adsd50/gruendungsurkunde-dgb.

Begründung: „Das Archiv der deutschen Frauenbewegung ist ein Paradigma für eine aus kleinsten ehrenamtlichen Anfängen erwachsene Archivinstitution mit professionellem Niveau.“[246]

V. Medienarchive

Das zentrale deutsche Filmarchiv ist die Abteilung **Filmarchiv des Bundesarchivs**, so dass das BArchG anwendbar ist. „Da das Grundgesetz eine Zuständigkeit des Bundes für die Sicherung des privat produzierten Kinofilms [...] nicht enthält, die Archivierung aber aus wirtschaftlichen Gründen nach einheitlichen Gesichtspunkten erfolgen muss, nimmt der Bund diese Aufgabe teilweise durch das Bundesarchiv als gleichsam beauftragte Einrichtung im Rahmen eines Kinematheksverbundes wahr.“[247] Folglich ist das BArchG anwendbar.

VI. Archive an Hochschulen sowie wissenschaftlichen Institutionen

Hochschulen in privater Trägerschaft erzeugen **nicht-öffentliches Archivgut**. Daher können sie mit ihrem Archivgut grundsätzlich frei umgehen. Zum Beispiel bei der *Bucerius Law School* und der Universität Witten-Herdecke ließen sich im Internet keine Angaben zu einem Archiv dieser Institutionen finden. Ob und wie Hochschulen in privater Trägerschaft die Nutzung von Archivbeständen ermöglichen, ist ihnen freigestellt.

Das gleiche gilt für wissenschaftliche Institutionen, die wie z. B. die Max-Planck-Gesellschaft als **Verein** organisiert sind, also ebenfalls **nicht-öffentliches Archivgut** erzeugen. Für das Archiv der Max-Planck-Gesellschaft hat deren Präsident ein „Statut“ erlassen.[248]

Hingegen sind die meisten Universitäten (landesunmittelbare) Körperschaften des öffentlichen Rechts, deren Archive daher *öffentliches* Archivgut verwalten. Die Anwendbarkeit des jeweiligen LArchG kann sich explizit aus dem LArchG ergeben.

> Beispiel: LArchG ST:
>
> § 1 I: Dieses Gesetz regelt den Umgang mit öffentlichem Archivgut in Sachsen-Anhalt.
>
> § 2 I: Öffentliches Archivgut sind alle archivwürdigen Unterlagen, die bei [...] den sonstigen der Aufsicht des Landes unterstehenden juristischen Personen des öffentlichen Rechts [...] entstanden sind

---

246 https://addf-kassel.de/ueber-uns#c2618.

247 Becker/Oldenhage, BArchG-Kommentar, § 2 Rn. 73.

248 www.archiv-berlin.mpg.de/61105/Statut_Archiv-MPG.pdf. Zur Entstehung dieses Archivs: Eckart Henning/Marion Kazemi, Quellen zur Institutsgeschichte der Kaiser Wilhelm/Max-Planck-Gesellschaft in ihrem Berliner Archiv, in: Bernhard vom Brocke/Hubert Laitko (Hrsg.), Die Kaiser Wilhelm/Max-Planck-Gesellschaft und ihre Institute. Studien zu ihrer Geschichte: Das Harnack-Prinzip, Berlin 1996, S. 35 ff.

Andererseits gilt im **Universitätsarchiv Hamburg** das Landesarchivgesetz Hamburg **nur teilweise** und **nur unter Vorbehalt**, denn die Benutzungsordnung des Universitätsarchivs Hamburg,[249] das ist die Ordnung einer Betriebseinheit der Universität Hamburg, erklärt das Landesarchivgesetz Hamburg nur mit zwei Einschränkungen für anwendbar: Für die Benutzung gelten das Hamburgische Archivgesetz und die Verwaltungsvorschrift über die Benutzung von Archivgut im Staatsarchiv der Freien und Hansestadt Hamburg (Benutzungsordnung) in ihrer jeweils gültigen Fassung, soweit sie auf die universitätseigenen Verhältnisse anwendbar sind und keine eigenen Benutzungsregelungen des Universitätsarchivs Hamburg an deren Stelle getreten sind.[250]

[249] www.archiv.uni-hamburg.de/ueber-uns/ordnung-uahh.html .

[250] § 6 III der Benutzungsordnung, www.archiv.uni-hamburg.de/ueber-uns/ordnung-uahh.html.

Thema 2: Archivrelevante Grundrechte

Teil 1: Allgemeine Grundrechtslehren mit Beispielen aus dem Archivrecht

A. Das Mehrebenensystem der Grundrechte – früher und heute

Es gibt jenseits des Grundgesetzes

- die völkerrechtlich anerkannten Menschenrechte,
- die Unionsgrundrechte (EU-Grundrechtecharta) und
- die Europäische Menschenrechtskonvention (EMRK).

Die daraus begründeten archivrelevanten Rechte hatten im deutschen Recht wegen der umfassenden deutschen Grundrechtsjudikatur und der europarechtlichen Zurückhaltung des Bundesverfassungsgerichts jahrzehntelang eine vergleichsweise geringe Bedeutung für die archivische Arbeit, obwohl das Unionsrecht bei kollidierendem Recht schon seit langem **Anwendungsvorrang** besaß. Doch kollidierend ist nationales Recht nur, wenn es eine Regelungsmaterie betrifft, die unionsrechtlich vollständig vereinheitlicht ist.

Das ist jetzt **beim Datenschutzrecht zu bejahen,**[1] denn dieses ist mittlerweile in der DS-GVO geregelt und stellt eine vollständig vereinheitlichte Materie des Unionsrechts dar. Auszugehen ist also bei Datenschutzfällen grundsätzlich nicht mehr von dem Recht auf informationelle Selbstbestimmung bzw. dem Persönlichkeitsrecht nach dem GG, sondern von den entsprechenden Unionsgrundrechten. Allerdings sind die Archivgesetze wie begründet „bereichsspezifisches Datenschutzrecht",[2] das evident weder vollständig vereinheitlicht noch auf der Ebene des Unionsrechts geregelt ist; hier bestehen große Umsetzungsspielräume der nationalen Gesetzgeber. Folglich bleiben im Kontext von **Rechtsfragen**, die aus dem **BArchG** oder den **LArchG** entstehen, die **Grundrechte des Grundgesetzes der Referenzrahmen.**

Wichtig für die Rechtsprechung im Mehrebenensystem der Grundrechte ist im Übrigen, dass das BVerfG seit seinen epochalen Entscheidungen „Recht auf Vergessen I + II" im Jahr 2019[3] die Kompetenz hat, Verstöße gegen die Unionsgrundrechte *selbst* zu prüfen. Diese beiden aktuellen Entscheidungen sind folg-

---

1 Siehe dazu Thema 5: „Archivrelevante Teile des Datenschutzrechts".

2 Dazu Thema 1, Teil 2 Abschnitt A.

3 Beschluss v. 6.11.2019 – 1 BvR 16/13 – BVerfG NJW 2020, 300 – **Recht auf Vergessen I – Pxxx T.**; www.bverfg.de/e/rs20191106_1bvr001613.html. Siehe zum damaligen Mordfall den SPIEGEL-Bericht zum Gerichtsverfahren, zugänglich unter: https://www.spiegel.de/politik/da-geriet-ich-in-panik-a-a064bc47-0002-0001-0000-000014355425?context=issue.

lich so fundamental, dass sie im Hinblick auf ihre Auswirkungen so wesentlich sind wie die (gleich näher besprochenen) „Elfes"- und → „*Lüth*-Entscheidungen".

Hingegen hat die **EMRK** als **Völkerrecht** nur den Rang einfachen Bundesrechts. Aufgrund der sehr ausdifferenzierten Grundrechtsjudikatur des BVerfG hat die EMRK in der deutschen Rechtsordnung nur eine eher geringe Bedeutung; dies gilt erst recht für archivrelevante Fragestellungen.

> Beispiel: Das **Recht auf Vergessen(werden)** bei privaten, sog. „Online-Archiven" wird von der deutschen Rechtsprechung – anders als in anderen europäischen Ländern – ohne Bezug auf die EMRK gelöst. Auch die weitreichende Festlegung der EMRK: „Jede Person hat das Recht auf Achtung ihres Privat- und Familienlebens, ihrer Wohnung und ihrer Korrespondenz." (Art. 8) wird in der Rechtsprechung des BVerfG wenig herangezogen.

Die **Grundrechte der Landesverfassungen** sind grundsätzlich nachrangig zu den Grundrechten des Grundgesetzes.[4]

In den folgenden Ausführungen stehen daher die archivrelevanten Grundrechte des GG im Vordergrund.

B. Die Grundrechtsfunktionen

Grundrechte verpflichten grundsätzlich[5] nur den Staat.

> Beispiel: Larissa: „Heribert, mein Schatz. Gestern habe ich abgewaschen. Im Grundgesetz steht: ‚Männer und Frauen sind gleichberechtigt.' (Art. 3 II GG). Deshalb bist Du heute dran!" „Nein, Larissa, eine solche unmittelbare Wirkung von Grundrechten zwischen Privaten besteht nicht."

Folglich **ist der Staat für den Schutz der Grundrechte verantwortlich**. Es ist deshalb nicht möglich, bei der Nutzung von Archivgut die im Grundgesetz und in den Archivgesetzen begründete Verpflichtung des Archivs, die Grundrechte zu schützen, auf die Nutzer zu übertragen und so anstelle des Archivs die Nutzer.in für den Grundrechtsschutz verantwortlich zu machen.

> Beispiel: „Ich, Nutzer.in __________, verpflichte mich, die Grundrechte von Personen, die in den von mir eingesehenen Unterlagen vorkommen, zu achten und zu schützen." Eine solche Verpflichtung entlastet das Archiv nicht im Hinblick auf seine Pflicht, die

Beschluss v. 6.11.2019 – 1 BvR 276/17 – BVerfG NJW 2020, 314, www.bverfg.de/e/rs20191106_1bvr027617.html. Siehe die streitige Passage aus einem NDR-Bericht bei 5:59 Min.: https://www.youtube.com/watch?v=rqLMfbnYCPY.

Die Rezeption dieser beiden Urteile belegt übrigens den – vom BVerfG in seinen Entscheidungen nicht diskutierten – sog. „Streisand-Effekt": Aufgrund der Gerichtsverfahren sind die Namen jener beiden Personen erst recht bekannt.

4 Kompetenzgemäßes Bundesrecht setzt sich gegenüber einem kollidierenden Landesgrundrecht durch. Pieroth, Grundrechte Staatsrecht II, 31. Aufl. 2015, Rn. 75.

5 Jenseits der mittelbaren Drittwirkung.

Grundrechte jener Personen zu schützen.[6] Die Erklärung kann höchstens die Nutzer.in gegenüber dem Archiv verpflichten.

Grundrechte haben im Archivrecht die vier folgenden Funktionen:

vorrangig: **Abwehrrechte**

- **Beispiele:**
  - aus dem Grundrecht auf Nutzung des Archivguts (Art. 5 I bzw. III GG) folgt das Recht, rechtswidrige Verletzungen dieses Rechts durch das Archiv abzuwehren
  - aus dem Grundrecht auf informationelle Selbstbestimmung (Art. 2 I GG) folgt das Recht von Personen, deren Daten in den genutzten Unterlagen vorkommen, rechtswidrige Verletzungen dieses Rechts durch das Archiv abzuwehren

zusätzlich: **Teilhaberechte**

- **Beispiel:** Archivnutzung ist auch Teilhabe an der Einrichtung (früher: „Anstalt“) „Archiv“ (Manegold, Archivrecht, S. 100)

zusätzlich: **Leistungsrechte**

- **Beispiele:**
  - Leistungen nach dem „BAföG“
  - Anspruch auf (begrenzte) Hilfestellung für Archivnutzer.innen
- **Gegenbeispiele:** Eine Nutzer.in hat gegenüber dem Archiv
  - **kein Leistungsrecht** auf die Schaffung (BayVGH NJW 1985, 1663 (1664)) oder Besorgung von Informationsquellen (auch wenn diese juristisch gesehen in das Archiv gehören; stattdessen besteht eventuell ein Anspruch gegen die Stelle, die die Unterlagen falsch abgegeben hat (dazu Thema 10, Teil 1, Abschnitt A.VII. 2.))
  - **kein Leistungsrecht** auf Erschließung
  - **kein Leistungsrecht** auf die Vornahme von bestandserhaltenden Maßnahmen, um die Nutzung zu ermöglichen
  - **kein Leistungsrecht** auf das vorläufige Unterlassen bestandserhaltender Maßnahmen, um das Archivgut nutzen zu können
  - Hinweis: Es besteht aber möglicherweise ein Anspruch auf eine ermessensfehlerfreie Entscheidung

unter Umständen: **Schutzpflichten**

- der Staat hat sich „schützend und fördernd“ vor die Grundrechte und vor Werte von Verfassungsrang zu stellen. Eine Schutzpflicht wird vor allem im Hinblick auf Art. 2 II 1 GG (Leben) bejaht (der nasciturus hat gemäß der Rechtsprechung des BVerfG ein Recht darauf, gegenüber der werdenden Mutter vor einem Schwangerschaftsabbruch geschützt zu werden, und zwar sogar durch StGB-Normen)

---

6 Anders ist die Rechtslage im zivilrechtlichen Urheberrecht. Dort hat eine entsprechende Erklärung juristische Bedeutung; und es kann aufgrund der sog. Störerhaftung sogar rechtlich geboten sein, dass das Archiv eine solche Erklärung durch die Nutzer.in herbeiführt.

- außerdem besteht eine Schutzpflicht vor Gefahren von Technik, insbesondere im Hinblick auf Atomkraft (BVerfGE 49, 89 ff. (Kalkar I); 53, 30 ff. (Mülheim-Kärlich))
- Beispiele aus dem Archivrecht:
  - dass die Vorlage von geheimdienstlichem Archivgut besonders eingeschränkt ist, beruht nach herrschender Meinung auch darauf, dass der Staat eine Schutzpflicht für die öffentliche Sicherheit und Ordnung hat, die durch die Vorlage jener Akten ohne besondere Berücksichtigung der geheimdienstlichen Herkunft beeinträchtigt wäre
  - das Rauchverbot im Lesesaal ließe sich wohl auch mit einer Schutzpflicht begründen
  - das Archiv ist zur Bestandserhaltung auch verpflichtet, weil sonst die Nutzung beeinträchtigt ist. Es gibt aber kein Recht des Nutzers, bestandserhaltende Maßnahmen für bestimmte Unterlagen zu fordern

Hinweis: In einem Teil der rechtswissenschaftlichen Literatur wird mit etwas anderer Aufteilung und durch die Hinzunahme prozess- und politikbezogener Grundrechtsfunktionen von fünf Funktionen ausgegangen.

Die zusätzlichen Grundrechtsfunktionen zu den Abwehrrechten haben erst ab den 1970er Jahren die Grundrechtstheorie geprägt und dann die Datenschutz- und Archivgesetzgebung wesentlich vorangetrieben.[7]

C. Die Grundrechte: Ein System und eine objektive Werteordnung

Zwei Entscheidungen des BVerfG aus den 1950er Jahren gehören bis heute zum Fundament der Grundrechtsdogmatik – und führen zudem zur hohen Archivrelevanz der Grundrechte.

I. Die Elfes-Entscheidung des BVerfG: Ein lückenloses Grundrechtssystem

Die folgenreiche Grundthese der Entscheidung ist: Die Grundrechte stellen ein lückenloses „24-7-365“ **System** dar, **Art. 2 I GG** ist ein **Auffanggrundrecht** – jedes Verhalten, selbst „Reiten im Wald“[8] ist daher grundrechtsrelevant. Wenn nicht der Schutzbereich eines spezielleren Grundrechts betroffen ist, dann ist jedenfalls Art. 2 GG einschlägig (Subsidiarität).

---

7 Dazu oben Thema 1, Teil 2, Abschnitt B.
8 Dies war das Thema einer späteren, auch im BVerfG umstrittenen Entscheidung.

„Neben der allgemeinen Handlungsfreiheit, die Art. 2 Abs. 1 GG gewährleistet, hat das Grundgesetz die Freiheit menschlicher Betätigung für bestimmte Lebensbereiche, die nach den geschichtlichen Erfahrungen dem Zugriff der öffentlichen Gewalt besonders ausgesetzt sind, durch besondere Grundrechtsbestimmungen geschützt […] Soweit nicht solche besonderen Lebensbereiche grundrechtlich geschützt sind, kann sich der Einzelne bei Eingriffen der öffentlichen Gewalt in seine Freiheit *[immer! Th. H.]* auf Art. 2 Abs. 1 GG berufen.“[9]

II. Die *Lüth*-Entscheidung des BVerfG: Grundrechte begründen eine objektive Wertordnung

„Ohne Zweifel sind die Grundrechte in erster Linie dazu bestimmt, die Freiheitssphäre des einzelnen vor Eingriffen der öffentlichen Gewalt zu sichern; sie sind **Abwehrrechte** des Bürgers gegen den Staat. […]

Ebenso richtig ist aber, daß das **Grundgesetz**, das **keine wertneutrale Ordnung** sein will, in seinem Grundrechtsabschnitt auch eine **objektive Wertordnung** aufgerichtet hat.“[10]

„Im Rückblick auf die Entwicklung der Rechtsprechung erweist sich die objektiv-rechtliche Funktion der Grundrechte als Geburtshelferin neuer subjektiver Rechte.“[11]

Im Hinblick auf das Archivrecht gilt der letztere Satz vor allem für das Recht auf informationelle Selbstbestimmung.[12]

Die im Lüth-Urteil entwickelte Werteordnung des Grundgesetzes wird seit den Parteiverbotsverfahren der 1950er Jahre als „freiheitlich-demokratische Grundordnung“ bezeichnet. Sie ist von Beamt.innen und ihnen insoweit Gleichgestellten nicht nur während des Dienstes im Sonderrechtsverhältnis, sondern **auch außerhalb des Dienstes** zu beachten.

Beispiel aus dem Jahr 2012: Ein **rechtsextremer Kommunalpolitiker** darf gemäß einer Entscheidung des Bundesverwaltungsgerichts[13] **nicht** als **öffentlich bestellter Bezirksschornsteinfegermeister** arbeiten, auch wenn er ansonsten dienstlich nicht negativ aufgefallen ist. Entsprechendes gilt, wenn man der Entscheidung des BVerwG folgt, auch für Archivar.innen.

9 BVerfGE 6, 32 (37) v. 16.01.1957.

10 BVerfGE 7, 198 (205) (Hervorhebungen von Th. H.), Urteil v. 15.01.1958, dazu Thomas Henne/Arne Riedlinger (Hrsg.), Das Lüth-Urteil aus (rechts-)historischer Sicht, Berlin 2005. Die Rechtsschreibung im Zitat („daß“) wurde bewusst beibehalten, vgl. den Hinweis im Vorwort zur Rechtschreibreform.

11 Pieroth, Grundrechte Staatsrecht II, 31. Aufl. 2015, Rn. 105 aE.

12 Dazu gleich Teil 2, Abschnitt B.

13 BVerwGE 145, 67 (gegen die Entscheidungen der beiden Vorinstanzen). Bezirksschornsteinfegermeister arbeiten als „Beliehene“.

Diese Anforderungen an die Verfassungstreue gelten unabhängig davon, ob – wie zurzeit z. B. in Baden-Württemberg – eine entsprechende ausführliche Erklärung bei der Einstellung zu unterzeichnen ist. Gemäß einer umstrittenen, aber konstanten Rechtsprechung reicht bereits die Mitgliedschaft in einer als verfassungswidrig eingestuften Organisation aus, um eine Teilnahme an Bestrebungen gegen jene Werteordnung zu bejahen.

Beispiel: Auf einer entsprechenden Liste von Organisationen **stand in Bayern bis vor kurzem die Linkspartei** (die im angrenzenden Bundesland Thüringen den Ministerpräsidenten stellt).[14]

D. Grundrechte und Verfassungstreue im Sonderrechtsverhältnis

Unter anderem das Beamtenverhältnis von Archivar.innen begründet eine besondere Bindung von Bürger.innen an den Staat; dies wird mit der neueren Terminologie als **Sonderrechtsverhältnis** bezeichnet. Maßnahmen im **Grundverhältnis**, also solche, die in die persönlichen Rechte bzw. den Status einer Person eingreifen, können seit der Strafvollzugsentscheidung des BVerfG aus dem Jahr 1972[15] nur auf der Grundlage eines Gesetzes erfolgen, das die wesentlichen Entscheidungen zum Eingriff selbst trifft („**Wesentlichkeitstheorie**").[16] Entgegen der früheren Auffassung („besonderes Gewaltverhältnis") gelten im **Grundverhältnis** die Grundrechte.

Beispiel: Nach der älteren Auffassung konnten, weil ein öffentliches Archiv eine Anstalt war, die **Rechte von Archivbenutzer.innen** durch bloße Verwaltungsvorschriften eingeschränkt werden; ein Archivgesetz war nicht nötig. Diese Rechtsgrundlage reichte seit der Geltung der Wesentlichkeitstheorie nicht mehr aus, die deshalb neben dem Volkszählungsurteil des BVerfG ein wichtiger Grund für die Entstehung der Archivgesetze ist.[17]

Lediglich Maßnahmen im **Betriebsverhältnis**, bei denen sich die Maßnahme an den Beamten allein in seiner Eigenschaft als Glied der Verwaltung richten, können durch bloße Verwaltungsvorschriften getroffen werden.

Beispiel: Beamtete Archivar.innen müssen aufgrund einer Verwaltungsvorschrift während ihres Dienstes die aktuellen **Rechtschreibregelungen** befolgen; auch z. B. **Vorgaben zur Bewertung** können als Richtlinie erlassen werden.

Die bloße Benutzung einer „Anstalt", also z. B. eines öffentlichen Archivs, führt nach heutiger Ansicht aber nicht mehr zu einem Sonderrechtsverhältnis.

---

14 www.justiz.bayern.de/media/pdf/verzeichnis_extrorganisationen_0808.pdf.
15 BVerfGE 33, 1.
16 Dazu Bd. 1, Thema 3, Teil 1, Abschnitt A.
17 Dazu Bd. 1, Thema 1, Teil 2, Abschnitt B.

Es ist also bei jeder Grundrechtsausübung von Personen, die sich in einem Sonderrechtsverhältnis befinden, zu prüfen, ob das Sonderrechtsverhältnis zu Einschränkungen einer rechtmäßigen Grundrechtsausübung führt.

> Beispiel: Bei der **Meinungsfreiheit** (Art. 5 GG) gilt für beamtete Archivar.innen das **Mäßigungsgebot**, bei der Koalitionsfreiheit (Art. 9 GG) gilt für sie ein Streikverbot. In Detail umstritten sind die Auswirkungen auf die Religionsfreiheit (Art. 4 GG).

Diese Begrenzungen der Grundrechtsgeltung können nicht dadurch unterlaufen werden, dass Personen, die sich in einem Sonderrechtsverhältnis befinden, eigenmächtig eine „Privatisierung" herbeiführen.

> Beispiel: Archivar.in A hat für ihre Arbeit im Landesarchiv einen dienstlichen Mailaccount erhalten. Wenn sie diesen für Mails im Rahmen ihrer Tätigkeit nutzt, liegt ein Betriebsverhältnis vor; das Post- und Fernmeldegeheimnis gilt insoweit nicht. Wenn A aufgrund ihrer eigenen Entscheidung für Dienstgeschäfte ihren privaten Mailaccount nutzt, wird insoweit kein Grundrechtsschutz für Mails in dem privaten Mailaccount begründet.

Strittig ist, ob eine während der Amtszeit von Familienministerin Schröder (CDU) eingeführte sog. **„Extremismusklausel"**[18] bei der Beantragung von Fördermitteln unterzeichnet werden muss.

> Darf ein **Archiv eine Veranstaltung zusammen mit einer Organisation durchführen, die die Unterzeichnung dieser Klausel ablehnt?** Soweit ersichtlich, wird diese Klausel aber kaum noch angewandt; ein Gerichtsverfahren gegen diese Klausel endete mit der Feststellung der Rechtswidrigkeit einer ersten Fassung dieser Klausel.[19]

Wenn ein Archiv mit Institutionen, die in Berichten des sog. Verfassungsschutzes auftauchen, zusammenarbeiten möchte, kommt es darauf an, ob die beteiligten Archivmitarbeiter.innen bei der Zusammenarbeit die erwähnten Grenzen der Grundrechtsgeltung beachten.

> Beispiel: Im Verfassungsschutzbericht 2020 wird das Hans-Litten-Archiv in Göttingen eingestuft als „extremistische Struktur, die verfassungsfeindliche Ziele verfolgt".[20]

---

18 Die Extremismusklausel war Teil einer Verwaltungsvorschrift und lautete: „Hiermit bestätigen wir, dass wir uns zur freiheitlichen demokratischen Grundordnung der Bundesrepublik Deutschland bekennen und eine den Zielen des Grundgesetzes förderliche Arbeit gewährleisten. Als Träger der geförderten Maßnahme haben wir zudem im Rahmen unserer Möglichkeiten (Literatur, Kontakte zu anderen Trägern, Referenzen, die jährlichen Verfassungsschutzberichte des Bundes und der Länder etc.) und auf eigene Verantwortung dafür Sorge zu tragen, dass die als Partner ausgewählten Organisationen, Referenten etc. sich ebenfalls zu den Zielen des Grundgesetzes verpflichten. Uns ist bewusst, dass keinesfalls der Anschein erweckt werden darf, dass eine Unterstützung extremistischer Strukturen durch die Gewährung materieller oder immaterieller Leistungen Vorschub geleistet wird."

19 Siehe den Wikipedia-Artikel „Extremismusklausel" und den Link in der dortigen Fn. 27 zur verwickelten Prozessgeschichte. Herrn Claudius Reich (59. Fachhochschul-Lehrgang) danke ich für seinen Hinweis.

20 www.hans-litten-archiv.de/news (30.03.2022).

E. Ein Eingriff in Grundrechte – oder ein bloßes „Berühren" des Schutzbereichs?

Eine Grundrechtsprüfung erfolgt in drei Schritten:

Der **Schutzbereich** des Grundrechts ist der grundrechtlich geschützte Lebensbereich.

Ein **Eingriff** liegt vor,

> „wenn dem Einzelnen ein Verhalten, das vom Schutzbereich eines Grundrechts umfasst ist, durch den Staat verwehrt wird"[21].

Nach der aktuellen Rechtsprechung des BVerfG wird auf der Grundlage des sozialen Rechtsstaats von einem **weiten Verständnis** des Eingriffs ausgegangen:

> „Eingriff ist jedes staatliche Handeln, das dem Einzelnen ein Verhalten [...], das in den Schutzbereich eines Grundrechts fällt, ganz oder teilweise unmöglich macht, gleichgültig ob diese Wirkung final oder unbeabsichtigt, unmittelbar oder mittelbar, rechtlich oder tatsächlich (faktisch, informal), mit oder ohne Befehl und Zwang eintritt".[22]

Beispiel: **Beschränkungen der Nutzung** von Archivgut sind Eingriffe.

Wenn Informationen vom Betroffenen der Öffentlichkeit selbst zugänglich gemacht worden sind, liegt grundsätzlich kein Eingriff vor, wenn staatliches Handeln diese Informationen nochmals in die Öffentlichkeit bringt.

Kein Eingriff liegt hingegen vor, wenn der Schutzbereich des Grundrechts nur **berührt** ist.

Beispiele:

Wenn sich aus dem Archivgut ergibt, dass eine Person über ein Ereignis aus ihrer Sozialsphäre nicht die Wahrheit erzählt hat, ist es sehr fraglich, ob die Vorlage dieses Archivguts die Persönlichkeitsrechte jener Person verletzt. Die bloße Eitelkeit ist nicht grundrechtlich geschützt.

Wenn Archive am Wochenende nicht zugänglich sind, liegt kein Eingriff in die Grundrechte von Nutzer.innen aus Art. 5 GG vor, sondern der Schutzbereich ist nur berührt.

---

21 Pieroth, Grundrechte Staatsrecht II, 31. Aufl. 2015, Rn. 231.

22 Pieroth, Grundrechte (Fn. zuvor), Rn. 261.

F. Die Rechtfertigung von Eingriffen durch Schranken

Die Grundrechte können aufgrund der Gemeinschaftsbezogenheit des Individuums nicht schrankenlos sein, denn grundrechtsrelevantes Handeln greift z. B. häufig in die Grundrechte anderer ein. Deshalb ist zu ermitteln, ob das in den Schutzbereich eine Grundrechts fallende Handeln auf eine **Schranke** stößt, die den Eingriff in den Schutzbereich rechtfertigt und damit verfassungsgemäß macht.[23]

Gesetzesvorbehaltsschranke

- Die Rechtfertigung für einen Grundrechtseingriff kann **durch oder aufgrund eines Gesetzes** erfolgen, wenn das Grundrecht einen Gesetzesvorbehalt enthält → Beispiel 01
  - relevant sind vor allem die **Archivgesetze** → Beispiel 02

Verfassungsimmanente Schranke

- Die Rechtfertigung für einen Grundrechtseingriff kann sich aus **kollidierendem Verfassungsrecht** ergeben → Beispiel 03
  - Möglichkeit 1: **kollidierende Grundrechte anderer** → Beispiel 04
    - auch vorbehaltlose Grundrechte (wie die Wissenschaftsfreiheit nach Art. 5 III GG) können auf diese Weise eingeschränkt werden
  - Möglichkeit 2: **Gemeinschaftsgüter von Verfassungsrang.** → Anm. 1. Wichtig im Archiv sind insoweit vor allem:
    - **das „Staatswohl“**, in den Archivgesetzen konkretisiert als „Wohl der Bundesrepublik Deutschland oder eines ihrer Länder“ → Beispiel 05
    - **der Geheimschutz,** in den Archivgesetzen z.B. konkretisiert als Nutzungsbegrenzung, wenn „durch die Nutzung Rechtsvorschriften des Bundes über die Geheimhaltung verletzt würden“ → Beispiel 06

Anmerkung 1: Der Gesetzgeber hat die Pflicht, die Gemeinschaftsgüter durch Gesetze zu konkretisieren.[24] Dies ist in den Archivgesetzen erfolgt.

Dabei ist immer das Verhältnismäßigkeitsgebot zu beachten:

Verhältnismäßigkeitsgrundsatz

- je schwerer ein Eingriff ist, desto gewichtiger müssen die gegenläufigen Interessen sein, die den Eingriff rechtfertigen sollen.

---

[23] Ein Prüfungsschema zur Entscheidung über einen Nutzungsantrag wird vorgeschlagen bei Thema 10, Teil 5, Abschnitt D.

[24] BVerfG NJW 2003, 3111 („Kopftuchentscheidung“); das Gericht argumentiert mit dem Neutralitätsgebot.

Beispiele, auf die in der obigen Grafik verwiesen wird:

Beispiel 01: Ein Gesetzesvorbehalt enthält die im Archiv höchst relevante Informationsfreiheit aus Art. 5 I GG: Sie kann nach Art. 5 II GG durch allgemeine Gesetze eingeschränkt werden

Beispiel 02: Der Eingriff in die Informationsfreiheit (Art. 5 I GG) erfolgt aufgrund einer Regelung in einem Archivgesetz.

Beispiel 03: Das durch die Wissenschaftsfreiheit begründete Recht einer Nutzerin auf Einsicht in Archivgut muss eingeschränkt werden, wenn das durch Art. 2 I GG geschützte Recht auf informationelle Selbstbestimmung der Personen, deren Daten in den Archivalien enthalten sind, überwiegt.[25]

Beispiel 04: Die Anbietungs- und Übergabepflicht gemäß § 5 BArchG ist

- ein **Eingriff** in das Recht auf informationelle Selbstbestimmung, da der ursprüngliche Erhebungszweck erreicht ist und die weitere Speicherung der Daten aufgrund eines weiteren Zwecks erfolgt,[26] aber
- durch die **Schranke** des Art. 5 III 1 GG grundsätzlich gerechtfertigt als objektivrechtliche „Forschungsvoraussetzungssicherung“[27]

Beispiel 05: Zum „Staatswohl“ siehe ausführlich Thema 13, Teil 5, Abschnitt F I.

Beispiel 06: Zum „Geheimschutz“ siehe ausführlich Thema 13, Teil 5, Abschnitt F II.

Problematisch ist die Rechtfertigung bei der Archivierung **unzulässig gespeicherter Daten.**[28]

G. Das Zitiergebot in Art. 19 GG und seine Umsetzung im Archivrecht

Gemäß dem Zitiergebot in Art. 19 I 2 GG *muss*, soweit ein Grundrecht durch Gesetz oder aufgrund eines Gesetzes eingeschränkt werden kann, auch das jeweilige Grundrecht im Gesetz unter Angabe des Artikels genannt werden. Im LArchG SN findet sich folgende Regelung:

> „Das Recht auf informationelle Selbstbestimmung (Artikel 2 Abs. 1 in Verbindung mit Artikel 1 Abs. 1 des Grundgesetzes, Artikel 33 der Verfassung des Freistaates Sachsen) wird durch dieses Gesetz eingeschränkt.“[29]

Allerdings wird das grundgesetzliche Zitiergebot in der Rechtsprechung des BVerfG **einschränkend ausgelegt**, um keine Förmelei zu erzeugen. Im Hinblick auf die für Archive besonders relevanten Grundrechte und ihre Einschränkungen durch Archivgesetze gilt:

---

25 Dazu ausführlich Thema 10, Teil 5, Abschnitte D und F III.

26 Manegold, Archivrecht, S. 58 f.

27 Manegold, Archivrecht, S. 61 bei Fn. 68.

28 Dazu Bd. 2, Thema 8, Teil 1, Abschnitt C II.

29 § 18 LArchG SN.

- **Art. 2 I GG (inkl. z. B. Allgemeines Persönlichkeitsrecht): Zitierpflicht (–)**, da wegen der Weite des Schutzbereichs nahezu jedes Gesetz in Art. 2 GG eingreift
- **Art. 5 I GG: Zitierpflicht (–)**, da nahezu jedes Gesetz in die Rechte aus Art. 5 GG eingreift[30]
- **Art. 5 III GG: Zitierpflicht (–)**, denn es liegt ein vorbehaltloses Grundrecht vor, es gibt also keinen Gesetzesvorbehalt
- **Art. 14 I GG: Zitierpflicht (–)**, denn die Norm enthält einen Ausgestaltungsauftrag an den Gesetzgeber

Da diese Aufzählung alle zentralen archivrelevanten Grundrechte erfasst, gibt es in Archivgesetzen insoweit keine Zitierpflicht und die damit einhergehende archivrechtliche Gesetzgebungspraxis ist rechtmäßig. Die oben erwähnte Regelung im LArchG SN ist nicht rechtswidrig, aber überflüssig.[31]

H. Grundrechtsbindung für wen? Insbesondere: Die mittelbare Drittwirkung

Gemäß Art. 1 III GG ist nur der Staat[32] an die Grundrechte gebunden. Die Grundrechte haben also eine „Zweitwirkung" im Verhältnis zwischen Bürger. innen und Staat. Eine unmittelbare Wirkung haben die Grundreche bei hoheitlichem Handeln des Staates,[33] also insbesondere bei der Eingriffsverwaltung.

Wenn Archive Aufgaben der Leistungsverwaltung in privatrechtlicher Form erfüllen, bleiben sie an die Grundrechte gebunden (keine „Flucht ins Privatrecht").

Beispiel: Das Stadtarchiv wird in eine „Stadtarchiv GmbH" umgewandelt.

Im Rahmen der Bedarfsdeckung kann das Archiv aber einzelne Verträge privatrechtlich abschließen und dabei aus sachlichen Gründen eine Ungleichbehandlung iSv. Art. 3 GG vornehmen oder auch mittels eines Depositalvertrages die Rechte anderer Nutzer.innen aus Art. 5 GG einschränken, denn es liegen keine „allgemein zugänglichen" Unterlagen vor.

---

30 Anders Hannes Berger, Sächsisches Archivgesetz. Kommentar, § 18 Rn. 4: Der sächsische Gesetzgeber habe Art. 5 I GG und auch Art. 5 III GG bei dem erwähnten § 18 LArchG SN „völlig außer Acht" gelassen, so dass ein „formell verfassungswidriger Normzustand zu beklagen" sei. Berger geht aber nicht auf die restriktive Rechtsprechung des BVerfG zur Anwendbarkeit des Zitiergebots bei Einschränkungen von Art. 2 I GG ein.

31 Anders Berger, Archivgesetz (Fn. zuvor), § 18 Rn. 3. Berger geht aber nicht auf die restriktive Rechtsprechung des BVerfG zur Anwendbarkeit des Zitiergebots bei Einschränkungen von Art. 2 I GG ein.

32 Und in begrenztem Maße Beliehene.

33 Dazu Thema 4, Teil 1: Das Handeln von öffentlichen Archiven. Überblick über die Regelungstypen.

Beispiel: Wenn eine Depositalgeber.in bestimmte Personen von der Nutzung der Unterlagen, die an das Archiv gelangen, dauerhaft ausschließen will, darf das Archiv dem zustimmen, obwohl auf diese Weise die Grundrechte jener Personen aus Art. 5 GG eingeschränkt werden. Jenes Archivgut ist von vornherein nicht „allgemein zugänglich" iSv. Art. 5 I 1 2. Alt. GG.

Hingegen gibt es keine unmittelbare Drittwirkung im Verhältnis Bürger vs. Bürger, denn sonst entstünde eine freiheitsraubende Inflationierung von Grundrechten,[34] die dadurch zugleich entwertet würden.

Allerdings ist eine **mittelbare Drittwirkung** im **Verhältnis Bürger vs. Bürger** anerkannt; maßgebend dafür ist wiederum die → *Lüth*-Entscheidung von 1958:

„Keine bürgerlich-rechtliche Vorschrift darf in Widerspruch zu ihm [dem Wertesystem, Th. H.] stehen, jede muß in seinem Geiste ausgelegt werden. [...]"

Diese These wurde später über das bürgerliche Recht hinaus auf **alle Rechtsgebiete** bezogen: Es „wirkt der Rechtsgehalt der Grundrechte über das Medium der das einzelne Rechtsgebiet unmittelbar beherrschenden Vorschriften".[35] Generalklauseln und unbestimmte Rechtsbegriffe[36] werden dabei (was nicht pejorativ gemeint ist) als ‚Einbruchstellen' der Grundrechte bezeichnet.

Beispiel: Bei personenbezogenem Schutzgut kann die Schutzfrist nach § 12 II 2 Nr. 1 BArchG verkürzt werden, wenn „die Nutzung für ein wissenschaftliches Forschungs[vorhaben] unerlässlich ist". Die „Unerlässlichkeit" könnte aus Sicht der Archivleiter.in oder des Nutzers beurteilt werden. Dieser unbestimmte Rechtsbegriff des BArchG ist die ‚Einbruchstelle' der Grundrechte, und nur eine Beurteilung der „Unerlässlichkeit" vorrangig aus der Sicht des Nutzers führt zu einer Berücksichtigung seiner Grundrechte, während bei der amtlichen Beurteilung der Unerlässlichkeit durch die Archivleiter.in Grundrechte nur in geringem Maß betroffen sind.

Teil 2: Das Allgemeine Persönlichkeitsrecht (Art. 2 I iVm. Art. 1 GG), insbesondere: Das Recht auf informationelle Selbstbestimmung

Vor allem im Hinblick auf die Rechte der Personen, um deren Daten es in den Unterlagen geht, ist das Allgemeine Persönlichkeitsrecht höchst archivrelevant.

Dieses Recht ist ein **Rahmenrecht**, das federführend von der Rechtsprechung entwickelt wurde. Daher ist die Rechtsdogmatik zu vielen Rechtsfragen des Persönlichkeitsrechts vor allem durch Fälle und Fallgruppen geprägt und nur wenig durch präzise Rechtsfolgevoraussetzungen.

---

34 Ausnahme Art. 9 III 2 GG: „Abreden, die dieses Recht [aus Art. 9 III 1 GG] einschränken oder zu behindern suchen, sind nichtig, hierauf gerichtete Maßnahmen sind rechtswidrig."

35 Pieroth, Grundrechte Staatsrecht II, 31. Aufl. 2015, Rn. 203.

36 Dazu Thema 4, Teil 3, Abschnitt B.

Soweit hingegen einzelne Bereiche des Allgemeinen Persönlichkeitsrechts durch Spezialgesetze geschützt sind, liegt ein **„Besonderes Persönlichkeitsrecht"** vor. Archivrelevant sind z.B. das Recht am eigenen Bild und das Urheberrecht. Gemäß den Vorgaben im Vorwort dieses Buches werden diese beiden urheberrechtsbezogenen Themen hier nicht vertieft behandelt.

A. Allgemeines zum Allgemeinen Persönlichkeitsrecht

> „Die Anerkennung des allgemeinen Persönlichkeitsrechts zählt zu den tiefgreifendsten und weitreichendsten Veränderungen, die das deutsche Privatrecht [und auch das öffentliche Recht! Th.H.] nach dem Zweiten Weltkrieg erfahren hat."[37]

„Das allgemeine Persönlichkeitsrecht ist vom BVerfG aus **Art. 2 I iVm. Art. 1 I GG** entwickelt worden. Es hat seine

- Wurzeln in **Art. 2 I GG**, weil es wie die allgemeine Handlungsfreiheit nicht auf bestimmte Lebensbereiche begrenzt ist, sondern in allen Lebensbereichen relevant ist. Es hat
- eine Verbindung zu **Art. 1 I GG**, weil es den Einzelnen weniger in seinem Verhalten als in seiner Qualität als autonomes Subjekt betrifft."

> **Art. 1 I GG:** „Die Würde des Menschen ist unantastbar. Sie zu achten und zu schützen ist Verpflichtung aller staatlichen Gewalt."

> **Art. 2 I GG:** „Jeder hat das Recht auf die freie Entfaltung seiner Persönlichkeit, soweit er nicht die Rechte anderer verletzt und nicht gegen die verfassungsmäßige Ordnung oder das Sittengesetz verstößt."

Grundrechtsträger sind Einzelpersonen („jedermann") sowie unter Umständen gemäß Art. 19 III GG auch juristische Personen des Privatrechts.

Beispiel: Geschäftspapiere einer AG.

B. Das Recht auf informationelle Selbstbestimmung als Ausformung des allgemeinen Persönlichkeitsrechts Lebender

Es gibt verschiedene, ineinander übergehende Ausformungen des allgemeinen Persönlichkeitsrechts (APR). In höchstem Maße archivrelevant ist dabei das Recht auf den Schutz personenbezogener Daten (im Folgenden geht es jedoch

[37] Vorwort zur 1. Aufl. von Horst-Peter Götting u. a. (Hrsg.), Handbuch Persönlichkeitsrecht, hier zit. nach dem Wiederabdruck in der 2. Aufl., München 2019, S. VII.

nur um die Rechte *lebender* Personen![38]) Grundlegend ist das **„Volkszählungsurteil“** von **1983**.[39]

I. Der Schutzbereich gemäß dem „Volkszählungsurteil“ von 1983 und die Ergänzung durch Art. 8 EMRK

Im Jahr 1982 hatte der Bundestag einstimmig die Durchführung einer „Volkszählung“ beschlossen. Dagegen richteten sich Verfassungsbeschwerden, die 1983 zum „Volkszählungsurteil“ des BVerfG führten:

> „Das in Art. 2 Abs. 1 in Verbindung mit Art. 1 Abs. 1 GG gewährleistete allgemeine Persönlichkeitsrecht“ umfasst „auch die aus dem Gedanken der Selbstbestimmung folgende Befugnis des Einzelnen, grundsätzlich **selbst zu entscheiden, wann und innerhalb welcher Grenzen persönliche Lebenssachverhalte offenbart werden**“.[40]
>
> „Mit dem **Recht auf informationelle Selbstbestimmung** wären eine Gesellschaftsordnung und eine diese ermöglichende Rechtsordnung nicht vereinbar, in der Bürger nicht mehr wissen können, wer was wann und bei welcher Gelegenheit über sie weiß. Wer unsicher ist, ob abweichende Verhaltensweisen jederzeit notiert und als Information dauerhaft gespeichert, verwendet oder weitergegeben werden, wird versuchen, nicht durch solche Verhaltensweisen aufzufallen.
>
> Hieraus folgt: Freie Entfaltung der Persönlichkeit setzt unter den modernen Bedingungen der Datenverarbeitung den **Schutz des Einzelnen gegen unbegrenzte Erhebung, Speicherung, Verwendung und Weitergabe seiner persönlichen Daten** voraus. Dieser Schutz ist daher **von dem Grundrecht des Art. 2 Abs. 1 in Verbindung mit Art. 1 Abs. 1 GG umfasst.** Das Grundrecht gewährleistet insoweit die **Befugnis des Einzelnen, grundsätzlich selbst über die Preisgabe und Verwendung seiner persönlichen Daten zu bestimmen.“**

Die Eingrenzung auf Schutz nur „unter den modernen Bedingungen der Datenverarbeitung“ ist später – auch mit Blick auf Art. 8 EMRK – aufgegeben worden und der Schutzbereich daher erweitert worden.

II. Eingriffe, insbesondere während der Archivierungsphasen

Jede der im Folgenden aufgeführten Maßnahmen ist ein eigenständiger Eingriff, der eine Rechtfertigung benötigt:[41]

---

[38] Zum postmortalen Schutz siehe den folgenden Abschnitt B.

[39] Instruktiv aus rechtshistorischer Sicht: Peilert, in: Menzel (Hrsg.), Verfassungsrechtsprechung. Hundert Entscheidungen des Bundesverfassungsgerichts in Retrospektive, Tübingen 2000, S. 344–350.

[40] BVerfGE 65, 1 (41 f.).

[41] Zum folgenden Petra Nau, Verfassungsrechtliche Anforderungen an Archivgesetze des Bundes und der Länder, jur. Diss. Kiel 2000 (= Arbeitspapier Nr. 52 des Lorenz-von Stein-Instituts für Verwaltungswissenschaften).

- Die **Abgabe** von Verwaltungsunterlagen an ein öffentliches Archiv ist eine Zweckänderung: Akten sind nun nicht mehr für Verwaltungsvollzug nötig, sondern für neue, archivalische Zwecke (auch eine ursprüngliche Einwilligung zur Datenerhebung erfasst idR nicht diesen neuen Zweck)[42]
- Die **Umwidmung von Verwaltungsunterlagen zu Archivgut**: Unterlagen, die bisher im Verwaltungsgebrauch der abgebenden Stelle standen, werden zu Unterlagen im Gebrauch des Archivs[43]
- Das **Erschließen** von Archivalien: Es entsteht ein veränderter und komplexerer Informationsgehalt der Daten[44]
- Die **Verwahrung** von Archivgut: Die unbegrenzte Speicherung ist ein eigenständiger Eingriff
- Die **Zugangsgewährung** „zu persönlichen Daten von noch lebenden Personen, gleich in welcher Form sie erfolgt, ist ohne Kenntnis oder Einwilligung des Betroffenen immer ein eigenständiger Eingriff in das informationelle Selbstbestimmungsrecht".[45]

III. Schranken gemäß dem „Volkszählungsurteil" von 1983

1. *Grundrechte Dritter und die „verfassungsmäßige Ordnung"*

Das BVerfG führt in seiner Entscheidung weiter aus:

> „Dieses **Recht auf ‚informationelle Selbstbestimmung'** ist **nicht schrankenlos** gewährleistet. […] Grundsätzlich muss daher der Einzelne Einschränkungen seines Rechts auf informationelle Selbstbestimmung **im überwiegenden Allgemeininteresse** hinnehmen.
>
> Diese **Beschränkungen** bedürfen nach Art. 2 Abs. 1 GG […] einer (verfassungsmäßigen) **gesetzlichen Grundlage**, aus der sich die Voraussetzungen und der Umfang der Beschränkungen klar und für den Bürger erkennbar ergeben und die damit dem **rechtsstaatlichen Gebot der Normenklarheit** entspricht […]. Bei seinen Regelungen hat der Gesetzgeber ferner den **Grundsatz der Verhältnismäßigkeit** zu beachten."[46]

Schranken können sich daher – wie auch sonst[47] – erstens aus **Grundrechten Dritter** ergeben. Archivrelevant sind vor allem:

- Ausformungen des Allgemeinen Persönlichkeitsrechts gem. Art. 2 I GG: Recht am eigenen Bild, Ehre etc.
- die Meinungs- und Pressefreiheit gem. Art. 5 I GG
- die Wissenschaftsfreiheit gem. Art. 5 III GG

---

42 Zu Anbietung und Übergabe Thema 10, Teil 1, Abschnitte A – C.

43 Dazu Thema 10, Teil 1, Abschnitte D und E.

44 Dazu Thema 11, Teil 1.

45 Nau, Anforderungen an Archivgesetze, S. 82.

46 BVerfGE 65, 1 (43 f.) (Hervorhebungen von Th. H.).

47 Zu den Schranken allgemein Thema 2, Teil 1, Abschnitt F.

Eine Schranke begründen kann zweitens die in Art. 2 I GG explizit erwähnte **„verfassungsmäßige Ordnung"**, das ist die „Gesamtheit der Normen, die formell und materiell verfassungsgemäß sind". Archivrelevant sind z. B.

- das BArchG und die LArchG

2. *Kriterien für das überwiegende Allgemeininteresse in Abhängigkeit von den drei „Sphären" des Allgemeinen Persönlichkeitsrechts*

Das BVerfG hatte in seiner oben auszugsweise zitierten Entscheidung angegeben, dass ein „überwiegendes Allgemeininteresse" zur Rechtmäßigkeit des Eingriffs in das APR (bei Lebenden[48]) führt. Wann das zu bejahen ist, hängt davon ab, welche der folgenden drei ineinander geschachtelten „Sphären" des APR betroffen ist:[49]

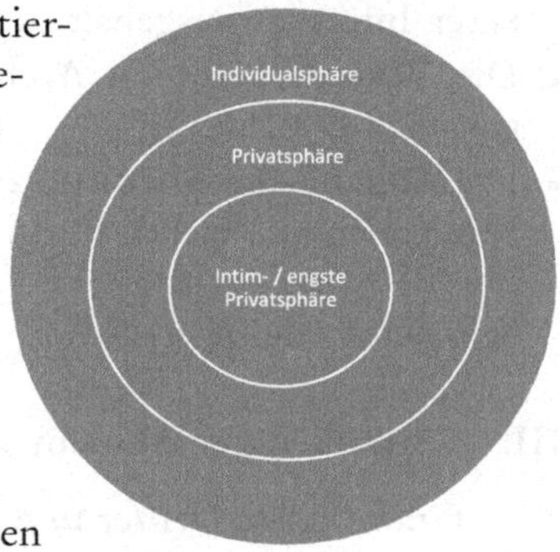

a. Die Intim- sowie die engste Privatsphäre

Diese Sphäre umfasst den Schutz der inneren Gedanken- und Gefühlswelt sowie den Schutz des Sexualbereichs. Geschützt wird also ein unantastbarer Bereich privater Lebensgestaltung,[50] der zu Lebzeiten dem staatlichen Zugriff nahezu ausnahmslos verschlossen ist (*„hinter der Schlafzimmertür & in der Schlafzimmerschublade"*)

> Beispiel: Verwertung eines **Tagebuchs** im Strafprozess, also zu Lebzeiten des Autors.[51] Aus heutiger Sicht eine ähnliche Problematik stellte die damalige Veröffentlichung der Krankenakte Bismarcks zu dessen Lebzeiten dar.

Es muss aber beachtet werden, dass allein dadurch, dass ein Ereignis auch Auswirkungen auf die Intimsphäre hat, nicht der umfassende Schutz einsetzt, den diese Sphäre genießt. Maßgeblich ist, in welcher Sphäre das Ereignis stattfindet.

> Beispiel: Wenn es um den Zugang zu Unterlagen geht, die die Auswirkungen einer Alkoholkrankheit im Berufsleben belegen, ist nicht maßgeblich, dass diese Krankheit sich auch in der Intimsphäre auswirkt. Zu klären ist in diesem Fall, ob der Eingriff in die Individualsphäre rechtmäßig ist.

---

48 Zum Schutz des postmortalen Persönlichkeitsrechts gleich im Abschnitt B.

49 Eine kurze, online zugängliche Zusammenfassung zu den Sphären findet sich unter https://www.bpb.de/themen/recht-justiz/persoenlichkeitsrechte/244835/das-sphaerenmodell-zur-bemessung-von-persoenlichkeitsrechtsverletzungen/ (nur der Schlusssatz ist rechtsmethodisch problematisch).

50 So schon die Elfes-Entscheidung (BVerfGE 6, 32 (41); später z. B. BVerfGE 80, 367, 373.

51 Aber: Ausnahmsweise ist die Verwertung eines Tagebuchs für die Strafverfolgung zulässig, BVerfGE 80, 367.

b. Die Privatsphäre

Die Privatsphäre schützt das private Leben in der Wohnung und in der Familie („*hinter dem Gartenzaun*"). Bei einem Eingriff bestehen hohe Anforderungen an die Verhältnismäßigkeit.

Beispiele:

Bei **Videos von einer privaten Feier** in einer Wohnung ist die Zugangsgewährung im Archiv, solange noch eine der betroffenen Personen lebt, nur einer Prüfung möglich, die die hohen Anforderungen an den Schutz der Privatsphäre berücksichtigt.

Ob **Krankheiten** nur die Privat- oder auch die Individualsphäre betreffen, kann nicht pauschal beurteilt werden, sondern hängt davon ab, ob Handlungen in der Individualsphäre von der Krankheit beeinflusst sind. Deshalb sind bei Bewerbungsgesprächen Fragen zum Gesundheitszustand arbeitsrechtlich erlaubt, wenn ein **enger Zusammenhang zum Arbeitsplatz** besteht. Das ist zu bejahen, wenn die Eignung für die vorgesehene Tätigkeit dauerhaft oder immer wieder nicht besteht (Bsp.: Alkoholkrankheit bei Berufskraftfahrern)

Wenn jemand seine Privatsphäre bewusst in einen Teil seiner Individualsphäre verwandelt (**„Influencer.innen"**), sinken die Anforderungen an die Verhältnismäßigkeit des Eingriffs.

Problematisch ist, ob und wieweit bei einem Aufenthalt in der Öffentlichkeit ein Schutz der Privatsphäre eingreift.

Beispiel: A sitzt in einer verdeckten Ecke eines Cafés.

c. Die Individual- oder Sozialsphäre

Beim Wirken in der Öffentlichkeit oder im Beruf besteht

- kein erhöhtes Schutzniveau und es liegen
- keine besonderen Anforderungen an die Verhältnismäßigkeit bei Eingriffen vor.

Ein besonders hohes Allgemeininteresse an der Aufklärung besteht im Hinblick auf die NS-Gewaltherrschaft. Berufliche **Fake-Biographien von NS-Tätern** sind nicht schützenswert.

Zu weiteren Konflikten zwischen der Wissenschaftsfreiheit und dem Recht auf informationelle Selbstbestimmung siehe Teil 3.

C. Der Schutz des postmortalen Persönlichkeitsrechts

Mit dem Tod endet auch die Grundrechtsfähigkeit, also die Fähigkeit, Inhaber von Grundrechten zu sein, und auch die DS-GVO ist nicht mehr einschlägig.[52]

Diese rechtsdogmatische Differenzierung ist der Archivwelt vorgegeben und nicht veränderbar. Wenn also Grundrechte Verstorbener in archivarischen Diskussionen auftauchen, erinnert das an die Leichensynode im Jahr 897.

Nach dem Tod liegt also kein postmortales subjektives Recht vor, sondern das postmortale Persönlichkeits„recht" ist grundsätzlich anders strukturiert und wird vom BVerfG (nur) aus der Menschenwürde (Art. 1 I GG) hergeleitet. In einer präzisen Terminologie müsste man also von postmortalen Persönlichkeits*belangen* sprechen; verwendet wird aber weitestgehend der Ausdruck „postmortales Persönlichkeitsrecht". In einer aktuellen Entscheidung des BVerfG findet sich folgender Grundsatz:

> „Steht fest, dass eine Maßnahme in den Schutzbereich des postmortalen Persönlichkeitsrechts eingreift, ist zugleich ihre Rechtswidrigkeit geklärt. **Der Schutz kann nicht etwa im Zuge einer Güterabwägung relativiert werden.** Beeinträchtigungen können dementsprechend nicht durch die grundrechtliche Gewährleistung kollidierender Freiheitsrechte gerechtfertigt werden."[53]

Das allgemeine Persönlichkeitsrecht (APR) besteht nach dem Tod des Inhabers aus zwei Teilen:

I. Die vermögenswerten Bestandteile des postmortalen Persönlichkeitsrechts

Nur diese Bestandteile des APR **gehen auf die Erben[54] über**, denen die Verwertung zusteht und die ggf. **Schadensersatz- und Unterlassungsansprüche** geltend machen können. Weil es sich nunmehr um ein eigenes Recht der Erben handelt, ist eine Abwägung mit den Rechten Dritter möglich.

> Beispiel: Können die Erben jede Vermarktung des Bildnisses oder auch Verwendung des Namens des Verstorbenen in einer Domain verhindern („kinski-klaus.de"[55])? Nein, die Vermarktung einer Person der Zeitgeschichte steht nicht allein den Erben zu.

Diese Bestandteile des Persönlichkeitsrechts können **bis zu zehn Jahre[56]** nach dem Tod wahrgenommen werden.

---

52 „Diese Verordnung gilt nicht für die personenbezogenen Daten Verstorbener." Erwägungsgrund 27 Satz 1 DS-GVO.

53 BVerwG v. 29.06.2017, Rn. 53.

54 Also nicht allgemein auf Angehörige, anders als beim ideellen Persönlichkeitsrecht.

55 Dazu BGH NJW 2007, 684.

56 Die Zehnjahresfrist wird dem Rechtsgedanken von § 22 S. 3 KunstUrhG entnommen.

Der Gesetzgeber kann diese Frist verlängern, was im Urheberrecht erfolgt ist. Nach dem UrhG ist die kommerzielle Verwertung über den Tod des Urhebers hinaus für grundsätzlich 70 Jahre geschützt.[57]

II. Die ideellen Bestandteile des postmortalen Persönlichkeitsrechts

1. Allgemeines

Diese Bestandteile sind ein **höchstpersönliches Recht** und daher nicht gemäß § 1922 ff. BGB vererbbar; alle Ausprägungen des APR im Sinne eines subjektiven Rechts enden mit dem Tod.

Die Archivgesetze sprechen deshalb von schutzwürdigen *Belangen*,[58] nicht von schutzwürdigen *Rechten*, weil damit aufgegriffen wird, dass das postmortale Persönlichkeitsrecht kein subjektives Recht ist. Diese Regelungen sind mit der DS-GVO vereinbar.[59]

Das „Postmortale Persönlichkeitsrecht" beruht nur auf der Menschenwürde gemäß Art. 1 GG. Geschützt ist bei Verstorbenen gemäß dem BVerfG

> „der **allgemeine Achtungsanspruch**, der dem Menschen kraft seines Personseins zusteht. Dieser Schutz bewahrt den Verstorbenen insbesondere davor, herabgewürdigt oder erniedrigt zu werden. Schutz genießt aber auch der sittliche, personale und soziale Geltungswert, den die Person durch ihre eigene Lebensleistung erworben hat."[60]

Damit sichert das Grundgesetz einen über das Leben hinauswirkenden Würdeschutz, der sich vor allem auf das **Lebensbild** des Verstorbenen in der Wahrnehmung der Nachwelt bezieht.

Der Staat, also die Archivar.innen in öffentlichen Archiven, haben die Verpflichtung, die Würde des Menschen auch postmortal zu schützen.[61] Bei Verletzung der ideellen Bestandteile stehen **den nahestehenden Angehörigen**,[62] nicht den Erben, **lediglich Unterlassungs- oder Widerrufsansprüche** zu.[63]

---

57 Dazu ausführlich die urheberrechtliche Literatur. In diesem Lehrbuch wird wie im Vorwort begründet auf das Urheberrecht nicht eingegangen.

58 Z. B. in § 5 VI Nr. 2 BArchG a. F.

59 „Die Mitgliedstaaten können Vorschriften für die Verarbeitung der personenbezogenen Daten Verstorbener vorsehen." Erwägungsgrund 27 Satz 2 DS-GVO.

60 BVerwG 7 C 24.15, Rn. 53.

61 Es „endet die in Art. 1 Abs. 1 GG aller staatlichen Gewalt auferlegte Verpflichtung, dem Einzelnen Schutz gegen Angriffe auf seine Menschenwürde zu gewähren, nicht mit dem Tode." BVerfGE 30, 173 ff. (194) („Mephisto-Entscheidung").

62 Es ist auch möglich, dass der Verstorbene zu Lebzeiten bestimmte Personen oder auch eine Institution beauftragt hat, den Schutz seines postmortalen Persönlichkeitsrechts wahrzunehmen.

63 Dazu Thema 10, Teil 5, Abschnitt Buchstabe I, dort II.2.

2. *Der Prüfungsaufbau bei Nutzungsansprüchen*

Bei Anträgen auf die Nutzung von Unterlagen, in denen es um das postmortale Persönlichkeitsrecht geht, muss im Hinblick auf den ideellen Teil des postmortalen Persönlichkeitsrechts eine dreistufige Prüfung erfolgen. Das bei Grundrechten Lebender wie erwähnt einschlägige Schema „Schutzbereich – Eingriff – Schranken" kann nicht verwendet werden, sondern es kann nur auf die dahinterstehenden Grundüberlegungen zurückgegriffen werden. Daraus ergibt sich folgender Prüfungsaufbau:

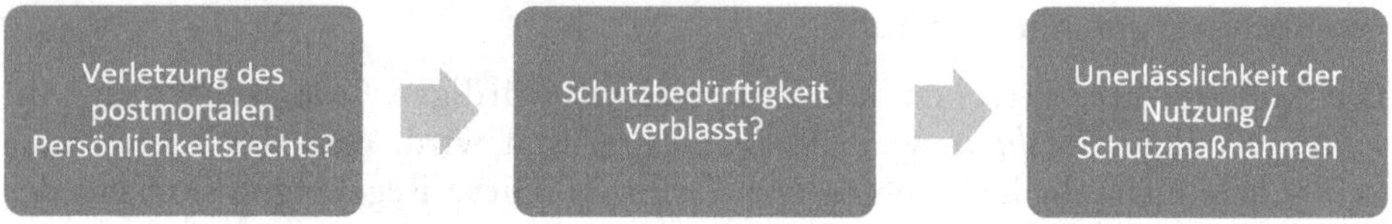

a. Prüfungsschritt 1: Verletzung, nicht nur Berühren des postmortalen Persönlichkeitsrechts

Im ersten Schritt ist zu prüfen, ob eine Verletzung des postmortalen Persönlichkeitsrechts vorliegt; dieser erste Schritt entspricht strukturell der Prüfung bei Grundrechten, ob dort der jeweilige Schutzbereich verletzt ist. Diese Prüfung kann anhand der von der Rechtsprechung entwickelten Maßstäbe vorgenommen werden:

„Da aber nicht nur einzelne, sondern sämtliche Grundrechte Konkretisierungen des Prinzips der Menschenwürde sind, bedarf es stets einer sorgfältigen Begründung, wenn angenommen werden soll, dass der Gebrauch eines Grundrechts [hier: Grundrechte von Nutzer.innen aus Art. 5 GG, Th. H.] auf die unantastbare Menschenwürde durchschlägt.

- Dafür genügt ein **Berühren** der Menschenwürde **nicht**.
- Vorausgesetzt ist eine sie **treffende Verletzung.**

Bei Angriffen auf den durch die Lebensstellung erworbenen Geltungsanspruch genügt beispielsweise nicht dessen Infragestellung, wohl aber deren grobe Entstellung."[64]

Anders formuliert:

„Eine Entstellung des Lebensbildes einer Person im dargelegten Sinne liegt freilich

- **nicht in jeder Fehldarstellung**, die gegenüber einem unvoreingenommenen und verständigen Publikum den Anspruch auf Authentizität erhebt und ihren durch die Lebensstellung erworbenen Geltungsanspruch in Frage stellt, wohl aber

[64] BVerwG v. 29.06.2017, https://www.jurion.de/urteile/bverwg/2017-06-29/bverwg-7-c-2415/, Rn. 53. Hervorhebungen von Th. H.

- in einer solchen, die nach Inhalt oder Umfang den mit dem Persönlichkeitsbild verbundenen Achtungsanspruch der Person oder deren sozialen Geltungsanspruch **im Kern trifft.**"[65]

Beispiele für die Abgrenzung von bloßem „Berühren" vs. „treffende Verletzung" der Menschenwürde

„Oskar Schlemmer-Fall": Als in einer Ausstellung zum Bühnenbildner Oskar Schlemmer (gest. 1943) Reproduktionen von Kostümen, die Schlemmer entworfen hatte, gezeigt wurden, war dies gemäß einem Urteil aus dem Jahr 2014 rechtmäßig, obwohl ein Enkel Schlemmers monierte, die Kostüme seien „karikaturesk verzerrt". Das Gericht wies darauf hin: „Das verständige Publikum erkennt, dass es sich nicht um Originale oder autorisierte Reproduktionen handelt."[66]

Paul Spiegel-Fall: „Bei einem Video, in dem das Foto des verstorbenen ehemaligen Präsidenten des Zentralrats der Juden in Deutschland vor einem Hakenkreuz in den Farben der Reichskriegsflagge verbrannt wird, wobei Geräusche zu hören sind, die sich zum Teil wie ein Kichern anhören, wird seine Menschenwürde in besonders krasser und schwerwiegender Weise in ihrem Kern verletzt."[67]

Nutzung eines Tagebuchs nach dem Tod der Autor.in? Zu prüfen ist, ob die Nutzung nicht nur ein „Berühren", sondern eine Verletzung des ideellen Teils des postmortalen Persönlichkeitsrechts darstellt. Insoweit ist auch zu berücksichtigen, wieweit dieser Teil des postmortalen Persönlichkeitsrechts inzwischen verblasst ist. Daher sind ggf. nur einzelne Teile des Tagebuchs für die Nutzung zugänglich. Möglich ist auch ein urheberrechtlicher Schutz, siehe Anne Franks Tagebuch.[68]

„War Klaus Kinski ein gefährlicher Psychopath?"

BILD-Zeitung, Schlagzeile im Jahr 2008

„Kinski-Fall": Viele Krankenakten eines heutigen Psychiatrischen Krankenhauses sind dem Berliner Landesarchiv übergeben worden, u. a. auch die Akte des Schauspielers Klaus Kinski (gest. 1991). Der Direktor des Landesarchivs machte die Akte im Jahr 2008 nach Rücksprache mit dem Berliner Datenschutzbeauftragten zugänglich; dagegen richtete sich eine Klage von Angehörigen Kinskis. Der Rechtsstreit endete mit einem (nicht publizierten) Vergleich: Herausgabe nur nach Absprache mit einem Sohn Kinskis. Anschließend sprach der Sprecher des zuständigen Verwaltungsgerichts im Hinblick auf die Beurteilung der Rechtslage, wenn im Hinblick auf den Inhalt einzelner Krankenakten das Persönlichkeitsrecht den Einsichtsrechten gegenüberstehe, von „unheimlich schwierigen Rechtsfragen".[69]

---

65 BGH, Urteil v. 29.11.2021 – VI ZR 248/18 („Die Kohl-Protokolle), https://kunst-kulturrecht.de/reichweite-und-wirkung-des-postmortalen-persoenlichkeitsrechts/, S. 41.

66 LG Dessau, Urteil v. 27.01.2014 – 4 O 792/13, https://www.iww.de/quellenmaterial/id/104263

67 LG Hamburg v. 5.3.2010, Aktenzeichen: 324 O 565/08, https://web.archive.org/web/20100402094822/https://www.telemedicus.info/urteile/Allgemeines-Persoenlichkeitsrecht/Postmortales-Persoenlichkeitsrecht/992-LG-Hamburg-Az-324-O-56508-Stoererhaftung-eines-Videoportals-bei-vormaligem-Flagging.html .

68 https://www.heise.de/newsticker/meldung/Geschuetzt-oder-Gemeingut-Streit-ums-Urheberrecht-von-Anne-Frank-3067878.html.

69 Gemäß Berliner Morgenpost vom 30.04.2009, www.morgenpost.de/berlin/article104098111/Rechtsstreit-um-Kinskis-Krankenakte-beendet.html

Stellungnahme: Da Kinskis eigene, offensiv präsentierte Darstellung seiner Behandlung möglicherweise von den Ausführungen in der Krankenakte abweicht und dies den Kern von Kinskis Selbstdarstellung treffen würde, spricht viel dafür, dass nicht nur ein „Berühren", sondern eine Verletzung des ideellen Teils des postmortalen Persönlichkeitsrechts vorliegt. Hinzu kommt ein anderer Aspekt, der damals juristisch noch nicht allgemein anerkannt war: Es ist, wie es aus ärztlicher Sicht formuliert wurde, von einer „generationenübergreifenden Schutzbedürftigkeit psychiatrischer Anamnesen" auszugehen, da die psychiatrischen Krankengeschichten – speziell bei solchen Erkrankungen, die eine familiäre Häufung aufweisen – „implizit auch medizinische Informationen über die Nachkommen des Kranken" enthalten.[70] Deshalb schützt die DS-GVO jetzt explizit auch genetische Daten, hier also die der Nachkommen.

Grabstein-Fall: Im Jahr 2023 hat die Stadt Monheim verboten, dass auf ihren Friedhöfen Grabsteine zu nicht ausschließlich privaten Zwecken fotografiert werden, und zwar unabhängig davon, aus welchem Jahr die Daten der Betroffenen stammen. Die Begründung der Stadt: Zum postmortalen Persönlichkeitsschutz „gehört auch der Schutz vor der Sammlung von Daten wie Namen, Geburts- und Sterbedaten der auf dem Friedhof Beigesetzten."[71]

Stellungnahme: Es ist bereits nicht erkennbar, wie die Fotos zu einer Verletzung der Menschenwürde der Betroffenen führen können – da die Daten zutreffend sind und diese Wahrheit nicht ehrenrührig ist, kann noch nicht einmal ein bloßes Berühren der Menschenwürde bejaht werden. Allein eine gewerbliche Nutzung der Fotos führt nicht zu einer Verletzung der Menschenwürde. Erst recht rechtswidrig ist, dass beim pauschalen Verbot nicht-privater Grabstein-Fotos das „Verblassen" der Schutzbedürftigkeit der Menschenwürde nicht berücksichtigt wurde. Selbst der Grabstein von Karl dem Großen dürfte gemäß der Regelung der Stadt Monheim zu nicht-privaten Zwecke nicht fotografiert werden …

Für jenen Geltungsanspruch sind immer die Maßstäbe zu Grunde zu legen, auf denen jene Person damals ihren Geltungsanspruch aufgebaut hat, **nicht die heutigen Maßstäbe.**

Beispiel: Wenn ein Verstorbener seine Homosexualität vor seiner Familie verborgen hat, kann die Schutzbedürftigkeit des postmortalen Persönlichkeitsrechts nicht mit dem Hinweis verneint werden, dass heutzutage Homosexualität weitgehend akzeptiert ist.

Deshalb ist der bloße **Hinweis auf die „Wahrheit"** von Vorgängen, die sich aus den Unterlagen ergeben, **alleine nicht ausreichend**, um eine Verletzung des postmortalen Persönlichkeitsrechts zu verneinen.[72] Archive sind **keine Wahrheitsagenturen.**

---

[70] Helmut Hausner/Hermann Spießl/Göran Hajak, „Reden ist Silber, Schweigen ist Gold": Der Fall Kinski und die ärztliche Schweigepflicht, Psychiatrische Praxis 2009; 36(1): 2–3. https://www.thieme-connect.com/products/ejournals/html/10.1055/s-0028-1090090.

[71] https://discourse.genealogy.net/t/monheim-verbietet-das-fotografieren-von-grabsteinen/817174 und https://www.bild.de/regional/duesseldorf/duesseldorf-aktuell/monheim-verbietet-fotos-auf-dem-friedhof-84437384.bild.html

[72] Umgekehrt formuliert von Bernhard Homa: „Die Veröffentlichung wahrer Tatsachenangaben über einen Verstorbenen verletzt seine Menschenwürde grundsätzlich [sic!] nie." Ausgewählte

> Beispiel: Wenn jemand auf einer Hochzeitsfeier einer christlich-konservativen Frau Details aus ihrem Vorleben erzählt, kann wegen der Ehrverletzung eine Strafbarkeit wegen Beleidigung (§ 185 StGB) auch dann vorliegen, wenn die Details wahr sind. Bei entsprechenden Unterlagen liegt auch postmortal eine Verletzung und nicht nur ein Berühren des Geltungsanspruchs jener Frau vor.

b. Prüfungsschritt 2: Schutzbedürftigkeit verblasst?

Es ist nach der heutigen überwiegenden Ansicht[73] **keine Abwägung mit anderen Grundrechten** (z. B. mit den Grundrechten von Nutzer.innen aus Art. 5 GG) möglich. Auch dieser rechtsdogmatische Grundsatz ist der Archivwelt vorgegeben.

> Beispiel: Die dramatischen Folgen, wenn die Menschenwürde in Abwägungen einbezogen wird, zeigten sich bei der verharmlosend sog. „Rettungsfolter": Die Androhung von Folter, um den Entführer zur Preisgabe des Verstecks des Opfers zu zwingen, ist wegen eines Verstoßes gegen die Menschenwürde des Entführers ausnahmslos rechtswidrig (**„Daschner-Prozess"**[74]).

Sondern: Der Schutz des ideellen Teils des APR **verblasst** im Laufe der Zeit.[75] Einen ersten Anhaltspunkt für den Zeitraum, bis das „Verblassen" im Archivkontext beendet ist, liefern die archivrechtlichen Schutzfristen:

Die Schutzfristen nach dem BArchG und den LArchG **sind (nur!) regelmäßig ausreichend für den postmortalen Persönlichkeitsschutz**. Wie auch sonst,[76] ist auch bei Ablauf einer Schutzfrist zu prüfen, ob nicht ausnahmsweise wegen des noch fortdauernden postmortalen Persönlichkeitsrechts eine Verlängerung notwendig ist.

---

neuere Rechtsprechung zu archivischen Aufgabenfeldern, in: Recht und Zugang, Heft 2-2021 (DOI: https://doi.org/10.5771/2699-1284-2021-2-90), S. 90 ff. (96).

73 Anders noch das für die Kunstfreiheit und den postmortalen Persönlichkeitsschutz grundlegende „Mephisto-Urteil" aus dem Jahr 1971: „Das Bundesverfassungsgericht hat danach zu entscheiden, ob die Gerichte bei der von ihnen vorgenommenen Abwägung zwischen
- dem durch Art. 1 Abs. 1 GG geschützten Persönlichkeitsbereich des verstorbenen Gustaf Gründgens und seines Adoptivsohnes und
- der durch Art. 5 Abs. 3 Satz 1 GG gewährleisteten Kunstfreiheit den dargelegten Grundsätzen Rechnung getragen haben." BVerfGE 30, 173 (195 f.).

74 Der damalige Polizeivizepräsident Daschner drohte einem Entführer Schmerzen an, falls er nicht mitteile, wo sich das Entführungsopfer befindet. Dies wurde als rechtswidrige Nötigung eingestuft (LG Frankfurt/M., NJW 2005, 692 (693)).

75 Dieser Begriff ist populär geworden durch die erwähnte Mephisto-Entscheidung: Das BVerfG führte damals aus, „daß das Schutzbedürfnis – und entsprechend die Schutzverpflichtung – in dem Maße schwindet, in dem die Erinnerung an den Verstorbenen verblaßt und im Laufe der Zeit auch das Interesse an der Nichtverfälschung des Lebensbildes abnimmt." BverfGE 30, 173, 196.

76 Dazu Thema 13, Teil 5, Abschnitt H.

Bei der Beurteilung des „Verblassens" kommt es mit darauf an, welcher Bereich der drei „Sphären"[77] betroffen ist;

- die Intimsphäre ist am längsten geschützt
- der Schutz der Individualsphäre „verblasst" am schnellsten.

Lehrbuchbeispiele:

- Ein Archiv könnte jetzt die Krankenakte von Karl dem Großen (gest. 814) zur Nutzung freigeben, ebenso die Krankenakte von Bismarck (gest. 1898).[78]
- Bei Bildern nackter Kinder aus der sog. **Lebensreformbewegung um 1900** ist die Intimsphäre betroffen und es greift wohl auch heute noch der postmortale Würdeschutz.[79]
- bei **Unterlagen bis zum Ende der NS-Zeit** ist jedenfalls eine umfassende Prüfung nötig, ob schon ein „Verblassen" des Würdeschutzes erfolgt ist. Jedenfalls bei Vorgängen, die entwürdigende Eingriffe in die engste Privatsphäre zeigen (Fotos von Folteropfern), ist mE das „Verblassen" des postmortalen Persönlichkeitsschutzes noch nicht erfolgt und kann nicht durch die Verfolgung pädagogischer Zwecke aufgewogen werden – eine Abwägung ist auch hier nicht möglich!
- Bei **Unterlagen seit den 1950 Jahren** ist jenes „Verblassen" in der Regel noch nicht erfolgt.
- Ein **kompromittierendes Foto aus der Intimsphäre** kann auch noch viele Jahrzehnte später den postmortalen „sittlichen Geltungswert" eines Verstorbenen beinträchtigen, insbesondere wenn die entsprechenden Ereignisse bislang nicht den Weg in die Öffentlichkeit gefunden haben.

Reale Beispiele (es gibt nur recht wenige Fälle, die von Gerichten entschieden wurden[80]):

- **„Emil Nolde-Fall"**: Der postmortale Persönlichkeitsschutz eines bekannten Malers (Emil Nolde) ist **30 Jahre** nach dessen Tod noch nicht entfallen; eine gefälschte Signatur auf einem gefälschten Bild muss entfernt werden.[81]
- **„Friedrich Ebert-Fall"**: Die im Wahlkampf von einer rechtsextremen Partei verwendete Behauptung, der Sozialdemokrat und frühere Reichspräsident Ebert würde heute jene rechtsextreme Partei wählen, war auch **67 Jahre** nach Eberts Tod noch eine Verletzung des postmortalen Persönlichkeitsrechts.[82] Stellungnahme: Sehr wahrscheinlich wäre ein Bezug auf Bismarck rechtmäßig gewesen (aber politisch natürlich genauso aberwitzig).

---

77 Dazu Thema 2, Teil 2, Abschnitt B III.2. a.-c.

78 Es gibt also keine unbegrenzte Nachwirkung der ärztlichen Schweigepflicht.

79 Möglicherweise handelt es sich zudem aus heutiger Sicht um Kinderpornografie, dazu Thema 9, Abschnitt E.

80 Eine Zusammenstellung bei Kerstin Schmitt, Das Persönlichkeitsrecht des Verstorbenen, in: Horst-Peter Götting u. a. (Hrsg.), Handbuch Persönlichkeitsrecht, 2. Aufl. 2019, § 29 Rn. 68 ff.

81 BGH NJW 1990, 1986 (Fall Emil Nolde – Anspruch auf Beseitigung einer gefälschten Signatur auf einer Bildfälschung besteht auch über 30 Jahre nach dem Tod).

82 Dieser Fall ist m.N. erwähnt bei Schmitt, Persönlichkeitsrecht (zwei Fn. zuvor), § 29 Rn. 70 mit Fn. 234.

- **„Oskar Schlemmer-Fall"**: Als in einer Ausstellung zum Bühnenbildner Oskar Schlemmer (gest. 1943) Reproduktionen von Kostümen, die Schlemmer entworfen hatte, gezeigt wurden, war dies gemäß einem Urteil aus dem Jahr 2014 rechtmäßig, obwohl ein Enkel Schlemmers monierte, die Kostüme seien „karikaturesk verzerrt". Das Gericht wies darauf hin, dass das Urheberrecht nach 70 Jahren erlischt (§ 64 UrhG), deshalb könne der Schutz des ideellen Teils des postmortalen APR hier nicht länger bestehen – Schlemmer war **71 Jahre** vor dem Urteil gestorben.[83]

In all diesen Fällen haben die Gerichte nur den jeweils konkreten Fall beurteilt und im Hinblick auf das „Verblassen" keine generellen Jahreszahlen angegeben.[84] Das hat Vor- und Nachteile:

Die Ablehnung einer festen zeitlichen Begrenzung bringt den **Vorteil** mit sich, dass anhand der konkreten Umstände des Einzelfalls entschieden werden kann, ob das postmortale Persönlichkeitsrecht noch schutzbedürftig ist. Auf der anderen Seite führt die Verlagerung der Entscheidung auf den Einzelfall zu **erheblichen Rechtsunsicherheiten**, da die Schutzdauer je nach Intensität des Fortwirkens des Lebensbildes des Verstorbenen stark divergieren kann.[85]

Aus den obigen und anderen Fällen lässt sich aber eine Tendenz erkennen, so dass darauf aufbauend eine von mir entwickelte, mit Vorsicht zu handhabende Faustregel formuliert werden kann:

Faustregel:

bis zu 10 Jahre nach dem Tod liegt grundsätzlich noch kein „Verblassen" vor.[86] Der Ablauf der personenbezogenen Schutzfristen nach den B/LArchG ist aber *nur regelmäßig* ausreichend für den postmortalen Persönlichkeitsschutz.

ab 10 Jahre nach dem Tod setzt das „Verblassen" von mehr und mehr Teilen des Achtungsanspruchs ein.

70 Jahre nach dem Tod setzt das „Verblassen" auch für jene Bereiche ein, die den Kern des sozialen Geltungsanspruchs des Verstorbenen betreffen.

140 Jahre nach dem Tod ist das „Verblassen" in jeder Hinsicht beendet.

Begründung für diese Faustregel: Wenn jemand ein Lebensbild von sich gezeichnet und erfolgreich vermittelt hat, dass z.B. im Einklang mit den familiären Wertvorstellungen zu seinen Lebzeiten stand, tatsächlich aber anders gelebt hat, dann ist es angemessen, dieses Lebensbild über zwei Generationen zu schützen – so lange ist die Erinnerung an „Opa und Oma" noch frisch. Die Perspek-

83 LG Dessau, Urteil v. 27.01.2014 – 4 O 792/13, https://www.iww.de/quellenmaterial/id/104263

84 Zur Schutzdauer ausführlich Schmitt, Persönlichkeitsrecht (zwei Fn. zuvor), § 29 Rn. 68ff.

85 Schmitt, Persönlichkeitsrecht (drei Fn. zuvor), § 29 Rn. 71 mit Verweis auf Götting, GRUR 2004, 801, 806.

86 So auch Schmitt, Persönlichkeitsrecht (vier Fn. zuvor), Rn. 71 aE mit Verweis auf § 22 Satz 3 Kunst-Urhebergesetz.

tive auf zwei Nachfolgegenerationen (je 35 Jahre) prägt auch das Urheberrecht[87] und führt dort zur 70-jährigen, allerdings fixen Frist.

c. Prüfungsschritt 3: Unerlässlichkeit der Nutzung/Schutzmaßnahmen

Ist das „Verblassen" noch nicht erfolgt, ist im dritten Schritt zu prüfen,

- ob die Nutzung zur Wahrnehmung berechtigter Belange unerlässlich ist und
- ob eine Verletzung des postmortalen Persönlichkeitsrechts durch Maßnahmen ausgeschlossen werden kann, die dem Verhältnismäßigkeitsprinzip[88] entsprechen. Insbesondere
  - Anonymisierung und
  - Pseudonymisierung

können hier geeignete, erforderliche und angemessene Maßnahmen sein.

Insofern **darf wie erwähnt keine Abwägung stattfinden**,[89] sondern es ist nur auf die Unerlässlichkeit und die Einhaltung des Verhältnismäßigkeitsprinzips abzustellen.

Inwieweit eine **Verkürzung von Schutzfristen des postmortalen Persönlichkeitsrechts** möglich ist, wird weiter unten erörtert.[90]

Teil 3: Die Informations-, Presse- und Wissenschaftsfreiheit (Art. 5 I/Art. 5 III GG)

„Das Grundrecht der Meinungsfreiheit steht im Zentrum der Herausbildung des Verfassungsstaats der Moderne".[91] Im Folgenden wird nur auf die archivrelevanten Teile dieses Grundrechts eingegangen. Jene Teile der Grundrechte aus Art. 5 I und III GG sind vor allem bei der Geltendmachung von Nutzungsansprüchen archivrelevant.

Die Grundrechte aus Art. 5 I GG und aus Art. 5 III GG müssen separat behandelt werden, weil sie unterschiedliche Schranken haben.

---

87 Dazu z.B. Dreier/Schulze, Urheberrechtsgesetz. Kommentar, 6. Aufl. 2018, vor § 64 Rn. 1.

88 Dazu Thema 3, Teil 2.

89 Die Frage „Überwiegt die Pressefreiheit den ideellen Teil des postmortalen Persönlichkeitsrechts?" ist nicht (mehr) akzeptabel, da ein Verstoß gegen die ausschließliche Fundierung in Art. 1 GG besteht. Die bei Bannasch u.a., Archivrecht in Baden-Württemberg, Stuttgart 1990, S. 112 abgedruckte These aus den Gesetzgebungsmaterialien zum LArchG BW, dass nämlich abgewogen werden soll, ist überholt (ein gutes Beispiel dafür, dass die subjektive historische Auslegung hinter die systematische zurücktreten muss).

90 Siehe Thema 13, Teil 5, Abschnitt H II.2.

91 Pieroth, Grundrechte Staatsrecht II, 31. Aufl. 2015, Rn. 611.

A. Die Informations- und Pressefreiheit aus Art. 5 I GG

I. Die Informationsfreiheit (Art. 5 I 1 GG)

Art. 5 I 1 2. Hs. GG enthält eines von insgesamt fünf Grundrechten dieses Absatzes, nämlich das für Archivnutzerinnen und -nutzer relevante Recht, sich aus allgemein zugänglichen Quellen zu unterrichten.

> Art. 5 I 1 GG:
>
> „Jeder hat das Recht, seine Meinung in Wort, Schrift und Bild frei zu äußern und zu verbreiten **und sich aus allgemein zugänglichen Quellen ungehindert zu unterrichten.**"

1. *Schutzbereich*

„Informationsquelle ist zum einen jeder denkbare Träger von Informationen, zum anderen der Gegenstand der Information selbst",[92] also z.B. Akten.

a. Allgemeine Zugänglichkeit der Informationsquelle

Allgemein zugänglich ist eine Informationsquelle dann, wenn sie

> „geeignet und bestimmt ist, der Allgemeinheit, also einem individuell nicht bestimmbaren Personenkreis, Informationen zu verschaffen".[93]
>
> „Dabei muß die Eignung und Bestimmung zur Information der Allgemeinheit eine tatsächliche oder, wie das BVerfG früher formuliert hat, technische sein, denn anders könnte der Staat durch rechtliche Regelungen oder Maßnahmen über die allgemeine Zugänglichkeit einer Informationsquelle entscheiden und durch vorweggenommene Verengung des Begriffs ‚allgemein zugängliche Quellen' die Schranken des Art. 5 II unterlaufen."[94]

Bei Unterlagen im Verwaltungsgebrauch ist umstritten, ob die allgemeine Zugänglichkeit im Sinne von Art. 5 I GG zu bejahen ist.[95]

Bei Archivgut ist die Lage aber eindeutig, weil gemäß den Archivgesetzen **die Nutzung von Archivgut einer der Zwecke von öffentlichen Archiven** ist. Zudem ist der Zugang zu Archivgut zunehmend als Jedermannrecht ausgestal-

---

92 Pieroth, Grundrechte (Fn. zuvor), Rn. 627.

93 BVerfGE 27, 71 (83).

94 Pieroth, Grundrechte (drei Fn. zuvor), Rn. 629.

95 „Die immer schon fragwürdige Auffassung, auch die Behördenakten seien wegen ihrer rechtlichen Unzulänglichkeit keine allgemein zugänglichen Quellen (BVerfG, NJW 1986, 1243; BVerwG NJW 2014, 1126 [1127]) ist durch die Informationsfreiheitsgesetze des Bundes und einiger Länder **überholt** (Schoch, Jura 2008, 25 (30), Wegener, in: FS Bartlsperger, 2006, S. 165)." Pieroth, Grundrechte (vier Fn. zuvor), Rn. 630; Hervorhebungen von Th. H.

tet, setzt also kein „berechtigtes Interesse" mehr voraus.[96] Die allgemeine Zugänglichkeit des Archivguts **setzt lediglich die Erschließung voraus.** Dieses Ergebnis deckt sich auch mit der Strafrechtsdogmatik: Eine Bibliothek ist auch dann eine „öffentliche Sammlung" im Sinne von § 304 StGB, wenn ein Nutzungsantrag nötig ist.[97]

Archivgut ist also erst nach der Erschließung „allgemein zugänglich" gemäß Art. 5 I 1 GG; wenn **bestandserhaltende Maßnahmen** am Archivgut durchgeführt werden oder es sich in einer Ausstellung befindet, ist es **nicht mehr „allgemein zugänglich"** und seine Nutzung fällt nicht in den Schutzbereich von Art. 5 I GG.

b. Begründet Art. 5 I 1 GG ein Leistungsgrundrecht?

„Allerdings ist der Staat […] nicht verpflichtet, dem Bürger verfügbare Informationen zu beschaffen und zu präsentieren."[98] Es gibt **keinen „Anspruch auf Aktenbeschaffung"** aus Art. 5 I 1 GG[99] und auch keinen Anspruch darauf, informiert *zu werden*. Das BArchG 2017 formuliert daher, dass das Bundesarchiv das Archivgut des Bundes „nutzbar zu machen" hat[100] – die Informationsgewinnung bleibt Aufgabe der Nutzerinnen und Nutzer.

Beispiel: Wer an ein Archiv schreibt „Gern wüsste ich mehr über die Verehrung von Sebastian als Stadtpatron", möchte informiert *werden*. Die Ablehnung dieses Anspruchs auf Leistung durch das Archiv ist rechtmäßig.[101]

2. *Eingriffe*

Ein Eingriff liegt vor, wenn der Zugang zur Information endgültig verwehrt oder zeitlich verzögert wird.

„Kein Eingriff liegt vor, wenn **Modalitäten des Zugangs** zu einer Informationsquelle bestimmt werden, ohne die es den Zugang schlechterdings nicht geben kann; insoweit ist die Informationsfreiheit normgeprägt."[102]

Beispiel: Die **Öffnungszeiten des Archivs** beschränken den Zugang – damit wird nur die Modalität des Zugriffs unterhalb der Schwelle eines Eingriffs geregelt. Schwierig zu

96 Dazu Thema 10, Teil 3, Abschnitt A.
97 BGH v. 31.05.1957, 1 StR 155/57, zugänglich über https://www.bibliotheksurteile.de/?p=44.
98 Pieroth, Grundrechte (sieben Fn. zuvor), Rn. 631 mit Verweis auf VGH München NJW 1992, 929 (930) und Dörr, Handbuch Grundrechte IV, § 103 Rn. 75ff.
99 Nochmals bestätigt durch BVerwG, Beschluss v. 27.05.2013, BVerwG 7 B 43.12, NJW 2013, 2538.
100 § 3 I 1 2. Alt. BArchG 2017.
101 Anderer Ansicht Klaus Graf in seinem Blog „Archivalia": „Die unverschämteste Archivauskunft, die ich je erhielt", https://archivalia.hypotheses.org/119397.
102 Pieroth, Grundrechte (elf Fn. zuvor), Rn. 649 aE mit Verweis auf Schoch, Jura 2008, 25 (29).

beurteilen ist diese Frage, wenn die Akte nur mikroverfilmt vorgelegt wird, weil damit ein Teil der Daten (z. B. die Papierqualität) der Nutzer.in nicht mehr zur Verfügung gestellt wird.

II. Die Pressefreiheit (Art. 5 I 2 Var. 1 GG)

Die Pressefreiheit ist kein Spezialfall der Meinungsfreiheit nach Art. 5 I GG. Aus archivrechtlicher Perspektive ist wichtig, dass sie den im Pressewesen tätigen Personen einen *besonderen* Schutz bietet.

> Art. 5 I 2 GG:
>
> „Die Pressefreiheit und die Freiheit der Berichterstattung durch Rundfunk und Film werden gewährleistet."

Presse sind periodisch und auch einmalig hergestellte, zur Verbreitung gedruckte Werke. Im Einklang mit der technischen Entwicklung werden auch Ton- und Bildträger geschützt, alles auch online. Auch digitale Repräsentationen gedruckter Werke sind geschützt.

Die Pressefreiheit **schützt den gesamten Vorgang** „von der Beschaffung der Information bis zur Verbreitung von Nachrichten und Meinungen",[103] inklusive einem verfassungsunmittelbaren **Auskunfts**anspruch, der auch „die zumutbare Aufbereitung von Informationen" umfasst.[104]

Grundrechtsträger sind u. a. alle im Pressewesen tätigen Personen. **Presseausweise** werden in Deutschland nicht vom Staat und nicht aufgrund eines Gesetzes ausgestellt, sondern von zahlreichen Organisationen, die unterschiedliche Kriterien für die Vergabe anlegen. Daher hat ein Presseausweis lediglich eine Indizwirkung im Hinblick auf die Frage, ob der Inhaber.in die Pressefreiheit zusteht.

III. Schranken der Informations- und Pressefreiheit: nur allgemeine Gesetze

Gemäß Art. 5 II GG muss ein grundrechtseinschränkendes Gesetz ein allgemeines Gesetz sein. Das BVerfG hat sich erstmals in der → *Lüth*-Entscheidung umfassend mit der Allgemeinheit von Gesetzen iSv. Art. 5 II GG befasst und dabei frühere Auffassungen kombiniert. Seitdem versteht das Gericht in ständiger Rechtsprechung unter allgemeinen Gesetzen solche,

> „die sich weder gegen bestimmte Meinungen als solche richten noch Sonderrecht gegen den Prozess freier Meinungsbildung darstellen".[105]

---

[103] BVerfGE 20, 162 (176).

[104] Pieroth/Kingreen, Grundrechte (dreizehn Fn. zuvor), Rn. 634.

[105] Pieroth, Grundrechte (vierzehn Fn. zuvor), Rn. 658 mit Verweis auf BVerfGE 95, 220 (235).

Allgemeine Gesetze sind daher solche,

> „die vielmehr dem Schutz eines schlechthin, ohne Rücksicht auf eine bestimmte Meinung, zu schützenden Rechtsgutes dienen, dem Schutze eines Gemeinschaftswerts, der gegenüber der Bestätigung der Meinungsfreiheit den Vorrang hat.“[106]

Es gibt aber nur sehr ausnahmsweise Gesetze, die aus Sicht des BVerfG nicht allgemein sind.[107] Archivrelevante derartige allgemeine Gesetze sind vor allem **alle Archivgesetze.**

Zudem können – wie bei den anderen Grundrechten – verfassungsunmittelbare Schranken eingreifen.[108]

B. Die Wissenschaftsfreiheit (Art. 5 III GG)

Art. 5 III GG ist *lex specialis* zu Art. 5 I GG.

> Art. 5 III 1 GG:
> „Kunst und Wissenschaft, Forschung und Lehre sind frei.“

I. Schutzbereich

Wissenschaft ist gemäß dem BVerfG jede Tätigkeit, die

> „nach Inhalt und Form als ernsthafter und planmäßiger Versuch zur Ermittlung der Wahrheit anzusehen ist“.[109]

Damit übereinstimmend legt eine verwaltungsinterne Richtlinie zum StUG fest:

> „Ein wissenschaftliches Forschungsvorhaben ist jeder ernsthafte, planmäßige Versuch eines Antragstellers zur Ermittlung der Wahrheit.“[110]

Da das Ziel der Ermittlung der „Wahrheit“ jedenfalls bei Geisteswissenschaften heutzutage wissenschaftstheoretisch kaum mehr vertretbar ist, kommt es vor allem auf eine **reflektierte Methode** an.

---

106 BVerfGE 7, 198.
107 Pieroth, Grundrechte (sechszehn Fn. zuvor), Rn. 665 mit Verweis auf eine einzige Entscheidung des BVerfG.
108 Dazu Thema 2 Teil 1, Abschnitt F.
109 BVerfGE 35, 79 (113) *et al.*
110 https://www.stasi-unterlagen-archiv.de/akteneinsicht/zugangsrechte-fuer-forschung-und-medien/richtlinie-zu-32-stug/.

1. *Geschützte Personen im Hinblick auf das Archivwesen*

a. Archivar.innen

Die Erfüllung der archivischen Fachaufgaben sollte sich zwar an archivwissenschaftlichen Kriterien orientieren, ist aber grundsätzlich selbst keine wissenschaftliche Tätigkeit, weil sie zwar methodisch reflektiert erfolgt, aber nicht auf die „Ermittlung der Wahrheit" zielt. Vielmehr liegt strukturell eine Datenspeicherung auf Vorrat vor. Nur wenn die Archivar.in im Hinblick auf die Inhalte des Archivguts forschend tätig wird (was zu den gesetzlich vorgegebenen Fachaufgaben von Archiven gehört[111]), liegt eine Tätigkeit im Schutzbereich von Art. 5 III GG vor.[112] Bei Archivar.innen im Beamtenverhältnis ergeben sich noch zusätzliche Beschränkungen, weil ein Sonderstatusverhältnis vorliegt und Eingriffe, die aufgrund ihrer geringen Intensität nur das Betriebsverhältnis betreffen, nicht grundrechtsrelevant sind.

b. Lehrende

Lehrende an Hochschulen sind während ihrer Lehr- und Forschungstätigkeit vom Schutzbereich des Art. 5 III GG erfasst.

Die „**Archivschule** – Hochschule für Archivwissenschaft" hat zwar keine der für Hochschulen üblichen Organisationsformen, sondern ist ein Eigenbetrieb des Landes Hessen.[113] An der Archivschule erfolgt aber Lehre und Forschung,[114] daher ist sie **im Hinblick auf Art. 5 III GG** mE **als Hochschule** zu betrachten. Nach der neueren Rechtsprechung des BVerfG sind auch „Fachhochschullehrer, denen die eigenständige Vertretung eines wissenschaftlichen Faches in Forschung und Lehre übertragen worden ist",[115] von Art. 5 III GG geschützt, also ist auch die Lehre im FH-Lehrgang von Art. 5 III GG erfasst.

c. Studierende

Das Arbeiten von **Studierenden** wird als Forschen vom Schutzbereich von Art. 5 III GG erfasst, wenn sie sich **eigenverantwortlich wissenschaftlich betätigen** (Diplomarbeit, Dissertation, ab dem Masterstudium und wohl auch die Transferarbeit zum Abschluss des Wiss. Lehrgangs der Archivschule), „sonst jedoch nicht". [116] Anders formuliert: Studierende sind, „freilich in funktionsspe-

---

[111] Dazu Henne, Gleich- oder nachrangig? Die Auswertung von Archivgut als Aufgabe von Archiven – die gesetzlichen Vorgaben, Archivwelt – Blog der Archivschule Marburg v. 18.05.2020, https://archivwelt.hypotheses.org/2338.

[112] Manegold, Archivrecht, S. 86.

[113] § 14 I 2 LArchG HE.

[114] § 14 IV 2. Alt. LArchG HE.

[115] BVerfGE 126, 1 ff. (Leitsatz Nr. 1) v. 13.04.2010.

[116] Maunz-Dürig/Scholz, Grundgesetz, München 1989 (27. Lieferung), Art. 5 Rn. 113.

zifisch unterschiedlichem, auf den Typ der Hochschule und die Aufgabe abstellendem Umfang", von Art. 5 III GG geschützt.[117]

d. Heimat- und Familienforscher.innen

Dazu schreibt das OLG Zweibrücken in einer neueren Entscheidung zutreffend:[118]

> „Das **von Art. 5 Abs. 3 GG geschützte** und nach der rechtsfehlerfreien Auffassung des Landgerichts glaubhaft gemachte Forschungsinteresse des Beteiligten zu 2), eines ‚**seit Jahren versierte(n) Familienforscher(s)**', fällt unter den Begriff des berechtigten Interesses."[119]

Schwieriger ist die Beurteilung bei Privaten, die zwar im Sinne der Wissenschaftsdefinition ernsthaft die Ermittlung der Wahrheit (z.B. im Hinblick auf ihre Vorfahren) betreiben, dabei aber **nicht** – wie vom BVerfG gefordert – **„planmäßig" vorgehen**, da der Suche keine reflektierte Methode über das Ziel der Suche zugrunde liegt.[120] Hier ist die Schutzbereich von Art. 5 III GG nicht erreicht. Kein taugliches Kriterium, sondern nur ein Indiz ist übrigens die Veröffentlichungsabsicht – typischerweise folgt auf die wissenschaftliche Arbeit die Publikation der Ergebnisse.

2. *Sachlicher Schutzbereich von Art. 5 III GG im Hinblick auf das Archivwesen*

Art. 5 III GG schützt nicht nur, wie bereits von Manegold ausführlich begründet, den **Archivzugang**,[121] sondern *jeder* Umgang mit den Unterlagen ab der Übergabe ist für die Wissenschaftsfreiheit späterer Nutzer.innen relevant, so dass die Archivmitarbeiter.innen Art. 5 GG beachten und umfassend verwirklichen müssen. Das bedeutet z.B. für

- die **Bestandsbildung**: die Berücksichtigung aktueller geschichtswissenschaftlicher Forschungsfelder bei der Bestandsbildung ist (auch) juristisch geboten
- die **Erschließung**: Wenn Persönlichkeitsrechte Betroffener einer Erschließung mit Namensangaben vorerst entgegenstehen, kann z.B. eine Erschließung mit Abkürzungen der Namen geboten sein, um den wissenschaftlichen Zugang zu erleichtern. Wenn die Persönlichkeitsrechte Betroffener einer

---

117 Pieroth, Grundrechte (26 Fn. zuvor), Rn. 695 mit Verweis auf BVerfGE 54, 363 (380ff.) und 126, 1 (19ff.).

118 OLG Zweibrücken, NJW 2003, 2757–2759.

119 Das Gericht verweist dann auf „(Hepting/Gaaz [Personenstandsrecht, 1991–2009], § 61 Rn. 46f.; vgl. auch Sachse StAZ 1977, 125, 132; Fillbrandt StAZ 2000, 260, 262ff.)".

120 So auch Marcus Fillbrandt, Die Benutzung der Personenstandsbücher durch Genealogen im Spannungsfeld der Grundrechte, Das Standesamt, Jg. 2000, S. 260 bei Fn. 29.

121 Manegold, Archivrecht, S. 97ff.

Erschließung mit Namensangaben nicht mehr entgegenstehen, sind die Erschließungsangaben zu aktualisieren

- eine **Nachkassation**: Wenn Unterlagen bereits benutzt wurden und eine weitere Nutzung zu erwarten ist, stehen einer Nachkassation idR nicht nur archivwissenschaftliche Überlegungen entgegen, sondern auch das juristische Argument, dass die Nachkassation in den sachlichen Schutzbereich der Wissenschaftsfreiheit eingreift, weil nach der Nachkassation Belege und Zitate nicht mehr anhand der Quellen überprüfbar sind.

II. Eingriffe und Anforderungen an die Schranken

Es gibt bei Art. 5 III GG keinen Gesetzesvorbehalt. Daher kann sich aus Art. 5 I oder II GG weder direkt noch analog eine Schranke ergeben. Wie andere dem Wortlaut nach schrankenlose Grundrechte hat aber auch die Wissenschaftsfreiheit eine **verfassungsimmanente Schranke**, nämlich **kollidierendes Verfassungsrecht**. Das sind

- **Grundrechte Dritter**. Archivrelevant sind insoweit insbesondere
  - das **allgemeine Persönlichkeitsrecht** in all seinen Ausformungen, z. B. Ehrschutz und Schutz der Privatsphäre und
  - die **Berufsfreiheit**
- und andere **Gemeinschaftswerte von Verfassungsrang**,[122] die hinreichend gesetzlich präzisiert sind; archivrelevant sind insoweit insbesondere die Archivgesetze

Es ist dabei auf verfassungskonforme Auslegung zu achten und der Grad der Beeinträchtigung der Grundrechte (Wissenschaftsfreiheit vs. z. B. Privatsphäre) abzuwägen. Der Kernbereich der persönlichen Lebenssphäre (Intimsphäre) ist grundsätzlich absolut geschützt.

Einzelfragen:

- Gibt es einen **Leistungsanspruch auf Archivalien**, also einen „Datenzugangsanspruch" aus Art. 5 III 1 GG?[123] Dies wird von der Rechtsprechung einhellig **abgelehnt**;[124] von einigen Autoren in der Literatur aber bejaht.
- Ließe es sich mit Art. 5 III GG vereinbaren, den **Datenzugang gänzlich zu beseitigen**, also z. B. der Geschichtswissenschaft durch die Abschaffung der Archive den Zugang zu staatlich verwahrten Archivalien zu entziehen? Die Teilhabefunktion der Grundrechte müsste dafür im Sinne der (umstrittenen) institutionellen Grundrechtstheorie so erweitert werden, dass man zur Schluss-

---

122 Siehe dazu ausführlich Thema 2, Teil 1, Abschnitt F.I.

123 Ausführlich dazu (mit dem Literaturstand des Jahres 2000) Nau, Anforderungen, S. 125 ff.

124 Nachweise zur Rechtsprechung des BVerfG, des BVerwG und der Oberverwaltungsgerichte bei Nau, Anforderungen, S. 127 Fn. 544.

folgerung kommt: „Ein Mindestmaß an Maßnahmen zur Forschungs(voraussetzungs)sicherung ist […] grundrechtlich vorgegeben."[125]

- Wäre aber auch eine **Schließung aller öffentlichen Archive mit Art. 5 III GG vereinbar?** Die Frage zielt glücklicherweise bis auf weiteres nicht auf ein reales Szenario und kann daher offenbleiben.

Teil 4: Die Berufsfreiheit (Art. 12 GG)

Seit der frühen Grundrechtsjudikatur des BVerfG wird Art. 12 GG – obwohl der bloße Gesetzeswortlaut etwas anderes nahelegen könnte – als ein einheitliches Grundrecht der Berufsfreiheit verstanden.

Art. 12 GG

Abs. 1 [1]Alle Deutschen haben das Recht, Beruf, Arbeitsplatz und Ausbildungsstätte frei zu wählen. [2]Die Berufsausübung kann durch Gesetz oder auf Grund eines Gesetzes geregelt werden.

Daraus ergeben sich auch für Archivar.innen viele Folgen, insbesondere im Hinblick auf ihren Beruf. Doch gehören diese Fragen nur begrenzt zum Archivrecht, das wie erwähnt die archiv*spezifischen* Rechtsfragen behandelt.

„**Beruf**" ist jede auf Erwerb gerichtete Tätigkeit, die auf Dauer angelegt ist und der Schaffung und Erhaltung der Lebensgrundlage dient".[126] Auch verbotene Tätigkeiten können ein Beruf sein, nicht hingegen sozialschädliche (z.B. Auftragsmörder).

„Das Grundrecht der Berufsfreiheit ist nach Art. 19 Abs. 3 GG **auch auf juristische Personen anwendbar**, soweit sie eine Erwerbszwecken dienende Tätigkeit ausüben, die ihrem Wesen und ihrer Art nach in gleicher Weise einer juristischen wie einer natürlichen Person offen steht".[127]

A. Zugangsrechte zu Archiven aufgrund von Art. 12 GG

Viele Nutzungsanträge im Archiv werden von Bürger.innen gestellt, die sowohl Rechte aus Art. 12 GG (als Journalist.in oder Historiker.in) und aus Art. 5 GG (Informations-, Presse- und Wissenschaftsfreiheit) geltend machen. Die Rechte aus Art. 12 GG reichen dabei in der Regel aber nicht weiter als die Rechte aus Art. 5 GG, so dass es bei der Entscheidung über Nutzungsanträge ausreichend ist, im Hinblick auf die Antragsteller.in die Vereinbarkeit von Versagungen nur anhand von Art. 5 GG zu prüfen.

---

125 Manegold, Archivrecht, S. 52ff.

126 StRspr, z.B. Beschluss des BVerfG v. 14.3.2006, Rn. 80.

127 Wie Fn. zuvor.

B. Der Schutz von Betriebs- und Geschäftsgeheimnissen durch die Berufsfreiheit

Wenn Archive Unterlagen mit Betriebs- oder Geschäftsgeheimnissen erschließen oder den Zugang zu derartigen Unterlagen ermöglichen, ist die Rechtmäßigkeit vorrangig an Art. 12 GG zu messen;[128] zudem ist der Schutz durch strafrechtliche Normen zu berücksichtigen.[129]

I. Schutzbereich

Der Schutzbereich dieses Grundrechts umfasst auch die Berufsausübung und damit den Schutz von Betriebs- und Geschäftsgeheimnissen, denn

> „wird exklusives wettbewerbserhebliches Wissen den Konkurrenten zugänglich, mindert dies die Möglichkeit, die Berufsausübung unter Rückgriff auf dieses Wissen erfolgreich zu gestalten".[130]

„Als Betriebs- und Geschäftsgeheimnisse werden alle auf ein Unternehmen bezogene Tatsachen, Umstände und Vorgänge verstanden, die nicht offenkundig, sondern nur einem begrenzten Personenkreis zugänglich sind und an deren Nichtverbreitung der Rechtsträger ein berechtigtes Interesse hat.

- **Betriebsgeheimnisse** umfassen im Wesentlichen *technisches* Wissen im weitesten Sinne;
- **Geschäftsgeheimnisse** betreffen vornehmlich *kaufmännisches* Wissen.

Zu derartigen Geheimnissen werden etwa Umsätze, Ertragslagen, Geschäftsbücher, Kundenlisten, Bezugsquellen, Konditionen, Marktstrategien, Unterlagen zur Kreditwürdigkeit, Kalkulationsunterlagen, Patentanmeldungen und sonstige Entwicklungs- und Forschungsprojekte gezählt, durch welche die wirtschaftlichen Verhältnisse eines Betriebs maßgeblich bestimmt werden können."[131]

„Allgemein bekannte Umstände und Vorgänge sind auch dann keine Betriebs- oder Geschäftsgeheimnisse, wenn der Inhaber sie als solche bezeichnet".[132]

---

[128] Ob Betriebs- und Geschäftsgeheimnisse zusätzlich durch die Eigentumsgarantie (Art. 14 GG) geschützt sind, kann dahinstehen, denn ein solcher Schutz „geht jedenfalls nicht weiter als der durch Art. 12 Abs. 1 GG." Beleg wie Fn. zuvor, Rn. 137.

[129] Zum Schutz von Betriebs- und Geschäftsgeheimnissen durch strafrechtliche Normen Thema 9, Abschnitt F.

[130] Beleg wie zwei Fn. zuvor, Rn. 85.

[131] Beleg wie Fn. zuvor, Rn. 87; Hervorhebungen von Th. H.

[132] BVerwG, Beschluss v. 4. 1. 2005, Rn. 13.

II. Die Rechtfertigung von Eingriffen

Der grundrechtsrelevante **Eingriff** liegt in der Möglichkeit der Nutzung dieser Geheimnisse durch ihre Offenbarung im Archiv. Dieser Eingriff ist rechtmäßig, wenn die Interessen an der Nutzung überwiegen; diese Abwägung ist unter Berücksichtigung der Vorgaben in den Archivgesetzen vorzunehmen; zudem müssen die Anforderungen des Verhältnismäßigkeitsgrundsatzes erfüllt sein.

Thema 3: Auswirkungen des Rechtsstaatsprinzips bei der Anwendung des Archivrechts

In der deutschen Tradition setzt das Rechtsstaatsprinzip das **„Primat des Rechts“** um.[1] Es gehört zu den wichtigsten Strukturprinzipien des deutschen Verfassungsrechts und ist in Art. 20 III GG verankert. Das Wort „Rechtsstaat“ wird nicht in dieser Norm, sondern in Art. 28 GG erwähnt.

> Art. 20 III GG: „Die Gesetzgebung ist an die verfassungsmäßige Ordnung, die **vollziehende Gewalt** und die Rechtsprechung sind **an Gesetz** und Recht **gebunden.**“

Als Teil der „vollziehenden Gewalt“ (Exekutive) müssen öffentlich-rechtliche Archive **das Rechtsstaatsprinzip unmittelbar und zwingend beachten.** Aus diesem Prinzip ergeben sich daher weitreichende Grundsätze für die Arbeit öffentlicher[2] Archive. Dazu gehören:

> Art. 28 I 1 GG: „Die verfassungsmäßige Ordnung in den Ländern muß den Grundsätzen des republikanischen, demokratischen und sozialen **Rechtsstaates** im Sinne dieses Grundgesetzes entsprechen.“

- der Gesetzmäßigkeitsgrundsatz
- das Verhältnismäßigkeitsprinzip
- die Anforderungen an den Rechtsschutz gegenüber Archiven

Diese Themen werden im Folgenden ausführlich erläutert. Zusätzlich seien vier weitere Beispiele zu den Auswirkungen des Rechtsstaatsprinzips bei der Arbeit öffentlicher Archive angeführt:

> „Wir haben Gerechtigkeit erwartet und den Rechtsstaat bekommen.“
> *Bärbel Bohley*, DDR-Bürgerrechtlerin

Rechtsstaatsprinzip und Bewertungen: Aus dem eng mit dem Rechtsstaatsprinzip verwobenen Anspruch auf effektiven Rechtsschutz (Art. 19 IV GG) folgt, dass eine Archivierung von Verwaltungsvorgängen bei späteren Entschädigungen und Rehabilitationen den Rechtsschutz und damit das Rechtsstaatsprinzip stärkt.[3] Die These, die Entscheidung über die Archivwürdigkeit sei eine ganz oder auch nur weitestgehend

---

[1] Konrad Hesse, Grundzüge des Verfassungsrechts der Bundesrepublik Deutschland, 20. Aufl., Heidelberg 1995, S. 87.

[2] Zum Unterschied öffentliches Recht/Privatrecht Thema 4, Teil 1.

[3] Dazu Manegold, Archivrecht, S. 44 f.

rechtsfreie „Wertungsentscheidung", ist bereits wegen dieses Bezugs zum Rechtsschutz und zum Rechtsstaatsprinzip problematisch.[4]

Bei Antragsverfahren gegenüber dem Archiv gilt der **Amtsermittlungsgrundsatz** gemäß § 24 VwVfG; dieser ist Teil des Rechtsstaatsprinzips.[5]

Rechtsstaatlich geboten ist zudem eine **Archivwissenschaft**, die z. B. ihre Bewertungs- und Kassationsmaßstäbe **autonom entwickelt** und sich nicht von einer heute nicht mehr akzepablen externen Referenzebene (z. B. dem Marxismus-Leninismus) leiten lässt.[6]

Organisationsform öffentlicher Archive: Fraglich ist allerdings, ob sich aus dem als Neutralitätsgebot verstandenen Rechtsstaatsprinzip unmittelbare Anforderungen an eine möglichst weisungsfreie Organisationsform von Archiven ableiten lassen.[7] Ist der Rechtsstaat mehr verwirklicht, wenn ein Archiv nur der Rechts-, aber nicht der Fachaufsicht durch eine übergeordnete Behörde unterliegt? Eine bejahende Antwort lässt sich mE nur schwer vertreten.

Teil 1: Der Gesetzmäßigkeitsgrundsatz

Der Grundsatz der Gesetzmäßigkeit bindet die Verwaltung an die bestehenden Gesetze und unterwirft ihre öffentlich-rechtliche Tätigkeit[8] zugleich der umfassenden Kontrolle durch die Verwaltungsgerichte.[9] Er hat zwei Ausprägungen:

A. Der Vorrang des Gesetzes

„Vorrang des Gesetzes" bedeutet, dass die Verwaltung an *alle* bestehenden Gesetze gebunden ist und somit keine Maßnahmen ergreifen darf, die im Widerspruch zu den Gesetzen stehen.

I. Die Reichweite des Vorranggrundsatzes

Der Vorranggrundsatz gilt im gesamten Bereich der Verwaltung ohne Rücksicht auf die Art des Gesetzes. Die öffentliche Verwaltung ist an **alle in der Normhierarchie[10] aufgeführten Rechtsnormen** gebunden, u. a.:

---

[4] Ausführlich zur Entscheidung über die Archivwürdigkeit Thema 10, Teil 1, Abschnitt D.

[5] Die letztere These z. B. bei Kopp/Raumsauer, VwVfG-Kommentar, 17. Aufl. 2016, § 24 Nr. 3a.

[6] Dazu Manegold, Archivrecht, S. 46 f. Zur Funktion externer Referenzebenen für das Rechtssystem siehe die Einleitung, Abschnitt A.II.2.

[7] Erhöht sich die Rechtsstaatlichkeit, wenn das Bundesarchiv nicht „nur" eine nicht rechtsfähige Bundesoberbehörde ist (dazu Thema 1, Teil 3 C.I.), sondern z. B. eine Körperschaft des öffentlichen Rechts? Eine bejahende Antwort lässt sich mE nur schwer begründen.

[8] Zur Abgrenzung der öffentlich-rechtlichen und privatrechtlichen Tätigkeit der Archive siehe Thema 4, Teil 1.

[9] Zu Einschränkungen beim Beurteilungsspielraum und beim Ermessen oben Thema 1, Teil 2, Abschnitt E.III.

[10] Thema 1, Teil 2, Abschnitt D.II.

- Verfassungsrecht (Grundgesetz)
- formelle (= Parlaments-)gesetze
- Rechtsverordnungen
- Satzungen

Verwaltungsvorschriften fallen (grundsätzlich) nicht und DIN-Regelungen ausnahmslos nicht unter die Bindungswirkung, die der Vorranggrundsatz auslöst.[11]

Zum Vorrang des Gesetzes gehört das **Anwendungsgebot** (bestehende Normen müssen angewendet werden) bzw. spiegelbildlich das **Abweichungsverbot**.

> Beispiel: Gemäß dem LArchG TH sind Unterlagen der Strafverfolgungsbehörden, die etliche Staatsschutzdelikte betreffen, ausnahmslos archivwürdig und dauerhaft im Landesarchiv aufzubewahren.[12] Man kann mit gutem Grund die archivische Sinnhaftigkeit dieser Massenarchivierung zu rechtsextremen Straftaten bezweifeln, die Bewertungsrichtlinien des Landesarchivs Thüringen müssen aber die gesetzlichen Vorgaben umsetzen.

II. Konsequenzen der Nichtbeachtung des Vorranggrundsatzes

Die Nichtbeachtung des Vorranggrundsatzes hat je nach Art des Verstoßes folgende Konsequenzen, die sich nicht zuletzt auch aus der Normhierarchie (Geltungsvorrang) ergeben: **Nichtig** sind:

- rechtswidrige Rechtsverordnungen,
- rechtswidrige Satzungen im Bereich des Archivrechts[13] und
- rechtswidrige Verwaltungsverträge (§ 59 VwVfG).

Bei **VAs** ist zu unterscheiden**:** Diese sind bei Verletzung des Vorranggrundsatzes

- grundsätzlich wirksam und **lediglich anfechtbar und aufhebbar**[14]
- nur ausnahmsweise nichtig, insbesondere bei „besonders schwerwiegendem Fehler";[15] dies ist in der Praxis seltener als in juristischen Lehrbüchern

> Beispiel: Ein Landesarchiv erteilt eine Baugenehmigung – evident fehlt dem Landesarchiv dafür die Zuständigkeit völlig und die Baugenehmigung ist nichtig.

---

11 Zu den DIN-Regelungen oben Thema 1, Teil 2, Abschnitt D.V.

12 § 2 II Nr. 3 LArchG TH.

13 Ausnahme bestehen z.B. im öffentlichen Baurecht.

14 § 43 II VwVfG: Ein VA bleibt wirksam, solange und soweit er nicht zurückgenommen, widerrufen, anderweitig aufgehoben oder durch Zeitablauf oder auf andere Weise erledigt ist.

15 §§ 44, 43 III VwVfG.

B. Der Vorbehalt des Gesetzes: Die Wesentlichkeitstheorie

Vorbehalt des Gesetzes bedeutet, dass **keine Maßnahme der öffentlichen Verwaltung ohne gesetzliche Ermächtigung** erfolgen darf. Nötig ist also eine **Ermächtigungsgrundlage**, auch Befugnisnorm genannt. Eine bloße Aufgabenzuweisung ist nicht ausreichend.

> Beispiel: „Das Hessische Landesarchiv hat die Aufgabe, die archivwürdigen Unterlagen des Landes zu archivieren" (§ 13 I 1 LArchG HE). Das ist keine Ermächtigungsgrundlage.

Umstritten ist, wie weit der Vorbehaltsgrundsatz reicht. Ursprünglich war der Grundsatz im Strafrecht entstanden (u. a.: *nulla poena sine lege*).

Ein Teil der rechtswissenschaftlichen Literatur spricht sich dafür aus, dass der Vorbehalt des Gesetzes einen Totalvorbehalt meint: Für *jedes* Verwaltungshandeln sei eine gesetzliche Grundlage erforderlich sei (Lehre vom Totalvorbehalt).

Das Bundesverfassungsgericht vertritt demgegenüber die (weniger strenge) **Wesentlichkeitstheorie.** Sie besagt formelhaft:

- Je wesentlicher eine Angelegenheit für die Allgemeinheit ist,
- um so mehr bedarf sie einer gesetzlichen Eingriffsgrundlage.[16]

Was im Einzelnen „wesentlich" in diesem Sinne ist, muss im Einzelfall festgelegt werden.

Wesentlich ist zumindest alles, was der Verwirklichung von Grundrechten dient.[17] Je stärker und intensiver Grundrechte betroffen sind, um so größer wird das Erfordernis einer gesetzlichen, und zwar *parlaments*gesetzlichen Grundlage. Das bedeutet, dass es eine gesetzliche Ermächtigungsgrundlage **stets bei Eingriffen** in die Rechte der Bürger geben muss (Eingriffsverwaltung). Die wesentlichen Pflichten und Lasten der Bürger.innen müssen gesetzlich geregelt und ausgestaltet sein. Das BVerfG formuliert den Grundsatz so:

> Es muss der Gesetzgeber „in grundlegenden normativen Bereichen, zumal im Bereich der Grundrechtsausübung, soweit diese staatlicher Regelung zugänglich ist, alle wesentlichen Entscheidungen selbst […] treffen."[18]

---

16 Ähnliche Regelungen finden sich in einigen Landesverfassungen. So heißt es z. B. in der Berliner Verfassung, dass die für alle verbindlichen Gebote und Verbote auf einem Gesetz beruhen müssen (Art. 59 I).

17 Daraus wird ersichtlich, dass sich der Vorbehaltsgrundsatz nicht nur auf das Rechtsstaatsprinzip, sondern auch und vor allem auf die Grundrechte zurückführen lässt.

18 BVerfGE 61, 260 (275); 88, 103 (116) *et al.*

„Die **Wesentlichkeitslehre** bedeutet danach, dass

- Eingriffe der Verwaltung [nur auf Grund eines] Gesetzes erfolgen dürfen,
- die wesentlichen Entscheidungen über die Voraussetzungen, Umstände und Folgen von Eingriffen vom Gesetzgeber selbst getroffen werden müssen und nicht an die Verwaltung delegiert werden dürfen und
- die Wesentlichkeit der Entscheidungen sich nach der Intensität bemisst, nach der die Grundrechte betroffen sind".[19]

Die **Durchführung *aller* archivischen Fachaufgaben**, von der Übernahme bis zur Nutzung, greift häufig und stark in Grundrechte von Bürger.innen ein, wenn nämlich die Unterlagen ein Grundrecht von Bürgerinnen und Bürgern betreffen; sei es z.B. das Persönlichkeitsrecht (Art. 2 GG), die Religions- oder die Meinungsfreiheit (Art. 4 und 5 GG) oder auch das erwähnte Postgeheimnis (Art. 10 GG). Wo ist die Ermächtigungsgrundlage dazu?

Das **Archivprivileg** (Art. 89 DSGVO) führt jedenfalls bei öffentlichen Archiven dann zur Rechtmäßigkeit der Weiterverarbeitung, wenn die in Art. 89 I 2 DSGVO erwähnten technischen und organisatorischen Maßnahmen eingehalten werden. Das ist bei fachgemäßen Ausführungen der archivischen Fachaufgaben regelmäßig der Fall.[20]

Die Derogation in § 28 I BDSG (für den Bund) bzw. z.B. in § 25 I HDSIG (für Hessen) erstreckt das Archivprivileg auch auf besonders sensible Daten.

Schon vor der DSGVO wurde im BArchG 1988 das Vorliegen einer solchen Ermächtigung vorausgesetzt (§ 2 IV 2 BArchG 1988: „Das Bundesarchiv hat von der Übergabe an […] die schutzwürdigen Belange Betroffener zu berücksichtigen"), diese Norm wurde in leicht veränderter Formulierung in den aktuellen § 5 V BArchG aufgenommen. Aufgrund des erwähnten Archivprivilegs der DSGVO ist diese Norm aber nicht mehr nötig. Deshalb ist es unproblematisch, dass z.B. das LArchG HE ohne eine solche Norm auskommt.

Weitere Beispiele:

Gebühren für die Benutzung von Archivgut dürfen nur dann erhoben werden, wenn hierfür eine gesetzliche Ermächtigungsgrundlage besteht, denn die Gebührenerhebung ist ein Eingriff in das von Art. 14 GG geschützte Eigentum der Nutzer.innen. Für die Verordnung über Kosten beim Bundesarchiv („Bundesarchiv-Kostenverordnung") ist daher eine Ermächtigung nötig, die sich in § 19 Nr. 1 BArchG befindet.[21]

Die Hersteller deutscher Kinofilme haben nach § 17 BArchG diverse Pflichten im Hinblick auf die Archivierung, und die Verletzung dieser Pflichten stellt eine **Ordnungswidrigkeit** dar, die mit einer Geldbuße geahndet werden kann. Auch damit wird in das Grundrecht aus Art. 14 GG eingegriffen. Im Hinblick auf die Wesentlichkeitstheorie

19 Pieroth, Grundrechte Staatsrecht II, 31. Aufl. 2015, Rn. 284.

20 Ausführlich zum Archivprivileg in Art. 89 DSGVO siehe Thema 5, Teil 1, Abschnitt C.

21 Zu weiteren Rechtsfragen der Gebührenerhebung im Archiv siehe Thema 13, Teil 6, Abschnitt C.II.2.

ist ausreichend, dass die Regelung der Zuständigkeit für die Festlegung der Geldbuße und die Höhe der Geldbuße im BArchG (§ 18) geregelt ist.[22]

Bei unerwünschten Sondernutzungen kann die Archivleiter.in nicht unmittelbar ein Hausverbot erlassen, weil es an einer archivgesetzlichen Grundlage fehlt. Vielmehr führt erst das Hausrecht zu einem Verstoß gegen § 123 StGB (Hausfriedensbruch).[23]

Die Wesentlichkeitstheorie erfasst auch Sonderrechtsverhältnisse.[24]

Teil 2: Das Verhältnismäßigkeitsprinzip

Dieses grundlegende und jederzeit zu beachtende Prinzip ist Bestandteil des Rechtsstaatsprinzips (Art. 20 GG).

Jeder Eingriff in Grundrechte muss einen legitimen Zweck verfolgen und

• **geeignet**	kausale Förderung des Zwecks
• **erforderlich** und	kein milderes Mittel steht zur Verfügung
• **angemessen** sein	Nachteile einer Maßnahme dürfen nicht völlig außer Verhältnis zu den Vorteilen stehen

Mit diesem Übermaßverbot korrespondiert bei Leistungs- und Schutzrechten ein **Untermaßverbot**: Die staatliche Leistung bzw. der staatliche Schutz muss geeignet sein, darf das erforderliche Maß nicht unterschreiten und muss angemessen sein.

Beispiele:

Schutzfristverkürzungen unter Auflagen: Die Auflagen müssen verhältnismäßig sein.[25]

Anforderungen an Benutzungsordnungen, im folgenden Zitat bezogen auf Museen: Es „dürfen keine anstaltsfremden Zwecke verfolgt werden. Benutzungsbeschränkungen […], die nicht vom Anstaltszweck gedeckt sind, verletzen das Benutzungsrecht. Weiter muss jede die Benutzer belastende Maßnahme […] verhältnismäßig sein; d. h. sie muss geeignet aber auch erforderlich sein, um den mit ihr verfolgten Anstaltszweck zu gewährleisten."[26]

[22] Das Gesetz über die Ordnungswidrigkeiten legt sogar ausdrücklich fest: „Eine Handlung kann als Ordnungswidrigkeit nur geahndet werden, wenn die Möglichkeit der Ahndung gesetzlich bestimmt war, bevor die Handlung begangen wurde." (§ 3).

[23] Dazu Thema 10, Teil 3, Abschnitt D.

[24] Dazu der Abschnitt „Grundrechte und Verfassungstreue im Sonderrechtsverhältnis" (Thema 2, Teil 1, Abschnitt D).

[25] Dazu ausführlich Band 2, Thema 10, Teil 4.

[26] Wilhelm Mößle, Öffentliches Recht – Handbuch des Museumsrechts, Opladen 1999, S. 153 f.

Teil 3: Rechtsschutz im Archivrecht

A. Förmlicher Rechtsschutz gegen Archive

Gemäß Art. 19 IV GG ist der eng mit dem Rechtsstaatsprinzip verbundene Anspruch auf förmlichen Rechtsschutz zugleich ein Grundrecht. Es gibt also **keine „gerichtsfreien" Hoheitsakte**, auch nicht in solchen Bereichen, in denen öffentliche Archive bestimmte Entscheidungsspielräume hat (insbesondere Ermessen und Beurteilungsspielraum).

> Art. 19 IV 1 GG: „Wird jemand durch die öffentliche Gewalt in seinen Rechten verletzt, so steht ihm der Rechtsweg offen."

Beispiel: Die These, die Entscheidung über die Archivwürdigkeit sei ein außerhalb des Rechts stattfindender Vorgang,[27] ist daher schon wegen Art. 19 IV GG sehr problematisch.

Ob Zivil- oder Verwaltungsgerichte für den Rechtsschutz gegen öffentliche Archive zuständig sind, hängt davon ab, ob das Archiv öffentlich-rechtlich oder privatrechtlich gehandelt hat. Letzteres ist der Fall, wenn die angewandte Gesetzesnorm nicht ausschließlich einen Träger öffentlicher Gewalt verpflichtet oder berechtigt (modifizierte → **Subjektstheorie**).

Beispiele:

Zwischen Depositalgeber und staatlichem Archiv ist die Auslegung des Depositalvertrages streitig.

Ein Streit über die Mangelhaftigkeit des vom Archiv aufgrund eines Kaufvertrags erworbenen Dienstfahrzeugs → privatrechtlich, weil ein Kaufvertrag im Sinne von § 433 BGB vorliegt.

Bei zivilrechtlichen Verfahren gibt es aber, soweit ersichtlich, keine Zulässigkeitsprobleme, die sich aus archivrechtlichen Fragestellungen ergeben. Die folgenden Überlegungen gehen daher vorrangig auf Fragen ein, die spezifisch für **verwaltungsgerichtliche Verfahren** sind, an denen Archive beteiligt sind. Erinnert sei vorab an die Funktion von Prüfungsschemata.[28]

---

27 Dazu ausführlich im Band 2, Thema 8, Teil 1, Abschnitt D.

28 Dazu Thema 1, Teil 2, Abschnitt E IV.

I. Probleme der Zulässigkeit verwaltungsgerichtlicher Klagen gegen Archive

Bei der Verwaltungsgerichtsbarkeit[29] gilt als Prozessrecht das Recht der Verwaltungsgerichtsordnung (VwGO).[30]

1. Eröffnung des Verwaltungsrechtsweges

Diese Rechtsfolgevoraussetzung ergibt sich aus § 40 I 1 VwGO. Ob die demnach nötige *öffentlich-rechtliche Streitigkeit* zu bejahen ist, wird heutzutage überwiegend nach der bereits erläuterten **modifizierten → Subjektstheorie** beurteilt. Soweit öffentliche Archive archivrechtliche Normen anwenden, die dem Verwaltungsrecht angehören, liegt folglich eine öffentlich-rechtliche Streitigkeit vor.

> § 40 I 1 VwGO: Der Verwaltungsrechtsweg ist in allen öffentlich-rechtlichen Streitigkeiten nichtverfassungsrechtlicher Art gegeben, soweit die Streitigkeiten nicht durch Bundesgesetz einem anderen Gericht ausdrücklich zugewiesen sind.

Beispiel: Die **Überprüfung eines VA** ist immer eine öffentlich-rechtliche Streitigkeit, da der VA das der öffentlichen Verwaltung eigene Handlungsinstrument ist. Wenn also das öffentliche Archiv im Kontext eines Nutzungsantrages einen VA erlassen hat, liegt eine öffentlich-rechtliche Streitigkeit vor.

Soweit ein öffentliches Archiv an dem Rechtsstreit beteiligt ist, liegt keine *verfassungsrechtliche Streitigkeit* im Sinne von § 40 VwGO vor.[31]

Eine *abdrängende Sonderzuweisung* zu einer anderen Gerichtsbarkeit kann z. B. zur Finanz- oder Sozialgerichtsbarkeit bestehen. Spezielle **Archivgerichte** gibt es aber bekanntlich **nicht**. Es ist aber eine Sonderzuweisung zur ordentlichen Gerichtsbarkeit bei Amtshaftungsansprüchen gegenüber öffentlichen Archiven möglich.

Beispiel: Ein Landesarchiv gibt Archivgut trotz eines Schimmelbefalls zur Nutzung heraus; es erfolgt kein Hinweis auf den Schimmelbefall und es werden keine Handschuhe zur Verfügung gestellt. Wenn die Nutzer.in dadurch geschädigt wird, kann sie einen Amtshaftungsanspruch geltend machen.

---

29 Instanzenzug: Verwaltungsgerichte → Oberverwaltungsgerichte (teilweise Verwaltungsgerichtshof genannt) → Bundesverwaltungsgericht.

30 Eine Verwaltungs*prozeß*ordnung – entsprechend der Zivil*prozeß*ordnung – liegt nicht vor.

31 Möglich bleibt aber, dass nach Erschöpfung des verwaltungsgerichtlichen Rechtsweges z. B. eine Verfassungsbeschwerde eingelegt wird.

2. *Statthafte Klageart*

Im Bereich des Verwaltungsprozessrechts werden unter den förmlichen Rechtsbehelfen verschiedene Klagearten unterschieden, abhängig davon, welches Ziel mit der Klage verfolgt wird. Im Kontext des Archivrechts am wichtigsten sind die **Anfechtungs-** und die **Verpflichtungsklage**, die die Abwehr bzw. den Erlass von VAs bezwecken. Geht es um die Abwehr oder das Erreichen einer „Nichtregelung“, z. B. eines Realakts, muss eine **Unterlassungs-** bzw. **Leistungsklage** eingelegt werden.[32]

> Beispiele:
>
> Die Entscheidung über den **Zugang zu Archivgut** öffentlich-rechtlicher Archive ist ein VA. Begehrt die abgewiesene Nutzer.in weiterhin Zugang zum Archivgut, geht es um einen begünstigenden VA. Deshalb muss die Nutzer.in eine **Anfechtungsklage** gegen den ablehnenden Bescheid und (!) eine **Verpflichtungsklage** auf einen positiven Bescheid im Hinblick auf den Zugang einlegen – mit der bloßen Anfechtungsklage wäre der Nutzer.in wenig geholfen, weil nun erneut ein Verwaltungsverfahren beginnen müsste.
>
> Hat hingegen eine im Archiv tätige Beamt.in im Rahmen der Dienstausübung (etwa im Zusammenhang mit einer Presseerklärung) über eine Bürger.in eine falsche Tatsache geäußert, liegt darin ein Realakt, der für die Zukunft mit Hilfe einer **Unterlassungsklage** unterbunden werden kann (Verhinderung einer Wiederholung dieser Äußerung).
>
> Ähnlich liegt es, wenn jemand die **Löschung seiner Daten** begehrt. Auch hier wird ein Realakt gefordert, für dessen Erzwingung die **Leistungsklage** statthaft ist.

3. *Die Möglichkeit der Verletzung eines subjektiv-öffentlichen Rechts*

In der deutschen Rechtsordnung können von Bürgerinnen und Bürgern grundsätzlich **nur subjektiv-öffentliche Rechte gerichtlich geltend gemacht werden**;[33] „Popularklagen“ sind nur ausnahmsweise möglich, u. a. als Verbandsklage für anerkannte Naturschutzverbände,[34] nicht aber für den VdA. Es gibt keinen allgemeinen Gesetzesvollziehungsanspruch.

Bei einem **„Jedermannrecht“**, wie es in den nunmehr meisten Archivgesetzen als Voraussetzung für die Archivnutzung vorgesehen ist,[35] liegt das subjektiv-öffentliche Recht in jedem Fall vor.

Ansonsten begründet eine Norm ein subjektiv-öffentliches Recht, wenn die Norm den Zweck verfolgt, zumindest neben den Belangen der Allgemeinheit

---

32 Siehe zur Abgrenzung von Realakt und VA die Ausführungen zum „Handeln von öffentlichen Archiven: Überblick über die Regelungstypen“ (Thema 4, Teil 1).

33 Das hat historische Gründe, die in die Zeit nach der verlorenen Revolution von 1848 zurückreichen.

34 Im Archivwesen gibt es keinen Verband, der eine entsprechende Befugnis hat.

35 Dazu Thema 13, Teil 3, Abschnitt A.

auch solche des einzelnen Bürgers zu schützen. Solche subjektiv-öffentlichen Rechte ergeben sich z. B. aus

- den Grundrechten,
- aus den Archivgesetzen und
- auch aus der Widmung zu Archivgut (im Hinblick auf die Nutzung)

Gegenbeispiel: Die **Widmung**, mit der Archivgut entsteht ist ein VA in Form einer Allgemeinverfügung. Diese Widmung kann nicht gerichtlich angegriffen werden, weil durch die Widmung zu Archivgut kein subjektiv-öffentliches Recht verletzt werden kann. Justitiabel sind nur in begrenztem Maß Rechtsverstöße bei der vorangehenden Bewertung.

Im Kontext der Zulässigkeit der verwaltungsgerichtlichen Klage reicht die *Möglichkeit* einer Rechtsverletzung. Ob diese auch tatsächlich vorliegt, ist erst eine Frage der Begründetheit. Begehrt jemand einen VA, z. B. Zugang zum Archivgut, dann muss er darlegen, dass er einen Anspruch auf die begehrte Maßnahme hat.

Das **Benutzungsrecht in Archiven** ist in den Archivgesetzen teilweise noch[36] dem Wortlaut nach an das Vorliegen eines berechtigten Interesses[37] geknüpft und damit formal kein „Jedermannrecht".[38] Da die Archivbenutzung aber in den Schutzbereich von Art. 5 I GG jedenfalls dann fällt, wenn man mit der neueren Ansicht und aufgrund der Informationsfreiheitsgesetze die von Art. 5 I GG vorausgesetzte allgemeine Zugänglichkeit von amtlichen Unterlagen bejaht,[39] liegt im Ergebnis ein Benutzungsrecht vor, das auch schon heute nicht mit Verweis auf ein fehlendes berechtigtes Interesse verneint werden kann.[40] Im Übrigen ließ sich kein realer Fall finden, in dem – z. B. wegen eines bloß voyeuristischen Interesses – auch nur versucht wurde, pauschal das Vorliegen eines Benutzungsrechts zu verneinen.

---

36 Stand Januar 2025. Rainer Polley berichtet zum früheren Stand im Jahr 2016: Einige Archivgesetze verzichten seit 2009 (wie in Nordrhein-Westfalen, Hessen, Sachsen und Sachsen-Anhalt, nicht dagegen im Saarland und in Rheinland-Pfalz) auf das Erfordernis der Glaubhaftmachung eines berechtigten Interesses für die Benutzung von Archivgut." (Archivrecht in Deutschland, in: Becker/Rehm, Archivrecht, S. 19 ff. (32)).

37 Als ein berechtigtes Interesse ist im Verwaltungsrecht jedes schutzwürdige Interesse rechtlicher, wirtschaftlicher oder ideeller Art anzusehen, das nach vernünftigen Erwägungen unter Berücksichtigung gesetzlicher Regelungen oder allgemeiner Rechtsgrundsätze anzuerkennen ist.

38 Z. B. § 6 I LArchG BW: „Jedermann hat nach Maßgabe der Benutzungsordnung das Recht, das Archivgut nach Ablauf der Sperrfristen zu nutzen […]". Zur Terminologie („Jedermannrecht" oder „Jedermannsrecht"?) siehe die Hinweise bei Thema 13, Teil 3, Abschnitt A.

39 Dazu oben Thema 2, Teil 3 zum Schutzbereich von Art. 5 GG.

40 Die Thesen, die zur Auslegung von Art. 5 GG im Hinblick auf diese Frage *vor* der Informationsfreiheitsgesetzgebung publiziert wurden (z. B. bei Manegold, Archivrecht, S. 70 ff.), sind damit weitgehend überholt.

4. *Widerspruchsverfahren*

Geht es um die rechtliche Überprüfung eines VAs (entweder um ihn abzuwehren oder um seinen Erlass herbeizuführen), so ist *vor* Klageerhebung grundsätzlich immer ein Widerspruchsverfahren (auch Vorverfahren genannt) bei der Verwaltungsbehörde durchzuführen. Ausnahmen hiervon ergeben sich lediglich aus § 68 VwGO. Ohne Durchführung eines Widerspruchsverfahrens ist die Einlegung einer Anfechtungs- oder Verpflichtungsklage in der Regel[41] unzulässig.

Das Widerspruchsverfahren hätte mit einem stattgebenden *Abhilfebescheid* der nächsthöheren Behörde (Widerspruchsbehörde) enden können; für die Zulässigkeit der Klage ist ein ablehnender *Widerspruchsbescheid* nötig (vgl. hierzu §§ 72f. VwGO).

5. *Frist*

Die Klage muss binnen eines Monats[42] nach Bekanntgabe[43] des Widerspruchsbescheids eingelegt werden (§ 74 VwGO). Fehlt jedoch dem gegenständlichen VA die Rechtsbehelfsbelehrung oder ist diese unrichtig, dann gilt eine Frist von einem Jahr (§ 58 VwGO).

Im Falle eines Fristversäumnisses sind Rechtsbehelfe in der Regel nicht mehr zulässig. Die eigentliche Prüfung, ob der streitige VA rechtmäßig oder rechtswidrig ist, findet dann grundsätzlich nicht mehr statt. Zu denken ist aber stets an die **Wiedereinsetzung in den vorigen Stand**, die der Bürger beantragen kann.[44]

6. *Der richtige Klagegegner bei Klagen gegen Archive*

Dass der richtige Klagegegner angegeben wird, wird teils als Begründetheitsvoraussetzung, teils (mit mE besserer Argumentation[45]) als Zulässigkeitsvoraussetzung gesehen.

a. Rechtsträgerprinzip

Grundsätzlich ist die Klage nach dem **Rechtsträgerprinzip**[46] gegen den rechtsfähigen Rechtsträger des Archivs zu richten, also z.B. die Gebietskörperschaft

---

[41] Eine Ausnahme bildet die sog. „Untätigkeitsklage“. Diese ist keine eigene Klageart, sondern gem. § 75 VwGO entfällt bei einer Verpflichtungsklage bei Vorliegen der Rechtsfolgevoraussetzungen dieser Norm (nur) die Notwendigkeit eines Vorverfahrens.

[42] Nicht: 4 Wochen, im Übrigen siehe § 31 VwVfG.

[43] Dazu § 41 VwVfG.

[44] Vgl. hierzu § 60 VwGO.

[45] Nur der richtige Klagegegner hat die passive Prozessführungsbefugnis, die evident zur Zulässigkeit gehört. Ausführlich zu diesem bis in die Besatzungszeit nach 1945 zurückreichenden Meinungsstreit: http://www.saarheim.de/Anmerkungen/vwgo78.htm (es ist sogar umstritten, was die hM ist ...).

[46] § 78 I Nr. 1 1. Hs. VwGO.

(Bund, Land), Personalkörperschaft (Universität) oder Stiftung, die Träger des Archivs ist. Dieses Rechtsträgerprinzip gilt z. B. in **Baden-Württemberg, Hamburg, Hessen** und seit 2011 auch in **Nordrhein-Westfalen**. Zur Bezeichnung des beklagten Rechtsträgers ist allerdings die Angabe der Behörde ausreichend.[47]

Beispiel:	**Klage gegen**	**Klagegegner**
	Bundesarchiv	Bund
	Geheimes Staatsarchiv	Stiftung Preuß. Kulturbesitz
	Staatsarchiv im Land L	Land L
	Kommunalarchiv	abhängig vom Kommunalverfassungsrecht z. B. Oberbürgermeister oder Kreis

b. Behördenprinzip

Soweit durch Landesrecht hingegen die Geltung des **Behördenprinzips** angeordnet ist,[48] ist die Behörde bei Anfechtungs- und Verpflichtungsklagen selbst der richtige Klagegegner (§ 78 I Nr. 2 VwGO). Dieses Behördenprinzip gilt aufgrund landesrechtlicher Regelungen z. B. in **Brandenburg** und für einen Teil der verwaltungsgerichtlichen Klagen in **Niedersachsen**[49] und **Sachsen-Anhalt**.

Wird statt der Behörde der Rechtsträger genannt, ist das wegen des Rechtsgedankens in § 78 I 1 Nr. 1 2. Hs. VwGO ausreichend. Und auch im Übrigen ist bei einer falschen Bezeichnung „immer zu fragen, ob der richtige Beklagte nicht im Wege der Auslegung zu ermitteln ist".[50]

II. Probleme der Begründetheit einer verwaltungsgerichtlichen Klage gegen einen VA eines Archivs

Die Prüfung der Begründetheit der Klage richtet sich nach § 113 I 1 VwGO: Danach ist ein VA aufzuheben, soweit er rechtswidrig ist *und* der Kläger *dadurch* in seinen Rechten verletzt wird. Es müssen also stets zwei Voraussetzungen vorliegen, damit ein VA aufgehoben wird.

47 § 78 I 1 Nr. 1 2. Hs. VwGO.

48 In welchen Bundesländern durch Landesrecht die Beteiligungsfähigkeit von Behörden hergestellt wurde, ist aufgeführt bei Kopp/Schenke, Verwaltungsgerichtsordnung. Kommentar, 24. Aufl. 2018, § 61 Rn. 13.

49 § 8 Niedersächsisches Ausführungsgesetz zur Verwaltungsgerichtsordnung (Nds. AG VwGO) v. 1.7.1993.

50 Wysk, VwGO, München 2011, § 78 Rn. 9.

1. *Prüfung der objektiven Rechtswidrigkeit des VA*

Im ersten Schritt ist zu prüfen, ob das Archiv die einschlägigen Gesetze richtig angewandt und den Lebenssachverhalt zutreffend subsumiert hat. Dies ist in der Regel der umfangreichste Teil jeder Prüfung.

Beispiel: Das Bundesarchiv verwehrt einem Bürger Einsicht in 40 Jahre alte Akten, obwohl die Voraussetzungen für die Nutzung durch den Bürger vorliegen → Verstoß gegen § 5 I BArchG 2013. Es liegt eine objektive Rechtswidrigkeit vor.

2. *Prüfung der subjektiven Rechtsverletzung des Klägers*

Die Prüfung erfolgt insoweit ähnlich wie bei der Klagebefugnis im Rahmen der Zulässigkeit, nunmehr jedoch genau in Bezug auf die Frage, ob die Rechtsverletzung auch wirklich vorliegt (und nicht nur möglich ist). Es ist zwischen Adressaten und Dritten zu unterscheiden:

- Bei Empfängern (*Adressaten*) von rechtswidrigen VAen ist die dadurch bedingte subjektive Rechtsverletzung unproblematisch zu bejahen: Denn wer einen rechtswidrigen VA erhält, ist stets in seinen eigenen Rechten verletzt, zumindest in seiner allgemeinen Handlungsfreiheit gem. Art. 2 Abs. 1 GG (sogen. Adressatentheorie).
- Entsprechendes gilt, wenn der Widerspruchsführer (oder Kläger) den Erlass eines VA begehrt. Ergibt die Prüfung, dass er auf den VA einen Anspruch hat, so ist er in seinen Rechten verletzt, wenn ihm der VA verweigert wurde. Vgl. in diesem Sinne **das obige Beispiel** nach § 5 Abs. 1 BArchG 2013 → subjektive Rechtsverletzung auf Seiten des Bürgers.
- *Dritte* hingegen, die also nicht Adressaten von VA sind, müssen geltend machen, dass die (objektive) Rechtswidrigkeit des VA zugleich Normen verletzt, die sie (zumindest auch) individuell schützen (sogen. Schutznormtheorie). Das erfordert eine Einzelfallprüfung. Nicht alle Normen dienen (auch) dem Schutz einzelner. Ob eine Rechtsnorm individualrechtsschützenden Charakter hat, ist eine Frage der Auslegung.

B. Nichtförmliche Rechtsbehelfe/Rechts- und Fachaufsicht

Alle folgenden Ausführungen gelten nicht für private Archive. Diese sind zwar durch das Kulturgutschutzrecht gebunden, unterliegen aber keiner Rechts- oder gar Fachaufsicht, obwohl sie häufig durch öffentliche Gelder gefördert werden.

Nichtförmliche Rechtsbehelfe können außerhalb des Rechtsweges jederzeit eingelegt werden. Grundlage hierfür ist das **Petitionsrecht in Art. 17 GG**, wonach jedermann das Recht hat, sich einzeln oder in Gemeinschaft mit anderen schriftlich mit Bitten oder Beschwerden an die zuständigen Stellen und an die Volksvertretung zu wenden.

Zu den nichtförmlichen Rechtsbehelfen zählen:

- **Gegenvorstellung**
  Sie ist gerichtet direkt an die *entscheidungserlassende bzw. -verweigernde* Behörde selbst im Sinne eines Anstoßes zur Selbstkontrolle.
- **Aufsichtsbeschwerde**
  Sie ist gerichtet an die *übergeordnete* Stelle mit dem Ziel einer Korrektur der monierten Entscheidung *im Wege der Aufsicht* auf der Grundlage des Weisungsrechts der höheren Behörde. Die Folgen einer solchen Beschwerde hängen von der Form der Aufsicht ab:
- Falls die übergeordnete Stelle nur die **Rechtsaufsicht** hat, können von ihr **nur Rechtsfehler** beanstandet bzw. korrigiert werden; die Aufsicht erstreckt sich nicht auf die Zweckmäßigkeit des Verwaltungshandelns.

> Beispiel: Die Aufsichtsbehörde einer Selbstverwaltungskörperschaft (z. B. einer Kommune oder Hochschule/Universität) hat regelmäßig *nur* die Rechtsaufsicht, auch im Hinblick auf **Kommunalarchive**.
>
> Siehe auch z. B. § 9 LArchG TH: „Bei den kommunalen Archiven regelt sich die Aufsicht nach den allgemeinen Bestimmungen über die Kommunalaufsicht."

- Falls die übergeordnete Stelle auch die **Fachaufsicht** hat, liegt eine Aufsicht *auch über die Zweckmäßigkeit des Verwaltungshandelns* vor.

> Beispiele:
>
> Das **Bundesarchiv** untersteht „der Dienst- *und Fachaufsicht* der für Kultur und Medien zuständigen obersten Bundesbehörde".[51]/Das **Landesarchiv NRW** untersteht dem Ministerium für Familie, Kinder, Jugend, Kultur und Sport, das die Dienst- *und Fachaufsicht* über das Landesarchiv NRW ausübt.
>
> „Die Dienst- und Fachaufsicht über das **Niedersächsische Landesarchiv** übt das Referat 201 der Niedersächsischen Staatskanzlei aus."[52] Die Aufsicht erfolgt also nicht durch eine Kulturbehörde, was einen anderen Blick auf die Archivarbeit mit sich bringt.
>
> **Nach 1933** wurden **viele Kommunalarchive** im Rahmen der Verreichlichung *auch der Fachaufsicht* von Staatsarchiven unterstellt.
>
> Beispiel 4: Bei einem **Landes- oder Eigenbetrieb** handelt es sich um einen rechtlich unselbständigen, abgesonderten Teil der Landesverwaltung. Folglich liegt die Dienst- *und Fachaufsicht* beim zuständigen Ministerium. Die **Archivschule Marburg** ist gegenwärtig als Landesbetrieb organisiert[53] und das Hessische Ministerium für Wissenschaft und Kunst übt die Dienst- *und Fachaufsicht* aus.

- Falls die übergeordnete Stelle die **Dienstaufsicht** hat, liegt eine Aufsicht über das Verhalten der Beschäftigten und die Organisation der Behörde vor

51 § 2 BArchG 2017.

52 https://nla.niedersachsen.de/startseite/landesarchiv/das-niedersaechsische-landesarchiv-85942.html.

53 § 5 LArchG HE.

Beispiel: Beschwerde an den weisungsgebundenen Vorgesetzten wegen **persönlichen Fehlverhaltens** eines öffentlich Bediensteten.

- **Petition**

  Allgemeiner Vortrag einer Beschwerde oder Bitte, gerichtet an jede Stelle.

In der Praxis wird durch nichtförmliche Rechtsbehelfe keine zweite „Rechtsschutzschiene" neben den förmlichen Rechtsbehelfen eröffnet. Es gibt jedoch einen auch gerichtlich durchsetzbaren Anspruch des Petenten auf sachliche Prüfung und Bescheidung der Petition selbst, ohne dass dieser Bescheid von der Verwaltung begründet werden müsste.

Thema 4: Archivrelevante Teile des Allgemeinen Verwaltungsrechts

Ob das Handeln öffentlicher Archive öffentlich-rechtlich oder privatrechtlich erfolgt, ist nach der modifizierten → **Subjektstheorie** zu beurteilen.

> Beispiel: Die Regelungen zum Zugang zu Archivgut verpflichten ausschließlich den Träger des Archivs. Wenn dieser Träger öffentlich-rechtlich organisiert ist, erfolgt die Zugangsgewährung öffentlich-rechtlich.

Im Zweifelsfall hilft die sog. **Vermutungsregel**: Ein Hoheitsträger hat öffentlich-rechtlich gehandelt, wenn der Wille nicht ersichtlich ist, im Gebiet des Privatrechts zu handeln.

Innerhalb des öffentlichen Rechts umfasst das Verwaltungsrecht den rechtlichen Rahmen für das Handeln der Exekutive. Es gibt – anders als im Zivilrecht – **kein Verwaltungsgesetzbuch** als Zusammenfassung von Grundsätzen des materiellen Verwaltungsrechts (das würde dem BGB entsprechen).[1]

Die Archivgesetze als Teil des Besonderen Verwaltungsrechts enthalten nur sehr wenige Regelungen zum Verfahrensrecht; Archivverfahrengesetze gibt es nicht. Daher finden die allgemeinen Vorschriften des Verwaltungsverfahrens Anwendung; diese sind im **Verwaltungsverfahrensgesetz (VwVfG)** geregelt.

> Beispiel: Wenn ein Nutzungsantrag auf Unterlagen zielt, deren Nutzung in die Persönlichkeitsrecht einer Person eingreift, die in den Unterlagen vorkommt – *muss* sich dann die Nutzer.in um die Einwilligung der betroffenen Person kümmern oder ist das eine Aufgabe des Archivs? Da die Archivgesetze insoweit kein Verfahrensrecht enthalten, ist auf das VwVfG zurückzugreifen, hier auf § 24 VwVfG (Amtsermittlungsgrundsatz als Teil des Rechtsstaatsprinzips).[2]

Ob im konkreten Fall das *Landes*-VwVfG (eines Bundeslandes) oder das *Bundes*-VwVfG Anwendung findet, muss bei der Rechtsanwendung nur sehr selten entschieden werden, da diese Gesetze inhaltlich (nahezu) übereinstimmen.[3]

---

[1] Auch in Preußen gab es ein solches Verwaltungsgesetzbuch nicht, sondern nur eine unter diesem Titel publizierte „Systematische Zusammenstellung der wichtigsten Verwaltungsgesetze und Verordnungen für Praxis und Unterrichtszwecke" (erschienen 1914 und hrsg. von Hugo Reichelt). Es gibt auch keine Verwaltungs*prozess*ordnung (also eine zentrale Prozessordnung entsprechend der ZPO), sondern nur eine Verwaltungs*gerichts*ordnung; siehe dazu Thema 3, Teil 3: „Rechtsschutz im Archivrecht".

[2] Dazu vertieft Thema 10, Teil 5, Abschnitt F III.

[3] Zum Hintergrund siehe die Ausführungen zum → Kooperativer Föderalismus. (Thema 1, Teil 2, Abschnitt C).

Hingegen ist die Entscheidung, ob Landes- oder Bundesarchivrecht anzuwenden ist, in jedem Fall zu treffen; diese Entscheidung ist teilweise nicht trivial.[4]

Teil 1: Das Handeln von öffentlichen Archiven: Überblick über die Regelungstypen

Die folgende Übersicht stellt verschiedene Regelungstypen zusammen, die im öffentlichen Archiv verwendet werden. Die Wahl eines Regelungstyps hat viele unmittelbare und weitreichende Auswirkungen.

> Beispiele: Der Regelungstyp legt fest
> - das anzuwendende Verfahrensrecht
> - auf die Gültigkeit von Entscheidungen im Fall ihrer Rechtswidrigkeit
> - das anzuwendende Prozessrecht beim Rechtsschutz.

Wie hingegen beim Handeln öffentlicher Archive Briefe zu unterschreiben sind („i.A." oder „i.V."), wird in einem späteren Abschnitt geklärt;[5] die Antwort auf diese Frage ist nicht vom Regelungstyp abhängig.

[4] Siehe Thema 13, Teil 5, Abschnitt E.
[5] Siehe Thema 8, Teil 2, Abschnitt C.III.

Das Handeln von öffentlichen Archiven kann erfolgen:

öffentlich-rechtlich

wenn die angewandte Gesetzesnorm ausschließlich einen Träger öffentlicher Gewalt verpflichtet oder berechtigt (modifizierte → Subjektstheorie)

Folgen:

- Verfahren: VwVfG anwendbar, es gilt der Untersuchungsgrundsatz (§ 24)
- Vollstreckung: durch die Behörde selbst
- Rechtsschutz: öffentlich-rechtliche Streitigkeit, idR Verwaltungsrechtsweg

Beispiel: Handeln aufgrund eines LArchG oder aufgrund des BArchG

oder

privatrechtlich

wenn die Verwaltung

- privatrechtlich Bedarfsdeckung betreibt (keine Eingriffsverwaltung) oder
- erwerbswirtschaftlich tätig wird

Folgen:

- Verfahren: Zivilrecht anwendbar, aber Bindung an Grundrechte bleibt bestehen (keine „Flucht ins Privatrecht")
- Vollstreckung: durch Gerichte
- Rechtsschutz: Zivilrechtsweg

Beispiele:
Bedarfsdeckung: Depositalvertrag, Beschaffungen, Leihvertrag über Archivgut wegen einer Ausstellung
Erwerbswirtschaftliche Betätigung: „Archiv GmbH der Stadt X" (Begrenzungen im Kommunalrecht)

Wenn das Handeln öffentlich-rechtlich erfolgt, kann vorliegen

Regelung

eine unmittelbar auf die Setzung von Rechtsfolgen gerichtete Maßnahme

oder

Realakt

Schlicht-hoheitliches Handeln (Realakt) durch

- Tatsächliches Verwaltungshandeln

Beispiel: Anbringen eines Schilds am Archivgebäude

- Informelles Verwaltungshandeln

Beispiele: „Beachten Sie unsere Öffnungszeiten"; Beantwortung einer Anfrage

Die Regelung kann sein eine …

Einseitige Regelung

Zweiseitige Regelung

Möglich z. B. durch einen öffentlich-rechtlichen Vertrag, § 54 VwVfG

Beispiel: Vertrag zwischen Stadt A und Kreis B, ein gemeinsames Archiv zu betreiben (Archivierung im Verbund, siehe Vorbemerkung 2 zu Thema 8)

Wenn eine einseitige Regelung vorliegt,

hat sie entweder eine Außenwirkung und einen …

generellen Adressatenkreis	oder	**individuellen Adressatenkreis**
• Rechtsverordnung • Satzung Folge: Bei Rechtswidrigkeit liegt Nichtigkeit vor Dieser Regelungstyp steht einem öffentlichen Archiv nur zur Verfügung, wenn es (ausnahmsweise) rechtsfähig ist; ansonsten ergehen Rechtsverordnungen und Satzungen durch die übergeordnete Körperschaft Beispiele: Rechtsverordnung: Bundesarchiv-Benutzungsverordnung Satzungen: Viele Kommunalarchive verwenden Satzungen • Allgemeinverfügung (§ 35 Satz 2 VwVfG), aber: Das VwVfG hat entschieden, dass Allgemeinverfügungen VA sind, siehe daher rechte Spalte		• VA nach § 35, 1 VwVfG, häufig Bescheid genannt • Urteil (im Zivilrecht)Folge: Bei Rechtswidrigkeit liegt Nichtigkeit vor Folge: Bei Rechtswidrigkeit liegt grundsätzlich nur Anfechtbarkeit und Aufhebbarkeit vor, nur ausnahmsweise Nichtigkeit (§ 44 VwVfG) Beispiele: Entscheidung über einen Nutzungsantrag / einen Antrag auf Schutzfristverkürzung Das VwVfG hat in § 35, 2 VwVfG entschieden, dass Allgemeinverfügungen die obigen Rechtsfolgen eines VA teilen Beispiele: Nutzungsordnung im Archiv (richtet sich an Nutzer.innen), § 35 Satz 2 3. Alt. VwVfG Widmung von Verwaltungsunterlagen zu Archivgut (richtet sich an die Personen, die sich mit dem Archivgut beschäftigen), § 35 Satz 2 2. Alt. VwVfG

… oder die Regelung hat „nur" eine Innenwirkung („Binnenrecht") und einen …

(insoweit) **generellen Adressatenkreis**	oder	**individuellen Adressatenkreis**
• Richtlinien • Auslegungsvorschriften • Dienstanweisungen Beispiele: Erschließungsrichtlinien „Richtlinien zur Anbietung und Archivierung von Unterlagen der Justiz" im Landesarchiv Nordrhein-Westfalen, zu finden hier		• beamtenrechtliche Abordnung oder Zuweisung • Urlaubsgewährung etc. Beispiel: Zuweisung an die Archivschule

Teil 2: Der Verwaltungsakt (VA)

Eine → Legaldefinition des VA findet sich in § 35 VwVfG. Der VA ist eine zentrale Handlungsform öffentlicher Archive bei vielen archivischen Fachaufgaben, so dass die einzelnen Rechtsfolgevoraussetzungen des VA im Folgenden näher erläutert werden.

> **§ 35 VwVfG – Begriff des Verwaltungsaktes**
>
> [1]Verwaltungsakt ist jede Verfügung, Entscheidung oder andere hoheitliche Maßnahme, die eine Behörde zur Regelung eines Einzelfalls auf dem Gebiet des öffentlichen Rechts trifft und die auf unmittelbare Rechtswirkung nach außen gerichtet ist. [2]Allgemeinverfügung ist ein Verwaltungsakt, der sich an einen
>
> - nach allgemeinen Merkmalen bestimmten oder
> - bestimmbaren Personenkreis richtet oder
> - die öffentlich-rechtliche Eigenschaft einer Sache oder ihre Benutzung durch die Allgemeinheit betrifft.

A. Begünstigende/belastende Verwaltungsakte

Aus Sicht von Bürger.innen gibt es zwei Typen von VAs:

- **begünstigende Verwaltungsakte**, die rechtsgestaltende oder feststellende Wirkung haben (Legaldefinition in § 48 I 2 VwVfG)

Beispiel: Zugangsgewährung zu Archivgut

- **belastende Verwaltungsakte**, die den Adressaten durch Ge- und Verbote oder bei Nichtgewährung einer Leistung beschweren

Beispiel: Verweigerung der Zugangsgewährung.

Gemäß dem → Vorbehalt des Gesetzes muss für belastende Verwaltungsakte eine gesetzliche Ermächtigungsgrundlage vorliegen.

§ 35 VwVfG benennt **„Verfügung“** und **„Entscheidung“** beispielhaft als Bezeichnung für einen VA, daher sind z. B. auch **„Bescheid“** oder andere Namen möglich.

B. Die Rechtsfolgevoraussetzungen eines Verwaltungsakts nach § 35,1 VwVfG

Wie auch bei anderen Normen ist die Reihenfolge, in der die Rechtsfolgevoraussetzungen im Normtext aufgeführt sind, nicht die Reihenfolge, in der die Rechtsfolgevoraussetzungen sinnvollerweise geprüft werden sollten. Die folgende Aufstellung folgt einer aus Gründen der Logik gebotenen Reihenfolge.

I. Maßnahme auf dem Gebiet des öffentlichen Rechts

Eine **Maßnahme** ist **jedes zweckgerichtete (Verwaltungs-)Handeln mit Erklärungsgehalt.** Hier liegt eine Nähe zur → **Willenserklärung** im Zivilrecht vor, die Erklärungs- und Geschäftswillen voraussetzt.

Ob die Maßnahme auf dem **Gebiet des öffentlichen Rechts** erfolgt, ist nach der modifizierten → Subjektstheorie zu beurteilen.

II. Behörde

Nach § 1 IV VwVfG gilt: Behörde ist jede Stelle, die Aufgaben der öffentlichen Verwaltung wahrnimmt („funktionaler Behördenbegriff"[6]).

> Beispiele:
>
> Öffentliche Archive sind Behörden im Sinne des funktionalen Behördenbegriffs.
>
> Wenn Privatpersonen Aufgaben der öffentlichen Verwaltung übernehmen („Archiv-GmbH der Stadt X"), liegt eine Behörde vor, wenn es sich um **Beliehene** handelt (so z.B. der TÜV). Im Archivwesen wird – soweit ersichtlich – bislang nicht mit Beliehenen gearbeitet.
>
> Bloße **Verwaltungshelfer** (Rentner R erstellt für das öffentliche Archiv ein Findbuch) sind keine Behörde.

III. Regelung eines Einzelfalls

1. *Regelung*

Die Maßnahme ist hoheitlich, wenn eine Regelung erfolgt. Eine **Regelung** liegt vor, wenn eine verbindliche Rechtsfolge herbeigeführt wird, z.B. ein Verbot oder eine Genehmigung.

> Beispiel: Erteilung/Versagung der Nutzungserlaubnis in einem Archiv.
>
> Keine Regelungen sind Einzelnoten, die in Bildungseinrichtungen erteilt werden, denn erst das Ergebnis der Abschlussprüfung führt zu einer verbindlichen Rechtsfolge. Auch die Bewertung im Archiv ist mangels verbindlicher Rechtsfolge kein VA.

Keine Regelung liegt bei schlichtem Verwaltungshandeln, einem sog. bloßen **Realakt**, vor.

> Beispiel: Das Archiv bringt ein Schild mit seinem Namen an der Außenwand an und erteilt Auskünfte.

---

6 Davon unterschieden ist der *organisationsrechtliche* Behördenbegriff: Behörde ist jede Stelle, die aufgrund Gesetzes eingerichtet, im Bestand vom Personenwechsel unabhängig ist und im eigenen Namen nach außen auftritt.
Beispiel: Die Archivschule ist aufgrund des LArchG HE eingerichtet und ihr Bestand ist von Personenwechseln unabhängig. Aber die Archivschule ist als Eigenbetrieb des Landes Hessen rechtlich unselbstständig und daher organisationsrechtlich keine Behörde.

Auch Maßnahmen, die einen VA vorbereiten oder unterstützen, sind selbst kein VA.

2. *Einzelfall*

Die Rechtsfolgevoraussetzung „**Einzelfall**" führt zur Abgrenzung des VA von einem Gesetz, das einen Sachverhalt *generell-abstrakt* regelt.

Wenn die Regelung *individuell-konkret* ist, sich also auf eine konkrete Person und einen konkreten Sachverhalt bezieht, liegt ein VA nach § 35, 1 VwVfG vor. Ein solcher VA kann auch *individuell-abstrakt* sein, also für eine individuelle Person einen allgemeinen Sachverhalt regeln

> Beispiele: Wird Frau F die Nutzungserlaubnis für den Bestand XY erteilt, liegt eine individuell-konkrete Regelung vor. Erhält Herr H ein Hausverbot im öffentlichen Archiv, weil er mehrfach Archivgut zerstört hat, liegt eine individuell-abstrakte Regelung vor.

IV. Außenwirkung

Zu den Rechtsfolgevoraussetzungen eines VA gehört außerdem, dass er unmittelbar auf Rechte einer außerhalb der Behörde stehenden Person einwirken soll. Eine verwaltungsinterne Regelung (Verwaltungsvorschrift oder Weisung) ist daher kein VA.

> Beispiele: Wenn das öffentliche Archiv eine Regelung gegenüber Bürger.innen oder gegenüber außerhalb der Verwaltung stehenden juristischen Personen trifft, liegt die Außenwirkung vor. Bei Regelungen gegenüber den eigenen verbeamteten Mitarbeiter.innen kommt es für die Außenwirkung darauf an, ob das Grund- oder das Betriebsverhältnis betroffen ist.

C. Die Rechtsfolgevoraussetzungen einer Allgemeinverfügung nach § 35, 2 VwVfG

Nach § 35, 2 VwVfG sind auch **Allgemeinverfügungen** Verwaltungsakte. Damit wird eine Rechtsfiktion geschaffen: Zwar erfüllen Allgemeinverfügungen nicht alle Rechtsfolgevoraussetzungen eines VA, doch sie werden als VA behandelt.

Insbesondere ist bei diesem Unterfall des VA der Regelungsadressat nicht individualisierbar. Von den drei in § 35, 2 VwVfG genannten Typen der Allgemeinverfügung ist die erste Variante am bekanntesten, da dazu Verkehrsschilder gehören, doch sind diese nicht archivrelevant.

Im Archivrecht sind besonders wichtig:

- **sachbezogene Allgemeinverfügung** nach § 35, 2 2. Var. VwVfG: sie betrifft die öffentlich-rechtliche Eigenschaft einer Sache

Hier fehlt die für einen VA in § 35, 1 VwVfG geforderte unmittelbare Außenwirkung, weil eben die Eigenschaft einer Sache geregelt wird. Erst wenn z. B. eine Person die Sache nutzt, wird deren neue Eigenschaft relevant. Dennoch ist auch die sachbezogene Allgemeinverfügung gemäß § 35, 2 VwVfG ein VA; das öffentliche Archiv als Behörde im funktionellen Sinn kann also derartige Allgemeinverfügungen erlassen.

> Beispiel: Unterlagen werden durch Übernahme plus Bewertung plus Widmung zu Archivgut; die **Widmung** ist (wie bei Straßen) eine sachbezogene Allgemeinverfügung, die das öffentliche Archiv erlässt.

Wichtig im Archivkontext ist außerdem die

- **benutzungsregelnde Allgemeinverfügung** nach § 35, 2 3. Var. VwVfG: sie regelt die Benutzung einer Sache durch die Allgemeinheit.

> Beispiel: Schild mit Öffnungszeiten des Archivs, Rauchverbotsschild im Archiv. Es ist auch möglich, die Benutzungsordnung des Archivs durch eine Allgemeinverfügung zu regeln; bei Kommunalarchiven wird allerdings als Handlungsform meist eine Satzung gewählt und bei Landesarchiven häufig eine Rechtsverordnung.[7]

D. Form, Verfahren, Nebenbestimmungen und Bekanntgabe beim VA

Der VA ist grundsätzlich **formfrei**, kann also auch mündlich ergehen. Bei einem schriftlichen VA ist allerdings eine Begründung vorgeschrieben.[8]

> Beispiel: Die Entscheidung über den Nutzungsantrag kann auch mündlich mitgeteilt werden; das kann auch durch konkludentes Verhalten geschehen.

Verfahren: Vor Erlass eines VA ist eine Anhörung des/der Beteiligten nötig.[9]

Bei **Allgemeinverfügungen** sind die folgenden Besonderheiten wichtig:

- Die Anhörung der Beteiligten kann entfallen (§ 28 VwVfG).
- Die Allgemeinverfügung kann öffentlich bekannt gemacht werden[10]

Ein VA kann mit **Nebenbestimmungen** ergänzt werden. Dadurch kann, z. B. bei einem Nutzungsantrag, die andernfalls nötige Ablehnung eines Antrags vermieden werden. § 36 I bzw. II VwVfG regeln Nebenbestimmungen bei einem gebundenen VA bzw. bei einer Ermessensentscheidung. § 36 II VwVfG liefert Legaldefinitionen der verschiedenen Nebenbestimmungen; davon sind im Archivkontext die folgenden am wichtigsten:

---

7 Zu diesen Handlungsformen der Verwaltung siehe die Normhierarchie (Thema 1, Teil 2 D.II.).

8 § 39 VwVfG.

9 § 28 VwVfG, Legaldefinition des Beteiligten in § 13 VwVfG.

10 § 41 III 3 VwVfG; in diesem Fall braucht sie gemäß § 39 Abs. 2 Nr. 5 VwVfG nicht begründet zu werden.

- Bedingung

Beispiel: „Die hiermit erteilte Nutzungserlaubnis für die Unterlagen [werden benannt] ist nur wirksam, wenn Sie eine Erklärung vorlegen, dass die Betroffenen X und Y mit der Nutzung einverstanden sind.“ Unterschied zur Auflage: Die Wirksamkeit der Erlaubnis ist abhängig von der Erfüllung der Bedingung.

- Befristung

Beispiel: „Die hiermit erteilte Nutzungserlaubnis gilt bis zum [Datum]“

- Auflage

Beispiele:

„Die Nutzung wird nur unter der Auflage gestattet, dass alle aus der Nutzung hervorgehenden Manuskripte in der endgültigen Druck- bzw. Vortragsfassung dem Archiv vorgelegt werden, damit das Archiv die Wahrung der Persönlichkeitsrechte Betroffener überprüfen kann.“ Unterschied zur Bedingung: Die Wirksamkeit der Nutzungserlaubnis ist unabhängig von der Erfüllung der Auflage, die eigenständig vollstreckt oder auch angegriffen werden kann.

Die Auflage, die Archivsignaturen bei Veröffentlichungen anzugeben, überführt eine anerkannte Praxis von Wissenschaft und Journalismus in den Bereich des Rechts und ist zulässig.

Bei wissenschaftlicher Nutzung von Archivgut gilt: „Die Anfertigung von Arbeitskopien sollte nur erlaubt werden, wenn sichergestellt ist, daß die Arbeitskopien nur Personen einsehen können, die unmittelbar mit der wissenschaftlichen Arbeit befaßt sind.“[11]

Im Hinblick auf Nebenbestimmungen besteht für öffentliche Archive (nur) bei Ermessensentscheidungen ein zweifaches Ermessen: Die Archive haben ein

- → Entschließungsermessen, ob sie dem VA eine Nebenbestimmung hinzufügen, und sie haben ein
- → Auswahlermessen, welche der möglichen Nebenbestimmungen ausgewählt wird.

Diese Ermessensentscheidungen sind wie auch sonst im Hinblick auf → Ermessensfehler überprüfbar. Die Nebenbestimmung kann eigenständig angefochten werden.

Es ist eine **Bekanntgabe** des VAs gemäß § 41 VwVfG nötig. Hier kann mit zivilrechtlichen Kategorien gearbeitet werden: Der VA muss mit Wissen und Wollen der Behörde mitgeteilt werden, und es ist der Zugang beim Empfänger nötig: Der VA muss so in den Machtbereich des Empfängers gelangt sein, dass er ohne Weiteres Kenntnis nehmen kann.

---

[11] Ullrich Hockenbrink, Archivgesetz Nordrhein-Westfalen, Erfurt 1993, S. 57.

E. Fehlerhafte Verwaltungsakte

Es gibt im Hinblick auf die Rechtmäßigkeit eines VA vielfältige Fehlerquellen. Der VA kann formelle oder materielle Fehler enthalten.

> Beispiele: Die Nutzungsgenehmigung für das Archiv wird von der Archivschule erteilt, dann fehlt es an der formellen Zuständigkeit. Oder die Nutzungsgenehmigung verstößt gegen Vorgaben aus dem einschlägigen Archivgesetz, dann leidet der VA an einem materiellen Fehler.

Die Folgen eines Fehlers hängen von seiner Schwere ab. Ein fehlerhafter VA ist (ausnahmsweise) nach § 44 VwVfG nichtig oder es liegt eine bloße Rechtswidrigkeit vor (§§ 45–48 VwVfG) oder der Fehler ist (ausnahmsweise) unbeachtlich (§ 42 VwVfG).

Die Unterscheidung zwischen diesen drei Fehlerkategorien ist auch deshalb wichtig, weil ein „nur" rechtswidriger VA bis zu seiner Aufhebung (z.B. im Rahmen des Rechtsschutzes im Archivrecht[12]) wirksam ist.

[12] Dazu Thema 3, Teil 3.

Thema 5: Archivrelevante Teile des Datenschutzrechts und der Informationsfreiheitsgesetze

Teil 1: Das Datenschutzrecht der DS-GVO und des BDSG

Die Datenschutz-Grundverordnung[1] ist **seit Mai 2018 unmittelbar geltendes Recht** in Deutschland[2] und steht damit in der Normhierarchie über einfachgesetzlichem deutschen Recht, also auch **über den Archivgesetzen**. Der DS-GVO beigefügt sind etliche **Erwägungsgründe**, die nicht unmittelbar bindend sind, sondern die Erwägungsgründe leiten die Auslegung der DS-GVO an. Etliche archivrelevante Regelungen finden sich nur in Erwägungsgründen und nicht direkt in Artikeln der DS-GVO. Da die archivrelevanten Erwägungsgründe aber nicht im Widerspruch zu Regelungen der DS-GVO stehen, können die Inhalte jedenfalls der archivrelevanten Erwägungsgründe als Auslegungsergebnis der DS-GVO gelesen werden.

Das frühere Bundesdatenschutzgesetz (BDSG) und die Landesdatenschutzgesetze wurde im Anschluss an die DS-GVO durch neue Gesetze ersetzt, die die DS-GVO (nur noch) ergänzen und konkretisieren.[3] Auch etliche Archivgesetze wurden inzwischen mit Blick auf die DS-GVO überarbeitet.

Daher ist neben dem sachlichen Anwendungsbereich und den archivrelevanten Regelungen der DS-GVO und des BDSG auch das Verhältnis zu den Archivgesetzen zu klären. Im ersten Schritt soll aber auf die unterschiedliche Grundstruktur des Datenschutzrechts und des Archivrechts eingegangen werden.

A. Archive und die abstrakte Gefährdungsvermutung des Datenschutzrechts

Das Datenschutzrecht geht von einer **„abstrakten Gefährdungsvermutung“** aus: Es ist gemäß dieser Vermutung generell möglich, dass personenbezogene Daten zum Nachteil der Betroffenen verwendet werden können. Deshalb ist die Erhebung, Verarbeitung und Nutzung dieser Daten **grundsätzlich verboten, außer** es liegt eine Erlaubnis dazu vor, nämlich

---

1 Verordnung 2016/679 v. 27.04. 2016 zum Schutz natürlicher Personen bei der Verarbeitung personenbezogener Daten, zum freien Datenverkehr und zur Aufhebung der Richtlinie 95/46/EG. Frau Dr. Sarah Schmidt (56. Wiss. Lehrgang) danke ich für ihre Hinweise.

2 Zur Genese der DS-GVO aus archivarischer Sicht und zu den Interventionen von Archivar.innen während der Entstehung der DSGVO: Isabel Taylor, Archive und die Entwicklung der [DS-GVO], Archivar 67 (2014), S. 32ff.

3 Zu den letztlich eher geringen Auswirkungen auf das Recht öffentlicher Archive zusammenfassend Rehm, Europäische Regelungen. EU-Datenschutzgrundverordnung, in: Becker/Rehm, Archivrecht, S. 37ff.

- durch ein Gesetz (z.B. ein Archivgesetz) oder
- durch die Zustimmung der Betroffenen

Das Datenschutzrecht arbeitet also mit **generellen Verbotsklauseln und ausnahmsweisen Erlaubnissen.**[4]

Da es sich um eine Vermutung einer *abstrakten* Gefahr handelt, kommt es nicht auf die konkrete Gefahr an, also darauf, wie wahrscheinlich der Eintritt eines Nachteils im konkreten Fall ist.

> Beispiele aus dem Strafrecht: Abstrakte Gefährdungsdelikte sind Trunkenheit im Verkehr (§ 316 StGB) und der Missbrauch von Berufsbezeichnungen (§ 132 a StGB). Es kommt nicht darauf an, ob Zeit und Ort der Tatbegehung (z.B.: Trunkenheitsfahrt nachts in der Wüste) den Eintritt eines Schadens sehr unwahrscheinlich machen.

Deshalb muss im Archiv **für jede archivische Fachaufgabe** (also von der Anbietung bis zur Nutzung) **eine datenschutzrechtliche Erlaubnis vorliegen**, wenn personenbezogene Daten betroffen sind.

Aufgrund der großen Mengen von personenbezogenen Daten, die sich sogar dauerhaft in Archiven befinden, sind Archive wegen der erwähnten abstrakten Gefährdungsvermutung ein datenschutzrechtlich höchst gefährlicher Ort.

Stellungnahme: Man kann über die Sinnhaftigkeit dieses Ansatzes streiten, zumal die größeren Datenschutzunfälle der letzten Jahrzehnte jedenfalls nicht in Archiven stattgefunden haben. Es ist überzeugend, einen betrunkenen Autofahrer als abstrakte Gefahr zu werten, denn die Mehrzahl der Autofahrer.innen verhält sich anders. Aber die – vom Bundesverfassungsgericht als Ausgangspunkt seiner Rechtsprechung gewählte – Gemeinschaftsbezogenheit des Menschen bringt es automatisch mit sich, dass fortgesetzt personenbezogene Daten produziert und verarbeitet werden: Es liegt ein *gewöhnlicher* Zustand vor. „Gefahr" hingegen ist ein *ungewöhnlicher* Zustand, der zu einem Schaden führen kann. Aber solche Überlegungen können nichts daran ändern, dass öffentliche Archive nach Art. 1 III GG und nach dem Rechtsstaatsprinzip das geltende Recht und auch das Datenschutzrecht der DS-GVO ausnahmslos beachten müssen.

B. Der sachliche und organisatorische Anwendungsbereich der DS-GVO

I. Allgemeines

Die DS-GVO richtet sich an die Archive öffentlicher Stellen und von Unternehmen. Doch von vornherein fällt ein großer Teil der Archivbestände nicht in den Anwendungsbereich der DS-GVO. Die DS-GVO ist nur auf die Daten

---

4 Hingegen geht das Archivrecht davon aus, dass jedenfalls nach dem Ablauf der Schutzfristen eine generelle Nutzungserlaubnis mit Verbotsvorbehalt vorliegt (zur rechtsdogmatischen Funktion der Schutzfristen: Thema 13, Teil 5, Abschnitt G.I.1.).

- **lebender, natürlicher** Personen

anwendbar; in den Archiven vorhandene Daten zu nicht mehr lebenden Personen oder zu juristischen Personen fallen nicht in den Anwendungsbereich der DS-GVO.[5] *Personen*bezogene Daten" sind dabei

> „alle Informationen, die sich auf eine
> - **identifizierte** oder
> - **identifizierbare** [*das ist weitergehend als im Archivrecht!*] natürliche Person […] beziehen; als identifizierbar wird eine natürliche Person angesehen, die direkt oder indirekt […] identifiziert werden kann"[6]

Allerdings gilt die DS-GVO nicht nur für digitale Daten, sondern auch „für die **nichtautomatisierte Verarbeitung personenbezogener Daten**, die **in einem Dateisystem gespeichert** sind oder gespeichert werden sollen".[7] „Dateisystem" ist dabei

> „jede strukturierte Sammlung personenbezogener Daten, die nach bestimmten Kriterien zugänglich sind"[8]

Das „Dateisystem" kann daher digital **oder auch analog** arbeiten. Akten, Aktensysteme inkl. der Deckblätter sind folglich auch ein Dateisystem.

> **Zusammenfassung:** Soweit analoge oder digitale Unterlagen zu lebenden Personen in einem Archiv aufbewahrt werden, fallen diese Unterlagen unter die DS-GVO; ab dem Tod der betroffenen Personen sind die Unterlagen nicht mehr vom sachlichen Anwendungsbereich der DS-GVO erfasst.

II. Die Anwendbarkeit der DS-GVO für Archive religiöser Gemeinschaften

Gemäß Art. 91 DS-GVO können religiöse Gemeinschaften ein **eigenes Datenschutzrecht** anstelle[9] der DS-GVO anwenden, sofern diese Regelungen mit der DS-GVO „im Einklang" stehen.

Es gibt in Deutschland zwar inzwischen etliche öffentlich-rechtliche Religionsgemeinschaften mit Körperschaftsstatus jenseits der beiden großen christlichen Kirchen; ein eigenes Datenschutzrecht haben aber nur die katholische und die evangelische Kirche geschaffen.

---

5 Erwägungsgrund 158 Satz 1 und Gola/Pötters, DS-GVO, 2. Aufl, München 2018, Art. 4 Rn. 25f.
6 Art. 4 Nr. 1 DS-GVO.
7 Art. 2 Abs. 1 DS-GVO.
8 Art. 4 Nr. 6 DS-GVO.
9 Der Diskussionsstand zu dieser Frage ist zu finden bei Gola/Gola, DS-GVO-Kommentar, 2. Aufl. 2018, Art. 91 Rn. 5.

Dieses spezielle Datenschutzrecht, nämlich

- für die Katholische Kirche das **„Gesetz über den Kirchlichen Datenschutz (KDG)"** bzw.
- für die Evangelische Kirche das **„Kirchengesetz über den Datenschutz der Evangelischen Kirche in Deutschland (DSG-EKD)"**

ist für die jeweiligen Archive dieser beiden Kirchen dann anwendbar, wenn diese Archive am kirchlichen Auftrag mitarbeiten. Dies wird von beiden Kirchen **bejaht**,[10] so dass

- im Bereich der Katholischen Kirche für die Archive der Diözesen, Ordensgemeinschaften und überdiözesanen Einrichtungen das KDG zu beachten ist bzw.
- im Archivwesen der Evangelischen Kirche das DSG-EKD gilt.

Beide Gesetze übernehmen aber „weitgehend die Systematik der DS-GVO",[11] so dass im Hinblick auf die kirchlichen Archive letztlich zwei größere Abweichungen hervorhebenswert sind:

- Die Zugehörigkeit zu einer Kirche führt nach Art. 9 I DS-GVO zu besonders strikten Zulässigkeitsvoraussetzungen für die Verarbeitung dieser Daten. Das KDG[12] und das DSG-EKD[13] **senken dieses Datenschutzniveau zulässigerweise**, da auf diese Weise die traditionell weit verstandene institutionelle Religionsfreiheit aus Art. 140 GG umgesetzt wird.

> Beispiel: Ein Kirchenarchiv möchte Auskunft über die Religionszugehörigkeit gemäß kirchlichen Unterlagen geben. Auch zu Lebzeiten der betroffenen Person scheitert das auf der Grundlage des KDG bzw. des DSG-EKD nicht an den besonders restriktiven Zulässigkeitsvoraussetzungen für diese besonders schutzwürdigen Daten. Art. 9 II d DS-GVO erlaubt hingegen für religiöse Organisationen die Offenlegung gegenüber Dritten nicht.[14]

---

10 „Die Archive der Diözesen, Ordensgemeinschaften und überdiözesanen Einrichtungen sind Teil der katholischen Kirche in Deutschland und haben insofern Anteil am Gesamtauftrag der Kirche" (https://www.katholische-archive.de/rechtliches-arbeitshilfen) bzw.
„Das kirchliche Archivwesen dient der Dokumentation kirchlichen Wirkens in der Vergangenheit und hat damit Teil an der Erfüllung des kirchlichen Auftrags." (§ 1 Satz 1 Kirchengesetz über die Sicherung und Nutzung von Archivgut der Evangelischen Kirche in Deutschland (EKD-Archiv-Gesetz) v. 9.11.1995.

11 Gola/Gola, DS-GVO-Kommentar, 2. Aufl. 2018, Art. 91 Rn. 11 f. m.N.

12 § 4 Nr. 2 Satz 2 KDG.

13 § 4 Nr. 2 a 2. Hs. DSG-EKD.

14 Gola/Schulz, DS-GVO Kommentar, 2. Aufl. 2018, Art. 9 Rn. 24.

- Art. 91 II DS-GVO ermöglicht **innerkirchliche Aufsichtsbehörden.**

> Beispiel: Für die Geltendmachung eines „Rechts auf Vergessen(werden)" im Hinblick auf einen Taufeintrag sind die staatlichen Verwaltungsgerichte nicht zuständig, eine derartige Klage ist bereits unzulässig.[15]

Bei vielen anderen materiellen Rechtsfragen, die sich aus den erwähnten kirchlichen Datenschutzgesetzen ergeben, kann hingegen auf die Fachliteratur zur DS-GVO zurückgegriffen werden.

III. Folgen für die Verarbeitung und Speicherung digitaler archivbezogener Daten außerhalb der EU

Wenn digitale Unterlagen, die in den sachlichen Anwendungsbereich der DS-GVO fallen, außerhalb der EU verarbeitet oder gespeichert werden sollen, muss das Schutzniveau der DS-GVO eingehalten werden. Die EU-Kommission kann im Hinblick auf sog. „Drittländer" einen **Angemessenheitsbeschluss** nach Art. 45 DS-GVO fassen. Derartige Beschlüsse liegen aktuell z. B. für die Schweiz, Japan und Südkorea vor.[16] Im Hinblick auf die insoweit besonders relevante **USA** hat sich die Lage in den letzten Jahren mehrfach geändert; seit dem 10.07.2023 liegt ein Angemessenheitsbeschluss für das „EU-U.S. Data Privacy Framework" vor. Die Verarbeitung und Speicherung in den USA ist aber nur DS-GVO konform, wenn die jeweilige Institution in den USA gemäß jenem *framework* zertifiziert ist.[17] Abzuwarten bleibt, ob das *framework* von der EU-Rechtsprechung als rechtmäßig eingestuft wird oder – wie z.B. der frühere „EU-US Privacy Shield" – dort scheitert.

C. Archivrelevante Regelungen und Archivprivilegierungen der DS-GVO

Vom allgemeinen Schutzniveau der DS-GVO darf im Archiv grundsätzlich weder nach oben noch nach unten abgewichen werden.[18] Allerdings gibt es in der DS-GVO mehrere archivrelevante Regelungen, die im Hinblick auf Archive ein spezifisches Schutzniveau erlauben.

---

15 VG München, Urteil v. 19.12.2013 – M 22 K 12.106, https://openjur.de/u/768981.html; siehe dazu die kompetente Einordnung durch Felix Neumann in seinem Blog: https://artikel91.eu/2022/08/10/kann-man-eintraege-im-taufregister-loeschen-lassen/.

16 Eine aktuelle Liste z. B. bei https://www.ldi.nrw.de/datenschutz/internationaler-datenverkehr/angemessenheitsbeschluss.

17 Siehe dazu https://www.dataprivacyframework.gov/s/.

18 Art. 1 III DS-GVO.

I. Die Zulässigkeit des Schutzes des postmortalen Persönlichkeitsrechts durch nationales Archivrecht

Obwohl die DS-GVO wie erwähnt keinen postmortalen Schutz für die Daten Verstorbener vorsieht, gestattet die DS-GVO, dass ein solcher Schutz durch nationale Gesetze vorgenommen wird.[19] Von dieser Befugnis Gebrauch gemacht wird im deutschen Recht durch den **postmortalen Schutz des Rechts auf informationelle Selbstbestimmung,** das durch das Grundgesetz und darauf aufbauend durch die Archivgesetze geschützt ist.[20]

II. Die generelle Notwendigkeit von Gesetzen für die archivische Arbeit

Die nationale Gesetzgebung soll (auch) öffentlichen und Unternehmensarchiven vorgeben, Unterlagen von öffentlichem Interesse

> „zu erwerben, zu erhalten, zu bewerten, aufzubereiten, zu beschreiben, mitzuteilen, zu fördern, zu verbreiten sowie Zugang dazu bereitzustellen."[21]

III. Das spezielle „Archivprivileg" bei der Verarbeitung sensibler Daten

Art. 9 DS-GVO legt das grundsätzliche Verbot der Verarbeitung von **besonderen Kategorien personenbezogener Daten** fest; zu den vielen Ausnahmen gehört jedoch auch ein Archivprivileg in Art. 9 II Buchstabe j: Die Verarbeitung ist zulässig, wenn sie

> „für im öffentlichen Interesse liegende Archivzwecke […] erforderlich"

Im folgenden Abschnitt ist mit Bezug auf das generelle Archivprivileg erläutert, wann diese Voraussetzungen erfüllt sind. Vorab ist zu klären, wann derartige sensible Daten vorliegen.

1. Genetische Daten sind personenbezogene, sensible Daten

Vor der DS-GVO wurde die Frage, ob genetische Daten zu den personenbezogenen Daten gehören, streitig diskutiert. Art. 4 Nr. 13 DS-GVO und der Erwägungsgrund 34 haben diese Frage nun entschieden:

> Die „ererbten oder erworbenen genetischen Eigenschaften einer natürlichen Person" sind personenbezogene Daten.

---

19 Erwägungsgrund 27, Satz 2. So auch Isabel Taylor, The General Data Protection Regulation ([EU] 2016/679): Regulation. White Paper, in: Archivar, Jg. 70 (2017), S. 184 ff. (S. 191 mit Fn. 33).

20 Dazu Thema 2, Teil 2, Abschnitt C.

21 Erwägungsgrund 158 Satz 2 DS-GVO.

Aus Art. 9 I 1 DS-GVO ergibt sich, dass genetische Daten zudem zu den **besonderen Kategorien personenbezogener Daten** („sensible Daten") gehören. Das bedeutet für Archive unter anderem, dass Nachfahren von Personen, die Opfer der NS-Euthanasiemorde wurden, und auch Nachfahren von psychisch erkrankten Personen eine *eigene* Rechtsstellung geltend machen können, wenn das Archiv die Daten ihrer Vorfahren weiterverarbeitet.[22] Die These, dass insoweit ein bloßer Rechtsreflex[23] vorliege, ist überholt.

2. *Beispiele für personenbezogene, aber nicht gemäß Art. 9 DS-GVO sensible Daten*

Wenn die eigentlich sensible Information aus Daten abgeleitet werden kann, gehören diese Daten zur besonderen Kategorie personenbezogener Daten nach Art. 9 I DS-GVO.

> **Gegenbeispiele**: Daten zum
>
> **Alkoholkonsum** (anders: Daten zu einer Alkoholabhängigkeit, da diese eine Krankheit darstellt)
>
> **Geburtsort**, da die von Art. 9 I DS-GVO erfasste „rassische und ethnische Herkunft" jedenfalls in der Gegenwart kaum aus dem Geburtsort abgeleitet werden kann
>
> **gelegentlicher Besuch eines Sakralbaus**, da sich daraus kein Beleg für die von Art. 9 DS-GVO erfasste religiöse Überzeugung ergibt

IV. Das generelle „Archivprivileg" der DS-GVO: Rechtsfolgevoraussetzungen und Rechtsfolge

Alle archivischen Fachaufgaben sind im Sinne der DS-GVO eine „Weiterverarbeitung".[24] Die zulässigen Zwecke der Weiterverarbeitung von Daten sind in der DS-GVO eingeschränkt: Eine Weiterverarbeitung darf nur zu dem Zweck erfolgen, zu dem die Daten erhoben wurden („**Zweckbindung**").[25] Die Daten, die in ein Archiv übernommen werden, wurden aber nicht zum Zweck der Archivierung erhoben – an sich ist die Weiterverarbeitung im Archiv damit rechtswidrig.

Doch enthält die DS-GVO in Art. 89 DS-GVO ein „**Archivprivileg**", das als **privilegierende Bereichsausnahme** zu einer gesetzlichen Fiktion führt: Wenn jenes Archivprivileg eingreift,

> „gilt" die Weiterverarbeitung „nicht als unvereinbar mit den ursprünglichen Zwecken" –

---

22 Dazu Thema 13, Teil 5, Abschnitt F.III.3.b.aa.

23 Dazu Thema 1, Abschnitt A mit Beispielen.

24 Der umfassende Begriff der „Verarbeitung" ist definiert in Art. 4 Nr. 2 DS-GVO.

25 Art. 5 I b 1. Hs. DS-GVO.

allerdings nur dann, wenn die Vorgaben von Art. 89 I DS-GVO erfüllt sind. Damit dieses Archivprivileg eingreift und damit die „Weiterverarbeitung" im Archiv rechtmäßig ist, müssen kumulativ die folgenden Rechtsfolgevoraussetzungen erfüllt sein:

1. *Weiterverarbeitung zu Archivzwecken, die im öffentlichen Interesse liegen*

Die Weiterverarbeitung muss „zu im öffentlichen Interesse liegenden Archivzwecken" erfolgen.

a. Weiterverarbeitung

„Weiterverarbeitung" ist jede Zweckänderung der Datenspeicherung. Im Archiv führt daher jede archivische Fachaufgabe zu einer Weiterverarbeitung.

Der Einsatz von künstlicher Intelligenz („KI") ist datenschutzrechtlich hingegen keine Weiterverarbeitung, sondern nur die Vorbereitung des jeweiligen Arbeitsschritts.

b. Archivzwecke im Sinne der DS-GVO

Der Begriff „Archiv" im juristischen Sinne wird durch die DS-GVO nicht definiert,[26] es gibt auch keine allgemein anerkannte archivwissenschaftliche Definition dieses Begriffs. Es ist für die Beantwortung der hier aufgeworfenen Fragestellung aber auch nicht notwendig, eine solche generelle juristische Definition zu entwickeln,[27] denn durch die Begrenzung auf „im öffentlichen Interesse liegende Archivzwecke" ergibt sich eine handhabbare Arbeitsgrundlage: Aus dem Behördenbegriff, der der DS-GVO zugrunde liegt,[28] lässt sich ableiten, dass jedenfalls Institutionen, die nach deutschen oder europäischem Recht einen *gesetzlichen* Auftrag zur Archivierung haben, im öffentlichen Interesse liegende Archivzwecke erfüllen. Dies trifft zu für

- das Bundesarchiv und die Archive der Bundesländer
- die Archive der Kommunen
- „alle anderen öffentlich-rechtlich organisierten Einrichtungen mit Archivaufgaben",

[26] Gola/Pötters, DS-GVO, 2. Aufl, München 2018, Art. 89 Rn. 20.

[27] Anders Patricia Schlagk, Die datenschutzrechtliche Privilegierung von im öffentlichen Interesse liegenden Archivzwecken, Bachelor-Arbeit an der Fachhochschule Potsdam, 2019, https://opus4.kobv.de/opus4-fhpotsdam/frontdoor/index/index/docId/2431, die für die ähnliche Fragestellung ihrer Arbeit grundsätzliche Überlegungen zum Begriff „Archiv" anstellt (dort S. 12ff.).

[28] Erwägungsgrund 158 Satz 2; so auch Gola/Pötters (zwei Fn. zuvor), Art. 89 Rn. 21.

Beispiel: Der Bundesbeauftragte für die Unterlagen des Staatssicherheitsdienstes der ehemaligen Deutschen Demokratischen Republik[29]

Schwieriger ist festzustellen, welche Archive *nicht* unter die Archivprivilegierung fallen.[30]

Unstrittig ist allerdings, dass die sog. „Online-Archive" (z. B. von Zeitungen und Zeitschriften oder Suchmaschinen) sich nicht auf die Bereichsausnahme für Archive nach der DS-GVO berufen können. Im Hinblick auf die anderen „Privatarchive", also z. B. die Archive von Unternehmen, Vereinen, und privatrechtlichen Stiftungen werden verschiedene Kriterien diskutiert, die für Einbeziehung in das „Archivprivileg" vorliegen müssen; abgestellt wird u. a. auf

- die öffentliche Förderung[31] (damit ergäbe sich ein sehr weiter Anwendungsbereich von § 17 III DS-GVO und zugleich wegen der Möglichkeit der indirekten öffentlichen Förderung ein nur vages Kriterium) oder auf
- die Archivierung zu wirtschaftlichen Zwecken[32] (eine Gewinnerzielungsabsicht kann aber auch bei staatlichen oder kommunalen Stellen vorliegen) oder auf
- die öffentlich-rechtliche Organisationsstruktur (aber z. B. das Archiv eines privaten Vereins zur Erforschung von NS-Gewaltkriminalität verfolgt im öffentlichen Interesse liegende Zwecke, so dass die Verneinung der Archiveigenschaft wenig plausibel ist[33])

Überzeugender ist es, für die Bejahung der Archiveigenschaft im Sinne der DS-GVO auf eine Nutzbarkeit der Unterlagen aufgrund der uneingeschränkten Anwendung des staatlichen bzw. kommunalen Archivrechts abzustellen,[34] denn nur dann sind die Daten der in den Unterlagen vorkommenden Personen so stark geschützt, dass eine Bereichsausnahme zum „Recht auf Vergessenwerden" gerechtfertigt ist.

Daraus ergibt sich, dass sich die privilegierende Bereichsausnahme auch **nicht auf die Archive der Kirchen erstreckt**,[35] denn es sind zwar die Kirchen (und andere religiöse Gemeinschaften) als Körperschaft des öffentlichen Rechts organisiert, nicht aber ihre Archive; und das staatliche Archivrecht findet in den Kir-

---

29 Paul C. Johannes, Archivierung, in: Alexander Roßnagel, Europäische Datenschutz-Grundverordnung, Baden-Baden 2017, S. 254 ff. (256) mit Fn. 183.

30 In der umfangreichen deutschsprachigen Kommentarliteratur zur DS-GVO finden sich zu dieser Frage keine vertieften Ausführungen (dieses Rechercheergebnis wird (für das Jahr 2019) bestätigt von Schlagk, Privilegierung (Fn. 20), S. 18); etwas ergiebiger ist die Suche in der Kommentarliteratur zum BDSG.

31 Johannes, Archivierung (Fn. 13).

32 So Johannes Caspar, nachgewiesen bei Schlagk, Privilegierung (Fn. 20), S. 18 mit Fn. 82.

33 So auch BeckOK DatenschutzR/Schlösser-Rost, 32. Ed. 1.11.2019, BDSG § 28 Rn. 5.

34 So auch das Ergebnis bei Schlagk, Privilegierung (Fn. 20), S. 21.

35 So im Ergebnis auch Johannes, Archivierung (Fn. 13).

chenarchiven höchstens ergänzend Anwendung. Im kirchlichen Datenschutzrecht[36] gibt es kein eigenes Archivprivileg.

c. Im öffentlichen Interesse liegende Archivzwecke

aa. Archivzwecke

Die Zweckbindung der Datenverarbeitung bedeutet, dass bei personenbezogenen Daten der Zweck dieser Verarbeitung *vor* der Verarbeitung festgelegt werden muss. Archivzwecke sind damit solche, die gesetzlich definiert sind; nach dem Landesarchivgesetz Hessen hat das Landesarchiv die Aufgabe, „die archivwürdigen Unterlagen des Landes zu archivieren."[37] Archivierung umfasst dabei z.B. gemäß der Vorgabe des LArchG HE alle Arbeitsschritte von der Übernahme und Bewertung bis hin zur Nutzung.[38] Folglich dienen alle archivischen Arbeitsschritte „Archivzwecken" im Sinne der DS-GVO.[39]

bb. „im öffentlichen Interesse"

Die zweite Voraussetzung, also was unter dem unbestimmten Rechtsbegriff „öffentliches Interesse" zu verstehen ist, wird von der DS-GVO nicht präzisiert.[40] Auch hier kann aber auf die allgemeine Erörterung des Rechtsbegriffs verzichtet werden,[41] denn

- die Erfüllung einer gesetzlichen Vorgabe, z.B. der Aufgabenbeschreibung im LArchG HE, liegt unproblematisch im öffentlichen Interesse[42]
- auch die Datenverarbeitung in Archiven, die nicht gesetzliche Vorgaben erfüllen, wird regelmäßig im öffentlichen Interesse liegen. Das ist vom BVerfG für das „Online-Archiv" des SPIEGEL explizit bejaht worden.[43] Auch in der datenschutzrechtlichen Literatur ist anerkannt, dass die Datenverarbeitung in Archiven „nicht nur im Interesse des Verantwortlichen liegt, sondern der Allgemeinheit dient".[44]

36 Dazu oben Thema 5, Teil 1 B.II.

37 § 13 I 1 LArchG HE.

38 § 2 I LArchG HE.

39 Der Grundsatz der Zweckbindung der Datenverarbeitung wird dadurch aber nicht „durchbrochen" (wie Gola, DS-GVO, 2. Aufl. 2018, Einl. Rn. 35 schreibt), sondern lediglich auf die Datenverarbeitung in Archiven angewandt.

40 Johannes, Archivierung (Fn. 13).

41 Seit Peter Häberles grundlegender Monographie „Öffentliches Interesse als juristisches Problem", 1. Aufl. 1970 (2. Aufl. 2015), ist zu diesem Thema eine große Anzahl von Publikationen erschienen.

42 So im Ergebnis auch Schlagk, Privilegierung (Fn. 20), S. 17f.

43 BVerfG, „Recht auf Vergessen I" (Fn. 15), Rn. 113.

44 Schantz/Wolff DatenschutzR/Schantz Rn. 1347, zit. nach BeckOK DatenschutzR/Schlösser-Rost, 32. Ed. 1.11.2019, BDSG § 28 vor Rn. 1.

Zusammenfassung: Die Rechtsfolgevoraussetzung „Weiterverarbeitung für im öffentlichen Interesse liegende Archivzwecke“ liegt also jedenfalls bei öffentlich-rechtlich organisierten Einrichtungen mit Archivaufgaben vor; im Übrigen ist es problematisch, ob das Vorliegen dieser Rechtsfolgevoraussetzung bejaht werden kann.

2. *Die Gewährleistung der Datenminimierung*

Soweit die datenschutzrechtlichen Garantien aus der DS-GVO im Hinblick auf die Verarbeitung zu Archivzwecken „geeignete Garantien“ sind, müssen sie im Archiv beachtet werden.[45] Die insoweit geeigneten Garantien werden aber nicht explizit genannt, sondern die Umsetzung jener Garantien muss „insbesondere“ zu Folgendem führen: Die **Datenminimierung** muss durch technische und organisatorische Maßnahmen gewährleistet sein.[46]

a. Technische Maßnahmen

Der Zugang zu Archivgut wird ausnahmslos durch das Archiv vermittelt; anders als in Bibliotheken und den „Online-Archiven“ von Medien findet in Archiven nirgendwo eine „Selbstbedienung“ statt. Soweit Digitalisate abrufbar sind, haben Archive in jedem Einzelfall vorab die Vereinbarkeit des Zugangs mit der DS-GVO geprüft. In Archiven bestehen daher notwendigerweise technische Maßnahmen zum nur begrenzten Zugriff von Nutzer.innen auf die Daten.

Art. 89 Abs. 1 Satz 3 erklärt die Pseudonymisierung zu einem möglichen Mittel, um Datenminimierung zu erreichen. Eine solche Pseudonymisierung erfolgt z.B. bei der Erschließung, wenn es datenschutzrechtlich geboten ist. Allerdings ist eine durchgängige Pseudonymisierung von Archivgut weder organisatorisch umsetzbar noch im Hinblick auf viele der Interessen von Nutzerinnen und Nutzern sinnvoll.

b. Organisatorische Maßnahmen

Soweit in den oben genannten Archiven, die unter die Bereichsausnahmen fallen, eine Überlieferungsbildung erfolgt und ein Bewertungsmodell unter Berücksichtigung des jeweils anzuwendenden Archivrechts befolgt wird, ist der Grundsatz der Datenminimierung im Hinblick auf die Übernahme gewahrt, zumal in der Praxis nur sehr geringe Übernahmequoten vorliegen.

---

45 Art. 89 I 1 DS-GVO.

46 Art. 89 I 2 DS-GVO.

Problematisch ist insoweit nur, dass ein solches Vorgehen bei den Unterlagen, die zum Bundesbeauftragten für die Unterlagen des Staatssicherheitsdienstes der ehemaligen Deutschen Demokratischen Republik gehören, nicht erfolgt ist.

Die Möglichkeit der Nachkassation, falls das archivfachlich geboten ist, stellt eine weitere organisatorische Maßnahme dar, die den Grundsatz der Datenminimierung umsetzt. Und vor allem erfolgt die Nutzung nur unter dem Schutzfristenregime, das das anzuwendende Archivrecht vorgibt, so dass eine weitere organisatorische Maßnahme zur Datenminimierung beiträgt.

Hinzuweisen ist aber auf die zusätzliche Vorgabe von Art. 89 Abs. 4 DS-GVO, wonach die Nutzung für Archivdaten für kommerzielle Zwecke nicht der Privilegierung von Art. 89 DS-GVO unterfällt. Die strukturell kommerzielle Verwertung der Daten in Personenstandsregistern, um sie durch Mormonen digitalisieren zu lassen, ist also nur soweit im Hinblick auf die DS-GVO unproblematisch, wie es sich um die Daten Verstorbener handelt.

Zusammenfassung: In den Archiven, für die grundsätzlich das Archivprivileg anwendbar ist, ist grundsätzlich der **Grundsatz der Datenminimierung gewahrt**, so dass insoweit die Voraussetzungen des Art. 89 DS-GVO erfüllt sind. Problematisch ist insoweit die Nutzung der Daten in Archiven für strukturell kommerzielle Zwecke.

3. Rechtsfolge: Die regelmäßige Rechtmäßigkeit der Weiterverarbeitung im Archiv

Gemäß den obigen Ausführungen liegt – außer in den aufgeführten Sonderfällen – regelmäßig eine rechtmäßige Weiterverarbeitung im Sinne der DS-GVO vor, wenn die archivischen Fachaufgaben gemäß den deutschen Archivgesetzen rechtmäßig erfüllt werden.

Damit ist die praktische **Bedeutung der DS-GVO in der alltäglichen Arbeit in öffentlichen und Unternehmensarchiven gering.**[47] Bei der Überprüfung der Rechtmäßigkeit der Arbeit in öffentlichen Archiv anhand des deutschen Rechts kann daher in der Regel darauf verzichtet werden, zusätzlich eine Überprüfung der Rechtmäßigkeit anhand der DS-GVO vorzunehmen.

47 Während der Entstehung der DS-GVO gab es hingegen die apokalyptische Sorge vor „rechtlichen Überprüfungen [anhand der DS-GVO], mit welchen Archivare (im schlimmsten Fall) täglich rechnen müssten" (Isabel Taylor, Archive und die Entwicklung der [DS-GVO], Archivar 67 (2014), S. 32 ff. (39)).

V. Das spezielle Archivprivileg der DS-GVO für Unterlagen aus NS- und DDR-Kontexten

Eingebaut in einem Satz mit einer Länge von nicht weniger als 227 (!) Wörtern[48] enthält die DS-GVO eine weitreichende spezielle Archivprivilegierung für die

„Weiterverarbeitung von archivierten personenbezogenen Daten zur Bereitstellung spezifischer Informationen im Zusammenhang mit dem politischen Verhalten unter ehemaligen totalitären Regimen".[49]

Im Hinblick auf diese Daten können nationale Gesetze, also insbesondere die deutschen Archivgesetze, von den Rechten und Grundsätzen der DS-GVO abweichen, wenn dies „in einer demokratischen Gesellschaft notwendig und verhältnismäßig ist, um die öffentliche Sicherheit aufrechtzuerhalten" – und die Weiterverarbeitung jener Daten gehört gemäß dem weiten Verständnis der DS-GVO zur öffentlichen Sicherheit.

Damit sind – über das generelle Archivprivileg von Art. 89 DS-GVO hinaus – Abweichungen von der DS-GVO im Hinblick auf Daten aus DDR- und NS-Kontexten möglich, soweit es um das politische Verhalten der Betroffenen geht. Da totalitäre Regime jeden Lebensbereich politisieren, ist schwer erkennbar, wann derartige Unterlagen ein „nur" unpolitisches Verhalten in der NS-Zeit oder in der DDR belegen.

Beispiel: Der besonders geringe Schutz der Individualsphäre von NS-Tätern[50] und der umfassende Zugang zu Stasi-Unterlagen[51] erfolgen daher im Einklang mit der DS-GVO.

48 Damit wird die berüchtigte *Eisenbahn-Definition des Reichsgerichts* in RGZ 1, 247 (252) mit „nur" 112 Wörtern wesentlich übertroffen:
Was ist ein Eisenbahnunternehmen? „Ein Unternehmen, gerichtet auf wiederholte Fortbewegung von Personen oder Sachen über nicht ganz unbedeutende Raumstrecken auf metallener Grundlage, welche durch ihre Konsistenz, Konstruktion und Glätte den Transport großer Gewichtsmassen, bezw. die Erzielung einer verhältnismäßig bedeutenden Schnelligkeit der Transportbewegung zu ermöglichen bestimmt ist, und durch diese Eigenart in Verbindung mit den außerdem zur Erzeugung der Transportbewegung benutzten Naturkräften (Dampf, Elektrizität, tierischer oder menschlicher Muskelthätigkeit, bei geneigter Ebene der Bahn auch schon der eigenen Schwere der Transportgefäße und deren Ladung etc.) bei dem Betriebe des Unternehmens auf derselben eine ver-hältnismäßig gewaltige (je nach den Umständen nur in bezweckter Weise nützliche, oder auch Menschenleben vernichtende und die menschliche Gesundheit verletzende) Wirkung zu erzeugen fähig ist." *Sie haben jetzt erfahren, welche Wirkung zu erzeugen fähig ein einziger zu langer Satz ist …*

49 Erwägungsgrund 73 der DS-GVO.

50 Dazu Thema 1, Teil 2, Abschnitt B III.2.c.

51 Dazu Thema 10, Teil 2, Abschnitt D.

VI. Weitere Archivprivilegierungen in der DS-GVO

Art. 5 I e DS-GVO erlaubt im Archivkontext eine **dauerhafte Speicherung personenbezogener Daten**, wenn diese Verarbeitung „ausschließlich für im öffentlichen Interesse liegende Archivzwecke erfolgt".

Diese Norm rechtfertigt nicht nur die unbefristete Aufbewahrung im Archiv, sondern auch die **Aufbewahrung von Unterlagen in der Ausgangsbehörde**, wenn die Aufbewahrungsfrist abgelaufen ist und dem Archiv nun eine **Frist zur Bewertung** zur Verfügung steht, die in den meisten Archivgesetzen festgelegt ist,[52] denn die Aufbewahrung in dieser begrenzten Zeit erfolgt bereits für einen Archivzweck, nämlich die Vornahme der Bewertung. Diese Auslegung von Art. 5 I e DS-GVO ist zudem deshalb nötig, weil andernfalls das Archivprivileg aus Art. 89 DS-GVO weitgehend ins Leere laufen würde, wenn in großem Umfang archivwürdige Unterlagen rechtmäßig vernichtet und gelöscht werden dürften und müssten, wenn das Archiv nicht sofort beim Ablauf der Aufbewahrungsfrist zu Archivzwecken weiterverarbeiten würde. Dies ist jedoch angesichts der großen Zahl verschieden langer Aufbewahrungsfristen faktisch unmöglich.

Art. 9 II j DS-GVO erklärt die **Verarbeitung besonders sensibler personenbezogener Daten** im Archivkontext für rechtmäßig, wenn die „im öffentlichen Interesse liegenden Archivzwecke" gemäß den obigen Ausführungen[53] zu bejahen sind.

Art. 14 V b DS-GVO enthält eine wesentliche **Einschränkung der Pflicht auf Erteilung von Informationen**, wenn nämlich „die Erteilung dieser Informationen [...] einen unverhältnismäßigen Aufwand erfordern würde; dies gilt insbesondere für die Verarbeitung für im öffentlichen Interesse liegende Archivzwecke". Wenn die „im öffentlichen Interesse liegenden Archivzwecke" gemäß den obigen Ausführungen[54] zu bejahen sind, muss das Archiv nicht von sich aus die (lebenden, natürlichen) Personen informieren, deren Daten in den Unterlagen des Archivs vorhanden sind.

Art. 17 III d DS-GVO beseitigt das **„Recht auf Vergessen(werden)"**, falls die „Verarbeitung erforderlich ist [...] für im öffentlichen Interesse liegende Archivzwecke".[55]

Auch diese vier Archivprivilegierungen tragen dazu bei, dass die rechtmäßige Erfüllung archivischer Fachaufgaben regelmäßig im Einklang mit der DS-GVO steht.

---

52 Dazu Thema 10, Teil 1, Abschnitt D.IV.
53 Siehe Thema 5, Teil A, Abschnitt III.3. a.cc.
54 Siehe Thema 5, Teil A, Abschnitt III.3. a.cc.
55 Dazu ausführlich Thema 9, Teil 2.

D. Die Zulässigkeit von Einschränkungen von Rechten aus der DS-GVO durch Archivgesetze

Die Rechte aus immerhin sechs Artikeln der DS-GVO können im nationalen Recht beim Vorliegen bestimmter Rechtsfolgevoraussetzungen ausgeschlossen werden, wenn dies die Arbeit in den Archiven zu sehr beeinträchtigen würde. Jene sechs Artikel, für die sog. **„Öffnungsklauseln“** bestehen, sind:

- **Auskunftsrecht** der betroffenen Person (Art. 15 DS-GVO)
- Recht auf **Berichtigung** (Art. 16 DS-GVO)
- Recht auf **Einschränkung der Verarbeitung** (Art. 18 DS-GVO)
- **Mitteilungspflicht** im Zusammenhang mit der Berichtigung oder Löschung personenbezogener Daten oder der Einschränkung der Verarbeitung (Art. 19 DS-GVO)
- Recht auf **Datenübertragbarkeit** (Art. 20 DS-GVO)
- **Widerspruchsrecht** (gegen die Verarbeitung) (Art. 21 DS-GVO)

Rechtsfolgevoraussetzung für den Ausschluss dieser Rechte ist aber, dass diese Rechte

- voraussichtlich die Verwirklichung der spezifischen Zwecke unmöglich machen oder ernsthaft beeinträchtigen und
- solche Ausnahmen für die Erfüllung dieser Zwecke notwendig sind.[56]

Aus der Archivpraxis vor und seit der Anwendung der DS-GVO ist schwer ersichtlich, warum die Rechte aus jenen sechs Artikeln zu der Prognose führen können, dass die Weiterverarbeitung von Daten im Archiv konkret und „ernsthaft beeinträchtigt“ wird. Erst recht ist das Vorliegen der zweiten Rechtsfolgevoraussetzung schwer begründbar, dass also die Ausschaltung dieser Rechte für die archivische Arbeit „notwendig“ ist, solange keine Berichte vorliegen, dass die archivische Arbeit nicht mehr durchgeführt werden kann, weil derartige Ansprüche geltend gemacht werden. Stattdessen wird eher mit einer abstrakten Gefahr für die Archive argumentiert.

Dennoch haben bereits das BDSG[57] und einige Landesgesetze[58] die Befugnis zum Ausschluss jener Rechte umgesetzt. Aus dem Geltungsbereich jener Archivgesetze, die bislang anders verfahren, liegen bislang keine Berichte über schwerwiegende Probleme durch die Geltendmachung jener sechs Artikel aus der DS-GVO vor.

---

56 Art. 89 III aE DS-GVO.
57 § 28 BDSG.
58 Z.B. § 25 Hessisches Datenschutz- und Informationsfreiheitsgesetz (HDSIG).

Teil 2: Das Verhältnis der Informationsfreiheitsgesetze zu den Archivgesetzen

Die **Informationsfreiheitsgesetze** des Bundes und der Länder[59] regeln den Zugang zu Informationen des Bundes bzw. der Länder. Im Hinblick auf Archivgut sind die Archivgesetze des Bundes bzw. der Länder *leges speciales*.[60] Doch stellt sich die Frage, ob ein bereits bestehender Anspruch nach einem IFG in das Archiv „hineinreicht", wenn Unterlagen, auf die sich der IFG-Anspruch bezieht, zu Archivgut werden. Kann also die erwähnte Bereichsspezifik („Archivgesetze sind bereichsspezifisches Datenschutzrecht") auch den **Informationsfreiheitsgesetzen** als speziellen Datenschutzgesetzen entgegengehalten werden? Diese Frage wird relevant, wenn zu entscheiden ist, ob eine Nutzung von derartigem Archivgut auf der Grundlage eines IFG erfolgen kann. Dazu ausführlich in Band 2.[61]

---

59 Eine Aufstellung unter https://de.wikipedia.org/wiki/Transparenz_(Politik)#Gesetzliche_Regelungen.

60 Partsch/Koschmider, Der archivrechtliche Informationszugang nach der Novelle des BArchG, Neue Juristische Wochenschrift Jg. 2017, S. 3416 (3417) m.N. in Fn. 9. Allerdings ist der Aufsatztitel unzutreffend: Das BArchG 2017 ist *keine Novelle* des bisherigen BArchG, sondern ein *neues* Gesetz.
Mit Blick auf das IFG BW: Rebecca Saskia Rose, Informationsfreiheitsgesetze im Spannungsfeld des Archivrechts unter besonderer Betrachtung des IFG BW, Transferarbeit im Rahmen der Laufbahnprüfung für den höheren Archivdienst, 49. Wissenschaftlicher Lehrgang der Archivschule Marburg, https://www.landesarchiv-bw.de/sixcms/media.php/120/60859/Transferarbeit2016_Rose.pdf.

61 Thema 10, Teil 2 Abschnitt C.II.

Thema 6: Archivrelevante Teile des Kulturgutschutzrechts und des Denkmalschutzrechts

„Kulturgutschutz stellt rechtlich betrachtet eine **Querschnittsmaterie** dar, deren wichtigste Elemente im Völkerrecht verankert und auf nationaler Ebene öffentlich-rechtlich umgesetzt sind.“[1]

Das BArchG 2017 und die LArchG enthalten etliche Normen, die **funktional Kulturgutschutzrecht** sind: BArchG und LArchG schützen bewegliches Kulturgut, indem

- staatlichen Archiven die **Widmung zu Archivgut** ermöglicht wird und somit die Rechtsfolgen der dadurch entstandenen öffentlich-rechtlichen Dienstbarkeit das Archivgut schützen,
- öffentliches Archivgut ab der Widmung gemäß Regelungen in vielen Archivgesetzen (u.a. § 9 BArchG 2017[2] und entsprechende Regelungen in etlichen LArchGs[3]) **unveräußerlich** ist,
- und Maßnahmen getroffen werden müssen, das Archivgut zu **erhalten** (z.B. Schutz vor Schimmel)

Im Folgenden geht es daher um *zusätzliche* Instrumente, die das Kulturgutschutzrecht für den Kulturgutschutz in den Archiven bereitstellt.

---

1 Robert Kugler, Wirksamer Kulturgüterschutz in Deutschland? Erfahrungen aus der anwaltlichen Praxis, in: Matthias Weller u.a. (Hrsg.), Eigentum – Kunstfreiheit – Kulturgüterschutz, Baden-Baden 2015, S. 85ff. (87f.).

2 Auf der Grundlage des BArchG 2013 bestanden insoweit noch Zweifel: „Leider ist nicht sicher, ob das Archivgut des Bundes auf Grund [von § 1 BArchG 2013] in jedem Einzelfall auch formal unveräußerlich ist.“ (Becker-Oldenhage, BArchG-Kommentar, § 1 Rn. 18).

3 Es „schützen die Archivgesetze der Länder Berlin, Brandenburg, Bremen, Hessen, Mecklenburg-Vorpommern, Nordrhein-Westfalen, Rheinland-Pfalz, Saarland, Sachsen, Sachsen-Anhalt und Thüringen die Zuordnung des Archivguts als Kulturgut zum Träger des verwahrenden Archivs, indem sie bestimmen, dass **öffentliches** Archivgut **unveräußerlich** ist.“ (www.kulturgutschutz-deutschland.de/DE/2_Rechtsgrundlagen/nationales_Recht/Archivgesetzliche%20Regelungen/Archivgesetzliche%20Regelungen_node.html).

Teil 1: Zum Einstieg: Der „Stralsunder Bibliotheksfall"/ Savignys Bibliothek in Japan

Der 2021/13 viel diskutierte „Stralsunder Bibliotheksfall"[4] beleuchtet die Relevanz des Kulturgutschutzrechts für die Archivarbeit – und belegt zugleich die drastischen *arbeits*rechtlichen Konsequenzen, die sich ergeben können, wenn Kritik am Umgang mit Kulturgutschutzrecht im Raum steht:

> „Die Hansestadt Stralsund will den umstrittenen Verkauf einer historischen Bibliothek aus ihrem Stadtarchiv an einen privaten Antiquar rückgängig machen.
>
> Bei den rund 6000 verkauften historischen Büchern aus der Stralsunder Gymnasialbibliothek handele es sich um ein ‚bedeutendes Bibliotheksgut', sagte Oberbürgermeister Alexander Badrow am Dienstag unter Berufung auf ein externes Gutachten. Er warf dem Stadtarchiv ‚eine eklatante Fehleinschätzung' bei der Bewertung des Bestandes vor. ‚Der Verkauf der Bücher war definitiv ein Fehler gewesen und muss rückgängig gemacht werden.'
>
> Die **Leiterin des Stadtarchivs**, Regina Nehmzow, wurde mit sofortiger Wirkung **vom Dienst suspendiert**.
>
> Die Bücher der im Jahr 1627 gegründeten Stralsunder Gymnasialbibliothek gehen zum Teil auf das 16. Jahrhundert zurück. Die Stadt hatte im Sommer 2012 aus dem Bestand des Stadtarchivs die Bücher für 95000 Euro **an einen privaten Antiquar verkauft**. Bei dem Verkauf hatte sich die Stadt auf die Einschätzung des Archivs verlassen und keine dritte Meinung eingeholt. ‚Es lag außerhalb unserer Vorstellungskraft, dass eine Einrichtung mit solch einer großen Reputation so daneben liegt', begründete Badrow den Verzicht auf eine weitere Bewertung."[5]

Ergänzend Regina Mönch in einem FAZ-Artikel mit der Überschrift „**Kulturfrevel**":

> „Die über Jahrhunderte gewachsene Sammlung – und nur als solche ist sie so wertvoll für die Bildungsgeschichte des deutschen Nordens – ist zwar im Handbuch der historischen Buchbestände aufgeführt, **nicht aber auf der Liste national wertvollen Kulturgutes**, wo sie hingehört hätte. Diese Liste ist bisher von Mecklenburg-Vorpommern sträflich vernachlässigt worden, als gäbe es dort oben [sic!] nichts, was schützenswert ist."[6]

Aus rechtshistorischer Sicht besonders eindrücklich im Hinblick auf die Notwendigkeit eines Kulturgutschutzrechts ist der Verkauf eines Teils der **Bibliothek des Juristen Friedrich Carl von Savigny an eine kleine japanische Universität** – dort befindet sich (was kaum bekannt ist) auch ein Teil der ehemaligen

---

4 Zusammenfassend: Armin Schlechter, Zum Verkauf der Stralsunder Gymnasialbibliothek, in: Bibliotheksdienst Jg. 47 (2013), S. 97–101; Philipp Maaß, Der Ausverkauf der Gymnasialbibliothek im Stadtarchiv Stralsund, in: BuB – Forum Bibliothek und Information Jg. 65 (2013), S. 84–86. Eine Zusammenstellung von Ereignissen findet sich auch auf der Homepage des Stadtarchivs Stralsund unter https://stadtarchiv.stralsund.de/Gymnasialbibliothek/.

5 Dpa-Meldung vom Nov. 2012.

6 FAZ v. 16.11.2012.

Reichsgerichtsbibliothek.[7] Dem Kulturgutschutzrecht[8] kommt in diesen und anderen Fällen eine fundamentale Bedeutung zu.

Teil 2: Überblick zur Genese des heutigen Kulturgutschutzrechts

Das frühere „Gesetz zum Schutz des deutschen Kulturguts gegen Abwanderung" aus dem Jahr 1955 folgte dem sog. „Listenprinzip": Die Eintragung in das Verzeichnis national wertvollen Kulturguts war *konstitutiv*; Handel und Ausfuhr konnten nur nach einer solchen Eintragung eingeschränkt werden.[9] Dieses Gesetz „galt im Vergleich zu den Vorschriften anderer Staaten als eines der liberalsten Schutzgesetze, andere hingegen kritisierten es als eines der ineffektivsten.[10]

Die Genese des modernen Kulturgüterschutzrechts[11] ist nicht nur durch Problemfelder des Kunst-, Fossilien- und Münzhandels vorangetrieben worden. Der „Motor für weitere Aktivitäten zur Verbesserung der Kulturgutschutzgesetzgebung"[12] waren auch die langjährigen Gerichtsverfahren zum **„Hamburger Stadtsiegelfall"**.[13] Dieser Fall um ein Siegel mit 7 cm Durchmesser erzeugte die jedenfalls berühmteste, vermutlich auch längste archivrechtliche Streitigkeit der bundesdeutschen Nachkriegsgeschichte.

> „Die Kl[ägerin] (Freie und Hansestadt Hamburg) verlangt von der Bekl[agten] (Inhaberin eines Antiquitätengeschäfts) die Herausgabe eines aus dem 14. Jahrhundert stammenden Siegelstempels sowie einer Aufbewahrungstasche. Die Gegenstände befanden sich zuletzt im Archiv, das gegen Ende des Zweiten Weltkriegs in ein Salzbergwerk ausgelagert wurde.
>
> Bei der Rückführung des Archivguts im Dezember 1945 kamen der Siegelstempel und die Aufbewahrungstasche abhanden. Die Bekl. erwarb die Gegenstände im Jahre 1986 auf einer Auktion. Mit einem Herausgabeanspruch, den sie auf ihr Eigentum stützte, blieb die Kl. im Zivilrechtsweg ohne Erfolg. In seinem Urteil vom 5. 10. 1989 (NJW

---

7 Zur Geschichte von Savignys Bibliothek siehe https://www.ulb.uni-bonn.de/de/sammlungen/historische-bibliotheken/savigny-friedrich-carl-von. Der Bestand aus der Reichsgerichtsbibliothek an der Toin-University umfasst die Bände mit Bezug zum französischen (!) Recht.

8 Dazu u. a. Kerstin Odendahl, Kulturgüterschutz, Tübingen 2005.

9 Eine kurze Zusammenfassung zum Inhalt und zur Praxis dieses Gesetzes bei Elmenhorst/Wiese, Kulturgutschutzgesetz. Kommentar, München 2018, Einführung Rn. 23ff.

10 Ebd. Rn. 24 m.N.

11 Den Anspruch, „erstmals alle für die Bundesrepublik Deutschland relevanten Kulturgüterschutznormen in einem Werk zusammenzutragen", hat Kerstin Odendahl (Hrsg.), Kulturgüterrecht, Baden-Baden 2006. Entstanden ist dabei eine Normensammlung mit 944 Seiten; das Zitat ebd. S. 1.

12 Rainer Polley, Archivrecht in Deutschland, in: Becker/Rehm, Archivrecht, S. 22.

13 Eckardt, Hans Wilhelm: Stationen eines Stempels. Historische und archivarische Anmerkungen anlässlich des juristischen Streits um das IV. Hamburgische Stadtsiegel (Vorträge und Aufsätze des Vereins für Hamburgische Geschichte 31), Hamburg 1995 [Darstellung aus Sicht des Hamburger Staatsarchivs].

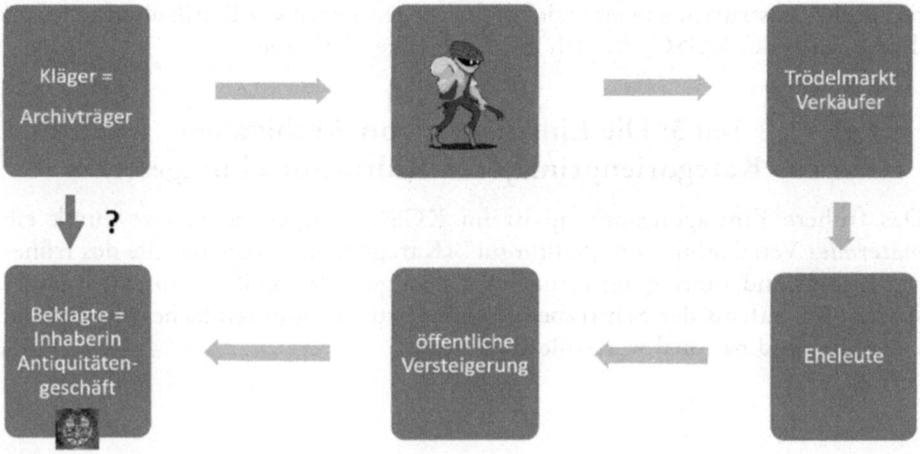

> 1990, 899) ging der BGH davon aus, daß die Bekl. gutgläubig im Wege der öffentlichen Versteigerung Eigentum erworben habe."[14]
>
> Ein anschließendes verwaltungsgerichtliches Verfahren wurde bis zum Bundesverwaltungsgericht geführt, auch dort verlor die Klägerin.[15] Einige Zeit später wurde das Siegel, das bei der Versteigerung 6.800 DM gekostet hatte, von Hamburger Mäzenen für nicht weniger als 450.000 € angekauft.[16]
>
> Der Hamburger Stadtsiegelfall hat – außer dem Kulturgutschutzrecht – auch die Archivgesetze dauerhaft beeinflusst[17] und eine zentrale, zuvor strittige Frage zur Anwendbarkeit des BGB auf Archivgut gelöst.[18]

Doch erst als ein UNESCO-Übereinkommen von 1970, das sich gegen den illegalen Handel mit Kunstwerken wandte, von Deutschland endlich im Jahr 2007 (37 Jahre später!) ratifiziert wurde, war der Weg zu einer umfassenden Reform des Kulturgutschutzgesetzes eröffnet. Die Beauftragte der Bundesregierung für Kultur und Medien (BKM) fasst die Kausalität so zusammen: Jenes UNESCO-Übereinkommen „ist im **Kulturgutschutzgesetz von 2016** umgesetzt."[19]

Bei seiner Entstehung war dieses Gesetz (im Folgenden: KGSG) im Hinblick auf den Handel mit Kunstwerken (und auch Münzen und Fossilien) rechtspoli-

---

14 Schilderung des Falls durch das Oberverwaltungsgericht Münster, Urteil v. 25.2.1993 – 20 A 12 S 9/91 = NJW 1993, 2635 f. zuvor spektakulär anders: VG Köln, 8 K 4501/89 v. 20.3.1991 = NJW 1991, 2584 ff.

15 BVerwG, 7 B 86.93 v. 12.08.1993 = NJW 1994, 144 f.

16 https://www.welt.de/regionales/hamburg/article106260478/Stifter-retten-Stadtsiegel-vor-der-Versteigerung.html

17 „Archivgut ist unveräußerlich", dazu Thema 8, Teil 3, Abschnitt D II.2.c.

18 Zur Anwendbarkeit des zivilrechtlichen Sachenrechts im öffentlichen Archiv siehe Thema 7, Teil 3, Abschnitt A.

19 http://www.kulturgutschutz-deutschland.de/DE/AllesZumKulturgutschutz/Rechtsgrundlagen/Voelkerrecht/voelkerrecht_node.html.

tisch sehr umstritten; soweit ersichtlich, bezieht sich diese Kritik aber nicht auf die Normen des KGSG, die sich mit Archivalien befassen.

Teil 3: Die Einstufung von Archivalien in das Kategorienprinzip des Kulturgutschutzgesetzes

Das frühere Eintragungsprinzip ist im KGSG weitgehend ersetzt durch ein *materiales* Verständnis von „Kulturgut" (**Kategorienprinzip** anstelle des früheren Listen- und Eintragungsprinzips). Dabei geht das KGSG von einem **abgestuften Verhältnis der Schutzbedürftigkeit** aus: Es gibt (einfaches) Kulturgut, nationales und national wertvolles Kulturgut.

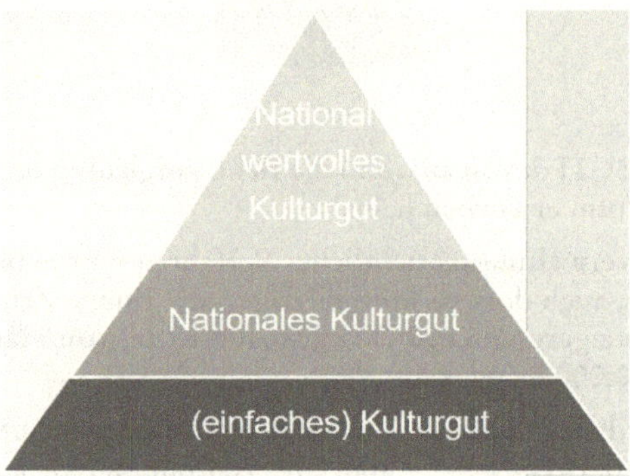

Hinweis: Anders als im übrigen Text werden im Folgenden einige der herangezogenen Normen, also die des KGSG, umfassend zitiert.

A. Schutzobjekte des Kulturgutschutzgesetzes: Auch digitales Archivgut?

Das KGSG schützt gemäß § 2 I Nr. 10 KGSG „jede bewegliche Sache oder Sachgesamtheit", wenn bestimmte weitere Voraussetzungen erfüllt sind. Wie ist dieser Sachbegriff im Hinblick auf Archivgut zu verstehen? Computerprogramme, Daten und Informationen sind keine Sachen, sondern das Ergebnis einer geistigen Schöpfung des Urhebers und damit ein Immaterialgut.[20] Mehr noch: Diese Daten sind just jene „gewöhnlichen Kopien", die nach den obigen Ausführungen gerade kein Kulturgut sein sollen. Sind auch Daten im Archiv vom KGSG geschützt?[21]

---

20 So die herrschende Lehre, deshalb gibt es im BGB jetzt § 453.

21 Die historische Auslegung ist unergiebig, die Gesetzesbegründung geht auf diese Frage nicht ein (siehe Bundestags-Drucksache 18/7456, dort S. 59 zum damaligen § 2 I Nr. 9).

§ 2 I Nr. 10 KGSG

Kulturgut im Sinne dieses Gesetzes ist „jede bewegliche Sache oder Sachgesamtheit von […] geschichtlichem […] Wert oder aus anderen Bereichen des kulturellen Erbes, insbesondere von […] wissenschaftlichem Wert".

(Die hier nicht zitierten Textteile sind für Archivalien evident nicht einschlägig)

> Beispiel: Ein Archiv greift für die digitale Archivierung auf Server im Ausland zurück. Sind dafür Ausfuhrgenehmigungen nach dem KGSG nötig?

Wenn man der überwiegend vertretenen These folgt, dass auf Archivgut gemäß der Theorie des modifizierten Privateigentums grundsätzlich das BGB anwendbar ist,[22] kann für die Präzisierung von „Sache" im Sinne des KGSG auch für Archivgut auf § 90 BGB zurückgegriffen werden. Sachen sind gemäß § 90 BGB nur körperliche Gegenstände. Diese Körperlichkeit fehlt bei Computerdaten.[23] Zwar sind auch nichtkörperliche Gegenstände „Sachen" im Sinne des Anfechtungsrechts nach § 119 II BGB,[24] doch ist dies eine Ausnahme. Daher kann zur Auslegung von § 2 I Nr. 10 KGSG auf § 90 BGB zurückgegriffen werden, so dass Daten nicht unter § 2 I Nr. 10 KGSG fallen und daher grundsätzlich kein Kulturgut sind.

Führt eine analoge Anwendung von § 2 I Nr. 10 KGSG zu einem anderen Ergebnis? Für eine Analogie müsste als erstes eine planwidrige Regelungslücke bestehen.[25] Das KGSG zielt aber gemäß seiner Entstehungsgeschichte auf körperliche Gegenstände, während für den Schutz von Daten die Datenschutzgesetzgebung zuständig ist. Daher fehlt eine planwidrige Regelungslücke und eine Analogie scheidet aus. **Daten werden vom KGSG nicht erfasst.**

> Ergebnis zum obigen Beispiel: Ob für die digitale Archivierung ausländische Server eingesetzt werden dürfen, ist anhand des Datenschutzrechts[26] zu ermitteln. Das KGSG ist nicht einschlägig.

22 Dazu Thema 8, Teil 3, Abschnitt A.

23 Palandt/Ellenberger, BGB-Kommentar, 77. Aufl. 2018, § 90 Rn. 2 mit Verweis auf LG Konstanz NJW 96, 2662.

24 Palandt/Ellenberger, BGB-Kommentar, 77. Aufl. 2018, § 119 Fnr. 27.

25 Dazu Thema 1, Teil 2, Abschnitt E II.4.

26 Dazu Thema 5, Teil 1.

B. Sind Archivalien immer (einfaches) Kulturgut gemäß dem Kulturgutschutzgesetz?

Sind Archivalien (jenseits von Daten) *generell* Kulturgut? Clemens Rehm bejaht diese Frage;[27] ebenso der Kulturrat.[28] Die Beauftragte der Bundesregierung für Kultur und Medien (BKM) schreibt auf ihrer Internetseite zurückhaltender,

> „der Begriff Kulturgut […] umfasst insbesondere […] Archivgut, wie zum Beispiel Urkunden, Akten oder Amtsbücher."[29]

Die Frage ist, ob und wie sich diese These mit dem KGSG begründen lässt.

Dieses Problem lässt sich nicht durch eine Eintragung gemäß dem Listenprinzip lösen, da § 6 I Nr. 1 KGSG die Eigenschaft als Kulturgut *voraussetzt*. Die BKM gibt auf ihrer Internetseite allerdings als Auslegung von § 6 KGSG an, dass „alle Sammlungsobjekte [sic!] öffentlich finanzierter Kulturgut bewahrender Einrichtungen generell (§ 6 Absatz 1 Nr. 1 bis 4 KGSG)" nationales Kulturgut seien.[30] Das Wort „Sammlungsobjekt" findet sich aber nicht in § 6 KGSG.

Seit 2010 gibt es zwar eine – rechtlich nicht verbindliche – Empfehlung der Kultusministerkonferenz zum Vorgängergesetz des KGSG 2016, wonach „als Anhaltspunkt, ob national wertvolles Archivgut vorliegt, die Aufbewahrung des Archivguts in öffentlichen oder öffentlich geförderten Archiven" anzusehen ist.[31] Doch unabhängig von der problematischen Normqualität dieser Empfehlung lässt sich ihr Inhalt nur schwer in das KGSG von 2016 übertragen, weil dort die Unterscheidung von Archivgut einerseits und Kulturgut andererseits aufgegeben wurde.[32]

Nach welchem Kriterium ist also zu entscheiden, ob Archivgut von dem (nunmehr materialen verstandenen) Begriff des Kulturguts in § 2 I Nr. 10 KGSG erfasst wird?[33]

---

27 Mit dem KGSG „ist der Schutz, der bis dahin nur für das in die Länderverzeichnisse eingetragene Archivgut galt, generell auf das Archivgut in öffentlichen Archiven ausgeweitet worden" (Clemens Rehm, Sicherung von Archivgut durch Kulturgutschutz- und Denkmalschutzgesetze, in: Becker/Rehm, Archivrecht, S. 104 ff. (110)).

28 „Sämtliches [sic!] Archivgut in staatlichen und kommunalen Archiven oder ähnlichen Einrichtungen der öffentlichen Hand in Deutschland ist unmittelbar durch das KGSG als ‚nationales Kulturgut' geschützt." www.kulturrat.de/wp-content/uploads/2017/04/kgsg-handreichung.pdf, dort S. 42 (aufgerufen am 29.10.2018).

29 http://www.kulturgutschutz-deutschland.de/DE/3_Datenbank/Datenbanksuche/datenbanksuche_node.html (aufgerufen am 24.10.2018).

30 www.kulturgutschutz-deutschland.de/DE/3_Datenbank/dbgeschuetzterkulturgueter_node.html (29.10.2018).

31 http://www.kmk.org/fileadmin/Dateien/veroeffentlichungen_beschluesse/2010/2010_04_29-Verzeichnis-Kulturgut-Archive.pdf; dazu Rehm, Kulturgut- und Denkmalschutzgesetze, in: Becker/Rehm, Archivrecht, S. 108 mit Fn. 19–21.

32 Zustimmend nur im Hinblick auf die Aufgabe der gesonderten Kategorie „Archivgut": Rehm, Kulturgut- und Denkmalschutzgesetze (Fn. zuvor), S. 109 Fn. 25.

33 Herrn Dr. Jan-Hendrik Evers (Hessisches Landesarchiv) danke ich für die Diskussionen zu diesem Thema. Bei Elmenhorst/Wiese, KGSG-Kommentar, 1. Aufl. 2018 wird in § 2 Rn. 11 im Wesentlichen die Gesetzesbegründung paraphrasiert.

- Man könnte an die Möglichkeit der jetzigen Nutzung des Archivguts anknüpfen. Alles Archivgut kann auch von der historischen Forschung genutzt werden und hat in dieser Perspektive „geschichtlichen Wert" iSv. § 2 I Nr. 10 KGSG, folglich ist alles Archivgut unproblematisch Kulturgut.
- Oder man bezieht „Sache von geschichtlichem Wert" auf das Kriterium, das zur Bejahung der Archivwürdigkeit geführt hat. Wenn aber die Archivwürdigkeit von Unterlagen *nur* daraus folgte, dass Interessen von Bürgerinnen und Bürgern gesichert werden sollen,[34] liegt *kein* „geschichtlicher Wert" iSv. § 2 I Nr. 10 KGSG vor. Beispielsweise bei Archivalien zu „Heimkindern" oder zur Inhaftierung in NS-Konzentrationslagern bestehen Massenüberlieferungen, die in die Archive übernommen wurden, weil sie jene Rechtssicherung der Betroffenen ermöglichen sollen. Auch wenn die Aufbewahrung im Archiv *aufgrund einer Rechtsvorschrift* erfolgen muss,[35] gibt es Unterlagen, die keinen „geschichtlichen Wert" im Sinne des KGSG haben. Mit diesem Ansatz ist also ein Teil des Archivguts kein Kulturgut.

Fraglich ist also, nach welchem Kriterium vorzugehen ist.

- Die **Wortlautauslegung** („Sache von geschichtlichem Wert") ist unergiebig.
- Zur **historischen Auslegung**:[36] Ersichtlich zielte der Gesetzgebungsentwurf auf eine weite Auslegung des Kulturgutbegriffs.[37] Zu den spezifischen Problemen bei Archivgut – immerhin rein quantitativ die größte Menge an Kulturgut – wird im Entwurf des späteren KGSG nichts gesagt. Als Beispiel für die Nichterfüllung der Definition von Kulturgut werden nur „gewöhnliche Kopien und Repliken" angeführt. Das ist im Hinblick auf Archive irritierend, denn viele Seiten in typischem analogen Archivgut sind „gewöhnliche Kopien und Repliken" – und es kann nicht ernsthaft behauptet werden, dass diese Unterlagen deshalb kein Kulturgut sind. Mittels der historischen Auslegung kann also nicht entschieden werden, nach welchem Kriterium der „geschichtliche Wert" von Archivgut im Sinne des KGSG zu beurteilen ist.
- Eine **systematische Auslegung** führt bei dem Ansatz, von der Möglichkeit einer historischen Nutzung auszugehen, zu der Schwierigkeit, dass auch bei Unterlagen, die kassiert oder nachkassiert werden, regelmäßig die abstrakte Möglichkeit einer historischen Nutzung besteht, z.B. aus einer familien-

---

34 § 1 Nr. 10 a bb BArchG 2017.

35 § 1 Nr. 10 b BArchG 2017.

36 Das Gesetzgebungsverfahren ist hier zusammengefast: https://dip.bundestag.de/vorgang/…/70170. Die Bundesregierung hat den späteren § 2 I Nr. 10 KGSG hier begründet: https://dserver.bundestag.de/btd/18/074/1807456.pdf.

37 Auf S. 59 der in der vorigen Fn. erwähnten pdf-Datei wird der damalige § 2 I Nr. 9 begründet. Zuvor gab es viele ähnliche Stellungnahmen, u.a.: Der „Kulturgüterbegriff ist denkbar weit gespannt". Wolfgang Eberl u.a., Kulturgüter: gesetzlicher Rahmen zum Umgang mit Denkmälern […], Stuttgart 2016, Rn. 294. Dafür plädiert jetzt auch Elmenhorst/Wiese-Heimann, KGSG-Kommentar, München 2018, § 2 Rn. 11.

oder heimatgeschichtlichen oder biographischen Perspektive. Wenn diese Unterlagen bereits deshalb Kulturgut sind, dürften sie nicht vernichtet werden. Der „geschichtliche Wert“, den § 2 I Nr. 10 KGSG fordert, muss also eingegrenzt werden.

- Da sich aber im Rahmen einer **teleologischen Auslegung** ergibt, dass eine Identität zwischen „Archivgut“ und „Kulturgut“ der Zweck des KGSG ist, bleibt zu überlegen, wie begründet werden kann, dass Archivgut, dessen Archivwürdigkeit nicht aus seiner Bedeutung für die historische Forschung folgt, dennoch Kulturgut ist.
- Für diese zwei Gruppen von Archivgut führt jedenfalls **eine analoge Anwendung von § 2 I Nr. 10 KGSG** dazu, dass auch dieses Archivgut durchgängig Kulturgut ist.

Im Ergebnis kann also den oben erwähnten Thesen von Clemens Rehm und des Kulturrats gefolgt werden. **Archivalien (jenseits von Daten) sind generell Kulturgut.**

Zudem ist es aus Sicht des KGSG eigenwillig, dass jedenfalls bei einem Teil der öffentlich-rechtlichen Archive die Aufsichtsbehörden nicht die *Kultus*behörden sind, sondern z. B. in Sachsen das Innenministerium oder in Niedersachsen die Staatskanzlei.[38]

Erreicht Archivgut die nächsthöhere Schutzstufe?

C. Sind Archivalien nationales Kulturgut gemäß dem Kulturgutschutzgesetz?

Das Kriterium „national“ ist im Zeitalter erodierender Nationalstaaten und unter anderem wegen der evidenten Zeitabhängigkeit der Definition von „national“ ein wenig hilfreiches Kriterium, wenn es als Rechtsfolge*voraussetzung* verwendet wird. Jedenfalls im Hinblick auf Archivalien wird mit „national“ aber ganz vorrangig ein Teil der Rechtsfolge beschrieben, die anhand anderer Kriterien und nicht anhand der Einstufung als „national“ ermittelt wird.

I. Eintragung der Archivalien im Verzeichnis national wertvollen Kulturguts

Die erste Möglichkeit, dass Archivalien nationales Kulturgut sind, ergibt sich aus **§ 6 I Nr. 1 KGSG**. Wenn Kulturgut in ein Verzeichnis national wertvollen Kulturguts eingetragen ist, z. B. gemäß dem früheren „Gesetz zum Schutz des deutschen Kulturguts gegen Abwanderung“ von 1955, liegt gemäß § 6 I Nr. 1

[38] § 3 II LArchG SN bzw. https://nla.niedersachsen.de/startseite/landesarchiv/das-niedersaechsische-landesarchiv-85942.html.

KGSG *nationales* Kulturgut vor.[39] Die Verzeichnisse werden von den Bundesländern geführt; eine Recherche in jenen Verzeichnissen ist online möglich.[40]

> **§ 6 I Nr. 1 KGSG**
>
> (1) Nationales Kulturgut ist Kulturgut, das
>
> 1. in ein Verzeichnis national wertvollen Kulturgutes eingetragen ist […],

Insbesondere bei **Adelsarchiven** hat die Eintragung eine weitreichende Wirkung, weil nun erstmals die unten angegebenen Ausfuhrbeschränkungen greifen.

Offen ist allerdings, was § 6 I Nr. 1 KGSG z. B. im Kontext von Kassationen für Archivgut bedeutet, das aus den oben genannten Gründen kein Kulturgut ist, also nicht gemäß § 6 I Nr. 1 KGSG eintragungsfähig ist, aber aufgrund der früheren Gesetzeslage eingetragen wurde. Die Übergangsregelung in § 90 I KGSG hilft nicht weiter, da ebenfalls an die Eigenschaft „Kulturgut" angeknüpft wird.

II. Aufbewahrung der Archivalien in einer öffentlich-rechtlichen Kulturgut bewahrenden Einrichtung

Die zweite Möglichkeit, dass Archivalien nationales Kulturgut sind, knüpft an den Ort der Aufbewahrung des Archivguts an. Archive zählen gemäß § 2 I Nr. 11 KGSG zu derartigen „Kulturgut bewahrenden Einrichtungen" im Sinne von § 6 I Nr. 2 KGSG;[41] deshalb ist eine Eintragung von Archiven nach § 6 I Nr. 1 KGSG nicht nötig (aber aufgrund der früheren Gesetzeslage nicht selten erfolgt).

> **§ 6 I Nr. 2 KGSG**
>
> „Nationales Kulturgut ist Kulturgut, das […]
>
> 2. sich in öffentlichem Eigentum und im Bestand einer öffentlich-rechtlichen Kulturgut bewahrenden Einrichtung befindet".

---

39 Der Zugang zur Datenbank ist möglich über http://www.kulturgutschutz-deutschland.de/DE/3_Datenbank/dbgeschuetzterkulturgueter_node.html.

40 http://www.kulturgutschutz-deutschland.de/DE/3_Datenbank/dbgeschuetzterkulturgueter_node.html.

41 Fehlt zwischen „öffentlich-rechtlichen" und „Kulturgut bewahrenden Einrichtung" im Gesetzestext ein Komma? „Bei der Frage, ob zwischen Adjektiven ein Komma zu setzen ist, ist entscheidend, ob es sich um gleichrangige Adjektive handelt, die aufzählenden Charakter haben, oder ob eine feste Verbindung aus Substantiv und Adjektiv vorliegt, die durch ein weiteres Attribut näher bestimmt ist" (https://www.duden.de/sprachwissen/sprachratgeber/Komma-zwischen-Adjektiven, aufgerufen am 02.01.2025). Da für „Kulturgut bewahrende Einrichtung" in § 2 I Nr. 11 KGSG 2016 eine Begriffsbestimmung erfolgt, liegt jedenfalls im Rahmen des Gesetzes eine im Sinne des Duden „feste Verbindung" vor, so dass hinter dem erläuternden Adjektiv kein Komma nötig ist, analog zum „kräftigen französischen Rotwein".

1. *Ist Archivgut „öffentliches Eigentum" im Sinne von § 6 I Nr. 2 KGSG?*

„In Gesetzgebung, Rechtsprechung und Lehre ist eine gemischt privatrechtlich-öffentlichrechtliche Grundkonzeption der öffentlichen Sachen herrschend", stellte Hans-Jürgen Papier im Jahr 1984 fest,[42] und diese These ist noch immer zutreffend.[43] Daher ist es überraschend, dass das KGSG nun abweichend von der hM der Konzeption eines „öffentlichen Eigentums" folgt, zu dem es nur wenige gesetzliche Konkretisierungen und kaum eine Rechtsdogmatik gibt. Im Gesetzentwurf der Bundesregierung zum späteren KGSG[44] wird auf diese Problematik nicht eingegangen. Mangels vertiefter Rechtsdogmatik zur Figur des „öffentlichen Eigentums" fällt die Subsumtion schwer, ob sich Archivgut in „öffentlichem Eigentum" befindet. Nach Sinn und Zweck des Gesetzes kann aber davon ausgegangen werden, dass die Frage bejaht werden kann; gemeint ist offenbar, dass es sich um Eigentum handelt, dass einer öffentlich-rechtlichen Zweckbindung unterliegt.

2. *Ab wann befindet sich Archivgut im Sinne von § 6 I Nr. 2 KGSG „im Bestand"?*

Die erste Voraussetzung dieser Norm ist, dass sich die Unterlagen „im Bestand" des Archivs befinden. Gehören Archivalien auch schon *vor* der Erschließung „zum Bestand" des Archivs? Das kann aus archivarischer Sicht im Anschluss an eine These von Jörn Brinkhus bejaht werden: „Die Erschließung dient der Nutzbarmachung von Beständen",[45] Archivgut ist also schon *vor* der Erschließung im Bestand des Archivs. Dafür spricht auch, dass z.B. die Pflicht zur Bestanderhaltung bereits dann einsetzt, wenn Archivgut vorliegt – unabhängig von der Erschließung.

Dazu passend erläutert der Kulturrat das KGSG mit Verweis auf eine EU-Richtlinie: „Im ‚Bestand' der Einrichtung ist Kulturgut [erst] dann, wenn es in einem Bestandsverzeichnis, einem Inventar, einem Findbuch oder einem vergleichbaren Verzeichnis der Einrichtung erfasst ist."[46] Das in diesem Sinne „vergleichbare Verzeichnis" des Archivs ist das Akzessionsbuch. Folglich befindet sich **Archivgut in dem Moment, in dem es entsteht, im Sinne des KGSG im Bestand der Einrichtung.**

Zusätzlich muss, um Archivgut nach § 6 I Nr. 2 KGSG als nationales Kulturgut einstufen zu können, ein *öffentlich-rechtliches* Archiv vorliegen. Das ist zu bejahen, wenn

---

42 Hans-Jürgen Papier, Recht der öffentlichen Sachen, Berlin 1984, S. 9.

43 Ausführlich dazu Thema 8, Teil 3, Abschnitt A.

44 http://dip21.bundestag.de/dip21/btd/18/074/1807456.pdf; zum späteren § 6 KGSG siehe besonders S. 65/66.

45 Jörn Brinkhus, Erschließung und Findmittel, in: Becker/Rehm, Archivrecht, S. 117.

46 www.kulturrat.de/wp-content/uploads/2017/04/kgsg-handreichung.pdf, dort S. 128.

- das Archiv selbst eine juristische Person des öffentlichen Rechts ist (selten[47]) oder
- Teil einer juristischen Person des öffentlichen Rechts ist (meist[48]).

3. Sind amtliche Unterlagen in Archiven der parteinahen Stiftungen nationales Kulturgut gemäß § 6 I Nr. 2 KGSG?

Zwar ist das – im Sinne des KGSG – „öffentliche Eigentum“ an den Unterlagen durch die Aufbewahrung in Archiven der parteinahen Stiftungen nicht beeinträchtigt. Diese Archive sind aber keine öffentlich-rechtlichen Einrichtungen, daher kann § 6 I Nr. 2 KGSG nicht direkt angewendet werden. Auch § 6 I Nr. 3 KGSG hilft nicht weiter, da sich jene amtlichen Unterlagen nicht im Eigentum des Archivs der parteinahen Stiftung befinden. Die für eine analoge Anwendung von § 6 I Nr. 2 KGSG nötige Regelungslücke ist aber zu bejahen, denn der Gesetzgeber hat keine Regelung für Fälle getroffen, in denen nur *eine* der beiden Voraussetzungen des § 6 I Nr. 2 oder Nr. 3 KGSG vorliegt. Auch die Interessenlage ist vergleichbar: Zum Beispiel im Hinblick auf Ausleihen in das Ausland liegt bei amtlichen Unterlagen in Archiven der parteinahen Stiftungen ein gleicher Schutzbedarf wie bei nationalem Kulturgut vor. Zudem ist der Schutz dieser Unterlagen durch das KGSG besonders wichtig, denn die von den Archivgesetzen vorgegebene Unveräußerlichkeit von Archivgut greift nicht, da diese amtlichen Unterlagen nicht zu Archivgut geworden sind.

4. Archivalien im Eigentum eines öffentlich finanzierten Archivs

Nationales Kulturgut liegt gemäß § 6 I Nr. 3 KGSG vor, wenn es sich im Eigentum *und* im Bestand einer Kulturgut bewahrenden Einrichtung befindet, die überwiegend durch Zuwendungen der öffentlichen Hand finanziert wird. Insoweit ist – anders als bei Nr. 2 der Norm – die Rechtsform des Archivs irrelevant, es kann sich z. B. um juristische Personen des Privatrechts handeln, also um einen Verein, eine GmbH oder eine Stiftung.

> **§ 6 I Nr. 3 KGSG**
>
> (1) Nationales Kulturgut ist Kulturgut, das […]
>
> 3. sich im Eigentum und im Bestand einer Kulturgut bewahrenden Einrichtung befindet, die überwiegend durch Zuwendungen der öffentlichen Hand finanziert wird

[47] Beispiel: Das Geheime Staatsarchiv Preußischer Kulturbesitz (GstA PK) ist eine Einrichtung der Stiftung Preußischer Kulturbesitz, die als bundesunmittelbare Stiftung des öffentlichen Rechts arbeitet; dazu oben Bd. 1, Thema 1, Teil 1 Abschnitt A.

[48] Zum Beispiel ist das Bundesarchiv als Bundesoberbehörde Teil der Verwaltung der Bundesrepublik Deutschland, dazu Thema 1, Teil 3, Abschnitt C.I. Die Landes- und Kommunalarchive sind Teil der Verwaltung der jeweiligen Länder.

Bei **Kirchenarchiven** ist allerdings das Kriterium der überwiegenden öffentlichen Finanzierung fraglich, da regelmäßig nicht das Kirchenarchiv, sondern die hinter ihm stehende Institution öffentliche Gelder erhält. Insoweit ist eine analoge Anwendung der Norm möglich: „Kirchen und Religionsgemeinschaften mit dem Status einer Körperschaft des öffentlichen Rechts können gemäß § 9 III KGSG beantragen, dass für einzelne Sachgesamtheiten ihrer Kulturgut bewahrenden Einrichtungen [z. B. Archive, Th. H.] § 6 I Nr. 3 KGSG *entsprechend* anzuwenden ist, wobei hier das Kriterium der Finanzierung durch die öffentliche Hand durch eine solche durch die Kirche oder Religionsgemeinschaft ersetzt wird.“[49]

III. Sind Deposita in Archiven nationales Kulturgut?

§ 6 II 1 KGSG führt dazu, dass auch Unterlagen, die Gegenstand eines Depositalvertrages sind, als nationales Kulturgut eingestuft sind. Auch diese Norm erzeugt im archivische Kontext Anwendungsprobleme: Erstens spricht der Gesetzestext von „Verleihern oder Deponenten“; Depositalverträge mit Archiven sind aber Verträge *sui generis* und keine Leihe.[50] Außerdem ist im archivischen Kontext der Begriff „Deponent“ ungebräuchlich; es geht um Depositalgeber.innen. Diese müssen gemäß § 6 II KGSG der Einstufung als Kulturgut zustimmen, wobei es genaugenommen um eine Einwilligung geht, also eine *vorherige* Zustimmung,[51] denn diese ist konstitutiv für den Status als Kulturgut. Zudem ist es irritierend, dass gemäß § 6 II KGSG die Einstufung als Kulturgut mit dem Abschluss des Depositalvertrages beginnt und nicht erst mit der Übergabe an das Archiv. Das Archiv hat nach § 6 II 3 KGSG eine Informationspflicht über die Rechtsfolgen, die beim Verzicht nach §§ 69f. KGSG eintreten können.[52]

§ 6 II KGSG

(2) [1]Nur mit Zustimmung des Verleihers oder Deponenten gegenüber der zuständigen Behörde gilt Kulturgut […] für die Dauer des Leih- oder Depositalvertrages vorübergehend ebenfalls als nationales Kulturgut.

---

49 Elmenhorst/Wiese-Heimann, KGSG-Kommentar, München 2018, § 7 Rn. 6; Hervorhebungen von Th. H.

50 Dazu Thema 10, Teil 2 Abschnitt C.

51 Zur Einwilligung: Thema 8, Teil 2, Abschnitt B.II.

52 Dazu ausführlich Thema 10, Teil 2, Abschnitt D bei § 1.

D. Sind Archivalien national wertvolles Kulturgut gemäß dem Kulturgutschutzgesetz?

Das KGSG ordnet in § 7 eine **Pflicht zur Eintragung** in ein „Verzeichnis national wertvollen Kulturgutes“ an, wenn das Kulturgut kulturell besonders bedeutsam ist und sein Verbleib in Deutschland „im herausragenden kulturellen öffentlichen Interesse“ liegt. Dann erreicht Archivgut die höchste Schutzstufe als national wertvolles Archivgut.

Teil 4: Die Instrumente des Kulturgutschutzes von Archivalien nach dem KGSG

Das KGSG begründet Verbote und Pflichten beim Umgang mit Kulturgut und enthält etliche Reglungen zur Restitution von ausländischem Kulturgut.

Im Hinblick auf Archivgut sind nicht nur **Rückgabeansprüche** und **Verbringungen ins Ausland zu Ausstellungszwecken** mögliche Einsatzfelder des Kulturgutschutzrechts. Auch wenn z.B. eine **Bestandserhaltung** außerhalb Deutschlands (wegen der geringeren Lohnkosten) durchgeführt wird, ist das Kulturgutschutzrecht einschlägig.

A. Verbote und Pflichten

Es gibt

- ein **Beschädigungsverbot** gemäß § 18 KGSG 2016 **nur für national wertvolles Kulturgut** (also keine generelle Erhaltungspflicht), doch ist die Bestandserhaltungspflicht nach den Archivgesetzen umfassender, so dass insoweit das KGSG keine Funktion hat
- eine **Mitteilungspflicht** gem. § 19 KGSG 2016 bei Beschädigung/Zerstörung und bei Abhandenkommen[53] **nur für national wertvolles Kulturgut**
- **Beschränkungen der Ausfuhr**: Diese Beschränkungen sind davon abhängig, welche Stufe des Kulturguts vorliegt:
  - Es bestehen absolute Ausfuhrverbote nach § 21 KGSG z.B. während des gesamten Eintragungsverfahrens für **national wertvolles Kulturgut**, allerdings ist eine Genehmigung nach § 22 KGSG möglich.

[53] Abhandenkommen: unfreiwilliger Verlust des unmittelbaren Besitzes.

> *„Das Gesetz gibt es seit einem Jahr jetzt, und wir haben nach wie vor keinerlei Probleme gehabt, irgendwelche Objekte, auch hochpreisige Objekte ins Ausland zu bringen. Also diese Angst ist komplett unbegründet gewesen."*
>
> Robert Ketterer, Inhaber des größten deutschen Auktionshauses, in einer Sendung von Deutschlandfunk Kultur am 11.10.2017
>
> https://www.deutschlandfunkkultur.de/kulturgutschutzgesetz-was-hat-es-gebracht.976.de.html?dram:article_id=397936

- Zudem gibt es eine Genehmigungspflicht bei der dauerhaften Ausfuhr von **nationalem Kulturgut** (§ 23 KGSG).
- Bei der Ausfuhr von **(einfachem) Kulturgut** besteht teilweise eine Genehmigungspflicht (§ 24f. KGSG).
- Und schließlich ist eine „allgemeine offene Genehmigung" für eine **„vorübergehende Ausfuhr** von Kulturgut" nach § 25 KGSG möglich (z.B. für Restaurierungen und öffentliche Ausstellungen).[54]

Hingegen ist ein **generelles Verkaufsverbot kein Instrument des Kulturgutschutzes,** sondern beim Handel mit Kulturgut bestehen erhöhte, sog. „Jedermann-Sorgfaltspflichten" (§§ 40f. KGSG). Da Archivgut aufgrund seiner Widmung mit einer öffentlich-rechtlichen Dienstbarkeit versehen ist und daher nicht in den Handel gebracht werden darf und im Übrigen gemäß fast allen Archivgesetzen unveräußerlich ist, hat dieser Punkt für Archivgut soweit ersichtlich kaum eine Relevanz. Die Ersitzung von Archivgut wird hingegen durch § 40 KGSG nicht verhindert.[55]

B. Restitution von in Deutschland befindlichem ausländischen Kulturgut

Die Restitutionsansprüche nach dem KGSG sind im Hinblick auf Archivgut nur von sehr begrenzter Bedeutung, denn von der

> „Möglichkeit, das Restitutionsregime zu erweitern auf Kulturgut, das vor dem 1.1.1993 unrechtmäßig aus dem Hoheitsgebiet anderer Mitgliedsstaaten verbracht wurde, hat der deutsche Gesetzgeber nicht Gebrauch gemacht."[56]

Insbesondere Archivgut, das in der **NS-Zeit** in besetzten Gebieten durch NS-Institutionen entwendet wurde, ist von Restitutionsansprüchen nach dem KGSG nicht erfasst, sondern es gibt nur viel später einsetzende Ansprüche.

---

54 Übersicht der Einrichtungen mit einer Genehmigung nach § 25 KGSG in Nordrhein-Westfalen: http://www.kulturgutschutz-deutschland.de/DE/Service/AllgemeineOffeneGenehmigungen/Nordrhein-Westfalen/NRW_node.html

55 Dazu Thema 8, Teil 3, Abschnitt D.II.1.a.bb.

56 Elmenhorst/Wiese, KGSG-Kommentar, München 2018, § 50 Rn. 8.

§ 50 KGSG begründet einen **Rückgabeanspruch zugunsten von EU-Mitgliedstaaten** bei unrechtmäßiger Ausfuhr aus jenem Staat erst ab einem sehr späten Zeitpunkt, nämlich für Ausfuhren **nach dem 31.12.1992.** Zugunsten von **Unesco-Vertragsstaaten** ist ein viel späterer Stichtag vorgesehen (§ 52 KGSG); der Anspruch besteht nur bei unrechtmäßiger Ausfuhr aus einem jener Staaten **nach dem 26.04.2007.**[57] Diese Rückgabeansprüche sind **öffentlich-rechtlich** (§ 49 KGSG); die zivilrechtlichen Rückgabeansprüche (§ 985 BGB) bleiben unberührt.[58]

Öffentlich-rechtliche Rückgabeansprüche verjähren nicht, wenn sich das Kulturgut in öffentlichen Sammlungen oder im Bestandsverzeichnis religiöser Einrichtungen befunden hat. Aber der Anspruch **erlischt grundsätzlich nach 75 Jahren** (§§ 55–57 KGSG); eine Hemmung des Erlöschens ist aufgrund einer analogen Anwendung der BGB-Regelungen möglich.

C. Restitution von im Ausland befindlichem deutschen Kulturgut

Kurz sei abschließend auf den Rechtsrahmen hingewiesen, der zur Rückführung von Kulturgut besteht, das sich unrechtmäßig nicht mehr in Deutschland befindet. Innerhalb der EU maßgeblich ist die Kulturgüterrückgaberichtlinie,[59] dort legt Art. 3 fest:

> „Die unrechtmäßig aus dem Hoheitsgebiet eines Mitgliedstaats verbrachten Kulturgüter werden nach den in dieser Richtlinie vorgesehenen Verfahren und Bedingungen zurückgegeben."

Wenn sich deutsches Kulturgut außerhalb der EU befindet, ist ein Unecso-Abkommen einschlägig, das aus dem Jahr 1970 stammt und in 137 Staaten ratifiziert bzw. angenommen wurde[60] – auch von den USA. Deren zeitweiliger Austritt aus der Unesco[61] beendete nicht die völkerrechtliche Verbindlichkeit des Abkommens für die USA.

Wer hat die Aktivlegitimation für die **Geltendmachung dieser Ansprüche?** Bei „Kulturgut, das unrechtmäßig in das Hoheitsgebiet" eines EU-Mitgliedsstaats/Unesco-Vertragsstaats ausgeführt wurde, macht den Rückgabeanspruch „die für

---

57 Zum Beispiel Archivgut aus kolonialen Zusammenhängen oder ägyptisches oder griechisches Kulturgut in deutschen Museen sind von diesem Anspruch also nicht erfasst, soweit – wie meist – die Ausfuhr aus diesen Ländern vor dem Jahr 2007 erfolgte.

58 Der Eigentumsherausgabeanspruch verjährt nach 30 Jahren (§ 197 BGB); eine Hemmung der Verjährung ist möglich. Dazu Thema 8, Teil 3 Abschnitt D.II.3.b.

59 Richtlinie 2014/60/EU.

60 Übereinkommen über Maßnahmen zum Verbot und zur Verhütung der unzulässigen Einfuhr, Ausfuhr und Übereignung von Kulturgut. www.unesco.org/eri/la/convention.asp?KO=13039&language=E.

61 Zu den Mitgliedsdaten der USA siehe https://en.wikipedia.org/wiki/Member_states_of_UNESCO.

Kultur und Medien zuständige oberste Bundesbehörde im Benehmen mit der zuständigen obersten Landesbehörde des Landes“ geltend.[62]

Teil 5: Archivrelevantes Denkmalschutzrecht

Es „schützen die Denkmalschutzgesetze der Bundesländer bis zur Gegenwart nicht nur Bauwerke und bewegliche Bodendenkmäler, sondern – mit unterschiedlichen Bedingungen – auch sonstige fremde **bewegliche Kulturgüter**, wozu Archivgut in privatem Eigentum zählen kann.“[63]

Eine Bedeutung im Archivwesen haben die Denkmalschutzregelungen wohl vor allem für **Adelsarchive.** Nach dem Denkmalschutzrecht ist die „Verbringung“ von (auch beweglichen) „Kulturdenkmälern“ an einen anderen Ort genehmigungspflichtig. Doch gilt laut einem Wikipedia-Artikel:

„Vergleichsweise selten werden Adelsarchive durch Eintragung in das Denkmalverzeichnis dem Denkmalschutz unterstellt.“

Viel häufiger sind Adelsarchive (genauer: ihre Bestände) schon nach dem früheren Kulturgutschutzrecht in das Verzeichnis national wertvoller Archive eingetragen worden.

62 §§ 69f. KGSG.

63 Polley, Archivrecht in Deutschland, in: Becker/Rehm, Archivrecht, S. 21 mN. in Fn. 9.

Thema 7: Archivrelevante Teile des Steuerrechts

Das **Steuerverfahrensrecht** ist zu großen Teilen in der **Abgabenordnung** geregelt. Archivrelevant ist insbesondere die Frage, welche Auswirkungen das Steuergeheimnis auf die Nutzung hat.[1] Das **materielle Steuerrecht**, das u.a. die Höhe der Steuern betrifft, ist in zahlreichen Einzelgesetzen geregelt.

A. Archivrelevantes Umsatzsteuerrecht

Eine hohe Archivrelevanz hat insbesondere das **Umsatzsteuerrecht** – wann sind archivbezogene Umsätze zu versteuern?

> Beispiel: Das Archiv erhebt Gebühren, verkauft einen Ausstellungskatalog und gestaltet die Archivierung im Verbund, indem es eine Mitarbeiterin zu festgelegten Prozentzahlen in den beteiligten Archiven arbeiten lässt; diese Archive erstatten dem federführenden Archiv anteilig die Arbeitskosten. Welche dieser Umsätze sind umsatzsteuerpflichtig?

I. Grundsatz: Umsatzsteuerfreiheit bei meisten Leistungen öffentlicher Archive

Die Umsatzsteuerpflicht knüpft an die Eigenschaft als **Unternehmer** an (§ 1 I Nr. 1 UStG). Unternehmer ist, wer eine gewerbliche oder berufliche Tätigkeit selbstständig ausübt, unabhängig davon, ob er nach anderen Vorschriften rechtsfähig ist (§ 2 I 1 UStG). Daher ist Unternehmer jedes selbständig tätige Wirtschaftsgebilde, das nachhaltig Leistungen gegen Entgelt ausführt. Soweit Archive Einnahmen erzielen, sind sie daher regelmäßig Unternehmer iSd UStG.

Zwar „gelten **juristische Personen des öffentlichen Rechts** nicht als Unternehmer im Sinne des § 2, soweit sie Tätigkeiten ausüben, die ihnen im Rahmen der öffentlichen Gewalt obliegen" (§ 2b I 1 UStG), doch sind öffentlichen Archive in der Regel nicht als juristische Personen des öffentlichen Rechts organisiert,[2] so dass diese Regelung meist nicht eingreift und sich daraus die Umsatzsteuerfreiheit nicht ergibt.

Allerdings legt § 20 Nr. 20 a UStG die Umsatzsteuerfreiheit für alle Umsätze fest, soweit es sich um Archive handelt, die „Einrichtungen juristischer Personen des öffentlichen Rechts" sind.

---

1 Dazu Thema 13, Teil 5, Abschnitt E II.4.j.

2 Siehe Thema 1, Teil 1, Abschnitt A.

II. Ausnahme: Umsatzsteuerpflicht bei Archivierung im Verbund mittels eines Zweckverbandes

Anders ist die Lage aber, wenn eine **Archivierung im Verbund** mittels eines **Zweckverbandes** erfolgt, da dieser **rechtsfähig** ist. Der Zweckverband ist kein Archiv, so dass der erwähnte § 20 Nr. 20 a UStG hier nicht eingreift.

Gemäß § 2 b Abs. 1 Satz 1 UStG entfällt die Umsatzsteuerpflicht zwar für juristische Personen des öffentlichen Rechts, wenn sie „Tätigkeiten ausüben, die ihnen im Rahmen der öffentlichen Gewalt obliegen". Gemäß den Archivgesetzen ist die Archivierung eine öffentliche Aufgabe. Es könnte aber die Rückausnahme nach § 2 b Abs. 1 Satz 2 UStG eingreifen, wenn das Ergebnis der fehlenden Umsatzsteuerpflicht der Archivierung im Verbund mittels Zweckverband zu einer „größeren Wettbewerbsverzerrung" führen würde. Eine „größere Wettbewerbsverzerrung" liegt nach § 2 b Abs. 3 Nr. 1 UStG nicht vor, wenn die Leistung

- erstens „an eine andere juristische Person des öffentlichen Rechts ausgeführt wird" und wenn
- zweitens „die Leistungen aufgrund gesetzlicher Bestimmungen nur von juristischen Personen des öffentlichen Rechts erbracht werden dürfen".

Die archivischen Fachaufgaben dürfen aber von privaten Firmen durchgeführt werden – mit zwei Ausnahme: Die Widmung von Unterlagen zu Archivgut und die Entscheidung über Nutzungsanträge. Diese Argumentation deckt sich mit den Thesen in einem BMF-Schreiben, das hier zugänglich ist. Damit scheidet eine „größere Wettbewerbsverzerrung" nicht aufgrund von § 2 b Abs. 3 Nr. 1 UStG aus.

Die „größere Wettbewerbsverzerrung" entfällt auch nicht nach § 2 b Abs. 3 Nr. 2 UStG, denn das ist nur der Fall, wenn Leistungserbringung gemäß Buchstabe b, 2. Alt., „der Wahrnehmung einer allen Beteiligten obliegenden öffentlichen Aufgabe dienen". Wie oben erwähnt, ist es eine öffentliche Aufgabe, ein Archiv in öffentlicher Trägerschaft zu betreiben; die Kommunen haben nach den Archivgesetzen auch die Aufgabe, die Archivierung durchzuführen. Wie erwähnt, können aber nahezu alle der archivischen Fachaufgaben auch durch Private erbracht werden, so dass es sich nicht um eine öffentliche Aufgabe handelt. Somit liegen die Rechtsfolgevoraussetzungen des Buchstabens b, 2. Alt., nicht vor.

B. Archivrelevantes Erbschaftsteuer- und Schenkungsteuerrecht

Die Frage, ob eine Steuerpflicht nach dem Erbschaftsteuer- und Schenkungsteuergesetz (ErbStG) besteht, stellt sich insbesondere bei **Schenkungen**, die in einem Depositalvertrag zwischen einem Archiv und der Depositalgeber.in vereinbart werden.

„Jeder der Erbschaftsteuer unterliegende Erwerb“ ist nach § 30 I ErbStG dem zuständigen Finanzamt **anzuzeigen**. Der Erwerb durch das Archiv (bzw. genauer: durch den hinter dem Archiv stehenden Rechtsträger) ist grundsätzlich steuerpflichtig, wenn kein Befreiungstatbestand vorliegt (§ 10 I 1 ErbStG).

Doch zugunsten von Archiven greift regelmäßig erstens nach § 13 Abs. 1 Nr. 2a ErbStG die **„kleine Kulturgutbefreiung“** ein, denn die drei Rechtsfolgevoraussetzungen sind kumulativ erfüllt:

- die Erhaltung der dem Archiv geschenkten Gegenstände liegt „wegen ihrer Bedeutung für Kunst, Geschichte oder Wissenschaft im öffentlichen Interesse“,
- die jährlichen Kosten übersteigen die erzielten Einnahmen und
- die Gegenstände werden „in einem den Verhältnissen entsprechenden Umfang den Zwecken der Forschung oder der Volksbildung nutzbar gemacht“

Rechtsfolge der „kleinen Kulturgutbefreiung“ ist die **Steuerfreiheit von 60 %** des Werts der geschenkten Unterlagen. Zu prüfen bleibt in diesem Fall, ob ein Freibetrag nach § 16 ErbStG eingreift.

Sehr häufig wird sogar die **„große Kulturgutbefreiung“** nach § 13 Abs. 1 Nr. 2b ErbStG vorliegen. Dafür ist – zusätzlich zum Vorliegen der „kleinen Kulturgutbefreiung“ – die erste Voraussetzung, dass „der Steuerpflichtige [also das Archiv] bereit ist, die Gegenstände den geltenden Bestimmungen der Denkmalspflege zu unterstellen“. Schon die Einhaltung der Archivgesetze führt dazu, dass viele Regelungen des Denkmalschutzrechts eingehalten werden, und es kann davon ausgegangen werden, dass öffentliche Archive jederzeit bereit sind, das Denkmalschutzrecht zu beachten. Auch die zweite Rechtsfolgevoraussetzung wird meist zu bejahen sein:

- Entweder müssen die „Gegenstände sich seit mindestens 20 Jahren im Besitz der Familie befinden“[3] oder
- die Unterlagen sind als national wertvolles Kulturgut (§ 7 I KGSG) eingetragen[4]

Rechtsfolge der „großen Kulturgutbefreiung“ ist die **100 %ige Steuerfreiheit**.

---

3 Zu den Familienangehörigen zählen u. a. Ehegatten, Verlobte, Lebenspartner, Verwandte und Verschwägerte, siehe im Übrigen § 15 Abgabenordnung.

4 Dazu Thema 6, Teil 3 Abschnitt D.

Thema 8: Archivrelevante Teile des Zivilrechts

Teil 1: Vorstellung der zentralen Gesetze

A. Das Bürgerliche Gesetzbuch (BGB) und sein Aufbau

Das BGB ist das zentrale Gesetzbuch, das die Regelung des sog. allgemeinen Privatrechts enthält. Das allgemeine Privatrecht ist der Teil der Rechtsordnung, der für alle gilt. Ob öffentliche Archive privatrechtlich handeln, ist nach der bereits erläuterten modifizierten→ Subjektstheorie zu entscheiden.

Das BGB besteht aus **fünf Büchern**, wobei allgemeinere Fragen (wie auch in diesem Buch) „vor die Klammer gezogen" sind. Das erste Buch ist daher der **„Allgemeine Teil"** (§§ 1–240 BGB), und auch die folgenden Bücher enthalten jedenfalls strukturell Allgemeine Teile (z.B. des Schuldrechts). Es ist daher unvermeidbar, auch bei einfachen Rechtsfragen Normen aus mehreren Büchern des BGB zu verwenden.

Das zweite Buch enthält das **Schuldrecht** (§§ 241–853 BGB). Archivrelevant sind vor allem die Vorschriften, die auf Depositalverträge[1] Anwendung finden; beim Abschluss solcher Verträge handelt ein öffentliches Archiv gemäß der modifizierten Subjektstheorie unproblematisch privatrechtlich.

Beim dritten Buch, das dem **Sachenrecht** gewidmet ist (§§ 854–1296 BGB), stellt sich als erste die Frage, ob es für „öffentliches Eigentum" in Archiven eigene Regelungen außerhalb des BGB gibt. Dies ist nach der modifizierten Theorie des Privateigentums zu verneinen,[2] so dass das BGB-Sachenrecht gilt, aber mit Modifikationen, die im Folgenden erläutert werden. Von den sachenrechtlichen Normen sind für Archive vor allem die Regelungen zu Besitz und Eigentum an beweglichen Sachen relevant; zudem ist für die rechtliche Einordnung der Widmung zu Archivgut die Rechtsdogmatik beschränkter dinglicher Rechte, insbesondere von Dienstbarkeiten, zentral.

Auf das im 4. Buch geregelte **Familienrecht** (§§ 1297–1921 BGB muss im Archiv vor allem dann zurückgegriffen werden, wenn Archivgesetze oder Depositalverträge auf Verwandtschaftsverhältnisse abstellen.

Das **Erbrecht** ist Gegenstand des 5. Buches (§§ 1922–2385 BGB) und u.a. bei Depositalverträgen von hoher Relevanz für Archive, wenn es z.B. um die Erbenstellung geht.

---

1 Dazu Thema 10, Teil 2.

2 Die Begründung dafür gleich bei Teil 3.

Im Folgenden werden besonders archivrelevante Themen aus den ersten drei Büchern des BGB erläutert.

B. Weitere wichtige Gesetze im Privat- bzw. Wirtschaftsrecht

Die Regelungen des BGB werden zum Teil ergänzt bzw. ersetzt durch andere Rechtsnormen. Sie bilden überwiegend eigene Rechtsgebiete im Zivilrecht. Am bedeutendsten davon sind:

- Handelsrecht und Gesellschaftsrecht

Handelsrecht ist das **Sonderprivatrecht der Kaufleute**. Gesellschaftsrecht ist das Sonderprivatrecht für die Organisation, Rechtshandlungen und Haftung von Gesellschaften. Legt man die anfangs eingeführte Definition von „Archivrecht" zugrunde, gehören Handels- und Gesellschaftsrecht nicht dazu.

- Arbeitsrecht

Arbeitsrecht ist das **Sonderprivatrecht der abhängig Beschäftigten und Arbeitgeber**; es gehört nach der obigen Definition von Archivrecht nicht zu diesem Rechtsgebiet.

- Urheberrecht

Dieses Rechtsgebiet dient dem **Schutz des Urhebers bzw. Schöpfers von geistigen Werken** und regelt dessen Befugnisse über die Verwertung seiner geistigen Schöpfungen. Grundlage hierfür ist das Urheberrechtsgesetz. Dieses Rechtsgebiet wird gemäß den Festlegungen im Vorwort in diesem Lehrbuch nicht vertieft behandelt.

Teil 2: Grundbegriffe des Allgemeinen Teils des BGB und des Schuldrechts

A. Rechts-, Handlungs- und Geschäftsfähigkeit

Erste Voraussetzung für die zivilrechtlich relevantes Handeln ist die **Rechtsfähigkeit**, deren Zusammenhang mit der Stellung als Rechtssubjekt oben erläutert wird.[3]

Von der Rechtsfähigkeit zu unterscheiden ist die **Handlungsfähigkeit**. Das ist die Fähigkeit eines Rechtssubjekts, durch eine eigene, von ihm beherrschte Handlung Rechtsfolgen herbeizuführen.

Beispiel: Während des Schlafens fehlt den Menschen die Handlungsfähigkeit.

Zur Handlungsfähigkeit gehören die **Geschäftsfähigkeit** (die vor allem vom Lebensalter abhängt) und die **Deliktsfähigkeit** (das ist die Fähigkeit, im Deliktsrecht schadensersatzpflichtig zu werden).

3 Thema 1, Teil 1, Abschnitt A.

B. Privatautonomie, Willenserklärungen, Zustimmungen und Einwendungen/Einreden

Die im BGB kodifizierten Regeln über die Rechtsgeschäfte und den Abschluss von Verträgen (Verträge sind eine Unterart der Rechtsgeschäfte) beruhen auf dem **Grundsatz der Privatautonomie.** Dahinter steht die Überlegung, dass der einzelne selbst die Regelung seiner Lebensverhältnisse treffen soll und diese vom Gesetz anerkannt wird. Deshalb haben Willenserklärungen eine zentrale Stellung im BGB.

Flankiert wird die Privatautonomie, deren (rechts)philosophische Begründung in der (wirtschafts-) liberalen Grundhaltung des 19. Jahrhunderts liegt, vom grundgesetzlich garantierten Schutz der freien Entfaltung der Persönlichkeit und der allgemeinen Handlungsfreiheit gemäß Art. 2 GG.

I. Willenserklärung

Die **Willenserklärung** ist eine private Willensäußerung, die auf die Erzielung einer Rechtsfolge gerichtet ist.

> Beispiel: Das Archiv (genauer: der Archivträger) will mit dem zukünftigen Depositalgeber G einen Depositalvertrag abschließen. Deshalb schreibt die Archivleiterin einen Brief und bietet G den Abschluss eines solchen Vertrages an.

Merkmal der Willenserklärung ist folglich, dass sie den Willen enthält, eine Rechtsfolge auszulösen. Die Rechtsfolge tritt *nur dann* ein, wenn der darauf gerichtete Wille auch *wirklich* vorliegt. Die Willenserklärung besteht funktionell gesehen aus zwei Elementen:

- dem inneren Willen und
- der Äußerung dieses Willens.

Die Äußerung des Willens kann auf verschiedene Weise erfolgen:

- Zum einen ausdrücklich: Der auf den rechtlichen Erfolg gerichtete Wille kommt unmittelbar zum Ausdruck.

> **Beispiel:** In dem vorherigen Beispiel hat die Archivleiterin ihren Willen explizit ausgedrückt.

- Zum anderen schlüssig bzw. konkludent: Der Geschäftswille des Erklärenden kommt nur mittelbar zum Ausdruck, etwa durch ein Verhalten, aus dem zu schließen ist, dass der Erklärende einen rechtlichen Erfolg herbeiführen will.

> **Beispiel:** Ein Nutzungsantrag in einem Archiv muss nicht explizit gestellt werden, sondern kann auch durch die Bitte um Vorlage bestimmter Archivalien geäußert werden. Auch wenn der Nutzungserlaubnis öffentlich-rechtlich erfolgt, sind – mangels eigener Regelungen im öffentlichen Recht – auf die Wirksamkeit dieses Nutzungsantrags auch die BGB-Regelungen anzuwenden.

Ein Sonderfall ist das **Schweigen**, das regelmäßig nicht als Willenserklärung zu verstehen ist.

Willenserklärungen unterscheidet man nach ihrer Empfangsbedürftigkeit. Müssen, damit die Willenserklärung rechtswirksam wird, andere Rechtssubjekte von der Willenserklärung erfahren?

- *Empfangsbedürftige* Willenserklärungen sind an einen anderen, den Erklärungsempfänger, direkt gerichtet. Zu ihrer Wirksamkeit ist es erforderlich, dass der andere die Erklärung empfängt.

Beispiel: Das Archiv verschickt eine Mahnung, weil Kopiergebühren nicht überwiesen werden; Mahnungen sind empfangsbedürftig. Ebenso ist das Angebot zum Abschluss eines Depositalvertrages eine empfangsbedürftige Willenserklärung.

- *Nichtempfangsbedürftige* Willenserklärungen sind zwar an Dritte gerichtet, müssen zu ihrer Wirksamkeit aber von niemandem empfangen werden.

Beispiel: Ein Testament ist auch wirksam, wenn es erst nach dem Tode des Verfassers gelesen wird.

II. Zustimmungen: Einwilligung und Genehmigung

Wenn für ein Rechtsgeschäft ein Einverständnis notwendig ist, dann kann dies durch eine Zustimmung (§ 182 BGB) erteilt werden, eine einseitige und grundsätzliche formfreie (§ 182 II BGB) Willenserklärung. Dies ist der Oberbegriff für die

- ***vorherige* Zustimmung**, die **Einwilligung** (§ 183 BGB), und die
- ***nachträgliche* Zustimmung**, die **Genehmigung** (§ 184 BGB)

Zivilrechtlich gesehen ist der Ausdruck „nachträgliche Genehmigung“ daher ein Pleonasmus.

Auch im öffentlichen Recht werden diese Begriffe verwendet.

Beispiel: Wenn eine Nutzung von Archivgut Unterlagen betrifft, die Daten enthalten, die durch das Recht auf informationelle Selbstbestimmung geschützt sind, kann die Einwilligung des Betroffenen eingeholt werden.[4]

Eine behördliche Genehmigung muss in der Regel aber vorher eingeholt werden.

Beispiel: Die Nutzungsgenehmigung für Archivgut ist vor der Nutzung zu beantragen.

Eine Einwilligung kann sich nur auf Individualrechtsgüter beziehen, die zur Disposition des Einwilligenden stehen; bei Universalrechtsgütern (z. B. „öffent-

---

[4] Dazu Thema 13, Teil 5, Abschnitt H.II.1.

liche Sicherheit") besteht keine Einwilligungsmöglichkeit. Zudem muss dem Einwilligenden die Bedeutung und Tragweite der Einwilligung ersichtlich sein.

III. Einwendungen/Einreden

Wenn ein Anspruch geltend gemacht wird, können dem Anspruch **Einwendungen** entgegensehen. Diese können „rechtshindernd" sein – dann ist der Anspruch gar nicht erst entstanden (z.B. fehlt beim Depositalvertrag der Vertragsabschluss). Oder die Einwendungen sind „rechtsvernichtend" wie z.B. die Anfechtung (§ 142 BGB) – dann ist der ursprünglich vorhandene Anspruch nun nicht mehr vorhanden. Auf diese Einwendungen muss sich der, der von ihnen profitiert, nicht berufen, sondern z.B. bei fehlendem Vertragsschluss oder nach einer erfolgreichen Anfechtung besteht jedenfalls der ursprüngliche Anspruch nicht.

Anders ist es bei den **Einreden:** Diese sind nur zu berücksichtigen, wenn sie erhoben werden. Im archivischen Kontext ist das vor allem für die **Verjährung** relevant: Die Verjährung (§ 194 BGB) greift **nur** ein, wenn sich der Schuldner darauf beruft – dann aber ist der Anspruch dauernd gehemmt. Das gilt für schuldrechtliche und auch für sachenrechtliche Ansprüche: Nach Ablauf der Verjährungsfrist (§ 195ff. BGB) kann gegen den Eigentumsherausgabeanspruch (§ 985 BGB) die Verjährungseinrede erhoben werden. Es verjährt also der Anspruch, nicht das Eigentum.

C. Die Stellvertretung

Ein Stellvertreter gibt eine eigene Willenserklärung in fremdem Namen ab, ein Bote überbringt eine fremde Willenserklärung.

I. Gesetzliche Vertretung

Bei einer geschäftsfähigen natürlichen Person ist regelmäßig keine gesetzliche Vertretung nötig. Für **beschränkt Geschäftsfähige oder Geschäftsunfähige** handelt bei nicht nur rechtlichen vorteilhaften Geschäften (§ 107 BGB) der gesetzliche Vertreter, z.B. vertreten die Eltern ihre Kinder gemäß § 1627 BGB.

> Beispiel: Bei minderjährigen Schüler.innen müssen die gesetzlichen Vertreter den Nutzungsantrag im Archiv stellen. Die Nutzung ist nicht nur rechtlich vorteilhaft iSv. § 107 BGB, da die Nutzung vielfältige Pflichten der Nutzer.in begründet.[5]

---

[5] Die Nutzungsregelungen der Deutschen Nationalbibliothek können insoweit als Vorbild dienen: Dort setzt die Nutzung voraus, dass „die schriftliche Einwilligung eines Erziehungsberechtigten vorliegt. […]. Die Bibliothek kann aus Gründen und nach Maßgabe des Jugendschutzes die Nutzung durch Minderjährige beschränken." § 2 Nr. 3 Abs. 2 der Benutzungsordnung von 2014, www.dnb.de/SharedDocs/Downloads/DE/Benutzung/benutzungsordnung.pdf?__blob=publicationFile&v=3.

Rechtsfähige **juristische Personen** handeln ebenfalls grundsätzlich mit Hilfe ihrer gesetzlichen Vertreter (Organe; sogenanntes Organhandeln). Das sind regelmäßig:

- Beim **Bund** und bei den **Ländern** die zuständigen Ministerien. Diese haben häufig Anordnungen erlassen, mit denen Behördenleiter.innen für die Erfüllung bestimmter Aufgaben als Vertreter.innen benannt werden.[6]
- Bei einem **eingetragenen Verein** oder bei einer **Aktiengesellschaft** der Vorstand
- bei einer **GmbH** der Geschäftsführer

Alles, was ein gesetzlicher Vertreter rechtlich unternimmt, muss die juristische Person als ganzes gegen sich gelten lassen (Organhaftung).

> Beispiel: Wird eine Nutzer.in in einem öffentlichen Archiv durch Verschulden eines Archivmitarbeiters verletzt, haftet dafür nicht das Archiv, sondern der Archivträger (Bund oder Land).

II. Rechtsgeschäftliche Vertretung

Neben der gesetzlich angeordneten Vertretung ist es auch möglich, dass sich jemand bei der Abgabe von Willenserklärungen vertreten lassen möchte und deshalb eine widerrufliche sog. „Vollmacht“ einräumt. Diese rechtsgeschäftliche Vollmacht ist in §§ 164 ff. BGB geregelt.

> Bsp.: Die Verhandlungen zum Abschluss eines Depositalvertrages führt nicht die spätere Depositalgeberin, sondern auf deren Wunsch ihre Tochter.

Der Vertreter darf weitere, „eigene“ Vertreter im Rahmen der Hauptvollmacht bestellen. Die Willenserklärung, die der rechtsgeschäftliche Vertreter abgibt, wirkt unmittelbar und nur für und gegen den Vertretenen.

III. Unterschriften beim Handeln öffentlicher Archive: Der eigene Name oder „i.V.“ oder „i.A.“?

Bei vielen Handlungsformen öffentlicher Archive[7] stellt sich die Frage, wie Briefe oder Mitteilungen von Mitarbeiter.innen unterzeichnet werden müssen: Nur mit dem eigenen Namen oder mit „i.V.“[8] oder mit „i.A.“? Ein VA[9] muss

---

6 Unbedingt beachten: Die Vollmachten umfassen nicht notwendig auch die Vollmacht für den *actus contrarius*. Wenn eine Behördenleiter.in die Vollmacht zur Einstellung von Mitarbeiter.innen erhält, folgt daraus nicht automatisch die Vollmacht zu deren Kündigung.

7 Dazu Thema 4, Teil 1.

8 Es wird nicht einheitlich gesehen, ob „i.V.“ die Abkürzung für „in Vertretung“ oder „in Vollmacht“ ist. Letztlich kommt es darauf nicht an, da das Vorliegen der Vollmacht der hier entscheidende Teil ist.

9 Dazu Thema 4, Teil 2.

nach § 37 III VwVfG sogar grundsätzlich die Unterschrift oder die Namenswiedergabe des Behördenleiters, seines Vertreters oder seines Beauftragten enthalten. Aber wer zeichnet wie?

Im öffentlichen Archiv gilt: Nur die Dienststellenleiter.in zeichnet ohne Zusatz. Die Erteilung einer Vertretungsvollmacht ist möglich, z. B. bei Abwesenheit wegen eines Urlaubs. Die Vertreter.in muss jedoch über die nötige formale Qualifikation verfügen.

> § 37 III VwVfG: „Ein schriftlicher oder elektronischer Verwaltungsakt muss die erlassende Behörde erkennen lassen und die Unterschrift oder die Namenswiedergabe des Behördenleiters, seines Vertreters oder seines Beauftragten enthalten." (es folgen Regelungen zu Ausnahmen)

Beispiel: Der Hausmeister kann bei den meisten Dienstgeschäften die Dienststellenleiter.in nicht vertreten; anders im Hinblick auf das Hausrecht.

Im Übrigen wird den Mitarbeiter.innen ein Aufgabengebiet zugewiesen, sie erhalten also einen Auftrag. Bei der Erfüllung dieser Aufgaben sind sie Boten für die Willenserklärungen der Dienststellenleitung und haben eine Zeichnungsbefugnis. Deshalb unterschreiben sie „i.A." („im Auftrag").

Beispiel: Als Mitarbeiter der Archivschule Marburg gehört das Archivrecht zum Aufgabengebiet des Autors dieses Lehrbuchs. Daher wurde das Lehrbuch genaugenommen „i.A." verfasst; das ließe sich auf dem Titelblatt so ausdrücken: „Dieses Lehrbuch wird Ihnen präsentiert vom Land Hessen, vertreten durch die Leiterin der Archivschule und im Auftrag verfasst von …" Das Titelblatt folgt jedoch nicht dem (an dieser Stelle ganz unüblichen) Code des Rechts, sondern dem Code der Wissenschaft.[10]

Gegenbeispiel: Richterinnen und Richter sind selbst entscheidungsbefugt und unterschreiben Urteile daher ohne „i.V."

Es ist nicht empfehlenswert, ohne Absicherung beim Vertretenen mit „i.V." zu unterzeichnen, denn wenn tatsächlich keine Vollmacht vorliegt, aber der Empfänger der Willenserklärung von einer Stellvertretung ausgehen durfte (Duldungs- oder Anscheinsvollmacht), haftet der Erklärende selbst, und zwar als Vertreter ohne Vertretungsmacht (§§ 177, 179 BGB).

Umgekehrt kann es gravierende Folgen haben, wenn statt „i.V." mit „i.A." unterzeichnet wird.

Beispiel: § 623 BGB fordert für eine Kündigung die Schriftform. Die Urkunde muss daher nach § 126 BGB vom Aussteller eigenhändig unterzeichnet werden. Dies kann auch durch Stellvertretung erfolgen („i.V."). Wird die Kündigung von einer anderen

---

10 Dies ist ein weiteres Beispiel für das prozedurale Rechtsverständnis (dazu Thema 1, Teil 1 A.): Niemand erwartet beim Titelblatt eines Lehrbuchs die Befolgung dieser rechtlichen Vorgabe, und deshalb führt die Nicht-Geltung des Rechts an dieser Stelle dazu, dass es letztlich Nicht-Recht ist.

Person jedoch mit „i.A." unterzeichnet, verstößt sie gegen das Schriftformerfordernis und ist unwirksam.[11]

D. Das Trennungs- und Abstraktionsprinzip

Das Trennungs- und das Abstraktionsprinzip spielen eine große Rolle bei Verträgen, die auf die Übereignung von Sachen gerichtet sind wie z. B. Kauf- und Depositalverträge.

Durch den Kauf- oder Depositalvertrag (das Verpflichtungsgeschäft) ändert sich am Eigentum an der Sache nichts. Der Verkäufer bzw. die Depositalgeberin ist lediglich verpflichtet, dem Käufer bzw. dem Archiv das Eigentum an der Kaufsache zu verschaffen. Erfüllt wird der Kauf- bzw. Depositalvertrag durch die Übertragung des Eigentums (Erfüllungsgeschäft). **Erst dadurch** ändert sich die sachenrechtliche Lage in Bezug auf die Sache.

Die beiden Rechtsgeschäfte, das

- Verpflichtungsgeschäft und das
- Erfüllungsgeschäft,

sind juristisch voneinander getrennt („Trennungsprinzip"), und die Unwirksamkeit des einen Geschäfts führt grundsätzlich nicht zur Unwirksamkeit des anderen Geschäfts – die beiden Geschäfte werden abstrakt betrachtet („Abstraktionsprinzip").

Beispiel: Wird der Kaufvertrag (Verpflichtungsgeschäft) nach Erfüllung, also nach der Eigentumsübertragung unwirksam, berührt das die Übertragung des Eigentums an der Kaufsache (Erfüllungsgeschäft) nicht (Abstraktionsprinzip).

Auch die Übergabe von Unterlagen an ein Archiv und auch die Erfüllung der Abgabepflicht verändern selbst nicht die Eigentumslage. Es ist aber möglich, eine Übereignung an das Archiv zu vereinbaren und die Erfüllung *durch* die Übergabe der Unterlagen vorzunehmen.

Die Rückabwicklung der Übereignung erfolgt nach den Regeln über die ungerechtfertigte Bereicherung (§§ 812 ff. BGB).

Alternativen zur deutschen Regelung sind z. B.:

- das reine Vertragsprinzip: mit dem Kaufvertrag als solchem geht das Eigentum über (so das französische Recht)
- das Traditionsprinzip: Eigentumsübergang durch das schuldrechtliche Grundgeschäft mit Übergabe der Sache (so im preußischen Allgemeinen Landrecht)

[11] https://judicialis.de/Landesarbeitsgericht-Rheinland-Pfalz_7-Sa-530-07_Urteil_19.12.2007.html.

E. Schuldverhältnisse

Schuldverhältnisse können sowohl durch **Rechtsgeschäft** als auch kraft **Gesetzes** entstehen. Das im Archivkontext wichtigste Rechtsgeschäft zur Begründung eines Schuldverhältnisses ist der **Vertrag**, z. B. der Depositalvertrag. Gesetzliche Schuldverhältnisse entstehen in Archiven vor allem durch **unerlaubte Handlungen** (§§ 823 ff. BGB).

I. Rechtsgeschäftlich begründete Schuldverhältnisse

Rechtsgeschäfte können durch Willenserklärungen (s. o.) herbeigeführt werden. Das Rechtsgeschäft ist dann ein Tatbestand, der aus einer oder mehreren Willenserklärungen sowie ggf. weiteren Erfordernissen (Schriftform, Bedingungen, Fristen, Zustimmung Dritter, behördliche Genehmigung etc.) besteht und an den die Rechtsordnung den Eintritt des gewollten Erfolges knüpft. Es geht bei dem durch Willenserklärungen begründeten Rechtsgeschäft demnach immer um die Herbeiführung des gewollten, bezweckten Erfolges durch einen oder mehrere Beteiligte.

> **Beispiel**: Im Archivrecht beruhen unter anderem **Depositalverträge** und das **Nutzungsverhältnis** zwischen Nutzer.in und dem Archiv (ggf. als Stellvertreter des Rechtsträgers) auf einem Rechtsgeschäft; beim Depositalvertrag liegt ein privatrechtliches, beim Nutzungsverhältnis ein öffentlich-rechtliches Schuldverhältnis vor. [12]

Deutlichste Konsequenz der Privatautonomie in diesem Bereich ist die Vertragsfreiheit, wonach der einzelne darin frei ist, ob er erstens einen Vertrag überhaupt abschließen will (Abschlussfreiheit) und wie zweitens der Inhalt des Vertrages sein soll (Gestaltungsfreiheit). In Ausnahmefällen kann die Abschlussfreiheit aufgehoben sein; ein Kontrahierungszwang besteht z. B. allgemein bei öffentlichen Versorgungsaufgaben (Wasser, Müllentsorgung), nicht aber gegenüber Archiven. Auch der Kulturgutschutz führt nicht zu einem Kontrahierungszwang.

> **Beispiel**: Private können, müssen aber nicht ihre Unterlagen einem Archiv anbieten.

Es gibt zwei Arten von Rechtsgeschäften:

1. Einseitige Rechtsgeschäfte

Dieser Tatbestand enthält nur *eine* Willenserklärung.

> **Beispiel**: Nach einem schweren Verstoß gegen die Benutzungsordnung kündigt das Archiv die Nutzungsvereinbarung mit der Nutzer.in. Die Kündigung ist ein einseitiges Rechtsgeschäft.

[12] Zum Depositalvertrag Thema 10, Teil 2; zum Nutzungsverhältnis Thema 13, Teil 6, Abschnitt A.

2. *Mehrseitige Rechtsgeschäfte, insbesondere Verträge*

Diese enthalten mehrere (mindestens zwei) Willenserklärungen; Hauptbeispiel ist der Vertrag. Ein Vertrag ist daher ein Rechtsgeschäft, das aus mindestens zwei übereinstimmenden Willenserklärungen besteht und einen rechtlichen Erfolg herbeiführen soll.

Systematisch gehören die Verträge in die Rechtsgeschäftslehre und in das Schuldrecht. Sie sind in den §§ 145 ff. BGB und im zweiten Buch des BGB (§§ 241 ff.) geregelt.

a. Das Entstehen von Schuldverhältnissen

Verträge als die hier wichtigste Form von Schuldverhältnissen entstehen durch zwei oder mehr Willenserklärungen, die einander entsprechen. Im Falle eines zweiseitigen Rechtsgeschäfts handelt es sich bei der einen Willenserklärung um das Angebot zum Abschluss eines Vertrages und bei der zweiten um die Annahme dieses Angebotes (vgl. §§ 145 ff. BGB).

> Beispiel: Beim Depositalvertrag handelt das Archiv (präzise: der Archivträger, vertreten durch …) auf der Ebene des Privatrechts und gibt daher ein Angebot ab, das von der Gegenseite angenommen wurde.[13]

Das Angebot muss inhaltlich so bestimmt sein, dass es allein durch Zustimmung angenommen werden kann. Das bedeutet, dass im Angebot alle wesentlichen Punkte des jeweiligen Vertrags enthalten sein müssen.

> Beispiel: Beim Angebot zum Abschluss eines Depositalvertrages muss das zukünftige Depositalgut benannt sein und es muss klar sein, welche Pflichten das Archiv insoweit übernimmt.

Vom bindenden Angebot[14] abzugrenzen ist die sog. Aufforderung zur Abgabe eines Angebots (*invitatio ad offerendum*). Sie kommt u. a. bei Schaufensteranpreisungen in Betracht. Hier mangelt es an einem wesentlichen Bestandteil der Willenserklärung, dem Geschäftswillen. Der Anbietende will sich (noch) nicht binden, sondern potentielle Vertragspartner ermuntern, ihm ein Angebot anzutragen, das er dann zum Vertragsschluss erst noch annehmen muss.

> Beispiel: Wenn ein Archiv mit dem Hinweis wirbt „Alle sind willkommen! Kommen Sie vorbei!“, liegt kein Angebot für ein Nutzungsverhältnis mit dem Archiv vor, sondern nur eine *invitatio ad offerendum.*

Die Annahme unter Änderungen wie Einschränkungen oder Erweiterungen usw. ist als neues Angebot zu verstehen, das wiederum angenommen werden müssen (§ 150 Abs. 2 BGB).

---

13 Zum Vertragstyp siehe Thema 10, Teil 2 Abschnitt B.

14 Vgl. § 145 BGB: „Wer einem anderen die Schließung eines Vertrages anträgt, ist an den Antrag gebunden, es sei denn, dass er die Gebundenheit ausgeschlossen hat.“

Beispiel: Bei Abschluss eines Depositalvertrages muss geklärt werden, welchen Inhalt die jeweiligen Willenserklärungen haben und wann genau ein Vertragsschluss vorliegt.

Grundsätzlich sind Verträge **formfrei** abschließbar. Eine Schriftform, Textform oder gar die notarielle Beurkundung sind nur in bestimmten Ausnahmefällen vorgeschrieben. Daher gilt (entgegen einer nicht selten bei juristischen Laien anzutreffenden Ansicht): Auch mündlich geschlossene Vereinbarungen bzw. zuvor entsprechend ausgetauschte Willenserklärungen führen zu wirksamen Verträgen, die erfüllt werden müssen.

Beispiel: Ein Nutzungsverhältnis im Archiv kann auch ohne Schriftform entstehen, genauso ein Depositalvertrag.

Auch wenn die Schriftform nicht vorgeschrieben ist, sichert eine schriftliche Vereinbarung das Wissen um den Vertragsinhalt und erhöht im Streitfall die Beweisbarkeit der Vereinbarung.

Verträge können auch unter **Bedingungen** sowie **befristet** abgeschlossen werden. Fristen und Bedingungen sind in den §§ 158–163 BGB geregelt.

Schließlich sei noch darauf hingewiesen, dass Verträge oftmals unter Einbeziehung von **Allgemeinen Geschäftsbedingungen (AGB)**, dem sogen. Kleingedruckten, entstehen. Hierfür gelten besondere gesetzliche Regelungen, damit der Vertragspartner nicht durch überraschende oder unangemessene Klauseln benachteiligt wird (§§ 305 ff. BGB).

Beispiel: Es ist möglich, dass Depositalverträge auch anhand des AGB-Rechts zu bewerten sind.

Nach dem Zustandekommen eines Vertrages besteht zwischen den Vertragsparteien ein Schuldverhältnis gemäß § 241 BGB.

b. Das Erlöschen von Schuldverhältnissen

In der Regel erlöschen Schuldverhältnisse durch Erfüllung der jeweiligen Verpflichtungen.

Beispiel: Das Nutzungsverhältnis zwischen Archiv und Nutzer.in erlischt, wenn die Nutzer.in erklärt, dass sie nun alle gewünschten Archivalien eingesehen hat und nicht mehr kommen wird.

Ein Schuldverhältnis kann auch durch einen Rücktritt vom Vertrag erlöschen oder durch einen Abänderungsvertrag ersetzt werden.

Beispiel: Bei einem Depositalvertrag machen die Erben von dem vertraglich zugesicherten Rückforderungsrecht Gebrauch; daraufhin erklärt das Archiv den ebenfalls gemäß dem Vertrag möglichen Rücktritt.

c. Ansprüche und Pflichten im Schuldverhältnis

Das Schuldverhältnis ist ein Rechtsverhältnis, das dazu führt, dass die eine Seite (= Gläubiger) von der anderen Vertragspartei (= Schuldner) eine Leistung zu fordern berechtigt ist. Der Gläubiger hat das subjektive Recht (den Anspruch) erhalten, vom Schuldner das vertraglich vereinbarte Tun oder Unterlassen zu verlangen (vgl. § 194 Abs. 1 BGB zur → Legaldefinition des Anspruchs).

> Beispiel: Die gilt für eine Vielzahl von Verträgen, die aufgrund des BGB entstehen (z.B. Depositalverträge) oder auf die das BGB mangels eigener Regelungen im öffentlichen Recht anwendbar ist (z.B. das Rechtsverhältnis zwischen Nutzer.in und Archiv nach Genehmigung des Nutzungsantrags, ab dann liegt ein öffentlich-rechtliches Schuldverhältnis vor).
> **Gegenbeispiel**: Die meist sog. Anbietungspflicht gegenüber dem Archiv führt nicht zu einem Schuldverhältnis mit der anbietungspflichtigen Stelle, da kein Anspruch des Archivs vorliegt.[15] Die Anbietungspflicht ist daher juristisch gesehen eine bloße Obliegenheit.

Bei einem Vertrag sind beide Parteien sowohl Schuldner als auch Gläubiger im Hinblick auf die folgenden Pflichten:[16]

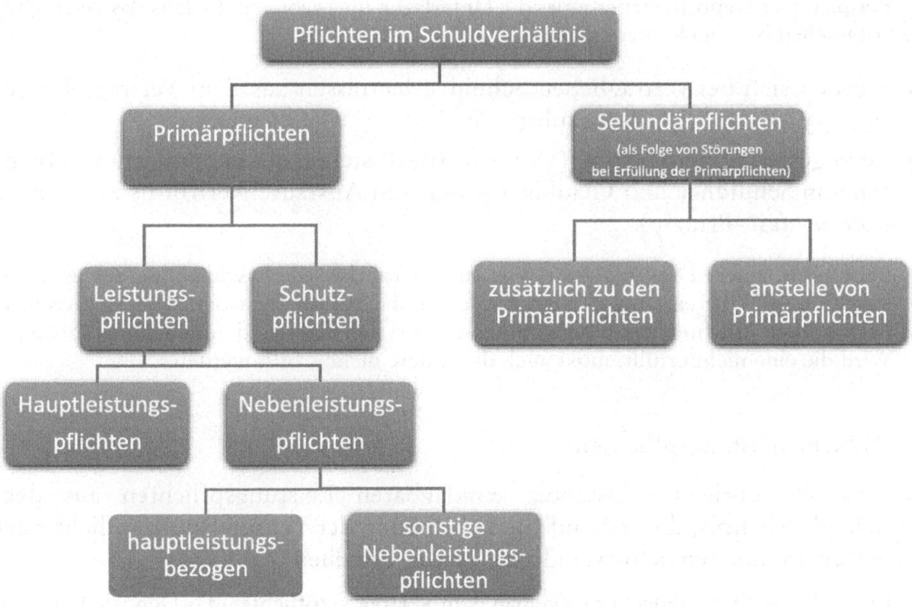

15 Dazu Band 2, Thema 8, Teil 1.

16 Die folgende Übersicht ist angelehnt an Brox/Walker, Allgemeines Schuldrecht, 37. Aufl. 2013, S. 13.

Die Terminologie ist leider nicht einheitlich. So wird die Hauptleistungspflicht gelegentlich auch schlicht als Hauptpflicht bezeichnet (analog dazu: Neben[leistungs]pflicht).

aa. Primärpflichten

Diese Pflichten umfassen Leistungs- und Schutzpflichten.

(1) Leistungspflichten

Regelmäßig hat der Schuldner vor allem die geschuldete(n) Leistung(en) zu erbringen; der Gläubiger kann sie einklagen (§ 241 Abs. 1 BGB). Dabei wird zwischen Haupt- und Nebenleistungspflichten unterschieden.

(1.1) Hauptleistungspflichten

- sind Leistungspflichten, die für das konkrete Schuldverhältnis wesentlich sind

Beispiel: Der Depositalgeber muss die Unterlagen übergeben und – falls das vertraglich vorgesehen ist – auch übereignen.

- ergeben sich bei vertraglichen Schuldverhältnissen aus dem Vertrag, der gemäß §§ 133, 157 BGB auszulegen ist
- beim gegenseitigen Vertrag (§§ 320 ff. BGB) stehen die Hauptleistungspflichten von Schuldner und Gläubiger jeweils im Austauschverhältnis zueinander („*do ut des*“-Prinzip).

Beispiel: In einem Depositalvertrag ist vereinbart, dass die Erschließung des Bestands erst nach der Übereignung der Unterlagen an das Archiv (genauer: den Archivträger) beginnt. Die Pflichten zur Übereignung und Erschließung sind voneinander abhängig: Wird die eine nicht erfüllt, muss auch die andere nicht erfüllt werden.

(1.2) Nebenleistungspflichten

- sind alle übrigen selbständig einklagbaren Leistungspflichten aus dem Schuldverhältnis, die sich auf die Erbringung der Hauptleistungspflicht oder auf einen anderen selbstständigen Zweck beziehen

Beispiel: Der Depositalgeber ist gemäß dem Vertrag verpflichtet, das Depositalgut zum Archiv zu bringen

- ergeben sich entweder aus dem Vertrag selbst (durch Auslegung zu ermitteln: §§ 133, 157 BGB) oder aus § 242 BGB

Beispiele:

Wenn zum Depositalgut auch ein verschlüsselter Datenträger gehört, muss der Depositalgeber das Passwort mitteilen.

Wenn die Depositalgeber.in die Pflicht für den Transport der Unterlagen in das Archiv übernommen hat, muss sie für eine angemessene Versicherung während des Transports sorgen.

Es kann vielfältige Auskunfts- und Beratungspflichten geben.

(2) Schutzpflichten

Diese hat der Schuldner gemäß § 241 II BGB zusätzlich zu den Leistungspflichten als Sorgfalts-, Verhaltens- oder Rücksichtnahmepflichten zum Schutze des Integritätsinteresses des anderen bei Durchführung des Schuldverhältnisses zu beachten

- nicht selbstständig einklagbar; sie ziehen aber bei Verletzung Schadensersatzpflichten nach sich; u. U. auch ein Rücktrittsrecht des Gläubigers (§ 324 BGB)

Beispiel: Der Rechtsträger des Archivs muss aufgrund des Nutzungsverhältnisses nicht nur über den Nutzungsantrag entscheiden und ggf. das Archivgut zur Einsicht bereitstellen (= Hauptleistungspflichten), sondern auch darauf achten (= Schutzpflicht), dass weder das Archivgut noch das Mobiliar die Nutzer.in verletzen.

- Es gibt auch Schuldverhältnisse ohne primäre Leistungspflichten; dann ist das Schuldverhältnis auf der primären Ebene auf die Einhaltung von Schutzpflichten beschränkt

Beispiel: Über den Nutzungsantrag wurde noch nicht entschieden (Vertragsanbahnung (§ 311 II + III BGB))

bb. Sekundärpflichten

Werden die Primärpflichten (= Leistungs- und Schutzpflichten) nicht eingehalten (= Vorliegen von Leistungsstörungen), kommen Sekundärpflichten in Betracht, und zwar entweder *anstelle* der Primärpflichten (§§ 280 III, 346 BGB) oder *neben* den Primärpflichten (§ 280 I + II BGB).

Beispiel: Der Depositalgeber liefert das Depositalgut später als vereinbart, so dass eine Ausstellung zum Depositalgut verschoben werden muss. Die bereits bestellte Bewirtung der Ausstellungsgäste für den Empfang nach der Ausstellungseröffnung kann nicht verwendet werden und kann daher zu einem Schadensersatzanspruch nach § 280 II BGB führen.

Die Regelungen zur Staatshaftung in § 839 BGB, Art. 34 GG sind nicht abschließend, so dass § 280 BGB bei einem öffentlich-rechtlichen Benutzungsverhältnis im Archiv ergänzend herangezogen werden kann.

Soweit keine Pflicht begründet wird, die für die Gegenseite einklagbar ist, kann eine bloße **Obliegenheit** vorliegen. Wer eine Obliegenheit hat, ist nur gegenüber sich selbst verpflichtet (und niemandem sonst). Allerdings müssen die Nachteile, die aus der Nichterfüllung der Obliegenheit folgen, von dem Betroffenen getragen werden.

Beispiel: Das Archiv muss angebotene Unterlagen gemäß etlichen Archivgesetzen innerhalb von sechs Monaten bewerten. Die Einhaltung dieser Frist kann von der anbietenden Stelle nicht erzwungen werden, aber das Archiv muss die Nachteile tragen, die sich aus archivischer Sicht ergeben, wenn die Unterlagen nach Ablauf der sechsmonatigen Frist von der anbietenden Stelle rechtmäßig vernichtet bzw. gelöscht werden. Letzteres ist nach etlichen Archivgesetzen zulässig.[17] Folglich hat das Archiv die Obliegenheit (aber nicht die Pflicht), die sechsmonatige Frist einzuhalten.

Jenseits des Archivrechts gibt es Obliegenheiten z. B. bei Privatinsolvenzen (siehe § 295 Insolvenzordnung).

II. Gesetzlich begründete Schuldverhältnisse

Ein Schuldverhältnis kann – außer durch einen Vertrag – auch **ohne den Willen der Beteiligten** entstehen, wenn gesetzlich festgelegt ist, dass bestimmte Handlungen ein solches Schuldverhältnis begründen.

Im Archivkontext relevant sind insoweit vor allem Schadensersatzansprüche aufgrund einer **unerlaubten Handlung**. Diese führen nach §§ 823 ff. BGB zu einem gesetzlichen Schuldverhältnis zwischen dem Schädiger und dem Geschädigten. Die Hauptleistungspflicht bei §§ 823 ff. BGB ist die Schadensersatzpflicht.

Beispiel: Das Archiv legt Archivgut vor, dessen Schimmel die Nutzer.in verletzt. Wenn sich daraus eine Haftung des Archivs aus § 823 I bzw. II BGB ergibt, tritt diese *neben* die Haftung aus der Verletzung der Schutzpflicht, die sich aus dem Nutzungsverhältnis ergibt.

1. Die Handlung: Aktives Tun oder Unterlassen

Die relevante Handlung kann in einem **aktiven Tun** oder auch in einem **Unterlassen** bestehen. Ein Unterlassen ist unter anderem dann rechtlich relevant, wenn eine gesetzliche Pflicht zum Handeln bestand. Allgemein gilt: Wer eine Gefahrenquelle eröffnet oder beherrscht, hat alle zumutbaren Maßnahmen zu treffen, damit andere nicht geschädigt werden. Das Unterlassen derartiger Maßnahmen ist daher der Anknüpfungspunkt für die Haftung aufgrund eines gesetzlichen Schuldverhältnisses. Das Archiv kann also zum Handlungs- oder auch Zustandsstörer werden (**Störerhaftung**).

---

17 Dazu Thema 10, Teil 1, Abschnitt D.IV.

2. *Störerhaftung im Urheberrecht*

Die Störerhaftung ist im Archivkontext unter anderem im Hinblick auf das **Urheberrecht** relevant. Das Archiv muss alle zumutbaren Maßnahmen treffen, um Urheberrechtsverletzungen durch die Nutzer.innen zu verhindern. Dazu gehört, die Nutzer.innen auf das Urheberrecht hinzuweisen. Dass das Archiv die Nutzer.in verpflichtet, das Urheberrecht zu wahren, ist eine zumutbare Anforderung. Es kommt aber auf den Einzelfall an, ob das Archiv weitergehende Maßnahmen treffen muss.

> Beispiel: Es kann nötig sein, dass sich das Archiv die Publikation einer Nutzer.in vor der Publikation vorlegen lassen muss, um eventuelle Urheberrechtsverstöße zu ermitteln.

Die heftig umstrittene Rechtsprechung zur Störerhaftung bei Urheberrechtsverletzungen im Zusammenhang z.B. mit der Nutzung von WLAN-Anschlüssen zeigt, dass die Zumutbarkeit von Maßnahmen erstens vom Einzelfall abhängt und sich zweitens auch der generelle Maßstab für die Zumutbarkeit von Maßnahmen im Laufe der Zeit verändern kann.

Ein Archiv kann sich aber jedenfalls dadurch abzusichern versuchen, dass es mit der Nutzer.in (z.B. schon im Rahmen des Nutzungsverhältnisses) vereinbart, **dass die Nutzer.in die finanzielle Haftung des Archivs für Urheberrechtsansprüche übernimmt**, die durch Handlungen der Nutzer.in ausgelöst wurden. Dies hilft dem Archiv jedenfalls solange, wie die Nutzer.in erreichbar und zahlungsfähig bleibt.

Teil 3: Grundbegriffe des Sachenrechts

Gelegentlich wird mit der Annahme gearbeitet, dass die in fast allen Archivgesetzen zu findende Regelung „Archivgut ist unveräußerlich" eine vertiefte Beschäftigung mit dem Sachenrecht des BGB aus archivischer Sicht überflüssig macht. Das ist, wie sich zeigen wird, in mehrfacher Hinsicht nicht zutreffend.

A. Die Anwendbarkeit des zivilrechtlichen Sachenrechts im öffentlichen Archiv

Zur Frage der Anwendbarkeit des BGB-Sachenrechts in öffentlichen Archiven gibt es zwei unterschiedliche Thesen.

1. *Theorie des öffentlichen Eigentums*

Otto Mayer, der „Vater" des deutschen Verwaltungsrechts, hatte die Rechtsfigur des „öffentlichen Eigentums" mit Blick auf die französische *domaine public* entwickelt. Gemäß dieser Lehre kann[18] eine Sache unter Umständen **den Regeln des Privatrechts weitestgehend entzogen sein** und muss dann als „öffentliches Eigentum" behandelt werden. Diesem Ansatz sind – jenseits des Archivrechts – aktuell nur sehr wenige Gesetze sehr weniger Bundesländer gefolgt.

Das LArchG TH und das LArchG SN legen aber fest, dass bei Archivgut Folgendes gilt:

„Die Widmung begründet eine hoheitliche [sic!] Sachherrschaft […]"[19]

Diese beiden Archivgesetze lassen allerdings weitestgehend offen, mit welcher Rechtsdogmatik diese **„hoheitliche Sachherrschaft"** ausgefüllt werden soll – die kurzen, negativ formulierten Feststellungen in jenen Archivgesetzen zur Ungültigkeit „bürgerlich-rechtlicher Verfügungen" reichen dazu keinesfalls. Auch die oben erwähnten übrigen Landesgesetze, die jener Theorie des öffentlichen Eigentums folgen, helfen insoweit nicht weiter: Es handelt sich um kleinere Rechtsgebiete, zu denen es kaum eine rechtsdogmatische Diskussion gibt.[20]

Die archivrechtlichen Autoren, die diesem Ansatz folgen,[21] müssen daher auf die meisten Regelungen des BGB-Sachenrechts zurückgreifen,[22] so dass jedenfalls das Ergebnis dieses Ansatzes dem der gleich vorgestellten Theorie des modifizierten Privateigentums entspricht. Es ist also bereits der nahezu vollständige Mangel an Rechtsdogmatik zum „öffentlichen Eigentum", der einen Anschluss an diese Theorie aktuell unmöglich macht.

Überraschenderweise hat jetzt das neue Kulturgutschutzgesetz jedenfalls den Begriff des „öffentlichen Eigentums" verwendet, was aber – soweit ersichtlich – nicht als Neubelebung der überholten Theorie des öffentlichen Eigentums zu verstehen ist.[23]

---

18 Berger (Sächsisches Archivgesetz. Kommentar, § 8 Rn. 23) stellt die These auf: „Da das Sächsische Staatsarchive eine öffentliche Fachbehörde ist und somit eine Untergliederung des Freistaates Sachsen, kann es [sich] bei dieser Sachherrschaft nur um eine öffentlich-rechtliche Sachherrschaft handeln, die sich nach dem Recht der öffentlichen Sachen richtet." Das ist nicht überzeugend, denn mit der hergebrachten und höchst ausdifferenzierten Sachenrechtsdogmatik des BGB, die eine Eigentumsstellung nur des Archivträgers, hier des Freistaats Sachsen, begründet, lässt sich in der Praxis gut arbeiten.

19 § 2 I 4 LArchG TH: „Die Widmung begründet eine hoheitliche [sic!] Sachherrschaft, die durch bürgerlich-rechtliche Verfügungen nicht berührt wird." Textidentisch ist § 2 I 4 LArchG TH.

20 Fast nur das Hamburgische Wegegesetz ist den Sonderweg gegangen, öffentliches Eigentum ohne privatrechtliche Bestandteile einzuführen. Allerdings hält jenes Gesetz keine Rechtsdogmatik bereit, die Rechtsfigur des „öffentlichen Eigentums" nun auch auszufüllen. Die rechtwissenschaftliche Literatur hat diese Lücke, soweit ersichtlich, jenseits der Dissertation von Julian Fridrich, Das öffentliche Eigentum an Gewässern nach dem baden-württembergischen Wasserrecht, Baden-Baden 2016, so gut wie nicht gefüllt.

21 Unter anderem Schoch, ArchivG-ProfE, § 10 VII Rn. 17ff.

22 So z.B. Berger, Sächsisches Archivgesetz: „Die öffentlich-rechtliche Sachherrschaft begründet das eigentliche eigentumsvergleichbare [sic!] Recht und Verfügungsrecht des Staatsarchivs an den Archivgütern."

23 Dazu Thema 6, Teil 3, Abschnitt C.II.1.

2. *Theorie des modifizierten Privateigentums („dualistische Konstruktion")*

Gemäß dieser ganz herrschenden Theorie wird Archivgut weiterhin von der Privatrechtsordnung erfasst und kann daher grundsätzlich anhand der dortigen Regeln z. B. verliehen und übereignet werden. Allerdings ist das *Bürgerliche* Gesetzbuch geprägt vom Grundsatz der *Privat*autonomie – diese Regelungen können höchstens mit Modifikationen in einem öffentlichen Archiv Anwendung finden. Dafür sorgt das **Recht der öffentlichen Sachen** als ein **staatliches Sondersachenrecht, das das BGB-Sachenrecht teilweise modifiziert,**[24] allerdings nur teilweise normiert ist[25] und in der Rechtswissenschaft eine eher geringe Aufmerksamkeit erfährt.

Es ist anerkannt, dass dieses Recht der öffentlichen Sachen u. a. für öffentliche Theater und Bibliotheken einschlägig ist; Archive allerdings werden in den Diskussionen in jenem Rechtsgebiet kaum erwähnt. Doch haben Gegenstände in öffentlichen Bibliotheken, Theatern und Archiven aus juristischer Sicht evident viele Gemeinsamkeiten.

> **§ 903, 1 BGB:** „Der Eigentümer einer Sache kann, soweit nicht das Gesetz oder Rechte Dritter entgegenstehen, mit der Sache nach Belieben verfahren und andere von jeder Einwirkung ausschließen."

Folglich ist das BGB-Sachenrecht auch im öffentlichen Archiv grundsätzlich anwendbar und muss nur teilweise modifiziert werden. Insbesondere[26] gelten bei Archivgut die folgenden **zwei Modifikationen:**

- Der **Eigentümer von Archivgut** hat **viele der in § 903, 1 BGB geregelten Befugnisse nicht.**[27]
  - Insbesondere gilt bei Archivgut statt der umfassenden Veräußerungsbefugnis des Eigentümers das in vielen Archivgesetzen zu findende absolute Veräußerungsverbot: **„Archivgut ist nicht veräußerlich".**[28] Das ist eine wesentliche Modifikation des BGB, denn es gibt im BGB zwar unveräu-

[24] Grundsätzlich ablehnend zu der im Folgenden angewandten Methodik, Überlegungen aus dem Recht der öffentlichen Sachen für das Archivrecht nutzbar zu machen, allerdings Peter Axer, Die Widmung als Schlüsselbegriff des Rechts der öffentlichen Sachen, Berlin 1994, S. 225: „Ein Rechtsgebiet ‚Recht der öffentlichen Sachen' gibt es nicht", „der Begriff der ‚Widmung' hat bei den einzelnen Gegenständen keine gemeinsame Funktion". Damit allerdings bliebe das Archivrecht vereinsamt zurück und müsste eine eigene „Widmung im Archivrecht" entwickeln. Solange das nicht geschehen ist, bleibt schon aus pragmatischen Gründen nur der Weg, die Rechtsdogmatik des Rechts der öffentlichen Sachen zu übernehmen.

[25] Normierungen liegen vor allem für das Recht der öffentlichen Straßen und Gewässer vor.

[26] Der Begriff „Sache" im öffentlichen Recht setzt nach hM nicht die Körperlichkeit voraus und ist nicht identisch mit dem gleichen Begriff im Zivilrecht. Bsp.: § 4 I 1 Wasserhaushaltsgesetz: Der Bund ist Eigentümer der Bundeswasserstraßen (Elbe etc.).

[27] Dazu gleich bei Abschnitt D.II. 2.

[28] Dazu gleich Abschnitt D.II.2.c.

ßerliche Rechte,[29] aber – jenseits der *res extra commercium*, zu denen das Archivgut nicht gehört[30] – keine unveräußerlichen Sachen.
  - Zudem darf der Eigentümer von Archivgut dieses nicht verwerten und auch nicht vernichten oder verbrauchen.
- Es besteht bei Archivgut eine **Ausnahme zum *Numerus Clausus* der Sachenrechte:** Zusätzlich zu den im BGB abschließend vorgesehenen dinglichen Rechten kann es bei Archivgut eine **öffentlich-rechtliche Dienstbarkeit** geben.[31]

Hingegen werden die Regelungen zur Ersitzung (§ 937ff. BGB) im Hinblick auf Archivgut nicht modifiziert.[32]

B. Begriffe und Bedeutung des Sachenrechts

Das Sachenrecht regelt die Rechtsverhältnisse zwischen Personen (natürlichen oder juristischen Personen) und Sachen, also die Beziehungen zwischen Rechtssubjekten und Rechtsobjekten.[33] Wie erwähnt, regelt das Schuldrecht hingegen die Beziehungen zwischen Personen.

> Beispiel: Ein Depositalvertrag enthält Pflichten und Rechte grundsätzlich nur für die Vertragspartner. Hingegen kann ein Eigentümer (als Rechtssubjekt) sein Recht auf eine Sache (das Rechtsobjekt) gegenüber allen anderen Rechtssubjekten geltend machen.

I. „Sachen“ und „Daten“ im BGB-Sachenrecht/„Unterlagen“ in den Archivgesetzen

Sachen sind gemäß § 90 BGB alle körperlichen Gegenstände. Sie müssen abgrenzbar und beherrschbar sein; nur an ihnen kann Besitz ausgeübt werden. Es gibt im Sinne des BGB **kein Eigentum an Daten**, da diese nicht im Sinne von § 90 BGB körperlich sind. Das zivilrechtliche Eigentum bezieht sich daher immer auf den **Datenträger**.

> Beispiel: Das Eigentum des Depositalgebers oder des Archivträgers bezieht sich nicht auf die Daten, die in den Unterlagen enthalten sind, sondern auf die „Unterlagen“ (im Sinne des Archivrechts) bzw. auf die Sachen (im Sinne des BGB). Übrigens bezieht sich auch der Schutz des Urheberrechts nicht auf Daten, sondern auf Werke.

Die Archivgesetze gehen eigenwilligerweise nicht vom Sachenbegriff des BGB aus, sondern verwenden den – in dieser Form nur in den Archivgesetzen zu findenden – Begriff „Unterlagen“, der – regelungstechnisch unbefriedigend –

---

[29] Unveräußerlich sind die beschränkte persönliche Dienstbarkeit und der Nießbrauch.
[30] Dazu Thema 1, Teil 1, Abschnitt B.
[31] Dazu Thema 10, Teil E, Abschnitt IV.
[32] Zur Begründung dieser bestrittenen These siehe gleich Abschnitt D II 1.a.
[33] Zu diesen Begriffen oben Thema 1, Teil 1 Abschnitt B.

kaum definiert wird, sondern vor allem durch viel Kasuistik erläutert wird. Die z. B. im LArchG HE als Kernbegriff gewählten **„Informationsobjekte“**[34] sind aber letztlich wohl eine Teilmenge der „beweglichen Sachen“ im Sinne des BGB.

Das BGB unterscheidet bewegliche Sachen und Grundstücke. Da es keine Grundstücksarchive gibt, wird im Folgenden nur auf **bewegliche Sachen** eingegangen.

II. Überblick: Die sieben Prinzipien des heutigen Sachenrechts

1. *Trennungsprinzip*

Die schuldrechtliche und die sachenrechtliche Ebene sind getrennt.

2. *Abstraktionsprinzip*

Mängel der einen betreffen nicht die andere Ebene.

Durch den Kaufvertrag (das Verpflichtungsgeschäft) ändert sich am Eigentum an der Kaufsache nichts. Der Verkäufer ist lediglich verpflichtet, dem Käufer das Eigentum an der Kaufsache zu verschaffen. Erfüllen kann er den Kaufvertrag durch die Übertragung des Eigentums (Erfüllungsgeschäft). Erst dadurch ändert sich die sachenrechtliche Lage in Bezug auf die Kaufsache (wie auch am Kaufpreis im Falle des Barkaufs). Beide Rechtsgeschäfte, das Verpflichtungs- wie das Erfüllungsgeschäft werden hinsichtlich ihrer Wirksamkeit jeweils getrennt voneinander betrachtet. Das bedeutet: Wird der Kaufvertrag (Verpflichtungsgeschäft) nach Erfüllung, also Eigentumsübertragung unwirksam, berührt das die Übertragung des Eigentums an der Kaufsache (Erfüllungsgeschäft) nicht. Die Rückabwicklung der Übereignung erfolgt nach den Regeln über die ungerechtfertigte Bereicherung (§§ 812 ff. BGB).

Alternativen zur deutschen Regelung sind z. B.:

- das reine Vertragsprinzip: mit dem Kaufvertrag als solchem geht das Eigentum über (so das französische Recht)
- das Traditionsprinzip: Der Eigentumsübergang erfolgt durch das schuldrechtliche Grundgeschäft mit Übergabe der Sache (so im Preußischen Allgemeinen Landrecht)

3. *Publizitätsprinzip*

Die dingliche Rechtslage muss jederzeit erkennbar sein.

[34] § 2 II LArchG HE.

4. *Spezialitätsprinzip („Bestimmtheitsgrundsatz“)*

Dingliche Rechte können nur an einzelnen Sachen bestehen, nicht an Sachgesamtheiten.

5. *Typenzwang („Numerus clausus“)*

Nur die im BGB vorgesehenen sachenrechtlichen Typen sind zulässig (anders im Schuldrecht).

6. *Absolutheitsprinzip*

Dingliche Rechte wirken absolut gegen jedermann (Verträge binden nur die Parteien).

7. *Prioritätsprinzip*

Von mehreren sich widersprechenden Verfügungen ist nur die erste wirksam.

C. Besitz

Die beiden Begriffe „Eigentum“ und „Besitz“ werden im Alltag von Laien häufig synonym gebraucht. Juristisch, also nach dem Code des Rechts, sind sie aber wesentlich verschiedene Begriffe. Eigentum und Besitz können, müssen aber nicht zusammenfallen. Wenn in einer juristischen Diskussion diese beiden Begriffe verwechselt werden, ist dies unprofessionell und beeinträchtigt die Überzeugungskraft der Argumentation sehr wesentlich.

Besitz ist gemäß § 854 BGB die vom Besitzwillen getragene **tatsächliche Herrschaft** über eine Sache. „Besitz“ ist also eine reine Zustandsbeschreibung, „Besitz“ ist kein Recht. Wenn also ein vom Besitzwillen getragenes tatsächliches Herrschaftsverhältnis zwischen einer Person und einer Sache vorliegt und die Verkehrsanschauung diesen Tatbestand als Besitz akzeptiert, liegt Besitz vor.

Hinsichtlich des Besitzwillens ist nur ein auf den eigenen Herrschaftsbereich bezogener genereller Beherrschungswille erforderlich. Der Besitzwille ist keine nach dem Allgemeinen Teil des BGB zu beurteilende Willenserklärung oder ein sonstiger rechtsgeschäftlicher Wille.

> **Beispiel:** Wer einen Briefkasten anbringt, hat auch den Willen, alle Dinge, die dort hineingeworfen werden, in Besitz zu nehmen, ohne dass er vorher genau weiß oder wissen müsste, was hineingeworfen wird (Briefe oder Zeitungen).

Besitz ist unabhängig vom Recht zum Besitz **(Besitzberechtigung).** Auch der Dieb ist Besitzer im Sinne des § 854 BGB. Berechtigter Besitzer ist derjenige, der ein Recht zum Besitz vom Eigentümer herleitet.

Beispiel: Wer im Lesesaal Archivgut mit Zustimmung des Archivs nutzt, ist eine berechtigte Nutzer.in

Der **Besitzdiener** ist demgegenüber kein Besitzer. Bei ihm handelt es sich – als Einschränkung zu § 854 BGB – um eine juristische Fiktion innerhalb eines Zwei-Personen-Verhältnisses (Besitzdiener ↔ Besitzer). Der Besitzdiener steht in einem sozialen Abhängigkeitsverhältnis zum Besitzer; Kennzeichen dieses Abhängigkeitsverhältnisses ist die Weisungsunterworfenheit des Besitzerdieners.

Beispiel: Im Archiv sind Magazinmitarbeiter.innen in der Regel Besitzdiener.innen.

Besitzer einer Sache ist nicht nur, wer über sie unmittelbar die tatsächliche Herrschaftsmacht ausübt (= unmittelbarer Besitzer). Das BGB kennt in § 868 BGB auch **mittelbaren Besitz.** Denn auch derjenige, der seinen Besitz durch einen anderen *vermitteln* lässt, hat das schutzwürdige Interesse, wie ein Besitzer behandelt zu werden. Auch hier handelt es sich wieder um eine juristische Fiktion, weil ein anderer die tatsächliche Sachherrschaft, d. h. den unmittelbaren Besitz, ausübt. Erforderlich ist ein sogen. **Besitzmittlungsverhältnis** zwischen dem tatsächlichen Sachherrscher und dem mittelbaren Besitzer. Der mittelbare Besitzer lässt den Besitz durch einen anderen ausüben.

Beispiel: Wenn ein Depositalgeber Eigentümer bleibt und das Archiv den unmittelbaren Besitz erhält, begründet der Depositalvertrag ein Verhältnis, das Elemente der Leihe und der Verwahrung kombiniert (dazu Band 2). Folglich ist der Depositalgeber gemäß § 868 BGB mittelbarer Besitzer.

D. Eigentum und beschränkte dingliche Rechte

Eigentum ist – im Gegensatz zum Besitz – **ein Recht**. Da das Eigentum eine unmittelbare Beziehung zwischen einem Rechtsinhaber und einer Sache begründet, wird es als **dingliches Recht** bezeichnet. Der Eigentümer muss ein Rechtssubjekt sein.

Beispiel: Archive sind meist nicht rechtsfähig und schon deshalb meist nicht Eigentümer des bei ihnen untergebrachten Archivguts. Eigentümer ist z. B. der rechtsfähige Archivträger, also der Bund oder das Land als öffentlich-rechtliche Körperschaft.

I. Aus dem Eigentum folgende Rechte

Von den dinglichen Rechten ist das Eigentum das umfassendste und weitreichendste: Es begründet die **rechtliche Herrschaft über eine Sache.** Gemäß § 903 BGB hat der Eigentümer als rechtlicher Sachherrscher eine Vielzahl von Rechten, die auch im archivischen Kontext relevant sind.

Das BGB, geprägt vom Wirtschaftsliberalismus der 1870er Jahre, setzt dem Gebrauch des Eigentums keine Grenze aus Gründen des Gemeinwohls. Alle aus

§ 903 BGB folgenden Berechtigungen stehen daher grundsätzlich unbegrenzt privaten Archiven zu.

Beispiel: Ein privates Archiv, das nicht durch Archivgesetze gebunden ist, kann im Einklang mit dem BGB seine Archivalien jederzeit veräußern oder auch vernichten; es kann aber z. B. Begrenzungen durch den Kulturgutschutz geben.[35]

Im Folgenden wird vertieft untersucht, wie die Berechtigungen aus § 903 BGB durch die Träger öffentlicher Archive im Hinblick auf ihr Eigentum an Archivgut ausgeübt werden können.

Der Eigentümer ist als rechtlicher Sachherrscher berechtigt,

- die Sache zu besitzen, zu nutzen, sie zu verbrauchen
- sie zu vernichten, sie zu veräußern, sie mit Pfandrechten zu belasten
- sie auf jede ihm genehme Weise zu verwerten.

Besonders problematisch ist dabei, ob der Erwerb und die Veräußerung von Archivgut möglich sind.[36] Dem umfassenden Nutzungsrecht des Eigentümers entspricht es, dass er auch **Teilrechte**, die sein Eigentum beinhalten, sogen. **beschränkte dingliche Rechte**, verwerten kann.

Eine dieser Verwertungsmöglichkeiten besteht in der Einräumung von **Dienstbarkeiten.** Diese sind auch im Zusammenhang mit der Entstehung von Archivgut besonders wichtig. Zu den Dienstbarkeiten gehören:

- die Grunddienstbarkeit (*grundstücksbezogene* Dienstbarkeit)

Beispiel: Wege- und Weiderechte

- die beschränkte *persönliche* Dienstbarkeit

Beispiel: das als Dienstbarkeit ausgestaltete Wohnrecht

- das (faktische seltene) *Nießbrauchsrecht*: ein sehr umfassendes Nutzungsrecht

Später wird erläutert, dass die **Widmung zu Archivgut eine öffentlich-rechtliche Dienstbarkeit** begründet, welche Nutzungen, die der Eigenschaft als Archivgut entgegenstehen, rechtswidrig macht.[37]

Beispiel: Bei Nachkassationen muss die Eigenschaft „Archivgut“ aufgehoben werden.[38] Die Aktion *„Rent Archivgut for your home“* ist rechtswidrig.

---

35 Dazu Thema 6, Teil 3.

36 Dazu der folgende Abschnitt D. II.

37 Thema 10, Teil 1 Abschnitt E.

38 Dazu Thema 9, Teil 1.

II. Erwerb und Schutz von Eigentum

Eigentum kann man erwerben

- *originär*, also durch Gesetz oder Hoheitsakt, oder
- *rechtsgeschäftlich*, also durch eine dingliche Einigung zwischen Veräußerer und Erwerberin.

1. Originärer Eigentumserwerb

Ein *originärer* Eigentumserwerb oder -verlust ist bei Archiven bzw. den Archivträgern durchaus häufig. Ein solcher Eigentumserwerb kann durch eine **Erbschaft** (§ 1922 BGB) erfolgen, insbesondere wenn vorab ein Depositalvertrag geschlossen wurde. Im Folgenden vertieft behandelt werden die **Ersitzung** und anschließend die **Aneignung** herrenloser Sachen.

a. Die Ersitzung

Der Rechtsfrieden und auch der Wirtschaftsverkehr wären empfindlich gestört, wenn angeblich oder tatsächlich unrechtmäßige Wegnahmen von Gegenständen noch Jahrhunderte später zu Rechtsstreitigkeiten führen würden.

> Beispiel: Ein Archiv besitzt Unterlagen, die im Dreißigjährigen Krieg unter nicht mehr bekannten Umständen in das Archiv gekommen sind und im 19. Jahrhundert erschlossen wurden. Die Unterlagen gehörten ursprünglich der Familie F. Ein Nachfahre von Familie F macht einen Herausgabeanspruch aus § 985 BGB geltend und verweist auf die Regel: „Einmal Unrecht, immer Unrecht!“

Der Eigentumsherausgabeanspruch nach § 985 BGB verjährt zwar,[39] aber ohne die Ersitzung würden Eigentum und Besitz möglicherweise dauerhaft auseinanderfallen.[40] Dagegen hilft (bei beweglichen Sachen) die Ersitzung gemäß §§ 937 ff. BGB.

Begünstigter einer Ersitzung können Privatpersonen, aber auch juristische Personen des öffentlichen Rechts sein,[41] also insbesondere die Träger öffentlicher Archive.

Urkunden im Sinne von § 952 BGB **können nicht Gegenstand einer Ersitzung sein,**[42] denn die Urkunde steht dem Eigentümer des Rechts aus der Urkunde zu: „Das Recht am Papier folgt dem Recht aus dem Papier“. Erlischt das Recht, hat der Schuldner einen schuldrechtlichen Rückgabeanspruch aus

[39] Dazu gleich Teil 3 b. dieses Abschnitts.
[40] Bamberger/Kindl, BGB-Kommentar, 4. Aufl. 2019, § 937 Rn. 1.
[41] OLG Dresden, Entscheidung v. 26.10.2018 (2 U 1066/18), S. 9, zustimmend Nomos-Kommentar BGB/Meller-Hennich, Bd. 3, 5. Aufl. 2022, § 937 Rn. 1 aE.
[42] Bamberger/Kindl, BGB Kommentar, 4. Aufl. 2019, § 937 Rn. 3 aE.

§ 371 BGB; dieser Anspruch unterliegt jedoch der Verjährung, so dass Archive die Urkunden, die seit langem untergegangene Ansprüche enthalten, nach Ablauf der dreißigjährigen Verjährungsfrist nicht herausgeben müssen.

Nach einer Ersitzung sind **schuldrechtliche Rückgewähransprüche** des nunmehr früheren Eigentümers **ausgeschlossen.**[43] Im Urheberrecht ist keine Ersitzung möglich.

aa. Scheitert eine Ersitzung von Archivgut zu Lasten von Archiven an der Unveräußerlichkeit von Archivgut?

Allgemeine *Erwerbs*verbote verhindern eine Ersitzung. Wird ein Eigentumsverlust von Archiven durch Ersitzungen durch die Regelungen vieler deutscher Archivgesetze verhindert, wonach **Archivgut „unveräußerlich"** ist?

- Die **Wortlautauslegung** dieser Norm ergibt: das Verbot einer *Veräußerung* erfasst die Ersitzung nicht, denn bei einer Ersitzung gibt es – wie bei einer Eigentumsaufgabe – *keinen Veräußerer.*[44]
  - Der vorangehende Referentenentwurf der BKM hatte das Problem gesehen und deshalb vorgeschlagen, den Ausschluss der Ersitzung explizit in das BArchG aufzunehmen:

> „Die Absolutheit des Veräußerungsverbots wird erst dadurch gesichert, dass die Möglichkeit eines gutgläubigen Erwerbs von Archivgut des Bundes ebenso wie die seiner Ersitzung ausgeschlossen wird."[45]

  Dieser Ansatz ist jedoch im Gesetzgebungsverfahren zum jetzigen BArchG gerade nicht weiter verfolgt worden.

- Auch der **Zweck dieser Regelungen** in den Archivgesetzen zielt nicht auf Ersitzungen, sondern auf öffentliche Versteigerungen, denn sie wurden als Reaktion auf den Hamburger Stadtsiegelfall entwickelt. Der im Entwurf zum jetzigen BArchG angegebene Zweck, die „Zersplitterung und Veruntreuung" von Archivgut zu verhindern, kann den Zweck von Ersitzungen, nämlich die Herstellung des Rechtsfriedens, nicht aufheben. Wenn es keine Ersitzungen gibt, könnten auch Unterlagen, die vor Jahrhunderten aus öffentlichen Archiven unrechtmäßig verschwunden und seit Jahrhunderten im

---

[43] Nomos-Kommentar BGB/Meller-Hennich, Bd. 3, 5. Aufl. 2022, § 937 Rn. 11 mN.

[44] Anderer Ansicht der Gesetzentwurf der Bundesregierung zum jetzigen BArchG: Es „kann Archivgut des Bundes wegen des absoluten gesetzlichen Veräußerungsverbots kein möglicher Gegenstand einer Ersitzung sein" (BT-Drs. 18/9633, S. 65). Daran anschließend Partsch/Mütze, BArchG-Kommentar, § 9 Rn. 4, der – weit über den Wortlaut hinaus – die Unveräußerlichkeit als Verbot der Begründung einer Erwerbsposition versteht. Zuvor hatte Mütze in Rn. 2, angegeben: „Unveräußerlich bedeutet unverkäuflich", was eine Ersitzung nicht ausschließt.

[45] https://www.kulturstaatsministerin.de/SharedDocs/Downloads/DE/gesetze-und-stellungnahmen/BArchG/BArchG_Referentenentwurf.pdf?__blob=publicationFile&v=4, S. 23 (nicht mehr aufrufbar).

Eigenbesitz von Privatpersonen sind, nun von Archiven zurückgefordert werden. Die Auswirkungen auf den Rechsfrieden wären immens negativ.

- Es bleibt die Frage, ob die Normen „Archivgut ist unveräußerlich" **analog** auf Ersitzungen angewandt werden können.
  - Es besteht eine **Regelungslücke**, denn weder die Archivgesetze noch das BGB nehmen zu dieser Frage Stellung.
  - Doch müsste zusätzlich eine **vergleichbare Interessenlage** vorliegen.
    - ❑ Das archivrechtliche, absolute Veräußerungsverbot von Archivgut soll sowohl die Zerstücklung von Archivbeständen in Archiven verhindern als auch eine Wiederholung des Hamburger Stadtsiegelfalls, also den Eigentumswechsel mittels einer öffentlichen Versteigerung.
    - ❑ Das Rechtsinstitut der Ersitzung zielt hingegen darauf ab, die Rechtsunsicherheit, die sich aus der Nicht-Identität von Eigenbesitz und Eigentum ergibt, zu begrenzen.

Das BGB geht den Weg, die Dauer dieser Rechtsunsicherheit auf einen zehnjährigen Zeitraum zu beschränken, der dem Eigentümer an sich hinreichend Zeit gibt, sein Eigentum gegenüber dem Eigenbesitzer geltend zu machen. Wenn diese Abwägung zwischen Rechtsunsicherheit und Rückholinteresse im Hinblick auf Archivgut pauschal außer Kraft gesetzt wird, also das Rückholinteresse als alleine schützenswert betrachtet wird, kann im Hinblick auf die Eigentumslage eine Rechtsunsicherheit bestehen, die mehrere Jahrhunderte andauert und faktisch unlösbare Rechtsfragen stellt.

> Beispiel: Erst jetzt stellt sich heraus, dass Unterlagen im 17. Jahrhundert aus einem Archiv gestohlen wurde. Die Rechtsfolgevoraussetzungen der Ersitzung waren durch die Besitzer der Unterlagen einige Jahrzehnte später erfüllt. Danach wurde diese Unterlagen mehrfach veräußert. Alle diese Veräußerungen müssten, wenn es keine Ersitzung gäbe, rückabgewickelt werden, was nach so langer Zeit faktisch unmöglich ist und eine erhebliche Rechtsunsicherheit für viele Erben erzeugen würde.

Damit liegt ein wesentlich anderer Regelungszweck der Regelungen zur Ersitzung vor und es fehlt die zweite Voraussetzung für eine analoge Anwendung der Regelungen „Archivgut ist unveräußerlich" auf Ersitzungen.

Die Eingangsfrage ist daher zu verneinen: **Die Regelung „Archivgut ist unveräußerlich" verhindert *nicht* den Eigentumsverlust des Archivs durch eine Ersitzung,** wenn deren übrige Voraussetzungen vorliegen.

bb. Scheitert eine Ersitzung von Archivgut zu Lasten von Archiven am Kulturgutschutzgesetz?

Wird die Ersitzung von Archivgut zum Nachteil von Archiven durch **§ 40 Kulturgutschutzgesetz** (KGSG) verhindert?[46] Archivgut ist mindestens meist Kulturgut, und wenn bei Kulturgut, das im Sinne von § 935 BGB abhandengekommen ist (z.B. durch Diebstahl oder Unterschlagung), ein „Inverkehrbringen" vorliegt, sind gemäß dem Wortlaut von § 40 I + II KGSG alle Geschäfte nichtig – und zwar auch dann, wenn das „Abhandenkommen" schon Jahrhunderte zurückliegt.

> § 40 KGSG
>
> (1) Verboten ist das Inverkehrbringen von Kulturgut, das abhandengekommen ist […]
>
> (2) Verpflichtungs- und Verfügungsgeschäfte, die nach Absatz 1 verboten sind, sind nichtig.

Der Ausgangspunkt der obigen Überlegungen zur Ablehnung einer Analogie von „Archivgut ist unveräußerlich" ist aber auch hier relevant, wie sich an den überzeugenden Überlegungen des Autors eines Kommentars zum KGSG zeigt, die zu einer **einschränkenden Auslegung von § 40 KGSG** führen:

> „Weder dem Wortlaut nach noch der Systematik nach enthält § 40 Abs. 1 eine zeitliche Begrenzung des Abhandenkommens. Ohne diese wäre aber ein abhandengekommenes Kulturgut dauerhaft nicht verkehrsfähig und zwar unabhängig davon, wann es abhandengekommen ist. […] ein wirksamer Eigentumserwerb abhandengekommener Kulturgüter durch Ersitzung **ist daher möglich.**"[47]

cc. Die Rechtsfolgevoraussetzungen der Ersitzung

Die Besitzer.in erwirbt durch eine Ersitzung (§ 937ff. BGB) Eigentum, wenn er die Sache

1. zehn Jahre

- Die Fristberechnung erfolgt nach §§ 187ff. BGB. Die **nur zehnjährige Frist** führt bei Besitzerwechseln in der NS-Zeit oder in kolonialen Zusammenhängen zu problematischen Ergebnissen; der Gesetzgeber hat die Frist aber nicht verlängert (und jetzt hätte eine Gesetzesänderung natürlich keine Rückwirkung). Der Eigentümer hat während dieser zehn Jahre vielfältige

46 Zur Bedeutung des KGSG vgl. Thema 6, Teil 3.

47 Elmenhorst/Wiese-Elmenhorst, Kulturgutschutzgesetz. Kommentar, 1. Aufl., München 2018, § 40 Rn. 9f.; zuvor ders./Strobl, Anmerkung zur Entscheidung des OLG Nürnberg v. 6.9.2017 […] – Zum Verhältnis von Ersitzung und § 40 KGSG, Kunst und Recht, Bd. 19 (2017), S. 158f. Zustimmend auch NomosKommentar-Meller-Hennich, BGB, Bd. 3, 5. Aufl. 2022, § 937 Rn. 4.

Möglichkeiten, den Eigentumserwerb des Eigenbesitzers zu verhindern, u.a. durch die Erhebung einer Klage.[48]

2. im *Eigen*besitz gehabt hat.

- „Wer eine Sache als ihm gehörend besitzt, ist Eigenbesitzer" (§ 872 BGB). Juristische Personen können nicht selbst Besitzer im Sinne von § 854 BGB sein. Ausreichend ist mittelbarer Eigenbesitz;[49] zum mittelbaren Besitz siehe § 868 BGB. Die Personen im Archiv, die unmittelbaren Besitz an den Unterlagen haben, sind dazu gemäß ihres Arbeitsvertrages und also gemäß einem „ähnlichen Verhältnis" im Sinne von § 868 BGB berechtigt, was **den Archivträger zum mittelbaren Besitzer** macht.
- Der Archivträger als juristische Person kann keinen Willen haben, Eigenbesitzer zu sein, also die Sache als ihm gehörend zu besitzen. Gemäß **§ 166 BGB analog** kommt es insoweit auf den **Willen des zuständigen Archivpersonals** an.

3. *Die Ersitzung ist ausgeschlossen*, wenn der Erwerber bei dem Erwerb des Eigenbesitzes nicht in gutem Glauben ist[50] oder wenn er später erfährt, dass ihm das Eigentum nicht zusteht.

- Der gute Glaube des Ersitzers ist keine Rechtsfolgevoraussetzung, sondern **die Bösgläubigkeit ist ein Ausschlusstatbestand**. Diese gesetzgeberische Entscheidung hat Auswirkungen auf die Darlegungslast und im Fall des Bestreitens auf die Beweislast: Nicht der jetzige Besitzer hat die Beweislast für seine Gutgläubigkeit, sondern **wer die Ersitzung bestreitet, muss die Bösgläubigkeit des jetzigen Besitzers darlegen und ggf. beweisen.**
- Nicht der aktuelle Besitzer einer Sache (z.B. einem Kunstwerk) muss dem mutmaßlichen früheren Eigentümer beweisen, dass er beim Erwerb des Kunstwerks gutgläubig war; vielmehr **muss der frühere Eigentümer**, der die Ersitzung bestreitet und die Herausgabe des Kunstwerks verlangt, **darlegen und beweisen, dass der aktuelle Besitzer bei der behaupteten Ersitzung bösgläubig war.**
- Bei diesem Ausschlusstatbestand gilt zwar an sich: „Sofern der Erwerber nur mittelbarer Eigenbesitzer der Sache ist, entscheidet *sein* guter Glaube und nicht derjenige des unmittelbaren Besitzers."[51] Doch da der Archivträger auch insoweit keinen Willen haben kann, ist wiederum gemäß **§ 166 BGB analog** auf das **Wissen des zuständigen Archivpersonals** abzustellen.

---

48 § 939 BGB iVm. § 203 ff. BGB.

49 NomosKommentar-Meller-Hennich, BGB, Bd. 3, 5. Aufl. 2022, § 937 Rn. 5 mit Verweis auf § 939 I 1 BGB, Bamberger/Kindl, BGB-Kommentar, 4. Aufl. 2019, § 937 Rn. 5.

50 Eine nachträgliche Gutgläubigkeit ist möglich (Palandt, BGB-Kommentar, § 937).

51 NomosKommentar-Meller-Hennich, BGB, Bd. 3, 5. Aufl. 2022, § 937 Rn. 9.

- Im Hinblick auf die spätere Bösgläubigkeit gilt: Gemeint ist das positive Wissen um das Fehlen der Eigentümerstellung, grobe Fahrlässigkeit steht der Ersitzung jetzt nicht mehr entgegen.[52]
- Eine **Nachforschungsobliegenheit** besteht nicht generell,[53] sondern nur bei besonderen Umständen. Dazu gehören Stempel und Signaturen.[54]

Wenn die zu ersitzenden Sachen zuvor im Sinne von § 935 BGB „abhanden" gekommen sind, also z. B. **gestohlen oder unterschlagen** wurden, steht dies zwar einem Gutglaubenserwerb nach § 932 BGB, aber **nicht einer Ersitzung entgegen.**

dd. Beispiele: Eigentumserwerb für das Archiv durch Ersitzung

Von den vielen möglichen Konstellationen, die einen Eigentumserwerb für den Archivträger durch Ersitzung herbeiführen können, werden in den folgenden Beispielen drei häufiger vorkommende herausgegriffen, und zwar zur den Stichworten „Depositalvertrag", „Raubgut" und „Akten preußischer Landratsämter".

Beispiel 1: Das Archiv hat mit D einen **Depositalvertrag** abgeschlossen, wonach D der Eigentümer bleibt und die Unterlagen in den Besitz des Archivs übergehen. Auch nach 100 Jahren hat das Archiv das Eigentum *nicht* durch Ersitzung erlangt, da der gute Glaube und auch der Eigenbesitz des Archivs fehlen.[55] Zu überlegen ist daher, ob der Herausgabeanspruch des Eigentümers verjährt ist.[56]

Beispiel 2: Das Archiv hat in seinen Beständen Unterlagen, bei denen

- in der NS-Zeit oder
- in einem kolonialen Kontext

ein rechtsgeschäftlicher Eigentumserwerb durch das Archiv vereinbart worden war. Jetzt besteht der Verdacht auf **„Raubgut"**. Der mindestens zehnjährige Eigenbesitz des Archivs in gutem Glauben besteht, denn jahrzehntelang insbesondere während der Zeit des „Schweigekonsens" der 1950er Jahre jedenfalls kein Wissen vor, dass das Eigentum dem Archiv nicht zusteht, so dass juristisch gesehen eine Ersitzung vorliegt. Soweit aus heutiger Sicht der ursprüngliche Eigentumserwerb inakzeptabel ist, muss eine *außerjuristische* Lösung gefunden werden, solange der Gesetzgeber die §§ 937 ff. BGB nicht ändert. Die **„Washingtoner Erklärung"** und die im Anschluss entstandenen Empfehlungen deutscher Stellen[57] bieten dazu für Fälle mit Bezug zur NS-Gewaltherrschaft einen Ansatzpunkt. Bei Fällen mit einem kolonialen Kontext fehlen leider noch derartige generelle Empfehlungen.

---

52 § 937 II BGB. Das Gesetz geht also vom „Normalfall" des guten Glaubens aus, was für die Darlegungs- und Beweislast relevant ist. Der gute Glaube ist in § 932 II BGB definiert.

53 Dazu aktuell BGH v. 19.07.2019; Az.: V ZR 255/17 und https://www.lto.de/recht/nachrichten/n/bgh-v-zr-255-17-ersitzung-kunstwerk-beweislast-erwerb-boeser-glaube/.

54 Bamberger/Kindl, BGB-Kommentar, 5. Aufl. 2019, § 937 Rn. 6.

55 Dieses Beispiel bei Herbert Günther, Zur Übernahme fremden Archivguts durch staatliche Archive, Archivalische Zeitschrift Bd. 79 (1996), S. 37 ff. (63).

56 Dazu gleich Thema 6, Teil 3, Abschnitt D II.3.b.

57 Dazu Thema 1, Teil 2, Abschnitt D. VII.

> Beispiel 3: „Seit der Einrichtung von hauptamtlich geführten Kreisarchiven in den 1950er, vor allem aber seit den 1970er Jahren ist [in Nordrhein-Westfalen] immer wieder die Frage aufgetaucht, ob die vor dem 1. April 1946 entstandenen **Akten der preußischen Landratsämter**, die sich im Landesarchiv Nordrhein-Westfalen befinden, Eigentum des Landes oder des Kreises sind und daher an die Kreisarchive herausgegeben werden müssen. […] Sämtliche im Landesarchiv [Nordrhein-Westfalen] lagernden Landratsakten aus der Zeit vor 1946 gehören [aufgrund von Ersitzung] dem Land Nordrhein-Westfalen".[58] Eine Ausnahme besteht nur für Deposita,[59] siehe Beispiel 1.

ee. Beispiele: Eigentumsverlust des Archivs durch Ersitzung

Fraglich ist, ob öffentliche Archive bzw. die dahinterstehenden Archivträger nach deutschem Recht[60] ihr **Eigentum an Archivgut durch Ersitzung verlieren** können.

> Beispiel 1: Unterlagen sind aus einem Archiv gestohlen worden bzw. von einem Archivmitarbeiter zur Bearbeitung nach Hause mitgenommen worden und nicht zurückgegeben worden. Die Erben des Täters wussten nichts vom Diebstahl bzw. von der Mitnahme und haben die Unterlagen inzwischen viele Jahrzehnte als Bestandteil des Familienerbes aufbewahrt.

Ein Eigentumsverlust des Archivs in solchen Fällen wurde im Anschluss an eine Publikation von 1963 mit überzeugenden Argumenten in der archivrechtlichen Literatur **bejaht**.[61]

> Beispiel 2: Im Hamburger Stadtsiegelfall, der zivilrechtlich im Jahr 1989 entschieden wurde, befand sich abhanden gekommenes Archivgut jahrzehntelang als Eigenbesitz in der Hand von gutgläubigen Privatpersonen. Leider brauchte der BGH in seiner Lösung des Falls nicht auf diese Ersitzung einzugehen, weil bereits eine spätere öffentliche Versteigerung dem Herausgabeanspruch des Archivs entgegenstand.

Man kann auch nicht argumentieren, dass aufgrund der Theorie des modifizierten Privateigentums die Regelungen zur Ersitzung von vornherein nicht auf Archivgut anwendbar sind. Der entscheidende Schutz von Archivgut erfolgt nicht durch dessen eigentumsrechtliche Zuordnung, sondern durch die – mittels einer öffentlich-rechtlichen Dienstbarkeit erzeugte – Eigenschaft „Archivgut".

---

58 Peter Oestmann/Björn Czeschick, Zum Eigentum an der historischen Überlieferung preussischer Landratsämter, in: Archivar, Jg. 73 (2020), S. 308 ff.; die Zitate stammen von S. 308 und S. 317.

59 Oestmann/Czeschick, Eigentum (Fn. zuvor), S. 322.

60 Gemäß dem Archivgesetz der Schweiz ist diese Frage zu verneinen: „Dritte können das Archivgut [des Bundes] auch durch Ersitzung nicht erwerben." (Art. 20, 2 Bundesgesetz über die Archivierung (Archivierungsgesetz, BGA) v. 26.06.1998).

61 Der bejahenden These in einem Aufsatz von Siegfried Dörffeldt, Archivar 1963, Sp. 153 ff. folgen Johannes Papritz (Archivwissenschaft, Bd. 1, Teil II, 1: Organisationsformen des Schriftgutes in Kanzlei und Registratur, 1. Teil, 2. Aufl., Marburg 1983, S. 114) und Strauch, Archivalieneigentum, S. 295 mit Fn. 29.

Beispiel 3: **Rentkammerfall Ysenburg** „Nach ihrer Mediatisierung verblieben dem fürstlichen Haus Isenburg-Offenbach-Birstein [etc.] [gewisse hoheitliche] Zuständigkeiten. Sie sind zeitweilig wahrgenommen worden. Dabei sind aktenmäßige Unterlagen entstanden. [...] In der ersten Hälfte des 19. Jahrhunderts wurden die Hoheitsfunktionen der Standesherren auf das Großherzogtum und das Kurfürstentum [Hessen] übertragen. Damit war der Übergang des Eigentums an den Registraturbeständen verbunden, die bei der Wahrnehmung dieser Funktionen entstanden waren. [...] Für einen Rückfall der Rechte [bis 1949] an die ehemaligen Standesherren gibt es keine Anhaltspunkte. Gegenwärtig [2017] befindet sich dieses Registraturgut im als gutgläubig zu vermutenden Eigenbesitz von Mitgliedern der fürstlichen Familie Ysenburg-Büdingen. Unter der Geltung des Grundgesetzes haben sie *im Wege der Ersitzung* unbelastetes [dazu gleich] Eigentum daran erworben mit der Folge, dass Hessen das ihm im Wege der Funktionsnachfolge ursprünglich zugefallene Eigentum verloren hat."[62] Dieses zutreffende Ergebnis ist im Dezember 2023 vom Verwaltungsgericht Gießen bestätigt worden.[63]

ff. Führt die Ersitzung zum Untergang der Eigenschaften „Archivgut" und „Kulturgut"?

Die sich anschließende Frage ist, ob eine Ersitzung auch die durch Widmung erzeugte öffentlich-rechtliche Dienstbarkeit, die zur Eigenschaft „Archivgut" führt,[64] zum Erlöschen bringt. Grundsätzlich erlöschen gemäß dem BGB[65] bei der erfolgreichen Ersitzung alle Rechte Dritter.[66] Es ist kein Grund ersichtlich, davon die Dienstbarkeit „Archivgut" auszunehmen, zumal die Umsetzbarkeit der Eigenschaft jener Dienstbarkeit gegenüber dem nunmehrigen Eigentümer zu großen Schwierigkeiten führen würde.[67]

Die teilweise geforderte Voraussetzung des guten Glaubens „auch an die Lastenfreiheit, also daran, dass eine solche Zweckbindung nicht besteht und schon zu Beginn des Ersitzungszeitraums nicht bestanden hat",[68] ist nicht nötig, denn wenn im Hinblick auf die Eigenschaft „Archivgut" kein guter Glaube bestand, ist es kaum möglich, dass der für die Ersitzung des Eigentums nötige gute Glaube vorlag.

---

62 Auszug aus der Zusammenfassung des Gutachtens von Herbert Günther, Die Eigentumsverhältnisse an ehemals amtlichem Schriftgut des Hauses Ysenburg-Büdingen. Eine Fallstudie, Marburg 2017, S. 67f.; Hervorhebung von Th. H.

63 Urteil v. 08.12.2023, Az.: 4 K 877/23.GI. Link zur Pressemitteilung: https://verwaltungsgerichtsbarkeit.hessen.de/presse/kein-anspruch-auf-zugang-zum-rentkammerarchiv-buedingen

64 Dazu Thema 10, Teil 1, Abschnitt E.IV.

65 § 945, 1 BGB.

66 „Erster" und „Zweiter" sind der bisherige und der neue Eigentümer, „Dritter" ist der Inhaber der öffentlich-rechtlichen Dienstbarkeit, also die Einrichtung, die die Sache zu Archivgut gewidmet hat.

67 Dies im Anschluss an die hM, z.B. Bamberger/Kindl, BGB-Kommentar, 4. Aufl. 2019, § 937 Rn. 3 mit Nachweisen.

68 Herbert Günther, Eigentumsverhältnisse (sechs Fn. zuvor), S. 66.

Wenn also das Eigentum an Archivgut zu Lasten eines Archivs durch Ersitzung wechselt, führt dies dann den **Untergang der Eigenschaft „Archivgut"** herbei, wenn die Grundlage der Kulturguteigenschaft die Widmung zu Archivgut ist. Folglich liegt in diesem Fall auch kein Archivgut mehr vor.

Wenn hingegen die Eigenschaft „Kulturgut" auf einer Eintragung beruht, bleibt die Eintragung vom Eigentumswechsel unberührt.

b. Die Aneignung herrenloser Sachen

Immer wieder gibt es Berichte, dass Passant.innen aus ihrer Sicht wertvolle Unterlagen, die zur Entsorgung bereitgestellt sind, „gerettet" haben[69] und diese Unterlagen später eventuell sogar von einem Archiv als archivwürdig bewertet wurden.

Die nicht seltene Annahme, dass es sich dabei um herrenlose Sachen handelt, an denen durch Aneignung (§ 958 BGB) Eigentum begründet werden kann, ist unzutreffend. Vielmehr liegt nach überwiegender und zutreffender Ansicht ein Straftatbestand vor;[70] **die ursprüngliche Eigentümerstellung bleibt mangels Übereignung an das Entsorgungsunternehmen erhalten**. Herrenlos werden vor allem Sachen, die achtlos weggeworfen werden, dabei wird es sich aber kaum um Unterlagen handeln, die ein Archiv als archivwürdig einstuft.

> Beispiel: Ein Mieter hinterlässt bei seinem Auszug diverse Kisten, die der Vermieter nach mehrmaliger vergeblicher Nachfrage beim Mieter als Sperrmüll an den Straßenrand stellt. Ein Archivmitarbeiter nimmt daraus Unterlagen mit, die vom Archiv als archivwürdig eingestuft werden. Wie ist die Eigentumslage?
>
> Der Mieter hat bei seinem Auszug das Eigentum an jenen Unterlagen aufgegeben, sie wurden herrenlos. Der Vermieter übt durch die Lagerung in seinem Haus keinen Eigenbesitz aus, daher erfolgt keine Ersitzung durch ihn, jedenfalls wird es an der zehnjährigen Dauer des Besitzes fehlen. Aber mit dem Herausstellen zum Sperrmüll handelt der Vermieter aus Sicht eines objektiven Dritten wie ein Eigentümer – der Vermieter übt nämlich die Verfügungsbefugnis aus. Spätestens mit dem Herausstellen liegt also eine Aneignung nach § 958 BGB vor. Zudem kann ein Vermieter, der Hinterlassenschaften eines verschwundenen früheren Mieters beseitigt, bei objektivierter Betrachtungsweise nicht wollen, dass ein Eigentumserwerb durch irgendwen erfolgt. Es bestehen für den Vermieter eine große Anzahl von Verkehrssicherungspflichten im Hinblick auf die Gefahrenquelle, die er an die Straße stellt (Schimmel, gefährliche Chemikalien, Gefährdung von Persönlichkeitsrechten (der Vermieter weiß ja nicht, was in den Unterlagen zu finden ist) usw.). Die Verletzung dieser Verkehrssicherungspflichten kann unabsehbare deliktsrechtliche Haftungen für den Vermieter auslösen, wenn es rechtmäßig wäre, dass Dritte (und nicht das auf Entsorgung und die damit verbundenen Gefahren spezialisierte Unternehmen) die Unterlagen an sich nehmen. Da das Übereig-

---

[69] „Wieder ein wertvolles Buch aus dem Müll gerettet", schreibt Wolfgang Deuling in Klaus Grafs Blog „Archivalia" (https://archivalia.hypotheses.org/129404; vgl. die umfangreiche Diskussion in den Kommentaren).

[70] Dazu gleich Thema 9, Teil G.

nungsangebot des Vermieters, das nur an das Entsorgungsunternehmen gerichtet war, nicht angenommen wurde, bleibt der Vermieter der Eigentümer. Gut möglich ist aber, dass später eine Ersitzung durch das Archiv erfolgt.[71]

2. *Rechtsgeschäftlicher Eigentumserwerb*

Rechtsgeschäftlich wird Eigentum gemäß § 929,1 BGB erworben durch die

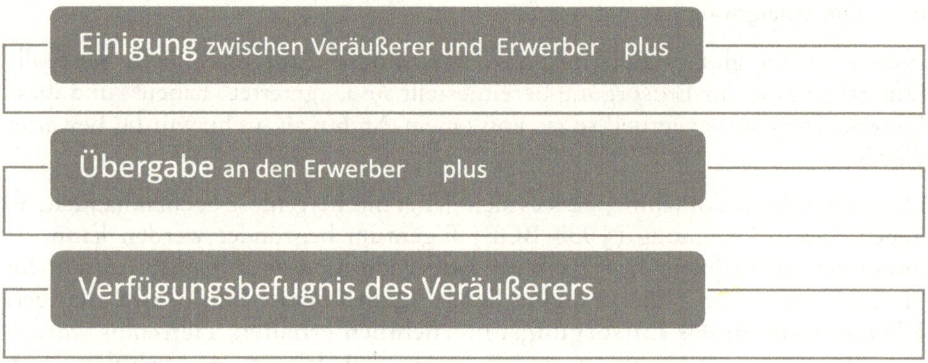

a. Die dingliche Einigung

Gemäß dem Trennungsprinzip ist diese *dingliche* Einigung juristisch nicht identisch mit der Einigung, die zu dem Vertrag führte, zu dessen Erfüllung übereignet wird. Aber auch auf die dingliche Einigung sind die Regelungen zu Willenserklärungen anzuwenden.

b. Die Übergabe an den Erwerber

Die Übergabe erfordert grundsätzlich die Verschaffung des unmittelbaren Besitzes.

Beispiel: Nach dem Abschluss eines Depositalvertrages, der die Übereignung der Gegenstände an das Archiv (genauer: an den Archivträger) vorsieht, übergibt der Depositalgeber die Gegenstände an das Archiv, um den Depositalvertrag zu erfüllen.

Die in § 929 BGB geforderte Übergabe kann gemäß § 931 BGB ersetzt werden durch die Abtretung des Herausgabeanspruchs.

Beispiel: Die Gegenstände, die gemäß dem Depositalvertrag an den Archivträger übereignet werden sollen, befinden sich in einem Bankschließfach. Die Rechtsfolgevoraussetzung „Übergabe“ ist bereits dann erfüllt, wenn der Archivträger die Rechte aus dem Vertrag mit der Bank, insbesondere den Herausgabeanspruch, durch Abtretung erhält.

71 Zu den Voraussetzungen oben Abschnitt aa.

c. Die Verfügungsbefugnis des Veräußerers – „Archivgut ist unveräußerlich“

Grundsätzlich lässt sich Eigentum nur dann erwerben, wenn der Veräußerer die Befugnis hat, das Eigentum zu übertragen. Diese Verfügungsbefugnis kann sich unter anderem ergeben

Verfügung ist ein Rechtsgeschäft, durch das die Rechtslage eines Gegenstandes unmittelbar geändert (z. B. aufgehoben, übertragen oder belastet) verändert wird

- aus der Stellung als Eigentümer, siehe § 903 BGB

Die Veräußerungsbefugnis kann aber durch ein absolutes Veräußerungsverbot beseitigt sein. Derartige absolute (also nicht nur relative[72]) Veräußerungsverbote, die dem Schutz der Allgemeinheit dienen, sind selten.

> Beispiel: Absolute Veräußerungsverbote bestehen für Betäubungsmittel (§ 3 BtMG), bestimmte Arzneimittel und in begrenztem Umfang für Bundesfernstraßen (Art. 90 GG).

Als Folge des Hamburger Stadtsiegelfalls sind derartige **absolute Veräußerungsverbote**, eine wesentliche Modifikation des BGB-Sachenrechts, auch in viele Archivgesetze aufgenommen worden. Soweit das anzuwendende Archivgesetz die Regelung enthält: „Archivgut ist unveräußerlich“,[73] ist nicht nur (wie bei derartigen Klauseln, die vom Eigentümer verwendet werden, siehe Foto) die Eigentumsvermutung nach § 1006 BGB beseitigt und der gutgläubige Erwerb kaum noch möglich, sondern als Folge der gesetzlichen Festlegung der Unveräußerlichkeit hat zudem der **Eigentümer von Archivgut keine Veräußerungsbefugnis.**

Die früher gemäß dem LArchG NW bestehende Einschränkung des Veräußerungsverbots auf kommunaler Ebene[74] ist inzwischen – auch aufgrund einer Petition[75] – beseitigt.

Natürlich gilt das Veräußerungsverbot aber **nur solange, wie die Eigenschaft „Archivgut“ besteht**; nach deren Beseitigung durch Entwidmung sind z. B. „Archivalientausch“ und Nachkassation möglich.[76]

---

72 Zwei Parteien vereinbaren, dass z. B. keine Weitergabe einer Sache an Dritte erfolgt. Ein solches Verbot verpflichtet nur die zwei Parteien.

73 § 9 BArchG; eine Zusammenstellung der Normen in den LArchG bei Partsch, BArchG-Kommentar, § 9 Fn. 7.

74 LArchG NW idF 2010, siehe https://recht.nrw.de/lmi/owa/br_show_historie?p_id=21210 und dort § 10 V 2.

75 https://www.openpetition.de/petition/argumente/kein-verkauf-von-kommunalem-archivgut-in-nrw#petition-main.

76 Zum „Archivalientausch“ Thema 11, Teil 3; zur Nachkassation ebd. Teil 1.

Wenn aber bei Archivgut gegen das Veräußerungsverbot verstoßen wird, sind **sowohl das Verpflichtungs- als auch das Verfügungsgeschäft**[77] **nach § 134 BGB nichtig.**[78] Es gibt jedoch Ausnahmen:

- Wenn es um eine Veräußerung von Archivgut an das (zuständige) Archiv geht, ist aufgrund der teleologischen Auslegung eine Ausnahme von dem absoluten Veräußerungsverbot zu machen.

Beispiel: Privatperson P hat das Eigentum an Archivgut durch Ersitzung erlangt. Es wäre sinnwidrig, eine Veräußerung von P an das zuständige Archiv an der Regelung „Archivgut ist unveräußerlich" scheitern zu lassen.

- Natürlich darf über den Besitz an Archivgut verfügt werden, sonst wäre ja die Ausleihe von Archivgut für Ausstellungen illegal.

Das **Urheberrecht** an einem Werk ist von der Regelung „Archivgut ist unveräußerlich" nicht erfasst, denn die Rechtsfolgevoraussetzung „Archivgut" liegt nicht vor: Nur Unterlagen im Sinne der Archivgesetze können zu Archivgut werden; Nutzungsrechte sind aber vom Unterlagenbegriff[79] nicht erfasst.

(Reales) Beispiel: Während der Regierungszeit von Bundeskanzler Schröder wurden die meisten[80] Nutzungsrechte an Leni Riefenstahls Olympia-Film an das Internationale Olympische Komitee (IOC) verkauft.[81] Dass sich Filmrollen von Riefenstahls Film im Bundesarchiv befanden, stand dem Verkauf der Nutzungsrechte nicht entgegen – das unveräußerliche Archivgut, also die Filmrollen, verblieb im Bundesarchiv.[82] Auch das heutige Kulturgutschutzgesetz hätte die Übertragung der Nutzungsrechte nicht verhindert, siehe § 1 KGSG.

Wenn das anzuwendende Archivgesetz die Regelung: „Archivgut ist unveräußerlich" nicht enthält, stellt sich die Frage, ob sich dieses Ergebnis auch aus der Theorie des modifizierten Privateigentums ergibt. Das muss wohl im Anschluss

---

77 Zum Trennungsprinzip, das dieser Differenzierung zwischen Verpflichtungs- und Verfügungsgeschäft zugrunde liegt, siehe oben Thema 6, Teil 2, Abschnitt E.

78 Partsch/Mütze, BArchG-Kommentar, § 9 Rn. 4; Schäfer, Kulturgutschutz im Wandel, in: Archivar, Jg. 1999, S. 233 ff. (235 mit Fn. 70 f.). Es liegt also nicht nur ein relatives Veräußerungsverbot nach §§ 135, 136 BGB vor.

79 Beispiel: Unterlagen sind „Aufzeichnungen jeder Art, unabhängig von der Art ihrer Speicherung" (§ 1 Nr. 10 BArchG). Zum Unterlagenbegriff ausführlich Thema 9, Teil 1, Abschnitt A. III.1.

80 Das IOC hat die Nutzungsrechte für die ganze Welt erworben, nur nicht für deutschsprachige Gebiete.

81 Hanns-Georg Rodek, Wie Gerhard Schröder Leni Riefenstahl verkaufte, DIE WELT v. 22.4.2013, https://www.welt.de/kultur/kino/article115484917/Wie-Gerhard-Schroeder-Leni-Riefenstahl-verkaufte.html.

82 Dass Klaus Oldenhage im Jahr 2006 die Forderung nach Einführung der Regelung „Archivgut ist unveräußerlich" auf den Riefenstahl-Fall stützte (Archivgut als Gegenstand des Kulturgutschutzes, Der Archivar, Jg. 2006, S. 21; zustimmend Martin Schlemmer, Rechtliche Aspekte einer Überlieferungsbildung im Verbund, Der Archivar, Jg. 2012, S. 20 ff. (26 mit Fn. 105), ist daher nicht überzeugend.

an den Hamburger Stadtsiegelfall und zudem nach einer Diskussion in Nordrhein-Westfalen[83] – verneint werden.

Die Veräußerungsbefugnis kann sich auch ergeben

- aus einer gesetzlichen Ermächtigung

> Beispiel: Ein Nachlassverwalter ist berechtigt, über Nachlassgegenstände zu verfügen (§ 2205 S. 2 BGB) und z. B. einen Depositalvertrag zu erfüllen; Entsprechendes gilt für den Insolvenzverwalter (§ 80 I InsO).

d. Der gutgläubige Eigentumserwerb

Ausnahmsweise ist gemäß § 932 BGB auch ein Eigentumserwerb vom Nichtberechtigten möglich, ein sog. **gutgläubiger Eigentumserwerb.**

> **§ 932 BGB:** „(1) Durch eine nach § 929 erfolgte Veräußerung wird der Erwerber auch dann Eigentümer, wenn die Sache nicht dem Veräußerer gehört, es sei denn, dass er zu der Zeit, zu der er nach diesen Vorschriften das Eigentum erwerben würde, nicht in gutem Glauben ist. […]
>
> (2) Der Erwerber ist nicht in gutem Glauben, wenn ihm bekannt oder infolge grober Fahrlässigkeit unbekannt ist, dass die Sache nicht dem Veräußerer gehört."

> Beispiel: Das Archiv geht bei der Erfüllung eines Depositalvertrages davon aus, dass alle vom Depositalgeber übereigneten Unterlagen in dessen Eigentum stehen. Tatsächlich war ein Teil der Unterlagen vom Depositalgeber nur bei Dritten entliehen worden. Dennoch wird das Archiv Eigentümer der Unterlagen.
>
> Den gutgläubigen Erwerb von Unterlagen von Privatpersonen durch ein Museum hat vor kurzem das Landgericht Koblenz bejaht.[84]

Geschützt wird jedoch nur der gute Glaube an das *Eigentum* des Veräußerers.

> Beispiel: Behauptet also der Sohn V wahrheitswidrig gegenüber dem Archiv, die Sache des eigentlichen Eigentümers E, seines Vaters, übereignen zu dürfen, so weiß das Archiv, dass der Veräußerer *nicht* Eigentümer der Sache ist. Das Archiv glaubt lediglich an die Verfügungsbefugnis des V. Ein Erwerb nach § 932 BGB scheidet daher aus, denn das BGB schützt nur den guten Glauben an das Eigentum, nicht aber den guten Glauben an die Verfügungsbefugnis des Veräußerers.

Der gutgläubige rechtsgeschäftliche Erwerb ist jedoch *immer* und *für immer* ausgeschlossen, wenn die Sache gestohlen oder sonst **abhanden gekommen** ist (§ 935 I BGB).

---

83 Aufschlussreich dazu https://www.openpetition.de/petition/blog/kein-verkauf-von-kommunalem-archivgut-in-nrw.

84 Ausführlich dargestellt bei https://www.augias.net/2022/01/19/9445/, das Urteil (Az.:10 O 123/21).

> **§ 935 I 1 BGB:** „Der Erwerb des Eigentums auf Grund [des § 932 BGB] tritt nicht ein, wenn die Sache dem Eigentümer gestohlen worden, verloren gegangen oder sonst abhanden gekommen war.

Abhanden gekommen iSv. § 935 I 1 BGB ist eine Sache, wenn der unmittelbare Besitzer den Besitz ohne seinen Willen, also unfreiwillig, verloren hat.

Beispiel: Ob dieses Kriterium erfüllt ist, wenn ein Erwerb während der NS-Zeit erfolgte, kann schwierig zu beurteilen sein.

Das Abhandenkommen einer Sache steht einer Ersitzung aber nicht entgegen.[85]

e. Rechtsfragen der öffentlichen Versteigerung von Archivgut

Bei einer **öffentlichen Versteigerung** (§ 383 III 1 BGB[86]) wird der Kaufvertrag durch den Zuschlag abgeschlossen (§ 156 BGB); anschließend erfolgt die Übereignung nach den üblichen Regeln.

> **§ 935 II BGB:** „Diese Vorschriften finden keine Anwendung auf [...] Sachen, die im Wege öffentlicher Versteigerung [...] veräußert werden."

Gemäß § 935 II BGB ist im Anschluss an eine öffentliche Versteigerung der Eigentumserwerb auch bei abhanden gekommenen Sachen möglich. Gilt das **auch bei Archivgut?**

Beispiel: Im Hamburger Stadtsiegelfall wurde Archivgut, das dem Hamburger Staatsarchiv während des 2. Weltkrieges abhandengekommen war, im Jahr 1986 in einer öffentlichen Versteigerung von einem gutgläubigen Käufer erworben.[87]

aa. Die Rechtsfolgen von § 40 Kulturgutschutzgesetz

Gemäß § 40 I Kulturgutschutzgesetz (KGSG) ist „das Inverkehrbringen von Kulturgut, das abhandengekommen ist", verboten, und Abs. 2 der Norm legt fest: „Verpflichtungs- und Verfügungsgeschäfte, die nach Absatz 1 [KGSG] verboten sind, sind nichtig". Archivgut ist grundsätzlich Kulturgut.[88] Gemäß dem Wortlaut der Norm sind also öffentliche Versteigerungen von Archivgut unwirksam.

---

[85] Zur Möglichkeit einer Ersitzung siehe oben Thema 6, Teil 3, Abschnitt D. II.1.

[86] „Die Versteigerung hat durch einen für den Versteigerungsort bestellten Gerichtsvollzieher oder zu Versteigerungen befugten anderen Beamten oder öffentlich angestellten Versteigerer öffentlich zu erfolgen (öffentliche Versteigerung)."
Ein **Erwerb via Ebay** erfüllt diese Voraussetzungen nicht, da nicht der Zuschlag durch Ebay den Erwerb herbeiführt, sondern der Zeitablauf des Angebots.

[87] Ausführlich zu diesem legendären Fall Thema 6, Teil 2.

[88] Thema 6, Teil 3, Abschnitt B.

Es ist in der Literatur umstritten, ob diese Wortlautauslegung aufgrund einer systematischen oder teleologischen Auslegung korrigiert werden muss;[89] eine gerichtliche Entscheidung zu dieser Frage liegt noch nicht vor. Die Argumente, die für eine teleologische Reduktion vorgebracht werden, sind jedenfalls im Hinblick auf Archivgut nicht überzeugend: Es gibt keinen schützenswerten Kunsthandel mit Archivgut.

Wenn die Wortlautauslegung Bestand hat, ist schon aufgrund des KGSG die Versteigerung von Archivgut unwirksam; auf die Formulierungen in den Archivgesetzen, dass Archivgut unveräußerlich ist, kommt es dann nicht mehr an.

> Beispiel: Bei der Versteigerung im Hamburger Stadtsiegelfall galt das KGSG aber noch nicht; es trat erst im Jahr 2016 in Kraft.

bb. Die Rechtsfolge der Norm „Archivgut ist unveräußerlich"

Viele Archivgesetze enthalten die Regelung **„Archivgut ist unveräußerlich"**, so dass ein absolutes Verfügungsverbot vorliegt. Es ist zwar möglich, dass eine absolutes Verfügungsbefugnis durch einen Gutglaubenserwerb überwunden wird.[90] Dafür muss diese Möglichkeit bei einem absoluten Veräußerungsverbot, das die Allgemeinheit schützt, aber gesetzlich angeordnet sein – und insoweit findet sich nichts in den Archivgesetzen. Folglich **verhindern die Regelungen „Archivgut ist unveräußerlich" einen Eigentumserwerb nach § 932 BGB.**[91]

Zu klären ist noch, welches Archivgesetz anwendbar ist: Das Archivgesetz des Landes, aus dem das versteigerte Archivgut stammt, oder das Archivgesetz des Landes, in dem die Versteigerung stattfindet?

Die Archivgesetze enthalten überraschend wenige explizite Angaben zu ihrem räumlichen Geltungsbereich. Aus dem Bezug auf die jeweiligen Landesarchive ergibt sich aber, dass jeweils das LArchG gilt, in dem sich das Archivgut befindet. Folglich ist das Archivgesetz des Landes einschlägig, in dem die Versteigerung stattfindet.

---

89 Es wird die These vertreten, dass § 935 II BGB *lex specialis* zu § 40 KGSG ist (v. Cube, NJW 2017, 787 (791)); außerdem wird argumentiert, dass der Kunsthandel in Deutschland bei einer nur am Wortlaut von § 40 KGSG orientierten Auslegung umfassend gefährdet sei und deshalb eine teleologische Einschränkung der Norm erfolgen müsse (Schack, in: Weller u.a. (Hrsg.), Handel – Provenienz – Restitution, 2020, S. 73 (76)).
Andererseits wird argumentiert, dass sich das KGSG gerade gegen den illegalen Kunsthandel richte und daher eine Reduktion der Wortlautauslgung gerade gegen den Zweck des Gesetzes verstoße (Kling, in: Nomos Kommentar zum KGSG, 2021, § 40 Rn. 38.). Zusammenfassend Matthias Weller, Wem gehört der versteigerte Kandinsky? https://www.lto.de/recht/hintergruende/h/auktionshaus-grisebach-versteigerung-kandinsky-gutglaeubiger-erwerb-polen-diebstahl/ (28.12.2022).

90 Beispiel: § 81 I 2 Insolvenzordnung.

91 Anders Schäfer, Kulturgutschutz im Wandel, in: Archivar, Jg. 1999, S. 233 ff. (236 mit Fn. 74). Schäfer stellt in der Begründung für seine These auf die Verkehrsfähigkeit ab, nicht aber auf den Gutglaubenserwerb.

cc. Die Rechtsfolge der Widmung zu Archivgut

Wie ist die Rechtslage, soweit landesrechtlich die Regelung „Archivgut ist unveräußerlich“ in Archivgesetzen fehlt? Das war die Rechtslage, als der BGH im Jahr 1989 den Hamburger Stadtsiegelfall entschied,[92] und auch im Jahre 2022 gibt es im LArchG HH (erstaunlicherweise) keine solche Regelung.

Der BGH ging damals nicht auf die Frage ein, ob nicht bereits die Eigenschaft „Archivgut“ den gutgläubigen Eigentumserwerb verhindert.[93] Der gutgläubige Eigentumserwerb durch Privatpersonen beeinträchtigt umfassend die Zwecke von Archivgut, insbesondere das Jedermannsrecht auf Nutzung. Wenn man wie hier der Theorie des modifizierten Privateigentums folgt und man sich zudem der hier vertretenen These anschließt, dass die Widmung zu Archivgut eine öffentlich-rechtliche Dienstbarkeit begründet,[94] dann schließt diese Dienstbarkeit den Gutglaubenserwerb aus. Folglich **verhindert bereits die Widmung zu Archivgut einen gutgläubigen Eigentumserwerb nach § 932 BGB** (und die Normen „Archivgut ist unveräußerlich“ sind gar nicht nötig).

Zusammenfassung: Eine öffentliche Versteigerung von abhanden gekommenen Archivgut führt daher jedenfalls auf der Grundlage der heutigen Rechtsdogmatik in keinem Fall zu einem rechtswirksamen Erwerb durch Private.

3. *Der Schutz des Eigentums*

a. Der Herausgabeanspruch aus § 985 BGB

Der wichtigste Anspruch zum Schutz des Eigentums ist der **Herausgabeanspruch** gemäß § 985 BGB. Gemäß § 986 BGB kann der Besitzer aber durch ein Schuldverhältnis zum Besitz berechtigt sein.

> **§ 985 BGB:** „Der Eigentümer kann von dem Besitzer die Herausgabe der Sache verlangen.“
>
> **986 I 1 BGB:** „Der Besitzer kann die Herausgabe der Sache verweigern, wenn er […] dem Eigentümer gegenüber zum Besitz berechtigt ist.

> Beispiel: Eine Nutzer.in im Lesesaal ist aufgrund der Nutzungserlaubnis[95] innerhalb der Grenzen dieser Erlaubnis zur Nutzung berechtigt. Die Nutzungserlaubnis gehört zum öffentlich-rechtlichen Schuldverhältnis zwischen Nutzer.in und Archiv.

---

92 BGH, Urteil v. 05.10.1989 (IX ZR 265/88), publiziert in NJW 1990, 899f.

93 Das lag vermutlich daran, dass die archivrechtliche Rechtsdogmatik noch kaum entfaltet war, da die Archivgesetze gerade erst in Kraft traten.

94 Zur Theorie des modifizierten Privateigentums Thema 8, Teil 3, Abschnitt A.2.; zu den Folgen der Widmung zu Archivgut Thema 10, Teil 1, Abschnitt E. IV. und V.

95 Dazu ausführlich Thema 12, Teil 5.

b. Die Verjährung des Anspruchs aus § 985 BGB

aa. Allgemeines

Der Herausgabeanspruch nach § 985 BGB unterliegt der **Verjährung**. Nach dem Ablauf der Verjährungsfrist besteht ein Leistungsverweigerungsrecht (§ 214 I BGB), das als Einrede geltend gemacht werden muss.

Gegen den Anspruch aus § 985 BGB kann nach **30 Jahren** die Verjährungseinrede erhoben werden, wenn im Hinblick auf die Verjährung kein Ausschluss- oder Hemmungstatbestand vorliegt.[96] Der Eigentümer verliert also nicht sein Eigentum, nur kann der Herausgabeanspruch nicht mehr durchgesetzt werden, wenn die Verjährungseinrede geltend gemacht wird.

> **Beispiel**: Der Verwaltungsmitarbeiter M hatte im Jahr 1980 mit Erlaubnis des Behördenleiters von zu Hause aus gearbeitet und dafür auch Verwaltungsunterlagen mit nach Hause genommen. Im Jahr 1981 schied der Mitarbeiter aus; eine Rückgabe durch M und auch eine Rückforderung der Unterlagen durch die Behörde unterblieben aus Versehen. Im Jahr 2020 starb M und sein Alleinerbe E (§ 1922 BGB) fand die Verwaltungsunterlagen im Nachlass. Im Jahr 2021 weigert sich E, die Unterlagen herauszugeben, verweist auf die Verjährung und bietet die Verwaltungsunterlagen dem lokalen Archiv zum Kauf an. Die Archivleiterin fragt, ob es eine Möglichkeit gibt, die Unterlagen von E ohne Zahlung eines Kaufpreises herauszuverlangen.
>
> Der Anspruch aus § 985 BGB ist nach 30 Jahren (also zum Ende des Jahres 2010) verjährt.[97] Der Behördenträger bleibt aber Eigentümer (für eine Ersitzung durch M fehlte der Eigenbesitz (§ 872 BGB) von M, da er Fremdbesitzer war).
>
> Fraglich ist, welche juristischen Folgen E.s Verhalten hat. E hatte den Fremdbesitz von M geerbt, sich dann aber durch das Verkaufsangebot wie ein Eigentümer aufgeführt und damit Eigenbesitz begründet. § 198 BGB führt die 30-jährige Verjährungsfrist grundsätzlich zugunsten von E fort. Der Wortlaut von § 198 BGB setzt nur „Besitz" voraus. Allerdings hat sich E im Jahr durch sein Verkaufsangebot zum Eigenbesitzer „aufgeschwungen" und damit strafrechtlich eine Unterschlagung (§ 246 StGB) begangen. In solchen Fällen entfällt nach wohl hM der Schutz des § 198 BGB und die Verjährungsfrist beginnt neu zu laufen.[98]

96 § 197 I Nr. 2 1. Alt. BGB.

97 Auch wenn man zusätzlich einen öffentlich-rechtlichen Erstattungsanspruch des Archivs und einen Anspruch aus § 604 BGB analog (Abwicklungsverhältnis nach beendeter Leihe) annimmt, sind diese Ansprüche im Jahr 2010 verjährt.

98 Dazu Strauch, Archivalieneigentum, S. 409 m.N. in Fn. 258; zum „Aufschwungexzess" vor allem der vom BGH entschiedene „Reichseisenbahnfeldlokomotivenfall" (BGHZ 31, 129), wonach die Umwandlung von Fremd- in Eigenbesitz als neuer Besitzerwerb zu werten sei.
Gegen den Schutz des „aufgeschwungenen" Eigenbesitzers hat sich in einer spektakulären Entscheidung im Jahr 1998 auch eines der höchsten englischen Gerichte entschieden, nämlich im Fall „City of Gotha and Federal Republic of Germany v. Sotheby's and Cobert Finance S.A.". In diesem Fall waren das Verjährungsrecht des BGB und der damalige § 221 BGB anzuwenden (Vorgängernorm des heutigen § 198 BGB). Siehe zu diesem Fall, „a fascinating tale of state art trophies, theft, smuggling, backstabbing and restitution, against the background of major European political events, written by a judge with a sense of humor", Wikipedia.

bb. Keine Verjährungseinrede bei NS-„Raubgut“

Wenn allerdings der Eigentumserwerb eine Folge der NS-Gewaltherrschaft ist, sollten öffentliche und auch private Archive die „Washingtoner Erklärung“ und die darauf aufbauenden Empfehlungen deutscher Stellen beachten.[99] Daraus folgt eine außerjuristisch begründete, aber sehr begrüßenswerte Praxis:

> In der Regel verzichten Institutionen in Deutschland in Fällen, in denen es sich um NS-verfolgungsbedingte Werke handelt, die von den jüdischen Alteigentümern oder ihren Nachkommen beansprucht werden, auf die Erhebung der Einrede der Verjährung.[100]

cc. Die Bedeutung der Verjährung des Herausgabeanspruchs beim Umgang mit „verwaisten“ Unterlagen

Auch im Hinblick auf „verwaiste“ Unterlagen, die aufgrund eines Depositalvertrages in das Archiv gekommen sind, ist die Verjährungseinrede gegen den Anspruch aus § 985 BGB sehr relevant. Wenn

- der Depositalvertrag nicht vorliegt und
- die Archivwürdigkeit der „verwaisten“ Unterlagen verneint wird,

stellt sich die Frage, ob das Archiv die Unterlagen nur deshalb aufbewahren muss, weil der Inhalt der Vereinbarung mit der damaligen Depositalgeber.in unklar ist. Wenn die dreißigjährige Verjährungsfrist abgelaufen ist, ist die Antwort **nein**: Da das Archiv nach diesem Zeitraum gegen jeden Herausgabeanspruch, der doch noch von einem Erben der Depositalgeber.in geltend gemacht wird, die Verjährungseinrede erheben kann (und zwar unabhängig davon, ob die Erben innerhalb der dreißigjährigen Frist von ihrem Anspruch erfahren haben[101]), folgt daraus, dass aus juristischer Sicht keine Probleme entstehen, wenn das Archiv einen solchen „verwaisten“ Bestand nach Ablauf der Verjährungsfrist kassiert. Um jedoch die Möglichkeit der Gegeneinrede der arglistigen Ausübung der Verjährungseinrede zu vermeiden, ist es empfehlenswert, vor der Kassation derartiger „verwaister“ Unterlagen in einem zumutbaren Umfang nach Erben der damaligen Depositalgeberin zu suchen und diese Suche zu dokumentieren.

Wenn jedoch der Verdacht besteht, dass die Unterlagen NS-verfolgungsbedingt in das Archiv gekommen sind oder deshalb die Suche nach Nachfahren der Depositalgeber.in ergebnislos bleibt, sollten vor einer Kassation eines „verwaisten“ Bestandes auch die Überlegungen des vorherigen Abschnitts berücksichtigt werden.

---

99 Dazu Thema 1, Teil 2, Abschnitt D.VII.

100 Ebling/Bullinger – Gabers-von Boehm, Praxishandbuch Recht der Kunst, München 2019, Rn. 223.

101 § 199 III a BGB: „Ansprüche, die auf einem Erbfall beruhen oder deren Geltendmachung die Kenntnis einer Verfügung von Todes wegen voraussetzt, verjähren *ohne Rücksicht auf die Kenntnis oder grob fahrlässige Unkenntnis* in 30 Jahren von der Entstehung des Anspruchs an.“ (Hervorhebung von Th. H.).

Thema 9: Archivrelevante Teile des materiellen Strafrechts

Vorbemerkung: Literatur spezifisch zu diesem Thema

Bereits in der Auswahlbibliographie aufgeführte Literatur wird hier nicht nochmals aufgenommen.

Becker, Hans-Jürgen: Der Kampf um die Rückgabe von abhandengekommenem Archivgut. Von den Schwachstellen der Zivilrechtsordnung, in: Archivmitteilungen 43, 1994, S. 47–49

Belli, Peter: „Quod non est in actis…" Zur strafrechtlichen Folgenlosigkeit der Aktenvernichtungs- und Datenlöschaktionen im Kanzleramt, in: Der Archivar 54, 2000, S. 378 f.

Eckardt, Hans Wilhelm: Stationen eines Stempels. Historische und archivarische Anmerkungen anlässlich des juristischen Streits um das IV. Hamburgische Stadtsiegel (Vorträge und Aufsätze des Vereins für Hamburgische Geschichte 31), Hamburg 1995

Hecker, Hans-Joachim: Entwendet und beschädigt – Verfolgung des Täters und Schutz des Archivguts, in: Schmitt, Heiner (Red.), Alles was Recht ist. Archivische Fragen – juristische Antworten. 81. Deutscher Archivtag in Bremen (Tagungsdokumentationen zum Deutschen Archivtag 16), Neustadt a.d. Aisch 2012, S. 119–123

Strauch, Dieter: Das Archivalieneigentum. Untersuchungen zum öffentlichen und privaten Sachenrecht deutscher Archive (Veröffentlichungen der Erzbischöflichen Diözesan- und Dombibliothek, Sonderreihe 6)), 2. Aufl. Köln 2014

ders., Sicherung und Verlust des Eigentums an alten Archivalien, in: Archive und Gesellschaft. Referate des 66. Deutschen Archivtags (25.–29. September 1995 in Hamburg) (Der Archivar, Beiband 1), Siegburg 1996, S. 189–233

Die LArchG enthalten keine strafrechtlichen Normen; im BArchG 2017 findet sich nur für einen Spezialfall eine ordnungswidrigkeitsrechtliche Regelung.[1] Eine zusammenfassende Darstellung des archivrelevanten materiellen Strafrechts ist in der publizierten Literatur nicht zu finden, obwohl die Alltagsrelevanz des Themas groß ist. In Anlehnung an eine Arbeit, die von **Dr. David Schnur**, jetzt stellvertretender Leiter des Landesarchivs Saarland, in der Archivrechtsübung des 51. Wiss. Lehrgangs angefertigt wurde, wird im Folgenden eine einführende Überblicksdarstellung präsentiert. Herrn Dr. Schnur danke ich für seine Zustimmung, in diesem Buch auf seine Thesen und Überlegungen zurückgreifen zu können.

1 § 18 BArchG 2017.

Im Folgenden geht es aus Platzgründen nur um staatliche und kommunale Archive, allerdings sowohl um Archivgut als auch um sonstiges Sammlungsgut. Die Reihenfolge der folgenden Paragrafen im Strafgesetzbuch (StGB) gliedert auch die folgenden Darstellung.

Ob Handlungen im Rahmen einer archivischen Fachaufgabe strafrechtlich relevant sind, muss immer nach den **Maßstäben des gegenwärtigen Strafrechts** beurteilt werden.

> Beispiel: In den 1920er Jahren hatte ein Landgericht die bebilderte Preisliste eines damals sog. „Sanitärfachgeschäfts" als „Verbreitung pornographischer Inhalte" (§ 184 StGB in der damaligen Fassung) gewertet, weil auch Hilfsmittel für einen Schwangerschaftsabbruch gezeigt wurden.[2] Wenn diese Unterlagen nunmehr im Archiv sind, verstößt die Vorlage an Nutzer.innen heute evident nicht mehr gegen das Strafrecht. Die damalige Entscheidung des Gerichts hat insoweit keine Bindungswirkung für das Archiv.

Das bedeutet umgekehrt auch, dass der archivische Umgang mit Unterlagen, die zur Zeit ihrer Entstehung außerhalb des Strafrechts standen, heute strafrechtliche Probleme verursachen kann.

> Beispiel: Es gibt Unterlagen, die strafrechtlich zur Zeit ihrer Entstehung nicht unter Kinderpornografie fielen; aber heute so eingestuft werden; siehe dazu die Ausführungen weiter unten.

A. Verbreiten von Propagandamitteln verfassungswidriger Organisationen (§ 86 StGB) durch Vorlage von Archivgut?

Schriften, die als Tatmittel in Frage kommen, müssen zwar **nachkonstitutionell** sein, also nach der Entstehung des Grundgesetzes entstanden sein. Die Tathandlung des Verbreitens kann aber z. B. im Hinblick auf rechts- oder linksextreme Schriften aus den 1950er Jahren erfolgen, soweit damals als verfassungswidrig eingestuftes Material (z. B. der damals verbotenen rechtsextremen SRP oder der kommunistischen KPD) inzwischen Archivgut wurde. Auch Digitalisate selbst in Findmitteln sind für die Tatbestandserfüllung relevant. Allerdings ist gemäß der **Sozialadäquanzklausel** in § 86 IV StGB die Verbreitung bei den dort genannten Zwecken erlaubt. Die Sozialadäquanzklausel spricht etliche archivische Fachaufgaben an, was im Übrigen auch für andere derartige Klauseln (z. B. in § 130 a IV StGB) gilt.

---

2 RGSt 57, 309 f.; Ausgangspunkt war eine Entscheidung des LG Tübingen. Siehe zu dieser Entscheidung aus dem Jahr 1923 https://www.lto.de/recht/feuilleton/f/rechtsgeschichte-weimarer-republik-1923-inflation-putsch-spionage/.

B. Offenbaren von Staatsgeheimnissen (§ 95 StGB)

Staatsgeheimnisse dürfen nicht offenbart werden, wozu u. a. das Bekanntmachen derartiger Geheimnisse zählt, wenn die Zufügung eines schweren Nachteils erfolgt. **Allein dadurch, dass eine Widmung zu Archivgut erfolgt, entfällt nicht die Einstufung als Geheimnis.** Archive sind amtliche Stellen im Sinne des Gesetzes. Die Staatswohlklauseln[3] schränken die Nutzung von derartigem Archivgut und **damit auch die Strafbarkeit ein**, und zwar über § 95 StGB hinaus, weil die archivrechtliche Staatswohlklausel bereits bei einem Grund zur Annahme einer Einschränkung der Sicherheit eingreift; ob tatsächlich eine Gefahr vorliegt, braucht archivrechtlich – anders als in § 95 StGB – nicht geprüft zu werden.

C. Holocaustleugner.innen (§ 130 StGB) im Archiv – Strafbarkeit von Archivar.innen wegen Beihilfe?

Das strafrechtliche **Verbot der Holocaustleugnung** (§ 130 III + IV StGB) richtet sich spezifisch gegen diese Ansicht. Obwohl nur allgemeine Gesetze im Sinne von Art. 5 II GG das Grundrecht aus Art. 5 I GG einschränken können,[4] liegt gemäß dem Bundesverfassungsgericht kein Verstoß gegen das Allgemeinheitserfordernis in Art. 5 II GG vor;[5] § 130 StGB ist daher verfassungsgemäß.

> Führt diese Norm zur Strafbarkeit von Archivar.innen, wenn eine Nutzer.in, die den Holocaust bestreitet, diese These mit Archivgut beweisen will und deshalb einen Nutzungsantrag stellt, der genehmigt wurde?[6] Fraglich ist, ob eine Strafbarkeit wegen Beihilfe (§ 27 StGB) zur Volksverhetzung (§ 130 I/II StGB) und zur Holocaustleugnung (§ 130 III/IV StGB) vorliegt.
>
> Der Gehilfe muss vorsätzlich handeln, er muss zur Tatbestandsverwirklichung beitragen wollen. Wenn der Gehilfe sein Tun für ungeeignet hält, die Tat zu fördern, so fehlt der Vorsatz.[7] Es gibt keine Unterlagen, die die Holocaustleugnung „beweisen", daher *müssen* Archivarinnen und Archivare ihren Beitrag zur Arbeit des Holocaustleugners für ungeeignet halten. **Eine Strafbarkeit entfällt.**

D. Verwahrungsbruch (§ 133 StGB)

Tatobjekt sind Schriftstücke oder andere bewegliche Sachen, die sich in **dienstlicher Verwahrung** befinden, wenn also eine dienstliche Herrschafts- und Verfügungsgewalt besteht und diese zu den staatlichen Aufgaben der verwahrenden

3 Dazu Thema 13, Teil 5 Abschnitt F.I.

4 Zu dieser Rechtsfolgevoraussetzung von Art. 5 I siehe Thema 2, Teil 3, Abschnitt A.I.2.

5 BVerfGE 124, 300 (331); kritisch dazu u. a. Pieroth, Grundrechte Staatsrecht II, 31. Aufl. 2015, Rn. 667 und Lepsius, Jura 2010, 527 (533).

6 Zur Begründung, warum die „Staatswohlklausel" dem Nutzungsantrag nicht entgegensteht, siehe Thema 10, Teil 5 Abschnitt F I.

7 Tröndle/Fischer, Strafgesetzbuch, 50. Aufl., München 2001, § 27 Rn. 8.

Stelle gehört. Auf die Eigentumsverhältnisse kommt es dabei nicht an, denn § 133 StGB schützt nicht das Eigentum; auch Eigentümer.innen können daher die Tat begehen.

Die **Tathandlung** liegt bereits vor, wenn eine verwahrte Sache materiell beeinträchtigt wird, wenn also bei den Unterlagen eine (auch unbeschriebene) Stelle abgeschnitten wird.

I. Verwahrungsbruch durch Behördenmitarbeiter.innen bei Verletzung der Anbietungspflicht?

Wenn Unterlagen von einer Behörde unter Umgehung der Anbietungspflicht oder ohne Kassationserlaubnis des Archivs zur Vernichtung freigegeben werden, liegt – entgegen gelegentlich und mit anklagenden Ton verfassten Behauptungen[8] – in der Regel kein strafrechtlich relevanter Verwahrungsbruch vor, weil die dienstliche Verwahrung **mit der Freigabe zur Vernichtung endet**.[9]

II. Verwahrungsbruch im Archiv?

Gewahrsamsinhaber.in ist – wie beim Diebstahl – die Archivleiter.in.

Ob sich **Unterlagen in Archiven in dienstlicher Verwahrung** befinden, ist umstritten. Zwar schließt die Zugänglichkeit für Nutzer.innen nicht von vornherein das Vorliegen der Rechtsfolgevoraussetzung „dienstliche Verwahrung" aus.[10] Fraglich ist aber, ob an Archivgut „nur" Besitz besteht („Amtsbesitz") oder darüber hinausgehend eine „dienstliche Verwahrung". Es kommt darauf an, ob durch das Aufbewahren im öffentlichen Archiv ein Hoheitsrecht ausgeübt wird. Für Bibliotheken und Sammlungen wird das von der Mehrheitsmeinung in der strafrechtlichen Literatur verneint und darauf verwiesen, dass § 133 StGB die Sicherheit amtlicher Verwahrung schütze, aber keine Norm des Kulturgutschutzes sei.[11] Anders als bei Asservatenkammern oder Hinterlegungsstellen bei Gericht läge bei Bibliotheks- und Sammlungsgut keine ausschließliche Konservierung vor, sondern die Aufnahme in Bibliotheken und Sammlungen bereite die spätere Nutzung vor. Diese These lässt sich auf Archivgut

---

8 Mit indiskutabel sexistischer und vulgärer Diktion postulierte Klaus Graf im Jahr 2012: Es „waren die Kassationen 2007 rechtswidrig. Aber es hat ja niemand die Eier, den BND wegen Verwahrungsbruchs anzuzeigen" (https://archivalia.hypotheses.org/10061).

9 Zum Beispiel nicht mehr dienstlich verwahrt werden „zum Einstampfen bestimmte Schriftstücke", schreibt Dreher/Tröndle, StGB-Kommentar, 50. Aufl., § 133 Rn. 5 mit Verweis auf eine Entscheidung aus dem Jahr 1949. Anders Hausmann, Archivrecht, Frankfurt/M. 2016, S. 50.

10 Fischer, StGB, 63. Aufl. 2016, § 133 Rn. 4 mit Verweis auf BayOLG, JZ 88, 726. Dazu auch Thema 8, Teil 1, Abschnitt A. VII. 1.

11 Fischer, StGB-Kommentar, 63. Aufl. 2016, § 133 Rn. 7 aE; MüKo-StGB/Hohmann, 3. Aufl. 2017, § 133 Rn. 7 aE mwN.; Kindhäuser/Hilgendorf, StGB-Kommentar, 9. Aufl. 2022, § 133 Rn. 8. Die Gegenansicht im Hinblick auf Bibliotheken und Sammlungen wird vertreten von Schönke/Schröder/Cramer/Sternberg-Lieben, StGB-Kommentar, 30. Aufl. 2019, § 133 Rn. 7 mwN.

erstrecken,[12] so dass gemäß der herrschenden Lehre kein Verwahrungsbruch an Archivgut begangen werden kann.

Auf jeden Fall endet – wie bei Registraturbildnern – mit der Freigabe zur Vernichtung (Kassanda) die Verwahrung und ein Verwahrungsbruch durch Kassation entfällt.

Ob bei **Veränderung des Ordnungszustands** einer Akte, die Archivgut ist, ein Verwahrungsbruch vorliegt, hängt von der Entscheidung bei der obigen Frage ab, ob überhaupt dienstliche Verwahrung an Archivgut besteht. Ein derartiges Verhalten hat aber jedenfalls nur bei Archivmitarbeiter.innen, nicht bei Nutzer.innen, strafrechtliche Relevanz, weil das Archivgut der Nutzer.in nicht dienstlich in Verwahrung gegeben wurde.

E. Kinder- und jugendpornografische Schriften (§§ 184 b, 184 c StGB) – Erwerb, Besitz und Verbreitung

Zu derartigen „Inhalten“ gehören nach § 11 III StGB auch Fotos und Filme. **Bereits der bloße Besitz führt zur Strafbarkeit.**

> Beispiel: Ein leider realer Fall belegt die Relevanz dieses Problems: Im Jahr 2010 entdeckte eine Nutzerin im Nachlass eines verstorbenen Lehrers, der sich „nur oberflächlich gesichtet“ im Stadtarchiv Wiesbaden befand, einige Tausend Negativaufnahmen mit kinderpornographischem Inhalt.[13]

Eine Kassation oder Nachkassation ist jedenfalls dann ausgeschlossen, wenn die Taten noch nicht verjährt sind, wobei über das Vorliegen der Verjährungsfrist nicht das Archiv entscheiden kann. § 184 b V Nr. 1 StGB (auf den § 184 c VI StGB für die Jugendpornografie verweist) sorgt allerdings für die Straflosigkeit, wenn das Archiv eine „staatliche Aufgabe“ wahrnimmt. Das ist bei staatlichen Archiven (Bundesarchiv, Landesarchive) unproblematisch zu bejahen. Zwar ist ein kommunales Archiv selbst nicht staatlich, da der Rechtsträger, die Kommune, kein Staat ist. Die Antwort auf die Frage, ob die kommunale Archivierung zur **mittelbaren Staatsverwaltung** gehört,[14] hat hier aber Auswirkungen.

Eine analoge Anwendung zugunsten von Mitarbeiter.innen kommunaler Archive ist denkbar (Analogien zugunsten von Täter.innen sind im Strafrecht zulässig), aber die Frage wird soweit ersichtlich in der strafrechtlichen Literatur nicht diskutiert. Die Straflosigkeit des Umgangs mit derartigen Inhalten in einem Archiv kann sich zudem aus § 184 b V Nr. 2 oder Nr. 3 StGB ergeben.

---

[12] Eine veröffentlichte Gerichtsentscheidung zur Frage, ob sich *Archivgut* in dienstlicher Verwahrung iSv. § 133 StGB befindet (also ob z.B. jemand, der Archivgut gestohlen hat, auch wg. Verwahrungsbruch bestraft wurde), ließ sich nicht auffinden.

[13] www.spiegel.de/panorama/justiz/wiesbaden-kinderpornos-aus-lehrernachlass-instadtarchiv-entdeckt-a-734051.html

[14] Dazu Thema 1, Teil 3, D.

Innerhalb des Archivs muss aber sichergestellt sein, dass es dort nur zu Handlungen kommt, die – wie von § 184 b V StGB gefordert – *„ausschließlich“* der Erfüllung der staatlichen Aufgaben dienen, also den Zweck der Archivarbeit betreffen. Problematisch, aber soweit ersichtlich ist ungeklärt, welche internen Sicherungen insoweit von einem Archiv zu verlangen sind, um eine Strafbarkeit wegen Beihilfe zu vermeiden.

Offen ist auch, inwieweit die Gewährung einer Nutzung dann zur Strafbarkeit des Archivars und/oder des Nutzers führen kann, wenn die Nutzungsgewährung aus Sicht des Strafgerichts rechtswidrig war, weil z. B. der immaterielle Teil des postmortalen Persönlichkeitsrechts der Opfer der Kinderpornografie unzulässig verletzt wurde. Hinzu kommt, dass sich die Maßstäbe für die Einstufung als Kinderpornografie verschoben haben – eine Darstellung aus dem frühen 20. Jahrhundert, die zeitgenössisch als unproblematisch galt, **kann heutzutage als strafbar eingestuft werden.** Früher getroffene Entscheidungen über die Zugänglichmachung sind in diesem Kontext daher nicht notwendig auch heute noch vertretbar, sondern können umgekehrt eine Strafbarkeit begründen. Allerdings muss im Hinblick auf das Vorliegen von Kinderpornografie Vorsatz vorliegen.

F. Unbefugte Offenbarung von Geheimnissen (§ 203 StGB)

Archivar.innen sind, soweit sie „Amtsträger“ iSv. § 203 II Satz 1 Nr. 1 StGB sind,[15] taugliche Täter.innen. **Tathandlung** ist die *unbefugte* Offenbarung des Geheimnisses, z. B. durch Auskunftserteilung oder die Gewährung von Akteneinsicht. Durch diese Norm sind auch Betriebs- und Geschäftsgeheimnisse geschützt; insoweit greift zusätzlich das **Gesetz zum Schutz von Geschäftsgeheimnissen** ein.[16] Der Täter muss im Hinblick auf das Vorliegen eines Geheimnisses mindestens **bedingten Vorsatz** haben.

> Beispiel: Ist bereits eine nach dem BArchG oder einem LArchG unzulässige Vorlage von personenbezogenem Archivgut an Nutzer eine im Sinne von § 203 StGB unbefugte Verletzung von Privatgeheimnissen? Archivarinnen und Archivare sind Amtsträger iSv. § 203 II Nr. 1 StGB, und mit der Übergabe ist ihnen das Geheimnis auch „anvertraut“; auch nach dem Tod des Betroffenen besteht die Strafbarkeit (siehe § 203 IV StGB). Wenn eine nach dem BArchG oder einem LArchG unzulässige Nutzung von Archivgut ermöglicht wird und damit das Geheimnis verletzt wird, wird allerdings regelmäßig der Vorsatz im Hinblick auf die Unbefugtheit der Offenbarung fehlen; **eine fahrlässige Tatbegehung ist nicht strafbar.**[17]

---

15 Legaldefinition von „Amtsträger“ in § 11 I Nr. 2 StGB.

16 GeschGehG.

17 Das von Benjamin Kram konstatierte „gewisse Risiko“ für Archivar.innen, bei einer ermessensfehlerhaften Schutzfristverkürzeung strafrechtlich belangt zu werden, ist daher gering – nur vorsätzlich begangene Ermessensfehler können zur Bestrafung führen. Siehe Kram, Die Archivierung und Nutzung von Unterlagen, die Geheimhaltungsvorschriften unterliegen, Archivar Jg. 68 (2015), S. 345 ff. (Fn. 6 aE).

Archivrechtliche **Anbietungspflichten** führen, wie auch sonst die Anforderungen des allgemeinen Behördenverkehrs,[18] zur Rechtmäßigkeit der Bekanntgabe von Geheimnissen, die der Behörde anvertraut sind, an das Archiv. Etwas problematisch ist allerdings, ob im Bereich der *landes*archivrechtlichen Abgabepflicht daraus eine Befugnis im Hinblick auf das *bundes*rechtliche StGB begründet werden kann. Die „Unbefugtheit" kann jedoch auch ansonsten durch landesrechtliche Normen zur „Befugtheit" werden.[19]

Teilweise – so z.B. gemäß § 4 II Nr. 2 LArchG NW – muss jedoch vor der Übergabe eine **Anonymisierung** bestimmter von § 203 StGB geschützter Geheimnisse erfolgen.[20]

Für die Nutzer.in gilt: Eine archivrechtlich erlaubte Nutzung ist notwendigerweise befugt iSv. § 203 StGB; dies gilt wie erläutert auch, wenn ein LArchG angewendet wurde. Deshalb braucht nicht jedes Mal § 203 StGB geprüft zu werden, wenn ein Nutzungsantrag zu personenbezogenem Schriftgut vorliegt.

All diese Überlegungen lassen sich auf § 202 StGB (**Verletzung des Briefgeheimnisses**) übertragen, der z.B. bei Öffnen bislang verschlossener Briefe erst im Archiv relevant wird.

G. Diebstahl (§§ 242f. StGB)

Gewahrsamsinhaber.in ist die Leiter.in des Archivs.

Wenn ein Diebstahl an öffentlichem Archivgut begangen wird, liegt ein **besonders schwerer Fall** nach § 243 I 2 Nr. 5 StGB vor, denn es handelt sich um Sachen mit Bedeutung für Wissenschaft und/oder Geschichte. Der Ausschlusstatbestand nach § 243 II StGB greift bei Archivgut nicht ein: Grundsätzlich kommt es für die **„Geringwertigkeit"** iSv. § 243 II StGB zwar auf den Verkehrswert an. Selbst wenn dieser – z.B. bei Behördenschriftgut – gering sein sollte, steht der Geringwertigkeit aber entgegen, dass die Unterlagen für den ihnen eigenen Funktionsbereich unbezahlbar sind, so dass bei Archivgut nie Geringwertigkeit vorliegt.

Wie auch sonst bei Diebstahl, kann als **Anschlusstat** eine Hehlerei nach § 259 StGB vorliegen.

Hypothetische Kausalverläufe sind – wie auch sonst im Strafrecht – grundsätzlich irrelevant.

---

18 Fischer, StGB-Kommentar, 63. Aufl. 2016, § 203 Rn. 42.

19 Bei Fischer, StGB-Kommentar, 63. Aufl. 2016, § 203 Rn. 38 werden landesrechtliche Bestattungsgenehmigungen erwähnt. Eine andere Begründung, nämlich einen Umkehrschluss aus Art. 4 II EGStGB, schlägt Manegold, Archivrecht, S. 249 Fn. 430 aE. vor.

20 Dazu und zur Kritik an diesen Anonymisierungsvorgaben siehe Thema 8, Teil 1, Abschnitt C.I.

Beispiel: Hätte der Täter das Archivgut im Jahre 1938 nicht gestohlen, wäre es – wie der gesamte Bestand des Landesarchivs – im 2. Weltkrieg vernichtet worden. Das ist für die strafrechtliche Beurteilung unbeachtlich.

„In der Vergangenheit ist der Fall nicht selten gewesen, dass Archivpersonal einzelne Kassanden an sich gebracht und der Vernichtung [...] damit entzogen hat", berichtet Dieter Strauch.[21] Ob damit ein Diebstahl oder eine Unterschlagung (§ 246 StGB) vorliegt, hängt von den Gewahrsamsverhältnissen im Archiv ab. Meist wird – wenn sich das Archivgut nicht z.B. im Zimmer des straffälligen Mitarbeiters befand – bei einem Täter, der nicht der Dienststellenleiter ist, lediglich untergeordneter Mitgewahrsam bestanden haben. Damit liegt ein Diebstahl vor.

Umgekehrt darf privates Schriftgut, das vom Eigentümer für eine **Altpapiersammlung** bereitgestellt wird, **nicht von Archiven eingesammelt werden**: Die Bereitstellung ist keine Eigentumsaufgabe nach § 959 BGB, sondern ein Übereignungsangebot **nur** an die einsammelnde Stelle.[22] Möglicherweise erfolgt in solchen Fällen aber später eine Ersitzung durch das Archiv.[23]

H. Urkundenunterdrückung (§ 274 StGB)

Eine rechtswidrige Beschädigung von Archivgut könnte – zusätzlich zur Sachbeschädigung – auch eine Urkundenunterdrückung darstellen. Dazu müsste Archivgut aus Urkunden im strafrechtlichen Sinn bestehen. Eine Urkunde ist

„jede verkörperte Gedankenerklärung, die geeignet und bestimmt ist, zum Beweise für eine rechtlich erhebliche Tatsache zu dienen und die ihren Aussteller erkennen lässt."[24]

Ein erheblicher Teil des Archivguts lässt den Aussteller erkennen und ist zum Beweis für Tatsachen geeignet. Diese Tatsachen sind aber jedenfalls **bei älterem Archivgut** rechtlich unerheblich, weil daraus für die Gegenwart keine rechtlichen Schlussfolgerungen mehr gezogen werden können. Wenn sich aus dem Archivgut Rechtswirkungen für die Gegenwart ergeben, muss gemäß der obigen Definition zusätzlich die Voraussetzung vorliegen, dass das Archivgut dafür „bestimmt ist", eine Beweisfunktion zu erfüllen. Das ist aus der Gegenwart heraus zu beurteilen („bestimmt *ist*"): Es kommt nicht darauf an, ob die Unterlagen

21 Das Archivalieneigentum, Köln 1998, S. 333.

22 Dazu Heydenreuther, Altpapier; aA. Strauch, Archivalieneigentum, S. 255. Aktuelle Fälle außerhalb des Archivwesens bestätigen die These: Sowohl das sog. „Containern" (Mitnahme von Lebensmittel an Müllcontainern) als auch die Mitnahme von Skizzen von des Künstlers Gerhard Richter aus dessen Altpapiercontainer) sind strafbarer Diebstahl (https://jura-online.de/blog/2020/08/20/bverfg-bestatigt-containern-bleibt-strafbar/ bzw. https://www.lto.de/recht/nachrichten/n/ag-koeln-gerhard-richter-kunst-muell-diebstahl/).

23 Dazu Thema 6, Teil 3 Abschnitt D.II.1.a.

24 StRpsr, z.B. BGHSt 13, 235 (239).

als archivwürdig bewertet wurden, weil sie zur Rechtssicherung dienen sollten, sondern es reicht aus, wenn Unterlagen (wie z.B. „Heimkinderakten") erst später für die Rechtssicherung verwendet werden.

I. Sachbeschädigung (§§ 303f. StGB)

Maßnahmen zur Nutzungserhaltung sind **keine Sachbeschädigung** iSv. § 303 StGB, da ein Rechtfertigungsgrund vorliegt.

Bei Beschädigung von öffentlichem Archivgut ist grundsätzlich sogar von gemeinschädlicher Sachbeschädigung auszugehen, weil das Archivgut der Wissenschaft iSv. § 304 I StGB dient und weil Archive „öffentliche Sammlungen" im Sinne dieser Norm sind.[25] Auch die unbefugte Änderung des „Erscheinungsbildes" von Archivgut wird gemäß § 304 II StGB als gemeinschädliche Sachbeschädigung bestraft, schon der Versuch ist strafbar (§ 304 III StGB).

> Beispiel: Eine Nutzer.in verändert unbefugt die Reihenfolge der Blätter des Archivguts.

J. Verletzung von Dienst- und Steuergeheimnissen (§§ 353 b/355 StGB)

Wenn seitens eines Archivs bei der behördlichen Schriftgutberatung Dienstgeheimnisse bekannt werden und diese Geheimnisse Dritten bekannt gemacht werden, kann § 353 b I StGB einschlägig sein. Die für die Strafbarkeit notwendige Eigenschaft als Amtsträger oder für den öffentlichen Dienst besonders Verpflichteter liegt vor.[26] Kenntnisse aus Personalakten oder polizeilichen Datenbanken dürfen also von den Archivarinnen und Archivaren nicht weitergegeben werden.

Wenn Personen, die in einem Archiv arbeiten, Zugang zu Steuerbescheiden erhalten und Daten daraus unzulässig weitergeben, kommt eine Strafbarkeit nach § 355 StGB in Betracht. Doch ist es wohl nicht richtig, dass es sich dabei notwendigerweise um ein „Verwaltungsverfahren in Steuersachen" handeln muss.[27]

> Beispiel: Auch dazu ein realer Fall, der mir berichtet wurde: Bei der Verzeichnung wurden in den Unterlagen eines aufgelösten Vereins nicht nur Steuerbescheide der vorangegangenen Jahre gefunden, sondern auch Schriftwechsel zwischen einzelnen Vorstandsmitgliedern. Demnach wurde anlässlich einer Überprüfung der Gemeinnützigkeit des Vereins durch das zuständige Finanzamt ein Teil der vereinseigenen Finanzmittel umgebucht und damit gezielt einer Prüfung vorenthalten. Dies führte seitens des

[25] Eine Bibliothek ist auch dann eine „öffentliche Sammlung" im Sinne von § 304 StGB, wenn ein Nutzungsantrag nötig ist. BGH v. 31.05.1957, 1 StR 155/57, zugänglich über https://www.bibliotheksurteile.de/?p=44. Das lässt sich auf öffentliche Archive übertragen.

[26] Legaldefinition von „Amtsträger" in § 11 I Nr. 2 StGB.

[27] So die Einschränkung bei Fischer/*Tröndle*, Strafgesetzbuch, § 355 Rn. 10.

Archivars zum Verdacht einer Steuerstraftat; diese war zum Zeitpunkt der Verzeichnung noch nicht nach § 376 I AO verjährt. Musste der Archivar schweigen (§ 355 StGB?) oder durfte oder musste er sogar Anzeige erstatten? § 30 V AO erlaubt eine Anzeige, verpflichtet dazu aber nicht.

K. Exkurs und Abschluss: Sprengstoffgesetz

Das SprengG erfasst auch **Nitrofilme** (Filmmaterial mit einem Schichtträger auf Zellulosenitratbasis); derartige Filme können auch in Archiven vorhanden sein. Diese Filme sind **höchst explosions- und feuergefährlich** und sogar selbstentzündlich, wenn sie bei mehr als 40 Grad gelagert werden. Ein derartiger „Nitrobrand" setzt Sauerstoff frei, was das Löschen erschwert. Archivarinnen und Archivare müssen also zur Vermeidung einer Strafbarkeit nach dem SprengG Maßnahmen zur **sicheren Verwahrung** derartiger Filme ergreifen.

Besonderer Teil: Der rechtliche Rahmen der archivischen Fachaufgaben

„Archivierung umfasst die Aufgaben Unterlagen zu erfassen, zu bewerten, zu übernehmen und das übernommene Archivgut sachgemäß zu verwahren, zu ergänzen, zu sichern, zu erhalten, instand zu setzen, zu erschließen, zu erforschen, für die Nutzung bereitzustellen sowie zu veröffentlichen."[1]

Diese aus dem LArchG NW stammende Aufgabenzuschreibung findet sich in unterschiedlicher Ausführlichkeit auch in den übrigen Archivgesetzen und leitet die Gliederung dieses Bandes an. Es geht im Folgenden also darum, die archivrechtlichen Vorgaben für diese einzelnen Aufgaben darzustellen.

Alle diese Aufgaben, auch „Kernaufgaben" genannt, sind gemäß dem Wortlaut der Archivgesetze **gleichrangig**; auch die eigene Forschungs- und Publikationstätigkeit der Archive ist also nicht nachrangig.[2]

Nur für Baden-Württemberg ist die Einschränkung notwendig, dass dort das LArchG auf die Aufnahme von Aus- oder Verwertung oder eigener Forschung in den Aufgabenkatalog verzichtet; das Landesarchiv versteht sich aber seit langem und mit Zustimmung des zuständigen Ministeriums als landesgeschichtliches Kompetenzzentrum.

Aus der Gleichrangigkeit folgt zudem, dass keine der Aufgaben verabsolutiert werden darf:

- jede Nutzung gefährdet oder schadet sogar dem Archivgut; dennoch muss Nutzung möglich sein
- jede Erschließung zieht Arbeitskräfte aus der Betreuung der Nutzer.innen ab, dennoch ist das allein kein hinreichendes Argument gegen den Arbeitskräfteeinsatz in der Erschließung.

Die archivischen Fachaufgaben sind jedoch juristisch unterschiedlich kompliziert: Die Rechtsfragen rund um die Anbietung erzeugen die wohl meisten Konfrontationen, die Rechtsfragen der Nutzung müssen hingegen am häufigsten entschieden werden.

Vorbemerkung 1: Das Verhältnis von Open Access und Archivrecht

Vor kurzem haben die Kulturerbe-Einrichtungen in Hessen (soweit ersichtlich, erstmals in einem Bundesland) Grundsätze einer gemeinsamen Open Access Policy veröffentlicht.[3] Die dort formulierten zehn „Handlungsmaximen", die sich vorrangig auf digitale Daten beziehen, sind im Archivrecht jedenfalls teilweise bereits handlungsleitend. Insbesondere ist das Nutzungsrecht ein Transparenzrecht, bei dem nach dem Ablauf der Schutzfristen eine grundsätzliche

1 § 2 VII LArchG NW.

2 Dazu ausführlich Henne, Gleich- oder nachrangig? Die Auswertung von Archivgut als Aufgabe von Archiven – die gesetzlichen Vorgaben, in: Archivwelt – Blog der Archivschule Marburg, 18/05/2020, https://archivwelt.hypotheses.org/2338.

3 https://doi.org/10.17192/es2021.0029.

Nutzbarkeit besteht, die nur ausnahmsweise ausgeschlossen ist.[4] Bei den Gebühren für die Weiterverwendung von Daten aus Archiven gibt es aber eine Archivpraxis, die einem Open Access-Ansatz entgegensteht.[5] Zudem sollte bei der grundsätzlichen Befürwortung von Open Access nicht vernachlässigt werden, dass Zugangsschranken, die auf Archiv- und Urheberrecht gestützt sind, im Archiv vor allem die **Schutzfunktion von Recht** verwirklichen und die Rechte und Interessen der Personen schützen, die die Daten erzeugt haben. Dass das **Urheberrecht** aktuell dieser Aufgabe im Archivbereich häufig nicht dient, sondern **dysfunktional** und ein Verhinderungsrecht ist, das vorrangig Ängste auslöst, spricht nicht generell gegen die Notwendigkeit, im Archiv Recht zum Schutz der Schwächeren einzusetzen, sondern für die dringende Notwendigkeit eines reformierten, archivtauglichen Urheberrechts. Wie am Anfang dieses Lehrbuchs erwähnt, wird das Urheberrecht hier aber nicht vertieft behandelt.

Vorbemerkung 2: Rechtsfragen der Archivierung im Verbund

Im Folgenden wird vom Archiv im Singular gesprochen. Es ist aber auch möglich, dass bei der Erfüllung einzelner oder mehrerer archivischer Fachaufgaben mehrere Archive zusammenarbeiten oder eine Zusammenarbeit mit einer anderen Stelle oder einer privaten Institution erfolgt.

Als rechtliche Grundlage für eine derartige Archivierung im Verbund stehen viele Instrumente zur Verfügung:

Fall 1: Bei der Zusammenarbeit eines **öffentlichen Archivs mit einer anderen öffentlichen Stelle** kann z. B. ein öffentlich-rechtlicher Vertrag geschlossen werden;[6] für die kommunale Ebene gibt es eigene Gesetze über kommunale Gemeinschaftsarbeit („interkommunale Zusammenarbeit").[7]

Fall 2: Die Zusammenarbeit kann mittels einer **kommunalen Arbeitsgemeinschaft** („ARGE") erfolgen, die eine bloß koordinierende Funktion übernimmt. Die jeweiligen Vertragsparteien bleiben Träger der Archive, und ihre Befugnisse bleiben unberührt. Die ARGE ist nicht rechtsfähig (und auch keine Gesellschaft bürgerlichen Rechts (GbR)), so dass aus Sicht des Umsatzsteuerrechts kein Unternehmer vorliegt.

> Beispiel: Die Gemeinden A, B und C vereinbaren in einem öffentlich-rechtlichem Vertrag, dass ein Archivar Arbeitszeitverträge zu 50 % von der Gemeinde A und zu je 25 % von den Gemeinden B und C erhält.

---

[4] Dazu ausführlich die Eingangsbemerkungen bei Thema 10.

[5] Dazu Thema 10, Teil 6, Abschnitt C II.2.a.

[6] Gemäß §§ 54 ff. VwVfG; dazu Thema 4, Teil 1, dort: „zweiseitige Regelung".

[7] Beispiel: Gesetz über kommunale Gemeinschaftsarbeit (KGG) in Hessen.

Fall 3: Möglich ist auch die Gründung eines **Zweckverbandes,**[8] der notwendigerweise rechtsfähig ist. Das hat aber Folgen, den nun ist die Rechtsfolgevoraussetzung „Unternehmer ist, wer …“ gemäß § 2 I 1 Umsatzsteuergesetz (UStG) erfüllt, so dass grundsätzlich eine **Umsatzsteuerpflicht** besteht.

Fall 4: Es können auch, wenn das Archiv eine privatrechtliche Handlungsform wählt (und wählen darf!),[9] privatrechtliche Vereinbarungen abgeschlossen werden.

> Beispiel: Zwei Kommunen finanzieren zusammen die Stelle für eine Archivar.in, oder die Überlieferungsbildung erfolgt im Verbund.[10]

In den Archivgesetzen wird die Archivierung im Verbund teilweise ausdrücklich als Handlungsmöglichkeit erwähnt; es ist aber auch möglich, dass bestimmte Formen der Zusammenarbeit ausgeschlossen sind.

> § 10 LArchG NW: „(1) Die Träger der kommunalen Selbstverwaltung […] tragen dafür Sorge, ihr Archivgut in eigener Zuständigkeit zu archivieren.
>
> (2) [1]Sie erfüllen diese Aufgaben durch
>
> 1. Errichtung und Unterhaltung eigener Archive oder **Übertragung auf eine für Archivierungszwecke geschaffene Gemeinschaftseinrichtung** oder
>
> 2. Übergabe ihres Archivguts zur Archivierung in einem anderen öffentlichen, **nichtstaatlichen** Archiv.“
>
> Die Aufzählung ist abschließend; damit ist die Übergabe kommunaler Unterlagen an staatliche Archive, damit die Unterlagen dort archiviert werden, ausgeschlossen.

Vorbemerkung 3: „Raubgut“ in Archiven

Wenn keine Anbietungspflicht der abgebenden Stelle bestand und die Unterlagen dem Archiv auch nicht freiwillig übergeben wurden, kann sog. „Raubgut“ vorliegen. Insbesondere bei Kolonialherrschaft und im Kontext von Kriegen („Beutegut“) und Willkürherrschaft („verfolgungsbedingter Erwerb“) kann auf diese Weise Archivgut entstehen.[11] In der NS-Zeit gab es sogar Spezialarchive, die sich vorrangig mit dem Zusammentragen von „Raubgut“ beschäftigten, so dass die herkömmlichen Archive vergleichsweise weniger involviert waren. Die sog. „Verreichlichung“ der NS-Zeit hat jedoch ebenfalls zu nicht freiwilligen Verlagerungen von Archivgut geführt, nämlich von Kommunal- zu Landesar-

8 Zu deren Archiven siehe Thema 1, Teil 3, Abschnitt D II.

9 Thema 4, Teil 1.

10 Dazu Martin Schlemmer, Rechtliche Aspekte einer Überlieferungsbildung im Verbund, in: Archivar, Jg. 65 (2012), S. 20–32.

11 Zusammenfassend dazu Regine Dehnel, NS-Raubgut in Museen, Bibliotheken und Archiven. Restitution, universitäre Forschung und Provenienzrecherche, in: Zeitgeschichte-online, Mai 2014, https://zeitgeschichte-online.de/themen/ns-raubgut-museen-bibliotheken-und-archiven, insbesondere im Abschnitt „Die Archive und ihre Bestände“.

chiven. Zudem gab es Rückführungen aus Archiven in die laufende Verwaltung im Umfeld der Vorbereitung des Holocaust[12] – die zwangsweise abgebende Stelle war also das Archiv selbst.

Wenn Näheres über den Erwerbsvorgang bekannt ist, sind die Maßstäbe, um die Rechtswidrigkeit derartiger Erwerbsvorgänge zu beurteilen, teilweise schwierig zu ermitteln. Neben evident rechtswidrigen Erpressungen, Unterschlagungen und Nötigungen[13] kann auch eine Übereinstimmung herbeigeführt worden sein, die vorrangig die strukturelle Gewalt im Verhältnis zwischen Archiv und abgebender Stelle widerspiegelt.

> Beispiel: Ein 1937 geschlossener Deposital- oder Kaufvertrag zwischen einem Juden und einem staatlichen Archiv.

Zu beachten ist auch, dass zwar nicht die Rechtsstellung „Eigentümer", aber der daraus resultierende Herausgabeanspruch verjährt sein kann und es zudem möglich ist, dass das Archiv durch Ersitzung das Eigentum an Unterlagen erworben haben kann.[14]

Weder die unreflektierte Rückprojektion des heutigen Rechtsverständnisses noch die pauschale Annahme der Rechtswidrigkeit damaliger Rechtsvorgänge führen zu rechtsmethodisch überzeugenden Ergebnissen. Bei einem Verdacht auf sog. „Raubgut" in Archiven sollte daher auf das ausdifferenzierte und auch außer-rechtliche Instrumentarium der systematischen Provenienzforschung zurückgegriffen werden („Washingtoner Erklärung").[15]

Fraglich ist zudem, ob bei **Verlagerungen von Behördenschriftgut in der NS-Zeit** ein Anspruch auf Rückgabe besteht.

> Beispiele:
>
> Der **Reichsgau Danzig-Westpreußen** entstand 1939 nach dem deutschen Überfall auf Polen. Soweit Bestandteile des im Reichsgau entstandenen Behördenschriftguts und dort vorhandene Archivalien in den letzten Kriegsjahren Richtung Westen in Gebiete gebracht wurden, die nach 1945 nicht zu Polen gehören,[16] ist dieses Schriftgut aufgrund der Teilidentitätstheorie[17] aus dem Eigentum des NS-Staates zum Eigentum der

---

12 Begünstigte Stelle war die „Reichsstelle für Sippenforschung", ab 1940 „Reichssippenamt", eine nachgeordnete Dienststelle des Reichsinnenministeriums.

13 Hingegen liegt „Raub" im strafrechtlichen Sinne äußerst selten vor, das Wort „Raubgut" ist daher unpräzise.

14 Zur Verjährung des Herausgabeanspruchs oben Thema 6, Teil 3, Abschnitt D.I; zur Ersitzung ebd. Abschnitt D. II.1.

15 Dazu die Ausführungen zur „Washingtoner Erklärung": Thema 1, Teil 2, Abschnitt D VII.

16 Dazu die kurze Darstellung des GstA, zu finden unter https://gsta.preussischer-kulturbesitz.de/recherche/thematischer-wegweiser/westpreussen/.

17 Gemäß dieser Theorie ist das Völkerrechtssubjekt „Deutsches Reich" rechtlich (teil-)identisch mit der Bundesrepublik Deutschland. Diese These lag dem Handeln der BRD und der Rechtsprechung des BVerfG zugrunde.

DDR geworden und nach 1989/90 in das Eigentum der Bundesrepublik Deutschland übergegangen.

Soweit nicht aus anderen Gründen „Raubgut“ vorliegt, besteht daher kein Anspruch Polens auf Rückgabe jenes Schriftgutes und jener Archivalien. Änderungen an der Eigentumslage sind aber natürlich durch Vereinbarungen mit Polen möglich und bereits zur Zeit der DDR erfolgt.[18]

Entsprechendes gilt für Unterlagen aus dem „**Reichsprotektorat Böhmen und Mähren**“, bei dem juristisch eine erzwungene Annexion vorlag.[19]

Vorbemerkung 4: Die Anforderung „(archiv-)fachliche Archivierung/Leitung“

Die Archivgesetze fordern an vielen Stellen, dass Archive unter „fachlicher Leitung“ stehen und die Ausführung der archivischen Fachaufgaben „archivfachlichen“ Standards entspricht bzw. diese Tätigkeiten durch „fachlich geeignete Personen“ ausgeführt werden. Da die Archivgesetze zu diesen Begriffen keine weiteren Präzisierungen enthalten, ist im Rahmen einer systematischen Auslegung erstens auf § 30 I + II Berufsbildungsgesetz (BBiG) zurückzugreifen. Damit man gemäß diesem Gesetz eine „fachliche Eignung“ besitzt, muss man bestanden haben

1. die Abschlussprüfung in einer dem Ausbildungsberuf entsprechenden Fachrichtung [oder]

2. eine anerkannte Prüfung an einer Ausbildungsstätte oder vor einer Prüfungsbehörde oder eine Abschlussprüfung an einer staatlichen oder staatlich anerkannten Schule in einer dem Ausbildungsberuf entsprechenden Fachrichtung

„Archivar/in“ ist zwar ein (von Art. 12 GG geschützter) Beruf, aber kein Ausbildungsberuf.[20] Zu letzteren zählt der bzw. die „Fachangestellte für Medien und Informationsdienste, Fachrichtung Archiv“; auf der Grundlage des BBiG hat nur ein „Fami/Archiv“ die fachliche Eignung.

Auch eine verwaltungsinterne, archivbezogene Laufbahnausbildung mit dem Abschluss „Diplom-Archivar.innen“ und „wiss. Archivarin“ führt dazu, dass diese Personen zur fachlichen Leitung im Sinne der Archivgesetze in der Lage sind.

---

18 Im Rahmen eines Regierungsabkommens wurden 1961 Teile der süd- bzw. neuostpreußischen Abteilungen der II. HA Generaldirektorium an die polnische Archivverwaltung abgegeben, teilt der folgende Wikipedia-Artikel mit: https://de.wikipedia.org/wiki/Geheimes_Staatsarchiv_Preu%C3%9Fischer_Kulturbesitz#1963%E2%80%931989.

19 Der folgende Wikipedia-Artikel liefert zum Rechtsstatus des Reichsprotektorats eine gute Darstellung: https://de.wikipedia.org/wiki/Protektorat_B%C3%B6hmen_und_M%C3%A4hren#Rechtliches.

20 Das Bundesinstitut für Berufsbildung gibt ein abschließendes „Verzeichnis der anerkannten Ausbildungsberufe“ heraus.

Vorbemerkung 5: Wer sind „Dritte“ und „Betroffene“ im Sinne des Archivrechts?

Viele Archivgesetze verwenden diese zwei Begriffe.

- Der Begriff **„Dritte“** wird aber „in den Archivgesetzen weder definiert noch in irgendeiner Weise erläutert“, schreibt Yvonne Leiverkus in ihrer 2009 fertiggestellten Transferarbeit an der Archivschule Marburg.[21] Das ist, soweit ersichtlich, auch jetzt noch zutreffend. Man muss daher vom allgemeinen juristischen Verständnis des „Dritten“ ausgehen: Das ist jedes Rechtssubjekt, auf das ein Rechtsverhältnis von zwei anderen Rechtssubjekten Auswirkungen hat. Etwas enger ist die Legaldefinition des „Dritten“ im **Stasi-Unterlagengesetz** (StUG): „Dritte sind sonstige Personen, über die der Staatssicherheitsdienst Informationen gesammelt hat.“[22] Offen bleibt: Wer sind im Sinne des StUG sonstige Personen, über die die Stasi *keine* Unterlagen gesammelt hat? Nicht-Dritte oder Vierte? Die **DS-GVO** liefert zum „Dritten“ eine höchst komplizierte Definition, bei der u. a. „Betroffene“ aus dem Kreis der Dritten ausscheiden.[23]
- Auch für den **„Betroffenen“** gibt es, soweit ersichtlich, keine Legaldefinition in den Archivgesetzen. Die **DS-GVO** legt für ihren Bereich aber fest, dass derjenige ein „Betroffener“ ist, wenn sich Informationen auf ihn bzw. auf eine jedenfalls identifizierbare Person beziehen.[24] Im **VwVfG** findet sich ein auf den VA zugeschnittenes Verständnis von „Betroffenen“: Es gibt Personen, für die ein VA bestimmt ist, und es gibt sonstige „Betroffene“.[25]

Daraus ergibt sich, dass sich die beiden Begriffe in den Archivgesetzen überschneiden können. Sie haben in den verschiedenen Archivgesetzen und selbst innerhalb der einzelnen Archivgesetze unterschiedliche Bedeutungen, die jeweils aus der entsprechenden Norm zu ermitteln sind.

Für die insoweit wichtigste archivgesetzliche Norm ist das archivrechtliche Zählen aber recht einfach: Der in allen Archivgesetzen zu findende **Nutzungsversagungsgrund** „überwiegende schutzwürdige Interessen/Belange“ stellt meist[26] auf „Dritte“ ab. „Erster“ und „Zweiter“ sind in dieser Konstellation die Nutzer. in und das Archiv, bei dem die Nutzung beantragt wurde. Betroffene gehören zu den Dritten, wenn sie nicht separat erwähnt sind.[27]

---

21 Yvonne Leiverkus, „Opferschutz statt Täterschutz?“ – Der Umgang mit archivischen Schutz- und Sperrfristen […], S. 6. Die Transferarbeit ist zugänglich auf der Seite https://www.archive.nrw.de/landesarchiv-nrw/ueber-uns/archivfachliches/transferarbeiten.

22 § 6 VII.

23 Art. 4 Nr. 10 DS-GVO.

24 Art. 4 Nr. 1 DS-GVO.

25 § 43 I 1 VwVfG.

26 Im BArchG gibt es den Rechtsbegriff des „Dritten“ im obigen Sinne nicht.

27 Dazu Thema 13, Teil 5, Abschnitt F.III.

Doch gibt es auch archivrechtlich andere Zählweisen: Beispielsweise nach dem LArchG HE ist die **Kassation** in Ausnahmefällen zulässig, „wenn Rechtsvorschriften oder berechtigte Interessen Betroffener oder Dritter nicht entgegenstehen".[28] Hier also muss anders gezählt werden: Es ist das Archiv der „Erste", der Betroffene ist der „Zweite" – und „Dritte" sind alle anderen.

Fazit: Wer vom „Dritten" spricht, muss zählen können und auch den „Ersten" und „Zweiten" benennen können. Die Rechtsbegriffe „Dritter" und „Betroffener" sind nicht generell definierbar, sondern können selbst in einem Archivgesetz unterschiedliche Bedeutungen haben – und diese müssen von der jeweiligen Norm aus entwickelt werden.[29] Mittels einer systematischen Auslegung kann dabei ggf. auf die Definitionen in der DS-GVO und im VwVfG zurückgegriffen werden.

---

28 § 6 III 2. Dazu Thema 12, Teil 1.

29 Viele Beispiele dazu aus der Praxis hat Leiverkus, Opferschutz (acht Fn. zuvor), S. 19ff. gesammelt.

Thema 10: Die Entstehung von Archivgut

Die archivwissenschaftliche „Begrifflichkeit zum Aufgabengebiet Überlieferungsbildung [...] ist ausgesprochen heterogen“.[1] Dies ist jedoch für die folgenden juristisch orientierten Ausführungen nur begrenzt problematisch, denn die folgende Darstellung greift stattdessen die *juristische* Terminologie auf.[2]

Teil 1: Die Entstehung von Archivgut aufgrund der Anbietung von Verwaltungsunterlagen

In vielen Archivgesetzen und auch in Teilen der archiv- und datenschutzrechtlichen Literatur werden Anbietungspflicht, Übergabe und Bewertung (und Widmung) nur wenig differenziert.[3] Juristisch gesehen liegen jedoch Schritte mit unterschiedlichen Voraussetzungen und Folgen vor. Aus *juristischer* Sicht können die einzelnen Schritte

nur in dieser Reihenfolge stattfinden.

> Beispiel: Die *juristisch* relevante Feststellung der Archivwürdigkeit kann nicht vor der Übergabe erfolgen. Soweit durch das Archiv vor der Übergabe Überlegungen zur Archivwürdigkeit der Unterlagen angestellt werden, handelt es sich um eine juristisch nicht verbindliche „**Vorbewertung**“ – schon deshalb, weil die anbietungspflichtige Stelle vor der Übergabe Unterlagen verändern oder wieder aus dem Bestand entfernen kann.

Wie auch sonst, schafft das Rechtssystem hier also eine (teil-)autonome Begrifflichkeit, die Bezugspunkte zur archivwissenschaftlich gebotenen Vorgehensweise hat, aber mit ihr – insbesondere aus archivarischer Perspektive – nicht identisch ist.

Allerdings gehen auch Archivgesetze davon aus, dass die Entscheidung über die Archivwürdigkeit der Übergabe vorausgeht.[4] Die folgende Darstellung orientiert sich hingegen an der oben begründeten Reihenfolge.

---

1 Irmgard Becker, Bewertungshoheit – Bewertungskompetenz, in: Becker/Rehm, Archivrecht, S. 58 Fn. 1.

2 Zum Zusammenwirken dieser beiden Codes vgl. die allgemeinen Ausführungen in der Einleitung.

3 Typisch § 3 LArchG BW mit der Überschrift „Übernahme des Archivguts“: In Abs. 1 wird im Hinblick auf die Übergabe nur eine Ausnahme erwähnt.

4 Z. B. § 5 VII LArchG SN.

A. Die Anbietungspflicht öffentlicher Stellen/ Kassationsgenehmigungen

Die Anbietungspflicht bezieht sich nach den Archivgesetzen auf die öffentlichen **Stellen**,[5] wozu es in vielen Archivgesetzen Aufzählungen und spezifische Ausnahmen für bestimmte öffentliche Stellen gibt.

„Die Rechtsnatur der Anbietungspflicht ist ungeklärt.“[6] Eine Amtshilfe gemäß § 4 I VwVfG[7] liegt wohl nicht vor, da „die Hilfeleistung in Handlungen besteht, die der ersuchten Behörde als eigene Aufgabe obliegen“ (§ 4 II Nr. 2 VwVfG), nämlich die Aussonderung.

Jedenfalls gibt es nach dem Wortlaut der Archivgesetze nur eine Anbietungs*pflicht*, kein damit korrespondierendes „Anforderungs*recht*“ der Archive[8] und erst recht keinen „Herausgabe*anspruch*“ gegenüber anbietungspflichtigen Stellen,[9] sondern nur nach § 5 II 1 BArchG 2017 ein *Einsichts*recht. Es besteht auch kein *ius ad rem* in Fortführung des früheren Rechtsinstituts,[10] und auch kein der heutigen sachenrechtlichen Vormerkung ähnliches Recht des Archivs.[11] Juristisch gesehen liegt eine bloße **Anbietungsobliegenheit** vor. Da aber der juristisch unpräzise Sprachgebrauch „Anbietungspflicht“ besteht, wird er im Folgenden verwendet.

Der Zweck der Anbietungspflicht ist **eng mit dem Verständnis vom Zweck des Archivs verknüpft**. Solange Archiven nur eine administrative Hilfsfunktion zukam, war eine gesetzlich normierte Anbietungspflicht schon wegen dieses eng definierten Zwecks von Archiven nicht nötig. Auch deshalb haben Änderungen im archivwissenschaftlichen und historischen Diskurs über den Zweck von Archiven mittelbar auch Änderungen beim Zweck der Anbietungspflicht zur Folge und beeinflussen somit das – auch hier nur teilautonome – juristische Verständnis von Anbietungspflichten nach dem BArchG bzw. den LArchG.

---

5 Z. B. § 6 I BArchG mit Legaldefinition in § 1 Nr. 8 BArchG; § 3 I 1 LArchG BW; § 4 I 1 LArchG NW; § 2 VI + VII LArchG HE.

6 Manegold, Archivrecht, S. 210.

7 „Jede Behörde leistet anderen Behörden auf Ersuchen ergänzende Hilfe.“

8 Allerdings kann das Bundesarchiv nach § 5 II 2 BArchG 2017 „auf die Anbietung und Abgabe von Unterlagen ohne bleibenden Wert verzichten“, was jedenfalls eine mit der Anbietungspflicht korrespondierende Rechtsstellung konstituiert.

9 So aber Berger, Sächsisches Archivgesetz, § 8 Rn. 24, der diesen „Anspruch“ aus der „öffentlich-rechtlichen Sachherrschaft“ des Archivs ableitet. Dieser Ausgangspunkt ist verfehlt, dazu Thema 8, Teil 3, Abschnitt A.1.

10 „Beim Jus ad rem handelte es sich […] – nur – um ein Recht zur Sache. Es […] gewährte dem Inhaber eines auf Erlangung der Sachherrschaft gerichteten (schuldrechtlichen) Titels die Befugnis, die Sache an sich zu ziehen.“ Werner Ogris, Art. „Jus ad rem“, in: Albrecht Cordes u. a. (Hrsg.), Handwörterbuch zur deutschen Rechtsgeschichte, 2. Aufl., Bd. 2, Berlin 2012, Sp. 1459.

11 Eine Vormerkung ist im heutigen Sachenrecht die dingliche Sicherung eines schuldrechtlichen Anspruchs auf Eintragung oder Löschung eines Rechts an einem Grundstück. Bei beweglichen Sachen gibt es im heutigen deutschen Recht keine Vormerkung.

Die Anbietungspflicht ist jedenfalls aufgrund der objektiv-rechtlichen Dimension von Art. 5 GG **„verfassungsrechtlich verankert“**.[12]

Und es ist die Anbietung,[13] die von allen archivischen Fachaufgaben in der Rechtspraxis zu den meisten juristischen Streitigkeiten führt.

Archivwissenschaftlich steht die Anbietungspflicht im Kontext der Überlieferungsbildung, wird also vom Archiv her definiert.[14] Die juristische Perspektive ist etwas anders, da sie die Beziehung zwischen der anbietungspflichtigen Institution und dem begünstigten Archiv in den Blick nimmt.

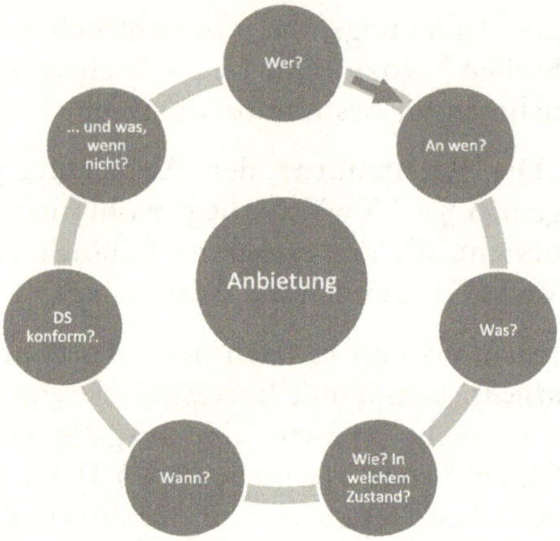

Datenschutzrechtlich zulässig?

Wenn das zuständige Archiv Unterlagen nicht übernehmen möchte, kann es insoweit eine pauschale **Kassationsgenehmigung** erteilen; auch der Begriff „generelle Kassationsgenehmigung“ ist üblich. Genaugenommen liegt eine Einwilligung als vorherige Zustimmung vor;[15] diese kann (da es keine Formvorschrift gibt) auch mündlich gegeben werden.[16] Damit im Streitfall keine Unsicherheiten auftauchen, ist es aber empfehlenswert, Kassationsgenehmigungen **schriftlich** zu erteilen.

Durch die Kassationsgenehmigung erlischt die Anbietungspflicht; das zuständige Archiv **kann in diesem Fall kein anderes Archiv benennen**, dem die Unterlagen anzubieten sind, sondern die ehemals anbietungspflichtige Stelle kann nunmehr frei (natürlich im Rahmen der übrigen Gesetze) über die Unterlagen verfügen.

---

[12] Manegold, Archivrecht, S. 54 aE (offenbar mit Tippfehler: statt „Anbietungspflicht öffentlicher Archive“ ist wohl gemeint „Anbietungspflicht öffentlicher Stellen“).

[13] Und nicht das Nutzungsrecht, obwohl juristische Streitigkeiten dort, weil sie justitiabel sind, teilweise eine hohe Beachtung in der Öffentlichkeit erfahren.

[14] Eine kurze und prägnante Zusammenfassung bei Andrea Hänger/Michael Hollmann, Das Bundesarchiv im digitalen Wandel, in: Forum – Das Fachmagazin des Bundesarchivs, Ausgabe 2018, S. 11 ff.

[15] Zur Terminologie siehe Thema 8, Teil 2, Abschnitt B.II.

[16] Anderer Ansicht offenbar Bundesarchiv und Der Bundesbeauftragte für den Datenschutz und die Informationsfreiheit (Hrsg.), Archivrecht und Datenschutz, Erläuterungen zur Abgabe von Archivgut an das Bundesarchiv, Stand: März 2023, https://www.bundesarchiv.de/DE/Content/Downloads/Anbieten/Behoerdenberatung/beratungsangebote-rechtl-grundl-archivrecht-und-datenschutz-bfdi.html, S. 9: „Daten sind grundsätzlich solange durch die Verantwortlichen zu verwahren bzw. zu speichern, bis das Bundesarchiv die Unterlagen entweder als Archivgut des Bundes übernommen oder aber gegenüber der anbietenden Stelle der Vernichtung bzw. Löschung schriftlich [sic! Th. H.] zugestimmt hat.“

Wer muss *an wen was* und *in welchem Zustand* und *wann* anbieten, und ist das *datenschutzrechtlich zulässig*? Und was können Archive machen, *wenn nicht* angeboten wird? Diese Fragen gliedern die folgende Darstellung.

I. *Wer* muss anbieten? Die Adressaten der Anbietungspflicht

1. Grundsatz: Anbietungspflicht der öffentlichen Stellen

Das Behördenarchiv („Eigenarchivierung") ist archivrechtlich eine Ausnahme. Stattdessen gilt eine umfassend Anbietungspflicht; sie betrifft alle **öffentlichen Stellen** der Länder bzw. des Bundes. Viele Archivgesetze enthalten dazu → Legaldefinitionen und Aufzählungen.

> Beispiel: Das BArchG definiert als öffentliche Stellen des Bundes „die Verfassungsorgane des Bundes, die **Behörden** und Gerichte des Bundes, die **bundesunmittelbaren Körperschaften, Anstalten und Stiftungen des öffentlichen Rechts** und die **sonstigen Stellen des Bundes**".[17]

Mit dieser Definition

> „lehnt sich das Bundesarchivgesetz in seiner Eigenschaft als bereichsspezifisches Datenschutzrecht an das Bundesdatenschutzgesetz (BDSG) an […] (**siehe § 2 Absatz 1 BDSG**[18] […])."[19]

Die LArchG enthalten ähnliche Regelungen.

---

[17] § 1 Nr. 8 BArchG 2017.

[18] § 2 des Bundesdatenschutzgesetzes lautet:
„(1) Öffentliche Stellen des Bundes sind
• die Behörden,
• die Organe der Rechtspflege und
• andere öffentlich-rechtlich organisierte Einrichtungen des Bundes, der bundesunmittelbaren Körperschaften, Anstalten und Stiftungen des öffentlichen Rechts sowie deren Vereinigungen ungeachtet ihrer Rechtsform. Als öffentliche Stellen gelten die aus dem Sondervermögen Deutsche Bundespost durch Gesetz hervorgegangenen Unternehmen, solange ihnen ein ausschließliches Recht nach dem Postgesetz zusteht. […]
(3) Vereinigungen des privaten Rechts von öffentlichen Stellen des Bundes und der Länder, die Aufgaben der öffentlichen Verwaltung wahrnehmen, gelten ungeachtet der Beteiligung nicht-öffentlicher Stellen als öffentliche Stellen des Bundes, wenn
1. sie über den Bereich eines Landes hinaus tätig werden oder
2. dem Bund die absolute Mehrheit der Anteile gehört oder die absolute Mehrheit der Stimmen zusteht. Andernfalls gelten sie als öffentliche Stellen der Länder.
(4) Nicht-öffentliche Stellen sind
• natürliche und juristische Personen,
• Gesellschaften und andere Personenvereinigungen des privaten Rechts,
soweit sie nicht unter die Absätze 1 bis 3 fallen.
Nimmt eine nicht-öffentliche Stelle hoheitliche Aufgaben der öffentlichen Verwaltung wahr, ist sie insoweit öffentliche Stelle im Sinne dieses Gesetzes."

[19] Drucksache 18/9633, S. 44 f.; http://dipbt.bundestag.de/doc/btd/18/096/1809633.pdf. Layout und ergänzende Fn. vom Verf.

Soweit bei der Präzisierung der anbietungspflichtigen Stellen auf **Behörden** verwiesen wird, gilt mangels Definition in den Archivgesetzen § 1 IV VwVfG:

> „Behörde im Sinne dieses Gesetzes ist jede Stelle, die Aufgaben der öffentlichen Verwaltung wahrnimmt."

Der übliche Sprachgebrauch, dass eine **Anbietungspflicht für amtliche Unterlagen** besteht, kann dann zu Problemen führen, wenn in den Stellen Unterlagen erzeugt werden, die zwar nicht private, aber auch nicht unmittelbar dienstliche Unterlagen sind.

> Beispiel: Im **Personalvertretungsrecht** wird die These vertreten, dass die Arbeit des Personalrats „nicht der amtlichen oder dienstlichen Tätigkeit zugerechnet werden kann".[20] Darauf kommt es aber im Hinblick auf die Anbietungspflicht nicht an,[21] da Anknüpfungspunkt der Ablieferungspflicht nicht die Eigenschaft „dienstliche Unterlagen" ist, sondern alle Unterlagen der Stelle sind anzubieten.[22]

Nicht anbietungspflichtig sind hingegen **private Unterlagen**, auch wenn sie räumlich in einer anbietungspflichtigen Stelle entstanden sind.

> Beispiele:
>
> **Parteien** sind keine Behörden im Sinne von § 1 IV VwVfG und daher nicht anbietungspflichtig; wenn Amtsträger in öffentlichen Stellen Unterlagen mit Parteibezug erzeugen, besteht keine Anbietungspflicht.
>
> Bei **Urlaubs- und Geburtstagsgrüßen** kommt es darauf an, ob der dienstliche Bezug im Vordergrund steht.

Zudem erlischt die Anbietungspflicht bei einer **Privatisierung**, dazu gleich.[23]

a. Anbietungspflicht bei „durchmischten Unterlagen"

Die Anbietungspflicht knüpft nicht daran an, wer die Unterlagen *erzeugt* hat, sondern maßgeblich ist, *wo die Unterlagen anfallen* (Problem der **„durchmischten Unterlagen"**).

---

[20] Dieter Leuze, Anmerkungen zur Schweigepflicht im Personalvertretungsrecht, in: Die Personalvertretung, 41. Jg., Heft 1-2/98, S. 72.

[21] Anderer Ansicht: Hans-Jürgen Höötmann, Die Überlieferung von Personalvertretungen, in: Archivpflege in Westfalen und Lippe Jg. 51 (1999), S. 29ff. (33); zuvor ders. u. a., Das Archiv des Landschaftsverbandes Westfalen-Lippe, Archivpflege in Westfalen und Lippe Jg. 50 (1999), S. 25ff.

[22] So auch Partsch, BArchG-Kommentar, 2. Aufl., § 5 Rn. 5; Jürgen Bohmbach, Rechtliche Probleme im Archiv, in: Archiv-Nachrichten Niedersachsen, Jg. 2000, S. 77ff. (80) mit Verweis auf eine „Feststellung des Niedersächsischen Innenministeriums" in einem „Schreiben an die Nds. Staatskanzlei vom 9. August 1994": Personalräte sind „ein Teil der Verwaltung" (https://www.vna-online.de/wordpress/wp-content/uploads/2017/03/A-NN_4_2000.pdf).

[23] Abschnitt 3.

Beispiel: Wenn eine aktenführende Landesbehörde Unterlagen aus einem anderen Bundesland oder vom Bund erhält, waren dies ursprünglich Sachen im Verwaltungsgebrauch im Eigentum des anderen Bundeslandes bzw. des Bundes. Mit der Übersendung an die aktenführende Landesbehörde wird zugleich das Eigentum des nunmehr aktenführenden Landes an jenen Unterlagen begründet. Folglich liegen nun (nur) Unterlagen der aktenführenden Landesbehörde vor (z.B. gemäß § 2 III LArchG HE).

Zur Vermeidung von Doppelüberlieferungen kann bei durchmischten Unterlagen eine Archivierung im Verbund[24] sinnvoll sein.

b. Anbietungspflicht bei Stellen außerhalb des deutschen Hoheitsgebiets

Problematisch ist, ob die Anbietungspflicht auch **jenseits des deutschen Hoheitsgebiets** besteht, also z.B. bei

- deutschen Dienststellen im Ausland

Beispiel: Institute der Stiftung Deutsche Geisteswissenschaftliche Institute im Ausland (DGIA)[25])

- Auslandstätigkeit deutscher inländischer Dienststellen

Beispiel: Polarschiffe des Alfred-Wegener Instituts (einer Stiftung des öffentlichen Rechts)

Lediglich bei den deutschen Botschaften gibt es eine Normierung, da das Gesetz über den Auswärtigen Dienst eine Zuständigkeit des „Politischen Archivs des Auswärtigen Amts“ begründet.[26] Das BArchG 2017 enthält zu diesen Fragen keine ausdrückliche Regelung; in der Literatur ließen sich zu dieser Frage keine vertieften Hinweise finden. Unmittelbar aus dem LArchG kann sich keine Anbietungspflicht ergeben, wenn die Schiffe außerhalb des Geltungsbereichs des LArchG sind; und dieser Geltungsbereich umfasst nur das Gebiet des jeweiligen Bundeslandes. Die Problematik zielt auf das Rechtsgebiet „Internationales Archivrecht“, zu dem es wohl noch nahezu keine Rechtsdogmatik gibt. Daher kann man vorläufig nur darauf hinweisen, dass es jedenfalls rechtlich nicht zulässig sein kann, dass eine deutsche Institution im Ausland oder eine Auslandstätigkeit deutscher inländischer Dienststellen keiner Ablieferungspflicht unterliegt. Das ist im Moment aber nur ein abstrakter Rechtsgrundsatz, der sich nicht einem Gesetz entnehmen lässt.

---

24 Siehe dazu allgemein Vorbemerkung 2 vor Thema 10.

25 Dass es „Archive der Geisteswissenschaftlichen Institute im Ausland“ gibt, wird von Irmgard Christa Becker erwähnt (Staatsaufbau und Archivwesen, in: Becker/Rehm, Archivrecht, S. 13), doch ließen sich auf der Homepage dieser Institution (www.maxweberstiftung.de/startseite.html) keine näheren Angaben finden.

26 Dazu gleich bei 2.a.

2. *Ausnahmen und Einschränkungen zu den anbietungspflichtigen Stellen*

Die folgenden Ausführungen beschäftigen sich mit wichtigen Problemfeldern zu Einschränkungen der Anbietungspflicht; eine Vollständigkeit kann dabei nicht erreicht werden.

a. Das „Ressortarchiv" des Auswärtigen Amts: Keine Anbietung an das Bundesarchiv

Im Gesetz über den Auswärtigen Dienst (GAD) ist die Aufbewahrungszuständigkeit des „Politischen Archivs des Auswärtigen Amts" geregelt: Diese Zuständigkeit besteht für „alle Unterlagen, die der Auswärtige Dienst zur Erfüllung seiner Aufgaben benötigt".[27] Damit wird nicht nur eine Registratur zu einem „Archiv" erklärt. Zudem wird der rechtsstaatliche Gehalt der Bewertungsgrundsätze[28] negiert, weil in jenem „Ressortarchiv" mindestens zwei der anerkannten Bewertungsgrundsätze (Bedeutung für die historische Forschung/Entschädigungs- und Rehabilitationsinteressen der Bürger) irrelevant sind – die Entscheidung über die „Übernahme" in jenes „Archiv" wird gemäß dem zitierten Gesetz ausschließlich anhand der Bedürfnisse (der Zentrale) der Behörde selbst getroffen.

Beispiel: Dass Entschädigungs- und Rehabilitationsinteressen von Bürgerinnen und Bürgern auch gegenüber Vorgängen im Auswärtigen Amt bestehen können, belegt die sog. „Visa-Affäre" seit 1999, bei der es um Bestechung von Mitarbeitern und Angehörigen der Wachdienste der Auslandsvertretungen ging.[29]

Und schließlich ist kaum begründbar, warum einmal in das „Archiv" aufgenommene Unterlagen für *immer* zur Erfüllung von Aufgaben des Auswärtigen Amts benötigt werden, also keine generelle Aufbewahrungsfrist besteht: „Im Politischen Archiv befindet sich [seit dem Jahr 2000] die gesamte Überlieferung der Auslandsvertretungen, [der] Personal- und Verwaltungsabteilung [und der] Länderabteilungen (1920–1936)"[30] – und exakt **alle dieser teilweise über 100 Jahre alten Unterlagen** werden für die Erfüllung der aktuellen Aufgaben des Auswärtigen Amtes benötigt?? Ein Staatssekretär des Auswärtigen Amtes konstatierte zum „90. Geburtstag" des Archivs im Jahr 2012 genau **das Gegenteil**: „In den 1920er Jahren sollte noch mit und aus den Akten heraus Politik gemacht werden. Der Name ist geblieben. Politik betreibt im Auswärtigen Amt mit den Akten aber niemand mehr."[31]

---

27 § 10 Satz 1.

28 Dazu Manegold, Archivrecht, S. 44 ff.

29 Zu dieser Affäre siehe https://de.wikipedia.org/wiki/Visa-Aff%C3%A4re.

30 https://archiv.diplo.de/arc-de/das-politische-archiv/geschichte-des-politischen-archivs-1433596.

31 Harald Braun, Vorwort zu Auswärtiges Amt (Hrsg.), Die Außenpolitik der deutschen Länder im Kaiserreich: Geschichte, Akteure und archivische Überlieferung (1871–1918). Beiträge des wis-

Der frühere pauschale Verweis auf die Erforschung der Geschichte der eigenen Institution[32] ist rechtsdogmatisch ebenfalls wenig überzeugend, denn damit könnte die Soll-Anbietungspflicht, die einen **Regelfall** begründet, von allen Institutionen regelmäßig unterlaufen werden.

Schon zum BArchG 2013 wurde daher im Hinblick auf das Ressortarchiv des Auswärtigen Amtes die These vertreten: „Die Verwaltungspraxis des **Auswärtigen Amtes** ist vom Bundesarchivgesetz nicht gedeckt".[33] Durch das BArchG 2017 hat sich insoweit nichts geändert.

Allerdings liegt seit Mai 2020 eine Stellungnahme des VdA-Gesamtvorstandes vor:[34] „Der Ansicht […], dass auch diese Unterlagen [Akten aus dem Politischen Archiv des Auswärtigen Amtes] ins Bundesarchiv gehören, muss unter Verweis auf die geltende Rechtslage sowie mit Blick auf die jüngsten Stellungnahmen aus der Archiv- und Rechtswissenschaft deutlich widersprochen werden." Belege zu jenen „Stellungnahmen" werden aber nicht angeführt, so dass man um so mehr staunt, dass der Verband der Archivarinnen und Archivare den Verbleib archivreifer Unterlagen in einer Altregistratur explizit befürwortet.

b. Mitglieder der Bundesregierung und Parlamentarische Staatssekretäre: Keine Anbietungspflicht?

„Die herrschende Meinung, **Mitglieder der Bundesregierung** und Parlamentarische Staatssekretäre seien persönlich auch bei Unterlagen dienstlichen Inhalts nicht angebotspflichtig, ist rechtlich angreifbar".[35]

Diese These aus dem Becker/Oldenhage-Kommentar zum früheren BArchG ist nicht nur zuzustimmen, sondern sie ist zu verschärfen: Es gibt keinen juristischen Grund, der insoweit eine Ausnahme begründen könnte. Dagegen spricht nicht, dass die Durchsetzung der Anbietungspflicht auf dieser politischen Ebene seit langem konfliktbehaftet ist – auch beim Ende der Regierung Merkel.[36] Dass sich für Fälle aus der Vergangenheit eine pragmatische Lösung finden lässt, zeigt die „Helmut-Schmidt-Stiftung".[37]

---

senschaftlichen Kolloquiums zum 90. Gründungstag des Politischen Archivs des Auswärtigen Amts am 3. August 2010, S. 7.

32 www.archiv.diplo.de/Vertretung/archiv/de/04-Veroeffentlichungen/4-1-akteneditionen.html (nicht mehr aufrufbar).

33 Becker/Oldenhage, BArchG-Kommentar, § 2 Rn. 6.

34 Archivar, Jg. 2020, Heft 2, S. 178, https://www.archive.nrw.de/sites/default/files/media/files/Archivar_2020-2_Internet.pdf.

35 Becker/Oldenhage, BArchG-Kommentar, § 2 Rn. 12; zur Diskussion um diese Problematik bei der Gesetzesentstehung: Manegold, Archivrecht, S. 195f.

36 Dazu Henne, Die Archivierung von Unterlagen aus dem Bundeskanzleramt – ein Zwischenstand zum Ende der Amtszeit von Angela Merkel, in: Archivwelt. Archivwissenschaftliches Blog der Archivschule Marburg, Beitrag v. 20.12.2021, https://archivwelt.hypotheses.org/2510.

37 Dazu Thema 1, Teil 3, Abschnitt C V.

c. Gesetzgebende Körperschaften: Keine Anbietungspflicht

Insoweit besteht eine generelle Freistellung von der Anbietungspflicht („Bereichsausnahme").[38]

> Beispiel: Auch die Unterlagen des Vermittlungsausschusses befinden sich beim Bundesrat; das BArchG wird (nur?) im Hinblick auf die Bereitstellung seiner Akten für anwendbar erklärt.[39]

d. Anbietungspflicht von Fraktionen?

Fraktionen sind der organisatorische Zusammenschluss einer Gruppe von Mandatsträger.innen zur gemeinsamen Wahrnehmung parlamentarischer Aufgaben. Fraktionen und Parteien sind juristisch getrennt, aber in der Praxis vielfältig verflochten. In der Archivrechtsliteratur kaum diskutiert[40] ist die Frage, ob Fraktionen „öffentliche Stellen" im Sinne der Archivgesetze sind – falls ja, besteht eine Anbietungspflicht für Fraktionsunterlagen.

aa. Bundes- und Landtagsfraktionen: Keine Anbietungspflicht

Zwar haben die Fraktionen auf Bundesebene „Anteil an der Staatsgewalt, die der Bundestag ausübt".[41] Doch legt das Abgeordnetengesetz fest (§ 54 Abs. 3 1. Hs. AbgG[42]):

> „Die Fraktionen sind nicht Teil der öffentlichen Verwaltung".

38 Z. B. § 2 II BArchG 2013; jetzt § 5 IV BArchG 2017.

39 www.bundesrat.de/DE/bundesrat/sekretariat/z/z-node.html#doc4378154bodyText4.

40 In der vom Verf. durchgesehenen archivrechtlichen Standardliteratur wird das Thema – soweit ersichtlich – kaum erörtert; keine Ausführungen dazu Partsch, BArchG, 2. Aufl.; Becker/Rehm, Archivrecht; Manegold, Archivrecht. Lediglich bei Oldenhage, BArchG-Kommentar findet sich die meinungsstarke, aber nicht weiter begründete These: „Mehr als nur streitig ist jedenfalls, ob die beim Deutschen Bundestag herrschende Praxis, Fraktionsunterlagen des Deutschen Bundestages einem Archiv einer der den politischen Parteien nahe stehenden Stiftungen zu überlassen, mit dem Bundesarchivgesetz vereinbar ist" (§ 2 Rn. 30 aE).
Auch die von Rainer Polley bis 1996 geführte Archivrechtsbibliographie (https://www.archivschule.de/uploads/Bibliographien/Archivrechtsbibliographie_20160202.pdf) weist beim Suchwort „Fraktion" keinen Beitrag aus. Die Archivrechtsbibliographie seit 1998, die von Monika Oehme betreut wird (https://hds.hebis.de/asmr/index.php) liefert für die kommunale Ebene keinen vertiefenden Beitrag, sondern es geht in den Publikationen der letzten zwei Jahrzehnte nahezu ausschließlich um die Überlieferung von Fraktionen auf der Landes-, Bundes- und Europaebene. Auch die vom Verf. herangezogene Literatur zum Kommunalrecht und zum Abgeordneten-gesetz thematisiert nicht die Anbietungspflicht an Archive (soweit ersichtlich, auch nicht in der Literatur zu den Fraktionen im Bundestag und in den Landtagen).

41 Austermann/Schmahl, Abgeordnetengesetz, 2016, § 46 Rn. 18.

42 Gesetz über die Rechtsverhältnisse der Mitglieder des Deutschen Bundestages (Abgeordnetengesetz – AbgG) in der Fassung v. 8.10.2021. Der jetzige § 54 AbgG war früher § 46 AbgG.

Folglich gilt: Die Entscheidungen und Beschlüsse der Fraktionen sind *„keine VAe*, sondern *Parlamentsakte*, die allein den Regelungen des Parlamentsrechts unterliegen.“[43]

Daraus folgert die herrschende Praxis, dass die Fraktionen des Bundestages keine anbietungspflichtige Stelle sind. Gemäß der Archivordnung für den Deutschen Bundestag werden Fraktionsunterlagen auch nicht an das Parlamentsarchiv abgegeben.[44] Fraglich ist die Rechtmäßigkeit dieses Umgangs mit Unterlagen der Bundestagsfraktionen.[45]

Ob die Anbietungspflicht durch § 54 AbgG aufgehoben wird, ist fraglich, denn durch die Regelung sollte verhindert werden, dass das Rechtsverhältnis zwischen *Abgeordneten und Fraktion* privatrechtlich verstanden wird (stattdessen ist in weitem Umfang der Verwaltungsrechtsweg möglich). Die Regelung bezieht sich außerdem auf das Verhältnis der Fraktion *nach außen* (z. B. ist kein IFG-Anspruch gegen eine Fraktion möglich). Die Anbietung an ein Archiv erfolgt aber *innerhalb* der Verwaltung, so dass der Ausschluss der Anbietungspflicht alles andere als zwingend erscheint. Zudem zielte § 54 AbgG gemäß den Gesetzgebungsmaterialien *nicht auf die Anbietungspflicht*; diese wurde offensichtlich bei der Gesetzgebung nicht einmal bedacht.

Aber: Der Ältestenrat als ein Gremium, das durch die Geschäftsordnung des Deutschen Bundestages legitimiert ist,[46] hat in der von ihm beschlossenen Archivordnung[47] die Anbietung von Fraktionsunterlagen aufgehoben. Es bestehen keine durchgreifenden materiellen Rechtmäßigkeitsbedenken, wenn ein Legislativorgan eine *Eigen*archivierung von „Unterlagen des Parlaments und seiner Verwaltung“[48] beschließt, denn es „besteht für die Parlamente auf Grund ihrer autonomen Stellung als legislative Körperschaften innerhalb der staatlichen Organisation kein Ablieferungszwang für Altakten“ an das Bundesarchiv, wie der langjährige Archivar des Landtags von Baden-Württemberg, Günther Bradler, im Archivar 1984 formulierte.[49]

---

43 Austermann/Schmahl (Fn. 8); so auch Braun/Jantsch/Klante, Abgeordnetengesetz, 2001, § 46 Rn. 19; Hervorhebungen von Th. H.

44 § 1 III 3 der Archivordnung für den Deutschen Bundestag v. 21.3.2019: „Unterlagen der Mitglieder des Deutschen Bundestages sowie der Fraktionen im Deutschen Bundestag sind kein Archivgut des Parlamentsarchivs.“

45 Ausführlicher zu diesem Thema: Henne, Besteht auf kommunaler und Landesebene eine Anbietungspflicht im Hinblick auf Fraktionsunterlagen?, in: Stadtarchiv Mönchengladbach (Hrsg.), Archivfachliche Beiträge, Bd. 8 (2022), S. 38 – 47, online: https://www.moenchengladbach.de/fileadmin/user_upload/stadtarchiv/Archivfachliche_Beitr%C3%A4ge/Archivfachliche_Beitr%C3%A4ge_-_Beiheft_8..pdf.

46 § 6 GOBT.

47 https://www.bundestag.de/resource/blob/190272/a49121cb9bad2029c592f4475b6dcadc/archivordnung-data.pdf.

48 § 1 III 1 der Archivordnung.

49 Günther Bradler, Parlamentsarchive, Der Archivar Jg. 37 (1984), Sp. 427 ff. (429).

Auch auf der Ebene der Landtagsfraktionen liegt ein rechtmäßiger Ausschluss der Fraktionsunterlagen von der Anbietungspflicht vor, weil auch die Landtage als Legislativorgane die Eigenarchivierung beschlossen haben. Auch hier geht, soweit bekannt, die herrschende Praxis davon aus, dass keine Anbietungspflicht besteht.

bb. Kommunale Fraktionen: Argumente für die Anbietungspflicht

- Die Zugehörigkeit von kommunalen Fraktionen zur öffentlichen Verwaltung

Die kommunalen Fraktionen sind z. B. in den Gemeindeordnungen von Nordrhein-Westfalen und Hessen in eigenen Paragrafen behandelt.[50] Kommunale Fraktionen sind Organteile des Rates, daher eine **öffentlich-rechtliche Vereinigung**[51] und ein **Kommunalorgan.**[52] Diese Fraktionen sind nicht Teil der privatrechtlich organisierten politischen Parteien und sie sind auch nicht eine Vereinigung von Ratsmitgliedern als Privatpersonen,[53] sondern sie haben spezifische Aufgaben im Kommunalverfassungsrecht und erhalten deshalb Leistungen aus dem Gemeindehaushalt.

Kommunale Vertretungsorgane gehören – das unterscheidet sie von Parlamenten auf der Landes- und Bundesebene – zur **Exekutive**[54] und sind damit Teil der öffentlichen Verwaltung. Grundsätzlich sind daher auch kommunale Fraktionen als Organteil des Rates im Sinne der Regelungen zur Anbietungspflicht „städtische/gemeindliche Stellen“ (Hessen) bzw. ein „Träger der kommunalen Selbstverwaltung“ (NRW).

- Das Fehlen spezifischer Regelungen zur Zugehörigkeit von Fraktionen zur öffentlichen Verwaltung auf kommunaler Ebene

Es ist möglich, dass diese aus allgemeinen Überlegungen hergeleitete Einordnung der kommunalen Fraktionen durch spezifische Regelungen in den

- Gemeindeordnungen oder in den
- kommunalen Geschäftsordnungen

geändert ist, z. B. analog zu den oben aufgeführten Regelungen im Bundesrecht und im Landesrecht NRW.

---

50 § 36 a Hessische Gemeindeordnung bzw. § 56 Gemeindeordnung NRW.

51 Deshalb ist beim Fraktionsausschluss im Kommunalrecht der *Verwaltungsrechts*weg einschlägig. Dazu ausführlich Jan Ziekow, Der Fraktionsausschluss im Kommunalrecht, Nordrhein-Westfälische Verwaltungsblätter, Jg. 1998, S. 297 ff.

52 Lange, Kommunalrecht, 2. Aufl., § 47 Rn. 23; Geis, Kommunalrecht, 5. Aufl. 2020, § 22 Rn. 93.

53 Burgi, Kommunalrecht, 6. Aufl. 2019, § 27 Rn. 13.

54 Kommunale Vertretungsorgane sind nicht für den Beschluss von Gesetzen zuständig, sondern für untergesetzliche Normen (z. B. kommunale Satzungen) in ihrem Wirkungskreis, wobei die gesetzlichen Vorgaben beachtet werden müssen.

Die Gemeindeordnung von Hessen und von NRW enthalten aber keine derartigen Regelungen. Die kommunalen Geschäftsordnungen sollen gemäß der Gemeindeordnung Hessen die „Rechte und Pflichten" der Fraktionen regeln.[55] Auch in den kommunalen Geschäftsordnungen ergab eine Durchsicht einiger exemplarisch ausgewählter Normtexte[56] keine derartigen Regelungen, die die Zugehörigkeit kommunaler Fraktionen zur öffentlichen Verwaltung ausschließen. Es wird daher im Folgenden davon ausgegangen, dass auch die anderen Geschäftsordnungen kommunaler Vertretungen keine derartigen Regelungen enthalten.

Anders als auf der Bundesebene sind daher die oben erwähnten allgemeinen Überlegungen maßgebend: **Kommunale Fraktionen sind Träger der kommunalen Selbstverwaltung bzw. städtische/gemeindliche Stellen**, so dass sich daraus eine Anbietungspflicht an das lokal zuständige Archiv ergibt.

- Sind Fraktionsunterlagen nicht-amtliche Unterlagen und deshalb von der Anbietungspflicht ausgeschlossen?

Eine Empfehlung der „Bundeskonferenz der Kommunalarchive" stuft das Schriftgut von Fraktionen in einem ihrer Papiere ohne weitere Vertiefung als nicht-amtliches Schriftgut ein.[57] Doch hat ein solches Positionspapier *keine rechtliche Bindungskraft*; auch die bei dem hier einschlägigen Positionspapier erreichte „Billigung durch den Kulturausschuss des Deutschen Städtetags"[58] führt eine solche rechtliche Bindungskraft nicht herbei.

Zweitens enthält jenes Positionspapier keine Begründung für die These, dass keine Ablieferungspflicht kommunaler Fraktionen besteht. Diese letztere These wird in dem Positionspapier zwar beiläufig aufgestellt[59] und taucht auch in einem Bericht über eine Arbeitssitzung eines Westfälischen Archivtages auf;[60] zudem wird dort über die Praxis berichtet, dass Depositalverträge für Unterla-

---

55 § 36 a Abs.1 Satz 3 GemO Hessen bzw. § 56 Abs. 4 Satz 2 GemO NRW.

56 Überprüft wurden die „Geschäftsordnung der Stadtverordnetenversammlung Frankfurt am Main", die „Geschäftsordnung des Rates der Landeshauptstadt Düsseldorf" und die „Geschäftsordnung für den Rat, die Bezirksvertretungen und die Ausschüsse in der Stadt Mönchengladbach".

57 http://www.bundeskonferenz-kommunalarchive.de/empfehlungen/Arbeitshilfe_Dokumentationsprofil.pdf; nicht mehr aufrufbar.

58 Siehe S. 1 der „Arbeitshilfe Dokumentationsprofil" (Fn. zuvor).

59 „Darüber hinaus sind Überlieferungslücken durch aktive Dokumentation zu schließen. Dies betrifft vor allem die Überlieferungen *der Fraktionen*, der Parteien und sonstiger politischer Gruppierungen. Da die Parteiarchive lediglich Unterlagen ab der Kreisebene aufwärts übernehmen, kann das Kommunalarchiv *über seine eigentliche Zuständigkeit hinaus* Übernahmeabsprachen mit diesen Organisationen treffen und so den relevanten Quellenfundus sichern" (S. 19, Abschnitt 4.5.1, Hervorhebungen von Th. H.).

60 „Eine Arbeitssitzung des 51. Westfälischen Archivtages in Olpe 1999 befasste sich mit den Überlieferungsformen *nichtamtlichen* Schriftgutes. Dort wurde auf die vielschichtige Bedeutung der Unterlagen gesellschaftlicher Organisationen hingewiesen, auf die Kommunalarchive keine unmittelbare Zugriffsmöglichkeit haben. Als eine der in diesem Bereich wohl bedeutendsten Quellen wurde dabei auch das *Schriftgut von (Rats-)Fraktionen in Kommunalarchiven* thematisiert."

gen kommunaler Fraktionen abgeschlossen wurden. Es findet sich aber *kein Argument*, das gegen oben aufgeführte allgemeine Begründung für die These spricht, dass kommunale Fraktionen Teil der Verwaltung sind.

Die Mitglieder der Fraktionen haben sich zwar freiwillig zu Fraktionen zusammengeschlossen. Auch daraus ergibt sich aber kein Argument gegen die Anbietungspflicht, denn auch bei vielen anderen öffentlichen Ämter erfolgt die Übernahme freiwillig und trotzdem besteht eine Anbietungspflicht.

Kommunale Fraktionsunterlagen sind daher **durchgängig Unterlagen öffentlicher Stellen**. Dafür spricht auch, dass ein Verwaltungsorgan gar nicht nichtamtlich handeln kann. Es ist nur möglich, dass eine Stelle der Verwaltung als Handlungsform das Privatrecht wählt (z. B. bei Beschaffungsgeschäften); damit wird aber nicht der amtliche Charakter des Handelns beseitigt. Die Anbietungspflicht knüpft zudem nicht an den amtlichen Charakter von Unterlagen an, sondern die Archivgesetze benennen anbietungspflichtige *Stellen*, die *alle* Unterlagen anzubieten haben.[61] Und kommunale Fraktionen sind, wie begründet, solche Stellen.

cc. Fraktionen in Hochschulparlamenten – Anbietungspflicht?

In den meisten Bundesländern gibt es Verfasste Studierendenschaften, die öffentlich-rechtliche Teilkörperschaften ihrer Hochschulen sind. Die Studierendenparlamente sind zwar ein beschlussfassendes, gewähltes Gremium, aber sie sind – wie kommunale Vertretungsorgane – nicht für Gesetzgebung zuständig und daher (trotz ihres insoweit irreführenden Namens) Bestandteil der Exekutive. Die obige Argumentation zu Fraktionen auf kommunaler Ebene lässt sich daher auf die Fraktionen in den sog. Hochschul„parlamenten“ übertragen. Da die Hochschulen die Archivierung in eigener Zuständigkeit regeln,[62] erfolgt die Anbietung an das Hochschularchiv.

e. Anbietungspflicht bei informellen Koordinationsgremien?

Keine öffentlichen Stellen im Sinne des Archivrechts sind die vielen informellen Koordinationsgremien. Es gibt sie unter anderem zur Koordination der Politik zwischen dem Bund und den Ländern, zwischen den Ländern und den Kommunen oder auch zur Abstimmung des politischen Handelns mit den Grenzregionen der Nachbarstaaten Deutschlands. Inzwischen gibt es allein knapp zwanzig **Fachministerkonferenzen**, teils mit ständigem Sekretariat,[63] und im Jahr 2004

(Hervorhebungen von Th. H.) Siehe https://www.lwl.org/waa-download/archivpflege/heft53/berichte.html.

61 § 2 Abs. 6 + 7 iVm. § 4 Abs. 1 LArchG HE bzw. § 4 Abs. 1 Satz 1 LArchG NRW.

62 Siehe z. B. § 19 I LArchG HE.

63 Eine Aufstellung bei https://de.wikipedia.org/wiki/Fachministerkonferenzen_der_deutschen_L%C3%A4nder.

hat ein Journalist allein **über 900** derartige **Bund-Länder-Gremien** gezählt.[64] Dazu gehört auch die „Konferenz der Leiterinnen und Leiter der Archivverwaltungen des Bundes und der Länder (KLA)“ (früher Archivreferentenkonferenz) mit etlichen Ausschüssen und Arbeitsgruppen.[65]

Da all diese Gremien archivrechtlich **keine öffentlichen Stellen** sind, besteht keine **Anbietungspflicht.** Dennoch bleibt natürlich die Frage: **Wer archiviert die Unterlagen** all dieser für den kooperativen Föderalismus typischen Gremien?

Herausgegriffen sei die **Kultusministerkonferenz** (KMK), ein zur Koordination der Kulturpolitik dienendes ständiges Gremium mit eigenem Sekretariat. Gemäß einem 1959 geschlossenen Abkommen der Länder, das die Grundlage der Arbeit der KMK darstellt,[66] liegt die Dienstaufsicht beim „Senator für Volksbildung“ des Landes Berlin. Das Abkommen enthält keine Angaben zur Archivierung; auch ein jüngst ergangenes „KMK-Sekretariats-Gesetz“[67] schweigt zu dieser Frage. Unterlagen der Archivreferentenkonferenz lässt sich entnehmen, dass die Unterlagen (offenbar seit Anfang dieses Jahrtausends) **im Bundesarchiv** archiviert werden.[68] Die Länder, die im Rahmen der laufenden Verwaltung den Kulturföderalismus so energisch verteidigen, geben ihn also insoweit bei der Archivierung auf.

Für die weit überwiegende Anzahl derartiger Bund-Länder-Gremien gilt im Übrigen wohl noch immer das Fazit einer im Jahr 2006 publizierten Studie:

> „Die bisher praktizierte dezentrale, weitgehend unkoordinierte und daher nicht transparente Überlieferungsbildung ist archivwissenschaftlich zweifellos unbefriedigend.“[69]

Das gilt auch aus rechtswissenschaftlicher Sicht.

---

64 Philipp Grassmann, Das langsame Sterben. Kamingespräche, Fraktionssitzungen, Geheimtreffen, Süddeutsche Zeitung v. 18./19.12.2004, S. 5, zit. bei Karsten Jedlitschka, Die Ständige Konferenz der Innenminister und -senatoren. Konzept einer archiv- und länderübergreifenden Überlieferungsbildung, in: Alexandra Lutz (Hrsg.), Neue Konzepte für die archivische Praxis. Ausgewählte Transferarbeiten des 37. und 38. wissenschaftlichen Kurses an der Archivschule Marburg, Marburg 2006, S. 189 ff.

65 Dazu http://www.bundesarchiv.de/DE/Navigation/Meta/Ueber-uns/Partner/KLA/kla.html.

66 www.kmk.org/fileadmin/Dateien/veroeffentlichungen_beschluesse/1959/1959_06_20_Abkommen-KMK.pdf; nicht mehr aufrufbar

67 Als Art. 13 eingebaut in das Berliner Gesetz über die Anerkennung ausländischer Bildungsabschlüsse von 2014.

68 Bestand B 304; dazu Jedlitschka, Ständige Konferenz (vier Fn. zuvor), S. 189 Fn. 2 mN.

69 Jedlitschka, Ständige Konferenz (fünf Fn. zuvor), S. 214.

f. Sog. Nachrichtendienste: Einschränkungen und Ausschaltungen der Archivgesetze

Sogenannte **Nachrichtendienste** unterliegen nur einer sehr eingeschränkten Anbietungspflicht. Schon im BArchG 2013 gab es wesentliche Einschränkungen,[70] die nun erheblich ausgebaut wurden: Für sog. Nachrichtendienste besteht die Anbietungspflicht nach dem BArchG 2017 nämlich nur, wenn

> „zwingende Gründe des nachrichtendienstlichen Quellen- und Methodenschutzes sowie der Schutz der Identität der bei ihnen beschäftigten Personen einer Abgabe nicht entgegenstehen.“[71]

Diese Regelung, faktisch eine „Bereichsausnahme“, hat während des Gesetzgebungsverfahrens viel Aufmerksamkeit und Kritik erfahren. Das BArchG 2017 geht davon aus, dass Archive den für sog. Nachrichtendienste nötigen „Quellen-, Methoden- und Identitätsschutz“ *nicht* gewährleisten können. Dieses Misstrauen ist nicht durch belegbare Vorkommnisse in der Vergangenheit begründbar, aber als Entscheidung des Gesetzgebers zurzeit hinzunehmen. Folgerichtig ist die „Eigenarchivierung“ bei den sog. Nachrichtendiensten ausgebaut worden.

Stellungnahme: Die Kontinuitäten nationalsozialistisch geprägter Funktionseliten in den sog. Nachrichtendiensten bis in die 1970er Jahre und die lange Kette von Geheimdienstskandalen konnten zwar durch staatlich autorisierte Forschungsgruppen in den letzten Jahren ein wenig aufgehellt werden. Der Anspruch, dass Archivgesetze Transparenzgesetze sind, ist bei dieser Regelung aber nicht eingelöst worden und es besteht insoweit dringender Reformbedarf.

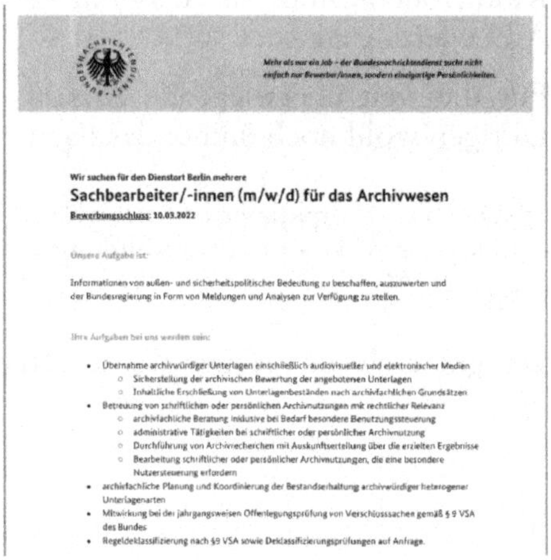

Es gibt aber auch positivere Regelungen: Das Hessische Verfassungsschutzgesetz (HVSG) legt fest, dass die Anbietungspflicht nach dem Hessischen Archivgesetz „unberührt“ bleibt.[72]

g. Ausnahmen zur Anbietungspflicht auf Landesebene

Wenn auf Landesebene Körperschaften, Anstalten und Stiftung des öffentlichen Rechts der Landesaufsicht unterstehen und über ein Archiv verfügen, „das

[70] Kritik daran z. B. bei Becker/Oldenhage, BArchG-Kommentar, § 2 Rn. 11.

[71] § 6 I 2.

[72] § 16 IX HVSG.

archivfachlichen Ansprüchen genügt", **entfällt** z. B. **nach dem LArchG BW die Anbietungspflicht** (§ 8 I), weite Teile des LArchG BW bleiben aber anwendbar (§ 8 II LArchG BW). Im Übrigen kann im Hinblick auch auf die landesrechtliche Abgabepflicht im Kontext von Privatisierungen der bereits erwähnte bundesrechtliche § 2 BDSG herangezogen werden.[73]

Dazu passend legt z. B. § 1 II LArchG NW fest:

> „Dieses Gesetz gilt auch für die Archivierung der Unterlagen von ehemals öffentlichen bzw. diesen gleichgestellten Stellen, sofern die Unterlagen **bis zum Zeitpunkt des Übergangs in eine Rechtsform des Privatrechts** entstanden sind."[74]

Allerdings gelten die LArchG NW und SN nicht für „öffentlich-rechtliche Rundfunkanstalten, die Landesanstalt für Medien sowie für öffentlich-rechtliche Unternehmen, **die am wirtschaftlichen Wettbewerb teilnehmen**, und deren Zusammenschlüsse."[75] (§ 1 III LArchG NW). Dies kann für Versorgungsbetriebe oder auch für Eigenbetriebe zutreffen, wenn sie in Konkurrenz zu anderen Unternehmen stehen.[76]

3. *Führt Privatisierung zum Erlöschen der Anbietungspflicht?*

Die Anbietungspflicht betrifft wie oben einführend erläutert nur die **„öffentlichen Stellen"**;[77] Nicht anbietungspflichtig sind daher **privatrechtlich organisierte Einrichtungen**. Es gibt verschiedene Formen der Privatisierung, die zu einer solchen privatrechtlich organisierten Einrichtung führen können – die Privatisierung kann erfolgen als[78]

- **materielle Privatisierung**: Aufgabenerfüllung durch Private, Staat reguliert nur noch

> Beispiel: Telefonnetz

[73] Die Norm lautet im Hinblick auf Länder:
„Öffentliche Stellen der Länder sind
- die Behörden, die Organe der Rechtspflege und
- andere öffentlich-rechtlich organisierte Einrichtungen
  - o eines Landes [z. B. ein Eigenbetrieb des Landes, Th. H.],
  - o einer Gemeinde,
  - o eines Gemeindeverbandes und
  - o sonstiger der Aufsicht des Landes unterstehender juristischer Personen des öffentlichen Rechts sowie deren Vereinigungen [also z. B. auch Zweckverbände, die Körperschaften des öffentlichen Rechts sind, Th. H.]

ungeachtet ihrer Rechtsform."

[74] Vertiefend dazu Joachim Küppers, Sicherung von Archivgut (kommunaler) Unternehmen – Rechtliche Möglichkeiten und Grenzen, in: Heiner Schmitt (Red.), Alles was Recht ist. Archivische Fragen – juristische Antworten. 81. Deutscher Archivtag in Bremen, Fulda 2012, S. 125 ff.

[75] § 1 III LArchG NW bzw. § 1 II LArchG SN.

[76] Ausführlich dazu Küppers, Sicherung von Archivgut (zwei Fn. zuvor), S. 127.

[77] § 5 iVm. § 1 Nr. 9 BArchG 2017. Entsprechendes gilt für das Landesarchivrecht.

[78] Die folgende Einteilung im Anschluss an http://kommunalwiki.boell.de/index.php/Privatisierung.

- **funktionelle Privatisierung**: Outsourcing/Private-Public-Partnership

Beispiel: ein Archiv vergibt die Schimmelbekämpfung bei Unterlagen an private Firmen

- **formelle Privatisierung**: ein Teil der Verwaltung wird durch Rechtsformänderung privat

Beispiel: Das Stadtarchiv wird zur „Stadtarchiv GmbH"

- **faktische Privatisierung**, keine Regulierung

Beispiel: Das Stadtarchiv wird geschlossen und aufgelöst, ein Heimatverein (e.V.) übernimmt die Unterlagen.

Alle diese Formen der Privatisierung sind im Hinblick auf Archive zulässig, auch im kommunalen Bereich, denn es liegt eine pflichtige Selbstverwaltungsaufgabe vor, bei der die Kommune über das „Wie" entscheidet.[79]

Schwieriger im Hinblick auf die Anbietungspflicht zu beurteilen sind sog. **gemischt-wirtschaftliche Unternehmen** (öffentlich-rechtliche Rechtsträger und Private teilen sich die Anteile). Die Begründung zum Entwurf des jetzigen BArchG erläutert:[80] Diese Unternehmen „zählen im Sinne des Bundesarchivgesetzes nur dann zu den öffentlichen Stellen des Bundes, wenn sie

- Aufgaben der öffentlichen Verwaltung wahrnehmen **und**
- dem Bund die **absolute Mehrheit der Anteile** gehört **oder** die **absolute Mehrheit der Stimmen** zusteht (siehe auch § 2 Absatz 3 Nummer 2 BDSG), z.B. die Deutsche Bahn AG oder die Deutsche Flugsicherung GmbH.

Insbesondere sind (materiell und funktional) privatisierte Einrichtungen wie die Deutsche Post AG, die Deutsche Telekom AG und die Deutsche Postbank AG nicht mehr generell öffentliche Stellen des Bundes, sondern agieren nur dann noch auf öffentlich-rechtlicher Ebene **als Beliehene**, sofern sie aufgrund spezieller verwaltungsrechtlicher Regelungen, die ihnen einen öffentlich-rechtlichen Sonderstatus verleihen, tätig werden (z.B. § 33 des Postgesetzes (PostG)[81])."

Beispiele:

Öffentliche Stellen des Bundes sind die **obersten Bundesbehörden** (z.B. Bundesministerien) und die **Bundesoberbehörden** (z.B. das Bundesarchiv).[82]

Die **Deutsche Bahn AG**, 1994 als Ergebnis des Wechsels von der Bundesbahn gegründet, befindet sich vollständig im Eigentum der Bundesrepublik Deutschland. Die Deutsche Bahn AG erfüllt aber keine Aufgaben der öffentlichen Verwaltung und ist daher keine öffentliche Stelle des Bundes. Daher gilt im Hinblick auf die Anbietungspflicht:

---

79 Dazu Thema 1, Teil 3, Abschnitt D.

80 Drucksache 18/9633, S. 44f.; http://dipbt.bundestag.de/doc/btd/18/096/1809633.pdf. Layout und Hervorhebungen von Th. H.

81 Postzustellungsauftrag z.B. bei Bußgeldbescheiden.

82 Weitere öffentliche Stellen des Bundes und der Länder sind aufgeführt z.B. bei Gola/Schomerus, BDSG – Bundesdatenschutzgesetz. Kommentar, 11. Aufl. 2012, § 2 Rn. 17f.

> „Mit Gründung der Deutschen Bahn AG wurden die noch bestehenden Altregistraturen und Archive der ehemaligen Bahndirektionen aufgelöst. Akten wurden **gemäß dem Bundesarchivgesetz** abgegeben, sofern sie nicht für den laufenden Betrieb der Deutschen Bahn AG oder auch des neugegründeten Bundeseisenbahnvermögens notwendig waren. [...] Um Herkunft, Entstehungs- und Unternehmensgeschichte der Deutschen Bahn AG zu dokumentieren, wurde ein **unternehmenshistorisches Archiv** – die Historische Sammlung – am Konzernsitz in Berlin eingerichtet. Aufgabe ist die Sichtung, Sicherung und EDV-Erschließung von unternehmenshistorisch relevanten Akten im Einklang mit Datenschutz, Sperrfristen und den entsprechenden Konzernrichtlinien.“[83]

Allerdings sind die jeweiligen **Aufsichts- und Regulierungsbehörden** ‚Behörden des Bundes‘ und sind somit anbietungs- und abgabepflichtig nach § 5 I BArchG, wodurch jedenfalls gemäß der Begründung des jetzigen BArchG „eine Erfassung von Unterlagen auch der privatisierten Stellen gesichert ist.“[84]

II. *An wen* muss angeboten werden? Die Adressaten der Anbietung

1. *Das Archiv als Begünstigter der Anbietung – Abgrenzung zu Museen und Bibliotheken*

Es spricht juristisch nichts dagegen, dass Archive museales Sammlungsgut verwahren.

> Beispiel: Talare sind für das Universitätsarchiv der TU Berlin „museales Sammlungsgut“.[85]

Abbildung von der Homepage des Universitätsarchivs Würzburg, www.uni-wuerzburg.de/uniarchiv/ausstellungen/insignienundge

Wenn aber Archive, Museen und Bibliotheken um Unterlagen privater oder öffentlicher Stellen konkurrieren, stellt sich die Frage, mit welchem juristischem Kriterium sich feststellen lässt, **wann das Archiv einen Erstzugriff geltend machen kann.** Oder haben Archive *qua* Archivrecht und durch die Anbietungspflicht einen Erstzugriff auf *alle* „Informationsträger“ der öffentlichen Stellen, so dass Museen und Bibliotheken insoweit hintenanstehen?

> Beispiel: Die im vorherigen Beispiel erwähnten Talare zeichnen Fingerabdrücke und Benutzungsspuren auf und sind damit selbst Informationsträger.

---

83 www.deutschebahn.com/de/konzern/geschichte/sammlungen/unternehmenshistorisches_archiv.html; nicht mehr aufrufbar.

84 Bundestags-Drucksache 18/9633 (https://dserver.bundestag.de/btd/18/096/1809633.pdf), S. 44 f.

85 www.ub.tu-berlin.de/sammlungen-und-universitaetsarchiv/universitaetsarchiv/aufgaben/definition-unterlagen/; nicht mehr aufrufbar.

Beispiel: Eine juristische Abgrenzung ist nicht nur bei zwei streitigen Zugriffen nötig, sondern umgekehrt auch dann, wenn die jeweils andere Stelle für zuständig erklärt wird, z.B. wenn es um die Kosten für einen Magazinbau geht und der Archivträger auf die Zuständigkeit des Museums verweist, der Museumsträger hingegen auf die Zuständigkeit des Archivs.

Es gibt – soweit ersichtlich – keinen Konsens und nicht einmal eine herrschende Meinung zur Abgrenzung, welche Unterlagen vorrangig in Archive und nur nachrangig in Museen und Bibliotheken gehören.[86]

Die amtliche Begründung zum BArchG 2017 liefert insoweit keine Hinweise; Becker/Oldenhage lösten in ihrem Kommentar zum früheren BArchG das Problem durch Rückgriff auf die „Natur der Sache“: Unterlagen seien

> „alle historisch wertvollen Unterlagen unabhängig vom Informationsträger, sofern [sie] der Natur der Sache nach nicht in Bibliotheken oder Museen zu verwahren sind“.[87]

Das ist eine rechtsmethodisch fragwürdige und inhaltlich vage externe Referenzebene.[88] Es ist auch nicht ersichtlich, wie der rechtsdogmatisch problematische[89] Unterlagenbegriff zur Lösung des Problems beitragen kann.[90]

Und aus den durchgängig vagen Definitionen der Aufgaben von Archiven, Museum und Bibliotheken in den jeweiligen Gesetzen lässt sich aktuell ebenfalls nicht entnehmen, wann juristisch ein Erstzugriff von Archiven auf Unterlagen öffentlicher Stellen besteht.

Daher kann an aktuell nur ein sehr **unbefriedigendes Ergebnis** festgehalten werden: Aus der Konkurrenz von Archiven, Museen und Bibliotheken erwachsende Streitigkeiten sind **aktuell juristisch nicht lösbar**. Auch unerwünschte Doppelüberlieferungen können nicht mit Hilfe der aktuellen Archivgesetze verhindert werden. An dieser Stelle zeigt sich nochmals, welchen Folgen das **Fehlen eines allgemeinen Kulturgesetzes** hat, wo eine präzise Aufgabenzuschreibung

---

86 Dazu mit vielen Nachweisen zum Meinungsstand: Jana Deicke, Zum Stellenwert von Sammlungsgut in kommunalen Archiven und Einsatzmöglichkeiten in der Öffentlichkeitsarbeit, Diplomarbeit an der FH Potsdam im Jahr 2007, https://opus4.kobv.de/opus4-fhpotsdam/files/63/08065.pdf (besonders S. 5ff.). Zuvor z.B. aus bibliothekarischer Sicht: Johannes Rogalla v. Bieberstein, Archiv, Bibliothek und Museum als Dokumentationsbereiche. Einheit und gegenseitige Abgrenzung, Pullach 1975. Einige Überlegungen aus archivarischer Sicht bei Irmgard Christa Becker, Am Anfang steht die Quelle. Weibliche Traditionsbildung in Archiven und Museen, in: R. Johanna Regnath u.a. (Hrsg.), Eroberung der Geschichte. Frauen und Tradition, S. 45ff. (45–47).

87 Becker/Oldenhage, BArchG-Kommentar, § 2 Rn. 68.

88 Zur Funktion externer Referenzebenen siehe die Einleitung, Abschnitt A II.2.

89 Dazu gleich Thema 10, Teil 1, Abschnitt A.III.1.

90 Aufgegeben habe ich einen früher von mir vertretenen Eingrenzungsversuch: Unterlagen sind Informationen, die die Erledigung von bestimmten Aufgaben *dokumentieren*. Bibliotheken und Museen sind zuständig für Gegenstände, die nicht dokumentieren, sondern zur Erledigung dieser Aufgaben benötigt wurden (Bücher, Stempel etc.).

und Abgrenzung der drei „Gedächtnisinstitutionen" Archiv, Museum und Bibliothek vorzunehmen wäre.[91] Vom Archivrecht aus als Teilgebiet des Kulturrechts und in diesem Lehrbuch kann dieser Mangel nicht kompensiert werden. Dies ist aber die einzige Stelle, an der dieses Lehrbuch eine juristische Frage offenlässt.

2. *Die Abgrenzung der Zuständigkeiten von Bundes-, Landes- und Kommunalarchiven*

Grundsätzlich gilt das archivrechtliche[92] **Belegenheitsprinzip,**

> „nach dem die Behörden einer bestimmten Gebietskörperschaft, die in einem bestimmten räumlichen Verwaltungsbereich (dem sog. **Archivsprengel**) ihren Sitz haben, ihr Schriftgut einem bestimmten Archiv anbieten."[93]

a. Der Zusammenhang von intrastaatlichem Föderalismus und dem Adressaten der Anbietungspflicht

Öffentliche Archive sind grundsätzlich für die Unterlagen zuständig, die in den **Stellen** der Verwaltung auf ihrer Hierarchiestufe (Bund/Länder/Kommunen) anfallen. Es ist grundsätzlich eindeutig festgelegt, ob Unterlagen dem Bundes- oder einem Landesarchiv angeboten werden müssen. Auch die Abgrenzung zwischen der Zuständigkeit von Landes- und Kommunalarchiven ist im Grundsatz eindeutig.

Hinzuweisen ist dabei auf einen nicht seltenen Irrtum:[94] An wen die Unterlagen anzubieten sind, **hängt nicht davon ab, ob Bundes- oder Landesrecht angewandt wurde**, denn es ist ein Charakteristikum des **intrastaatlichen Föderalismus** in Deutschland, dass z. B. Stellen des Landes sowohl Bundes- als auch Landesrecht anwenden. Folglich sind Bundes- und Landesrecht in der Anwendung häufig ineinander verzahnt, so dass sich mit einem Kriterium, das auf Bundes- bzw. Landesrecht abstellt, auch keine handhabbare Trennung der Anbietung an das Bundesarchiv bzw. an die Landesarchive festlegen ließe.

> Anders wäre das Ergebnis in einem Verwaltungssystem, das ein strenges Modell eines **dualen Föderalismus** anwendet: Dort stehen die zentral- und die bundesstaatliche Ebene ohne Verbindung nebeneinander – ein Bankräuber wird von zwei Polizeien ver-

[91] Siehe dazu die Einleitung, Teil B.

[92] Das Belegenheitsprinzip gilt auch z. B. im Steuer- und im Versicherungsrecht.

[93] Heinz Hoffmann, Behördliche Schriftgutverwaltung. Ein Handbuch für das Ordnen, Registrieren, Aussondern und Archivieren von Akten der Behörden, 2. Aufl., München 2000, S. 375.

[94] Zum Beispiel bei Udo Schäfer: „Die Befugnis des A[rchivs], die einer Rechtsvorschrift des Bundes über Geheimhaltung unterliegenden Mehrfertigungen als Archivgut zu übernehmen, ergibt sich aus § 11 BArchG [2013, jetzt § 7 BArchG, Th. H.]." Udo Schäfer, Rechtsvorschriften über Geheimhaltung, in: Rainer Polley (Hrsg.), Archivgesetzgebung in Deutschland – Ungeklärte Rechtsfragen, Marburg 2003, S. 39 ff. (40).

folgt. Die Stellen des Zentralstaats wenden nur dessen Recht an (Gesetzgebungs- und Verwaltungskompetenz sind identisch), und damit kommen in das Zentralarchiv nur Unterlagen, die von zentralstaatlichen Stellen stammen und notwendigerweise nur auf der Anwendung von zentralstaatlichem Recht beruhen.

Es kommt stattdessen darauf an, **ob Bundes- oder Landes- oder kommunale *Stellen* für den Gesetzesvollzug zuständig waren** – eben deshalb ist der Ausgangspunkt für die Anbietungspflicht sowohl im BArchG und als auch in den LArchG, ob „Stellen" des Bundes bzw. des Landes oder der Kommunen vorliegen.

Dabei sind die Kompetenzen für den Gesetzesvollzug, die sog. **Verwaltungskompetenzen**, im deutschen Föderalismus teilweise von den **Gesetzgebungskompetenzen** getrennt. Sowohl Bund als auch die Länder haben die Kompetenz, Gesetze zu beschließen. Welche Behörden des Bundes oder der Bundesländer dann für den Vollzug der Gesetze zuständig sind, ist in den Art. 30, 83–91 GG festgelegt. Bei der Auftragsverwaltung delegieren die Länder den Vollzug regelmäßig an die Kommunen.

Damit ergibt sich die folgende Abgrenzung der Zuständigkeiten des Bundesarchivs, der Landesarchive und der Kommunalarchive:[95]

- Bei **Bundesgesetzen** gilt:
  - Grundsätzlich führen die Länder die Bundesgesetze als eigene Angelegenheiten aus (Art. 83 GG, **Landeseigenverwaltung**). Die Organisationshoheit liegt bei den Ländern (Art. 84 I GG), so dass Stellen der Länder für den Gesetzesvollzug zuständig sind.[96] In diesem Fall sind die entstandenen Unterlagen den **Landesarchiven** anzubieten. Wenn das Land den Gesetzesvollzug an die Kommunen delegiert hat, erfolgt die Anbietung an die Kommunalarchive.
  - Ausnahmsweise führen die Länder nach Art. 83 GG Bundesgesetze im Auftrag des Bundes aus (**Bundesauftragsverwaltung**). Auch hier liegt die Organisationshoheit bei den Ländern und Stellen der Länder übernehmen den Gesetzesvollzug.[97] Damit erfolgt auch hier die Anbietung der entstandenen Unterlagen an die **Landesarchive**. Aber auch hier gilt: Wenn das Land den Gesetzesvollzug an die Kommunen delegiert hat, erfolgt die Anbietung an die Kommunalarchive.
  - Ebenfalls nur ausnahmsweise führt der Bund seine Gesetze durch seine **bundeseigene Verwaltung** oder durch bundesunmittelbare Körperschaf-

[95] Das Grundgesetz legt in Art. 30 den Grundsatz der vorrangigen Landeszuständigkeit für die Gesetzgebung fest. Dies wird von Fritz Scharpf als „Lebenslüge des Föderalismus" bezeichnet, denn es gibt so viele Einzelregelungen, dass das Regel – Ausnahme-Verhältnis in der heutigen Rechtspraxis umgekehrt ist.

[96] Dem Bund steht nach Art. 84 III GG mittels der Bundesregierung „nur" die Rechtsaufsicht zu.

[97] Der Bund hat nach Art. 85 III GG ein Weisungsrecht verfügt gemäß Art. 85 IV GG über die Rechts- und Fachaufsicht.

ten oder Anstalten des öffentlichen Rechts aus (Art. 86 GG). Die Organisationshoheit liegt beim Bund, und die Unterlagen der ausführenden Stellen des Bundes sind grundsätzlich[98] dem **Bundesarchiv** anzubieten.

- Bei **Landesgesetzen** gilt:
  - wenn das Land das Gesetz selbst ausführt, werden die Unterlagen dem Landesarchiv angeboten
  - wenn das Land den Gesetzesvollzug an die Kommunen delegiert hat, werden die Unterlagen dem zuständigen Kommunalarchiv angeboten
- Bei **kommunalen Satzungen** gilt:

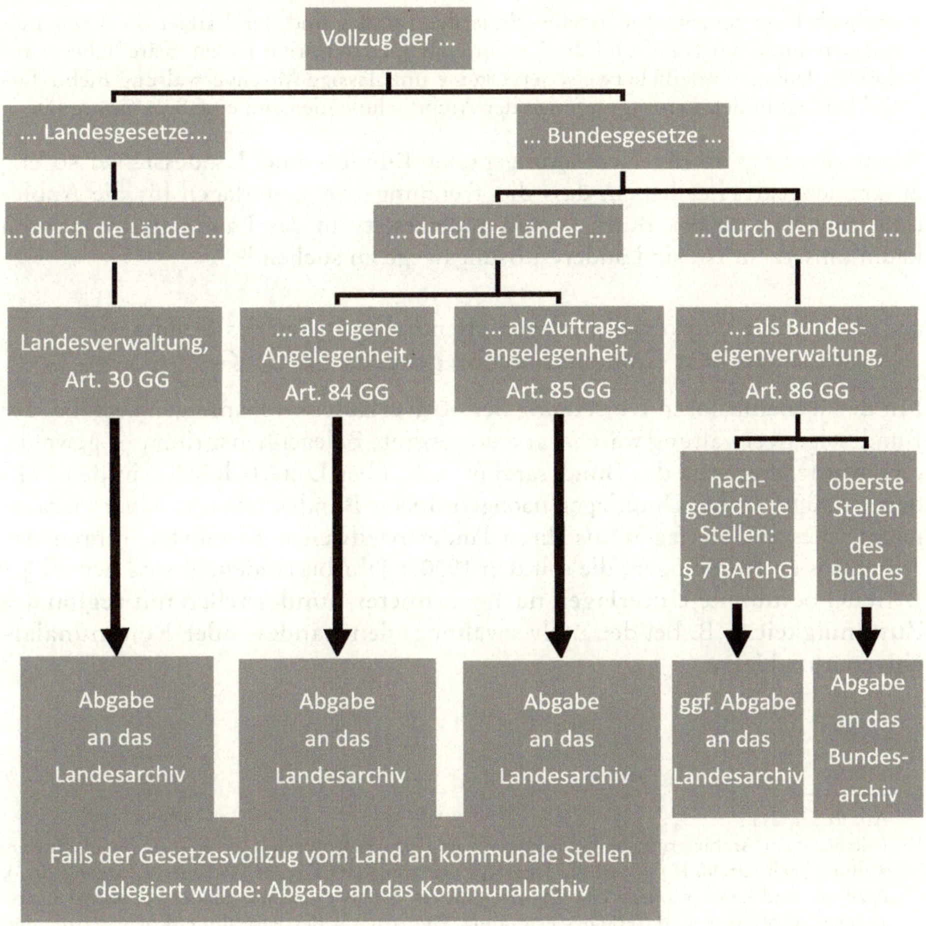

[98] Zu der in § 7 BArchG geregelten Ausnahme gleich im Abschnitt c.

- Die kommunalen Satzungen werden von der Kommune umgesetzt; daher werden die Unterlagen dem zuständigen Kommunalarchiv angeboten (aus Platzgründen nicht in die Graphik auf S. 251 aufgenommen)

b. Die Unzulässigkeit von Mischverwaltungen

Nicht zulässig ist eine sog. **Mischverwaltung**, wenn also z. B. obere Bundes- mit unteren Landesbehörden kombiniert werden oder wenn Landes- und Bundesbehörden eine einheitliche Verwaltungsaufgabe mit gegenseitigen Zustimmungsvorbehalten wahrnehmen. Bund und Länder können allerdings bei Teilbereichen der Wissenschaftsförderung zusammenwirken.[99]

> Beispiel: Eine gemeinsame Archivschule des Bundes und der Länder, in deren Leitungsgremium der Bund und die Länder eine Sperrminorität haben, wäre daher – anders als früher – möglicherweise jetzt keine unzulässige Mischverwaltung mehr. Tatsächlich hat in den Leitungsgremien der Archivschule niemand eine Sperrminorität.

Wenn allerdings in der Verwaltungspraxis Bundes- und Landesstellen so eng zusammengearbeitet haben, dass die Trennung von Unterlagen für die Anbietung einerseits an das Bundes- und andererseits an das Landesarchiv faktisch kaum umsetzbar ist, sind andere Lösungswege zu suchen.[100]

c. Die Anbietung von Unterlagen öffentlicher Stellen des Bundes an Landes- oder Kommunalarchive gemäß § 7 BArchG

Mit der ausnahmslosen Umsetzung der oben erläuterten Prinzipien auch bei der Bundeseigenverwaltung wäre zwar das erwähnte Belegenheitsprinzip[101] gewahrt, dies würde aber – da das Bundesarchiv nicht über Unterbehörden in den Ländern verfügt[102] – bei Unterlagen nachgeordneter Bundesstellen zu einer Herausnahme dieser Unterlagen aus ihren länderspezifischen Kontexten führen. Im Anschluss an Regelungen, die seit den 1930er Jahr bestanden,[103] sind gemäß § 7 BArchG bestimmte **Unterlagen nachgeordneter Bundesstellen mit regionaler Zuständigkeit** (z. B. bei der Zollverwaltung) **den Landes- oder Kommunalarchiven anzubieten.**

---

99 Art. 91 b I GG.

100 Instruktiv zur Archivierung von Unterlagen zum Fernstraßenbau in Hessen (Bundesauftragsverwaltung nach Art. 90 II GG) ist die Transferarbeit von Klara Deecke (46. Wiss. Lehrgang 2013), Analysen und konzeptionelle Überlegungen für ein Archivierungsmodell der hessischen Staatsarchive zur Straßen- und Verkehrsverwaltung. Die Struktur der Verwaltungskompetenzen und auch der Föderalismus sind allerdings nicht handlungsleitend für das von Deecke vorgeschlagene Archivierungsmodell.

101 Dazu oben bei 2.

102 Dazu Thema 1, Teil 3, Abschnitt C.I.

103 Dazu Partsch, BArchG-Kommentar, § 7 Rn. 6 f.

Diese schon vor dem Entstehen der Archivgesetze langjährig ausgeübte Praxis der Abgabe von Unterlagen des Bundes an Landesarchive ist trotz der Häufigkeit derartiger Abgaben rechtsdogmatisch überraschend wenig durchdrungen.[104]

aa. Rechtsfolgevoraussetzungen der Anbietung und Übergabe gemäß § 7 BArchG

Die Norm erfasst Unterlagen u. a. von **Bundesmittel- und -unterbehörden** mit einer nur regionalen Zuständigkeit, ausgehend von der abschließenden Legaldefinition von öffentlichen Stellen des Bundes in § 1 Nr. 8 BArchG.

Die Bundesbank unterhält regional zuständige Filialen, die keine Mittelbehörden sind, daher kann insoweit keine Abgabe nach § 7 BArchG erfolgen.[105]

Eine ähnliche Regelung wie in § 7 BArchG findet sich in im Hinblick auf die Übermittlung von Sozialdaten in § 71 I 3 Zehntes Buch Sozialgesetzbuch (SGB X).[106]

Nötig für die Anbietung nach § 7 BArchG ist eine **Zustimmung der jeweiligen obersten Bundesstelle.** Eine Verweigerung der Zustimmung, die z. B. seitens des Bundesministeriums für Verteidigung erfolgt ist,[107] ist mangels der Verletzung eines subjektiven Rechts nicht justitiabel.

Das BArchG fordert zudem, dass die Anbietung und Abgabe an Landesarchive nur erfolgt, wenn

> „die Vorgaben der §§ 6 und 10 bis 14 [BArchG] durch Landesgesetze [also durch die LArchG] sichergestellt sind."[108]

Zur Vermeidung von Missverständnissen ist der Hinweis nötig: Der Wortlaut lautet nicht: „wenn die §§ 6 und 10 bis 14 durch die Landesarchive angewendet werden". Der Wortlaut lautet auch nicht: „wenn die Inhalte der §§ 6 und 10 bis 14 im Wortlaut der Landesgesetze zu finden sind".

---

104 „Die Archivgesetzgebung beschränkt sich auf Hinweise, denen wesentlich mehr als die Existenz solcher Übernahmeverfahren nicht zu entnehmen ist", schreibt Herbert Günther mit Blick auf die Gesetzeslage Mitte der 1990er Jahre (Zur Übernahme fremden Archivguts durch staatliche Archive, Archivalische Zeitschrift 1996, S. 37) und ergänzt: Die zugehörigen Rechtsfragen „sind bislang nicht weiter behandelt worden" (S. 39). Im Anschluss an Günthers Aufsatz ist die Diskussion, soweit ersichtlich, leider nicht fortgeführt worden.

105 Heinz Hoffmann, Behördliche Schriftgutverwaltung. Ein Handbuch für das Ordnen, Registrieren, Aussondern und Archivieren von Akten der Behörden, 2. Aufl., München 2000, S. 375.

106 „Eine Übermittlung von Sozialdaten ist zulässig, soweit sie erforderlich ist für die Erfüllung der gesetzlichen Pflichten zur Sicherung und Nutzung von Archivgut des Bundes [...] nach den §§ 10 bis 13 des Bundesarchivgesetzes oder nach entsprechenden gesetzlichen Vorschriften der Länder, die die Schutzfristen dieses Gesetzes nicht unterschreiten."

107 Deshalb sind Militärunterlagen in einem einzigen Bundesarchiv-Militärarchiv in Freiburg untergebracht („Ganzheitsarchiv") und werden nicht regional archiviert.

108 § 7 letzter Halbsatz BArchG.

Stattdessen muss sichergestellt sein, dass bei der Nutzung in den Landesarchiven z. B. folgende, wie es § 7 BArchG formuliert, „Vorgaben" berücksichtigt werden:

- § 6 BArchG, der ausdrücklich die Fallkonstellationen des § 7 BArchG aufführt, z. B. im Hinblick auf VS-Unterlagen
- § 10 BArchG, der kein „berechtigtes Interesse" für die Nutzung verlangt
- Zentral ist insoweit § 12 Abs. 3 BArchG: Die Schutzfrist aus § 11 Abs. 3 BArchG (Geheimhaltungspflicht) kann **nur um maximal 30 Jahre verkürzt werden**
- § 13 Abs. 1 Satz 1 Nr. 1: Das Wohl der Bundesrepublik (und nicht nur das Wohl des Landes) ist als Nutzungsbeschränkung zu berücksichtigen

Die Einhaltung dieser Vorgaben wird in den LArchG häufig kurzerhand durch jedenfalls teilweise Rückverweise in das BArchG gelöst;[109] problematisch sind insoweit leerlaufende statische Rückverweise auf das frühere, nicht mehr geltende BArchG[110]

> Beispiel: § 6a II LArchG BW: „Für Archivgut, das Rechtsvorschriften des Bundes über die Geheimhaltung […] unterliegt und das von [einer nachgeordneten Stelle des Bundes] öffentlichen Archiven übergeben worden ist, gelten […] § 5 Abs. [2 bis 3] des Bundesarchivgesetzes entsprechend." Verwiesen wird, da das LArchG BW letztmals im Jahr 2015 geändert wurde, auf das BArchG alt.

Zudem gibt es in den LArchG weitere Probleme, u. a. durch

- kürzere Fristen in den LArchG als im BArchG oder
- die Rechtsfolgevoraussetzung des „berechtigten Interesses" in LArchG für die Nutzung von Unterlagen; diese Rechtsfolgevoraussetzung gibt es im BArchG (aus gutem Grund[111]) nicht
- in vielen LArchG gibt es für die Unterlagen, auf die das LArchG anwendbar ist, keine Grenze der Verkürzung der Geheimhaltungspflicht auf mindestens 30 Jahre

> Beispiel: Gemäß § 6 II 3 2. Hs. LArchG BW gilt: „[…] kann der Todestag [bei personenbezogenem Archivgut] nicht oder nur mit unverhältnismäßigem Aufwand festgestellt werden, endet die Sperrfrist 90 Jahre nach der Geburt"; § 11 II 2 BArchG legt insoweit eine Schutzfrist von 100 Jahren fest.

Wie ist beim Vorliegen derartiger Divergenzen vorzugehen? Für Partsch/Mütze ist ausreichend, dass die Vorgaben des BArchG „materiell nicht bedeutend

---

[109] Dazu Thema 13, Teil 5, Abschnitt D. 1. – Schritt 1.

[110] Wie mit derartigen leerlaufenden Verweisen umzugehen ist, ist erläutert bei Thema 10, Teil 5, Abschnitt F.III.2.b.

[111] Dazu Thema 13, Teil 3 Abschnitt A.

unterschritten werden".[112] Das ist z.B. im Hinblick auf Schutzfristenunterschreitungen überzeugend, weil der Ablauf von Schutzfristen nicht zur garantierten Nutzung, sondern nur zu einer Nutzungserlaubnis mit Verbotsvorbehalt führt.[113]

bb. Die vertragliche Grundlage der Übergabe und die Rechtsfolgevoraussetzung der Annahme durch das Landesarchiv

Sofern Unterlagen gemäß § 7 BArchG einem Landesarchiv angeboten und später übergeben werden, erfolgt dies **mittels eines öffentlich-rechtlichen Vertrages.** Dies stellt § 15 LArchG SH für die Übergabe kommunaler Unterlagen an das Landesarchiv explizit fest und kann auf die anderen derartigen Übergaben an Landesarchive übertragen werden.[114] Mangels anderer rechtsdogmatischer Vorschläge kann man Herbert Günther folgen, wonach ein **„öffentlich-rechtliches Verwahrungsverhältnis eigener Art"** vorliegt, „das dessen herkömmlichem Verständnis nicht uneingeschränkt entspricht."[115]

Das LArchG SN regelt durch § 4 III, dass die Übernahme von Archivgut des Bundes durch ein Landesarchiv möglich ist, sofern ein **öffentliches Interesse**, also ein schutzwürdiges Interesse der Allgemeinheit, an diesen Unterlagen besteht; ähnliche Regelungen gibt es in den meisten anderen LArchG.

cc. Wird das Archivgut des Bundes bei der Übergabe zu Archivgut des Landes?

Findet bei der Übergabe ein Eigentumsübergang statt, wird das „Bundesarchivgut" also zu „Landesarchivgut"?

Das früher geltende BArchG 2013 äußerte sich zu dieser Frage nicht,[116] der Kommentar von Becker/Oldenhage zum BArchG 2013 ließ die Frage explizit offen.[117]

---

112 BArchG-Kommentar, § 7 Rn. 12 aE mit Verweis auf Becker/Oldenhage, BArchG-Kommentar, § 2 Rn. 36.

113 Dazu Thema 13, Teil 5 Abschnitt G.II.

114 Dazu ausführlich Herbert Günther, Zur Übernahme fremden Archivguts durch staatliche Archive, in: Archivalische Zeitschrift Jg. 1996, S. 37ff. (48ff. mit Nachweisen aus den damaligen LArchG); offengelassen bei Becker/Oldenhage, BArchG-Kommentar, § 2 Rn. 33ff. (es erfolgt nur ein Verweis auf den „Konsens").

115 Günther, Übernahme (Fn. zuvor), S. 42.

116 So auch Andreas Nadler, Die Archivierung und Benutzung staatlichen Archivguts, jur. Diss. 1995, S. 32 bei Fn. 259.

117 „Die Frage, ob ein Eigentumsübergang auf das Land stattfindet, kann deshalb vernachlässigt werden, weil die Länder die Bewertungshoheit ausüben und ermächtigt sind, ggf. das Eigentum des Bundes im Wege der Kassation auch zu vernichten" (BArchG-Kommentar, § 2 Rn. 39). Aber wodurch erfolgt jene „Ermächtigung"?

Das LArchG HE erklärt zu dieser Frage nahezu schüchtern, dass solche Unterlagen als Landesarchivgut „gelten" (also nicht „sind", sog. Rechtsfiktion), „soweit bundesrechtlich nichts anderes bestimmt ist".[118]

Das aktuelle BArchG legt fest, dass die Unterlagen nicht zu *über*geben, sondern „*ab*zugeben" sind. Dieser Wortlaut spricht für eine Eigentumsübertragung an den Empfänger;[119] außerdem wäre andernfalls die faktisch ausschließliche Verfügungsgewalt der Landesarchive rechtsdogmatisch kaum begründbar. Folglich ist **von einer Eigentumsübertragung an die Länder** auszugehen.[120]

Diese Unterlagen werden dann nicht im Rahmen einer Bundesauftragsverwaltung im Landesarchiv aufbewahrt, denn es wird nicht eine Norm des BArchG von den Ländern im Auftrag des Bundes ausgeführt, sondern § 7 BArchG regelt „nur" den Ort der Verwahrung.

Für die **Nutzung** dieser Unterlagen ergeben sich Besonderheiten.[121]

3. *Die Anbietungspflicht gegenüber kommunalen Archiven*

a. Allgemeines

Die grundgesetzlich geschützte kommunale Selbstverwaltung umfasst auch das Recht der kommunalen Körperschaften, Archive zu betreiben und dafür Anbietungspflichten für kommunale Stellen auf der Ebene des kommunalen Rechts festzulegen.

Viele Landesarchivgesetze machen diese Rechte der Kommunen teilweise zu Pflichten.[122]

> **Beispiel**: „Die Gemeinden und Landkreise […] erhalten […] Unterlagen von bleibendem Wert […] in eigenen Archiven […]" (§ 7 I 1 LArchG BW).

Eine Gruppe von LArchG behandelt die Anbietungspflichten gegenüber kommunalen Archiven zusammen mit den Anbietungspflichten gegenüber den Landesarchiven, so dass die Anbietungspflichten gegenüber Kommunalarchiven auf einem *Gesetz* beruhen und daher nicht lokal abgeschwächt werden können.

---

[118] Die letztere Klausel ist eher überflüssig, denn Bundesrecht bricht Landesrecht, ohne dass dies archivrechtlich festgelegt zu werden braucht.

[119] Die historische Auslegung ist unergiebig; die Gesetzesbegründung zum heutigen § 7 BArchG geht auf diese Frage nicht ein (Bundestags-Drucksache 18/9633, https://dserver.bundestag.de/btd/18/096/1809633.pdf, S. 62).

[120] Anderer Ansicht Partsch/Mütze, BArchG-Kommentar, § 7 Rn. 1 aE mit Verweis auf Andreas Nadler, Archivierung und Benutzung, Diss. jur. 1995, S. 32. Nadler gibt dort aber nur zutreffend an, dass im früheren BArchG der Eigentumsübergang nicht festgelegt war. Daraus folgt nicht, dass der Eigentumsübergang nicht auf anderem Weg begründet werden kann.

[121] Dazu Thema 13, Teil 5 Abschnitt E III.

[122] Dazu Becker, Staatsaufbau und Archivwesen, in: Becker/Rehm, Archivrecht, S. 13 ff. (14).

Wenn ein Landesarchivgesetz hingegen die Regelungskompetenz für die Ausgestaltung der Anbietungspflicht auf der kommunalen Ebene belässt, sind lokale Änderungen der einschlägigen Satzungen und Dienstanweisungen leicht möglich. Zudem „besitzen noch heute nicht alle Kommunen den Archivgesetzen gemäße Archivsatzungen als Rechtsnormen".[123]

b. Die Anbietungspflicht bei Schulunterlagen

Bei Schulunterlagen ist die juristische Ausgangslage eindeutig: Soweit bei derartigen Unterlagen ein Zusammenhang mit der *kommunalen* Schulträgerschaft besteht, besteht eine Anbietungspflicht gegenüber dem Kommunalarchiv. Soweit Unterlagen bei der *staatlichen* Aufgabenerfüllung im Schulbereich entstanden sind, ist das Landesarchiv der Begünstigte der Abgabepflicht.

Allerdings werden diese beiden Unterlagentypen bereits in der Praxis der lokalen Schulverwaltung wohl regelmäßig nicht getrennt geführt. Zudem gibt es in mehreren Bundesländern Texte, die jedenfalls konkludent die Anbietung *aller* Schulunterlagen an das Landesarchiv vorsehen:

- **Nordrhein-Westfalen:** Die von der Projektgruppe „Archivierungsmodell Schule und Weiterbildung" des Landesarchivs Nordrhein-Westfalen erarbeiteten „Richtlinien zur Anbietung und Archivierung von Unterlagen des Ministeriums für Schule und Weiterbildung" beziehen sich gemäß dem Titel nur auf jene Unterlagen aus *staatlicher* Tätigkeit. Dass es überhaupt Unterlagen im Kontext *kommunaler* Schulverwaltung mit einer Anbietungspflicht an Kommunalarchive geben könnte, wird in den „Richtlinien" nur mittelbar durch den Abdruck des LArchG NW deutlich. Das titelgebende Wort „Richtlinien" suggeriert zudem für unbefangene Leser eine durch Normsetzungsgremien gestützte Autorität der Broschüre.
- **Baden-Württemberg:** „Die baden-württembergischen Staatsarchive übernehmen im Rahmen einer Beispielarchivierung Akten ausgewählter Schulen."[124] Auch bei diesem Bewertungsmodell wird nicht erwähnt, dass Unterlagen aus der *kommunalen* Schulverwaltung an *kommunale* Archive anzubieten sind.
- **Hessen:** Aus archivarischer und archivrechtlicher Sicht sehr versteckt in einer Anlage zu einer Verordnung über die Verarbeitung personenbezogener Daten in Schulen wird die „Aussonderung und Archivierung" geregelt: „Das Schriftgut", dessen Aufbewahrungsfristen zuvor dargestellt wurden, ist „dem zuständigen Staatsarchiv" anzubieten.[125] Auch hier wird nicht er-

123 Polley, Archivrecht in Deutschland, in: Becker/Rehm, Archivrecht, S. 28.

124 https://www.landesarchiv-bw.de/de/landesarchiv/informationen-fuer-behoerden/bewertungsmodelle/70776, dort Reiter „Schulen".

125 Anlage 3, Buchstabe B Nr. 2, zur Verordnung über die Verarbeitung personenbezogener Daten in Schulen und statistische Erhebungen an Schulen, ABl. 2009, S. 131, vom 16.03.2009;

wähnt, dass es überhaupt Schriftgut aus dem Kontext kommunaler Schulverwaltung geben könnte.

Wenn umgekehrt kommunale Archive als „Retter der [sic!] Schulgeschichte" auftreten und eine „Übernahmestrategie" entwickeln,[126] sind Konflikte vorprogrammiert.

4. *Sonderfall: Anbietung und Übergabe von Unterlagen der Länder an das Lastenausgleichsarchiv*

Ausnahmsweise kommen Unterlagen der Länder in das Bundesarchiv: Die Gesetze zur Durchführung des Lastenausgleichs wurden teilweise durch die Länder im Auftrag des Bundes ausgeführt.[127] Im Jahre 1988 wurde durch Bundesgesetz ein Zentralarchiv für den Lastenausgleich (**Lastenausgleichsarchiv**) im Bundesarchiv errichtet.[128] Die Länder müssen wissenschaftlich bedeutsame Unterlagen aussondern und an das Bundesarchiv abgeben; diese Unterlagen sind in der „Außenstelle Bayreuth" des Bundesarchivs untergebracht.

5. *Die Anbietungspflicht gemäß dem Personenstandsgesetz (PStG)*

Das aktuelle Personenstandsrecht des Bundes legt fest: Es sind

> „die Personenstandsregister, die Sicherungsregister und die Sammelakten nach den jeweiligen archivrechtlichen Vorschriften den zuständigen öffentlichen Archiven zur Übernahme anzubieten",[129]

und zwar nach Ablauf der Fortführungsfristen:[130]

- 110 Jahre für Geburtenregister,
- 80 Jahre für Eheregister (und Lebenspartnerschaftsregister), und
- grundsätzlich 30 Jahre für Sterberegister.

---

https://www.rv.hessenrecht.hessen.de/lexsoft/default/hessenrecht_rv.html?pid=Dokumentanzeige&showdoccase=1&js_peid=Trefferliste&documentnumber=1&numberofresults=27&fromdoctodoc=yes&doc.id=hevr-SchulStatErhVHErahmen&doc.part=R&doc.price=0.0&doc.hl=1#docid:7117316,1,20150416

[126] So der Titel eines Vortrags von Jutta Briel (Stadtarchiv Kiel) beim BKK-Seminar 2018 (<https://www.lwl-archivamt.de/filer/canonical/1543840322/146637/>, dort S. 8.

[127] Art. 120 a GG.

[128] Gesetz über die zentrale Archivierung von Unterlagen aus dem Bereich des Kriegsfolgenrechts v. 06.01.1988.

[129] § 7 III (Bundes-)PersonenstandsG (PStG).

[130] § 5 V PStG.

Wenn die Fortführungsfrist abgelaufen ist, sich die Unterlagen aber noch im Standesamt befinden, gilt:

> „[…] für die Erteilung von Nachweisen aus diesen Personenstandsregistern sind die archivrechtlichen Vorschriften maßgebend."[131]

Daraus folgt aber nicht, dass in dieser Zwischenphase die Archive zuständig sind – eine solche Verlagerung der Zuständigkeit für Unterlagen, die sich noch im Standesamt befinden, ist nirgendwo geregelt; ein solches Verfahren wäre auch umständlich und datenschutzrechtlich bedenklich. Vielmehr hat die aktenführende Stelle nach wie vor die Verfügungsgewalt.[132] Eine solche Pflicht für Ausgangsbehörden, ein Archivgesetz anzuwenden, gibt es im Übrigen auch im BArchG.[133] Man kann auch umgekehrt mit den Archivgesetzen argumentieren: Diese enthalten keine Zuständigkeitsregelung, wonach Archivgesetze nur von Archiven angewandt werden dürfen.

Welche Archive für die Übernahme zuständig sind, wird **landesrechtlich geregelt**, denn die Standesämter sind gemäß § 1 II PStG **nach Landesrecht** für das Personenstandswesen zuständig.[134]

> Beispiel: Das Land Nordrhein-Westfalen hat eine „Personenstandsverordnung" erlassen;[135] demnach sind teils Kommunalarchive, teils eigene Personenstandsarchive zuständig.[136]

Diese Änderungen haben insbesondere auch die Zugänglichkeit der Daten wesentlich verbessert, weil nun ein archivrechtlicher Zugang als Jedermannrecht möglich ist.[137]

---

131 § 55 III 2. Hs. PStG.

132 Bei Schmitz/Bornhofen/Müller, PStG-VwV mit Erläuterungen, 2. Aufl. 2014 wird in der kurzen Erläuterung zu Nr. 61.2 nicht angesprochen, *wer* die Regelungen des Landesarchivgesetzes anwenden muss. Das bedeutet: Für den Verfasser der Kommentierung ist so klar, dass das Standesamt zuständig bleibt, dass das noch nicht einmal erwähnt wird. Das gleiche gilt für die Kommentierung von Gaaz/Bornhofen, Personenstandsgesetz, 3. Aufl. 2014, § 55.

133 Siehe § 11 VI BArchG: Die anbietungspflichtige Stelle entscheidet über den Benutzungsantrag nach den Vorschriften des BArchG (Partsch, BArchG-Kommentar, § 11 Rn. 37).

134 Zur neuen Rechtslage ausführlich Jessica v. Seggern, Die Novellierung des Personenstandsrechts und die Auswirkung auf die Archive, in: Rainer Polley (Hrsg.), Anbietung von Unterlagen öffentlicher Stellen: Rechtslagen, Probleme, Lösungswege, Marburg 2011, S. 79ff.

135 https://recht.nrw.de/lmi/owa/br_text_anzeigen?v_id=10000000000000000098.

136 Zu den Details siehe Bettina Joergens, […] Erschließung, Bereitstellung und Benutzung der Personenstandsregister im Landesarchiv NRW, Archivpflege in Westfalen-Lippe Bd. 71 (2009), S. 32ff., https://www.lwl.org/waa-download/archivpflege/heft71/32-37_joergens.pdf.

137 Zur vorherigen Rechtslage, nach der ein „rechtliches Interesse" nötig war: Martin Richau, Die Beendigung genealogischer Forschung in den Standesamtsregistern durch die Reform des Personenstandsgesetzes 1957, in: Herold-Jahrbuch, Neue Folge Bd. 26 (2021), S. 129ff.

III. *Was* muss angeboten werden?

1. *„Unterlagen" als Bezugspunkt der Anbietungspflicht.*

Anzubieten sind „Unterlagen", wobei dieser Begriff erst in den Archivgesetzen eingeführt wurde.[138] Die **archivwissenschaftlichen Diskussionen** zum Unterlagenbegriff haben bislang nicht dazu geführt, dass zu dem, was den Archiven angeboten werden soll, ein anerkannter archivwissenschaftlicher Oberbegriff entstanden ist. Es besteht lediglich der Konsens, dass

- die Definition von Unterlagen technikoffen sein muss und dass es
- jenseits von Menschen kaum etwas gibt, dass nicht vom Unterlagenbegriff erfasst sein soll.

In den **Informationsfreiheitsgesetzen** geht es hingegen um amtliche Informationen, „Entwürfe und Notizen, die nicht Bestandteil eines Vorgangs werden sollen, gehören nicht dazu" (§ 2 Nr. 1 Satz 2 IFG). Diese Begriffe decken sich nicht mit dem archivrechtlichen Begriff „Unterlagen" und können auch nicht unmittelbar zur Auslegung herangezogen werden, denn die IFGs und die Archivgesetze sind strukturell grundsätzlich unterschiedlich: Gemäß den IFGs sind amtliche Informationen grundsätzlich zugänglich, außer es gibt eine Ausnahme; nach den Archivgesetzen sind die Unterlagen innerhalb der Schutzfrist grundsätzlich unzugänglich, außer es gibt eine Ausnahme aufgrund eines Schutzfristenverkürzungsantrags.

a. Regelungen zu „Unterlagen" im BArchG, in den LArchG und den Registraturrichtlinien

Die Regelungen in den Archivgesetzen sind vielgestaltig,[139] lassen sich aber in drei Gruppen zusammenfassen:

Eine erste Gruppe von Gesetzen **definiert Unterlagen** als

- „Aufzeichnungen" (Bund, Bremen, Sachsen, Sachsen-Anhalt und Thüringen)[140] bzw.
- „Informationsträger" (Hamburg), „Informationsobjekte" (Hessen) oder „Informationen" (Rheinland-Pfalz)[141]

---

138 Angelika Menne-Haritz, Schlüsselbegriffe der Archivterminologie. Lehrmaterialien für das Fach Archivwissenschaft, 3. Aufl., Marburg 2000, S. 94.

139 Eine Zusammenstellung der Normen auch bereits bei Irmgard Becker, Bewertungshoheit – Bewertungskompetenz, in: Becker/Rehm, Archivrecht, S. 58 ff. (59 mit Fn. 4).

140 § 1 Nr. 9 BArchG, § 2 I Satz 2–4 LArchG HB, § 2 I LArchG SN, § 2 III LArchG ST, § 2 III LArchG TH.

141 § 2 I 2 LArchG HH, § 2 II LArchG HE, § 2 II LArchG RP.

Kritik: Mit diesen Definitionen ist lediglich der unbestimmte Rechtsbegriff „Unterlage“ durch nicht weniger unbestimmte Rechtsbegriffe definiert.[142] Rechtsdogmatisch ist damit wenig erreicht.

Eine zweite, größere Gruppe von Gesetzen **verzichtet auf eine Definition**, sondern liefert nur Regelbeispiele (Bayern, Baden-Württemberg, Berlin, Brandenburg, Mecklenburg-Vorpommern, Nordrhein-Westfalen, Saarland, Schleswig-Holstein[143]).

Kritik: Es ist rechtstechnisch wenig befriedigend, dass bei der Rechtsanwendung bei Unterlagen, die nicht zu den aufgeführten Regelbeispielen gehören, mit Blick auf die Regelbeispiele geklärt werden muss, ob ein vergleichbarer Fall vorliegt – und dass das Gesetz für die Antwort auf diese Frage keine Hilfestellung jenseits der Regelbeispiele gibt.

Niedersachsen geht als einziges Bundesland einen noch anderen Weg: Der Kernbegriff ist nicht „Unterlagen“, sondern **„Schriftgut“**[144]

Kritik: Es ist nicht ersichtlich, welchen Vorteil es bringt, auf den eingeführten Begriff „Unterlagen“ zu verzichten.[145] Zudem werden Dateien zu Schriftgut erklärt, was sich sprachlich mit dem Begriff „*Schrift*gut“ nur schwer vereinbaren lässt.

Von den **Registraturrichtlinien** sei die des BMI[146] herausgegriffen: Dort werden die Begriffe „Unterlagen“ und „Aufzeichnung“ verwendet, aber nicht definiert.[147]

Festzuhalten ist aber:

- Eine Unterlage ist dabei **die einzelne Aufzeichnung**, nicht eine Sammlung von Aufzeichnungen in Form einer Akte.[148] Die Anbietungspflicht erfasst daher die einzelnen Aufzeichnungen **auch schon vor der Vorgangsbildung („Veraktung“) durch die aktenführende Stelle**. Die unter anderem in Bun-

[142] Die These von Treffeisen, der Begriff „Informationsträger“ sei „umfassend und griffig“, wird von ihm nicht weiter begründet (Jürgen Treffeisen, Aussonderungsvereinbarungen, in: Rainer Polley (Hrsg.), Archivgesetzgebung in Deutschland – Ungeklärte Rechtsfragen und neue Herausforderungen. Beiträge des 7. Archivwissenschaftlichen Kolloquiums der Archivschule Marburg, Marburg 2003, S. 155ff. (158).

[143] Art. 2 I 2 LArchG BY, § 2 II 1 LArchG BW, § 4 I LArchG BE, § 2 V LArchG BB, § 3 II LArchG MV, § 2 I LArchG NW, § 2 I LArchG SL, § 3 II LArchG SH.

[144] § 2 I LArchG NI.

[145] Kritisch auch schon Schoch, ArchivG-ProfE, S. 79 Rn. 11.

[146] https://www.bmi.bund.de/SharedDocs/downloads/DE/veroeffentlichungen/themen/ministerium/registraturrichtlinie.pdf (06.03.2020).

[147] Es ist daher wenig ergiebig, dass – wie Partsch in seinem BArchG-Kommentar angibt – die Gesetzesbegründung zum BArchG „zur Ausfüllung des unbestimmten Rechtsbegriffs der ‚Unterlage‘ auf die Registraturrichtlinie‘ verweist“ (Partsch, BArchG-Kommentar, Baden-Baden 2019, § 1 Rn. 54).

[148] Partsch/Berger, BArchG-Kommentar, 2. Aufl., § 1 Rn. 54 mit Verweis auf ein zuhöriges Gerichtsurteil in Fn. 118.

desministerien verbreitete Gegenthese, die u. a. zur Nichtanbietung von SMS und Mails führt, ist nicht mit dem Unterlagenbegriff vereinbar und auch nicht durch andere Argumente gerechtfertigt.[149] Anders ist die Rechtslage nur, wenn gemäß einem Archivgesetz Unterlagen erst dann vorliegen, „soweit [Informationen] Bestandteil des Vorgangs sind".[150] Diese Einschränkung gibt es aber bei der großen Mehrzahl der Archivgesetze nicht.

- Diese Überlegungen sind auch für die Berechnung der Aufbewahrungsfrist relevant, denn die Fristen knüpfen an die letztliche inhaltliche Bearbeitung eines Vorgangs an. Es gibt seitens der Archive **keine generelle Kassationserlaubnis für Unterlagen, die nicht in einen Vorgang aufgenommen werden.**

Historisches Beispiel zur Bedeutung der Anbietung von Unterlagen vor der Veraktung: Die eigentliche „**Emser Depesche**" ist ein Bericht eines Mitarbeiters von Bismarck an ihn, geschickt als Telegramm. Bismarck kürzte das Telegramm wesentlich, machte den Tonfall harscher und gab es dann an die Presse. Das war einer Auslöser für den deutsch-französischen Krieg 1870/71.

So wie im obigen Absatz wird die Überlieferungslage häufig beschrieben. Aber das ist nicht ganz zutreffend, denn bei Holger Berwinkel, der die „Emser Depesche" aus aktenkundlicher Sicht umfassend untersucht hat, lernt man: „Das ‚Original' [des Telegramms] wurde als verbrauchtes Zwischenmaterial vernichtet."[151] Tatsächlich überliefert ist nur der Text, der auf einem Formblatt überliefert ist und der im „Chiffrierbüro" verfasst wurde. Für die historische Forschung wäre es also sehr viel besser, wenn das originale Telegramm und nicht nur die Veraktung überliefert wäre.

Und heute werden eben keine Telegramme, sondern Mails geschickt.

b. Vorschlag eines Normtextes für die Definition von „Unterlagen"

Keines der oben erwähnten Gesetze schließt bei der Definition von „Unterlagen" bzw. „Schriftgut" an eine juristische Begrifflichkeit an; auch der im Jahr 2007 publizierte Entwurf von drei Juraprofessoren für ein Bundesarchivgesetz geht diesen Weg nicht.[152] Es ist aber wenig zielführend, im Archivrecht einen juristisch singulären Begriff zu verwenden und auf die Erträge der Rechtsdogmatik im übrigen Recht zu verzichten. Daraus ergibt sich der folgende Vorschlag:

---

[149] Die Debatte ist – auch mit einem Blick auf die andere Praxis in europäischen Staaten – zusammengefasst z. B. bei Hans-Martin Tillack, Opposition will E-Mails von Kanzler Scholz rekonstruieren, Welt am Sonntag v. 28.05. online: https://www.welt.de/politik/deutschland/plus245551134/Regierungskommunikation-Opposition-will-E-Mails-von-Kanzler-Scholz-rekonstruieren.html (Paywall)

[150] So die aktuelle Formulierung in § 1 II LArchG RP. Es besteht Hoffnung, dass dieser Halbsatz demnächst wegfällt.

[151] https://aktenkunde.hypotheses.org/214.

[152] Schoch, ArchivG-ProfE, S. 79 f. Sogar auf eine Definition von „Unterlagen" wird verzichtet, sondern im Einklang mit der Gruppe 2 der Landesarchivgesetze (siehe Anhang) wird die bloße Verwendung von Regelbeispielen vorgeschlagen.

„[1]Unterlagen im Sinne dieses Gesetzes sind alle körperlichen und nicht-körperlichen Gegenstände. [2]Darunter fallen insbesondere Urkunden, Amtsbücher, Akten, Schriftstücke, amtliche Publikationen, Karteien, Karten, Pläne, Plakate, Siegel, Stempel, Bild-, Film- und Tonaufzeichnungen. [3]Dazu zählen auch alle Hilfsmittel und ergänzenden Daten, die für das Verständnis dieser Informationen, deren Erhaltung und Nutzung notwendig sind. [4]Keine Unterlagen sind Forderungen, Immaterialgüter und sonstige Vermögensrechte."

Begründung zu Satz 1: Es wird im obigen Vorschlag auf die langjährig bewährte Begrifflichkeit des BGB zurückgegriffen, die dort insbesondere dem 3. Buch (Sachenrecht) zugrunde liegt. Der Standardkommentar zum BGB gibt an:

> „**Gegenstand ist alles, was Objekt von Rechten sein kann.** Dazu gehören außer den Sachen [= körperliche Gegenstände, § 90 BGB] Forderungen, Immaterialgüter und sonstige Vermögensrechte, nicht dagegen Persönlichkeits- und Familienrechte."[153]

Damit sind mit dem juristischen Begriff „Gegenstand" die archivischen Notwendigkeiten abgedeckt:

- Daten, unabhängig von der Form ihrer Speicherung, sind genauso erfasst wie alle körperlichen Gegenstände (Sachen).
- Satz 4 des obigen Vorschlags schließt evident nicht archivierbare Gegenstände (Forderungen, Immaterialgüter und sonstige Vermögensrechte) aus.
- Was vom juristischen Begriff „Gegenstand" nicht erfasst ist (Persönlichkeits- und Familienrechte wie z. B. „Ehe") ist ebenfalls evident nicht archivierbar.
- Lebende Menschen können nicht das Objekt von Rechten sein, sind daher keine Gegenstände und evident nicht archivierbar.
- Auch eine analoge Speicherung eines digitalen Informationsobjekts ist erfasst.

Zugleich wird mit dem obigen Vorschlag eine weitgehende **Parallelität** zum Beispiel zum Hessischen **Bibliotheksgesetz** erreicht – auch dort wird ein Oberbegriff verwendet, der Körperlichkeit und Unkörperlichkeit zusammenführt:

> „Medienwerke sind alle Darstellungen in Schrift, Bild und Ton, die in körperlicher Form verbreitet oder in unkörperlicher Form der Öffentlichkeit zugänglich gemacht werden."[154]

[153] Palandt/Ellenberger, BGB Kommentar, 77. Aufl. 2018, vor § 90 Rn. 2

[154] § 4a Abs. 1 Satz 1 Hess. Bibliotheksgesetz von 2010, https://www.rv.hessenrecht.hessen.de/bshe/document/jlr-BiblGHErahmen.

Da mit dem juristischen Begriff „Gegenstände" nunmehr ein Oberbegriff verwendet wird, kann auf die zusätzliche Einführung eines archivwissenschaftlichen Oberbegriffs (z. B. „Informationsobjekte") verzichtet werden.

Begründung zu den Sätzen 2 und 3: Zwar ist ein Normtext kein Lehrbuch. Doch sollten die Regelbeispiele der bisherigen Normen zu „Unterlagen" trotz der Einführung des generellen Begriffs „Gegenstand" erhalten bleiben, denn „in der Praxis sind die Definitionen [also die Regelbeispiele] relevant, wenn Meinungsverschiedenheiten zwischen der anbietungspflichtigen Stelle und dem Archiv darüber bestehen, welche Unterlagen der Anbietungspflicht unterliegen."[155]

Bei der jetzigen Formulierung ist ihre Länge überzeugend, da es einen „Kernbestand an Unterlagen gibt, der aus Akten, Karten, Plänen, Bildern, Filmen und Tönen besteht, die in allen Archivgesetzen genannt werden".[156] Es ist sinnvoll, diesen Kernbestand nicht um zu viele Regelbeispiele zu verlängern.

Durch das Wort „Aufzeichnung" wird ein Gleichklang mit § 2 Nr. 1 IFG hergestellt,[157] so dass auf die Kommentarliteratur zu § 2 IFG zurückgegriffen werden kann. Dort wird im Hinblick auf „Aufzeichnung" auf die Verkörperung der Information abgestellt, was ebenfalls eine sehr weite Auslegung ergibt.

Zu erwägen ist, ob man als Klarstellung bei Satz 2 am Ende die Formulierung „unabhängig von der Art ihrer Speicherung" hinzufügt. Wenn man eine Definition von Daten aufnehmen möchte, ist der Weg des LArchG MV empfehlenswert, das auf die entsprechende Definition in der DS-GVO verweist. Andere Landesarchivgesetze verwenden häufig ein älteres und nicht mehr zeitgemäßes Verständnis von Daten.[158]

2. *Wann führt die Entwidmung von Verwaltungsunterlagen nicht zur Aufhebung der Anbietungspflicht?*

Grundsätzlich kann ein Amtsträger die Widmung[159] von Unterlagen zu Verwaltungsunterlagen aufheben und anschließend das Eigentum des Rechtsträgers an Dritte oder gar an sich selbst übertragen. Allerdings gibt es rechtliche Grenzen dieser **„Privatisierung amtlicher Unterlagen"**, die zugleich die Anbietungs-

---

155 Irmgard Christa Becker, Bewertungshoheit – Bewertungskompetenz, in: dies./Rehm, Archivrecht, S. 58 ff. (60).

156 Irmgard Christa Becker, Pertinenzformeln mittelalterlicher Schenkungsurkunden und Unterlagenaufzählungen moderner Archivgesetze – Gemeinsamkeiten und Unterschiede, in: Claudia Feller/Daniel Luger (Hrsg.), Festschrift für Christian Lackner, Wien 2020, S. 11 ff. (15).

157 „Im Sinne dieses Gesetzes ist 1. amtliche Information jede amtlichen Zwecken dienende Aufzeichnung, unabhängig von der Art ihrer Speicherung […]." Diese parallele Verwendung des Begriffs „Aufzeichnung" ist vom Gesetzgeber des BArchG 2017 beabsichtigt, siehe BT-Drucksache 18/9633, S. 44.

158 Dazu ausführlich Becker, Pertinenzformeln (zwei Fn. zuvor).

159 Zur Widmung Thema 108, Teil 1, Abschnitt E.II.

pflicht beseitigt. Die Entwidmung ist der *actus contrarius* zur Widmung und muss daher denselben rechtlichen Anforderungen wie die Widmung genügen.

Fraglich ist daher, ob die Entwidmung als VA gemäß § 44 VwVfG nichtig ist, wenn damit **zielgerichtet die archivrechtliche Anbietungspflicht unterlaufen werden soll** und stattdessen Privateigentum eines Dritten oder gar der entwidmenden Person selbst begründet werden soll. Da die Anbietungspflicht nicht strafbewehrt ist,[160] reicht der Verstoß gegen dieses Rechtsgebot nicht, um die Nichtigkeit des entgegenstehenden VAs zu begründen. Es müsste vielmehr ein Verstoß gegen tragende Verfassungsprinzipien oder gegen Wertvorstellungen der Verfassung vorliegen.[161]

Die Nachvollziehbarkeit staatlichen Handelns ist für einen demokratisch verfassten Staat fundamental und, wie es ein häufig benutzter Begriff auf den Punkt bringt, systemrelevant. Die Legitimation staatlichen Handelns beruht in einer Demokratie eben nicht nur auf Wahlen, sondern auch auf der Transparenz staatlichen Handelns. Im Zeitalter der ‚Fake News' ist die Bedeutung von transparentem staatlichen Handeln evident nochmals gestiegen.

Folglich ist im Kontext der „Privatisierung amtlicher Unterlagen", wenn zielgerichtet die Anbietungspflicht unterlaufen werden soll, die Entwidmung (und auch die weitere Eigentumsübertragung) nichtig und die Anbietungspflicht ist nicht erloschen.[162]

3. *Die Anbietung von Unterlagen, die besonderen Rechtsvorschriften über Geheimhaltung unterliegen*

Die Landesarchivgesetze enthalten im Detail unterschiedliche Regelungen zu diesem Thema, doch besteht eine weitgehende Anbietungspflicht. Daher braucht im Kontext der Anbietung nicht entschieden zu werden, ob eine allgemeine oder besondere Rechtsvorschrift über Geheimhaltung vorliegt.[163]

Diese Regelungen enthalten zudem das viel zitierte, aber selten auf eine Norm zurückgeführte **Löschungssurrogat**. Archivrecht als bereichsspezifisches Datenschutzrecht geht als spezielleres Recht dem allgemeinen Recht vor. Dies ist zur Verdeutlichung auch in den Landesarchivgesetzen verankert. Den Rechtsfragen des Löschungssurrogats widmet sich ein eigener Abschnitt.[164]

---

160 Dazu Thema 10, Teil 1, Abschnitt A.VII.1.

161 Kopp/Ramsauer, VwVfG-Kommentar, 17. Aufl. 2016, § 44 Rn. 10.

162 Zur Frage, wie diese Anbietungspflicht durchgesetzt werden kann, siehe Thema 108, Teil 1, Abschnitt VII.2. und 3.

163 Zu diesem Thema ausführlich Thema 13, Teil 5, Abschnitt G.V.

164 Dazu gleich Abschnitt VI.

4. *Die Anbietung rechtswidrig erhobener oder verwendeter Daten*

Beispiel: Im Jahr 1987 wurden polizeiliche Videoaufnahmen von Protesten gegen die damalige atomare Wiederaufbereitungsanlage in Wackersdorf ohne ausreichende Rechtsgrundlage erstellt. Die Aufnahmen wurden „gegen den Protest des bayerischen Staatsarchivs vernichtet".[165]

Grundsätzlich umfasst die Anbietungspflicht auch rechtswidrig erhobene oder verwendete Daten.[166] Dafür sprechen nicht nur die praktischen Schwierigkeiten einer anderen Lösung: Wer soll über die Rechtswidrigkeit entscheiden, die abgebende Stelle oder das Archiv,[167] und im Streitfall ein Gericht? Vor allem aber werden die Zwecke von Archiven, die Rechtssicherung und die Sicherung der historischen Forschung, evident unterlaufen, wenn ausgerechnet rechtswidrig erhobene (oder verwendete Daten) nicht in die Archive gelangen.[168] Das Nutzungsrecht ermöglicht einen hinreichenden Schutz der Betroffenen.

Dennoch schließen einige Landesgesetzgeber unzulässig gespeicherte Daten von vornherein von der Anbietungspflicht und der Archivierung aus.[169] Überzeugender ist die Lösung im LDSG BW: Dort ist ein Löschungsanspruch bei rechtswidrig erhobenen Daten festgelegt, dann aber geregelt:

„Vor einer Löschung **sind die Daten dem zuständigen Archiv** nach Maßgabe der §§ 3, 7 und 8 des Landesarchivgesetzes **zur Übernahme anzubieten.**"[170]

Beispiel: **„Mappus' Mails"**: Um bei einem technischen Fehler einen Mailverlust zu vermeiden, war eine Sicherungskopie vom dienstlichen Mailaccount des damaligen baden-württembergischen Ministerpräsidenten Mappus angefertigt worden, aber rechtswidrig nicht gelöscht worden, als die EDV-Arbeiten abgeschlossen waren. Später wollten Ermittlungsbehörden auf diese Unterlagen, die auch private Mails enthalten, zugreifen. Außerdem wollte das zuständige Landesarchiv die Festplatte mit der Sicherungskopie übernehmen. Mappus wehrte sich gegen beides; u. a. weil Archivgut Privater nur mit deren Zustimmung übernommen werden könne (§ 2 III LArchG BW). Die Justiz lehnte den Zugriff der Ermittlungsbehörden ab, die Übernahme in das Archiv ist aber

---

165 Das Beispiel bei Manegold, Archivrecht, S. 219 unten mN. in Fn. 359.

166 So schon Becker/Oldenhage in ihrem Kommentar zum BArchG 2013, § 2 Rn. 64: „§ 20 VIII BDSG [a. F.] stellt klar, dass die Vernichtungsgebote in § 20 BDSG keine dem Bundesarchivgesetz vorgehende Regelungen sind. Damit umfasst die Übergabepflicht grundsätzlich auch unzulässig angelegte oder verwendete personenbezogene Unterlagen, die dem BDSG unterfallen."

167 Das LArchG SN begründet die kaum umfassend erfüllbare Pflicht des Archivs, unzulässig gespeicherte Daten „besonders zu kennzeichnen" (§ 5 II 2). Gegen die Sinnhaftigkeit dieser Regelung spricht auch ein Blick in Bibliotheken: Dort wird einhellig abgelehnt, Plagiate zu kennzeichnen.

168 So auch das Ergebnis bei Berger, Sächsisches Archivgesetz, § 5 Rn. 59.

169 Zusammenstellung der zugehörigen Normen bei Irmgard Becker, Bewertungshoheit – Bewertungskompetenz, in: Becker/Rehm, Archivrecht, S. 58 ff. (66 Fn. 36).

170 § 23 III LDSG BW.

rechtmäßig;[171] insbesondere weil § 2 III LArchG BW nur Archivgut aus privater Hand erfasse.

5. *Unterlagen, die von der Anbietungspflicht ausgeschlossen sind*

Die Anbietung ist die Regel,[172] nicht wenige Unterlagen sind aber von der Anbietung ausgeschlossen („Regel-Ausnahme-Modell“[173]).

a. Grundbuchunterlagen

Diese sind gemäß der Grundbuchordnung, einem Bundesgesetz, **jedenfalls seit 2009** dauerhaft in den Grundbuchämtern aufzubewahren (§ 10 I Grundbuchordnung (GBO)); dafür kann auch wie in Baden-Württemberg eine gemeinsame Institution geschaffen werden („Grundbuchzentralarchiv“[174]).

Diese Unterlagen sind damit *„de iure* der Archivierung im Sinne der Archivgesetzgebung […] entzogen.“[175] Möglich ist allerdings, dass die nunmehr für die Aufbewahrung zuständigen Landesjustizverwaltungen diese Aufgabe vertraglich an Archive übertragen. Damit verbleibt die Entscheidung über die Nutzung aber bei der Justiz des Landes, auch wenn von einem sog. „Grundbucharchiv“ gesprochen wird.[176]

---

171 Erste Instanz: VG Karlsruhe, Urteil v. 27.05.2013, https://openjur.de/u/632130.html = NVwZ-RR 2013, 428
Zweite Instanz: VGH BW, Urteil v. 30.07.2014 = NVwZ-RR 2015, 161 = DÖV 2014, 936/online-Publikation unter https://openjur.de/u/711532.html und www.zvr-online.com/index.php?id=231.
Folge: Die Festplatte mit Mappus‘ Mails befindet sich nun im Landesarchiv Baden-Württemberg, dazu zwei Artikel aus der Stuttgarter Zeitung:
www.stuttgarter-zeitung.de/inhalt.mappus-mails-festplatte-jetzt-beim-landesarchiv.bc238225-32ac-4b59-9d1c-a039da1cf00b.html und www.stuttgarter-zeitung.de/inhalt.mappus-mails-was-passiert-mit-den-textnachrichten.5bbc1904-0684-47ff-8870-66cdf31634a6.html

172 Für Bundesinstitutionen formuliert in § 5 I 1 Nr. 2 BArchG 2017: Die Anbietungspflicht entfällt nur bei entgegenstehenden besonderen Rechtsvorschriften.

173 Schoch, ArchivG-ProfE, § 6 Rn. 3.

174 http://www.grundbuchzentralarchiv.de/pb/,Lde/Startseite. Dazu Michael Aumüller u. a., Das baden-württembergische Grundbuchzentralarchiv. Entstehung – Prozesse – Zwischenbilanz, in: Archivar Bd. 67 (2014), S. 14ff.

175 Becker, Bewertungshoheit – Bewertungskompetenz, in: Becker/Rehm, Archivrecht, S. 65; ähnlich Udo Schäfer, Aus der Werkstatt: Das Verhältnis des Grundbuchrechts zum Archivrecht – Regelungen und Regelungsbedarfe, in: Rainer Polley (Hrsg.), Anbietung von Unterlagen öffentlicher Stellen: Rechtslagen, Probleme, Lösungswege, Marburg 2011, S. 101ff. (106).

176 Derartige Kooperationen gibt es außerdem in Baden-Württemberg, Hamburg und Niedersachsen (dieser Hinweis bei Becker, Bewertungshoheit – Bewertungskompetenz, in: Becker/Rehm, Archivrecht, S. 58ff. (68 Fn. 46).

In der Zeit vor 2009 war die Rechtslage unübersichtlicher; in etlichen Ländern ging man von einer Anbietungspflicht aus.[177] Folglich sind damals Grundbuchunterlagen zu Archivgut geworden.

b. Personenstandsbücher (früher)

Bis zum Personenstandsgesetz von **2007** waren auch **Personenstandsbücher** Unterlagen *sui generis* und fielen daher nicht unter die Anbietungspflicht.[178]

c. Unterlagen aus der Anwendung der Sicherheitsüberprüfungsgesetze

Noch weiter gehen die **Sicherheitsüberprüfungsgesetze** des Bundes und der Länder; in diesen Gesetzen geregelt sind die Voraussetzungen und das Verfahren zur Sicherheitsüberprüfung von Personen, die mit bestimmten sicherheitsempfindlichen Tätigkeiten betraut werden sollen (Sicherheitsüberprüfung) oder bereits betraut worden sind (Aktualisierungs- bzw. Wiederholungsüberprüfung).

Pro Jahr werden durch öffentliche und nichtöffentliche Stellen rund 80.000 Überprüfungen durchgeführt.[179]

Mittels einer Bereichsausnahme wird **die Anwendbarkeit der Archivgesetze vollständig beseitigt,**[180] so dass bereits die Anbietungspflicht aller entsprechenden Unterlagen ausnahmslos entfällt. In allen Behörden (und Parteien und Stiftungen), die Sicherheitsüberprüfungen durchführen, wird damit ein archivfreier Bereich geschaffen. Dies wird in einem Kommentar zum Sicherheitsüberprüfungsgesetz, verfasst von einem Sozialdemokraten an der Universität Bremen, wie folgt gerechtfertigt:

> „Grund ist, dass bei der Sicherheitsüberprüfung besonders sensible Daten anfallen, und zwar sowohl über die betroffene Person und ihren Ehegatten oder Lebenspartner bzw. Lebensgefährten als auch über Referenz- und Auskunftspersonen. Sie sollen auch nach langen Zeiträumen nicht für die Öffentlichkeit zugänglich sein […]“[181]

Stellungnahme: Dass bereits die besondere Sensibilität von Daten ausreicht, um sie an Archiven vorbei pauschal zu vernichten, was sowohl die Rechtsverfolgung Betroffener als auch die spätere historische Analyse unmöglich macht, widerspricht sowohl allen archivrechtlichen Grundsätzen als auch jeder Transparenz staatlichen Handelns. Verwunderlich ist zudem das Misstrauen gegenüber

---

177 Dazu mit Nachweisen Schäfer, Werkstatt (zwei Fn. zuvor).

178 Zur aktuellen Rechtslage siehe die kurzen Hinweise bei Thema 10, Teil 1, Abschnitt A.II.5.

179 Antwort der Bundesregierung auf eine Kleine Anfrage u. a. des Abgeordneten Jan Korte und der Fraktion DIE LINKE, Bundestags-Drucksache 18/3772 v. 19.1.2015, S. 10ff.

180 „Das Bundesarchivgesetz findet auf die Unterlagen der Sicherheitsüberprüfung keine Anwendung“, § 19 IV (Bundes-) Sicherheitsüberprüfungsgesetz. Die Ländergesetze enthalten ähnliche Formulierungen.

181 Wolfgang Däubler, Sicherheitsüberprüfungsgesetz, 1. Aufl., München 2019, § 19 Rn. 14.

Archiven im Hinblick auf die dortige Kernkompetenz, Daten in den Unterlagen zu schützen.

d. Sind Unterlagen aus dem Kernbereich exekutiver Tätigkeit von der Anbietungspflicht ausgenommen?

Der Kernbereich der exekutiven Eigenverantwortung ist in vielen Entscheidungen des Bundesverfassungsgerichts präzisiert als der Bereich der Exekutive, der der parlamentarischen Kontrolle entzogen ist, auch im Hinblick auf parlamentarische Untersuchungsausschüsse und parlamentarische Anfragen. Dieser Schutz des Kernbereichs ist aus dem Gewaltentrennungsprinzip abgeleitet.

Daraus ergibt sich eindeutig, dass der Schutz dieses Kernbereichs nicht als Argument gegen die Anbietungspflicht gegenüber Archiven verwendet werden. Der Gewaltentrennungsgrundsatz kann von Exekutivorganen schon deshalb nicht gegenüber Archiven vorgebracht werden, weil die öffentlichen Archive selbst zur Exekutive gehören.

e. Weitere Unterlagen, die von der Anbietungspflicht ausgenommen sind

Ausgenommen von der Anbietungspflicht sind außerdem Unterlagen,

- die von offensichtlich geringer Bedeutung sind (§ 2 VI BArchG 2013); zu derartigen **Weglegesachen** jetzt § 5 II 2 BArchG 2017: Das Bundesarchiv kann auf Anbietung und Abgabe von Unterlagen „ohne bleibenden Wert" verzichten;
- zudem „Unterlagen, deren Offenbarung gegen das Brief-, Post- oder Fernmeldegeheimnis verstößt" (§ 6 II Nr. 1 BArchG 2017;[182] ähnliche Vorschriften gibt es in etlichen LArchGs[183]).

Diese Vorschrift ist zwar nicht seit der Privatisierung der Bundespost (1.1.1995) ohne Bedeutung,[184] denn die durch Art. 10 GG geschützten Geheimnisse sind auch dann zu schützen, wenn andere Stellen als die Bundespost die Anbietung vornehmen.[185] Auch die These, dass der Schutzbereich von Art. 10 GG nicht berührt ist "bei Briefen, die an öffentliche Stellen adressiert oder vom Empfänger willentlich übergeben oder rechtmäßig beschlagnahmt wurden",[186] ist nicht überzeugend, da die Adressierung an eine bestimmte öffentliche Empfängerstelle keinen pauschalen Verzicht auf den Schutz des Art. 10 GG beinhaltet. Doch muss gemäß dem Wortlaut von § 6

182 Früher § 2 I 2 BArchG 2013.

183 Zusammenstellung der Normen bei Manegold, Archivrecht, S. 226 Rn. 370.

184 So aber Becker/Oldenhage, BArchG-Kommentar, § 2 Rn. 24; ihm folgend Partsch, BArchG-Kommentar, § 6 Rn. 59.

185 Außerdem ist auch an das Postgeheimnis gebunden, „wer geschäftsmäßig Postdienste erbringt oder daran mitwirkt" (§ 39 II 1 PostG).

186 Manegold, Archivrecht, S. 226 mit Fn. 371.

II Nr. 1 BArchG 2017 die Anbietung einen „Verstoß" gegen die in Art. 10 GG geschützten Geheimnisse erzeugen; **ein solcher Verstoß liegt bei einer gesetzlich fundierten Anbietungspflicht gerade nicht vor.** Da öffentliche Stellen wie erörtert eine umfassende, gesetzlich begründete Anbietungspflicht haben, ist die Anbietung kein „Verstoß" gegen die Geheimnisse, die Art. 10 GG schützt.

Unabhängig von diesen unterschiedlichen Begründung besteht beim **Ergebnis** Einigkeit: Die Vorschrift hat **nur deklaratorischen Charakter**[187] und damit keinen eigenständigen Regelungsgehalt. Es wäre auch merkwürdig, wenn Unterlagen, die durch Art. 10 GG geschützt sind, archivrechtlich grundsätzlich anders behandelt werden als Unterlagen, die z. B. durch die Religionsfreiheit (Art. 4 GG) geschützt sind.

IV. *Wie* muss angeboten werden? Anbietungspflicht und Archivfähigkeit

1. *Analoge Unterlagen*

Die Archivfähigkeit analoger Unterlagen, also die „materielle, funktionelle und strukturelle Qualität, die Aufzeichnungen für eine Archivierung geeignet macht",[188] ist gemäß dem BArchG 2017 *nicht* Bestandteil der gesetzlich festgelegten Anbietungspflicht. Das ergibt sich aus einem Umkehrschluss, denn nach § 17 II 1 BArchG 2017 muss *nur bei Kinofilmen* eine archivfähige Kopie angeboten werden. Eine entsprechende Regelung für die übrigen Unterlagen fehlt im BArchG (und z. B. auch im LArchG BW und im LArchG HE).

Natürlich müssen Behörden die von ihnen aufzubewahrenden analogen Unterlagen im Rahmen einer ordnungsgemäßen Schriftgutverwaltung so schützen, dass es z. B. weder Schimmel noch Papierfischchen gibt. Bei besonders starker und vorsätzlicher Vernachlässigung der Unterlagen, die zur Unbrauchbarkeit führt, kann sogar ein Verwahrungsbruch (§ 133 StGB) vorliegen.[189] Doch haben Archive keine unmittelbare rechtliche Handhabe, einen solchen Schutzstandard in der abgebenden Behörde durchzusetzen – wiederum[190] zeigt sich eine Aus-

---

[187] So übereinstimmend Manegold Archivrecht (wie Fn. zuvor), Partsch und Becker/Oldenhage (wie drei Fn. zuvor).

[188] Diese Definition bei Angelika Menne-Haritz, Schlüsselbegriffe der Archivterminologie, 3. Aufl. 2000, S. 43. Statt von „Aufzeichnungen" sollte man heute aber allgemeiner von „Unterlagen" sprechen. Teilweise wird auch – bei wohl identischem Begriffsinhalt – von „archivierungsfähig" gesprochen. Ein anderes Verständnis von „archivfähig" bei Hannes Berger, Sächsisches Archivgesetz. Kommentar, § 5 Rn. 23: „Besitzen Unterlagen keinen unmittelbaren Verwaltungszweck mehr, gelten sie als archivfähig". Es ist aber wenig hilfreich, die übliche Verwendung des Begriffs „archivfähig" ohne weitere Diskussion aufzugeben.

[189] Zur Bedeutung dieser Norm im Kontext der Anbietungspflicht ausführlich Thema 10, Teil 1, Abschnitt A.VII.1.

[190] Siehe z. B. auch die Ausführungen zur Durchsetzbarkeit der Anbietung von Unterlagen bei Thema 10, Teil 1, Abschnitt A.VII.

wirkung der Grundentscheidung, dass Archive in der Regel (Ausnahme: GStA PK) nicht rechtsfähige Institutionen sind.[191]

Die **Herstellung von Archivfähigkeit analoger Unterlagen** ist daher eine **Aufgabe des Archivs im Rahmen der Bestandserhaltung** seines Archivguts. Die von Hausmann aufgestellte Gegenthese[192] wird von ihm nicht begründet[193] und ist daher nicht überzeugend.

2. *Digitale Unterlagen*

Hier ist die Rechtslage anders. Einige Beispiele zur vielgestaltigen Rechtslandschaft:

Hessen: § 21 I Nr. 3 LArchG HE in Verbindung mit einer Rechtsverordnung begründet eine **Kostentragungspflicht der abgebenden Stelle**, wenn diese die digitalen Unterlagen nicht „vorab archivtauglich konvertiert und aufbereitet" hat. Die **Ausgangsbehörde** hat also für archivfähige Dateiformate und eine archivfähige Dateistruktur zu sorgen.[194] Darauf weist das Landesarchiv auch auf seiner Homepage hin:

> „Durch frühzeitige Absprachen können die anbietenden Stellen so Kosten für eine nachträgliche Programmierung von Aussonderungsschnittstellen oder die Konvertierung aus nichtarchivfähigen Dateiformaten vermeiden."[195]

Baden-Württemberg: Gemäß § 3 II 2 LArchG BW vereinbart das Landesarchiv

> „Auswahl und Form der Übernahme maschinenlesbar gespeicherter Informationen und Programme […] mit der anbietenden Stelle."

Das Gesetz lässt offen, wie vorzugehen ist, wenn eine solche „Vereinbarung" nicht erreicht wird; es ist auch nicht angegeben, wer die Kosten für die Herstellung übernahmefähiger „Formen" zu tragen hat, und es gibt keine Verordnungs-

---

191 Als juristischer Weg bleibt nur der Weg über die Rechtsaufsicht der abgabepflichtigen Institution, dazu Thema 10, Teil 1, Abschnitt A.VII.3.

192 „Unterlagen, die zur Archivierung angeboten werden, müssen in einem archivierungsfähigen Zustand sein. Soweit archivwürdige Unterlagen durch Feuchtigkeit, Schimmel oder auf andere Weise geschädigt sind, werden sie vor der Archivierung auf Kosten der anbietungspflichtigen Stellen archivierungsfähig gemacht." Jost Hausmann, Archivrecht. Ein Leitfaden, Frankfurt/M. 2016, S. 42f.

193 Hausmann verweist auf § 8 Personenstandsgesetz (PStG), der evident nur einen kleinen Teil der Verwaltung betrifft und vor allem eine Pflicht des Registraturbildners im Hinblick auf seine Aktenführung festlegt, die aber – wie auch sonst – nicht vom Archiv durchgesetzt werden kann.

194 Dass das LArchG HE den Begriff „archivtauglich" statt „archivfähig" verwendet (§ 20 I Nr. 3), ist soweit ersichtlich nicht inhaltlich begründet.

195 https://landesarchiv.hessen.de/digitale-unterlagen.

ermächtigung wie in Hessen. Die Landesarchivbenutzungsordnung[196] bezieht sich nur auf die Nutzung von Archivgut. Ein Bericht von Christian Keitel aus dem Jahr 2010[197] betont die Kooperation von Archiv und abgebenden Stellen in der Praxis der digitalen Archivierung, so dass sich jedenfalls damals die Frage, ob das Archiv seine Kosten gegenüber der abgebenden Stelle geltend machen kann, nicht stellte.

Nordrhein-Westfalen: § 3 V LArchG NW erklärt es zu einer Aufgabe der obersten Landesbehörden, dass alle Landesbehörden akzeptable **„Austauschformate"** bis zur Anbietung an das Archiv erzeugen. Dem Gesetz lässt sich nicht entnehmen, ob das Landesarchiv den Behörden die Kosten für die nachträgliche Herstellung von Austauschformaten auferlegen kann.

Bundesarchiv: Die einschlägige Gebührenverordnung[198] bezieht sich nur auf die Nutzung von Archivgut und nicht auf die Herstellung der Archivfähigkeit digitaler Unterlagen.

Auf die Darstellung der Rechtslage in weiteren Bundesländern wird aus Platzgründen verzichtet.

V. *Wann* muss angeboten werden? Der Zeitpunkt der Entstehung der Anbietungspflicht

Schon das BArchG 2013 enthielt das Kriterium (kein Ermessen), dass die **Anbietungspflicht entsteht, wenn die Unterlagen nicht mehr benötigt werden.**[199] Dieses **Ende der Aufbewahrungsfrist** „wird von der abgebenden Stelle festgelegt".[200] Um diese Festlegung zu erreichen, ist nicht selten eine Behördenberatung durch das zuständige Archiv nötig, wobei es auch Archive gibt, die für die abgebende Behörde die Ermittlung der Aufbewahrungsfristen übernehmen.[201]

Zwar enthielt das BArchG 2013 die Vorgabe einer Behördenberatung durch Archive,[202] wodurch im Kontext von Verwaltungsberatung auch die Beachtung archivfachlicher Grundsätze gesichert werden sollte; eine ähnliche Regelung findet sich z.B. im LArchG BW. Aber: Es gibt „keine Pflicht der Behörden, ihre

196 Verordnung der Landesregierung über die Benutzung des Landesarchivs Baden-Württemberg (Landesarchivbenutzungsordnung – LArchBO) vom 10.04.2006.

197 Digitale Archivierung beim Landesarchiv Baden-Württemberg, Archivar Jg. 63 (2010), S. 19ff.

198 Besondere Gebührenverordnung der Beauftragten der Bundesregierung für Kultur und Medien, BGBl. 2021, Teil 1 S. 4066ff., https://www.bundesarchiv.de/DE/Content/Downloads/Rechtliches/bundesarchiv-kostenverordnung.pdf.

199 § 2 I 1 BArchG 2013.

200 Christian Keitel, Aussonderung und Übergabe, in: Becker/Rehm, Archivrecht, S. 72ff. (83).

201 Dazu Harald Stockert/Christoph Popp, Behördenberatung und Archive, in: Becker/Rehm, Archivrecht, S. 43ff.

202 § 2 IX BArchG 2013.

Schriftgutverwaltung durch das für sie zuständige Archiv prüfen, bewerten und qualitätssichern zu lassen."[203]

Es wurde im BArchG 2013 – entgegen dem Wunsch des damaligen Präsidenten des Bundesarchivs bei der Beratung des BArchG[204] – keine zusätzliche Frist normiert, *wann* die Anbietung zu erfolgen hat.

Vorteil: Bei einer derartigen Frist wären Ausnahmen nötig, was einen erhöhten Verwaltungsaufwand nach sich ziehen würde. Andererseits gab es die These, dass auch bundesrechtlich eine Frist notwendig ist, „um der mutwilligen oder fahrlässigen Verzögerung der Abgabe archivwürdiger Unterlagen entgegenzuwirken".[205]

1. *Eine „muss"- plus eine „soll"-Vorschrift im Bundesarchivgesetz*

Im Hinblick auf die Frist geht das BArchG 2017 einen neuen Weg: § 5 I 2 **kombiniert** jetzt die

- **Muss-Anbietungspflicht**, wenn die Unterlagen nicht mehr benötigt werden, mit der
- **Soll-Anbietungspflicht nach 30 Jahren** seit der Entstehung der Unterlagen.

„Entstehung" ist archivrechtlich „der Zeitpunkt der letzten inhaltlichen Bearbeitung der Unterlagen eines Vorgangs".[206] Der „zdA"-Vermerk ist keine inhaltliche Bearbeitung; dafür spricht nicht nur, dass der „zdA"-Vermerk nur den Status, aber nicht den inhaltlichen Stand der Unterlagen verändert. Zudem würde andernfalls ein „zdA"-Vermerk, auch wenn er erst Jahrzehnte nach der letzten inhaltlichen Bearbeitung erfolgt, die 30-jährige Frist beginnen lassen.

„Vorgang" wiederum ist nach der Registraturrichtlinie der Bundesministerien[207] die „kleinste Sammlung von zusammengehörenden Dokumenten aus der Bearbeitung eines Geschäftsvorfalls; Teileinheit einer Akte".

Aus diesen Vorgaben folgt, dass, solange nicht die letzte Bearbeitung erreicht ist, **während der Bearbeitungen von Unterlagen Daten gelöscht werden *dürfen*** (aus Sicht des Archivrechts) bzw. sogar gelöscht werden *müssen* (aus Sicht des Datenschutzrechts), z.B. wenn diese Daten für die weitere Bearbeitung nicht mehr benötigt werden. Die **Anbietungspflicht zielt nur auf den abgeschlossenen Vorgang.**[208]

---

203 Harald Stockert/Christoph Popp, Behördenberatung und Anbietung, in: Becker/Rehm, Archivrecht, S. 43 ff. (47).

204 Dazu Manegold, Archivrecht, S. 153f.

205 Schoch, ArchivG-ProfE, § 6 Rn. 15 mit Verweis auf Richter, in: Bannasch u.a., Archivrecht in Baden-Württemberg, Stuttgart 1990, S. 213 ff. (236).

206 § 1 Nr. 5 BArchG 2017.

207 www.bmi.bund.de/SharedDocs/downloads/DE/themen/moderne-verwaltung/registratur richtlinie.pdf?blob=publicationFile&v=6; nicht mehr aufrufbar.

208 So auch die Stellungnahme des Bayerischen Beauftragten für den Datenschutz in seinem Jahresbericht 2005, https://www.datenschutz-bayern.de/print/tbs/tb21/k4.html#4.3, dort 4.3.

Die Behörde trägt die Darlegungs- und im Streitfall die Beweislast für das Vorliegen der Rechtsfolgevoraussetzungen, also insbesondere dafür, dass die Unterlagen noch benötigt werden, und für den Zeitpunkt des Entstehens.

Das rechtsdogmatische Verhältnis der „muss"- und der „soll"-Vorschriften ist problematisch. Da die „Muss"-Vorschrift von § 5 I 1 BArchG 2017 weitergehend ist, ergibt sich *materiell*rechtlich durch die zusätzliche „soll"-Vorschrift keine Ausweitung der Anbietungspflicht.

Die „soll"-Vorschrift begründet aber eine Regel, deren Nichteingreifen im Streitfall von der nicht-abgebenden Behörde darzulegen ist. Wenn also eine Behörde nach 30 Jahren darauf verweist, dass die Unterlagen noch benötigt werden, muss dies auf Nachfrage gegenüber dem Archiv begründet werden, denn ab 30 Jahren nach der Entstehung der Unterlagen *muss* die Anbietung die Regel und die Nicht-Anbietung die Ausnahme sein. Im Konfliktfall gegenüber der nicht abgebenden Behörde gilt deren Darlegungslast auch gegenüber der Aufsichtsbehörde.

Im Übrigen hat die 30-jährige Frist jedenfalls eine psychologische Wirkung in der Argumentation von Archiven gegenüber öffentlichen Stellen.

Beispiel: Die öffentliche Stelle möchte alle Unterlagen auch noch 40 Jahre nach ihrer Entstehung behalten, weil ein Projekt zur Geschichte der Institution demnächst beginnen soll.

Im Hinblick auf die **30-Jahres-Frist** liegt bei der Regelung im BArchG 2017 ein **Ermessen** der öffentlichen Stelle vor, und es können die üblichen rechtlich relevanten Ermessensfehler vorliegen.

Beispiel: bei **medizinischen Institutionen** wird, wenn eine eigene Forschung zur Institutionen- oder Fachgeschichte betrieben wird, auch Aktenmaterial vergangener Jahrhunderte noch benötigt werden. Das Regel-/Ausnahmeverhältnis, das die dreißigjährige Schutzfrist setzt, ist besonders zu beachten.

2. *Andere Regelungsmechanismen: Die Kombination von zwei zwingenden Rechtsvorschriften*

Viele LArchG gehen einen etwas anderen Weg: Es besteht dort eine

- **Muss-Anbietungspflicht**, wenn die Unterlagen nicht mehr benötigt werden, plus eine
- **Muss-Anbietungspflicht nach 30 Jahren**, wobei diese Frist durch eine
- **Verlängerung der Aufbewahrungsfrist durch spezifische Normen** verlängert werden kann.

Als Normen, die die Aufbewahrungsfrist verlängern, kommen teilweise – so z. B. im LArchG NW[209] – nur Rechtsvorschriften in Betracht, also nur Gesetze oder auch Rechtsverordnungen. Gemäß anderen LArchG sind insoweit auch Verwaltungsvorschriften ausreichend.[210] Es

> „wird berichtet, dass sich diese [Fristvorgaben im Landesrecht] bewährt hätten und in der Regel kaum noch auf Widerspruch stießen."[211]

3. *Auftragsverwahrung*

Bei Auftragsverwahrung werden archivwürdig bewertete Unterlagen schon vor Ablauf ihrer Aufbewahrungsfrist übernommen.[212] Allerdings besteht kein Bezug zur *Bundes*auftragsverwaltung als Ausführung von Bundesgesetzen durch die Länder im Auftrag des Bundes.

4. *„Flucht vor IFG-Ansprüchen" – die vorzeitige Anbietung von Unterlagen*

Die obigen Ausführungen zur Anbietungspflicht berücksichtigen vor allem das Problem, dass die anbietungspflichtige Stelle ihrer Anbietungspflicht nicht oder *zu spät* nachkommt. In der Praxis der letzten Jahre ist aber nun auch das Problem entstanden, dass die Unterlagen *vorzeitig*, also noch vor dem Ende der Aufbewahrungsfrist und damit vor dem Entstehen der Anbietungspflicht dem Archiv angeboten werden. Hintergrund ist das Ziel der abgebenden Behörde, möglichen Ansprüchen auf Einsicht nach einem IFG mangels Verfügungsgewalt über die Unterlagen nicht mehr entsprechen zu müssen.

> Beispiel: Nach einem aufsehenerregenden Strafverfahren, das mit einem umstrittenen Freispruch geendet hat, bietet die Staatsanwaltschaft die Unterlagen sogleich dem Archiv an, um Anfragen von Journalisten auf Einsicht in die Unterlagen zu entgehen.

Die damit zusammenhängenden Rechtsfragen im Kontext der Übergabe (Darf/Muss das Archiv die Unterlagen annehmen?) sind – soweit ersichtlich – noch weitgehend ungeklärt, genauso wie die Frage, inwieweit das Archiv das „Offenstehen" der Unterlagen gemäß einem IFG gegen sich gelten lassen muss.[213]

---

209 § 4 I 3 LArchG NW.

210 Z. B.: § 3 I 2 LArchG BW/§ 5 I 2 LArchG SN.

211 Schoch, ArchivG-ProfE, § 6 Rn. 7 mit Verweis auf Treffeisen, in: Archivgesetzgebung in Deutschland – Ungeklärte Rechtsfragen und neue Herausforderungen, S. 155 (167 f.).

212 Dazu Christian Keitel, Aussonderung und Übergaben, Abschnitt: Auftragsverwahrung, in: Becker/Rehm, Archivrecht, S. 72 ff. (83 ff.).

213 Zur letzteren Frage Thema 13, Teil 2, Abschnitt C.II.

VI. Datenschutzrechtliche Aspekte der Anbietung: Löschungssurrogate

Bereits die Anbietung ist bei personenbezogenen Daten ein **Eingriff in das Recht auf informationelle Selbstbestimmung**, da die Betroffenen nicht in die Anbietung eingewilligt haben und weil die Anbietung eine Zweckänderung der Daten mit sich bringt. Da die Anbietung aber in den Archivgesetzen geregelt ist und diese ein Bestandteil der verfassungsmäßigen Ordnung iSv. Art. 2 I GG sind, ist der Eingriff insoweit rechtmäßig.

In der DS-GVO gibt es ein zudem ein umfassendes Archivprivileg: Es gilt

> „eine Weiterverarbeitung für im öffentlichen Interesse liegende Archivzwecke [...] nicht als unvereinbar mit den ursprünglichen Zwecken"[214]

und ist daher datenschutzrechtlich zulässig.

1. *Die Überwindung bereichsspezifischer Löschungsgebote durch Löschungssurrogate*

Problematisch ist zudem, ob ein **bereichsspezifisches Vernichtungs- oder Löschungsgebot** der Anbietung (und der späteren Übergabe) von der abgebenden Stelle an das öffentliche Archiv entgegensteht. Diese bereichsspezifischen Vernichtungs- oder Löschungsgebote können **bundesrechtlich oder landesrechtlich** normiert sein.

> **„Löschen"** liegt vor, wenn gespeicherte Daten unkenntlich gemacht sind und eine Wiederherstellung ganz unwahrscheinlich ist. Der Datenträger selbst bleibt nach dem Löschen vorhanden; daher bezieht sich „Löschen" meist auf digital gespeicherte Daten.
>
> **„Vernichten"** liegt bei einer Zerstörung des Datenträgers vor; in der Regel wird die Kassation analog gespeicherter Daten auf diese Weise durchgeführt.

> Beispiel aus dem **Bundesrecht**: „Eine Ermittlungsmaßnahme, die sich gegen [...] einen Rechtsanwalt [...] richtet und voraussichtlich Erkenntnisse erbringen würde, über die diese[r] das Zeugnis verweigern dürfte, ist unzulässig. Dennoch erlangte Erkenntnisse dürfen nicht verwendet werden. Aufzeichnungen hierüber sind unverzüglich zu löschen."[215]
>
> Beispiele aus dem **Landesrecht**:
>
> - Polizeirecht:
>
> Es sind „personenbezogene Daten unverzüglich zu löschen und die dazugehörigen Unterlagen unverzüglich zu vernichten, wenn
>
> 1. bei der nach bestimmten Fristen vorzunehmenden Überprüfung oder aus Anlass einer Einzelfallbearbeitung festgestellt wird, dass ihre Kenntnis für die speichernde Stelle

[214] Art. 5 I b 2. Hs. DS-GVO.
[215] § 160 a I 1, 2 StPO.

zur Erfüllung der in ihrer Zuständigkeit liegenden Aufgaben nicht mehr erforderlich ist […]"[216]

- **Korruptionsbekämpfung** bei öffentlichen Stellen:

Unterlagen, die in diesem Kontext entstehen, müssen vernichtet werden, „soweit die einzelnen Vorgänge nicht mehr für Zwecke der Korruptionsprävention und -bekämpfung erforderlich sind".[217]

Wenn das bereichsspezifische Recht kein Vernichtungs- oder Löschungsgebot enthält, kann es sich **aus der DS-GVO**[218] ergeben (soweit die DS-GVO anwendbar ist[219]) oder aus den ergänzenden **bundes- bzw. landesrechtlichen Datenschutzgesetzen.** Es sind also im Folgenden fünf Typen von Vernichtungs- oder Löschungsgeboten (im Folgenden: **VoLG**) zu diskutieren:

- bundesrechtliche VoLG
- landesrechtliche VoLG
- VolG aus der DS-GVO
- VoLG aus dem Bundesdatenschutzgesetz (BDSG)
- VoLG aus den Landesdatenschutzgesetzen (LDSG)

Da alle Daten und Unterlagen archivwürdig sein können, stellt sich die Frage, wann trotz dieser VoLG die Anbietung und Übergabe an das Archiv zulässig sind.

a. Vorüberlegung zur Terminologie: Löschungssurrogate und Archivprivilegierungen

Etliche LArchG enthalten sog. **Löschungssurrogate.**[220]

Beispiel aus dem LArchG NW: „Anzubieten und zu übergeben sind auch Unterlagen, die 1. personenbezogene Daten enthalten, die nach einer Vorschrift des Landes- oder Bundesrechts gelöscht werden müssten oder gelöscht werden könnten […]"[221]

Aus Sicht der abgebenden Stelle liegt eine **Rechtsfiktion** vor („Übergabe *gilt* als Löschung"), so dass bei derartigen Formulierungen terminologisch zutreffend

216 § 27 II 1 Hessisches Sicherheits- und Ordnungsgesetz (HSOG).

217 Das Zitat stammt aus der „Richtlinie zur Korruptionsprävention und Korruptionsbekämpfung in der öffentlichen Verwaltung des Landes Hessen", Staatsanzeiger für das Land Hessen v. 23.12.2019, S. 1357ff. (1358 rechte Spalte ganz unten), https://www.staatsanzeiger-hessen.de/asset/secure-link?path=Stanz-Hessen-Ausgabe-2019-52-v1.pdf&fragment=page%3D5&source=df3c9c93-5120-3d33-b659-064aabd18cd5.

218 Art. 17 DS-GVO.

219 Dazu Thema 5, Teil 1 Abschnitt B.

220 Eine Zusammenstellung der Normen in den LArchG (Stand 2018) bei Clemens Rehm, Löschkultur versus Anbietungspflicht, in: Irmgard Christa Becker u. a. (Hrsg.), Nicht nur Archivgesetze …, Beiträge zum 22. Archivwissenschaftlichen Kolloquium der Archivschule Marburg, Marburg 2019, S. 85ff. (109–117).

221 § 4 II LArchG NW.

von einem Löschungs*surrogat* gesprochen wird. Die Formulierung, dass das Löschungssurrogat der Löschungspflicht vorgeht, ist hingegen unzutreffend: Das Surrogat fingiert die Löschung, es geht ihr nicht vor.

Wenn die Löschungsverpflichtung eingeschränkt *wird* (und nicht nur als eingeschränkt *gilt*), passt die Bezeichnung „Surrogat" nicht, so dass man insoweit besser von einer **Archivprivilegierung** sprechen sollte. Teilweise sind derartige Archivprivilegierungen auch in den jeweiligen Landesdatenschutzgesetzen zu finden.

> Beispiel aus dem Landesdatenschutzgesetz BW: „Soweit öffentliche Stellen verpflichtet sind, Unterlagen einem öffentlichen Archiv zur Übernahme anzubieten, ist eine Löschung erst zulässig, nachdem die Unterlagen dem öffentlichen Archiv angeboten und von diesem nicht als archivwürdig übernommen worden sind oder über die Übernahme nicht innerhalb der gesetzlichen Frist entschieden worden ist."[222]

Fraglich ist die **rechtliche Wirkung der landesrechtlichen Löschungssurrogate und der Archivprivilegierungen in den Landesdatenschutzgesetzen**:

Gilt die Anbietung und Übergabe an das zuständige Archiv für die abgebende Stelle als Erfüllung der spezialgesetzlichen Vernichtungs- und Löschungsgebote, unabhängig von der Frage, ob das Gebot aus der DS-GVO, dem Bundes- oder Landesrecht stammt?

Die Antwort führt aufgrund der föderalen Strukturen in Deutschland in eines der rechtsdogmatisch schwierigsten Themen des Archivrechts.

b. Wiederholung: Trennung von Gesetzgebungs- und Verwaltungskompetenz

Bei der Diskussion der Zuständigkeiten von Bundes- und Landesarchiven im Hinblick auf Anbietung und Übergabe war erläutert worden,[223] dass die Übergabepflicht an Landesarchive nicht daran anknüpft, ob die Unterlagen und Daten auf der Grundlage von Bundes- oder Landesrecht entstanden sind. Es geht also nicht um die Gesetzgebungskompetenz, sondern um die damit im deutschen Föderalismus nur teilweise identische **Verwaltungskompetenz**: Es ist für die Frage, ob eine Abgabe an das Landesarchiv erfolgen kann,

- maßgeblich, dass eine **Landes*stelle*** die Unterlagen bzw. Daten erzeugt hat;[224]
- unerheblich, ob die Landesstelle dabei Landes- oder Bundesrecht angewandt hat.

---

[222] § 14 V Landesdatenschutzgesetz Baden-Württemberg.

[223] Thema 10, Teil 1, Abschnitt A.II.2.

[224] Beispiel: „Anbietungspflichtige Stellen sind […] die Behörden [und] andere öffentlich-rechtlich organisierte Einrichtungen des Landes, der Gemeinden und Landkreise" (§ 2 VI LArchG HE).

Für die rechtliche Wirkung der Löschungssurrogate und der Archivprivilegierungen ist daher zwingend nach den vier Typen der *Verwaltungs*kompetenz zu unterscheiden.

c. Fall 1: Vollzug von Landesgesetzen durch die Länder (Art. 30 GG)

Beispiel: Polizeigesetze der Länder

Der Vollzug erfolgt durch Landesstellen, daher erfolgt die Abgabe der Unterlagen und Daten an das Landesarchiv.

Die *landes*rechtlichen Löschungssurrogate und Archivprivilegierungen in den *Landes*datenschutzgesetzen wirken unproblematisch gegenüber den VoLG, die im bereichsspezifischen Landesrecht und in den Landesdatenschutzgesetzen enthalten sind.

Was gilt für die VoLG, die in der DS-GVO enthalten sind? In den meisten Landesdatenschutzgesetzen sind die nach der DS-GVO möglichen Archivprivilegierungen inzwischen umgesetzt.

*Bundes*rechtliche VoLG, seien sie bereichsspezifisch oder im Bundesdatenschutzgesetz angeordnet, haben beim Vollzug der Landesgesetze durch die Länder von vornherein keine Bedeutung.

d. Fall 2: Vollzug von Bundesgesetzen durch die Länder als eigene Angelegenheit (Art. 83 und 84 GG)

Beispiel: Vollzug des Grunderwerbs- und Erbschaftssteuerrechts.

Dieser Vollzugstyp ist bei Bundesgesetzen juristisch und auch praktisch **der Regelfall.** Hier gilt nach Art. 84 I 1 GG:

Die Länder regeln „die Einrichtung der Behörden und das Verwaltungsverfahren".[225]

Da der Vollzug durch Behörden erfolgt, die von den Ländern „eingerichtet" sind, erfolgt die Abgabe der Unterlagen und Daten an die Landesarchive. Aber was ist „*das* Verwaltungsverfahren" iSv. Art. 84 I 1 GG?

Gemäß dem VwVfG ist „das Verwaltungsverfahren" nur „die nach *außen* wirkende Tätigkeit der Behörden",[226] das Verhältnis von Löschung/Vernichtung und Archivierung ist aber ein Vorgang *innerhalb* der Verwaltung. Es ist aber

---

225 Damit übereinstimmend erklärt auch das B-VwVfG, dass das Landes-VwVfG anzuwenden ist: „Für die Ausführung von Bundesrecht durch die Länder gilt dieses Gesetz [= das B-VwVfG] nicht, soweit die öffentlich-rechtliche Verwaltungstätigkeit der Behörden landesrechtlich durch ein Verwaltungsverfahrensgesetz geregelt ist." (§ 1 III B-VwVfG; alle Bundesländer haben ein eigenes L-VwVfG).

226 § 9 VwVfG.

kein Grund ersichtlich, warum Vorgänge innerhalb der Verwaltung nicht Teil des Verwaltungsverfahrens iSv. Art. 84 I GG sein sollten. Folglich regeln die Länder bei diesem Vollzugstyp das Verwaltungsverfahren in seiner Gesamtheit, also nach innen und nach außen.

Steht Art. 84 I 2 GG diesem Ergebnis entgegen? Die Norm lautet:

„Wenn Bundesgesetze etwas anderes bestimmen, können die Länder davon abweichende Regelungen treffen."

Ob ein bundesrechtliches Löschungsgebot „etwas anderes" im Sinne dieser Norm ist, kann offen bleiben, denn selbst wenn man die Frage bejaht, geht es hier um das landesrechtliche Löschungs*surrogat*: Dieses Landesrecht legt eben nicht fest, dass nicht zu löschen ist, sondern die Löschung erfolgt im Rahmen einer Rechtsfiktion.

Daher können hier ***landes*rechtliche Regelungen auch *bundes*rechtliche VoLG zugunsten von Landesarchiven einschränken.**[227] Diese These führt auch nicht zu einem Verstoß gegen den Grundsatz „Bundesrecht bricht Landesrecht",[228] denn es kollidiert kein Bundes- mit Landesrecht.

Gegenbeispiel: Wenn ein Bundesgesetz, das von den Ländern als eigene Angelegenheit ausgeführt wird, nicht nur ein VoLG enthält, sondern zusätzlich die Anbietung an ein Archiv ausschließt, liegt möglicherweise ein Fall von Art. 84 I 2 1. Hs. GG vor und es ist zu überlegen, ob in diesem Fall das jeweilige LArchG eine „abweichende Regelung" iSv. Art. 84 I 2 2. Hs. GG enthält. Doch ist dieser Fall hypothetisch, solange kein Bundesgesetz vorliegt, das auf die beschriebene Weise vorgeht.

Dass das landesrechtliche Löschungssurrogat explizit auf Rechtsvorschriften des Bundes eingeht, ist nicht nötig. Problematisch sind jedoch LArchG, in deren Löschungssurrogaten bundesrechtliche VoLG explizit ausgeschlossen sind.[229]

Beispiel aus dem LArchG BB: „Zur Übernahme anzubieten und abzuliefern sind auch Unterlagen, die

1. personenbezogene Daten enthalten, welche nach einer Rechtsvorschrift [nur!] des Landes gelöscht oder vernichtet werden müßten oder nach Rechtsvorschriften des Bundes [sic!] oder des Landes gelöscht werden könnten, sofern die Speicherung der Daten nicht unzulässig war […]". Daten, welche nach einer Rechtsvorschriften *des Bundes* gelöscht oder vernichtet werden *müssten*, sind explizit nicht erwähnt

[227] So auch Arnd Vollmer: „Zum Verwaltungsverfahren gehört letztlich auch der Umgang mit personenbezogenen Daten bei der Ausführung des Gesetzes", in: Das Verhältnis von bundesrechtlichen Löschungsgeboten und landesrechtlicher Anbietungspflicht, Gutachten (April 2014) für den KLA-Ausschuss Archive und Recht, zugänglich hier, dort S. 4).

[228] Art. 31 GG.

[229] Zu weiteren eingeschränkten Regelungen in einigen LArchG siehe Clemens Rehm, Löschkultur versus Anbietungspflicht, in: Irmgard Christa Becker u. a. (Hrsg.), Nicht nur Archivgesetze …, Beiträge zum 22. Archivwissenschaftlichen Kolloquium der Archivschule Marburg, Marburg 2019, S. 85 ff. (97 f.).

Die aus Art. 84 I 1 GG stammende Aufgabe für den Landesgesetzgeber, das Verwaltungsverfahren bei diesem Vollzugstyp zu regeln, ist hier also eigenwilliger Weise so gelöst, dass ein zwingendes Löschungs- oder Vernichtungsgebot nach Bundesrecht der Anbietung vorgeht.[230]

Nur „in Ausnahmefällen kann der Bund wegen eines besonderen Bedürfnisses nach bundeseinheitlicher Regelung das Verwaltungsverfahren ohne Abweichungsmöglichkeit für die Länder regeln."[231] Und nur soweit diese ausnahmsweise bundeseinheitliche Regelung für diesen Vollzugstyp spezifisch das Verhältnis von Löschung/Vernichtung *und Archivierung* regelt, greifen landesrechtliche Surrogatsklauseln und Archivprivilegierungen nicht mehr.[232] Ein bloßes Löschungs- oder Vernichtungsgebot ohne Ausschluss der Archivierung ist insoweit irrelevant.

Was gilt für die Vernichtungs- und Löschungsgebote, die in der DS-GVO enthalten sind? In den meisten Landesdatenschutzgesetzen sind wie erwähnt die nach der DS-GVO möglichen Archivprivilegierungen und Ausnahmen zugunsten der Archive inzwischen umgesetzt. Damit ist der Vollzug der Landesdatenschutzgesetze ebenfalls Teil des Verwaltungsverfahrens, das wie erwähnt beim Gesetzesvollzug nach Art. 83 + 84 GG umfassend von den Ländern geregelt wird.

e. Fall 3: Vollzug von Bundesgesetzen durch die Länder als Auftragsangelegenheit (Art. 85 GG)

> Beispiele (nahezu vollständig): Vollzug des Lohn- und Einkommenssteuerrechts (Art. 108 III GG); BAFöG-Vollzug; Vollzug der Bundesstraßen- (Art. 90 II GG), der Bundeswasserstraßen- (Art. 89 II GG) und der Atomenergieverwaltung (Art. 87 c).

Dieser Vollzugstyp ist juristisch eine Ausnahme und praktisch selten.

Hier gilt: Grundsätzlich „bleibt die Einrichtung der Behörden Angelegenheit der Länder" (Art. 85 I 1GG, auch zu den Ausnahmen). Allerdings ist in Art. 85 I GG nicht erwähnt, ob Bund oder Länder das Verwaltungsverfahren regeln. Das **BVerfG** schreibt dazu:

> Auch diese sogenannte Auftragsverwaltung ist eine Form der Landesverwaltung; die Länder üben hierbei Landesstaatsgewalt aus, ihre Behörden handeln als Landesorgane, nicht als Bundesorgane.[233]

---

[230] So auch Vollmer, Gutachten, S. 8.
[231] Art. 84 I 4 GG.
[232] So auch Rehm, Löschkultur (drei Fn. zuvor), S. 103 aE.
[233] BVerfGE 81, 310 (331) („Kalkar"), zugänglich hier. Dazu passend ist auch hier das L-VwVfG, nicht das B-VwVfG anwendbar (§ 1 I Nr. 2 iVm. § 1 III BVwVfG).

Deshalb legen die Länder als Teil ihrer Landesstaatsgewalt auch das Verwaltungsverfahren fest. Folglich kann auf die Argumentation bei Fall 3 zurückgegriffen werden und es können auch bei diesem Typ des Gesetzesvollzugs *landes*rechtliche Regelungen auch *bundes*rechtliche Löschungs-/Vernichtungsgebote zugunsten von Landesarchiven einschränken.

f. Fall 4: Vollzug von Bundesgesetzen durch den Bund (Art. 86 GG)

> Beispiele: Aufzählung in Art. 87 GG, z.B.: „Zentralstellen für das polizeiliche Auskunfts- und Nachrichtenwesen"

Dieser Vollzugstyp führt – anders als die vorherigen Fälle des Gesetzesvollzugs – zur Anbietung und Übergabe der Unterlagen und Daten an das *Bundes*archiv.[234]

aa. Die aktuelle Rechtslage: Kein generelles Löschungssurrogat

Die datenschutzrechtliche Zulässigkeit dieser Anbietungen und Übergaben ist grundsätzlich anders als die vorherigen drei Fälle geregelt, denn es gibt im BArchG **kein generelles Löschungssurrogat** und im Bundesdatenschutzgesetz **keine Archivprivilegierung** (mehr[235]).

Stattdessen gilt nach § 6 II Nr. 2 BArchG: Von der Anbietungs- und damit auch **von der Übergabepflicht an das Bundesarchiv ausgenommen** sind Unterlagen, die

- nach gesetzlichen Vorschriften vernichtet oder gelöscht werden müssen und
- die nach diesen gesetzlichen Vorschriften nicht ersatzweise den zuständigen öffentlichen Archiven angeboten werden dürfen.

Das „und" ist im Sinne eines „plus" zu lesen. Für eine Ausnahme von der Anbietungspflicht müssen also kumulativ beide Rechtsfolgevoraussetzungen vorliegen:

- Eine gesetzliche Vernichtungs- oder Löschungsanordnung plus
- das Fehlen einer Erlaubnis zur Anbietung in dem Gesetz, das die Vernichtungs- oder Löschungsanordnung enthält.

> Einfacher formuliert gilt: Wenn Bundesgesetze durch den Bund vollzogen werden, führen bundesgesetzliche Vernichtungs-/Löschungsgebote nur dann nicht zum Ausschluss der Anbietung und Übergabe an das Bundesarchiv, wenn *in jenem Bundesgesetz* die ersatzweise Anbietung und Übergabe an das Bundesarchiv erlaubt ist.

---

234 Oder im Fall des § 7 BArchG bei bestimmten Unterlagen an Landes- oder Kommunalarchive. Dazu gleich Abschnitt c.

235 Zum früheren § 20 IX BDSG aF siehe Becker-Oldenhage, BArchG-Kommentar, § 2 Rn. 63 ff.

Es sei nochmals daran erinnert, dass sich § 6 II Nr. 2 BArchG nur auf den Vollzugstyp „Vollzug von Bundesgesetzen durch den Bund“ bezieht, nicht auf die übrigen Vollzugstypen.

Nötig ist also ein *gesetzliches* Löschungs- oder Vernichtungsgebot. Bloße Verwaltungsvorschriften reichen nicht aus.

> Beispiel: Vernichtungsgebote in Aktenordnungen und Schriftgutaufbewahrungsordnungen führen nicht gemäß § 6 II Nr. 2 BArchG zur Ausnahme von der Anbietungspflicht an das Bundesarchiv.

§ 6 II Nr. 2 BArchG ersetzt (und aus archivischer Sicht: verbessert) den bisherigen § 2 VII BArchG aF.[236] Zugleich ist diese Regelung gemäß einer Formulierung aus dem Gesetzgebungsverfahren zum späteren BArchG[237] eine gesetzgebungstechnisch eigenwillige[238] **„Memoklausel“**. Dies ist ein Begriff, der als Rechtsbegriff soweit ersichtlich[239] nur im Zusammenhang mit den erwähnten archivrechtlichen Normen verwendet wird. Gemeint ist, dass in § 6 II Nr. 2 BArchG etwas notiert wird, was auch unabhängig von dieser Erwähnung gelten würde, aber dank dieser das Gedächtnis der Rechtsanwender entlastenden Formulierung („Memo“) nunmehr leichter Eingang in die archivarische Rechtspraxis finden soll.

> Beispiel: Es sind Register, „die bereichsspezifisch auf Grundlage von spezialgesetzlichen Regelungen geführt werden und fristgebundenen Löschungsgeboten unterliegen (beispielsweise das Ausländerzentralregister oder das Bundeszentralregister), [von der Anbietungspflicht gegenüber dem Bundesarchiv] ausgenommen.“[240]
> Gegenbeispiel: Bei der im BArchG-Kommentar von Partsch in seiner Kommentierung zu § 6 aufgeführten langen Liste von Gesetzen ohne Löschungssurrogat[241] ist zu ergänzen, dass einige der Gesetze in jener Liste der Auftragsverwaltung unterliegen, also durch die Länder ausgeführt werden.[242] § 6 II Nr. 2 BArchG bezieht sich jedoch wie erwähnt nur auf die Bundeseigenverwaltung.

Im Gesetzgebungsverfahren zum jetzigen BArchG hat die Bundesregierung die Ablehnung einer Surrogatsklausel im BArchG damit begründet, dass

236 § 2 VII BArchG aF („Rechtsvorschriften über die Verpflichtung zur Vernichtung von Unterlagen bleiben unberührt“) enthielt einen pauschalen, sehr problematischen generellen Vorrang von bloßen Vernichtungsgeboten gegenüber der archivrechtlichen Anbietungspflicht. Zur Kritik siehe Becker-Oldenhage, BArchG-Kommentar, § 2 Rn. 61: „zweifelhaft, ja ärgerlich“. Zur früheren Rechtslage ausführlich: Arnd Vollmer, Das Verhältnis von bundesrechtlichen Löschungsgeboten und landesrechtlicher Anbietungspflicht, Gutachten (April 2014) für den KLA-Ausschuss Archive und Recht.

237 Siehe Stellungnahme der Bundesregierung, BT-Drs. 18/9633, S. 92, 2. Abs.

238 Ein Gesetz ist kein Lehrbuch.

239 So jedenfalls das Ergebnis einer Recherche mit einer gängigen Suchmaschine.

240 Bundestags-Drucksache 18/9633, S. 60.

241 Rn. 67.

242 Beispiel: Nach § 155 II Gewerbeordnung legen die Länder die zuständigen Behörden für die Ausführung dieses Gesetzes fest.

> „das Bundesrecht eine Vielzahl von Spezialmaterien in datenschutzrechtlich hochsensiblen Bereichen regelt. Ob der Schutzzweck der jeweiligen Löschungsvorschriften eine ersatzweise Anbietung an das Bundesarchiv zulässt, bedarf einer Prüfung im bereichsspezifischen Zusammenhang".

Der Gesetzgeber hat sich also keinesfalls grundsätzlich gegen das Löschungssurrogat ausgesprochen, sondern wollte nur die Regelungstechnik ändern.

bb. Stellungnahme

Die Pauschalität dieser Begründung ist erstens deshalb wenig überzeugend,[243] weil wie erwähnt die Mehrheit der Bundesgesetze durch die Länder als Auftragsverwaltung ausgeführt wird und dabei die landesrechtlichen Surrogatsklauseln greifen, ohne dass daraus resultierende größere Datenschutzunfälle bekannt sind. Zweitens ist es die Kernkompetenz von öffentlichen Archiven, in „datenschutzrechtlich hochsensiblen Bereichen" zu arbeiten; das Fehlen der Surrogatsklausel im BArchG ist daher Ausdruck eines unbegründeten aber strukturellen Misstrauens gegenüber Archiven. Drittens liegt durch die Herausnahme weiter Bereiche der Bundeseigenverwaltung aus der umfassenden Anbietungspflicht eine Lücke in der Überlieferungsbildung vor, die durch keinen Ertrag an anderer Stelle aufgewogen wird. Ausgerechnet in den „datenschutzrechtlich hochsensiblen Bereichen" wird damit die Rechtssicherung Betroffener wesentlich erschwert. Viertens ist nicht ersichtlich, dass die von der Bundesregierung gleichzeitig ausgerufene „Obliegenheit" oberster Bundesbehörden, eigenständig einen Archivierungsbedarf ihrer Daten zu prüfen „und auf dahingehende Regelungen in ihren Spezialgesetzen hinzuwirken",[244] bislang zu einer größeren Anzahl von Änderungen bereichsspezifischer Regelungen geführt hat. Das Geologiedatengesetz[245] steht ziemlich allein.

2. Januar 2017, 18:54 Uhr

Demenz des historischen Gedächtnisses

Überschrift eines Artikels zum Thema in der Süddeutschen Zeitung

Hilft insoweit die DS-GVO ? Die Bundesregierung hat in ihrem Gesetzentwurf selbst auf Art. 17 III d DS-GVO verwiesen,

> „wonach es in der Sache weiterhin möglich ist, dass personenbezogene Daten, die zu löschen wären, dem Bundesarchiv angeboten werden und, sofern ihnen bleibender Wert im Sinne von § 1 Nummer 10 [DS-GVO] zukommt, zu übergeben sind."[246]

---

243 Auch der Bundesrat (BT-Drs. 18/9633, S. 90 f.) und etliche Bundestagsabgeordnete und Sachverständige haben sich im Gesetzgebungsverfahren kritisch geäußert (eine Zusammenfassung bei Clemens Rehm, Löschverpflichtung und Archivierung, Recht und Zugang, Jg. 2020, S. 219 ff. (224–226)), konnten sich aber nicht durchsetzen.

244 BT-Drs. 18/9633, S. 28 (1. Abs. aE).

245 Angeführt bei Clemens Rehm, Löschverpflichtung und Archivierung, in: Recht und Zugang, Jg. 2020, S. 219 ff. (227).

246 BT-Drs. 18/9633, S. 60.

Diese Regelung bezieht sich jedoch nur auf das Recht auf Vergessenwerden, das der Einzelne geltend macht. Es ist nicht nachvollziehbar, was Art. 17 III d DS-GVO mit der Anbietungspflicht einer Behörde gegenüber dem Bundesarchiv zu tun hat.

Clemens Rehm stellt die Frage, ob die Löschverpflichtung für Datenhalter nach Art. 17 I e DS-GVO „die Löschverpflichtungen in nationalen Gesetzen überlagert und damit diese Regelungen ersetzt".[247] Das könnte von vornherein nur für die Daten gelten, für die die DS-GVO anwendbar ist. Auch im Übrigen ist die von Rehm aufgeworfene Frage aber zu verneinen, weil diese Regelung der DS-GVO nicht festlegt, dass die Löschung der Daten nur dann zulässig ist, wenn die dortigen Voraussetzungen vorliegen, sondern der Art. 17 I e DS-GVO regelt einen von mehreren Gründen, wann die Löschung verlangt werden kann.

> Art. 17 I e DS-GVO
> Die Löschverpflichtung besteht, sofern gilt: „Die Löschung der personenbezogenen Daten ist zur Erfüllung einer rechtlichen Verpflichtung nach dem Unionsrecht oder dem Recht der Mitgliedstaaten erforderlich, dem der Verantwortliche unterliegt."

Bis auf weiteres müssen die öffentlichen Archive (nur) für den Bereich der Bundeseigenverwaltung also mit dem Fehlen der Surrogatsklausel im BArchG leben. Das Bundesdatenschutzgesetz hilft wie erwähnt nicht mit einem Archivprivileg, und auch die DS-GVO kann wie begründet nicht zu einem anderen Ergebnis führen.

cc. Ein Vorschlag zur aktuellen Praxis: Löschungsmoratorium

Nachdem das neue BArchG nun etliche Jahre in Kraft ist, steht jedoch fest, was von Anfang an aus gutem Grund befürchtet worden war: Kaum ein bundesrechtliches Fachgesetz ist um ein Löschungssurrogat ergänzt worden. Im Bundeskriminalgesetz, im Zollfahndungsdienstgesetz und im Bundesmeldegesetz[248] gibt es hilfreiche, aber sehr vereinzelte Regelungen. Eine vertrackte und unglückliche Situation.

Sollten die Behörden auf diese Situation so reagieren, dass auf das Fehlen des Löschungssurrogats verwiesen wird und deshalb bereichsspezifische Löschungs- und Vernichtungsgebote jetzt ohne weiteres umgesetzt werden? Der Blick auf die Gesetzgebungsgeschichte zeigt, dass dies keine vorzugswürdige Lösung ist. Vielmehr gibt es aktuell verstärkte Bemühungen, das in den Ländern bewährte Löschungssurrogat wieder in das Bundesarchivrecht aufzunehmen. Es ist daher

---

[247] Clemens Rehm, Löschverpflichtung und Archivierung, Recht und Zugang, Jg. 2020, S. 219 ff. (228); zuvor ders., Löschkultur, S. 105 f.

[248] § 78 IV Bundeskriminalgesetz, § 40 IV Zollfahndungsdienstgesetz und § 16 Abs. 1 Bundesmeldegesetz.

die rechtsstaatlich beste Lösung, mittels eines **Löschungsmoratoriums** die weitere Entwicklung abzuwarten[249] – denn es sei nochmals betont: Der Gesetzgeber wollte das Löschungssurrogat nicht beseitigen, sondern nur rechtstechnisch anders regeln.

2. *Fordert das Datenschutzrecht eine Hinweispflicht auf die Anbietung?*

Ist bei Verwaltungsunterlagen, mit denen von Bürgerinnen und Bürgern personenbezogene Daten erhoben werden, ein genereller **Hinweis nötig, dass möglicherweise später eine Anbietung dieser Unterlagen an ein staatliches Archiv erfolgt?**

Ein solcher Hinweis wäre zwar möglicherweise ein gutes Marketinginstrument für Archive. Doch ist ein solcher Hinweis datenschutzrechtlich geboten? Gemäß der DS-GVO besteht grundsätzlich eine Informationspflicht bei einer späteren Zweckänderung.[250] Aber die DS-GVO regelt auch, dass bei unverhältnismäßig hohem Aufwand von einem solchen Hinweis abgesehen werden kann, und ein solcher zu hoher Aufwand „könnte", so die DS-GVO, bei „Verarbeitungen für im öffentlichen Interesse liegende Archivzwecke" zu bejahen sein.[251] Die DS-GVO stellt dann auf drei Kriterien ab:[252]

- die Zahl der betroffenen Personen (hier: sehr hoch, da die Anbietungspflicht nahezu alle Verwaltungsunterlagen erfasst),
- das Alter der Daten (hier: hoch, da die Anbietung erst am Ende der Aufbewahrungsfrist erfolgt)
- etwaige geeignete Garantien (hier: umfassend, Archivrecht ist bereichsspezifisches Datenschutzrecht)

Ergebnis: Eine generelle Informationspflicht erzeugt einen sehr hohen Aufwand für recht alte Daten, die nach der Zweckänderung umfassend geschützt bleiben. Daher gibt es gute Argumente dafür, dass bei jenem generellen Hinweis ein unverhältnismäßiger Aufwand entstehen würde und folglich die aktuelle Verwaltungspraxis, auf einen solchen Hinweis zu verzichten, rechtmäßig ist.

Damit bestehen für die früher übernommenen Daten keine Bedenken. Aber **es gibt auch keine rechtliche Notwendigkeit, einen solchen Hinweis ab jetzt**

[249] Ein solches Moratorium ist dem anerkannten Instrument der verwaltungsrechtlichen Stillhaltezusage nicht unähnlich: Bei einer solchen Zusage hält die Verwaltung still – und zwar im Hinblick auf das Verhalten, das in einem Prozess behandelt wird, und war bis zur gerichtlichen Entscheidung. Beim vorgeschlagenen Moratorium geht es um ein Stillhalten im Hinblick auf das Ergebnis eines politischen Entscheidungsprozesses.

[250] Art. 13 III DS-GVO.

[251] Erwägungsgrund 62 Satz 1 + 2 DS-GVO. Zurückhaltend im Hinblick auf die Anwendbarkeit des Erwägungsgrundes 62 auf Art. 13 DS-GVO: Paal/Pauly/Paal/Hennemann, 2. Aufl. 2018, DS-GVO Art. 13 Rn. 35.

[252] Erwägungsgrund 62 Satz 3 DS-GVO.

einzuführen, denn alle drei aufgeführten Argumente treffen auch für die jetzt und zukünftig entstehenden Daten zu. Gegen eine Einführung des Hinweises ab jetzt spricht noch das zusätzliche Argument, dass ein Hinweis, der nur bei einem Teil der Datenerhebung erfolgt, gegen das Gebot der Rechtsklarheit verstoßen würde, denn die Bürger.innen würden dann davon ausgehen, dass bei dem Fehlen eines solchen Hinweises eine Anbietung an Archive generell nicht erfolgt.

VII. Folgen von Verstößen gegen die Anbietungspflichten

Über 15 Jahre nach Inkrafttreten der ersten archivgesetzlichen Regelungen konstatierte Stefanie Unger in ihrer Transferarbeit mit Blick auf baden-württembergische Behörden:

> „Die Vorstellung, dass die archivgesetzlichen Bestimmungen Einfluss auf den Umgang der behördlichen Schriftgutverwaltung mit ‚ihren' Akten haben könnten, löste in der Registratur Befremden aus."[253]

Ähnlich konstatiert Irmgard Christa Becker: Behörden kennen „die einschlägigen Regeln zur Anbietung oft nicht".[254]

1. *Strafrechtliche Folgen?*

Strafrechtlich liegt zwar bei rechtswidriger Akten*vernichtung* bei der anbietungspflichtigen Stelle ein Verwahrungsbruch vor (§ 133 StGB), das bloße Unterlassen der Anbietung an das Archiv kann aber nicht gemäß § 13 StGB gleichgestellt werden, denn die Unterlagen bleiben in der bisherigen dienstlichen Verwahrung.[255] Ein Verstoß gegen die Anbietungspflicht verwirklicht daher keinen Straftatbestand.[256]

Wenn aber seitens der anbietungspflichtigen öffentlichen Stelle billigend in Kauf genommen wird, dass die Akten dort verschimmeln, „wild kassiert" oder auf andere Weise zerstört werden, kann ein Verwahrungsbruch im Hinblick auf die öffentliche Stelle vorliegen, bei der sich die Akten befinden. Es kann „besonders hilfreich" sein, wenn das Archiv in solch einem Fall auf die Möglichkeit der Strafbarkeit nach § 133 StGB aufmerksam macht.[257]

---

253 Stefanie Unger, Unterlagen an der Schnittstelle zwischen Behörde und Archiv. Problemanalyse und Lösungswege – dargestellt am Beispiel des Hauptstaatsarchivs Stuttgart, vorgelegt im April 2002 und zugänglich unter www.landesarchiv-bw.de/sixcms/media.php/120/46909/transf_unger_unterl.pdf.

254 Becker, Bewertungshoheit – Bewertungskompetenz, in: Becker/Rehm, Archivrecht, S. 65.

255 Im Ergebnis offenbar anders Manegold, Archivrecht, S. 216f., der aber nicht die Tathandlung diskutiert.

256 Siehe zum Verwahrungsbruch auch Thema 9, Abschnitt D.

257 Diese Einschätzung bei Thomas Krämer, Was tun, wenn's tropft. Archivische Behördenberatung bei Wasserschäden in Registraturen. Transferarbeit […] Archivschule Marburg (45. WL), S. 16.

2. *Klagemöglichkeiten gegen das Archiv/die nicht anbietende öffentliche Stelle?*

Das zuständige Archiv kann **keinen Verwaltungsrechtsschutz** in Anspruch nehmen, wenn ihm – wie meist und auch beim Bundesarchiv – die Organisationsform einer rechtsfähigen Anstalt des öffentlichen Rechts fehlt.[258] Zudem gibt es nach der herrschenden Meinung der Juristen in der Regel keine Klagebefugnis für Streitigkeiten zwischen Behörden,[259] denn damit würden die Funktionen der Rechtsaufsicht unterlaufen. Die Anbietungspflicht begründet auch keine „Anspruchsgrundlage für ein Zugriffsrecht auf Archivgut".[260]

Ein „In-sich-Prozess", also ein Klageverfahren, bei dem Kläger und Beklagter aus der Verwaltung stammen, ist nur als organschaftliche Streitigkeit grundsätzlich zulässig – wenn die Parteien **eigene** organschaftliche oder Organwalterrechte besitzen, die sie **eigenverantwortlich** wahrnehmen und wenn diese Rechte verletzt werden. Eben diese eigenen Rechte müssen dem Rechtsschutzregime des Verwaltungsrechts unterstellt werden, weil diese ansonsten ausgehöhlt werden könnten. Die Verletzung der Anbietungspflicht durch die abgebende Stelle greift aber nicht in ein organschaftliches Recht des Archivs ein. Man könnte höchstens argumentieren, dass (1) die Entscheidung über die Archivwürdigkeit eine organschaftliches Recht des Archivs ist und (2) verletzt (weil unmöglich gemacht) wird, wenn keine Anbietung erfolgt. Selbst wenn (1) zutrifft, beginnt dieses organschaftliche Recht aber erst ab der Übergabe.

Anders Thomas Wolf: „Der § 133 StGB (Verwahrungsbruch) existiert zwar, aber doch eher als zahnloser Tiger bzw. Drohszenario ohne Wirkung." (www.vda-blog.de/blog/2016/10/20/oeffentliche-anhoerung-zur-novellierung-des-bundes archivgesetzes/, dort Kommentar Nr. 3.

[258] Dazu Thema 1, Teil 1 Abschnitt A und zur Schlussfolgerung des fehlenden Verwaltungsrechtsschutzes: Schoch, ArchivG-ProfE, § 6 Rn. 7 mit Verweis auf Polley, in: Archivgesetzgebung in Deutschland, S. 21 (23).

[259] Becker/Oldenhage, BArchG-Kommentar, § 2 Rn. 22; Bernhard Homa, Ausgewählte neuere Rechtsprechung zu archivischen Aufgabenfeldern, in: Recht und Zugang, Heft 2-2021 (DOI: https://doi.org/10.5771/2699-1284-2021-2-90), S. 90 ff. (108) mit Verweisen zur aktuellen Rechtsprechung des BVerwG; anders Manegold (Archivrecht, S. 216), der Archiven Organrechte zubilligt und die Möglichkeit eines „Innenrechtsstreits" befürwortet. Ein solcher Streit setzt jedoch voraus, dass die klagende Behörde ein Recht geltend macht, das ihr wie ein subjektives Recht zugewiesen ist. Hier aber konstatieren die Archivgesetze nur die Anbietungs*pflicht* und eben *kein* damit korrespondierendes *Recht*.

[260] So aber die Formulierung bei Joachim Küppers, Sicherung von Archivgut (kommunaler) Unternehmen – Rechtliche Möglichkeiten und Grenzen, in: Heiner Schmitt (Red.), Alles was Recht ist. Archivische Fragen – juristische Antworten. 81. Deutscher Archivtag in Bremen, Fulda 2012, S. 125.
Ähnlich Berger, Sächsisches Archivgesetz, Hamburg 2018, § 5 Rn. 11: Es „ist aus § 5 Abs. 1 S. 1 [LArchG SN] der Anspruch des Staatsarchivs auf die Anbietung […] zu entnehmen". Aber: Auch diese Norm begründet nur eine Anbietungs*pflicht*, nicht aber ein damit korrespondierendes Recht: Die „öffentlichen Stellen […] haben dem Sächsischen Staatsarchiv alle Unterlagen zur Übernahme anzubieten, die […]".

Es bleibt die Frage, ob und wie Nutzerinnen und Nutzer gegen die nicht anbietende öffentliche Stelle vorgehen können und so **mittelbar auch die Anbietungspflicht durchsetzen.**

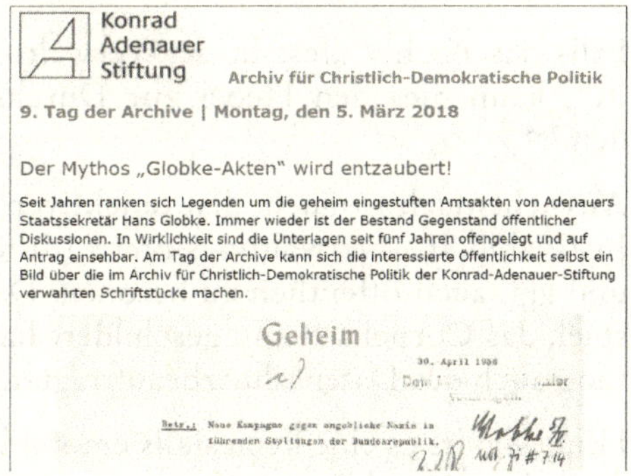
Konrad Adenauer Stiftung

Archiv für Christlich-Demokratische Politik

9. Tag der Archive | Montag, den 5. März 2018

Der Mythos „Globke-Akten" wird entzaubert!

Seit Jahren ranken sich Legenden um die geheim eingestuften Amtsakten von Adenauers Staatssekretär Hans Globke. Immer wieder ist der Bestand Gegenstand öffentlicher Diskussionen. In Wirklichkeit sind die Unterlagen seit fünf Jahren offengelegt und auf Antrag einsehbar. Am Tag der Archive kann sich die interessierte Öffentlichkeit selbst ein Bild über die im Archiv für Christlich-Demokratische Politik der Konrad-Adenauer-Stiftung verwahrten Schriftstücke machen.

Geheim

Betr.: Neue Kampagne gegen angebliche Nazis in führenden Stellungen der Bundesrepublik.

Zu diesen Fragen führt die Historikerin und Journalistin Dr. Gaby Weber seit einiger Zeit Gerichtsverfahren. Es geht u. a. um amtliche Unterlagen des ehemaligen Staatssekretärs im Bundeskanzleramt, Hans Globke. Diese „privatisierten" Unterlagen befinden sich inzwischen im Archiv der Konrad-Adenauer-Stiftung e.V.; Frau Weber erhielt dort keinen Zugang zu den von ihr gewünschten Unterlagen.

Das BVerfG hat in einer Entscheidung von 2017 festgestellt, dass bei einer derartigen Konstellation **das Bundesarchiv als die Behörde, die über die Akten verfügen *müsste*, nicht der richtige Klagegegner ist.**[261] Dazu passend erklärte jüngst der Präsident des Bundesarchivs, Hollmann, im Hinblick auf amtliche Akten, die sich im Besitz der Witwe des ehemaligen Bundeskanzlers Kohl befinden: „Ich werde nichts weiter tun."[262]

Die damit zusammenhängenden Fragen wurden im September 2018 beim „Forum Archivrecht", einer Veranstaltung der Archivschule Marburg, streitig diskutiert und vertieft.[263]

Unstrittig ist nach der Entscheidung des BVerfG im Jahr 2017: Es **muss die Stelle tätig werden, die die Unterlagen falsch abgegeben hat.** Im Hinblick auf Unterlagen, die vom Bundeskanzleramt in Parteiarchive oder in private Hände gelangt sind, müsste also das Bundeskanzleramt selbst tätig werden und das Eigentumsrecht der Bundesrepublik Deutschland durchsetzen. Doch sind bislang – was **in einem Rechtsstaat nicht akzeptabel** ist – keinerlei Aktivitäten ersichtlich. Zurzeit (Januar 2025) ist – nachdem das Bundesverwaltungsgericht einen Anspruch von Frau Weber gegen das Bundeskanzleramt vereinte[264] – eine Verfassungsbeschwerde beim BVerfG anhängig.

---

[261] 1 BvR 1978/13, Entscheidung vom 20.06.2017, Ausführlicher zu den rechtsdogmatischen Fragen dieses Falls Thema 2, Teil 1, Abschnitt B beim Stichwort „Leistungsrecht auf Aktenbesorgung?" und Thema 13, Teil 6, Abschnitt C I.1. („Das Objekt der Nutzung").

[262] www.welt.de/173372655; vorausgegangen war ein „Standardschreiben" an Kohls Witwe.

[263] Bei Youtube ist ein Stream alle Vorträge und Diskussionen zugänglich: https://www.youtube.com/@archivschulemarburg4182/videos

[264] BVerwG v. 29.03.2023 – 10 C 2.22 = BVerwGE 178, 176.

3. *Sonstige Strategien zur Durchsetzung der Anbietungspflicht*

Wenn damit der bloße Hinweis auf die rechtlich begründeten Anbietungspflichten nicht ausreicht, bleiben **mehrere Strategien** möglich:

Falls das Archiv „fest in der Verwaltung und im kulturellen Leben verankert ist", kann dies den Hebel zur Durchsetzung der Anbietungspflicht begründen.[265]

Aussichtsreich ist auch, den objektiven Rechtsverstoß – unabhängig von seiner Justitiabilität – verwaltungsintern (durch Einschaltung der **Rechtsaufsicht**[266]) und ggf. auch öffentlich zu betonen. Dazu gibt es ein aufschlussreiches Fallbeispiel, das Cornelia Regin geschildert hat – bemerkenswert ist u. a. die Einschaltung auch des Datenschutzbeauftragten.[267]

Hingegen ist es eine keinesfalls empfehlenswerte Strategie, Unterlagen schon zu Archivgut zu erklären, solange die Unterlagen nicht übergeben worden sind.[268] Abgesehen davon, dass mangels tatsächlicher Sachherrschaft nicht sichergestellt ist, ob jene zu „Archivgut" erklärten Unterlagen wirklich in das Archiv gelangen (was in erster Linie das Archiv trifft), gehen mit dem Wechsel zu Archivgut z. B. auch Zugangsregelungen nunmehr ausschließlich nach den Archivgesetzen einher, deren Einhaltung das Archiv mangels tatsächlicher Sachherrschaft nicht sicherstellen kann.[269] Zudem ist Archivgut in der Regel Kulturgut,[270] so dass die Entfernung von Unterlagen durch die anbietungspflichtige Stelle nun zum Verlust von Kulturgut führt und damit eine Anzeigepflicht bei der insoweit zuständigen Behörde[271] – eine Rechtsfolge der verfrühten Widmung zu Archivgut, die evident nicht gewollt sein kann.

---

265 Daraus weist Irmgard Christa Becker, Staatsaufbau und Archivwesen, in: dieselbe/Rehm, Archivrecht, S. 13 ff. (15), hin.

266 „Im Streitfall muss die Anbietungspflicht [...] durch innerdienstliche Weisungen durchgesetzt werden", so Becker/Oldenhage, BArchG-Kommentar, § 2 Rn. 22 aE.

267 „Widerständige" Dienststellen – Durchsetzung der Anbietungspflicht am Beispiel der städtischen Krankenhäuser in Hannover, Archivpflege in Westfalen-Lippe 83 (2015), S. 43 ff.; online: https://www.lwl.org/waa-download/archivpflege/heft83/43-46_regin.pdf.

268 Herrn Dr. Benjamin Kram (Landesarchiv Nordrhein-Westfalen) danke ich für die engagierte Diskussion zu diesem Thema.

269 Zu dieser Problematik vertieft gleich Abschnitt D.

270 Dazu Thema 6, Teil 3, Abschmitt B.

271 Dazu Thema 6, Teil 4, Abschnitt A.

B. Die Anbietungsmöglichkeit bei Unterlagen nicht-öffentlicher Einrichtungen und natürlicher Personen

Zivilgesellschaftliche Akteure haben seit der Frühphase der Bundesrepublik Deutschland Staat und Gesellschaft in zunehmendem Maß geprägt. Jedenfalls seit der sog. „Spiegel-Affäre" von 1962, als nicht die Justiz, sondern das öffentliche Engagement tausender Bürgerinnen und Bürger für den Schutz der Pressefreiheit sorgte, ist die Bedeutung des zivilgesellschaftlichen Engagements auch in der breiteren Öffentlichkeit evident.

Das BArchG 2013 hatte derartige Unterlagen noch übergangen und eine sehr etatistische Unterlagendefinition verwendet (§ 2 VIII + IX BArchG 2013), so dass es für Becker/Oldenhage in ihrem Kommentar nur eine offenbar außerhalb des BArchG 2013 stehende „berufliche Pflicht" zur „Sicherung solcher Materialien" gab.[272]

Das BArchG 2017 enthält nun erstmals auf Bundesebene archivrechtliche Regelungen zum Thema. Das Bundesarchiv kann nun

> „Unterlagen nichtöffentlicher Einrichtungen und natürlicher Personen als Archivgut des Bundes übernehmen oder erwerben" (§ 3 III BArchG 2017).

Dazu sind **Depositalverträge** möglich; dazu weiter unten. Doch gibt es leider bei zivilgesellschaftlichen Akteuren gelegentlich **Vorbehalte gegenüber Archiven und eine Bevorzugung von Museen.**

Beispiel: Der Bauzaun von „Stuttgart 21"

Eine Lokalzeitung berichtet: „Monatelang hat der Leiter des Hauses der Geschichte Baden-Württemberg um den [Bauzaun vor dem ehemaligen Nordflügel des Hauptbahnhofs] gekämpft. „In der Regel erkennen Historiker immer erst hinterher, was wichtig war." In diesem Fall sei das nicht so. Dass der Zaun ein bedeutsames Symbol des Widerstands gegen Stuttgart 21 sei, stehe längst fest. [...] Brigitte Dahlbender, Landeschefin des Naturschutzbundes BUND, sieht ihn als kreatives „Sinnbild für die Bandbreite des Protests". Spontan sei vieles entstanden, kraftvoll sei manche Aussage, sagt Dahlbender. **In keinem Fall dürfe er jetzt in irgendeinem Archiv verschwinden**, mahnte Dahlbender. [...] Das Museum lässt sich den Zaun 30.000 Euro kosten. Im Wesentlichen seien das die Kosten für einen Ersatzzaun, der an gleicher Stelle aufgestellt werden soll."[273]

Gegen derartige und unbegründete Vorurteile kann mit den Mitteln des Rechts leider nicht vorgegangen werden.

---

[272] Becker/Oldenhage, BarchG-Kommentar, § 2 Rn. 84.

[273] Schwarzwälder Bote v. 2.12.2010. Ich danke Frau Frey (52. WL) für den Hinweis auf dieses Beispiel.

C. Die Übergabe an das Archiv aus juristischer Sicht

Grundsätzlich **muss das Archiv** die rechtliche Zulässigkeit der Übergabe **prüfen.**[274]

I. Vor der Übergabe: Anonymisierungspflichten im Kontext von § 203 StGB

Grundsätzlich dürfen die Unterlagen vor der Anbietung natürlich nicht verändert werden. Eine Einschränkung liefert z. B.[275] das LArchG BW:

> Unterlagen, die, wie das Gesetz sagt, „durch § 203 Abs. 1 Nr. 4 und 4a des Strafgesetzbuches geschützt" sind,[276] dürfen **nur in anonymisierter Form** übergeben werden.

Das betrifft Geheimnisse von Ehe-, Familien-, Erziehungs- und Jugendberatern sowie Berater für Suchtfragen und Mitglieder und Beauftragte von anerkannten Schwangerschaftsberatungsstellen. Auch hier liegt aber vorrangig ein Misstrauen gegenüber den Archiven vor, die den Schutz der Persönlichkeitsrechte der Betroffenen auch ohne Anonymisierung durch das Nutzungsrecht herbeiführen können. Eben deshalb verzichtet die große Mehrheit der Archivgesetzgeber überzeugenderweise auf eine derartige systemwidrige Anonymisierungspflicht.

II. Die Frist bis zum Vollzug der Übergabe und die Kostentragungspflicht

Nach der Entstehung der Anbietungspflicht gibt es einen notwendigerweise zeitlich begrenzten Zeitraum, in dem die Übergabe vollzogen werden muss. Dieser Zeitraum wird in den Archivgesetzen teilweise auf zwölf, teilweise auf sechs Monate festgelegt.[277] Beim Blick in diese Normen ist aber zu berücksichtigen, dass die Archivgesetze teilweise nicht von der in der obigen Darstellung zugrunde gelegten Reihenfolge „erst Übergabe, dann Bewertung" ausgehen und daher in jenen Normen auch die Bewertung als Rechtsfolgevoraussetzung erwähnt wird.

---

274 Siehe z. B. § 8 I 1+2 Datenschutzgesetz NRW: „Die Verantwortung für die Zulässigkeit einer Übermittlung personenbezogener Daten trägt die übermittelnde Stelle. Erfolgt die Übermittlung aufgrund eines Ersuchens einer öffentlichen Stelle, trägt diese die Verantwortung."

275 Ebenso: § 4 II Nr. 3 Satz 2 LArchG BB, § 6 II 2 LArchG MV, § 4 II Nr. 2 LArchG NW und § 8 II 2 LArchG SL (mit Bezug auf die Anbietung). Das LArchG HB (§ 7 VI) verlegt das Anonymisierungsgebot in die Nutzung.

276 § 3 I 4. Wenn § 203 StGB, wie im obigen Gesetzeszitat angegeben, Unterlagen schützen würde, hätte dies bei Nutzungen viele und teils kuriose Folgen. Ausführlich zu dieser Frage Thema 13, Teil 5, Abschnitt E.5.g.

277 Eine sechsmonatige Frist findet sich z. B. in § 5 VII LArchG SN.

Wer trägt die Kosten der Übergabe? Gemäß dem BArchG gilt: Es haben „**die übergebenden Stellen** die Kosten der Übergabe für das Archivgut zu tragen.“[278] Das Zivilrecht verwendet für derartige Sachverhalt den Begriff „Bringschuld“.

Gleiches gilt auf Länderebene, beispielhaft ein „Merkblatt zur Übergabe an die Thüringischen Staatsarchive“: „Für Organisation und Kosten des Transports zeichnet sich **die abgebende Stelle** verantwortlich“.[279]

D. Die Entscheidung über die Archivwürdigkeit

I. Die Reihenfolge von Übergabe und Bewertung aus juristischer Sicht

In der Einleitung zur Entstehung von öffentlichem Archivgut war darauf hingewiesen worden, dass die Reihenfolge von „Übergabe“ und „Feststellung der Archivwürdigkeit“ aus juristischer Sicht zwingend ist.[280] Insbesondere entfalten Vorabüberlegungen zur Archivwürdigkeit erst dann eine juristische Wirksamkeit, wenn die Übergabe erfolgt ist.

Umgekehrt formuliert: Eine „Bewertung“ *vor* der Übergabe an das Archiv, z. B. in der abgebenden Stelle, mag psychologisch hilfreich sein, um die Vernichtung durch die abgebende Stelle zu verhindern – juristisch gesehen kann die Bewertung erst *nach* der Übergabe erfolgen. Die nicht-juristische Selbstwahrnehmung von Archivar.innen und die juristische Perspektive fallen insoweit häufig auseinander. Dies dient nicht zuletzt dem Schutz des Archivs.

Beispiel 1: Das Archiv bespricht mit der abgebenden Stelle die Archivwürdigkeit bestimmter Unterlagen. Wenn diese Unterlagen nun ohne vorherige Absprache z. B. am späten Abend in den Hof des Archivs gebracht werden und dort beschädigt werden, kann es das Archiv nicht wollen, dass schon Archivgut vorliegt und damit das Archiv die Verantwortung für die beschädigten Unterlagen trifft. Da nur eine Übergabe, aber – aus juristischer Sicht – noch keine Bewertung vorliegt, ist kein Archivgut entstanden.

Beispiel 2:[281] Wenn das Archiv nach der Übergabe von Unterlagen deren Archivwürdigkeit verneint, die Unterlagen dann an die abgebende Stelle zurückgegeben werden und danach das Archiv nun doch die Archivwürdigkeit bejaht, lag zu keinem Zeitpunkt Archivgut vor, ein archivrechtlicher Nutzungsantrag kann rechtmäßig abgelehnt werden. Wenn die abgebende Stelle die Unterlagen nunmehr nicht an das Archiv abgibt, ist ein IFG-Anspruch einschlägig (oder bei Stellen des Bundes nach Ablauf von

278 Becker/Oldenhage, BArchG Kommentar, § 2 Rn. 19 aE.

279 https://www.thueringen.de/mam/th1/staatsarchive/behoerden/uebergabe.pdf; nicht mehr aufrufbar.

280 Thema 10, Teil 1.

281 Herrn RA Dr. Partsch, Berlin, danke ich für den Hinweis auf diese Fallkonstellation.

30 Jahren der § 11 VI BArchG, der zu einer analogen Anwendung von Nutzungsrecht aus dem BArchG führt, was vor allem dann wichtig ist, wenn § 3 Nr. 8 IFG Bund eine Bereichsausnahme herbeiführt. Der ursprüngliche Nutzungsantrag richtete sich an das Archiv, daher ist nun ein neuer Antrag bei der abgebenden Stelle nach § 11 VI BArchG nötig. Die damit einhergehende Zeitverzögerung (insbesondere dann, wenn es zu Rechtsstreitigkeiten kommt), beruht zwar kausal auf dem Meinungswandel des Archivs, es ist aber schwer ersichtlich, wie sich daraus ein Argument gegen die Notwendigkeit eines zweiten Nutzungsantrags bzw. für ein „Wiederaufleben" des ersten Antrags ableiten lässt. Die Fälle, in denen die Rechtsordnung ein „Wiederaufleben" von Anträgen ermöglicht, sind anders gelagert.

II. Die Voraussetzungen der Archivwürdigkeit

Die in den Archivgesetzen[282] festgelegten vier Gründe für die Archivwürdigkeit von Unterlagen, nämlich

- historischer Wert
- rechtssichernde Funktion
- Bedeutung für die Bereitstellung von Informationen für die drei Gewalten[283] und
- Aufbewahrungspflicht

sind **gleichwertig**. Das ergibt sich außer aus dem Wortlaut der Normen auch daraus, dass alle **Gründe für die Archivwürdigkeit eng mit dem Grundgesetz verbunden** sind: Die dauerhafte Aufbewahrung von Unterlagen mit historischem Wert ermöglicht und sichert, dass Nutzer.innen ihre Grundrechte der Informations-, Presse- und Wissenschaftsfreiheit[284] ausüben können; die positive Bewertung von Unterlagen wegen ihrer rechtssichernden Funktion trägt zu einem effektiven Rechtsschutz bei,[285] und die letzten beiden Kriterien zur Bejahung der Archivwürdigkeit folgen aus dem Rechtsstaatsprinzip,[286] zu dem auch die Transparenz des Verwaltungshandelns gehört.

Das LArchG TH ordnet **zusätzlich** die sogar „dauerhafte" Archivwürdigkeit von Unterlagen außerdem dann an, wenn sie diverse **Staatsschutzdelikte** betreffen.[287] Der Gesetzesentwurf für das spätere LArchG TH verweist als Begründung für diese Regelung auf den Koalitionsvertrag,[288] dieser wiederum verweist auf die Umsetzung von Empfehlungen des NSU-Untersuchungsausschusses,[289]

---

282 § 1 Nr. 10 BArchG 2017 bzw. die entsprechenden Normen der LArchG.

283 Ähnlich zuvor § 3 BArchG 2013.

284 Art. 5 I + III GG, dazu Thema 2, Teil 3. Hinzu kommt ggf. die Berufsfreiheit (Art. 12 GG), dazu Thema 2, Teil 4.

285 Art. 19 IV GG.

286 Dazu Thema 3.

287 § 2 II Nr. 3 LArchG TH.

288 Thüringer Landtag – 6. Wahlperiode, Drucksache 6/4942, S. 21.

289 Koalitionsvertrag für die 6. Wahlperiode des Thüringer Landtags, S. 99.

wo diese Forderung tatsächlich aufgetaucht war.[290] Es ist unklar, welchen Sinn die dauerhafte und kostenintensive Archivierung von straf- und vereinsrechtlichen Massenakten ohne den Einsatz eines Bewertungsmodells macht, zumal die dadurch gebundenen Kapazitäten an anderer Stelle nicht zur Verfügung stehen.

Soweit der historische Wert von Unterlagen für die Entscheidung über die Archivwürdigkeit relevant ist, ist die **aktuelle Bedeutung der Unterlagen für einzelne Teilgruppen historisch interessierter Nutzer.innen** (z. B. Journalist. innen oder Wissenschaftler.innen) **nur ein Indiz** für den historischen Wert von Unterlagen – nicht mehr. Der Wortlaut der Normen zur Archivwürdigkeit geht eindeutig von den Unterlagen aus, nicht von der Nutzung. Das bedeutet, dass auch Unterlagen, bei denen Nutzungen nicht unmittelbar zu erwarten sind, einen historischen Wert haben können. Kein Kriterium bei der Entscheidung über die Archivwürdigkeit ist, ob Belange Dritter betroffen sind.

III. Die Beteiligung der abgebenden Stelle und von Nicht-Archivar.innen

Soweit in den Archivgesetzen auf das „Benehmen" der Ausgangsbehörde im Hinblick auf die Archivwürdigkeit abgestellt wird,[291] hat dieser Begriff die **übliche verwaltungsrechtliche Bedeutung**: „Benehmen bedeutet nicht Einvernehmen, sondern **Gelegenheit zur Stellungnahme**. Eine Bindung an die Stellungnahme besteht nicht."[292] Es besteht somit eine **Bewertungshoheit** des Archivs.

Die Gelegenheit zur Stellungnahme muss vor der Bewertungsentscheidung bestanden haben. Die Pflicht der Ausgangsbehörde zu einer „verwaltungsfachlichen Beratung des Bundesarchivs"[293] ist nicht normiert, ergibt sich aber aus den Grundsätzen der Amtshilfe.

Wie auch sonst, kann die Ausgangsbehörde eventuelle Divergenzen rund um ihre Beteiligung wegen des Fehlens eines subjektiven Rechts nicht zum Gegenstand eines Rechtstreits machen, soweit das Archiv – wie meist – nicht rechtsfähig ist und zur selben Körperschaft wie die abgebende Behörde gehört.

Grundsätzlich anders war aber die Rechtslage gemäß dem LArchG HE von 2012, das eine „Mitwirkung", also eine Mitbestimmung durch ein „Einvernehmen" der abgebenden Stelle vorschrieb.[294] Wie bei fehlendem Einvernehmen vorgegangen werden sollte, war allerdings im LArchG HE nicht geregelt und in der Gesetzes-

290 Thüringer Landtag – 6. Wahlperiode, Drucksache 6/7612, S. 8.

291 § 3 II 2. Hs. BArchG 2017, § 3 II LArchG BW, z. B. nicht aber im LArchG SN.

292 Stelkens/Bonk/Sachs, Verwaltungsverfahrensgesetz, 9. Aufl. 2018, § 74 Rn. 242 (Hervorhebungen von Th. H.). So auch Becker/Oldenhage, BArchG-Kommentar, § 3 Rn. 7 zum früheren Recht und Partsch, BArchG-Kommentar, § 3 Rn. 18 und Irmgard Christa Becker, Bewertungshoheit – Bewertungskompetenz, in: Becker/Rehm, Archivrecht, S. 67.

293 So Becker/Oldenhage BArchG-Kommentar (wie Fn. zuvor) und ihm folgend Partsch (wie Fn. zuvor).

294 § 10 I 1 LArchG HE von 2012. Das „Einvernehmen" wurde in den Gesetzgebungsmaterialien zu diesem Gesetz ausdrücklich erwähnt (http://starweb.hessen.de/cache/DRS/18/7/06067.pdf, dort S. 19).

begründung nicht angesprochen. Im Konfliktfall hätte man wohl Regelungen zur „Mitwirkung“ aus anderen Rechtsgebieten (z. B. dem Arbeitsrecht) analog anwenden müssen.

Wieweit kann aus juristischer Sicht eine **Beteiligung von Laien an der Bewertung** gehen? Beispielsweise regelt das jetzige LArchG HE eindeutig:

> Aufgaben der Archivierung werden von Personen wahrgenommen, die eine **archivfachliche Ausbildung** besitzen oder in sonstiger Weise **fachlich geeignet** sind.[295]

Ohne das Vorliegen einer „fachlichen Eignung“ darf also bei der Bewertung (und bei anderen archivischen Fachaufgaben) keine Entscheidungskompetenz bestehen. In Anlehnung an die Definitionen in anderen Gesetzen[296] setzt fachliche Eignung für archivische Fachaufgaben voraus, dass **hinreichende theoretische und praktische Fertigkeiten, Kenntnisse und Fähigkeiten** im Hinblick auf die archivischen Fachaufgaben bestehen.

IV. Der Zeitraum für die Entscheidung über die Archivwürdigkeit

Wenn man – wie oben begründet – davon ausgeht, dass juristisch gesehen die Übergabe der Entscheidung über die Archivwürdigkeit stets vorausgeht, stellt sich die Frage nicht, wann nach der Übergabe die Bewertung erfolgen muss. Da aber viele Archivgesetze davon ausgehen, dass erst die Bewertung und dann die Übergabe erfolgt, sei auch auf dieses Modell eingegangen, weil dann die Frage entsteht, in welchem Zeitraum die Entscheidung über die Archivwürdigkeit getroffen werden muss.

Die anbietende Stelle hat nicht nur ein faktisches Interesse daran, dass das Archiv möglichst bald über die Archivwürdigkeit entscheidet. Auch aus juristischer Sicht muss der Zeitraum für die Entscheidung über die Archivwürdigkeit eng begrenzt sein, denn die fortdauernde Speicherung von Daten, die letztlich nach der Bewertung als nicht archivwürdig eingestuft werden, kann datenschutzrechtlich nur vorübergehend hingenommen werden.[297] „Mit Ausnahme von Niedersachsen ist in allen Archivgesetzen eine **Frist zwischen vier Monaten und einem Jahr** festgelegt, innerhalb der die Archive ihre Bewertungsentscheidung treffen müssen.“[298]

> Beispiel: Im Anschluss an die Anbietung teilt das Archiv mit, dass es aus Personalmangel die im anzuwendenden Archivgesetz vorgesehene Frist nicht einhalten wird. Was kann die anbietende Stelle tun? Muss das Archiv innerhalb dieser Frist bewerten?

---

295 § 13 I 2 LArchG HE.

296 Z. B. § 30 Berufsbildungsgesetz (BBiG) und § 22 b Handwerksordnung (HWO).

297 Zur Rechtmäßigkeit dieses Zeitraums aus der Sicht der DSGVO siehe oben Thema 5, Teil 1 Abschnitt IV.3.

298 Becker/Rehm, Archivrecht, S. 68 mit Fn. 42.

Die sechsmonatige Frist ist – anders als andere Zeitvorgaben der Archivgesetze – nicht als Pflicht formuliert, sondern als Faktum („das Archiv entscheidet innerhalb von sechs Monaten). Streng genommen „muss" das Archiv also innerhalb der Frist nicht bewerten, es liegt im juristischen Sinn keine Pflicht vor. Doch wenn nach dem Ablauf der im Archivgesetz vorgesehenen Frist noch immer nicht bewertet wurde, können die Unterlagen von der Behörde kassiert werden.

Beispiel: Die Kassationsmöglichkeit in diesem Fall ist z.B. im LArchG SN ausdrücklich erwähnt (§ 5 VI 3) und in Landesdatenschutzgesetz Berlin (§ 25 Satz 1 2. Alt.) zutreffend als Pflicht formuliert.

Datenschutzrechtlich liegt nunmehr sogar eine Pflicht zur Kassation vor, denn es besteht kein Aufbewahrungszweck mehr. Wenn die Kassation erfolgt, ist die Erfüllung der archivischen Fachaufgaben im Hinblick auf diese Unterlagen für alle Zeiten unmöglich. Insoweit besteht eine **Obliegenheit**[299] des Archivs **im Hinblick auf die Einhaltung der Bewertungfrist.** Aber die anbietungspflichtige Stelle kann die Erfüllung der Obliegenheit nicht unmittelbar erzwingen; auch hier bleibt nur der Weg über die Aufsichtsbehörde des Archivs (.... oder öffentlicher Druck).

V. Zur Justitiabilität der Bewertungsentscheidung

Die Gerichte haben grundsätzlich die uneingeschränkte Möglichkeit, die Gesetzesauslegung der Verwaltung nachzuprüfen.[300] Umstritten ist, ob bei Bewertungsentscheidungen eine Ausnahme zu diesem Grundsatz eingreift – können Gerichte auf eine Klage hin eine Bewertungsentscheidung im Detail überprüfen? Angesichts der Häufigkeit von Bewertungsentscheidungen in der archivischen Arbeit hat die Frage eine hohe Relevanz.

1. Die erste Mindermeinung: Keine Justitiabilität

Becker/Oldenhage schreiben in ihrem Kommentar zum früheren BArchG:

„Die Bewertungsentscheidung ist **kein VA** im Sinne von § 35 Abs. 1 VwVfG, da sie keine unmittelbare Rechtswirkung nach außen entfaltet und **subjektive öffentliche Rechte nicht verletzt.**"[301] Daher ist die Bewertungsentscheidung **„gerichtlich nicht anfechtbar (st. Rspr. BVerwG:** BVerwGE 3, 258, 262; 81, 258, 260; vgl. zuletzt Urteil des VG Darmstadt vom 15. Oktober 2003, NJW 2004, S. 1471ff. zum Antrag eines rechtskräftig verurteilten Straftäters auf Vernichtung der ihn betreffenden Strafakten)."[302]

---

299 Zum Begriff „Obliegenheit" und zur Abgrenzung von einer „Pflicht" siehe Thema 7, Teil 2, Abschnitt E I.2.c. bb.
300 Dazu Thema 3, Teil 1.
301 Becker/Oldenhage, BArchG-Kommentar, § 3 Rn. 6.
302 Becker/Oldenhage, BArchG-Kommentar, § 3 Rn. 6.

Diese These von Becker/Oldenhage kann aber nicht mit den von ihnen herangezogenen Gerichtsentscheidungen begründet werden:

- Die erste Entscheidung[303] lehnt die Anfechtbarkeit eines Bebauungsplans ab.[304] Aber: Jene Entscheidung ist über sechzig Jahre alt (sie stammt aus dem Jahr 1956), hat **keinen Archiv(rechts)bezug** und ist **inhaltlich überholt**: Rechtsschutz gegen Bebauungspläne ist heute möglich.[305]
- In der zweiten von Becker/Oldenhage herangezogenen Entscheidung[306] war die Klage zulässig und der Bescheid also anfechtbar,[307] so dass diese Entscheidung die These von Becker/Oldenhage gerade nicht stützt (abgesehen davon, dass auch hier **kein Archivrechtsbezug** vorliegt).
- In der von Becker/Oldenhage dann erwähnten Entscheidung des **VG Darmstadt** hat das Gericht – entgegen der Argumentation von Becker/Oldenhage – die **Klagebefugnis** des Klägers **bejaht**.[308] Die für die Klagebefugnis nötige Möglichkeit einer Rechtsverletzung ergibt sich aus der Möglichkeit einer Verletzung des Rechts auf informationelle Selbstbestimmung.

Der These von Becker/Oldenhage, die Bewertungsentscheidung sei grundsätzlich gerichtlich nicht anfechtbar, kann daher nicht gefolgt werden.

2. *Die zweite Mindermeinung: Justitiabilität und Ermessensspielraum*

Rainer Polley schreibt:

> „Für die Bewertung sind in den Archivgesetzen Grundlagen, z.B. die Anbietungspflicht, die Bewertungshoheit der Archive und die Archivwürdigkeit geregelt. **Grundsätzlich ist die Bewertung damit rechtstaatlicher Normenvollzug.** Die archivgesetzlichen Regelungen lassen den Archivaren jedoch einen weiten **Ermessenspielraum**, der durch die Anwendung archivwissenschaftlicher Prinzipien gefüllt wird."[309]

Gegen die Annahme eines Ermessens in diesen Fällen führt aber Dieter Strauch an:

---

303 BVerwGE 3, 258ff.

304 Diese Anfechtbarkeit wurde abgelehnt, weil die Festsetzungen des Bebauungsplans „den Betroffenen gegenüber nicht unmittelbar wirksam" seien.

305 Nach § 47 I Nr. 1 VwGO.

306 BVerwGE 81, 258ff.

307 In der Entscheidung lautet die entscheidende Formulierung: Der zulässige „Feststellungsantrag [des Klägers] ist unbegründet, weil sich die Entziehung des für den Kläger erteilten Sicherheitsbescheides aufgrund der ‚Richtlinien für die Sicherheitsüberprüfung von Bundesbediensteten' als rechtsfehlerfrei erweist. Denn [...]" (es folgt eine ausführliche rechtliche Würdigung).

308 Das Gericht schreibt: „Dass mit der Weitergabe einer Akte über ein gegen den Kl. gerichtetes Ermittlungsverfahren Belange des Kl. betroffen sein können, steht auch nach Auffassung der Kammer nicht in Frage."

309 Polley, Archivrecht in Deutschland, in: Becker/Rehm, Archivrecht, S. 29.

> Die Feststellung der Archivwürdigkeit ist „keine Subsumtion unter eine gesetzliche Norm, deren gesetzliche Rechtsfolge unbestimmt ist, so dass sie durch Verwaltungsermessen ausgefüllt werden müsste. Es liegt also kein Ermessen auf der Rechtsfolgenseite vor."[310]

Dafür spricht, dass eine Struktur wie „wenn x vorliegt, *kann* die Verwaltung y tun" in den Normen zur Bewertungsentscheidung nicht vorliegt. Auch der These von Polley kann daher nicht gefolgt werden.

3. *Die herrschende Meinung: Justitiabilität und Beurteilungsspielraum*

Schon vor dem erwähnten Urteil des VG Darmstadt hatte Manegold die folgende These vertreten:

> „Der Begriff der ‚Archivwürdigkeit' umschreibt als **unbestimmter Gesetzesbegriff** zugleich eine archivarische Einschätzungsprärogative, die ein Bewertungsmonopol des Archivars hinsichtlich historischer Archivwürdigkeit sichert. […] Eine gerichtliche Kontrolle kommt allein bei grundsätzlicher Verkennung der Bedeutung der Archivwürdigkeit überhaupt und/oder einem völligen Ausfall bzw. offenkundigen Missbrauch der Bewertungskompetenz in Betracht."[311]

Irmgard Christa Becker kommt zum selben Ergebnis:

> „Alle Archivgesetze enthalten eines oder mehrere dieser Merkmale [bleibender Wert für die Erforschung etc, Th. H.], die als **unbestimmte Rechtsbegriffe** zu charakterisieren sind. […] Die gesetzlichen Merkmale sind so weit gefasst, dass sie in der Praxis die Kreativität der Archivare bei der Erarbeitung von Bewertungskonzepten, -methoden und -kriterien in der Regel nicht beeinträchtigen."[312]

Auch das VG Darmstadt argumentiert mit dieser Kategorie:

> „Anhaltspunkte dafür, dass die Archivierung außerhalb dieses grundsätzlich nicht überprüfbaren **Beurteilungsspielraums** grob sachwidrig oder unter keinem denkbaren Umstand vertretbar erscheint, ergeben sich weder aus dem Vortrag des Kl., noch hat das Gericht entsprechende Anhaltspunkte."

Klaus Graf präsentiert eine ähnliche These:

> „Wenn es denkbar ist, dass Beurteilungsfehler bei der Kassation im Rahmen eines Disziplinarverfahrens erörtert werden, **ist eine gerichtliche Kontrolle der Bewertung trotz Beurteilungsspielraums des Archivars sehr wohl** ebenfalls **zu leisten,** wenn es um die Klage eines von Kassationen betroffenen Wissenschaftlers geht."[313]

---

310 Dieter Strauch, Das Archivalieneigentum, 2. Aufl., Köln 2014, S. 342 f.

311 Manegold, Archivrecht, S. 177. Aus meiner Sicht ist aber das Stichwort „Bewertungsmonopol" hier widersprüchlich, wenn es als Ausschluss aller anderen Instanzen, also auch der Justiz, verstanden wird. Ausgeschlossen ist allerdings die abgebende Stelle.

312 Becker, Bewertungshoheit – Bewertungskompetenz in: Becker/Rehm, Archivrecht, S. 68 f.

313 http://archivalia.hypotheses.org/28946.

Dieter Strauch bejaht ebenfalls das Vorliegen von unbestimmten Rechtsbegriffen.[314] Die nachstehenden Ausführungen folgen diesen überzeugenden Thesen und damit der hM.

VI. Justitiable Beurteilungsfehler bei der Bewertung der Archivwürdigkeit

Zur Begründetheit der Klage schreibt das VG Darmstadt allerdings wenig überzeugend,[315] dass es

> „in materieller Hinsicht entscheidend ist, dass die Auswahl ein Akt wertender Erkenntnis ist, der **keinen objektiv überprüfbaren Regeln folgt**. Warum ein bestimmtes Schriftstück als geschichtlich wertvoll und daher als archivierbedürftig angesehen wird, bestimmt sich regelmäßig nach der subjektiven Einordnung des Vorgangs in Geschichte und Gegenwart durch den jeweiligen Betrachter. [...] Die **objektive Erforderlichkeit der Archivierung einer Akte als historischer Vorgang lässt sich kaum je nachweisen.**“[316]

Es bleibt unklar, warum das Gericht hier nicht die anerkannten Regeln zu Überprüfung der Verwendung eines Beurteilungsspielraums herangezogen hat. Mit Bezug auf die Feststellung der Archivwürdigkeit schreibt Dieter Strauch dazu:[317]

„Beurteilungsentscheidungen, also **auch Kassationsentscheidungen** [auch die nachträglich negative Entscheidung über die Archivwürdigkeit kann einen Beurteilungsfehler enthalten, Th. H.[318]], sind auf folgende Fehler zu prüfen:

> Eine **Beurteilungsüberschreibung**
> - liegt vor, wenn der **gesetzliche Rahmen**, indem sich das Archiv frei bewegen darf, bei der Kassation **verkannt** wurde, der Archivar etwa die Merkmale der Archivwürdigkeit willkürlich als nicht gegeben angenommen hat.
> - Der Beurteilungsspielraum ist auch überschritten, wenn der Archivar von einer **offensichtlich fehlerhaften Prognose** ausgegangen ist.

---

314 Dieter Strauch, Das Archivalieneigentum, 2. Aufl., Köln 2014, S. 343.

315 Wenig überzeugend ist allerdings ein Teil der Kritik von Klaus Graf: „Das VG Darmstadt betont im Grunde die Beliebigkeit der Bewertungsentscheidung und verzichtet auf jeglichen Rückgriff auf fachlich anerkannte Kriterien, als sei die ausgedehnte archivfachliche Bewertungsdiskussion überflüssiges Wortgeklingel, das die zutiefst subjektiven Wertentscheidungen der Archivare verbrämen soll.“ (http://archivalia.hypotheses.org/28946). Da die Entscheidung des VG Darmstadt an keiner Stelle die archivfachliche Bewertungsdiskussion auch nur erwähnt, kann unterstellt werden, dass sie dem Gericht unbekannt war.

316 Zit. nach https://de.wikisource.org/wiki/Verwaltungsgericht_Darmstadt_-_Vernichtung_von_Archivgut, in Auszügen auch bei http://archivalia.hypotheses.org/28946.

317 Dieter Strauch, Das Archivalieneigentum, 2. Aufl., Köln 2014, S. 344 f.; Hervorhebungen und Formatierungen im folgenden Zitat von Th. H.

318 Dazu Thema 12, Teil 1.

Eine **Beurteilungsunterschreitung** (oder: Beurteilungsausfall)

- ist gegeben, wenn der Archivar nicht erkannt hat, dass ihm ein Beurteilungsspielraum zustand, oder wenn er **entscheidungserhebliche Gesichtspunkte** verkannt hat

Schließlich liegt ein **Beurteilungsmissbrauch**

- vor, wenn der kassierende Archivar die ihm durch das einschlägige Archivgesetz gezogenen rechtlichen **Schranken der Kassation absichtlich oder irrtümlich missachtet**. So, wenn er das Gebot der Sachlichkeit verletzt, allgemeingültige Wertungsmaßstäbe außer Acht lässt oder sachfremde Erwägungen anstellt."

Umgekehrt formuliert: Ein anhand professioneller Maßstäbe, hier der Archivwissenschaft, getroffene Entscheidung des zuständigen Fachpersonals ist nicht beurteilungsfehlerhaft. Wenn es innerhalb der Fachwissenschaft mehrere Ansichten gibt (hier also zu den Bewertungsmaßstäben), kann die Archivar.in einer dieser Richtungen folgen.

Mögliche Folgen einer beurteilungsfehlerhaften Entscheidung über die Archivwürdigkeit sind

- **Disziplinarmaßnahmen** oder
- **Schadensersatzansprüche** gegen die Archivar.in

E. Die Entstehung von Archivgut: Übergabe + Bewertung + Widmung

Die Archivgesetze liefern im Hinblick auf die Voraussetzungen für den Übergang zu Archivgut unterschiedliche Voraussetzungen: Übergabe, Bewertung und Widmung werden im Bundearchivgesetz und in den Landesarchivgesetzen teils nur teilweise und in unterschiedlichen Kombinationen als Rechtsfolgevoraussetzungen genannt.

I. Vom Registraturgut im Verwaltungsgebrauch zum Archivgut im Einrichtungsgebrauch

Folgt man dem BArchG-Kommentar von Becker/Oldenhage, gilt:

„Durch die Übergabe von Unterlagen bleibenden Werts werden diese von

- öffentlichen Sachen im Verwaltungsgebrauch zu
- öffentlichen Sachen in zulassungsbedürftigem Gemeingebrauch umgewidmet."[319]

319 Becker/Oldenhage, BArchG-Kommentar, § 2 Rn. 18 (sehr ähnlich ist die zuvor publizierte Formulierung bei Manegold, Archivrecht, S. 168, auf den Becker/Oldenhage hier aber nicht verweisen).

Das ist erstens im Hinblick auf das Ergebnis, nämlich zulassungsbedürftiger Gemeingebrauch, nicht überzeugend, denn:

> „Öffentliche Sachen im Gemeingebrauch sind solche, die durch öffentlich-rechtliche Widmung einer unbeschränkten Öffentlichkeit unmittelbar und *ohne besondere Zulassung* zur zweckbestimmten Benutzung zugänglich gemacht worden sind."[320]

Ein generell zulassungspflichtiger Gemeingebrauch, wie in der Formulierung von Becker/Oldenhage angesprochen, ist daher ein ‚schwarzer Schimmel'. Ein generell zulassungsbedürftiger Gebrauch ist hingegen gemäß der obigen Terminologie ein **Einrichtungsgebrauch**.

Folglich gilt:[321]

(früher „Anstaltsgebrauch" genannt)

Ist es zweitens überzeugend, dass gemäß Becker/Oldenhage die Widmung *automatisch* mit der Übergabe von archivwürdigen Unterlagen erfolgt? Um diese Frage zu beantworten, muss mit der „Widmung" ein Kernbegriff des öffentlichen Sachenrechts anhand der dort anerkannten Prinzipien beleuchtet werden.

II. Voraussetzungen der Widmung

Eine Widmung ist **ein öffentlich-rechtlicher Rechtsakt**[322] und ist häufig in Gesetzen, Rechtsverordnungen oder Satzungen normiert. In den Archivgesetzen wird die Widmung teilweise, aber auch dann ohne weitere rechtsdogmatische Vertiefung erwähnt.

1. Ein eigener Rechtsakt

Soweit ersichtlich, ist es in der Literatur zum öffentlichen Sachenrecht ganz herrschende Meinung, dass die Widmung ein *eigener* Rechtsakt ist; es gibt mE keinen Grund, warum dieser Meinungsstand nicht in das Archivrecht übernommen werden sollte.

320 Erbguth, Allgemeines Verwaltungsrecht, Baden-Baden 2011, § 31 Rn. 1; Hervorhebung von Th. H. Ein zulassungsfreier Gemeingebrauch trifft z. B. für die Nutzung von Straßen im Gemeingebrauch zu. Dazu vertieft Thema 13, Teil 4, Abschnitt A.I.

321 So auch Schäfer, Kulturgutschutz im Wandel, in: Archivar, Jg. 1999, S. 233 ff. (236 m. w. N.).

322 Erguth, Allgemeines Verwaltungsrecht, 4. Aufl. 2011, § 30 Rn. 11; Hans-Jürgen Papier, Straßenrecht, in: Norbert Achterberg/Günter Püttner, Besonderes Verwaltungsrecht, Bd. 1, Heidelberg 1990, Rn. 632 ff. (636).

Daher ist Übergabe selbst als eine behördliche (öffentlich-rechtliche) Handlung, die unmittelbar nur den Besitzwechsel herbeiführt, **nicht ausreichend** zur Entstehung von Archivgut. Insofern ist die oben zitierte Formulierung von Becker/Oldenhage ungenau; ebenso eine ähnliche Formulierung bei Keitel.[323]

Auch die Formulierung in § 1 Nr. 2 BArchG 2017 (Archivgut sind „Unterlagen von bleibendem Wert, die das Bundesarchiv nach Ablauf der Aufbewahrungsfristen dauerhaft übernommen hat") kann zu Missverständnissen Anlass bieten, wenn der Realakt „übernommen" als Synonym für den Rechtsakt „Widmung" gelesen wird. Die Gesetzesbegründung zum Entwurf des späteren BArchG 2017 differenziert aber jedenfalls zwischen Widmung und Übernahme.[324]

Ebenso ist die Formulierung „Für eine erste Gruppe von Archivgesetzen [das niedersächsische und hamburgische LArchG] entsteht Archivgut unmittelbar durch die Bewertung"[325] juristisch ungenau, ebenso die These: Es erfolgt „die Umwidmung der Verwaltungsunterlagen durch Bewertungsentscheidung nach § 3 BArchG [2013] zu Archivgut",[326] denn **die Bewertung selbst kann nicht die Widmung sein**, sondern es muss ein juristisch eigenständiger Rechtsakt vorliegen.

Auch die Formulierung „Durch die Feststellung der Archivwürdigkeit und die Übernahme der Unterlagen […] erfolgt ihre Widmung zu öffentlichem Archivgut"[327] ist wenig überzeugend, denn **auch Übergabe plus Bewertung** ergeben nicht auf eine wundersame Weise zusammen die Widmung.

Wenn man hingegen die Entstehung von Archivgut an die bloße Übergabe plus/oder Bewertung knüpft, kann es „aufgedrängtes Archivgut" geben: Die abgebende Stelle stellt bereits bewertete Unterlagen in den Hof des Archivs – und die Archivar.in würde bei dieser Rechtskonstruktion ohne eigene Einflussmöglichkeit Archivgut erhalten.

2. *Ist eine gesetzliche Grundlage für die Widmung nötig?*

Soweit Archivgesetze als Rechtsfolgevoraussetzung für die Entstehung von Archivgut die Widmung nicht oder nicht als separate Voraussetzung erwähnen, besteht ein rechtsdogmatisches Problem: Ist eine Widmung nur auf gesetzlicher Grundlage möglich (die es z. B. im Straßenrecht gibt)? Dies wird von der der Rechtsprechung und von einem Teil der Literatur vertreten.[328]

---

323 Die meisten „Landesarchivgesetze gehen davon aus, dass archivwürdige Unterlagen erst durch die Übernahme in das zuständige Archiv zu Archivgut werden." Keitel, Aussonderung und Übergabe, in: Becker/Rehm, Archivrecht, S. 76.

324 „Aus § 1 Nummer 2 [BArchG 2017] ergibt sich, dass Unterlagen der öffentlichen Stellen des Bundes (vgl. die entsprechende Definition in § 1 Nummer 8) grundsätzlich erst dann – durch Umwidmung – zu Archivgut des Bundes werden, wenn sie erstens endgültig an das Bundesarchiv übergeben worden sind – also keiner Aufbewahrungsfrist mehr unterliegen – und zweitens das Bundesarchiv eine positive Bewertungsentscheidung trifft." Bundestags-Drucksache 18/9633, S. 43.

325 Keitel, Aussonderung und Übergabe, in: Becker/Rehm, Archivrecht, S. 72 ff. (S. 75 mit Fn. 13).

326 Becker/Oldenhage, BArchG-Kommentar, § 5 Rn. 51.

327 § 2 I 3 LArchG TH.

328 Nachweise zur Rechtsprechung des BVerwG und zu den Thesen aus der Literatur bei Steffen Detterbeck, Allgemeines Verwaltungsrecht, 10. Aufl. 2012, Rn. 971 Fn. 12. In der archivrechtlichen Literatur folgt Berger, Sächsisches Archivgesetz, § 8 Rn. 26 dieser These.

Dem steht aber erstens die Wesentlichkeitstheorie entgegen: Vor allem bei Eingriffen in Rechtsstellungen der Bürger.innen muss eine gesetzliche Grundlage vorliegen.[329] Die Widmung aber greift in kein Grundrecht ein: Art. 14 GG (Eigentumsfreiheit) schützt nicht die Erwerbsmöglichkeit, und auch die Verkehrsfähigkeit von Unterlagen fällt nicht in den Schutzbereich eines Grundrechts.[330]

Die Gegenauffassung erzeugt zudem im Archivrecht die Skurrilität, dass in den Bundesländern, deren Archivgesetze die Widmung als Rechtsfolgevoraussetzung erwähnen, dieses ein eigenständiger Rechtsakt wäre, während in den übrigen Bundesländern die Widmung ein Teil der Bewertung oder der Übergabe wäre. Folglich ist im Hinblick auf die archivrechtliche Widmung – soweit sie in den Archivgesetzen nicht als eigenständiges Tatbestandsmerkmal aufgeführt ist – von einer sog. **ungeschriebenen Rechtsfolgevoraussetzung** innerhalb der Archivgesetze auszugehen.

Diese Lösung ist alles andere als ein Spezifikum des Archivrechts: Zum ungeschriebenen Recht gehört vor allem das Gewohnheitsrecht, aber auch die allgemeinen Grundsätze eines Rechtsgebiets sind nicht immer normiert. Letzteres trifft z. B. und sogar für ein Kernelement moderner Staatlichkeit zu: das Gewaltmonopol des Staates. Im positiven Recht sind nur die Ausnahmen dazu festgeschrieben. Strukturell ähnlich ist es bei der Widmung, die wie erwähnt ein Kernbegriff des Rechts der öffentlichen Sachen ist.

3. *Die Widmung zu Archivgut: ein VA in Form der Allgemeinverfügung*

Die Widmung zu Archivgut erfolgt nicht durch einen Realakt,[331] sondern **durch einen VA**, und zwar

- durch eine „adressatlose, feststellende, sachbezogene **Allgemeinverfügung** im Sinne des § 35 Satz 2 3. Alt. VwVfG“,[332] einen sog. „dinglichen VA“.

Die **Widmung** ist ein Organisationsakt, der **als solcher nicht justitiabel** ist, da die Möglichkeit der Verletzung eigener Rechte des Bürgers ausscheidet.[333] Nur die Beurteilung, ob Unterlagen bleibenden Wert (als Voraussetzung für die Widmung) haben, kann juristisch angefochten werden.[334]

---

[329] Zur Wesentlichkeitstheorie: Thema 3 Teil 1, Abschnitt B.

[330] So auch Detterbeck, Verwaltungsrecht (wie zwei Fn. zuvor).

[331] Ein solcher Realakt ist ausreichend bei § 97 BGB: Bewegliche Sachen können zu Zubehör gewidmet werden.

[332] Manegold, Archivrecht, S. 168; Papier, Straßenrecht (zehn Fn. zuvor), Rn. 705 (ohne spezifischen Archivrechtsbezug); Schäfer, Kulturgutschutz im Wandel, Archivar Jg. 1999, S. 233 ff. (236 mit Fn. 80 f.).

[333] So auch Papier, Straßenrecht (elf Fn. zuvor), Rn. 696 im Hinblick auf Widmungen im Straßenrecht.

[334] Dazu Thema 10, Teil 1, Abschnitt D.V.

4. *Wenige Hürden: Die Widmung kann konkludent und formfrei erfolgen*

Wie andere rechtlich wirksamen Akte kann auch die Widmung konkludent erfolgen, ein ausdrückliches Handeln ist nicht nötig. Dabei sind gemäß dem BVerwG

> „für die Annahme einer konkludenten Widmung Anhaltspunkte erforderlich, aber auch ausreichend, die den Rückschluss auf einen **erkennbar gewordenen entsprechenden Willen der zuständigen Behörden** rechtfertigen, wobei [bei einer konkludenten Widmung eines Grundstücks zum Parkplatz, Th. H.] maßgeblich auf die tatsächlichen Umstände der Nutzung des streitigen Grundstücks abzustellen ist. Indizielle Bedeutung kann dabei im Rahmen der gebotenen Gesamtwürdigung auch dem Umstand zukommen, ob in Stadtplänen oder Straßenkarten das fragliche Grundstück als öffentlicher Parkplatz eingezeichnet ist.“[335]

Bei öffentlichen Sachen im Einrichtungsgebrauch kann diese konkludente Widmung z. B. durch, wie es in den einschlägigen Lehrbüchern heißt, „Inventarisierung“ erfolgen.[336] Überträgt man diese Anforderung in den archivischen Bereich, ist insoweit die **Vergabe einer Zugangsnummer** in einem Zugangsbuch maßgeblich.

Im Recht der öffentlichen Sachen ist anerkannt, dass zu dieser Widmung noch eine sog. „Indienststellung“ hinzukommen muss, um eine Sache dem Recht der öffentlichen Sachen zu unterstellen.[337] Dieser Realakt der Indienststellung ist im Archivwesen allerdings ebenfalls die bereits erwähnte Vergabe einer Zugangsnummer.

Zudem kann die Widmung formfrei[338] vorgenommen werden, weil archivrechtlich keine Formvorschrift besteht.

5. *Die Archivguteigenschaft bei älteren Unterlagen*

Bei Unterlagen im Archiv, bei denen ein Widmungsakt nicht nachweisbar ist, kann auf das Rechtsinstitut der **„unvordenklichen Verjährung“** zurückgegriffen werden: Wenn sich Unterlagen langjährig[339] und widerspruchslos im Archiv befanden, wird das Vorliegen der Widmung widerlegbar vermutet.

---

335 BVerwG 8 B 104.03 v. 21.07.2003.

336 Pappermann/Löhr/Andriske, Recht der öffentlichen Sachen, München 1987, S. 14.

337 Pappermann/Löhr/Andriske, Recht der öffentlichen Sachen, München 1987, S. 15.

338 Anders als im Straßenrecht.

339 Im Straßenrecht verlangt die Rechtsprechung eine mindestens vierzigjährige Nutzung plus einen Zeitraum von weiteren vierzig Jahren zuvor, in dem keine Erinnerung an einen anderen Zustand bestand; dazu Erguth, Allgemeines Verwaltungsrecht, 4. Aufl. 2011, Rn. 11 aE.

III. Der Umfang der Widmung: nur Unterlagen von bleibendem Wert

§ 1 Nr. 2 BArchG 2017 legt fest, dass **nur Unterlagen von bleibendem Wert** (§ 1 Nr. 10 BArchG 2017) **Archivgut sind.** Damit ist nur archivwürdiges Archivgut von der Widmung erfasst. Die Formulierung im LArchG SN verdeutlicht diesen Zusammenhang:

> „Durch die
> - **Feststellung der Archivwürdigkeit und** [sic!]
> - die Übernahme der Unterlagen
>
> […] erfolgt ihre Widmung zu öffentlichem Archivgut".[340]

Problematisch an der Formulierung ist allerdings, dass – ähnlich wie in der oben kritisierten Formulierung von Becker/Oldenhage – hier auf die Übernahme als *Realakt* abgestellt wird, nicht auf die (ggf. konkludente, mit der Übergabe einhergehende) Allgemeinverfügung. Die Gesetzesbegründung zum Entwurf des späteren BArchG 2017 präzisiert insoweit zutreffend:

> „Abgeschlossen ist eine Umwidmung zu Archivgut jedoch erst dann, wenn beide Voraussetzungen, namentlich Bewertungsentscheidung und Ablauf der Aufbewahrungsfristen, erfüllt sind."[341]

Die Einschränkung der Widmung auf archivwürdige Unterlagen (LArchG Sachsen) bzw. Unterlagen von bleibendem Wert (BArchG 2017) hat den Vorteil, dass die umfangreichen Folgen der Widmung nicht die übernommenen Unterlagen in ihrer Gesamtheit betreffen.

Wenn allerdings die Feststellung der Archivwürdigkeit nicht in einem engen zeitlichen Zusammenhang mit der Übernahme erfolgt, bleibt längerfristig die faktische Verfügungsgewalt über die Unterlagen bei der abgebenden Stelle. Das Problem lässt sich in der Praxis durch pauschale Feststellungen der Archivwürdigkeit lösen, was aber wiederum zu Nachkassationen bei einer späteren und erst dann nicht pauschalen Prüfung der Archivwürdigkeit führt.

Zusammengefasst: Verwaltungsunterlagen werden nach der hier vertretenen Auffassung zu Archivgut, wenn

- die Sache an das Archiv übergeben wurde und
- die Archivwürdigkeit festgestellt wurde (Bewertung) und
- das Archiv die Sache zu Archivgut gewidmet hat

Drei Schritte

340 § 8 II 1 LArchG SN.

341 Bundestags-Drucksache 18/9633, S. 43.

IV. Die Folgen der Widmung zu Archivgut: Allgemeines

Da nach der Theorie des modifizierten Privateigentums[342] der Numerus Clausus des Sachenrechts erweitert werden kann, kann es für Archivgut neben der im BGB vorgesehenen enumerativen und abschließenden Aufzählung der dinglichen Rechte eine weitere Einschränkung der Rechte des Eigentümers geben.

Die Widmung zu Archivgut führt eine **öffentlich-rechtliche Dienstbarkeit** in Form eines **beschränkt dinglichen Rechts** herbei;[343] privates und öffentliches Recht stehen dualistisch nebeneinander. Während Dienstbarkeiten nach dem BGB ein dingliches Recht *für* einen Nicht-Eigentümer begründen, wirkt die öffentlich-rechtliche Dienstbarkeit negativ: Sie wirkt gegen Personen, die als Eigentümer oder auch als Nicht-Eigentümer bestimmte rechtliche Veränderungen beim Archivgut herbeiführen möchten.

Die öffentlich-rechtliche Dienstbarkeit, die die Folge der Widmung zu Archivgut ist,
bewirkt
die automatische Unwirksamkeit ***aller*** Verfügungsgeschäfte,
die eine Nutzung als Archivgut beeinträchtigen

Es werden also „die privatrechtlichen Eigentümerbefugnisse im jeweiligen Umfang der öffentlich-rechtlichen Sachherrschaft verdrängt".[344]

Beispiel: Wird ein Kaufvertrag über Archivgut geschlossen (§ 433 BGB), ist die Übereignung (§ 929 BGB) aufgrund des Kaufvertrages automatisch unwirksam. Das gleiche gilt für eine Verpfändung von Archivgut nach § 1204 ff. BGB.

Und während Dienstbarkeiten nach dem BGB in das Grundbuch eingetragen werden müssen, ist dies keine Wirksamkeitsvoraussetzung bei der öffentlich-rechtlichen Dienstbarkeit; das sachenrechtliche Publizitätsprinzip wird hier durch die Widmung in Form der Allgemeinverfügung (dazu gleich) ersetzt.

Allerdings **bleibt die Möglichkeit eines gutgläubigen Erwerbs des Vollrechts ohne die öffentlich-rechtliche Dienstbarkeit erhalten** (Hamburger Stadtsiegelfall[345]), so dass (nur deshalb!) die gesetzliche Festlegung der Unveräußerlichkeit von Archivgut notwendig war, um eine Wiederholung des Ergebnisses im Hamburger Stadtsiegelfall zu verhindern.

---

[342] Dazu Thema 8, Teil 3, Abschnitt A.2.

[343] Hans-Jürgen Papier, Straßenrecht, in: Norbert Achterberg/Günter Püttner, Besonderes Verwaltungsrecht, Bd. 1, Heidelberg 1990, Rn. 632 ff. (637).

[344] Pappermann/Löhr/Andriske, Recht der öffentlichen Sachen, München 1987, S. 18. Verpflichtungsgeschäfte, die die Nutzung als Archivgut beeinträchtigen, bleiben juristisch möglich, können aber nicht erfüllt werden und führen daher zu Sekundäransprüchen.

[345] Dazu Thema 6, Teil 2.

V. Die rechtlichen Folgen des Wandels von Verwaltungs- zu Archivgut im Einzelnen

Ab dem Moment, wenn es sich gemäß dem Recht der öffentlichen Sachen nicht mehr um Verwaltungsunterlagen handelt, sondern Archivgut vorliegt, ändert sich sofort und dauerhaft sehr viel – mit weitreichenden Folgen für das Archiv: Es

- werden die Unterlagen von Verwaltungsunterlagen zu **Archivgut**, dienen also nun (nur!) den Zwecken des Archivs – **alle Verfügungsgeschäfte, die eine Nutzung als Archivgut beeinträchtigen, sind automatisch unwirksam**
- das Archivgut muss aber nun vom Archiv auch erhalten werden (die Bestandserhaltungspflicht kann man auch „**Archivgutlast**" nennen, parallel z. B. zur „Straßenbaulast")
- nun ist grundsätzlich **nicht mehr das Informationsfreiheitsgesetz (IFG)** anwendbar, sondern das Bundes- bzw. Landesarchivgesetz
- sind nun **(nur!) die Nutzungsregelungen des Archivs** einschlägig, nicht die Zugangsregelungen der abgebenden Institution
- greift nun der **Schutz des Kulturgutschutzgesetzes** (KGSG), soweit das Archivgut nationales Kulturgut im Sinne von § 6 KGSG ist und es
- wird die **öffentliche Sachherrschaft des Archivs** begründet, daher
- wird die Sache **unveräußerlich**, soweit dies gesetzlich angeordnet ist (dazu oben im Abschnitt Kulturgüterschutzrecht). Fraglich ist, ob bei beweglichen Sachen der gute Glaube des Erwerbers zu einem lastenfreien Erwerb nach § 936 BGB führen kann (Hamburger Stadtsiegelfall).[346]

Außerdem entsteht grundsätzlich **schon aufgrund der Widmung** auch ein **Nutzungsanspruch**, der aber nicht benötigt wird, da die Archivgesetze dazu separate Anspruchsgrundlagen vorsehen.

Die Verwaltungsunterlagen, die angeboten wurden, aber nicht zu Archivgut wurden, sind von der anbietenden Stelle auf eigene Kosten zu entsorgen.

Teil 2: Die Entstehung von Archivgut aufgrund von Depositalverträgen

A. Einführung

Bis zum Bundesgerichtshof wurde in den 1980er Jahren ein Rechtsstreit ausgefochten, in dem es um die Rückforderung von Unterlagen privater Provenienz ging, die in den 1960er Jahren für ein „**Ödon von Horvath-Archiv**" der Aka-

[346] Dazu Thema 8, Teil 3, Abschnitt D.II.2.e.

demie der Künste in Berlin zur Verfügung gestellt waren.[347] Dieser Fall, in dem es an belegbaren Vereinbarungen der Parteien weitgehend fehlte, zeigt nicht nur das Konfliktpotential, das sich aus einem solchen Vertrag ergeben kann, sondern auch, warum es nicht juristisch zwingend, aber empfehlenswert ist, im Voraus möglichst umfassende und vor allem beweisbare Regelungen zu treffen.

Es werden zwar hunderte sog. „Altfälle“ allein aus Nordrhein-Westfalen berichtet.[348] Doch seit dem Zeitpunkt, als der BGH diesen Fall entschied, ist die Bedeutung von normiertem Archivrecht wesentlich gestiegen. Dies führt auf Seiten der Archive inzwischen zu einem größeren Problembewusstsein im Hinblick auf die Fragen, die bei der Übernahme von privaten Unterlagen in Archive zu regeln sind. Standardisierte Depositalverträge, teilweise auch „Archivierungsvertrag“ genannt,[349] stehen inzwischen als Ausgangspunkt für die Verhandlungen mit dem privaten Depositalgeber zur Verfügung, sei er eine natürliche Person oder z. B. eine GmbH.

B. Zur Terminologie

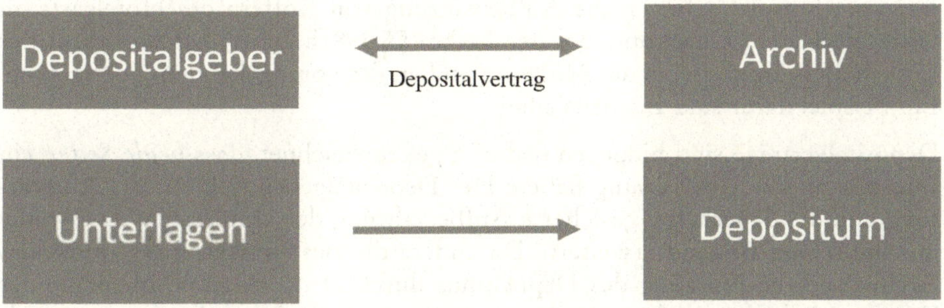

Nicht selten wird die Person, die den Depositalvertrag abschließt, als „Depositar“ bezeichnet. Dieser Begriff wird im Völkerrecht verwendet. Der Begriff „Deponent“ ist im Bankenrecht verbreitet; die Verwendung im Archivkontext ist daher problematisch. Im Anschluss an das Bundesverwaltungsgericht[350] wird im Folgenden der Begriff **„Depositalgeber.in“** verwendet.

347 BGH NJW 1988, 332, auch zugänglich bei https://de.wikisource.org/wiki/Bundesgerichtshof_-_Archivvertrag.

348 Ragna Boden/Hermann Niebuhr, Zwischen Rechtssicherheit und Gestaltungsspielraum: Probleme der Nutzung von Deposita, in: Heiner Schmitt (Bearb.), Alles was Recht ist. Archivische Fragen – juristische Antworten. 81. Deutscher Archivtag in Bremen, Fulda 2012, S. 169 ff. (171).

349 So Boden/Niebuhr, Rechtssicherheit (Fn. zuvor), S. 170 mit Fn. 5.

350 Zum Beispiel BVerwG 3 B 176.02.

C. Ergänzende schuld- und sachenrechtliche Regelungen zu Depositalverträgen und die Geltung des Rechts der Allgemeinen Geschäftsbedingungen

Auf welche Normen ist zurückzugreifen, wenn ein Depositalvertrag keine Regelungen enthält? Diese Frage kann sich mit Bezug auf das Schuld- oder das Sachenrecht stellen.

I. Die ergänzenden schuldrechtlichen Regelungen zu Depositalverträgen

Welche ergänzenden schuldrechtlichen Regelungen zu Depositalverträgen heranzuziehen sind, hängt vom Vertragstyp von Depositalverträgen ab.

Es liegt **keine öffentlich-rechtliche Verwahrung** vor, denn beim Abschluss solcher Verträge handelt ein öffentliches Archiv gemäß der modifizierten Subjektstheorie privatrechtlich.[351]

Sind Depositalverträge **Leih- oder Verwahrungsverträge?** Bei einer Verwahrung (§§ 688 ff. BGB) hat vor allem der Hinterleger ein Interesse an der Überlassung; ein Beispiel dafür ist die Aufbewahrung von Koffern des Hotelgasts im Hotel nach dem Checkout. Bei der Leihe (§§ 598 ff. BGB) hat vor allem der Entleiher ein Interesse an der Nutzung und an der vorangehenden Überlassung. Ein Beispiel dafür sind Buchausleihen.

Depositalverträge sind hingegen dadurch gekennzeichnet, dass *beide Seiten* ein Interesse an der Überlassung haben: Der Depositalgeber zielt auf die Auswertung und die dauerhafte, gesicherte Aufbewahrung der Unterlagen; das Archiv möchte seinen Bestand erweitern. Da zudem die Bestandserhaltung durch das Archiv und die Nutzung des Depositums durch Dritte zentrale Elemente des Vertrags sind, liegt nicht nur ein kombinierter Leih-/Verwahrungsvertrag als typengemischter Vertrag vor, sondern es liegen auch Elemente des **Auftrags** und der **Miete** vor, wie schon der BGH in seiner oben erwähnten Entscheidung zum „Ödon von Horvath-Archiv“ feststellt. Es handelt sich daher um einen **„Vertrag eigener Art“**,[352] einen Vertrag *sui generis*. Auf einen solchen Vertrag sind die **allgemeinen Vorschriften** anzuwenden, ggf. ergänzt durch die **analoge Heranziehung** passender Normen für typähnliche Vertragsverhältnisse.[353]

---

351 Der Ausschluss der Haftungsmilderung in § 690 BGB bei öffentlich-rechtlichen Verwahrungen ((BGHZ 4, 192) ist daher für Depositalverträge irrelevant.

352 Die These „Problematisch sind Deposita generell, weil für sie ein Eigentumsvorbehalt gilt“ (so Boden/Niebuhr (vier Fn. zuvor), S. 169) ist unzutreffend, den bei Deposita hat sich niemand im Sinne von § 449 BGB das Eigentum unter der aufschiebenden Bedingung vollständiger Zahlung des Kaufpreises vorbehalten. Gemeint ist offenbar, dass die Depositalgeber.in das Eigentum behält. Möglich ist im Übrigen, dass die Depositalgeber.in den Eigentumsübergang unter die aufschiebende Bedingung ihres eigenen Todes stellt (gemäß § 2301 BGB).

353 Es liegt also kein typengemischter Vertrag vor, auf den nur die Regelungen der zugrundeliegenden Vertragstypen anzuwenden wären. Es ist daher nicht überzeugend, dass das Landgericht Köln in einer Entscheidung nach dem Einsturz des Kölner Stadtarchivs im Hinblick auf einen

Ein Depositalvertrag wird nicht individuell ausgehandelt, sondern eine Vertragspartei benutzt vorformulierte Vertragsbedingungen, bei denen es sich also um Allgemeine Geschäftsbedingungen handelt, so dass das **Recht der Allgemeinen Geschäftsbedingungen** (AGB) zu beachten ist.

Beispiel: Nach § 309 Nr. 7 BGB ist in AGBs ein Haftungsausschluss bei Verletzung von Leben, Körper, Gesundheit und bei grobem Verschulden unzulässig.

Es gibt bei AGBs **keine geltungserhaltende Reduktion**, so dass bei einem Verstoß gegen AGB-Recht nicht nur der jeweilige Teil einer Klausel unwirksam ist, sondern die Klausel insgesamt.

Der Jurist Mark Steinert hat in einem Überblicksvortrag für den 82. Deutschen Archivtag in Bremen im Jahr 2011 zusammengestellt, welche Themen ein Depositalvertrag sinnvollerweise ansprechen sollte und was im Hinblick auf den Eigentumserwerb durch den Archivträger zu beachten ist.[354]

II. Die ergänzenden sachenrechtlichen Regelungen zu Depositalverträgen

Eine entscheidende Weichenstellung liegt bei Depositalverträgen bei der Antwort auf die Frage, ob die Depositalgeber.in das Eigentum an den Unterlagen an den Archivträger gemäß § 929 ff. BGB überträgt oder nicht. Im ersteren Fall verfügt das Archiv grundsätzlich über die Rechtsstellung aus § 903 BGB.

Nicht vertieft wird im Folgenden die Frage, wie ein Depositalvertrag ausgestaltet werden kann, bei dem das Archiv zwar nicht das Eigentum, aber mit dem **Nießbrauch** (§§ 1030 ff. BGB) ein dingliches Recht an den Unterlagen erhält.[355] Soweit ersichtlich, wird diese Möglichkeit aktuell bei Depositalverträgen nicht genutzt.

Die **steuerrechtlichen Fragen** rund um den Depositalvertrag sind weiter oben erläutert.[356]

Depositalvertrag ohne weitere Diskussion von der Anwendbarkeit von Regelungen des Verwahrvertrages (§§ 688 ff. BGB) ausgeht (LG Köln, Urteil v. 16.03.2010 – 5 O 257/09). Vielmehr wäre § 277 BGB direkt anzuwenden gewesen.

354 Mark Steinert, Rechtliche Fragen und Probleme bei der Übernahme fremden Archivguts, in: Heiner Schmitt (Red.), Alles was Recht ist. Archivische Fragen – juristische Antworten, Fulda 2012, S. 179 ff.

355 Dazu Strauch, Archivalieneigentum, S. 38 f. Auch bei Martin Schlemmer, Rechtliche Fragen der Überlieferungsbildung im Verbund, Archivar Jg. 2012, S. 20 ff. (26) wird der Nießbrauch als Gestaltungsmöglichkeit nur benannt, aber kein konkretes Beispiel aufgeführt.

356 Thema 7, Abschnitt B.

D. Ein Vorschlag für einen Depositalvertrag mit einer Privatperson

Der folgende Vorschlag für einen Depositalvertrag zwischen einem Landesarchiv und einer Privatperson ist aus Diskussionen mit dem Hessischen Landesarchiv entstanden.

Im Vertragstext sind die Sätze mittels hochgestellter Zahlen nummeriert; die anderen hochgestellten Zahlen sind wie üblich Fußnotenzahlen.

Depositalvertrag

Das Land X, vertreten durch das Landesarchiv,[357] dieses vertreten durch den Präsidenten Y

– im Folgenden „**Landesarchiv**" genannt –

und

....

(Vorname, Name, Anschrift)

– im Folgenden „**Depositalgeber/in**"[358] genannt – "

schließen folgenden Vertrag:[359]

§ 1 (Gegenstand des Vertrages)

(1) ¹Der/die Depositalgeber/in[360] versichert im Hinblick auf die in der Anlage näher bezeichneten Unterlagen,[361]

- dass er/sie im Hinblick auf das Eigentum alleinig verfügungsberechtigt ist und

[357] Nur wenige Archive sind rechtsfähig (dazu Thema 1, Teil 1, Abschnitt A.) und können den Depositalvertrag selbst abschließen. Meist kann nur der Träger des Archivs der Vertragspartner sein. So auch Mark Steinert, Rechtliche Fragen und Probleme bei der Übernahme fremden Archivguts, in: Alles was Recht ist, S. 179 mit Fn. 1.

[358] Ob hier und an anderen Stellen eine gendergerechte Formulierung gewählt wird, ist – anders als bei Stellenanzeigen – beim Depositalvertrag juristisch nicht explizit vorgeschrieben. Die mittelbare Drittwirkung von Art. 3 II GG („Männer und Frauen sind gleichberechtigt") ist aber beim Verwaltungshandeln durchgängig zu beachten. Zur mittelbaren Drittwirkung Thema 2, Teil 1, Abschnitt H.

[359] Ein Depositalvertrag ist ein Konsensualvertrag, der gemäß dem BGB mit der Einigung der Parteien in Kraft tritt. Diese Regelung ist disponibel, kann also geändert werden (z. B. Verknüpfung des Inkrafttretens an die Übergabe). Doch aus Sicht des Archivs ist es vorzugswürdig, ein früheres Inkrafttreten als die Übernahme herbeizuführen (z. B. ab Unterschrift unter diesem Vertrag). Beim Tod der Depositalgeber.in vor der Übernahme ist etwa die Stellung gegenüber deren Erb.innen verbessert.

[360] Außer bei höchstpersönlichen Rechtsgeschäften (um die es hier nicht geht) ist ein Handeln durch eine bevollmächtigte Person regelmäßig möglich, auch ohne Erwähnung im Vertrag.

[361] Der hier verwendete Begriff „Unterlagen" kommt nicht im BGB, sondern nur in den Archivgesetzen vor (dazu Thema 10, Teil 1, Abschnitt A.III.1. Da es aber nach wie vor problematisch ist, ob Daten unter den Sachbegriff des BGB fallen (oder nicht nur die Datenträger), ist die Verwendung des Begriffs „Unterlagen" hier vorteilhaft.
Es ist zu eng, wenn an dieser Stelle nur auf *archivwürdige* Unterlagen abgestellt wird, denn die Bewertung erfolgt erst später. Auch eine Eingrenzung auf *schriftliche* Unterlagen sollte nicht erfolgen, da auch Daten vom Depositalvertrag erfasst sein können.

- dass er/sie diese Verfügungsbefugnis nach Abschluss des Depositalvertrages nicht ohne vorherige Zustimmung des Landesarchivs an andere überträgt[362] und
- dass die Unterlagen frei von Rechten Dritter sind und
- dass, soweit zu den Unterlagen Kulturgut gehört, das aus einem anderen Land stammt, bei der Einfuhr die Regelungen des Kulturgutschutzgesetzes, insbesondere die §§ 28 ff. KulturgutschutzG, beachtet wurden.

[2]Die Anlage ist Teil des Vertrages. Der/die Depositalgeber/in bestätigt, das Merkblatt des Landesarchivs zum Kulturgutschutz erhalten und die dortigen Hinweise zur Kenntnis genommen zu haben.[363]

(2) [1]Der/die Depositalgeber/in garantiert, dass die genannten vier Punkte eingehalten wurden bzw. zukünftig werden. [2]Daher stellt der/die Depositalgeber/in das Landesarchiv von Ansprüchen Dritter frei, die gegen das Landesarchiv infolge eines Verstoßes des/der Depositalgeber/in gegen diese Garantie geltend gemacht werden. [3]Diese Entlastung erstreckt sich insbesondere auf alle Schadensersatzansprüche Dritter.

(3) [1]Der/die Depositalgeber/in übergibt bis zum .... (Datum) den unmittelbaren Besitz an den in der Anlage näher bezeichneten Unterlagen unter Vorbehalt seines/ihres Eigentumsrechts an das Staatsarchiv *(bitte ankreuzen)*

❑ [Ort 1]

❑ [Ort 2]

❑ [Ort 3]

[2]Sind in jener Anlage digitale Datenträger aufgeführt, werden die darauf enthaltenen archivwürdigen Daten in Kopie in das digitale Archiv übernommen. Die Datenträger mit den Originaldaten werden nach Abschluss der archivfachlichen Bearbeitung an den/die Depositalgeber/in zurückgegeben.

(4) Das Landesarchiv verpflichtet sich, die in seinen Besitz gelangten Unterlagen („Depositum“[364]) im zuvor erwähnten Staatsarchiv in .... (Bestandssignatur) als Archivgut zu übernehmen.[365] Nach Rücksprache mit dem/der De-

---

362 Die Verfügungsbefugnis kann rechtsgeschäftlich (§ 185 BGB) oder durch Gesetz (Insolvenzrecht) auch nach dem Abschluss des Depositalvertrages auf andere übergehen.

363 Damit wird die **Unterrichtungspflicht** gemäß § 6 II Kulturgutschutzgesetz (KGSG) umgesetzt: „Nur mit Zustimmung des Verleihers oder Deponenten gegenüber der zuständigen Behörde gilt Kulturgut in einer öffentlich-rechtlichen Kulturgut bewahrenden Einrichtung oder einer solchen, die überwiegend durch Zuwendungen der öffentlichen Hand finanziert wird, für die Dauer des Leih- oder Depositalvertrages vorübergehend ebenfalls als **nationales Kulturgut**. Der Verleiher oder der Deponent kann seine Zustimmung jederzeit widerrufen. **Die Einrichtung hat** den Verleiher oder Deponenten über die Rechtsfolgen des Verzichts auf den Schutz als nationales Kulturgut nach den §§ 69 und 70 **zu unterrichten.** Dieser Schutz endet mit der Kündigung oder mit dem Ablauf des Leih- oder Depositalvertrages.“
Zum Kulturgutschutzrecht siehe allgemein Thema 6, Teil 3; zu den juristischen Fragen rund um diese unglücklich formulierte Norm siehe speziell ebd. Abschnitt C.III.

364 Diese Definition von „Depositum“ ist wichtig, weil dieser Begriff auch in anderen Paragrafen des Vertrags verwendet wird. „Depositum“ liegt nach der obigen Definition nicht schon dann vor, wenn der Vertrag geschlossen wird.

365 Zur Möglichkeit, die Unterlagen auch dann zu Archivgut zu widmen, wenn sie im Eigentum des/der Depositalgeber/in bleiben, siehe gleich Abschnitt E.

positalgeber/in kann das Landesarchiv einen Teil des Depositums einer anderen Bestandssignatur oder einer Sammlung hinzufügen.

(5) [1]Das Landesarchiv wird, soweit das mit den internen Abläufen vereinbar ist, das Depositum innerhalb von .... Monaten[366] nach der vollständigen Besitzerlangung durch das Landesarchiv sichern, erschließen und nutzbar machen.

(6) [1]Sollte bei der Erschließung oder später festgestellt werden, dass einem Teil des Depositums aus Sicht des Landesarchivs keine Archivwürdigkeit zukommt,[367] informiert das Landesarchiv den/die Depositalgeber/in und gibt ihm/ihr Gelegenheit, die betreffenden Teile des Depositums innerhalb von sechs Monaten nach Zugang der Mitteilung auf eigene Kosten zurückzunehmen. [2]Verzichtet der/die Depositalgeber/in auf eine Rücknahme der nicht archivwürdigen Unterlagen oder erfolgt keine für das Land X kostenfreie Rücknahme durch den/die Depositalgeber/in binnen der 6-Monatsfrist, ist das Landesarchiv befugt, über die betreffenden Teile des Depositums zu verfügen,[368] insbesondere sie an andere Interessenten, z. B. ein privates oder anderes Archiv, abzugeben oder in die Archivbibliothek zu übernehmen oder entsorgen zu lassen.[369] [3]Über diese Vorgänge ist ein Nachweis zu führen.

(7) Der/die Depositalgeber/in ist damit einverstanden, dass

- die in den Unterlagen enthaltenen Daten durch die Erschließung vom Landesarchiv auf der Grundlage archivfachlicher Maßstäbe verarbeitet und gespeichert werden und dass
- Sicherungs- und Arbeitskopien der Findmittel hergestellt werden
- archivfachlich gebotene Maßnahmen zur Bestandserhaltung der Unterlagen durch das Landesarchiv durchgeführt werden.

(8) Soweit ein digitales Findbuch zu dem Depositum erstellt wird, wird der/die Depositalgeber/in darüber informiert und erhält einen Zugang.[370]

(9) [1]Im Einvernehmen mit dem Landesarchiv kann der/die Depositalgeber/in dem Landesarchiv weitere Unterlagen übergeben, wenn diese vom Landesarchiv als archivwürdig eingestuft werden. [2]Der/die Depositalgeber/in erstellt hierzu eine Abgabeliste nach den Maßgaben des Landesarchivs. [3]Auf diese Unterlagen findet der vorliegende Vertrag Anwendung.

---

366 Wenn das Archiv von sich aus in der Lage ist, eine Frist anzugeben, erhöht das vermutlich die Bereitschaft potentieller Depositalgeber.innen, derartige Verträge abzuschließen.

367 Hier ist also keine Regelung gewählt, wonach das Archiv „im Benehmen“ mit der Depositalgeber.in über die Archivwürdigkeit der Unterlagen entscheidet. Durch diese Formulierung kann bei der Depositalgeber.in die Annahme eines Mitentscheidungsrechts entstehen, das beim „Benehmen“ nicht besteht, das sich das Archiv aus sachlichen Gründen über die Ansicht der Depositalgeber.in hinwegsetzen kann.

368 Durch diese Regelung soll das Problem der „verwaisten Nachlässe“ geregelt werden.

369 Die Möglichkeit eines Verkaufs dieser Unterlagen durch das Archivs ist mit der obigen Formulierung nicht ausgeschlossen, so dass ein Verkauf aus juristischer Sicht grundsätzlich möglich ist. Ob außerjuristische Gründe gegen einen Verkauf in diesen Fällen sprechen, ist eine andere Frage.

370 Die früher übliche Übergabe analoger Findbücher entfällt zwar jetzt, mE sollte aber jedenfalls die obige Klausel verwendet werden.

§ 2 (Transport)

☐ Der/die Depositalgeber/in überführt die Unterlagen, die in § 1 Absatz 1 genannt sind, auf seine/ihre Gefahr in das .... (Name des Staatsarchivs) und trägt die dabei entstehenden Kosten.

oder *(Zutreffendes ankreuzen)*

☐ Das .... (Name des Staatsarchivs) hat den Besitz der in der Anlage bezeichneten Unterlagen bereits mit dem Willen des/der Depositalgeber/in erlangt.

§ 3 (Unentgeltlichkeit)

Das .... (Name des Staatsarchivs) erfüllt am Depositum (§ 1 Absatz 4) unentgeltlich die archivischen Fachaufgaben nach § 2 Abs. 7 des Hessischen Archivgesetzes v. 26.11.2012, es sei denn, dieser Vertrag wird durch den/die Depositalgeber/in gekündigt (§ 7).

§ 4 (Haftung)

(1) [1][Der Träger des Archivs] haftet gegenüber dem/der Depositalgeber/in für Schäden an dem Depositum nur nach Maßgabe der §§ 602[371] und 690 BGB.[372] [2]Für Ansprüche aufgrund von Schäden, die durch die Vertreter des Archivs oder Erfüllungsgehilfen verursacht wurden, haftet der Archivträger stets unbeschränkt bei Verletzung des Lebens, des Körpers oder der Gesundheit, soweit die Schäden auf vorsätzlicher oder grob fahrlässiger Pflichtverletzung beruhen.[373]

(2) [1]Wenn wesentliche Vertragspflichten, deren Erfüllung die ordnungsgemäße Durchführung des Vertrages überhaupt erst ermöglicht und auf deren Erfüllung der/die Depositalgeber/in regelmäßig vertrauen darf (‚Kardinalpflichten'), durch leichte Fahrlässigkeit von Vertreter/innen oder Erfüllungsgehilf/inn/en des Archivs verletzt werden, ist der Umfang der Haftung auf den bei Vertragsschluss vorhersehbaren Schaden begrenzt, soweit mit der Entstehung eines sol-

---

371 § 602 BGB: „Veränderungen oder Verschlechterungen der geliehenen Sache, die durch den vertragsmäßigen Gebrauch herbeigeführt werden, hat der Entleiher nicht zu vertreten."
Es können auch bei vertragsmäßigem Gebrauch des Depositums Veränderungen oder Verschlechterungen des Depositums herbeigeführt werden – durch jede Nutzung eines analogen Objekts wird es verschlechtert. Die Integration von § 602 BGB in die Vertragsklauseln löst das Problem.

372 § 690 BGB: „Wird die Aufbewahrung unentgeltlich übernommen, so hat der Verwahrer nur für diejenige Sorgfalt einzustehen, welche er in eigenen Angelegenheiten anzuwenden pflegt."
Die Haftung wegen grober Fahrlässigkeit bleibt gemäß § 277 BGB erhalten (siehe dazu die Auseinandersetzungen um die erbitterten Klagen von Depositalgeber.inen wegen des Einsturzes des Kölner Stadtarchivs). Die Erwähnung von § 690 BGB an dieser Stelle ist wichtig, weil jedenfalls bei einer öffentlich-rechtlichen Verwahrung (z. B. bei Beschlagnahmen) § 690 BGB nicht anwendbar ist.

373 Da der Ausschluss von Haftungen wegen z. B. grob fahrlässiger Pflichtverletzung im Hinblick auf einige Rechtsgüter sowieso nicht möglich ist, empfiehlt es sich, diese Einschränkungen des Haftungsausschlusses explizit anzugeben. Derartige Fälle sind möglich, wenn z. B. die Unterlagen des Depositums aufgrund grob fahrlässigen Verhaltens eines Archivmitarbeiters einen Schimmelschaden erhalten und dadurch die Depositalgeber.in bei der Nutzung erkrankt.

chen Schadens typischerweise gerechnet werden muss.[374] [2]Im Übrigen sind Ansprüche auf Schadensersatz ausgeschlossen.

(3) Das Depositum ist, solange es sich im Archiv befindet, für den/die Depositalgeber/in kostenfrei gegen Verlust, Feuer- und Wasserschäden und Elementarschäden versichert. Im Schadensfall wird Ersatz in Höhe des von der Versicherung gezahlten Betrages geleistet.

§ 5 (Nutzung)

(1) [1]Das Depositum kann von dem/der Depositalgeber/in oder den/der durch ihn/sie legitimierte(n) Person(en) während der Öffnungszeiten[375] des .... (Name des Staatsarchivs) im Lesesaal genutzt werden.[376] [2]Die Nutzung durch den/die Depositalgeber/in und durch Dritte richtet sich nach den für die Nutzung des Hessischen Landesarchivs erlassenen Bestimmungen,[377] besonders dem Hessischen Archivgesetz und der Nutzungsordnung für die Hessischen Staatsarchive in der jeweils gültigen Fassung.[378]

(2) [1]Das .... (Name des Staatsarchivs) verpflichtet sich, bei Anträgen auf Nutzung des Depositums die Schutzfristen nach § 13 Hessisches Archivgesetz und die Einschränkungen der Nutzung nach § 14 dieses Gesetzes anzuwenden. [2]Dieser Satz findet bei der Nutzung durch den/die Depositalgeberin keine An-

[374] Beispiel: „Im Depositum befand sich ein mehrseitiger Brief von Goethe, den ich für etliche Tausend € verkaufen wollte – nun ist alles durch den Einsturz des Kölner Stadtarchivs vernichtet!"

[375] Die Angabe „während der Öffnungszeiten" ist an sich selbstverständlich, hat hier aber eine gewisse pädagogische Funktion und ist daher aus diesem außerjuristischen Grund sinnvoll.

[376] Der Vertrag enthält keine Regelung, wonach einzelne Archivalien dem/der Depositalgeber/in auf eigene Gefahr und Kosten befristet überlassen werden können bzw. – falls das Eigentum übergegangen ist – von ihm ausgeliehen werden können. Eine solche Regelung ist möglich, daraus können aber juristische und tatsächliche Folgeprobleme entstehen (Beschädigung, Beschlagnahme etc.).

[377] Nicht selten besteht bei potentiellen Depositalgebern große Unkenntnis darüber, dass erstens die Archivgesetze umfassende Mechanismen zum Schutz des Rechts auf informationelle Selbstbestimmung enthalten und dass zweitens die Archive diese Regelungen auch umfassend anwenden. Die obige Formulierung hat daher vor allem eine pädagogische Funktion.

[378] Hier ist also keine Regelung gewählt, wonach der Depositalgeber mit der Nutzung einverstanden sein muss. Dazu schreiben Stockert/Popp, Behördenberatung und Anbietung, in: Becker/Rehm, Archivrecht, S. 43 ff. (55): „**Problematisch und möglichst zu vermeiden** sind vor allem Absprachen im Depositalvertrag oder Archivvertrag, die dem (ehemaligen) Eigentümer Genehmigungsrechte [nein, richtig ist: Einwilligungsrechte, denn es geht um die *vorherige* Zustimmung, Th. H.] bei der Benutzung einräumen."
Wenn gar ein Bevollmächtigter des Depositalgebers über die Nutzung entscheiden soll, liegt im Falle des **Todes der Depositalgeber.in** und dem damit verbundenen Erbfall ein Konfliktpotential zwischen dem Bevollmächtigtem und den Erb.innen vor. Stockert/Popp, weisen auf S. 55 Fn. 43 zudem auf den Fall hin, dass die Erb.in schwer feststellbar ist. Ragna Boden/Hermann Niebuhr (Zwischen Rechtssicherheit und Gestaltungsspielraum: Probleme der Nutzung von Deposita, in: Heiner Schmitt (Bearb.), Alles was Recht ist. Archivische Fragen – juristische Antworten. 81. Deutscher Archivtag in Bremen, Fulda 2012, S. 169 ff. (S. 174 unten)) ergänzen: Es „kann das Archiv das Problem an den Nutzer weiterreichen und ihn auffordern, das Einverständnis des Erben beizubringen. Nicht selten sind Forscher tatsächlich bereit, einige Zeit und Mühe in eine solche Suche zu investieren – weit über das Maß hinaus, das Archivare im Rahmen ihrer Dienstgeschäfte leisten können." Das klingt, als ob es dabei nicht nur um eine Gefälligkeit, sondern eine Geschäftsbesorgung geht, die vielfältige juristische Probleme mit sich bringt.

wendung. [3]Zudem belehrt das .... (Name des Staatsarchivs) die Nutzer/innen über die Notwendigkeit, die Persönlichkeitsrechte zu beachten.

(3) [1]Der/die Depositalgeber/in hat das Recht, ... (Name) und dessen Angehörige (im Sinne der Definition von Angehörigen in § 11 Abs. 1 Nr. 1 Strafgesetzbuch)[379] von der Nutzung von dem Teil des Depositums auszuschließen, der Unterlagen zur Intim- und Privatsphäre des/der Depositalgeber/in enthält.[380] [2]Bei einem insoweit einschlägigen Nutzungsantrag wird das Hessische Landesarchiv vor der Genehmigung der Nutzung bei der/dem Depositalgeber/in anfragen. [3]Wenn innerhalb von zwei Wochen nach Zugang der Anfrage keine Antwort erfolgt, gilt die Nutzung als genehmigt. [3]Dieses Recht auf Nutzungsausschluss ist ein höchstpersönliches Recht des/der Depositalgeber/in, das nicht vererbt werden kann. [4]Nach dem Tod des/der Depositalgeber/in wird das Landesarchiv derartige Nutzungsanfragen unter Berücksichtigung des Schutzes des postmortalen Persönlichkeitsrechts treffen.

§ 6 (Nutzungs- und Verwertungsrechte)

[1]Soweit der/die Depositalgeber/in über Urheberrechte an Werken, die zum Depositum gehören, verfügt, räumt er/sie dem Landesarchiv die ausschließlichen und uneingeschränkten Nutzungs- und Verwertungsrechte an diesen Teilen ein. [2]Diese Rechte umfassen insbesondere

- das Verbreitungsrecht (im Ganzen oder in Teilen),
- das Vervielfältigungs-, Ausstellungs-, Vortrags-, Aufführungs- und Vorführungsrecht,
- das Senderecht, das Recht der öffentlichen Zugänglichmachung (Online-Recht),
- das Recht der Aufzeichnung und der Wiedergabe durch Bild- und Tonträger (auch elektronischer Art),
- das Recht der Bearbeitung, das Recht zum Verleihen,
- das Recht, Dritten ohne Rückfrage einfache Nutzungsrechte einzuräumen sowie
- heute noch unbekannte Nutzungsarten.

[3]Im Fall von Nutzungen der Werke durch das Landesarchiv oder durch Dritte stehen dem/der Depositalgeber/in keine Honorarforderungen an. [4]Im Übrigen stehen die über Verwertungsgesellschaften geltend zu machenden Rechte dem/der Depositalgeber/in zu.[381] [5]Soweit Urheberrechte Dritter an den Unterlagen bestehen, werden diese durch den/die Depositalgeber/in kenntlich gemacht und bleiben unberührt.

§ 7 (Kündigung)

(1) [1]Eine Kündigung dieses Vertrages durch das Landesarchiv oder den/die Depositalgeber/in ist in Textform zu erklären und mit einer Frist von drei Monaten zum Jahresende zulässig. [2]Wenn die Kündigung nicht an den/die Depositalge-

---

379 Der Begriff **„Angehörige"** ist nur in § 11 I Nr. 1 StGB definiert. **„Familienangehörige"** ist definiert in § 3 im Gesetz über die allgemeine Freizügigkeit von Unionsbürgern (Freizügigkeitsgesetz/EU – FreizügG/EU) von 2004.

380 Beispiel: „Mein missratener Sohn soll mein Tagebuch nie lesen dürfen! Das muss sichergestellt sein, sonst schließe ich keinen Depositalvertrag ab!"

381 Beispiel: Das Depositum enthält ein Manuskript, dass das Archiv veröffentlicht.

ber/in bzw. ihre Erben zugestellt werden kann, weil diese nicht ermittelt werden können, gilt die Kündigung als wirksam zugestellt, wenn das Landesarchiv alle zumutbaren Anstrengungen unternommen hat, die Anschrift des/der Depositalgeber/in bzw. der Erben/Erbinnen zu ermitteln.[382] [3]Das Landesarchiv dokumentiert in diesem Fall, auf welche Weise es versucht hat, die Anschriften zu ermitteln.

(2) [1]Im Fall der Kündigung durch den/die Depositalgeber/in trägt diese/r sämtliche Kosten für den Rücktransport. [2]Der Rücktransport erfolgt auf seine/ihre Gefahr. [3]Auch nach der Kündigung durch den/die Depositalgeberin kann das Hessische Landesarchiv die Kopien des Depositums und die Findmittel zu dem Depositum behalten und weiterhin zur Nutzung bereitstellen.

(3) [1]Im Fall der Kündigung durch das Hessische Landesarchiv ist der/die Depositalgeber/in verpflichtet, die zum Depositum gehörenden Unterlagen zurückzunehmen. [2]Das Hessische Landesarchiv trägt die Gefahr und innerhalb Deutschlands die Kosten der Rückgabe. [3]Wenn sich trotz aller zumutbaren Anstrengungen weder der/die Depositalgeber/in bzw. Erben/Erbinnen finden lassen, die zur Rücknahme und zur Übernahme der Kosten des Rücktransports bereit sind, darf das Hessische Landesarchiv nach der Kündigung des Depositalvertrages die Unterlagen, die zu dem Depositum gehören, verwerten; das beinhaltet insbesondere die Kassation.[383]

---

382 Durch diese Regelung sollen „verwaiste Nachlässe“ verhindert werden. Wenn der/die Depositalgeber/in verstorben ist, wird es mit zunehmender Zeitdauer immer schwieriger, alle Erben und Erbinnen zu ermitteln bzw. dann zu erreichen und die Kündigung zuzustellen.

383 Kann nach der Kündigung das Archiv seine Kosten gegenüber dem/der Depositalgeber/in geltend machen? Da es sich um vorformulierte Klauseln des Verwenders (also des Landesarchivs) handelt, liegen Allgemeine Geschäftsbedingungen vor, die sich am AGB-Recht messen lassen müssen. § 308 Nr. 7 BGB legt fest:

„In Allgemeinen Geschäftsbedingungen ist insbesondere unwirksam […]

7. (Abwicklung von Verträgen)

eine Bestimmung, nach der der Verwender für den Fall, dass eine Vertragspartei vom Vertrag zurücktritt oder den Vertrag kündigt,

a) eine unangemessen hohe Vergütung für die Nutzung oder den Gebrauch einer Sache oder eines Rechts oder für erbrachte Leistungen oder

b) einen unangemessen hohen Ersatz von Aufwendungen verlangen kann“

Die Angemessenheit ist zu verneinen, wenn die Kosten bei einer Kündigung durch die Depositalgeber.in so hoch sind, dass faktisch eine Kündigung ausgeschlossen ist („Erdrosselungswirkung“). Der Maßstab für die Feststellung der angemessenen Höhe einer Kündigungsvermutung ergibt sich daraus, dass jede erhebliche Erhöung über das durch die gesetzlichen Regelungen vorgegebene Maß „unangemessen“ ist. Darunter fällt insbesondere, wenn bei einer Kündigung x €/Jahr/Regalmeter plus y €/Arbeitsstunde der Archivar.innen für Bestandserhaltung, Erschließung etc. in Rechnung gestellt werden. Zulässig sind hingegen Pauschalgebühren oder uU Konventionalstrafen in angemessener Höhe.

Da der Depositalvertrag nach der BGH-Rechtsprechung („Ödon von Horvath-Archiv“, siehe oben) ein Vertrag *sui generis* ist (und kein typengemischter Vertrag), gelten die allgemeinen Regelungen, ggf. ergänzt durch die analoge Anwendung von Regelungen u. a. des Leih- und Verwahrvertrages.

Der Depositalvertrag ist ein Dauerschuldverhältnis, das – wenn es keine Regelungen im Depositalvertrag gibt – durch Kündigung *ex nunc* beendet werden kann. Eine Rückforderung bereits erbrachter Leistungen ist nach einer Kündigung *ex nunc* (anders als bei einem Rücktritt) ausgeschlossen. Dies bestätigt die BGH-Entscheidung im erwähnten Ödon-v.-Horvath-Fall: Dort

§ 8 (Vollzug des Vertrages)

❑ [1]Der/die Depositalgeber/in ist sich mit dem [Archiv] bereits jetzt dinglich einig, dass das Eigentum an den Unterlagen an das Land Hessen übergehen soll. [2]Der Eigentumsübergang erfolgt, wenn das [Archiv] den Besitz an den Unterlagen erhält. [3]Der Eigentumsübergang erfolgt unentgeltlich.[384]

oder *(Zutreffendes ankreuzen)*

❑ [1]Die Vertragsparteien sind sich bereits jetzt dinglich einig, dass das Eigentum am Depositum aufschiebend bedingt auf den Tod des/der Depositalgeber/in, spätestens aber nach 30 Jahren ab der Übernahme des Depositums unentgeltlich auf [den Archivträger] übergehen soll, sofern dieser Vertrag nicht vorher gemäß § 7 gekündigt wurde. [2]Der Eigentumsübergang erfolgt unentgeltlich.

§ 9 (Nebenabreden)

Nebenabreden zu diesem Vertrag bestehen nicht. Änderungen oder Ergänzungen bedürfen der Schriftform, so dass eine Änderung mittels einfacher Mail nicht möglich ist.[385]

§ 10 (Salvatorische Klausel)

[1]Sollte eine Bestimmung dieses Vertrages unwirksam sein oder der Vertrag eine Regelungslücke aufweisen, so bleibt die Rechtswirksamkeit der übrigen Bestimmungen davon unberührt. [2]Anstelle der unwirksamen Bestimmung oder der Regelungslücke gilt die Bestimmung als vereinbart, die dem Willen der Vertragsparteien am nächsten kommt.

E. Die Möglichkeit einer Widmung zu Archivgut bei der Übernahme von Unterlagen aus Depositalverträgen

Archivgut entsteht nach der hier vertretenen Auffassung durch Übergabe, Bewertung plus Widmung, die nach der Theorie des modifizierten Privateigentums („dualistische Konstruktion")[386] dazu führt, dass eine öffentlich-rechtliche Dienstbarkeit entsteht.

---

fehlten im Depositalvertrag Regelungen zur Kündigung, so dass der BGH nach einer gewissen Zeitspanne eine Kündigung zuließ, aber keinerlei Aufwendungsersatz zusprach. Das ist auch deshalb überzeugend, weil der/die Depositalgeber/in mit der unentgeltlichen Überlassung ebenfalls eine wesentliche Leistung erbracht hat.

384 Dazu schreiben Harald Stockert/Christoph Popp (Behördenberatung und Anbietung, in: Becker/Rehm, Archivrecht, S. 43 ff. (54)): „Im Idealfall ist der Privatbesitzer [*nein*, richtig ist: Privat*eigentümer*, Th. H.] bereit, seine Unterlagen dem Archiv im Zuge einer Schenkung zu übereignen; eine andere Möglichkeiten besteht darin, einen Kaufvertrag abzuschließen, durch den [*nein*, es gilt das zivilrechtliche Abstraktions- und Trennungsprinzip, siehe Thema 8, Teil 2, Abschnitt D, also ist eine separate Übereignung nötig, Th. H.] das Archiv ebenfalls das Volleigentum erwirbt".

385 Die qualifizierte elektronische Signatur (qeS) hat sich bislang nicht durchgesetzt, so dass darauf verzichtet wird, sie im Vertragstext zu erwähnen.

386 Dazu ausführlich Thema 8, Teil 3, Abschnitt A.2.

Ein im Archivwesen soweit ersichtlich noch kaum genutzter Vorteil der dualistischen Konstruktion besteht darin, dass **der Eigentümer und der Inhaber der öffentlich-rechtlichen Dienstbarkeit nicht identisch sein müssen**.

> Beispiel: Bei einem Straßenbauprojekt wird auf einem *Privat*grundstück ein provisorischer Weg angelegt, der mittels Widmung für die Allgemeinheit freigegeben wird.

Wenn also Unterlagen aus privater Hand in Archive übernommen werden sollen, gibt es nicht nur die beiden weit verbreiteten Möglichkeiten, dass

- die Unterlagen entweder im Eigentum der Privatperson bleiben und sich das Archiv schuldrechtliche Nutzungsrechte etc. durch einen Depositalvertrag sichert oder
- dass die Unterlagen in das Eigentum des Archivs übergehen und die Privatperson schuldrechtliche Rechtspositionen erhält.

Es gibt auch die dritte Möglichkeit, dass

- **die Unterlagen im Eigentum der Privatperson verbleiben, aber mittels öffentlich-rechtlicher Dienstbarkeit die Unterlagen zu Archivgut werden** und damit jede Verfügung, die der Nutzung als Archivgut entgegensteht, automatisch unwirksam ist.

F. Die Übernahme von Unterlagen anderer Archive

Wenn eine Gemeinde kein eigenes Archiv betreibt, kann sie ihre Unterlagen einem anderen Archiv zur Verfügung stellen, das die Bewertung, Erschließung, Nutzbarmachung usw. übernimmt. Eine solche Übernahme ist **in einigen Archivgesetzen angeordnet.**

> Beispiel aus dem LArchG TH: „Sofern Gemeinden kein öffentliches Archiv unterhalten, bieten sie ihre Unterlagen anderen kommunalen Archiven oder dem zuständigen Kreisarchiv zur Archivierung an. […] Die abgebende Körperschaft ist zum Kostenausgleich verpflichtet.“ (§ 4 IV)

Die abgebende Gemeinde kann aber auch einen Vertrag abschließen, der zu einer **„Archivierung im Verbund“**[387] führt. Ein solcher Vertrag enthält Elemente eines Depositalvertrages, muss aber im Hinblick auf die Bewertung etc. durch die übernehmende Stelle auch weitere Fragen regeln.

> Beispiel: „Im Jahr 2017 schlossen […] die Stadt Lübben (Spreewald) und der Landkreis Dahme-Spreewald einen Verwahrvertrag zur Archivierung des städtischen Archivgutes. Ende August [2023] übernahm das Kreisarchiv [Dahme-Spreewald] 250 historische Akten aus der Stadtverwaltung Lübben. […] Bis zum Ende des Jahres sollen die Akten

[387] Siehe allgemein zur „Archivierung im Verbund“ auch die Vorbemerkung 2 vor Thema 10.

aufgearbeitet werden. Um sie zu erhalten, erfolge die Lagerung in klimatisierten Magazinen."[388]

Die aufnehmende Stelle macht ihre Kosten nicht als Gebühren,[389] sondern als **Kostenausgleich** geltend. Dieser Kostenausgleich entsteht entweder aufgrund einer Vereinbarung zwischen der abgebenden Gemeinde und dem aufnehmenden Archiv, oder wie im obigen Beispiel zum LArchG TH, aufgrund einer gesetzlichen Anordnung.

Beispiel: Die Gemeinde Rhönblick hat vor einigen Jahren ihre Unterlagen an das Kreisarchiv Schmalkalden abgegeben. 26 €/Aktenmeter/Jahr – diesen Betrag muss die Gemeinde Rhönblick ab 2024 an den Kreis Schmalkalden zahlen.

---

388 Zitate aus https://www.wochenkurier.info/landkreis-dahme-spreewald/artikel/kreisarchiv-uebernimmt-archivalien-aus-luebben#

389 Soweit die aufnehmende und abgebende Stelle zum selben Rechtsträger gehören (was der Regelfall sein wird), steht einer *Gebühren*erhebung bereits der Grundsatz der interorganisatorischen Einheitlichkeit entgegen. Deshalb spricht das im obigen Beispiel erwähnten LArchG TH explizit und zutreffend vom „Kostenausgleich". Ungenau Hausmann, Archivrecht, S. 101 f.

Thema 11: Die Erschließung und die Bestandserhaltung von Archivgut

Teil 1: Rechtsfragen der Erschließung

Jede Entscheidung über das „Ob" der Erschließung und dann jede Entscheidung über die Zugänglichkeit von Erschließungsdaten ist auch eine Entscheidung über die Grundrechtsverwirklichung von Nutzer.innen. Dabei ist in öffentlichen Archiven von mehreren möglichen Entscheidungen immer die zu wählen, die am effektivsten zur Grundrechtsverwirklichung beiträgt.

A. Kein Anspruch auf Erschließung

Einen Anspruch auf Erschließung als ein subjektives Recht von Nutzer.innen gibt es nicht; ein solcher **Anspruch auf eine Leistung** ist weder aus den Archivgesetzen noch aus dem Grundgesetz aus dem Informationszugangsrecht aus Art. 5 I GG ableitbar. Die archivischen Fachaufgaben sind als Pflicht für Archive formuliert, aber damit korrespondiert kein Anspruch von Bürgerinnen und Bürgern auf Durchführung der Fachaufgaben.

> Beispiel: Dies entspricht der Rechtslage in anderen Einrichtungen: Es gibt z. B. in Theatern keinen Anspruch von Zuschauer.innen auf den Besuch von Proben, und im Museum besteht Zugang nur zu dem Museumsgut, das sich in einer Ausstellung befindet.

In **Ausnahmefällen** kann aber ein **Verstoß gegen das weite Organisationsermessen** des Dienstherrn vorliegen: Wenn die von den Archivgesetzen vorgegebene Gleichrangigkeit der archivischen Fachaufgaben von der Archivleitung dadurch beseitigt wird, dass z. B. keine Archivmitarbeiter.in mit Erschließungsaufgaben beschäftigt ist, weil die Archivleitung die Erschließung als weniger wichtig ansieht als die Nutzung, könnte dies einen Ermessensfehler darstellen. Aber auch hier ist es schwierig, ein subjektiv-öffentliches Recht auf eine ermessensfehlerfreie Entscheidung zu finden; von außerhalb des Archivs kann es jedenfalls nicht geltend gemacht werden.[1]

> Beispiel: Wenn ein Erschließungsprojekt deshalb an das Ende der Prioritätenliste rutscht, weil es wenig motivierend ist, Erschließungsdaten zu generieren, die womöglich jahrzehntelang nicht zugänglich gemacht werden können, ist diese Ausübung des Entschließungsermessens aus der Perspektive einer effektiven Grundrechtsverwirklichung bedenklich, doch lässt sich schwer eine Verletzung subjektiver Rechte begründen.

---

1 Es gibt keinen Anspruch auf rechtmäßigen Gesetzesvollzug. Siehe Thema 1, Teil 1 Abschnitt C.

Wenn hingegen in einem großen Archiv auch noch die letzte Mitarbeiter.in aus der Erschließung abgezogen wird, könnte dieser Mitarbeiter möglicherweise arbeits-/dienstrechtlich die rechtswidrige Handhabung des Organisationsermessens geltend machen. Aber dann liegt keine spezifisch archivrechtliche Frage mehr vor.

Ob die **Informationsfreiheitsgesetze** einen Auskunftsanspruch im Hinblick auf Archivgut oder sogar bei unerschlossenen Unterlagen gewähren, wird an anderer Stelle besprochen.[2]

B. Findmittel sind Archivgut

Auf welcher Rechtsgrundlage können Nutzer.innen die Findmittel nutzen? Auch hier schweigen die Archivgesetze.[3] Sind die Findmittel Bestandteil der laufenden Verwaltung des Archivs, ist ein Anspruch nach den Informationsfreiheitsgesetzen naheliegend, und die Publikation der personenbezogenen Daten in den Findmitteln ist problematisch. Oder werden die Findmittel, die sich mit Archivgut beschäftigen, auch selbst zu Archivgut gewidmet?

Zwei Oberverwaltungsgerichte haben die Frage in Übereinstimmung mit der Literatur geklärt: Der Zugang zu Findmitteln ist eine „notwendige Voraussetzung und Effektuierung" des Anspruchs auf die Nutzung von Archivgut.[4] Zudem sind Findmittel selbst archivwürdig und daher im Rahmen einer Rechtsfiktion als Archivgut „anzusehen", so dass die Nutzung von Findmitteln auf der Grundlage des archivgesetzlichen Nutzungsanspruchs erfolgt.[5] Damit sind auch die Maßstäbe bei der Publikation von Findmitteln eindeutig – sie unterscheiden sich nicht von denen der Publikation von Archivgut.[6] Insbesondere sind das Recht auf informationelle Selbstbestimmung (bei Lebenden) bzw. der postmortale Persönlichkeitsschutz zu berücksichtigen.

---

2 Thema 13, Teil 2, Abschnitt C.II.

3 Jörn Brinkhus fasst die Vorgaben der Archivgesetze zur Erschließung zutreffend zusammen: „Den archivrechtlichen Status von Findmitteln als den Resultaten der Erschließung haben die Gesetzgeber im Bund und den Bundesländern nicht näher bestimmt." Jörn Brinkhus, Erschließung und Findmittel, in: Becker/Rehm, Archivrecht, S. 118.

4 Oberverwaltungsgericht Lüneburg, Urteil v. 17.09.2002 – 11 LB 123/02, https://openjur.de/u/313957.html, dort Rn. 64 (auf der Grundlage des LArchG Niedersachen). Die obige Zitat aus der Entscheidung des OVG Lüneburg findet sich bereits bei Bartholomäus Manegold, Archivrecht, Berlin 2002, S. 256 unten. Für das BArchG zustimmend Christoph Partsch, BArchG-Kommentar, 1. Aufl. 2019, § 11 Rn. 5 mit Fn. 9; generell zustimmend Brinkhus, Erschließung (Fn. zuvor), S. 118 mwN. Dem OVG Lüneburg zustimmend: OVG Nordrhein-Westfalen, Urteil v. 15.05.2018 – 15 A 25/17, https://openjur.de/u/2141748.html, Rn. 77.

5 Diese Rechtsfiktion ist auch in der Landesarchivbenutzungsordnung in Baden-Württemberg umgesetzt: „Die für die Nutzung von Archivgut getroffenen Bestimmungen gelten für die Nutzung von nicht publizierten Findmitteln […] entsprechend." (§ 1 III).

6 Zum Thema: Stephen Schröder, Internetpräsentation von Erschließungsinformationen – was ist rechtlich zulässig?, in: Auf dem Weg zum virtuellen Lesesaal: Archive im Spannungsbogen zwischen Möglichem und Machbarem. Tagungsband: 20. Sächsischer Archivtag, Chemnitz 2014, S. 23–31.

Diese hohe Datenschutzrelevanz besteht vor allem, wenn nicht nur eine flache Erschließung und eine Verknüpfung der Personendaten in Datenbanken erfolgt. Deshalb ist bereits bei der Vorlage von Findmitteln zu prüfen, ob dadurch eine Verletzung von Persönlichkeitsrechten Betroffener erfolgen kann.

Beispiel: Bei **Bauakten** werden bei der archivischen Erschließung die Daten der Eigentümer in die Findbücher übernommen. Da Findbücher wie Archivgut zu behandeln sind, sind erstens die Schutzfristen zu beachten. Bauakten sind Sachakten, so dass nur die allgemeine Schutzfrist relevant ist, nicht aber die besondere Schutzfrist für personenbezogenes Archivgut. Zudem ist der Nutzungsausschluss, der bei überwiegenden schutzwürdigen Belangen Dritter eingreift, zu berücksichtigen. Bauakten enthalten regelmäßig die Geburtsdaten der Eigentümer, während deren eventueller Todeszeitpunkt nicht mit vertretbarem Aufwand zu ermitteln ist. Für den Zeitraum, in dem das Recht auf informationelle Selbstbestimmung des Eigentümers überwiegt, kann auf den Rechtsgedanken der besonderen Schutzfrist bei personenbezogenem Archivgut zurückgegriffen werden. Die Eigentümerstellung muss daher im Findbuch für **100 Jahre nach Geburt des Eigentümers** gesperrt bleiben.

Die Erschließung muss (auch) aus juristischer Sicht das **Gendermainstreaming** berücksichtigen, also gilt in Umsetzung von Art. 3 GG (keine Benachteiligung aufgrund des Geschlechts) z. B.:

„Frauenspezifische Belange sollten in den Indizes berücksichtigt werden“, „um der nahezu ausschließlichen Bedienung männlich konnotierter Fragestellungen und Suchstrategien in öffentlichen Archiven entgegenzutreten“.[7]

C. Juristische Fragen der begrenzten Zugänglichkeit von Erschließungsdaten

Da die Findmittel also wie Archivgut zu behandeln sind, ist es logisch, dass bei sensiblen Erschließungsdaten auf die Logik jener Schutzfristen zurückgegriffen wird, die aus dem *Nutzungs*recht übernommen werden. Eine Regelung des Niedersächsischen Staatsarchivs fasst das Problemfeld zusammen:

„Findmittel werden nur insoweit vorgelegt, wie sie Archivgut nachweisen, das uneingeschränkt zugänglich ist oder bei dem unterstellt werden kann, dass die gesetzlichen Schutzfristen auf Antrag verkürzt werden können.“[8]

Doch daraus entstehen zwei zentrale, aber nicht immer hinreichend beachtete Probleme:

1. Zwar kann bei Nutzungsanträgen die ursprüngliche Schutzfrist durch die Schutzfristenverkürzung letztlich sehr wesentlich verkürzt werden, doch bei

7 Irmgard Christa Becker, Am Anfang steht die Quelle. Weibliche Traditionsbildung in Archiven und Museen, in: R. Johanna Regnath u. a. (Hrsg.), Eroberung der Geschichte. Frauen und Tradition, Hamburg 2007, S. 45 ff. (52).

8 Nachgewiesen bei Brinkhus, Erschließung (vier Fn. zuvor), S. 123 aE.

der Festlegung der Schutzfrist für die Erschließungsdaten kann natürlich nicht auf eine spätere mögliche Verkürzung jener Erschließungsdaten-Schutzfrist eingegangen werden.

2. Die Schutzfrist für Erschließungsdaten ist meist fix. Die Möglichkeit, dynamisch jedenfalls im Verlaufe der Zeit einen Teil der Erschließungsdaten z. B. pseudonymisiert zugänglich zu machen, fehlt häufig.

Weder wird, falls es sich um Daten zu lebenden Personen handelt, bei der Festlegung der Erschließungs-Schutzfrist eine Abwägung mit den Grundrechten der Nutzer.in vorgenommen noch wird, soweit es um postmortalen Persönlichkeitsschutz geht, geprüft, ob inzwischen das oben erwähnte „Verblassen" vollendet ist. Alle diese Überprüfungen unterbleiben schon deshalb, weil die potentielle Nutzer.in gar nicht wissen oder ermitteln kann, dass derartige Daten vorliegen.

Wenn Wissenschaftler.innen nicht durch Findmittel klären können, ob für das von ihnen geplante Forschungsprojekt Unterlagen in einem Archiv vorhanden sind, ist es wesentlich unwahrscheinlicher, dass ein Forschungsprojekt gestartet wird, denn es müssten im ersten Schritt Anfragen zu den eventuell im konkreten Fall doch schon zugänglichen Erschließungsdaten gestellt werden, im zweiten Schritt müsste ggf. ein Antrag auf Verkürzung der Fristen gestellt werden, und erst nach dem Erfolg dieses Antrages kann die Entscheidung über das Zustandekommen des Forschungsprojekts fallen. Im Vergleich zu einer Online-Recherche in frei zugänglichen Daten ist das eine wesentliche Erschwerung der Grundrechtsverwirklichung der Nutzer.innen. Ihre Grundrechte aus Art. 5 GG, also die Informations- und Forschungsfreiheit, werden auf diesem Weg insbesondere bei Forschungsprojekten zu personenbezogenem Archivgut insbesondere aus dem 20. Jahrhundert wesentlich und häufig zu stark eingeschränkt.

D. Möglichkeiten einer juristisch besseren Zugänglichkeit sensibler Erschließungsdaten

Die juristisch überzeugende Lösung kann nicht sein, dauerhaft und unverrückbar die maximal denkbare Schutzfrist für die Zugänglichkeit der Erschließungsdaten festzulegen. Denn erstens wird damit unterschiedslos auf die sozusagen „schwächste" Nutzer.in abgestellt – wer z. B. als Wissenschaftler.in von einer früheren Zugänglichkeit von Erschließungsdaten profitieren konnte, bleibt von vornherein außen vor. Zweitens bleibt bei einer solchen pauschalen Festlegung das Verhältnismäßigkeitsprinzip unbeachtet – es ist das jeweils mildeste Mittel anzuwenden, und dies natürlich bezogen auf einen konkreten Zeitpunkt.

Die effektivste Grundrechtsverwirklichung liegt vor, wenn der Zugang zu sensiblen Erschließungsdaten jeweils auf der Grundlage des konkreten Vorhabens der Nutzer.in festgelegt wird. Das führt aber natürlich zur arbeitsintensiven Bearbeitung von Anträgen auf die Zugänglichkeit von gesperrten Erschließungsdaten. Insbesondere müssen – anders als bei Nutzungsanträgen – **auch Anträge „ins Blaue“ hinein zugelassen werden** („explorative Suche“)

Beispiel: „Wenn Sie Findmittel zum Thema X haben und diese Erschließungsdaten aktuell gesperrt sind, stelle ich als Wissenschaftler.in einen Antrag auf Verkürzung der Sperrfrist“.

Für eine effektive Grundrechtsverwirklichung sollten die öffentlichen Archive unbedingt darauf hinweisen, wie sie mit sensiblen Erschließungsdaten umgehen und welche Möglichkeiten der Antragstellung bestehen.

Beispiel: Frau F hat in den 1970er Jahren als Studentin Kontakt zum Umfeld einer damaligen linksterroristischen Organisation gehabt. Dies ist in den Strafverfolgungsakten zu einem damaligen Haupttäter dokumentiert. Gegen Frau F gab es damals kein Strafverfahren.

Die Strafverfolgungsakten gegen den damaligen Haupttäter (Laufzeit inkl. Strafvollstreckung: bis zum Jahr 2000) sind im Jahre 2020 an das zuständige öffentliche Archiv abgegeben worden und dort umfassend erschlossen worden. Im Findmittel sind alle personenbezogenen Daten aus den Unterlagen zu nicht verurteilten Personen ab jetzt für 130 Jahre gesperrt und damit auch die Erschließungsdaten zu Frau F. Die Bearbeiterin begründet diese Sperrung bis zum Jahr 2150 in einem Vermerk damit, dass im Hinblick auf die 100-jährige Schutzfrist bei personenbezogenen Daten berücksichtigt werden müsse, dass die betroffenen Personen bei Laufzeitende im Jahr 2000 mindestens 20 Jahre alt gewesen sein, also eine noch 80-jährige Schutzfrist einschlägig sei, die im Jahre 2080 enden würde. Von jetzt an würde die Schutzfrist also 60 Jahre betragen. Hinzu käme eine 70-jährige Frist, bis die staatliche Aufgabe des postmortalen Persönlichkeitsschutzes ende. Daraus ergibt sich, so die Festlegung im Findmittel zu den Unterlagen, eine noch 130-jährige Sperrfrist zu allen personenbezogenen Daten aus dem Umfeld jener linksterroristischen Organisation. Ist das rechtmäßig?

Lösung zum Beispiel: Es ist zu pauschal, dass hier für alle betroffenen Personen aus dem Umfeld der linksterroristischen Organisation die gleiche Schutzfrist festgelegt wird. Diese zu geringe Erschließungstiefe ist unmittelbar nachteilig für die Grundrechte von Nutzer.innen. Daher ist das Ende der Kontakte von Frau F im Jahr 1980 in die Berechnung einzubeziehen; ab dann muss das Recht auf informationelle Selbstbestimmung durch eine noch 80-jährige Frist geschützt werden, die also im Jahr 2060 endet. Danach beginnt der 70-jährige postmortale Persönlichkeitsschutz.

Es ist grundsätzlich richtig, dass zu Lebzeiten von Frau F ihr Recht auf informationelle Selbstbestimmung dazu führt, dass generell noch nicht einmal sichtbar sein darf, dass überhaupt Daten über Frau F vorhanden sind. Da ein Archiv keine Wahrheitsagentur ist, hat das Archiv nicht die Aufgabe, korrigierend in ein möglicherweise geschaffenes Lebensbild einzugreifen, dass Frau F von sich geschaffen hat, also ohne jene Kontakte zu der linksterroristischen Organisation. Für Arbeitgeber.innen von Frau F und ihren unmittelbaren Nachfahren bleiben diese Erschließungsdatensätze während der Schutzfrist gesperrt. Zwar sind berufliche Fake-Biographien von NS-Tätern nicht schützenswert, bei Frau F.s Aktivitäten handelt es sich aber nicht um eine langjährige berufliche Tätigkeit. Folglich ist hier auch ein Verhalten in der Individualsphäre schützenswert.

Es ist aber gut möglich, dass all diese Zugangsbeschränkungen für ein wissenschaftliches Projekt von vornherein nicht bestehen. Daher muss bei Anträgen von Personen, die Zugang zu dem Findmittel wünschen, auf die jeweilige Person abgestellt werden. Da Findmittel wie oben begründet wie Archivgut zu behandeln sind, ist ein Antrag auf Zugang zu dem Findmittel nach den üblichen Regeln für einen Nutzungsantrag zu behandeln. Insbesondere die Wahrnehmung berechtigter Interessen, also z.B. ein wissenschaftliches Projekt, kann zur Zugänglichkeit der Daten führen, wenn die Auflage ergeht, bei einer Publikation nicht den Realnamen zu nennen.

Und es ist gut möglich, dass schon jetzt die generelle Zugänglichmachung pseudonymisierter Daten rechtlich zulässig und damit geboten ist.

Und schließlich ist auch zu berücksichtigen, ob Findmittel online gestellt und damit generell zugänglich sind oder in Papierform nur spezifisch Interessierten vorgelegt werden. Die Rechtsprechung zu Online-Archiven von Zeitungen ist ausdifferenziert und liefert viele Kriterien, die auf Findmittel übertragbar sind. Darauf aufbauend gibt es eine detaillierte Empfehlung des archivarischen Arbeitskreises „Archive und Recht“,[9] die – wie auch sonst – zwar keine Normqualität hat, aber als Empfehlung für die Praxis dienen kann.

Teil 2: Rechtsfragen der Bestandserhaltung

A. Allgemeines

Die Bestandserhaltung ist eine Rechts*pflicht* der Archive,

> „in der Regel primär als Aufgabe des Originalerhalts […] und lediglich sekundär als Sicherung der im Archivgut vorhandenen Information auf anderen Datenträgern“.[10]

Daher muss begründet werden, wenn das Archiv nach der Digitalisierung die Bestandserhaltung am Original aufgibt oder jedenfalls hintenanstellt.

Archive können und (wie in Band 1 erläutert) *sollten* sich grundsätzlich an die Regeln halten, die von diversen nicht-staatlichen Institutionen zusammengestellt werden; insbesondere die ISO- und DIN-Gremien sind in diesem Zusammenhang relevant. Zwar sind diese Regelungen **nicht normativ verbindlich**, doch kann das Archiv ohne rechtliche Folgeprobleme nur bei hinreichender Fachkenntnis von den Regelungen abweichen.

Auch technische Regeln sind keine Rechtsnormen, können jedoch Gesetzeskraft erhalten, wenn der Gesetzgeber – wie es im Bauordnungsrecht, aber nicht im Archivrecht geschehen ist – sie in seinen Willen aufnimmt. Erst recht keine normative Kraft haben Empfehlungen, die Selbstverwaltungsorgane der Archivar. innen beschließen.

9 Ausführlich nachgewiesen bei Brinkhus, Erschließung (fünf Fn. zuvor), S. 127ff.
10 Barteleit, Konservierung und Restaurierung, in: Becker/Rehm, Archivrecht, S. 92ff. (93).

B. Bestandserhaltung und Beweiswerterhaltung

Archivar.innen sichern als Experten für Informationssicherheit Authentizität, Integrität und *Availability* der Unterlagen – und dazu zählt auch, dass sie sich um den Beweiswert kümmern müssen, der sich gemäß den Prozessordnungen aus den Unterlagen ergibt. Dies gilt auch bei der Antwort auf die Frage, ob statt einer Investition, die zum Originalerhalt führt, eine Ersatzdigitalisierung vorgenommen wird.

I. Analoges Archivgut

Wenn an analogem Archivgut, dem ein Beweiswert zukommt, bestandserhaltende Maßnahmen durchgeführt werden müssen, stellt sich die Frage, wie sich negative Auswirkungen auf den Beweiswert verhindern oder jedenfalls minimieren lassen.[11]

> Beispiel (in Anlehnung an einen Fall, der im Jahr 2013 einem Beschluss des BVerwG zugrunde lag[12]): Im Archiv befindet sich die beglaubigte Kopie eines Kaufvertrages aus dem Jahre 1936. Die Verbindung zwischen den Blättern ist durch einen Faden hergestellt, der durch Alterung und Nutzung inzwischen nahezu zerstört ist. Welches Vorgehen empfiehlt sich?

Bei den folgenden drei Vorgehensweisen bleibt der Beweiswert **in vollem Umfang erhalten:**[13]

- Es ist möglich, eine **Notar.in einzuschalten** und vor der bestandserhaltenden Maßnahme eine beglaubigte Kopie nach § 39 BeurkG erstellen zu lassen oder eine Niederschrift über die Maßnahme nach § 36ff. BeurkG. Das verursacht aber gerade bei größeren Beständen hohe Kosten; zudem muss die Notar.in zum Archivgut kommen oder umgekehrt das Archivgut zur Notar.in gebracht werden.
- Soweit die technischen Möglichkeiten vorhanden sind, kann ein **rechtssicheres ersetzendes Scannen**[14] durchgeführt werden.
- Gemäß § 33 VwVfG kann vor der Durchführung der bestandserhaltenden Maßnahme eine **amtlich beglaubigte Kopie** erstellt werden, aber nur durch

---

11 Frau Heike Szesny (Kreisarchiv Uckermark) danke ich für ihre Frage, Dr. Bernhard Homa (Niedersächsisches Landesarchiv) für seine Hinweise.

12 Beschluss v. 16.05.2013 – 8 B 70.12, https://openjur.de/u/2169648.html; dazu Bernhard Homa, Beweismittel Lochmuster. Ein Beschluss des Bundesverwaltungsgerichts zur Rechtserheblichkeit aktenkundlicher Merkmale und archivischer Bearbeitungsprozesse von Schriftgut, Archivar Jg. 74 (2021/2), S. 102ff.

13 Vorausgesetzt wird im Folgenden, dass auf keine andere Ausfertigung der Unterlage zurückgegriffen werden kann.

14 Dazu https://www.bundesdruckerei.de/de/innovation-hub/tr-resiscan-so-laeuft-rechtssicheres-scannen#.

eine **siegelberechtigte**[15] **Behörde.**[16] Diese werden u.a. durch das Landesrecht festgelegt; zu ihnen zählen u.a. Landkreise, Gemeindeverwaltungen und untere Verwaltungsbehörden (z.B. Ortsbürgermeister.innen und Ortsvorsteher.innen) und in Hessen die Ortsgerichtsvorsteher.innen. Archive sind, soweit ersichtlich, nicht siegelberechtigt, können auf diese Weise also nicht selbst eine amtlich beglaubigte Kopie erstellen, sondern sind auf die Hilfe anderer Behörden angewiesen.

Wenn keiner dieser drei Wege eingeschlagen werden kann, lässt sich die Verringerung des Beweiswertes aber dennoch minimieren, **wenn die bestandserhaltende Maßnahme vom Archiv genau und nachvollziehbar dokumentiert wird.**[17] Ob später die Beweiskraft der Urkunde trotz der bestandserhaltenden Maßnahme noch vorliegt, ob also der nunmehr vorliegende äußere Mangel die Beweiskraft der Urkunde ganz oder teilweise aufhebt, wird im Streitfall vom Gericht **in freier Überzeugung** (§ 286 ZPO) gemäß §§ 419 ZPO, ggf. iVm. § 173 VwGO, entschieden.

§ 419 ZPO

Beweiskraft mangelbehafteter Urkunden

Inwiefern Durchstreichungen, Radierungen, Einschaltungen oder **sonstige äußere Mängel** die Beweiskraft einer Urkunde ganz oder teilweise aufheben oder mindern, entscheidet das Gericht nach freier Überzeugung.

„Das bedeutet, dass sich ein Gericht in zweifelhaften Fällen mit einem für das praktische Leben brauchbaren Grad von Gewissheit begnügen muss, der den Zweifeln Schweigen gebietet, ohne sie völlig auszuschließen." „Die mit der freien Überzeugungsgewinnung in § 108 Abs. 1 Satz 1 VwGO statuierte Freiheit der richterlichen Beweiswürdigung ist nicht grenzenlos. Einschränkungen erfährt der Grundsatz durch gesetzlich normierte Beweisregeln. Über § 173 VwGO, § 286 Abs. 2 ZPO gelten die gesetzlichen Beweisregeln der ZPO im Verwaltungsprozess."[18]

Bei dieser juristischen Betrachtungsweise sollte zudem beachtet werden, dass **Kriterien der Aktenkunde** nicht unmittelbar als juristisches Argument verwendet werden können, sondern die Aktenkunde ein vom System „Recht" getrenn-

15 Der Einsatz eines Dienstsiegel ist eine unverzichtbare Rechtsfolgevoraussetzung der amtlichen Beglaubigung, siehe § 33 III 2 Nr. 4 aE VwVfG.

16 Rechtsanwält.innen sind, auch wenn sie ein Siegel führen, keine Behörde und können daher keine amtlich beglaubigte Kopie erstellen.

17 In der erwähnten BVerwG-Entscheidung ist dazu zu lesen: Es „hat die Zeugin P. bei ihrer Vernehmung in der mündlichen Verhandlung vom 10. März 2010 angegeben, dass sie den alten Locher noch habe und man anhand dessen feststellen könnte, ob die Urkunde durch Bedienstete des Sächsischen Hauptstaatsarchivs einmal oder mehrmals gelocht worden ist" (Rn. 15). Homa kommentiert zutreffend: „Bewahren Sie Ihren Locher auf – wer weiß, wozu er noch mal nützlich sein wird …" (Beweismittel (vier Fn. zuvor), S. 104).

18 BVerwG (wie sechs Fn. zuvor), Rn. 21 bzw. 20.

tes System darstellt, das aus juristischer Sicht „nur“ als externe Referenzebene herangezogen werden kann.[19]

Und schließlich sei angemerkt, dass das *ius archivi* als Rechtsfigur, das bis in das 19. Jahrhundert von Bedeutung war,[20] in der Gegenwart nicht mehr dafür sorgen kann, dass der Beweiswert erhalten bleibt.

II. Digitales Archivgut

Substanzverlust im digitalen Zeitalter bedeutet – neben vielen anderen Verlustszenarien – den Verlust eines erhöhten Beweiswertes.[21]

1. *Elektronische Dokumente mit erhöhtem Beweiswert*

Im Hinblick auf digitale Dokumente hat der Gesetzgeber außergewöhnlicherweise Anscheinsbeweise in die Zivilprozessordnung aufgenommen: Bei **Erklärungen mit qualifizierter elektronischer Signatur** (im Folgenden: qeS) liegt, so § 371 a I 2 ZPO, der **Anscheinsbeweis der Echtheit** vor. Das gleiche gilt beim Versand von **DE-Mails** (§ 371 a II ZPO).

Zudem regelt § 371 a III ZPO detailliert die **Beweiswerterhöhung bei öffentlichen elektronischen Dokumenten, insbesondere wenn eine qeS vorliegt**. Dann gilt die Vermutung der Echtheit (§ 371 a III iVm. § 437 ZPO). Es wird also vermutet, dass die verkörperte Gedankenerklärung geistig von der Person herrührt, die angegeben ist. Ein wichtiger Anwendungsfall ist, dass Behörden z.B. ihre als digitales Dokument vorliegenden Verwaltungsakte z.B. an ein Gericht übermitteln können und der Beweiswert nicht sinkt.

2. *Wer ist zuständig für die Erhaltung des erhöhten Beweiswerts?*

Was sind die archivarischen Aufgaben im Hinblick auf die Erhaltung des erhöhten Beweiswertes? Anders formuliert: Wer ist bei Archivgut insoweit zuständig?[22]

---

19 Nur mit dieser Einschränkung kann der These von Homa (Beweismittel (sechs Fn. zuvor), S. 102) gefolgt werden, das der „Aktenkunde zentrale Bedeutung für die Entscheidungsfindung“ in der erwähnten Entscheidung des BVerwG zukam. In deren Zentrum standen beweisrechtliche Überlegungen.

20 Dazu Thema 1, Teil 2, Abschnitt D.IV.

21 Die folgenden Ausführungen sind eng angelehnt an Henne, Juristische Anforderungen an die Beweiswerterhaltung bei digitaler Archivierung, in: Irmgard Christa Becker u.a. (Hrsg.), E-Government und digitale Archivierung. Tagungsband zum 23. Archivwissenschaftlichen Kolloquium der Archivschule Marburg im Juni 2018, Marburg 2021, S. 97–118.

22 Für das hier nicht vertieft interessierende Verwaltungsgut ist die Antwort wesentlich einfacher. Z.B. regelt § 18 I 2 der Registraturrichtlinie der Bundesministerien: Bei elektronisch gespeichertem Schriftgut sind die Vollständigkeit, Integrität, Authentizität und Lesbarkeit durch geeignete Maßnahmen zu gewährleisten.“ (Beschluss des Bundeskabinetts vom 11. Juli 2001).

Ausgangspunkt für die Antwort ist das Vertrauensdienstegesetz (VDG).[23] Es regelt unter anderem, wann ein qualifizierter Vertrauensdiensteanbieter vorliegt, der den technischen Teil der Erhaltung des erhöhten Beweiswerts sichert. Zentral ist insoweit § 15 in diesem Gesetz, der die „Langfristige Beweiserhaltung" regelt:

> Sofern hierfür Bedarf besteht, sind qualifiziert elektronisch signierte, gesiegelte oder zeitgestempelte Daten durch geeignete Maßnahmen neu zu schützen, bevor der Sicherheitswert der vorhandenen Signaturen, Siegel oder Zeitstempel durch Zeitablauf geringer wird. Die neue Sicherung muss nach dem Stand der Technik erfolgen.

Die Norm stellt auf einen objektiven „Bedarf" ab, nicht auf subjektive Interessen. Das VDG lässt aber offen, *wer* – wenn der „Bedarf" vorliegt – die Zuständigkeit für die Beweiswertsicherung hat. Der Vertrauensdiensteleister muss zwar seine Kunden darauf hinweisen, dass bei Bedarf die qeS neu zu schützen sind,[24] aber aus der Hinweispflicht des Vertrauensdiensteleisters kann sich rechtsdogmatisch kaum eine Handlungspflicht des nunmehr Informierten ergeben – schon weil andernfalls eine Privatperson eine öffentlich-rechtliche Verpflichtung begründen könnte.

Auch dem Bundesarchivgesetz bzw. den Landesarchivgesetzen[25] lässt sich kaum eine Konkretisierung entnehmen, weil dort nur sehr knapp und pauschal den Archiven eine dauerhafte Sicherung des Archivguts aufgegeben wird, ohne dass eine Präzisierung erfolgt.[26]

Die nicht unstrittige Antwort ist: **Es muss *seitens des Archivs* proaktiv der erhöhte Beweiswert von Dokumenten mittels qeS gesichert werden.**[27] Es ist also das Archiv, dass nach § 15 VDG darüber entscheidet und entscheiden muss, ob ein solcher Bedarf besteht.

Der Vertrauensdiensteanbieter muss also in Absprache mit dem Archiv immer wieder *nach dem Stand der Technik* geeignete Maßnahmen treffen, um das Maß

---

23 Vertrauensdienstegesetz (VDG) v. 18.07.2017.

24 § 12 I Nr. 2 VDG.

25 § 3 I 1 BArchG; auf den Nachweis der Normen aus den Landesarchivgesetzen sei aus Platzgründen verzichtet.

26 Anders Hannes Berger, Sächsisches Archivgesetz. Kommentar, Hamburg 2018, § 8 Rn. 36 mit Verweis auf § 8 III 1 LArchG Sachsen; dort ist allerdings nur geregelt: „Das Archivgut ist in seiner Entstehungsform zu erhalten […]." Der einzige Kommentar zum BArchG (Christoph Partsch (Hrsg.), Bundesarchivgesetz, Baden-Baden 2019) liefert zu der hier diskutierten Frage keine These.

27 Zu den Gegenthesen siehe ausführlich Juristische Anforderungen an die Beweiswerterhaltung bei digitaler Archivierung, in: Irmgard Christa Becker u. a. (Hrsg.), E-Government und digitale Archivierung. Tagungsband zum 23. Archivwissenschaftlichen Kolloquium der Archivschule Marburg im Juni 2018, Marburg 2021, S. 97 ff. (S. 107 ff.).

des Sicherheitswertes gleich hoch zu halten und so den Beweiswert sichern, insbesondere durch **Nachsignierungen**.

Vertrauensdiensteanbieter und Archiv sollten sich auch aus juristischer Sicht im Hinblick auf den *Stand der Technik* bei der Beweiswertsicherung an die umfassenden Vorgaben der Technische Richtlinien des Bundesamtes für Sicherheit in der Informationstechnik in der jeweils aktuellen Fassung halten.[28]

3. *Wie lange muss der erhöhte Beweiswert gesichert werden?*

Der Faktor Zeit liefert eine Messlatte für die aus juristischer Sicht notwendige *Dauer*, in der Authentizität, Integrität und *Availability* gewahrt sein müssen. Dabei ist nach den verschiedenen Rechtsgebieten zu differenzieren:

- Nach dem Ende von *zivilrechtlichen* Verjährungsfristen brauchen digitale Unterlagen, die einen zivilrechtlichen Anspruch begründen, aus zivilrechtlicher Sicht nicht mehr authentisch, integer und lesbar zu sein. Die regelmäßige Verjährungsfrist beträgt 30 Jahre, die aber durch verschiedene Maßnahmen verlängert werden kann; es können aber auch wesentlich kürzere Verjährungsfristen bei zivilrechtlichen Ansprüchen vorliegen. Andererseits zeigen die noch heute andauernden Ermittlungen zur rechtlichen Gültigkeit von Übereignungen während der NS-Zeit, dass auch jenseits der zivilrechtlichen Verjährung Klärungsbedarf bestehen kann.
- Bei digitalen Unterlagen mit *strafrechtlichem* Inhalt setzt zwar die Rechtskraft der Entscheidungen eine Zäsur, aber Wiederaufnahmeverfahren sind auch Jahrzehnte später möglich, und die Strafbarkeit eines Mordes verjährt nicht. Aus juristischer Sicht das Optimum wären also Integrität und Authentizität während der gesamten möglichen Lebensdauer möglicher Täter, also rund 100 Jahre. Selbst wenn man nur auf Wiederaufnahmeverfahren abstellt, geht es um die Zeitdauer bis zum Lebensende der von strafrechtlich Maßnahmen Betroffenen, also um mehrere Jahrzehnte.
- Im *Verwaltungsrecht* ist mit der Bestandskraft des Verwaltungshandelns zwar ebenfalls eine Zäsur erreicht, aber es bleiben Konstellationen möglich, bei denen auch Jahrzehnte später um die juristische Richtigkeit der Verwaltungsentscheidung gerungen wird und dann auf alte digitale Unterlagen zurückgegriffen wird, bei denen nun Authentizität und Integrität wesentlich werden. Zum Beispiel Erbrechtsstreitigkeiten können sehr weit in die Vergangenheit zurückgreifen – Personenstandsregister und Grundbücher müssen dann authentisch, integer und lesbar sein. Ein Rückgriff auf 100 Jahre alte Unterlagen ist insoweit nicht selten.

---

[28] Aktuell: 03125 (TR-ESOR). Die DIN 31644 geht auf die Beweiswerterhaltung durch Nachsignierung nicht ein; siehe Christian Keitel/Astrid Schoger (Hrsg.), Vertrauenswürdige digitale Langzeitarchivierung nach DIN 31644, Berlin 2013.

Legt man diese Maßstäbe an, ist die juristische Forderung, dass heute erstellte digitale Unterlagen auch im Jahr 2123 noch den gleichen Beweiswert haben. Damit übereinstimmend zielt auch das elektronische Urkundenarchiv der Bundesnotarkammer auf eine Zeitdauer von 100 Jahren für die Einhaltung der Maßstäbe der Informationssicherheit.[29]

[29] https://urkundenarchiv.bnotk.de/elektronisches-urkundenarchiv/die-sichere-archivierung/.

Thema 12: Die Beseitigung von Archivgut („Nachkassation")

Eine rechtmäßige Beseitigung von Archivgut ist möglich und teilweise in den Archivgesetzen erwähnt.[1]

Dieses Vorgehen setzt eine **Entwidmung** voraus. Diese hebt den Status „Archivgut" auf, die öffentlich-rechtliche Dienstbarkeit besteht dann nicht mehr und die Sache unterliegt nur noch dem (nicht mehr modifizierten) Privatrecht des BGB. Als *actus contrarius* zur Widmung[2] muss bei der Entwidmung deren rechtliche Form gewahrt bleiben, insbesondere muss die Befugnis zum Erlass der Allgemeinverfügung im Sinne des VwVfG vorliegen. Es ist empfehlenswert, dass die Befugnis zur Entwidmung nur in Absprache mit der Archivleitung ausgeübt werden kann.

Die Entwidmung setzt voraus, dass zuvor die Bewertung als archivwürdig durch einen dazu ermächtigten Mitarbeiter aufgehoben wurde und damit eine der Voraussetzungen der früheren Widmung nunmehr entfällt. **Eine vorherige Benutzung der Unterlagen steht aus juristischer Perspektive einer Aufhebung der Archivwürdigkeit nicht notwendig entgegen**, weil die Archivwürdigkeit auf die historische Bedeutung der Unterlage selbst abstellt und nicht auf ihre Bedeutung im wissenschaftlichen Diskurs. Da aber durch die Beseitigung von zitierten Quellen der wissenschaftliche Diskurs gestört und damit die Ausübung der Wissenschaftsfreiheit jedenfalls mittelbar beeinträchtigt wird, sollte jedenfalls überlegt werden, ob sich das Archiv bei einer öffentlichen Diskussion der Beseitigung von Archivgut angreifbar macht.

Wenn bei Vorliegen dieser Voraussetzungen für die **Entwidmung** früheres Archivgut anschließend beseitigt wird, ist der nicht seltene Vorwurf des strafrechtlich relevanten Verwahrungsbruchs[3] verfehlt. Die Entwidmung hebt die öffentlich-rechtliche Dienstbarkeit und alle oben genannten Folgen der Widmung von Verwaltungsunterlagen zu Archivgut auf. Die Entwidmung

> „bewirkt den Rückfall der Sache in das Finanzvermögen, wenn sie im Eigentum eines Verwaltungsträgers" [hier: des Rechtsträgers des Archiv] steht.[4]

Anschließend kann das Archiv über diesen Teil des Finanzvermögens verfügen und z. B. die Sachen an eine Firma zur Entsorgung übergeben. Auch eine Veräußerung dieser Sachen an Privatpersonen ist – wenn es keine z. B. datenschutz-

---

1 § 6 III 2 LArchG HE.
2 Dazu Thema 10, Teil 1, Abschnitt E.II.
3 Thema 7, Abschnitt D.
4 Wolff/Bachof, Verwaltungsrecht I, 9. Aufl. 1974, § 56 V c (S. 492).

rechtlichen Bedenken gibt – juristisch unbedenklich möglich (und möglicherweise haushaltsrechtlich geboten), aber es kann natürlich gute außerjuristische Gründe geben, den letzteren Weg nicht zu gehen.

Die Beseitigung von Archivgut wird häufig unter dem Stichwort „**Nachkassation**“ diskutiert. Das ist aber ein in den Archivgesetzen nicht definierter, juristisch nicht festgelegter und auch archivwissenschaftlich nicht eindeutiger Begriff.

Teil 1: Ist die Beseitigung von Originalen nach der Digitalisierung zulässig?

> Beispiel: Ein kommunaler Bürgermeister möchte einen Großteil der städtischen Papierakten, die bisher im Archiv als Archivgut verwahrt werden, digitalisieren und anschließend vernichten. Ist das rechtmäßig?

Art. 5 GG begründet einen Informationsanspruch, der sich auf „Quellen“ und eben nicht auf Surrogate richtet. Jedes Surrogat, also auch ein Digitalisat, kann immer nur einen Teil der Informationen in das neue Medium tragen. Daher kann es zwar im Einzelfall mit dem GG vereinbar sein, wenn nach der Digitalisierung das Original vernichtet wird (z. B. wenn eine Bestandserhaltung nicht möglich oder unangemessen teuer wäre). Eine umfassende und großflächige Vernichtung von Originalen ist aber mit Art. 5 GG nicht vereinbar.

Auch ein Blick in „modernere“ Archivgesetze führt zum gleichen Ergebnis: Eine großflächige Vernichtung von Originalen ist z. B. sowohl nach dem hessischen[5] als auch nach dem sächsischen[6] Archivgesetz explizit rechtswidrig. Soweit „ältere“ Archivgesetze diese sich aus der Digitalisierung ergebende Rechtsfrage noch nicht behandeln, sind diese Gesichtspunkte mittels einer teleologischen Auslegung zu berücksichtigen.[7]

5 § 6 II LArchG HE: „Archivgut ist grundsätzlich im Original aufzubewahren. Sofern es unter archivfachlichen oder technischen Gesichtspunkten in besonders begründeten Einzelfällen geboten ist, können die öffentlichen Archive die im Archivgut enthaltenen Informationen auch in anderer Form archivieren. Darüber ist ein entsprechender Nachweis zu führen.“

6 § 8 III 1 LArchG SN: „Das Archivgut ist in seiner Entstehungsform zu erhalten, soweit nicht archivfachliche Belange entgegenstehen.“ Die Digitalisierung ist kein solcher „archivfachlicher Belang“. In seinem Kommentar zum Sächsischen Archivgesetz (Hamburg 2018) schreibt Hannes Berger dazu (§ 8 Rn. 31): „Die Erhaltung des Originals, das heißt die unveränderte Verwahrung und Sicherung der Unterlagen in jenem Zustand, in dem sich an das Archiv übergeben wurden, dient sowohl rechtlichen als auch kulturellen Zwecken. Durch die Beibehaltung der ursprünglichen Entstehungsform behält eine öffentliche Urkunde ihren rechtlichen Beweiswert und den Anschein der Echtheit (§§ 415, 417 ff, 437 ZPO).“

7 Zur Frage, ob ein Anspruch auf die Nutzung des Originals besteht, wenn das Archiv über ein Digitalisat verfügt, siehe Thema 13, Teil 6, Abschnitt C.I.1.

Teil 2: Ist die Beseitigung von Archivgut nötig aufgrund eines „Rechts auf Vergessen(werden)"?

Seit dem Jahr 2019 haben Entscheidungen des Bundesverfassungsgerichts[8] und jüngst des Bundesgerichtshofs[9] zum „Recht auf Vergessen(werden)" im Hinblick auf sog. „Online-Archive" eine große mediale Aufmerksamkeit erhalten. Aber wie ist die Rechtslage generell im Hinblick auf die Institutionen, die im archivischen Kontext als „Archive" verstanden werden?

Eine vertiefte Diskussion dieser Frage findet sich, soweit ersichtlich, bislang weder in der umfangreichen Kommentarliteratur zur DS-GVO und zum BDSG noch in der archivrechtlichen Literatur.[10]

A. Das Recht auf Löschung gemäß der DS-GVO und die Bereichsausnahme für Archive

Das in Art. 17 Abs. 1 DS-GVO geregelte „Recht auf Löschung", meist als „Recht auf Vergessen(werden)" bekannt, ist ein zentrales Element des sog. **„Selbstdatenschutzes"**.[11] Die Regelung in Art. 17 Abs. 1 DS-GVO normiert nur Grundsätze, die sich nach deutschem Recht auch aus anderen Rechtsinstituten herleiten ließen,[12] so dass das „Recht auf Vergessenwerden" auch schon vor der DS-GVO relevant war.

Dieses „Recht auf Vergessenwerden" ist aber in Art. 17 III d DS-GVO wesentlich durch eine **Bereichsausnahme zugunsten von Archiven** eingeschränkt. Das Recht auf Löschung besteht nicht,

---

8 BVerfG: Beschluss v. 6.11.2019 – 1 BvR 16/13 – BVerfG NJW 2020, 300 – **Recht auf Vergessen I – Pxxx T.**; www.bverfg.de/e/rs20191106_1bvr001613.html. Siehe zum damaligen Mordfall auch den SPIEGEL-Bericht zum Gerichtsverfahren, zugänglich unter: https://www.spiegel.de/politik/da-geriet-ich-in-panik-a-a064bc47-0002-0001-0000-000014355425?context=issue; Beschluss v. 6.11.2019 – 1 BvR 276/17 – BVerfG NJW 2020, 314 – **Recht auf Vergessen II – Kxxxxxx B.**; www.bverfg.de/e/rs20191106_1bvr027617.html. Siehe die streitige Passage aus einem NDR-Bericht unter https://www.youtube.com/watch?v=rqLMfbnYCPY (bei 5:59 Min.). Die Rezeption dieser beiden Urteile belegt übrigens den – vom BVerfG in seinen Entscheidungen nicht diskutierten sog. „Streisand-Effekt": Aufgrund der Gerichtsverfahren sind die Namen jener beiden Personen erst recht bekannt.

9 www.spiegel.de/netzwelt/netzpolitik/bundesgerichtshof-recht-auf-vergessenwerden-vom-einzelfall-abhaengig-a-5b5b6358-97af-49f5-b6cf-96def1af6972

10 So auch Patricia Schlagk, Die datenschutzrechtliche Privilegierung von im öffentlichen Interesse liegenden Archivzwecken, Bachelor-Arbeit an der Fachhochschule Potsdam, 2019, https://opus4.kobv.de/opus4-fhpotsdam/frontdoor/index/index/docId/2431. Einige Bemerkungen aus archivischer Sicht bei Bernhard Homa, Ausgewählte neuere Rechtsprechung zu archivischen Aufgabenfeldern, in: Recht und Zugang, Heft 2-2021 (DOI: https://doi.org/10.5771/2699-1284-2021-2-90), S. 90 ff. (93 ff.).

11 BeckOK DatenschutzR/Worms, 32. Ed. 1.11.2019, BDSG § 35 Rn. 10.

12 Dazu ausführlich BeckOK DatenschutzR/Worms, 32. Ed. 1.11.2019, BDSG § 35 Rn. 10.

„soweit die Verarbeitung [der Daten] erforderlich ist […]

- für im öffentlichen Interesse liegende Archivzwecke […] gemäß Artikel 89 Absatz 1,
- soweit das in Absatz 1 genannte Recht [auf Vergessenwerden] voraussichtlich die Verwirklichung der Ziele dieser Verarbeitung unmöglich macht oder ernsthaft beeinträchtigt"

Gesetzestechnisch ist der Verweis auf Art. 89 DS-GVO in Art. 17 Abs. 3 d DS-GVO missglückt,[13] muss aber nun dennoch die Grundlage für die Diskussion sein. Wann die Rechtsfolgevoraussetzungen des Art. 89 I DS-GVO generell erfüllt sind, ist oben ausführlich erläutert.[14] Daher sie hier nur die Zusammenfassung wiederholt:

Die Rechtsfolgevoraussetzung „Weiterverarbeitung für im öffentlichen Interesse liegende Archivzwecke" liegt also jedenfalls bei **öffentlich-rechtlich organisierten Einrichtungen mit Archivaufgaben** vor; im Übrigen ist es problematisch, ob das Vorliegen dieser Rechtsfolgevoraussetzung bejaht werden kann.

Zudem muss das Recht auf Löschung den Verarbeitungszweck voraussichtlich ernsthaft beeinträchtigen. Die Rechtsfolgevoraussetzung „voraussichtlich" erfordert (nur) eine **Prognose**;[15] es muss also nicht eine *konkrete* Beeinträchtigung durch die Löschung von Daten dargelegt werden. Die (mögliche) Argumentation von Stadtverordneten, dass ihre Daten im Archiv bislang noch nie genutzt wurden und deshalb die Löschung keine ernsthafte Beeinträchtigung des Archivs darstellt, ist folglich nicht überzeugend.

Eine „ernsthafte" Beeinträchtigung ist dabei von einer nur leichten oder mittleren Beeinträchtigung abzugrenzen.[16] Gelöschte Daten können nicht mehr genutzt werden; eine nachträglich lückenhaft gemachte Überlieferung unterläuft die Überlieferungsbildung und damit den Zweck, zu dem die Daten im Archiv verarbeitet wurden.

Zusammenfassung: Aus der DS-GVO ergibt sich kein Recht auf „Vergessen(werden)" gegenüber öffentlichen Archiven, denn jede Löschung, die nicht im Rahmen einer Nachkassation aus archivfachlichen Gründen erfolgt, beeinträchtigt den Verarbeitungszweck ernsthaft.

---

13 „Systematisch hätte die Ausnahmevorschrift des Abs. 3 lit. d besser in Art. 89 Abs. 2 und 3 geregelt werden sollen. Gründe für die unübersichtliche Regelung in der verabschiedeten DSGVO sind nicht erkennbar." Alexander Dix in: Simitis/Hornung/Spiecker gen. Döhmann, Datenschutzrecht, 1. Aufl. 2019, Art. 17 Rn. 35.

14 Thema 5, Teil 1, Abschnitt C.IV.

15 BeckOK DatenschutzR/Worms, 32. Edition vom 1.11.2019, DS-GVO Art. 17 Rn. 86; Schlagk, Privilegierung (Fn. 2), S. 37.

16 Spindler/Schuster/Spindler/Dalby, DS-GVO, 4. Aufl. 2019, Art. 17 Rn. 24.

B. Gibt es gegenüber Archiven ein „Recht auf Vergessenwerden" aus dem Bundesdatenschutzgesetz (BDSG)?

Es ist möglich, dass das BDSG für einen Teil der Datenverarbeitung in jenen Archiven, die oben erwähnt wurden, anzuwenden ist.[17]

Zwar trägt § 35 BDSG die etwas irreführende Überschrift „Recht auf Löschung". In dieser Norm wird aber **kein eigenständiges Recht auf Löschung** nach dem BDSG festgelegt, sondern § 35 BDSG enthält **nur Einschränkungen** des Rechts auf Vergessenwerden nach Art. 17 DS-GVO. Daraus folgt:

- Soweit jene Norm aufgrund der Bereichsausnahme für Archive kein Recht auf Vergessenwerden gegenüber Archiven begründet, sind die Einschränkungen aus § 35 BDSG irrelevant.
- Soweit es um ein Archiv geht, das nach den obigen Ausführungen nicht durch die Bereichsausnahme für Archive vom Recht auf Vergessenwerden ausgenommen ist, geht es über die hier zu klärende Fragestellung hinaus, die Einschränkungen aus § 35 BDSG zu erläutern; insoweit kann auf die umfangreiche Kommentarliteratur zu § 35 BDSG verwiesen werden.

Zudem sei auf § 28 BDSG verwiesen, der für die Datenverarbeitung in Archiven (wenn das BDSG anwendbar ist) weitere Einschränkungen der Rechte aus der DS-GVO vorsieht.

C. Gibt es gegenüber Archiven ein Recht auf Vergessenwerden z. B. aus dem Hessischen Datenschutz- und Informationsfreiheitsgesetz (HDSIG)?

Die Datenschutzgesetze der Bundesländer gelten insbesondere für die Datenverarbeitung in den öffentlichen Stellen des jeweiligen Bundeslandes, z. B. in den Landesbehörden und Kommunalverwaltungen und auch in den Landes- und Kommunalarchiven.

Wie im BDSG findet sich auch im HDSIG unter der Überschrift „Recht auf Löschung (‚Recht auf Vergessenwerden')"[18] keine eigenständige Anspruchsgrundlage oder auch nur eine Erweiterung des Löschungsrechts aus der DS-GVO, sondern nur eine Einschränkung. Zu den Auswirkungen dieser Norm auf Archive kann daher auf die obigen Erläuterungen zurückgegriffen werden. Zudem sei auf § 45 HDSIG hingewiesen, der für die Datenverarbeitung zu „archivarischen Zwecken" weitere Erlaubnistatbestände enthält.

---

17 Ausführlicher dazu § 1 BDSG und die Kommentarliteratur zu dieser Norm.
18 § 34 HDSIG.

Teil 3: „Archivalientausch"

Ob und wie ein „Archivalientausch" angesichts der in den Archivgesetzen weit verbreiteten „Unveräußerlichkeitsklauseln"[19] rechtmäßig durchgeführt werden kann, ist soweit ersichtlich in der archivrechtlichen Literatur bislang weitgehend offen geblieben.[20]

Archiv des Erzbistums tauscht historische Unterlagen mit Staatlichen Archiven Bayerns

542 Urkunden, Bände und Akten wurden am 20.6.2022 zwischen den Staatlichen Archiven Bayerns und dem Archiv des Erzbistums München und Freising ausgetauscht. Dieser große Archivalientausch, der in der Generaldirektion der Staatlichen Archive in München vollzogen wurde, soll insbesondere die archivarische Forschung erleichtern. Quelle: https://www.augias.net/2022/06/21/9595/

Fraglich ist, ob die „Unveräußerlichkeit", also das gesetzliche Veräußerungsverbot, durch einen Tausch zwischen Archiven erfüllt ist. Das archivrechtliche Veräußerungsverbot ist mangels Präzisierung in den Archivgesetzen im Sinne des BGB zu verstehen; die dort in §§ 135, 136 BGB geregelten Veräußerungsverbote sind nach allgemeiner Meinung Verfügungsverbote.[21] **Verfügungen** sind Rechtsgeschäfte, die unmittelbar darauf gerichtet sind, ein bestehendes Recht aufzuheben.[22]

Deshalb ist kein rechtmäßiger Weg, wenn bei einem Archivalientausch im Hinblick auf die zu tauschenden Archivalien **die Eigentümerstellungen getauscht werden** (Tausch als Sonderform des Kaufes) und die Widmung als Archivgut erhalten bleibt. Bei dieser Vorgehensweise verfügen beide Tauschparteien über ihr Eigentum, sie heben also ihr Eigentum auf und verschaffen der anderen Tauschpartei das Eigentum. Das verstößt gegen das Veräußerungsverbot bei Archivgut.

Wenn der „Archivalientausch" als **gegenseitige (Dauer-)leihe** abgewickelt wird, wird zwar das Veräußerungsverbot eingehalten, doch bleiben die Tauschparteien über Leihverträge dauerhaft in einem Verhältnis von Rechten und Pflichten aus den Leihverträgen miteinander verbunden. Dies führt zu ungewollten langfristigen Bindungen.

Ein rechtmäßiger Weg, der diese Nachteile vermeidet, knüpft an die Überlegung an, dass Archivgut nur so lange unveräußerlich ist, wie es Archivgut ist. Es ist möglich, die Widmung zu Archivgut aufzuheben, wenn das archivfachlich geboten ist. Wenn also Archivgut entwidmet wird, um es anschließend gegen anderes,

---

19 Nach einer Zusammenstellung bei Partsch/Mütze, BArchG-Kommentar, § 9 Rn. 3 mit Fn. 7 gibt es derartige Unveräußerlichkeitsklauseln in immerhin 11 der 16 LArchG, zudem in § 9 BArchG.

20 Bei Partsch, BArchG-Kommentar; Berger, Sächsisches Archivgesetz, und bei Becker/Rehm, Archivrecht wird das Thema nicht behandelt; das 1998 erschienene Buch von Strauch, Archivalieneigentum, ist publiziert worden, bevor die Unveräußerlichkeitsklauseln in die Archivgesetze kamen.

21 Palandt/Ellenberger, BGB-Kommentar, 77. Aufl. 2018, § 136 Rn. 1.

22 Palandt/Ellenberger, BGB-Kommentar, 77. Aufl. 2018, vor § 104 BGB, Rn. 15.

ebenfalls ehemaliges Archivgut zu tauschen, liegt ein archivfachlich zulässiger Grund für die Entwidmung vor, nämlich z.B. wenn es um eine **Beständebereinigung** geht. Nach der Entwidmung liegt kein Archivgut mehr vor, das Veräußerungsverbot greift nicht ein und nach der wechselseitigen Eigentumsübertragung widmet jede Seite ihre neuen Unterlagen neu zu Archivgut. Damit ergibt sich ein Weg, den archivfachlich sinnvollen Archivalientausch legal abzuwickeln.

Teil 4: Archivgut verschenken? Das Beispiel: Die Unabhängigkeitserklärung Litauens

Wenn sich Archivgut rechtmäßig in einem Archiv in Deutschland befindet, stößt der Wunsch einer Eigentumsübertragung aus politischen Gründen auf unübersteigbare juristische Hürden. Dazu ein aktuelles Beispiel:

> Anfang 2017 entdeckte ein Historiker im „Politischen Archiv des Auswärtigen Amtes" eine handschriftliche Ausfertigung der seit langen verschollenen Unabhängigkeitserklärung Litauens von 1918.[23] Diese Abschrift ist ordnungsgemäß in die Registratur des Auswärtiges Amtes gelangt, aber nie zu Archivgut geworden, da es sich bei diesem „Archiv" aus archivischer Sicht um eine Altregistratur handelt. Litauen bat um Rückgabe des Dokuments, anfänglich gab es Signale aus der Bundesregierung, dem zu entsprechen.[24]

Wie ist die Rechtslage? Das „Politische Archiv des Auswärtigen Amtes" wendet wie erwähnt[25] das BArchG an.

Die Abschrift ist nicht nach bundesdeutschem Recht und auch nicht zuvor zu Archivgut geworden, weil es sich um eine Altregistratur handelt. Da aber im Übrigen das BArchG angewandt wird, ist kaum zu begründen, wie ein Verschenken des Dokuments durch den Eigentümer mit dem Veräußerungsverbot in § 9 BArchG vereinbar ist. Möglich ist aber, dass Dokumente im Rahmen einer Ausstellung gezeigt werden und dafür eine **Leihe** vereinbart wird.

Das **Kulturgutschutzgesetz** (KGSG) steht einer dauerhaften Leihe nicht entgegen: Zwar ist eine „Verbringung von Kulturgut" „‚dauerhaft', wenn sie für einen Zeitraum von mehr als fünf Jahren erfolgt".[26] Doch ist eine Genehmigung zur dauerhaften Ausfuhr möglich, allerdings zu versagen, wenn „wesentliche Belange des deutschen Kulturgutbesitzes überwiegen".[27] Ein solches „Überwiege" wird im Hinblick auf die sehr geringe Bedeutung der Urkunde für den *deutschen* Kulturgutbesitz kaum begründbar sein.

---

23 Siehe https://de.wikipedia.org/wiki/Akt_der_Unabh%C3%A4ngigkeitserkl%C3%A4rung_Litauens.

24 Dazu www.welt.de/geschichte/article163518078/Aerger-um-Litauens-Unabhaengigkeitserklaerung.html.

25 Siehe dazu Thema 1, Teil 3, Abschnitt C.IV.

26 § 2 I Nr. 18 b Kulturschutzgesetz (KGSG). Zu den archivrelevanten Teilen dieses Gesetzes siehe Thema 6.

27 § 23 KGSG.

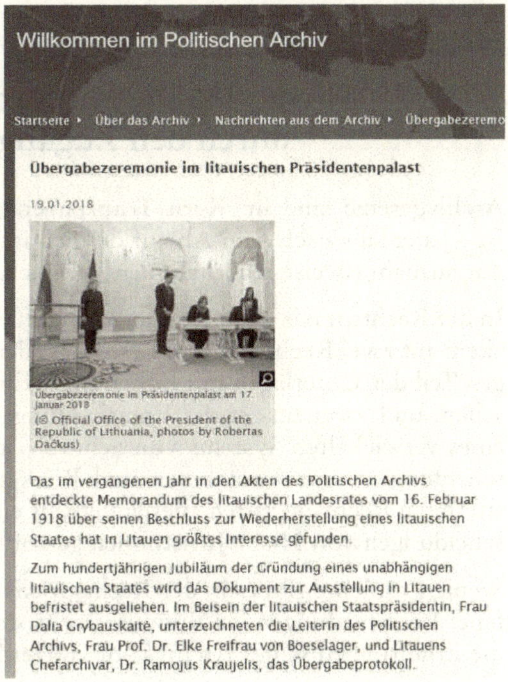

Willkommen im Politischen Archiv

Startseite ▸ Über das Archiv ▸ Nachrichten aus dem Archiv ▸ Übergabezeremo

Übergabezeremonie im litauischen Präsidentenpalast

19.01.2018

Übergabezeremonie im Präsidentenpalast am 17. Januar 2018
(© Official Office of the President of the Republic of Lithuania, photos by Robertas Dačkus)

Das im vergangenen Jahr in den Akten des Politischen Archivs entdeckte Memorandum des litauischen Landesrates vom 16. Februar 1918 über seinen Beschluss zur Wiederherstellung eines litauischen Staates hat in Litauen größtes Interesse gefunden.

Zum hundertjährigen Jubiläum der Gründung eines unabhängigen litauischen Staates wird das Dokument zur Ausstellung in Litauen befristet ausgeliehen. Im Beisein der litauischen Staatspräsidentin, Frau Dalia Grybauskaitė, unterzeichneten die Leiterin des Politischen Archivs, Frau Prof. Dr. Elke Freifrau von Boeselager, und Litauens Chefarchivar, Dr. Ramojus Kraujelis, das Übergabeprotokoll.

Es bleibt zu prüfen, ob die *unbefristete* Ausleihe mit dem BArchG vereinbar ist. Dass nur eine *befristete* Leihe zulässig ist, ist dem BArchG nicht unmittelbar zu entnehmen. Eine *unbefristete* Ausleihe, verbunden mit einer Verbringung ins Ausland, hebt aber die Nutzungsmöglichkeiten nach dem BArchG *dauerhaft* auf und steht damit der durch die Widmung entstandenen öffentlich-rechtlichen Dienstbarkeit entgegen.[28]

Gemäß einer Mitteilung des Auswärtigen Amtes vom 19. Januar 2018 wurde das Dokument befristet an Litauen ausgeliehen, und zwar, wie den Medien zu entnehmen ist, **für fünf Jahre.** Wie mir mitgeteilt wurde, ist das Dokument 2023 zurückgekehrt. Eine nochmalige befristete Ausleihe wäre insbesondere dann unbedenklich, wenn während der Zeit der vorherigen befristeten Ausleihe keine Nutzung nach dem BArchG geltend gemacht worden war und die Einsicht in Litauen auch für deutsche Nutzerinnen und Nutzer zumutbar ist und möglich war.

[28] So im Ergebnis auch der Präsident des Bundesarchivs, Hollmann, der in dem erwähnten Artikel in der WELT mit der These erwähnt wird, dass „jede Art von dauerhafter Abgabe von Originalen“ durch § 9 BArchG 2017 ausgeschlossen sei.

Thema 13: Die Nutzung von Archivgut durch den Zugang zum Archiv

Archivgesetze sind im Kern **Transparenzgesetze**: Der Zugang zu Archivgut ist – jedenfalls nach dem Ablauf der Schutzfristen – im Grundsatz möglich und nur ausnahmsweise rechtlich nicht möglich.

In der Rechtspraxis ergeben sich Anwendungsproblem beim Nutzungsrecht vor allem auf zwei Rechtsfeldern: Erstens ist der Zugang zu einem quantitativ geringen Teil der Unterlagen mit hohen und teilweise vagen rechtlichen Hürden versehen, und zweitens ist die Entscheidung über den Nutzungsantrag aufgrund eines verwickelten Systems von Schutzfristen, gebundenen und Ermessensentscheidungen, von Ausnahmen und Rückausnahmen, Abwägungen und unbestimmten Rechtsbegriffen alles andere als einfach, insbesondere wenn diese Entscheidungen von Nicht-Jurist.innen getroffen werden müssen.

Wenig Probleme gibt es in der Rechtspraxis hingegen bei der Umsetzung getroffener Entscheidungen im Nutzungsrecht; der Präsident des Bundesarchivs fasste die Erfahrungen seines Archivs vor einiger Zeit zusammen:

> Es „baut das Bundesarchiv – wie die Erfahrung gezeigt hat – zu Recht auf die Professionalität und Vertrauenswürdigkeit seiner Benutzerinnen und Benutzer; insgesamt gab es in den zurückliegenden Jahrzehnten nur wenig Probleme mit Benutzerinnen und Benutzern, die sich nicht an Benutzungsauflagen gehalten und widerrechtlich personenbezogene Informationen in ihren Publikationen offenbart haben.“[1]

Teil 1: Vorbemerkung: Rechtsfragen des virtuellen Lesesaals

Ein virtueller Lesesaal bietet einen Online-Zugang zu vielen Funktionalitäten des analogen Archivs, zum Beispiel:

- Online-Zugang zu Findmitteln,
- Ansicht von digitalisiertem analogen Archivgut und von Kopien von digitalem Archivgut,
- Daten-Download jener Unterlagen.

Die vielfältigen Rechtsfragen des virtuellen Lesesaals (im Folgenden: VL) sind bislang wenig diskutiert. Da dort nicht das ursprüngliche Archivgut, sondern

[1] Michael Hollmann, Das Bundesarchiv und das Gedenken an die Opfer der nationalsozialistischen Gewaltherrschaft, in: Andreas Nachama/Uwe Neumärker (Hrsg.), Gedenken und Datenschutz, Berlin 2017, S. 31 ff. (34).

Digitalisate oder Kopien von Daten eingesehen und ggf. durch einen Download gesichert werden können, führt der Name „VL" jedenfalls dann eher zu Verwirrungen, wenn ohne weitere Problematisierung rechtliche Rahmenbedingungen des analogen Lesesaals in den VL übernommen werden.

Tatsächlich liegt dort eher ein **Downloadportal** vor. Dafür ist aber weder ein Zutrittsrecht zum Archiv nötig noch geht es um die Nutzung von Archivgut.[2] Die Nutzung kann jedenfalls dann anonym erfolgen, wenn im VL der Zugang zu Daten eröffnet wird, die für alle Nutzer.innen zugänglich sind, wenn also keine Einschränkungen durch Persönlichkeits- oder Urheberrechte oder aus anderen Gründen vorliegen. In diesen Fällen ist für den VL auch kein Nutzungsantrag nötig (was bei der Nutzung von Archivgut auf der Grundlage des archivrechtlichen Jedermannsrechts nicht möglich ist[3]).

Wenn das Archiv über den virtuellen Lesesaal den **Download von Digitalisaten** ermöglicht, handelt das Archiv dabei nicht hoheitlich[4] und folglich privatrechtlich. Es ist empfehlenswert, dass das Archiv Allgemeine Geschäftsbedingungen (AGB) festlegt, die sich an üblichen AGB zum Daten-Download orientieren.

Bei einem **kostenlosen Download** entsteht zwischen dem Archiv (bzw. genauer: dem Archivträger, vertreten durch das Archiv) und der Downloader.in ein Vertrag, der Elemente eines Schenkungsvertrages enthält. Der Vertrag entsteht nicht schon mit der Bestellung, sondern erst durch den Download selbst. Das Archiv verschafft der Downloader.in das Nutzungsrecht an der Datei, kann aber vertraglich bestimmte Nutzungsarten (z. B. entgeltliches Einstellen in das Internet/ Verkauf) ausschließen. Das Archiv kann (und sollte) zudem verlangen, dass keine Urheberrechtsverletzungen[5] und keine Verletzungen von Persönlichkeitsrechten erfolgen. Es ist juristisch zulässig (aber aktuell wohl wenig verbreitet), dass das Archiv die Datei mit einem auffälligen oder auch unauffälligen Wasserzeichen versieht.

Wie auch sonst, kann die Haftung für Vorsatz und grob fahrlässiges Verhalten nicht ausgeschlossen werden.

> Beispiel: Die Datei, die zur Verfügung gestellt wird, ist durch eine nicht ausreichend überwachte Archivmitarbeiter.in vorsätzlich mit einem Trojaner versehen worden. Das Archiv haftet für die daraus entstehenden Schäden.

---

2 Das Digitalisat wird nicht aufbewahrt, weil es archivwürdig ist, sondern weil es leichter zugänglich ist als das Original.

3 Eine Nutzung im Rahmen eines öffentlich-rechtlichen Benutzungsverhältnisses kann nicht anonym erfolgen, dazu gleich bei Teil 4, Abschnitt A.II.4.

4 Zu den Regelungstypen beim Handeln öffentlicher Archive siehe Thema 4, Teil 1.

5 Zur Möglichkeit einer urheberrechtlichen Störerhaftung des Archivs Thema 8, Teil 2, Abschnitt E II.2.

Soweit die **Digitalisierung *on demand*** erfolgt, liegt ein Werkvertrag (§§ 631 ff. BGB) zwischen der Benutzer.in und dem Archiv vor. Wenn dafür bzw. für den späteren Downloads des Digitalisats Gebühren verlangt werden, ergeht als VA ein Gebührenbescheid; bei der Höhe der Gebühren sind die üblichen gebührenrechtlichen Grundsätze zu beachten.

> Beispiel: Die Gebühr für einen Scan mit 600 dpi darf dreimal so hoch liegen wie für einen Scan mit 200 dpi, auch wenn der Scanvorgang bei 600 dpi nur geringfügig länger dauert. Die Höhe von Gebühren ist nicht vorrangig am Aufwand orientiert, sondern soll bei begrenzten öffentlichen Ressourcen eine möglichst umfassende Grundrechtsverwirklichung (hier: Art. 5 GG – Informationsfreiheit[6]) ermöglichen. Damit führt die wesentlich erhöhte Gebühr für Scans mit 600 dpi dazu, dass mehr Benutzerinnen Scans anfordern können, weil häufiger Scans mit 200 dpi gewählt werden.

Wenn ein **kostenpflichtiger Download** der Datei erfolgt, wird üblicherweise eine Gebühr verlangt, für die ein Gebührenbescheid als VA verschickt wird. Im Hinblick auf den Download der Datei selbst sind die Rechtsbeziehungen zwischen der Benutzerin des virtuellen Lesesaals und dem Archiv wohl wieder privatrechtlich: Die zugrundliegenden Normen berechtigen nicht nur das Archiv, sondern (z. B. im Hinblick auf Haftungsfragen) auch und gerade die Benutzerin. Das Rechtsverhältnis zwischen Downloader.in und Archiv lässt sich nicht mit einem einzigen der im BGB benannten Vertragstypen erfassen; es liegt aber wohl überwiegend ein Kaufvertrag vor, bei dem der Kaufpreis durch die Zahlung der Gebühr abgegolten wurde. Es ist aber auch möglich, der Downloader.in nur ein persönliches Nutzungsrecht einzuräumen und nicht das Eigentum zu übertragen, so dass kein Kaufvertrag besteht.

Bei den weiteren Details der Ausgestaltung der Vertragsbeziehungen im virtuellen Lesesaal sind kaum archivspezifische Fragestellungen ersichtlich. Daher kann, z. B. zur Frage von Widerrufsmöglichkeiten, im Hinblick auf die datenschutzrechtlichen Vorgaben bei der Speicherung von Daten der Downloader.in und zum Gerichtsstand, auf Vertragsmuster zum Daten-Download zurückgegriffen werden.[7]

Teil 2: Zugangs- und Auskunftsansprüche außerhalb der Archivgesetze

Wenn öffentliche Güter im Gemeingebrauch stehen (wie z. B. Straßen), ist für die Nutzung im Rahmen dieses Gemeingebrauchs kein Anspruch und kein Nutzungsantrag nötig, lediglich der Sondergebrauch[8] ist erlaubnispflichtig.

---

6 Dazu Thema 2, Teil 3, Abschnitt A.
7 Passend sind z. B. AGB für den Download von E-Books oder von Musikdateien.
8 Z. B. ein Flohmarkt auf der Straße.

Archivgut steht jedoch wie erläutert[9] im „Einrichtungsgebrauch", daher ist *immer* **ein Zugangsanspruch nötig**, der durch einen Antrag geltend gemacht wird. Solche Ansprüche finden sich in den Archiv- und in anderen Gesetzen. Das Konkurrenzverhältnis dieser Ansprüche ist problematisch: Schließt der archivrechtliche Zugangsanspruch andere Ansprüche aus? Das BArchG legt fest:

> Regelungen in anderen Rechtsvorschriften über die Nutzung von Unterlagen [...] bleiben unberührt.[10]

Das kann sich evident nur auf Unterlagen beziehen, die *Archivgut* sind; bei der Nutzung von Verwaltungsunterlagen kann eine Kollision mit dem Archivrecht von vornherein nicht bestehen.

Soweit sich also ein Zugangsanspruch in Gesetzen außerhalb des Archivrechts spezifisch auf die „Eigenschaft der Unterlagen *als Verwaltungsmittel*" richtet,[11] kann ein solcher Anspruch nicht den Zugang zu Archivgut erfassen. Wenn aber ein Gesetz von vornherein ein Zugangsrecht für Unterlagen auch jenseits des Verwaltungsgebrauchs enthält, dann enthält jenes Gesetz einen Zugangsanspruch zusätzlich zum archivgesetzlichen Zugangsanspruch.

Zu berücksichtigen ist schließlich auch, ob die Archivgesetze *leges speciales* zu den Gesetzen sind, die eventuell einen zusätzlichen Zugangsanspruch zu Archivgut enthalten.

Wie auch sonst, muss nicht die Nutzer.in das Gesetz nennen, auf das der Anspruch gestützt wird, sondern das Archiv muss die gesetzliche Grundlage selbst suchen.

Im Folgenden werden ausgewählte Auskunfts- und Zugangsansprüche und ihr Verhältnis zum archivgesetzlichen Zugangsanspruch ohne Anspruch auf Vollständigkeit dargestellt.[12]

Im Hinblick auf Unterlagen des BVerfG ergibt sich aus dem Bundesverfassungsgerichtsgesetz kein eigenständiger Zugangsanspruch, sondern die archivgesetzlichen Regelungen gelten erst zeitverzögert.[13]

---

9 Thema 10, Teil 1, Abschnitt E.I.

10 § 10 I 2 1. Hs. BArchG.

11 Diese Formulierung bei Erik Hevers, Informationszugangsansprüche des forschenden Wissenschaftlers, Berlin 2015, S. 291; Hervorhebung vom Th. H.

12 Weitere Anspruchsgrundlagen sind aufgeführt bei Partsch, BArchG, § 10 Rn. 27ff.

13 Ein Kritik an der früheren Rechtslage bei Henne, Die historische Forschung und die Einsichtnahme in Voten beim Bundesverfassungsgericht – Thesen zur Rechtslage, in: Henne/Arne Riedlinger, Das Lüth-Urteil aus (rechts-) historischer Sicht, Berlin 2005, S. 19ff. Zu dem besonders privilegierten Zugang des BVerfG zu seinen ehemaligen Unterlagen siehe Thema 13, Teil 5 Abschnitt E.I.

A. Zugangsansprüche in Datenschutzgesetzen

Archivrecht ist wie erläutert **bereichsspezifisches Datenschutzrecht**, so dass Zugangs- und Auskunftsansprüche aus den Archivgesetzen **vorrangig** zu jenen aus den Datenschutzgesetzen sind.[14]

B. Zugangsansprüche aus den Umwelt- und Verbraucherinformationsgesetzen

Das **Umweltinformationsgesetz** (UIG) begründet einen „Anspruch auf freien Zugang zu Umweltinformationen" gegenüber *allen* „Stellen der öffentlichen Verwaltung";[15] eine Unterscheidung zwischen Archiv- und Verwaltungsgut wird in diesem Gesetz nicht vorgenommen.[16] Folglich ist das UIG die Anspruchsgrundlage für den Zugang (nur) zu Umweltinformationen, die sich in Archivgut befinden; im Übrigen richtet sich der Zugangsanspruch nach den Archivgesetzen.[17]

Das **Verbraucherinformationsgesetz** ist im Hinblick auf die Struktur des dort begründeten Zugangsanspruchs gleich strukturiert; folglich ist ein Zugangsanspruchs nach diesem Gesetz vorrangig zu dem Zugangsanspruch aus den Archivgesetzen.[18]

C. Auskunftsansprüche

Bei *Auskunfts*ansprüchen wird die Beantwortung bestimmter Fragen verlangt, bei *Zugangs*ansprüchen geht es um die Einsicht in Unterlagen. Es ist nur ausnahmsweise möglich, dass ein Auskunftsanspruch zu einem Anspruch auf Einsicht in Unterlagen, also zu einem Zugangsanspruch, führt, nämlich dann, wenn „dies allein die sachgemäße Form der Auskunftserteilung"[19] ist.

I. Der aus der Pressefreiheit des Grundgesetzes abgeleitete Auskunftsanspruch

Pressevertreter.innen können **unmittelbar aus Art. 5 I 2 GG** einen Anspruch auf *Auskunft* gegen ein Archiv haben (presserechtlicher Auskunftsanspruch).[20] Dazu schreibt das BVerwG in einer Entscheidung aus dem Jahr 2016:

---

14 So auch Partsch, BArchG-Kommentar, § 10 Rn. 41 mwN.

15 §§ 2 I Nr. 1, 3 I 1 Bundes-UIG.

16 Dies wird – mit kritischem Unterton – auch erwähnt in der Gesetzesbegründung für das jetzige BArchG, siehe Bundestagsdrucksache 18/9633, S. 66 (Erläuterung zum späteren § 10 I 2 BArchG).

17 So auch Partsch, BArchG Kommentar, § 10 Rn. 28.

18 So auch Partsch, BArchG Kommentar, § 10 Rn. 29.

19 VGH Baden-Württemberg, Beschluss v. 01.07.2015 – 1 S 802/15, Rn. 43, zugänglich unter https://openjur.de/u/830493.html (mit Bezug auf das LPresseG).

20 Allgemein zu Art. 5 GG siehe Dazu Thema 2, Teil 3, Abschnitt A.

> Es „verleiht das Grundrecht der Pressefreiheit (Art. 5 Abs. 1 Satz 2 GG) einen **verfassungsunmittelbaren Anspruch auf Auskunft** [nur!, Th. H.] **gegenüber Bundesbehörden** in Ermangelung einer einfachgesetzlichen Regelung des Bundesgesetzgebers, soweit auf sie die Landespressegesetze wegen einer entgegenstehenden Gesetzgebungskompetenz des Bundes nicht anwendbar sind.“[21]

Das traf in jenem Fall auf den *Bundes*nachrichtendienst zu, aber **auch das Bundesarchiv** kann Anspruchsgegner sein, da es kein Bundespressegesetz gibt und mangels Gesetzgebungskompetenz des Bundes (seit 2006) auch zukünftig nicht geben wird. *Landes*presserecht kann keinen Auskunftsanspruch gegenüber *Bundes*behörden begründen.

Doch ist der presserechtliche Anspruch aus Nutzersicht gegenüber einem (faktisch nur: dem Bundes-) Archiv in aller Regel weniger erfolgsversprechend als ein archivrechtlicher Anspruch, da der presserechtliche Anspruch nur unter sehr engen Voraussetzungen zu einem Erfolg führt, während das Archivrecht weitergehende Ansprüche bereitstellt, denn um die gesetzgeberische Ausgestaltungsprärogative nicht zu beschneiden, ist es nach der Rechtsprechung des BVerwG möglich,

> „den verfassungsunmittelbaren Auskunftsanspruch auf das Niveau eines ‚**Minimalstandards**‘ zu begrenzen, den auch der Gesetzgeber nicht unterschreiten dürfte. Danach endet das verfassungsunmittelbare Auskunftsrecht von Pressevertretern dort, wo berechtigte schutzwürdige Interessen Privater oder öffentlicher Stellen an der Vertraulichkeit von Informationen entgegenstehen.“ (Fall Barschel[22])

Ob die Archivgesetze *leges speciales* gegenüber dem presserechtlichen Auskunftsanspruch sind,[23] ist fraglich. Die These, dass Archivrecht bereichsspezifisches Datenschutzrecht ist und daher die Datenschutzgesetze verdrängt, **lässt sich kaum dahingehend erweitern, dass Archivrecht bereichsspezifisches Presserecht sei.** Der verfassungsunmittelbare Anspruch gegen das Bundesarchiv und die Ansprüche nach dem BArchG stehen daher **nebeneinander**.

---

21 BVerwG 6 A 3/15, Beschluss v. 17.11.2016, https://www.bverwg.de/171116B6A3.15.0, dort Rn. 12. Hervorhebungen von Th. H.

22 BVerwG, Urteil v. 20. 2. 2013 – 6 A 2.12 (lexetius.com/2013,5565).

23 So Arnd Vollmer, Archiv- oder Presserecht? Rechtliche Probleme bei der Nutzung von Archiven durch Medien, in: Edgar Lersch und Peter Müller (Hrsg.), Archive und Medien. Vorträge des 69. Südwestdeutschen Archivtags am 20. Juni 2009 in Münsingen, Stuttgart 2010, S. 38 ff. (41 f.).

II. Der Auskunftsanspruch nach den Informationsfreiheitsgesetzen (IFG)

Durch das Bundes-Informationsfreiheitsgesetz (IfG Bund) wird seit 2005

> „erstmals in der Geschichte der Bundesrepublik Deutschland im Grundsatz ein voraussetzungsloser Anspruch auf Zugang zu den Informationen gewährt, die bei den Behörden des Bundes vorhanden sind.“[24]

Der Auskunftsanspruch nach dem IfG Bund ist vor allem durch zahlreiche materielle Gründe beschränkt, der Nutzungsanspruch nach den Archivgesetzen vor allem durch Fristen. Diese grundsätzlich unterschiedliche Gesetzessystematik führt zwangsläufig zu Friktionen bei dem notwendigen Versuch, an Schnittstellen der beiden Gesetze stringente rechtsdogmatische Lösungen zu entwickeln. Stattdessen ergibt sich aus den „nicht aufeinander abgestimmten Regelungsinhalten“[25] eine unglückliche „Tendenz zur Rivalität“ [26] der beiden Gesetze. Da Juristen unter Entscheidungszwang stehen (es gibt unlösbare philosophische und mathematische Probleme, aber keine juristischen), muss im Folgenden eine Lösung zum Verhältnis der beiden Gesetze präsentiert werden:

Nur im Hinblick auf Archivgut kann das BArchG *lex specialis* zum IfG Bund sein. Vor der Widmung zu Archivgut ist also das IFG Bund einschlägig – noch ein weiterer Grund, warum eine präzise Benennung des Zeitpunkts der Umwidmung nötig und alles andere als eine juristische Spielerei ist.

Ab der Widmung zu Archivgut ist das BArchG im Verhältnis zum IFG grundsätzlich *lex specialis*. § 13 II IFG Bund hatte aber den früheren § 5 IV BArchG 2013 um Satz 2 ergänzt, wonach Archivgut, das während seiner Aufbewahrung in der Verwaltung

> „bereits einem Informationszugang nach dem IFG offen gestanden hat“,

nicht den archivrechtlichen Schutzfristen unterliegt. Es wäre schwer begründbar, warum Informationen aus Verwaltungsunterlagen, die nach dem IFG zugänglich sind, nach der Widmung zu Archivgut aufgrund von archivrechtlichen Schutzfristen nicht mehr zugänglich sind. Deshalb enthält nunmehr § 11 V Nr. 2 BArchG 2017 eine im Vergleich zu § 5 IV BArchG 2013 nur geringfügig geänderte Regelung. Damit ist aber nur die Anwendbarkeit der Schutzfristen nach den jetzigen Absätzen 1 – 3 von § 11 BArchG 2017 ausgeschlossen, nicht etwa die Nutzung gemäß Archivrecht.

---

[24] Matthias Rossi, Informationsfreiheitsgesetz. Handkommentar, Baden-Baden 2006, S. 5.

[25] Peter Collin, Die archivrechtliche Regulierung des Zugangs zu öffentlichen Informationen, in: Thomas Dreier u. a. (Hrsg.), Informationen der öffentlichen Hand – Zugang und Nutzung, Baden-Baden 2016, S. 209 ff. (215).

[26] Polley, Archivrecht in Deutschland, in: Becker/Rehm, Archivrecht, S. 19 ff. (31).

In der archivischen Praxis ergeben sich aus dem IFG aber soweit ersichtlich nur wenige Probleme im Kontext von Nutzungsansprüchen:[27]

- Die Feststellung, dass ein Informationszugang nach dem IFG offen stand, ist „in der Regel von der abgebenden Stelle zu treffen",[28]
- die Abschaffung der Schutzfristen ist erst seit Inkrafttreten des IFG am 1.1.2006 einschlägig; alles vorher entstandene Archivgut unterfällt nicht dem IFG,
- der Informationszugang nach dem IFG Bund muss bereits vor der Übergabe an das Bundesarchiv bestanden haben (retroperspektive Prüfung); eine Prüfung anhand der aktuellen Rechtslage ist nicht nötig,
- aus archivarischer Sicht liegen letztlich bei den IFGs „sehr restriktive Zugangsregelungen" im Vergleich zum Archivrecht vor, so dass es unwahrscheinlich ist, dass ein auf ein IFG gestützter Auskunftsanspruch zu bejahen ist, während ein archivrechtlicher Nutzungsanspruch zu verneinen wäre, und
- jedenfalls in den ersten vier Jahren nach Inkrafttreten des IFG sei, so eine Referentin auf einer Tagung im Jahr 2010, exakt „**keine** [sic!] **Benutzung auf der Grundlage des [damaligen] § 5 IV 2 BArchG** beantragt" worden;[29] es ist eher unwahrscheinlich, dass beim jetzigen § 11 V Nr. 2 BArchG 2017 eine wesentlich umfangreichere Inanspruchnahme des IFG im Archiv erfolgen wird.

Offen ist allerdings die Frage, ob der Informationszugang nach dem IFG, der vor der Widmung zu Archivgut gemäß § 11 V Nr. 2 BArchG 2017 „offengestanden haben" muss, *nur abstrakt* offen gewesen sein muss oder ob konkret Zugang nach dem IFG *gewährt* worden sein muss. Die Wortlautauslegung gibt mE keine eindeutige Antwort, die Begründung zu dieser Norm im BArchG 2017 enthält jedoch die These:

> „Maßgeblich ist, ob in der laufenden Verwaltung tatsächlich eine Einsichtnahme nach einem Informationszugangsgesetz erfolgt war."[30]

Diese Auslegung steht der verbesserten Transparenz des Verwaltungshandelns evident entgegen;[31] zudem wird, wenn *eine* Einsichtnahme aufgrund eines IFG erfolgt ist, das Interesse an einer späteren und *weiteren* Einsichtnahme aufgrund

27 Zur Problematik einer verfrühten Übergabe an das Archivs seitens der abgebenden Behörde, um IFG-Ansprüche zu unterlaufen, siehe Thema 10, Teil 1, Abschnitt A.V.4.

28 Becker/Oldenhage, BArchG-Kommentar, § 5 Rn. 50.

29 Bettina Martin-Weber, Informationsfreiheitsgesetz des Bundes (IFG) und Bundesarchivgesetz, in: Clemens Rehm/ Nicole Bickhoff, Rechtsfragen der Nutzung von Archivgut, Stuttgart 2010, S. 17ff. (23).

30 BT-Drucksache 18/9633, S. 71 oben; Hervorhebung vom Verf.

31 So auch Partsch/Koschmieder, Der archivrechtliche Informationszugang nach der Novelle des BArchG, Neue Juristische Wochenschrift Jg. 2017, S. 3416ff. (3419).

von Archivrecht wohl erheblich sinken. Eine Auslegung von § 11 V Nr. 2 BArchG 2017 unter Berücksichtigung der Wechselwirkung mit Verfassungsrecht wird voraussichtlich die These aus dem Gesetzgebungsverfahren nicht unterstützen.

Ebenfalls offen ist die Frage, ob dieses „Offenstehen zur Einsicht" auch von einem *zweiten* Nutzer geltend gemacht werden kann, also von jemandem, der z. B. erst nach der Widmung von Verwaltungs- zu Archivgut nunmehr nach dem IFG eine Einsichtnahme wünscht. Die Frage ist zu bejahen, wenn das „Offenstehen zur Einsicht" eine quasi sachenrechtlich den Unterlagen anhaftende Eigenschaft ist; die Frage ist zu verneinen, wenn es sich um einen personengebundenen Anspruch handelt, den dann nur der erste Nutzer erworben hat. Soweit ersichtlich, ist diese Frage noch nicht entschieden.

Zugunsten von **sog. Nachrichtendiensten** sieht § 3 Nr. 8 IFG im Übrigen aber eine organisatorische, vollständige Bereichsausnahme von der Transparenz vor, für die das IFG sorgen soll; rechtsdogmatisch passend zur oben erwähnten faktischen Freistellung der sog. Nachrichtendienste von der Abgabepflicht.

Zusätzlich gibt es auf Ebene der Länder eine zunehmende Anzahl von IFG.[32]

Zu beachten ist schließlich, dass ein Archiv als Behörde im Hinblick auf die dort anfallenden Unterlagen selbst dem IFG unterfällt.

III. Der Auskunftsanspruch nach den Landespressegesetzen

Wenn Auskunft auf der Grundlage der Landespressegesetze verlangt wird, muss Auskunft zu konkreten Fragen gegeben werden. Es ist insoweit eine Einsicht in die Unterlagen nur dann möglich, „wenn dies allein die sachgemäße Form der Auskunftserteilung ist".[33] Das wird selten der Fall sein. Im Übrigen steht der Zugangsanspruch nach den Archivgesetzen „Jedermann" und schon deshalb auch Personen zu, die sich auf Landespressegesetze berufen können.

Gegenüber Landesbehörden ist das Landespresserecht vorrangig vor den Grundrechten aus den Landesverfassungen.

D. Zugangsanspruch aufgrund des StUG

Das Stasi-Unterlagengesetz von 1991 ermöglicht u. a. den Zugang zu Akten, die nach dem BArchG wegen der Persönlichkeitsrechte der Betroffenen noch gesperrt wären.[34] § 4 I 1 StUG legt fest, dass dieses Gesetz *lex specialis* zum

32 Aktueller Stand der Gesetzgebungsarbeiten in einer Zusammenstellung bei Wikipedia.

33 VGH Baden-Württemberg, Beschluss v. 01.07.2015 – 1 S 802/15, Rn. 43, zugänglich unter https://openjur.de/u/830493.html.

34 Ausführlich zur Geschichte des Verhältnisses von allgemeinem Archivrecht und StUG: Michael Scholz, Besondere Fälle, in: Becker/Rehm, Archivrecht, S. 170 ff. (177 ff.).

BArchG ist. Das BVerwG hat dazu ausdrücklich festgestellt, dass die „Abwägung nicht nach dem Vorbild des allgemeinen Archivrechts erfolgen" darf.[35]

Kritik an diesem Sonderrecht für ein Sonderarchiv ist möglich.[36] Da inzwischen die Entstehung der letzten Verwaltungsunterlagen der DDR im Jahre 1990 länger zurückliegt als die dreißigjährige allgemeine Schutzfrist nach dem BArchG 2017, liegt die Darlegungslast für die Notwendigkeit, das allgemeine Archivrecht insoweit nicht anzuwenden, um so mehr auf Seiten derer, die den Vorrang des StUG befürworten. Seit Mitte 2021 werden nunmehr umfassende organisatorische und juristische Änderungen verwirklicht.[37]

E. Zugangsanspruch aus dem Informationsweiterverwendungs- bzw. dem Datennutzungsgesetz?

Das bis 2021 geltende Informationsweiterverwendungsgesetz (IWG) setzte eine EU-Richtlinie um, schuf aber kein eigenes Zugangsrecht zu Archiven.[38] Auch das Nachfolgesetz, das Datennutzungsgesetz (DNG), begründet selbst keine Bereitstellungspflicht oder einen Anspruch auf Zugang zu Daten (§ 1 II DNG).

F. Zugangsanspruch aus dem SGB X, der Abgabenordnung oder der Zivilprozessordnung?

Christian Reinhardt hat vor einiger Zeit einen Zugang zu Archivgut aufgrund der Abgabenordnung und dem Sozialgesetzbuch bejaht,[39] Udo Schäfer hat zusätzlich Zugangsansprüche aus der Zivilprozessordnung, dem Bundesentschädigungsgesetz, dem Gesetz über die freiwillige Gerichtsbarkeit und anderen Gesetzen hergeleitet.[40] Muss sich das Archiv tatsächlich mit diesem bunten Bündel von Zugangsansprüchen auseinandersetzen?

---

35 BVerwG 3 C 41.03, Urteil v. 23.06.2004, https://www.bverwg.de/230604U3C41.03.0.

36 In der archivrechtlichen Literatur zu finden u. a. bei Becker/Oldenhage, BArchG-Kommentar, § 5 Rn. 90; Partsch/Koschmieder, Informationszugang (fünf Fn. zuvor), S. 3417.

37 Zusammenfassend Andrea Hänger, Eine Behörde – zwei Gesetze: Die Zugangsregelungen von Bundesarchivgesetz und Stasi-Unterlagen-Gesetz, in: Forum. Das Fachmagazin des Bundesarchivs, Ausgabe 2020, S. 35 ff. Zum vorherigen Konzept, das der Bundesbeauftragte für die Unterlagen des Staatssicherheitsdienstes der ehemaligen DDR (BStU) gemeinsam mit dem Bundesarchiv erarbeitet hat: http://dip21.bundestag.de/dip21/btd/19/082/1908201.pdf

38 Clemens Rehm, Rahmenbedingungen für den Zugang zu Archivgut, in: Becker/Rehm, Archivrecht, S. 135 ff. (135 Fn. 4).

39 Die wissenschaftliche Nutzung von Archivgut mit Sozial- und Steuerdaten, Archivar Jg. 66 (2013), S. 439 ff.; bejaht wurden Zugangsansprüche nach § 30 IV Nr. 3 Abgabenordnung und § 75 Sozialgesetzbuch X.

40 Rechte auf Zugang zu Archivgut außerhalb der Archivgesetze, Archiv Jg. 52 (1999), S. 20 ff.; bejaht werden Zugangsanprüche auf Archivgut u. a. aus § 299 ZPO, § 193 BEG und § 34 FGG.

> Beispiel: „F strebt die Wiederaufnahme eines Prozesses über die Höhe des von dem geschiedenen Ehemann M zu zahlenden Unterhalts an. Zu diesem Zweck beantragt sie beim Staatsarchiv A Einsicht in die Prozessakte.“[41]

Die Antwort kehrt zu den Ausgangsüberlegungen zu den Zugangsansprüchen außerhalb der Archivgesetze zurück: Soweit sich ein Zugangsanspruch in Gesetzen außerhalb des Archivrechts spezifisch auf die „Eigenschaft der Unterlagen *als Verwaltungsmittel*“ richtet,[42] kann ein solcher Anspruch *nicht* den Zugang zu Archivgut erfassen. Allein daraus, dass bei derartigen Ansprüchen nicht explizit ausgeschlossen ist, dass sie auch gegenüber dem Archiv angewandt werden können, kann nicht folgen, dass sie im Archiv gelten. Das ergibt sich vor allem daraus, dass diese Gesetze Archive überhaupt nicht in den Blick nehmen,[43] folglich besteht auch keine Normenkollision.[44] Eben weil diese Gesetze, anstatt auf die Abgabe an Archive einzugehen, am Ende des Lebenszyklus der Unterlagen die Löschung bzw. Vernichtung anordnen, muss es ja die archivrechtlichen Löschungssurrogate geben.[45] Zudem reagiert das Archivrecht auf die in derartigen Gesetzen geschützten Geheimnisse[46] mit einem speziellen Geheimnisschutz, nämlich dem aus dem BArchG.[47]

> Lösung zum obigen Beispiel: „Das Recht der Parteien auf Einsicht in die Prozessakten gemäß § 299 Abs. 1 ZPO besteht über den Abschluss des Prozesses und den Eintritt der Rechtskraft hinaus fort.“[48] Daraus folgt aber nicht, dass § 299 ZPO auch noch nach der Abgabe der Unterlagen an das Archiv eine Anspruchsgrundlage ist. Ab dann ist vielmehr der archivrechtliche Zugangsanspruch maßgeblich.

Man kann daher im Ergebnis Christoph Partsch folgen, der in seinem Kommentar zum BArchG zwar etliche Zugangsansprüche aufführt, aber die von Reinhardt und Schäfer angesprochenen Ansprüche nicht erwähnt.[49]

---

41 Das Beispiel bei Schäfer, Rechte auf Zugang (Fn. zuvor), S. 23 (die damalige Rechtschreibung wurde beibehalten).

42 Diese Formulierung bei Erik Hevers, Informationszugangsansprüche des forschenden Wissenschaftlers, Berlin 2015, S. 291; Hervorhebung von Th. H.

43 Z.B. regelt § 299 ZPO die Einsicht nur in der Geschäftsstelle des Gerichts.

44 Anders Schäfer, Rechte auf Zugang (vier Fn. zuvor), S. 21, der die von ihm angenommene Normenkollision mit der Regel *lex specialis derogat legi generali* lösen will.

45 Dazu Thema 10, Teil 1, Abschnitt A.VI.

46 Zum Beispiel das Steuergeheimnis der Abgabenordnung oder das Sozialgeheimnis des Sozialgesetzbuches.

47 Dazu Thema 13, Teil 5, Abschnitt F. II.

48 Schäfer, Rechte auf Zugang (acht Fn. zuvor).

49 Partsch, BArchG-Kommentar, § 10 Rn. 27ff. Im Hinblick auf den von Schäfer aus § 299 ZPO hergeleiteten Zugangsanspruch gegenüber Archiven ergab eine Durchsicht der zivilprozesstlichen Kommentarliteratur, dass ein solcher Zugangsanspruch in keinem der Kommentare auch nur angesprochen wird; auf Einzelnachweise wird aus Platzgründen verzichtet.

Teil 3: Der Zugang zum Archiv

Die Legitimation staatlichen Handelns beruht in einer Demokratie nicht nur auf Wahlen, sondern unter anderem auch auf der Transparenz staatlichen Handelns. Im Zeitalter der „Fake News“ ist die Bedeutung von transparentem staatlichem Handeln nochmals gestiegen. Das BVerfG hat diese Überlegungen auf den Punkt gebracht, es fordert,

> der „Bedeutung der allgemeinen Zugänglichkeit der Quellen das ihr zukommende Gewicht beizumessen,
> - für die Freiheitswahrnehmung des Einzelnen wie
> - für die Kommunikation im demokratischen Verfassungsstaat und
>
> mit entgegenstehenden Belangen in einen vertretbaren Ausgleich zu bringen.“[50]

Das Nutzungsrecht setzt dieses Forderung um und führt jenen Ausgleich herbei.

Zugleich werden Archive durch das Nutzungsrecht ein Teil der **Open Access Policy** von Kultureinrichtungen:[51] Open Access und Open Data werden soweit als rechtlich möglich umgesetzt. Bei den sog. **FAIR-Prinzipien** („Findable, Accessible, Interoperable and Reusable“) bestehen aber teilweise noch erhebliche Verbesserungsmöglichkeiten.

A. Der Zugang für Jedermann – oder ist ein „berechtigtes Interesse“ nötig?

„Jedermannrechte“ gibt es in vielen Rechtsgebieten: Viele Grundrechte, u. a. die höchst archivrelevante Informationsfreiheit aus Art. 5 I GG, sind Jedermannrechte. Die Strafprozessordnung begründet ein Jedermann-Festnahmerecht (§ 127 I StPO), und in vielen nordischen Ländern gibt es inhaltlich weitgehende Jedermannrechte bei der Nutzung von Wäldern (während in Deutschland für Jedermann meist nur ein Betretungsrecht besteht[52]). Schon das BArchG 2013 enthielt für das Bundesarchiv ein „Jedermannrecht“ auf Nutzung;[53] damals im Gesetzgebungsverfahren noch diskutierte Begrenzungen entfielen letztlich.

> **Gegenbeispiel**: Es gibt kein Jedermannrecht auf die Benutzung von Gerichtsbibliotheken; diese sind keine öffentlichen Bibliotheken.

---

50 BverfGE 145, 365 ff. v. 20.6.2017 („Gaby Weber-Fall“), letzter Satz (Wortreihenfolge verändert).

51 Dazu die Vorbemerkung 1 vor Thema 10 und jetzt das soweit ersichtlich erste gemeinsame Manifest zentraler Kulturerbe-Einrichtungen eines Bundeslandes: „Open Access Policy der Kulturerbe-Einrichtungen in Hessen“, zugänglich z. B. unter https://archiv.ub.uni-marburg.de/es/2021/0029.

52 § 14 Bundeswaldgesetz iVm. landesrechtlichen Forstgesetzen.

53 § 5 BArchG 2013.

§ 10 I 1 BArchG 2017 begründet ein Jedermannrecht[54] und damit

- ein **subjektiv-öffentliches Recht**[55]
- **auf die Nutzung von Archivgut**
  - § 3 a III BArchG führt insoweit zu einer gesetzlich angeordneten Analogie: Der Zugangsanspruch aus § 10 BArchG und die §§ 11–16 werden analog auch auf jene Unterlagen der früheren WASt[56] angewandt, die noch nicht zu Archivgut gewidmet sind.
- nur **zu widmungsgemäßen Zwecken**[57] – auch hier zeigt sich nochmals die Bedeutung der Widmung.[58]
  - Sollte es also eine Sekte geben, die Archivgut zum Gegenstand eines religiösen Kults macht, oder sollte jemand den Antrag stellen, Archivgut für eine Veranstaltung zu nutzen, die unter die Kunstfreiheit fällt, liegt kein Zugangsanspruch nach den Archivgesetzen vor.
  - Die Räume des Archivs sind deshalb nicht frei zugänglich (es gibt keinen Anspruch auf eine Besichtigung des Lesesaals).

Viele andere LArchG haben inzwischen ein Jedermannrecht eingeführt und die frühere Voraussetzung „berechtigtes Interesse“ aufgegeben.[59] Allerdings setzt die Benutzung der Deutschen Nationalbibliothek, die sich als „Archivbibliothek“ versteht, noch immer ein „berechtigtes Interesse“ voraus.[60]

---

54 Ob man vom „Jedermannrecht“ oder vom „Jedermannsrecht“ sprechen sollte, ist schwierig zu entscheiden. Das Wort kommt in archivrechtlichen Gesetzen nicht vor und, soweit ersichtlich, auch nicht in anderen Gesetzen. Damit lässt sich nicht jene Entscheidungsgrundlage finden, die z.B. hilft, die Schreibweise „Rechtssprechung“ als falsch abzulehnen, denn das Grundgesetz kennt nur „Rechtsprechung“.
Bei „Jedermannrecht“ vs. „Jedermannsrecht“ ist man hingegen auf die allgemeine Problematik des sog. „Fugenlauts“ verwiesen. Ausführlich dazu https://de.wikipedia.org/wiki/Fugenlaut. Insgesamt spricht aber etwas mehr für die Verwendung von „Jedermannrecht“ ohne „-s-“.

55 Dazu Thema 1, Teil 1, Abschnitt C.

56 Früher: „Deutsche Dienststelle für die Benachrichtigung der nächsten Angehörigen von Gefallenen der ehemaligen deutschen Dienststelle (WASt)“, jetzt „Abteilung PA = Personenbezogene Auskünfte“ des Bundesarchivs. Siehe dazu Thema 1, Teil 3, Abschnitt C.I.

57 Letzteres betont zutreffend Hans-Uwe Erichsen, Das Verwaltungshandeln, in: ders./Dirk Ehlers, Allgemeines Verwaltungsrecht, 12. Aufl., Berlin 2002, S. 456. Zur Zweckgebundenheit der Nutzung siehe gleich Teil 5, Abschnitt A.

58 Dazu Thema 10, Teil 1, Abschnitt E.

59 Z.B. auch § 6 I LArchG BW.

60 „Archivbibliothek“: § 1 Nr. 1 Satz 1 der Benutzungsordnung, „berechtigtes Interesse“: § 2 Nr. 2 Satz 1 ebd., online: https://www.dnb.de/SharedDocs/Downloads/DE/Benutzung/benutzungsordnung.pdf?__blob=publicationFile&v=3.

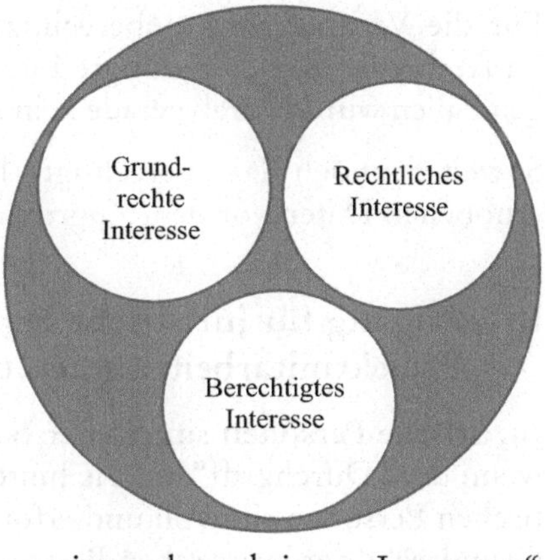

Soweit LArchG für die widmungsgemäße Nutzung von Archivgut noch immer ein **„berechtigtes Interesse"** als Voraussetzung festlegen, liegt als unbestimmter Rechtsbegriff eine Rechtsfolgevoraussetzung vor, die nur bei einer **verfassungskonformen Auslegung**[61] dem **Verdikt der Rechtswidrigkeit** entgehen kann. Das Recht auf widmungsgemäße Nutzung von Archivgut gehört zu der in Art. 5 I GG geschützten Informationsfreiheit – und bei der Ausübung dieses Grundrechts kann es (wie auch bei anderen Grundrechtsverwirklichungen) keine Voraussetzung eines „berechtigten Interesses" geben.

> Beispiel: Was würde aus der Meinungsäußerungsfreiheit werden, wenn sie nur bei „berechtigtem Interesse" ausgeübt werden dürfte?

Durch eine verfassungskonforme Auslegung sind daher die „berechtigten Interessen", soweit sie noch als Rechtsfolgevoraussetzung in LArchG zu finden sind, **weit auszulegen: Jedes schutzwürdige Interesse rechtlicher, wirtschaftlicher, ideeller oder privatrechtlicher Art reicht aus.** Beruhigend ist insoweit, dass sich in Deutschland bislang keine Praxisfälle ermitteln ließen, bei denen die Archivnutzung wegen Verneinung des berechtigten Interesses versagt wurde,[62] so dass jedenfalls im Ergebnis auch schon jetzt durchgängig ein Jedermannrecht vorliegt. Das „berechtigte Interesse" ist eben kein „rechtliches Interesse".[63]

---

61 Dazu Thema 1, Teil 2, Abschnitt E II 3.

62 Die These von Hausmann (Archivrecht, S. 59): „Die Darlegung des berechtigten Interesses wird weitgehend als erforderlich angesehen, um willkürliche, nutzlose oder durch sachliche Gründe nicht getragene Beanspruchungen der Archive […] zu vermeiden" ist nicht faktenbasiert: Dass die Rechtsfolgevoraussetzung „berechtigtes Interesse" „weitgehend", also von einer große Mehrheit der Archivar.innen für erforderlich gehalten wurde, war zum Zeitpunkt der Publikation von Hausmanns Werk (im Jahr 2016) unwahrscheinlich, weil die Änderungen der Archivgesetze hin zu einem Jedermannrecht bereits begonnen hatten. Zudem ließen sich für eine „willkürliche" Nutzung von Archiven eben keine Beispiele finden. Und das Kriterium der „nutzlosen" Beanspruchung von Archiven ist evident untauglich – nach welchen Maßstäben soll die „Nutzlosigkeit" festgestellt werden? Zudem ist die Informationsfreiheit nach Art. 5 I GG ein Jedermannrecht und eben nicht an ein „berechtigtes Interesse" geknüpft.

63 Der Unterschied zwischen diesen beiden Begriffen wurde relevant, als der Zugang zu Personenstandsdaten ab 1957 nicht mehr nur ein *berechtigtes*, sondern ein *rechtliches* Interesse erforderte. Die Folgen schildert Martin Richau, die Beendigung genealogischer Forschung in den Standesamtsregistern durch die Reform des Personenstandsgesetzes 1957, in: Herold-Jahrbuch, Neue Folge Bd. 26 (2021), S. 129ff.

Für die Verhinderung unberechtigter Sondernutzungen (z. B.: Demonstration im Archiv) ist das „berechtigte Interesse“ ebenfalls entbehrlich, denn in derartigen Fällen wurde vorab gerade kein Antrag auf diese (Sonder-)Nutzung gestellt.[64]

Soweit dennoch das „berechtigte Interesse“ abgefragt wird, sind die dadurch erhobenen Daten vor dem Zugriff anderer Nutzer zu schützen.

B. Zugang für juristische Personen, Stellvertreter.innen, Projektmitarbeiter.innen und Angehörige anderer Staaten?

Juristische Personen sind in den Schutzbereich von Grundrechten einbezogen, wenn der „Durchgriff“ auf die hinter den natürlichen Personen stehenden juristischen Personen sinnvoll und erforderlich ist. Falls das zu bejahen ist, steht das Grundrecht der juristischen Person selbst zu.[65]

Die Nutzung von öffentlichen Einrichtungen erfolgt nicht selten aufgrund von Zugangsberechtigungen für juristische Personen.

> Beispiel: Bibliotheksausweise für Institutionen, Zugangsberechtigungen zum städtischen Schwimmbad für Schulen

Fraglich ist, ob es im archivischen Kontext sinnvoll ist, die Nutzung für juristische Personen zu ermöglichen und dann deren gesetzlichen oder auch gewillkürten Vertretern oder all denen, die zur juristischen Person gehören, die Nutzung zu ermöglichen. Dagegen spricht, dass Archive in jedem Einzelfall prüfen müssen, ob eine Nutzung möglich ist. Das ist bei Buchausleihen und der Nutzung von Schwimmbädern anders. **Deshalb ist es bei Archiven nicht sinnvoll, den Zugang für juristische Personen zu ermöglichen.**

> Beispiele:
>
> Eine **Aktiengesellschaft (AG)** will ihre Unternehmensgeschichte anhand von Archivgut und mittels ihrer Mitarbeiter.innen aufarbeiten. Der „Durchgriff“ von den Mitarbeiter.innen, die Art. 5 GG geltend machen, auf die AG ist sinnvoll, wenn es z. B. um die Beantragung von Fördergeldern geht. Im Archiv aber müssen die Mitarbeiter.innen eigene Nutzungsanträge stellen.
>
> Wer für eine **Erbenermittlungs-OHG** im Archiv arbeitet, verwirklicht zusätzlich zu Art. 5 GG seine Berufsfreiheit (Art. 12 GG) und ggf. seine Eigentumsfreiheit (Art. 14 GG). Auch hier müssen die Erbenermittler.innen selbst einen Nutzungsantrag stellen. Damit wird auch kein Hindernis für effektive Grundrechtsverwirklichung aufgerichtet.

---

64 Zur Durchsetzung des Hausrechts und zu zweckwidrigen Nutzungen von Einrichtungen siehe gleich Teil 5, Abschnitt B.

65 Beispiele bei Partsch, BArchG-Kommentar, § 10 Rn. 14 (für juristische Personen des Privatrechts) und Rn. 19 (für juristische Personen des öffentlichen Rechts).

Bei der Nutzung von Archiven durch **natürliche Personen** gilt: Das insoweit zentrale Grundrecht aus Art. 5 I/III GG ist, wenn es von natürlichen Personen wahrgenommen wird – wie alle Grundrechte – ein höchstpersönliches Recht. Schon deshalb ist auch das daraus abgeleitete Nutzungsrecht ein **höchstpersönliches Recht.**[66]

Folglich ist im Archivkontext die Weitergabe von Nutzungsgenehmigungen an Angehörige, **Stellvertreter.innen**, Erb.innen oder auch Projektmitarbeiter.innen nicht möglich.[67] Vielmehr liegt in solchen Fällen ein neuer Nutzungsantrag vor. Möglich ist allerdings, dass eine Projektmitarbeiter.in in Stellvertretung auch für (namentlich benannte) andere Nutzer.innen einen Nutzungsantrag gestellt hat und dann alle diese Anträge genehmigt werden.[68]

Auch hier liegt eine Parallele zur Nutzung anderer öffentlicher Einrichtungen vor: Personenbezogene Bibliotheksausweise berechtigen nur die namentlich genannten Inhaber.innen zur Buchausleihe.

Die Höchstpersönlichkeit der Rechtsstellung ist relevant, wenn es um die Ermittlung derjenigen geht, die im Rahmen der Nutzung urheberrechtliche Verpflichtungen oder die Verpflichtung zur Erfüllung von Auflagen übernommen haben: Diese **Verpflichtungen treffen immer die jeweilige Nutzer.in und nicht Auftraggeber oder Projektleiter.innen**. Diese Überlegung zeigt auch, warum es auch Sicht des Archivs nicht akzeptabel sein kann, eine andere als eine höchstpersönliche Rechtsposition zu begründen – andernfalls würden sich die Verpflichtungen zur Einhaltung von Auflagen in einem Nebel von Stellvertretungen verflüchtigen. Auch hier ist die Rechtslage bei Bibliotheken anders, weil dort die Nutzungsgenehmigung nicht mit Auflagen zu den jeweils genutzten Büchern verbunden wird.

Auch wenn die Nutzung nur aufgrund eines erfolgreichen Schutzfristenverkürzungsantrages (SVA) erfolgt, ist keine Aufweichung der Höchstpersönlichkeit des Nutzungsrechts nötig. Denn wenn die Nutzung durch die Nutzer.in, die den erfolgreichen SVA gestellt hat, an einer **subjektiven oder wirtschaftlichen Unmöglichkeit** scheitert, kann eine Mitarbeiter.in jener Nutzer.in einen eigenen Antrag und einen eigenen SVA stellen. Wenn der SVA der ursprünglichen Nut-

---

66 Wie z.B. auch das Recht zu Heiraten oder das Wahlrecht. Im Urheberrecht ist hingegen zu differenzieren; siehe dazu die urheberrechtliche Literatur.

67 Im Hinblick auf Projektmitarbeiter anders Manegold (Archivrecht, S. 260): „Beim Auswechseln eines Mitarbeiters tritt dieser kraft seines Arbeitsvertrages in die Regelungen der Benutzungsgenehmigung automatisch ein, die durch die Überleitung den Charakter einer Allgemeinverfügung (§ 35 Satz 2 VwVfG) gewinnt." Ähnlich Partsch, BArchG-Kommentar, § 10 Rn. 17f. Es ist aber bereits für das Archiv faktisch unmöglich, die Gültigkeit eines solchen Arbeitsvertrages zu prüfen. Zwar kann ein zivilrechtlicher Vertrag zu neuen Begünstigten eines VAs führen, dafür muss aber ein objektbezogener, „dinglicher" VA wie z.B. eine Baugenehmigung vorliegen. Die Genehmigung des Nutzungsantrags ist hingegen personenbezogen.

68 Dazu mit einem Beispiel aus der Praxis des Staatsarchivs Hamburg: Jenny Kotte, Das Verwaltungsverfahren bei Schutzfristverkürzungen, Archivar 61 (2008), S. 133–137 (137).

zer.in wegen eines Forschungsprojekts erfolgreich war, kann die Mitarbeiter.in der ursprünglichen Nutzer.in nun einen eigenen SVA stellen, der ebenfalls genehmigt werden kann, denn es muss sich gemäß den Archivgesetzen nicht um ein eigenes Forschungsprojekt handeln, sondern die Nutzung muss nur für ein Forschungsprojekt erforderlich sein.

> Beispiel: Die Nutzer.in müsste mehrere Tausend Kilometer anreisen (wirtschaftliche Unmöglichkeit) oder ist aufgrund einer Erkrankung dauerhaft nicht reisefähig (subjektive Unmöglichkeit); ein Digitalisierungsauftrag ist aufgrund der Menge der Unterlagen oder aufgrund des frühen Stadiums der Recherche nicht sinnvoll. Wenn die Nutzung nur aufgrund einer Schutzfristverkürzung z. B. gemäß § 9 V LArchG HE[69] möglich ist, kann eine Mitarbeiter.in der Nutzerin einen eigenen Schutzfristenverkürzungsantrag stellen.

Geht es um eine **Nutzung durch Angehörige anderer Staaten**, ergibt sich – anders als in der Zeit vor dem BArchG 2013[70] – keine Beschränkung mehr aufgrund des völkerrechtlichen Gegenseitigkeitsprinzips:[71] Unabhängig von der Frage, ob ein anderer Staat jedenfalls ähnliche Nutzungsrechte für deutsche Nutzerinnen und Nutzer gewährt, sind Angehörige jenes Staates beim Zugang zu deutschen Archiven den deutschen Staatsbürger.innen gleichgestellt.

C. Der Zugang für andere Behörden

Die abgebende Stelle kann das erwähnte „Jedermannrecht“ nicht geltend machen, denn ein solches subjektiv-öffentliches Recht steht grundsätzlich nur Bürgerinnen und Bürgern zu. Anders ist die Lage nur, wenn die abgebende Stelle als Körperschaft grundrechtsfähig ist.[72]

Wenn der letztere Ausnahmefall nicht vorliegt, stellt sich die Frage, ob vom Archiv gegenüber der abgebenden Stelle,[73] die jetzt als ersuchende Stelle auftritt, Amtshilfe geleistet wird. Dies ist gemäß § 4 II Nr. 2 VwVfG zu verneinen, wenn die Erfüllung einer *eigenen* Aufgabe des Archivs erfolgt. Zwar ist die Zugangsgewährung gemäß den Archivgesetzen eine Aufgabe des Archivs, allerdings gegenüber den Bürger.innen. Folglich erfolgt der Zugang für die abgebende Stelle (**„amtliche Einsichtnahme“**) im Rahmen von **Amtshilfe.**[74]

---

69 § 9 V LArchG HE: „Bei personenbezogenem Archivgut nach Abs. 2 können die Schutzfristen vom öffentlichen Archiv im Einzelfall auf Antrag der Nutzerin oder des Nutzers verkürzt werden, wenn 1. die Nutzung für ein konkretes Forschungsvorhaben erforderlich ist und […]“

70 Dazu Manegold, Archivrecht, S. 255 mN.

71 Nach der völkerrechtlichen Gegenseitigkeitsklausel werden Ausländer.innen wie Inländer.innen behandelt, wenn dies auch für die Inländer.innen im jeweiligen Ausland gilt.

72 Dazu Partsch, BArchG-Kommentar, 2. Aufl., § 10 Rn. 20.

73 Wenn die Aufsichtsbehörde der abgebenden Stelle den Zugang verlangt, geht es um eine andere als die abgebende Stelle; dazu siehe gleich Abschnitt VI.

74 Zu den Auswirkungen auf die Pflicht der abgebenden Stelle, bei Reproduktionen des Archivguts Gebühren zu zahlen, siehe Thema 13, Teil 6, Abschnitt C II 2 c.

Das kann man mit Hausmann eine „Sondernutzung im Verwaltungsgebrauch“[75] nennen.

I. Gibt es Ablehnungsgründe für die verlangte Amtshilfe?

Ein Ablehnungsgrund im Hinblick auf die verlangte Amtshilfe liegt für das Archiv gemäß dem VwVfG aber dann vor, wenn das Archiv zur Amtshilfe „aus rechtlichen Gründen nicht in der Lage ist.“[76] Dies wird im VwVfG konkretisiert:

„Die ersuchte Behörde ist insbesondere zur Vorlage von Urkunden oder Akten sowie zur Erteilung von Auskünften nicht verpflichtet, wenn die Vorgänge **nach einem Gesetz** oder ihrem Wesen nach **geheim gehalten werden müssen.**“ (§ 5 II 2 VwVfG)[77]

Die Rechtmäßigkeit der Amtshilfehandlung, hier also Vorlage oder Auskunft an die ersuchende Behörde, ist gemäß § 7 I 2. Hs. VwVfG gemäß dem *Archivrecht* zu beurteilen.

§ 7 VwVfG

Durchführung der Amtshilfe

(1) Die Zulässigkeit der Maßnahme, die durch die Amtshilfe verwirklicht werden soll, richtet sich nach dem für die ersuchende Behörde, die Durchführung der Amtshilfe nach dem für die ersuchte Behörde geltenden Recht.

(2) Die ersuchende Behörde trägt gegenüber der ersuchten Behörde die Verantwortung für die Rechtmäßigkeit der zu treffenden Maßnahme. Die ersuchte Behörde ist für die Durchführung der Amtshilfe verantwortlich.

Muss also Archivgut, das Schutzfristen unterliegt, nach den Archivgesetzen gemäß § 5 II 2 VwVfG „geheim“ gehalten werden? Einschlägig sind hier nicht alle, sondern nur **„besondere Geheimhaltungspflichten“**.[78] An anderer Stelle in diesem Lehrbuch ist dieser Begriff hergeleitet:[79]

- Es liegen **besondere** (bzw. qualifizierte) Geheimhaltungsvorschriften vor, wenn die Regelungen „die Offenbarung an einen **abschließenden gesetzlichen Katalog von Offenbarungstatbeständen** knüpfen“.
- Hingegen handelt es sich um bloße **einfache** Geheimhaltungsvorschriften, wenn die Regelungen **„lediglich die ‚unbefugte‘ Offenbarung verbieten“**.

75 Hausmann, Archivrecht. Ein Leitfaden, S. 74.
76 § 5 II 1 Nr. 1 VwVfG.
77 Hervorhebung von Th. H.
78 Kopp/Ramsauer, VwVfG-Kommentar, 17. Aufl. 2016, § 5 Rn. 24.
79 Siehe Thema 13, Teil 5, Abschnitt G.V.

Beispiel: § 96 Strafprozessordnung verbietet die Vorlegung von Archivgut, wenn das zu einem Nachteil für das Staatswohl führt. Der Katalog der Offenbarungstatbestände ist abschließend: Es gibt keinen einzigen weiteren Grund.

Wendet man dieses Kriterium auf die Archivgesetze an, ergibt sich: Der „Katalog von Offenbarungstatbeständen" in den Archivgesetzen ist nicht abschließend, schon weil die Ermittlung der Schutzfrist nicht der letzte, sondern der vorletzte Punkt der Prüfung ist, ob die Nutzung möglich ist; es ist in jedem Einzelfall zu klären, ob aufgrund besonderer Umstände des Einzelfalls die Nutzung untersagt oder zugelassen werden muss.[80] Folglich **begründen die Archivgesetze** selbst **keine „besonderen Geheimhaltungspflichten"**, so dass die Vorlage an die ersuchende Behörde nicht an § 5 II VwVfG scheitert.[81]

II. Die Bedeutung von Schutzfristen beim Zugang von Behörden

Wirken daher **archivgesetzliche Nutzungsbeschränkungen**, die im Hinblick auf das Archivgut gegenüber „Jedermann" bestehen, auch gegenüber der ersuchenden Behörde? Hausmann kommt zu einer pauschalen bejahenden Antwort:

> Es „ist zu beachten, dass das Archiv als ersuchte Behörde nur in den Schranken des archivrechtlich Zulässigen tätig werden kann. Es sind daher Sperr-/Schutzfristen stets zu beachten."[82]

Aber: Die ersuchende Behörde ist kein archivrechtlicher „Jedermann" und hat daher grundsätzlich kein Recht zur Nutzung von Archivgut gemäß den Archivgesetze. Stattdessen erfolgt eine Auskunft oder eine Vorlage an die ersuchende Behörde, was sich aus dem Jedermannrecht nicht ableiten lässt.

Trotzdem sprechen die Archivgesetze auch im Hinblick auf die Amtshilfeleistung an ersuchende Behörden von „Nutzung"; das LArchG HE legt sogar fest, dass die **Schutzfristen auch bei einer Nutzung durch öffentliche Stellen gelten.**[83] Diese Regelung steht in Einklang mit § 7 I 2. Hs. VwVfG: Wann das von der ersuchenden Behörde angeforderte Archivgut vorlegt werden darf, regelt nur das Recht der *ersuchten* Behörde (hier: das Archiv).

Aber: Wenn die Schutzfristen gegenüber der ersuchenden Behörde anwendbar sind, muss es auch die Möglichkeit einer **Schutzfristenverkürzung** geben.[84] Dem steht nicht entgegen, dass die Unterlagen nach wie vor Archivgut sind und

80 Dazu Thema 13, Teil 5, Abschnitt H.

81 Grundsätzlich kann auch das Bundesdatenschutzgesetz eine solche „besondere Geheimhaltungspflicht" begründetn (Kopp/Ramsauer, VwVfG-Kommentar, § 5 Rn. 24 a), aber die Archivgesetze sind bereichsspezifisches Datenschutzrecht (siehe Thema 1, Teil 2, Abchnitt A), so dass das BDSG hier nicht zu diskutiert werden braucht.

82 Jost Hausmann, Wiedergabe des Archivguts, in: Becker/Rehm, Archivrecht, S. 204 ff. (223).

83 § 9 III 1 LArchG HE.

84 Dazu allgemein Thema 13, Teil 5, Abschnitt H.

also eine öffentlich-rechtliche Dienstbarkeit besteht. Keine der Wirkungen dieser Dienstbarkeit[85] ist tangiert.

Wenn eine ersuchende Behörde Unterlagen anfordert und die Nutzung an Schutzfristen scheitern würde, ist von einem **konkludent gestellten Antrag** auf Schutzfristenverkürzung auszugehen. Die Rechtsfolgevoraussetzung einer solchen Schutzfristenverkürzung liegt regelmäßig vor, da z.B. gemäß dem LArchG HE

> „die Nutzung zur Wahrnehmung berechtigter Belange im überwiegenden Interesse einer anderen [...] Stelle unerlässlich ist und eine Beeinträchtigung schutzwürdiger Belange durch angemessene Maßnahmen ausgeschlossen wird."[86]

Die aufgeführte These von Hausmann ist daher nicht unzutreffend, aber wegen der regelmäßig zu bejahenden Schutzfristenverkürzung **ist die ersuchende Behörde im Ergebnis regelmäßig nicht durch Schutzfristen eingeschränkt.**

III. Der Ort der Nutzung beim Zugang für Behörden

Grundsätzlich muss die ersuchende Stelle die Unterlagen **im Lesesaal** einsehen,

> „da eine Aushändigung des Archivguts im Original [...] zur Folge haben kann, dass es der Nutzung durch übrige Nutzerinnen und Nutzer zu lange entzogen ist und konservatorisch in Gefahr gerät".[87]

Nur ausnahmsweise kann eine Aushändigung des Archivguts an die ersuchende Stelle erfolgen. Die Gesetzesbegründung zum jetzigen BArchG nennt dazu drei Beispielsfälle („insbesondere"):

> „1. das Prüfverfahren bei **Verschlusssachen** im Rahmen der Umsetzung von § 9 VSA,
>
> 2. im Prüfverfahren auf Ermöglichung einer **Schutzfristverkürzung** sowie
>
> 3. in „historischen Sonderfällen", sofern Archivgut betroffen ist, das aus Unterlagen hervorgegangen ist, die zum Zeitpunkt der Abgabe an das Bundesarchiv in der laufenden Verwaltung nicht mehr benötigt wurden, aufgrund **unvorhersehbarer** politischer **Entwicklungen** und sich daraus ergebender neuer Aufgabenwahrnehmung jedoch wieder in gerichtliche oder verwaltungsinterne Entscheidungsprozesse eingebunden werden müssen."[88]

---

[85] Dazu Thema 10, Teil 1, Abschnitt E V.

[86] § 9 V Nr. 2 LArchG HE.

[87] Bundestagsdrucksache 18/9633, S. 79 in der Begründung zum jetzigen § 15 II BArchG. Die Begründung gilt auch für die Ebene des Landesarchivrechts.

[88] Bundestags-Drucksache 18/9633, S. 80.

Die Aushändigung wird durch ein **Leihverhältnis** entsprechend § 598 BGB ausgestaltet.[89]

Wenn also im Kontext des Zugangs für Behörden von „Nutzung“ gesprochen wird, ist das nur mit den obigen Einschränkungen und Änderungen gegenüber der Nutzung durch „Jedermann“ juristisch präzise.

IV. Das Verfahren bei Streitigkeiten zwischen ersuchender Stelle und Archiv

Wenn zwischen der ersuchenden Behörde und dem Archiv streitig ist, ob und wie der Zugang zu gestalten ist, erfolgt gemäß dem VwVfG eine **Entscheidung der Aufsichtsbehörden.**[90] Da das Archiv und die ersuchende Behörde regelmäßig keine gemeinsame Aufsichtsbehörde haben, entscheidet in Streitfällen meist die Aufsichtsbehörde des Archivs, also eine Stelle der Exekutive.

Unter anderem weil damit innerhalb des Systems der Gewaltenteilung die Exekutive bevorzugt wird, hat der Bundesgerichtshof in einer sehr ausführlich begründeten Entscheidung auch eine **Beschlagnahme** durch die Staatsanwaltschaft als ersuchende Behörde für rechtmäßig erklärt, wenn keine Einigung über die Durchführung der Amtshilfe mit der ersuchten Behörde gelingt.[91] Wenn die obigen rechtsdogmatischen Ausführungen berücksichtigt werden, sollte es aber möglich sein, dass im archivischen Kontext auf die Anwendung einer derartig scharfen Maßnahme verzichtet wird.[92]

V. Besonderheiten beim privilegierten Zugang für die abgebende Stelle

Für die abgebende Stelle liegt auch in einer weiteren Hinsicht ein **privilegierter Zugang** vor, denn die gegenüber Nutzer.innen aufgrund des „Jedermannrechts“ einschlägigen Schutzfristen gelten im Hinblick auf die abgebende Stelle gemäß den Archivgesetzen nur dann, wenn

> „das Archivgut durch diese Stellen auf Grund von Rechtsvorschriften hätt[e] gesperrt oder vernichtet werden müssen“[93] (Zum Beispiel das BArchG, das LArchG SN und das LArchG BB enthalten ähnliche Regelungen[94]).

---

[89] Von einer „Rückausleihe“ sprechen die Gesetzesbegründung zum jetzigen BArchG (Bundestags-Drucksache 18/9633, S. 80) und dem folgend Partsch (BArchG-Kommentar, 2. Aufl., § 15 Rn. 12); beim Weg von der abgebenden Stelle in das Archiv lag aber keine Leihe vor.

[90] Details in § 5 V VwVfG.

[91] BGH, Beschluss v. 18.3.1992, https://www.hrr-strafrecht.de/hrr/1/92/1-bgs-90-92.php; zustimmend Partsch, BArchG-Kommentar, 2. Aufl. § 10 Rn. 21. An dem damaligen Fall war aber kein Archiv beteiligt.

[92] ... und wenn das gelingt, kann der Autor dieses Lehrbuchs weiterhin darauf verzichten, auch noch ein Kapitel über „Archivrelevantes Strafprozessrecht“ hinzuzufügen.

[93] Diese Formulierung in § 6 V 1 LArchG BW; ähnlich § 9 III 2 LArchG HE.

[94] § 15 II BArchG, § 10 III LArchG SN (dazu Hannes Berger, Sächsisches Archivgesetz. Kommentar, § 10 Rn. 67ff.); § 7 LArchG BB.

Umgekehrt formuliert: Solange die Unterlagen in der Stelle, die die Unterlagen abgegeben hat, nicht von einer Sperr- oder Vernichtungsvorschrift betroffen waren, kann die abgebende Stelle ohne Einschränkungen durch Schutzfristen auf die Unterlagen zugreifen. Diese letztere Einschränkung ist notwendig, weil die Abgabe an das Archiv für die abgebende Stelle ein Löschungssurrogat darstellt, das durch die abgebende Stelle nicht mittels einer Nutzung von Archivgut unterlaufen werden darf.[95]

Probleme entstehen in diesem Zusammenhang, wenn die abgebende Stelle ggf. im Nachhinein mitteilt, dass die fraglichen Unterlagen auch ohne Abgabe an das Archiv keinesfalls vernichtet worden wären, denn die abgebende Stelle hätte die Unterlagen für ein schon immer geplantes Projekt zur Erforschung der Geschichte der abgebenden Stelle aufgehoben. Mit dieser Argumentation kann aber die Löschungspflicht nicht generell aufgehoben werden. Daher kann diese Argumentation nur dann durchgreifen, wenn erstens schon zum Zeitpunkt der Abgabe an das Archiv zweitens ein hinreichend konkretes Projekt zur Geschichte der Behörde bestand.

Dieser privilegierte Zugang besteht dann nur für Mitarbeiter.innen der abgebenden Stelle, **nicht für externe Honorarkräfte**, die z. B. im Rahmen eines Werkvertrags die Geschichte der abgebenden Stelle erforschen.

Ein **Schutzfristenverkürzungsantrag**[96] ist auch für die abgebende Behörde möglich.

Einen **besonders privilegierten Zugang** zu seinen früheren Unterlagen hat das BVerfG.[97]

VI. Besonderheiten beim Zugang für eine andere als die abgebende Stelle

Wenn eine *andere* als die abgebende Stelle den Zugang zu Archivgut wünscht, liegt gemäß den obigen Ausführungen ebenfalls **Amtshilfe** gemäß § 4 ff. VwVfG vor.[98]

> Beispiel: Ein hessisches Archiv überlässt für die Durchführung eines Strafverfahrens der ersuchenden Behörde, einer Staatsanwaltschaft, aufgrund von § 161 I 1 Strafprozessordnung Archivgut, und zwar Unterlagen, die vor einigen Jahren bei einer anderen Staatsanwaltschaft entstanden waren und an das Archiv abgegeben worden waren. Das Archiv legt dabei fest, dass die Überlassung nur an die ersuchende Staatsanwaltschaft erfolgt und wegen der personenbezogenen Schutzfristen eine Weitergabe an Dritte, nicht zulässig sei. Das für das Strafverfahren zuständige Gericht und die Strafverteidi-

---

95 Michael Scholz, Besondere Fälle [des Zugangs], in: Becker/Rehm, Archivrecht, S. 171 ff. (175 ff.). § 5 VIII LArchG HH spricht das Problem explizit an.

96 Dazu Thema 10, Teil 5, Abschnitt H.

97 Dazu Thema 13, Teil 5, Abschnitt E.I.

98 Dies wird zutreffend angegeben z. B. in der Nutzungsordnung des Hessischen Landesarchivs v. 20.12.2019, dort § 8 I 1.

gung verlangen jedoch, dass die Staatsanwaltschaft die Unterlagen an sie als Beteiligte des Strafverfahrens weitergibt. Ist das rechtmäßig?

Es liegen Unterlagen im Verwaltungsgebrauch vor. Die Voraussetzungen der Vorlage sind ausschließlich nach dem LArchG HE zu beurteilen. Die Unterlagen durften ausnahmsweise ausgehändigt werden, weil zum Zeitpunkt der Übergabe an das Archiv nicht absehbar war, dass die Unterlagen später für das nunmehrige Strafverfahren benötigt werden.

Soweit die Schutzfristen nach § 13 IV 1 LArchG HE die Verwendung der Unterlagen durch die ersuchende Staatsanwaltschaft einschränken, ist konkludent ein Schutzfristenverkürzungsantrag gestellt. Die Nutzung durch die ersuchende Behörde ist unerlässlich und die Beeinträchtigung schutzwürdiger Belange ist durch angemessene Maßnahmen (auf der Grundlage z. B. des Strafprozessrechts) ausgeschlossen; daher liegen die Voraussetzungen einer Schutzfristenverkürzung nach § 13 V 2 Nr. 3 LArchG HE vor. Die Weitergabe der Unterlagen von der Staatsanwaltschaft an das Gericht und die Strafverteidigung ist daher rechtmäßig.

Fraglich ist zudem, ob das Archiv die Stelle, die die Unterlagen an das Archiv abgegeben hat, um das Einverständnis bitten muss, dass die Unterlagen nun der ersuchenden Stelle vorgelegt werden. Es ist nicht ersichtlich, auf welcher rechtlichen Grundlage das Archiv selbst festlegen kann, dass die ersuchende Stelle Vorgaben der Stelle, die abgegeben hat, befolgen muss. Wenn eine solche Pflicht zum Einverständnis der Stelle, die abgeben hat, in die **Archivbenutzungsordnung** aufgenommen wird,[99] ist das für die ersuchende Behörde irrelevant, da sich eine solche Benutzungsordnung an die Personen richten, die mit einem Jedermannrecht das Archiv nutzen,[100] während es hier um Amtshilfe geht. Teilweise wird aber in den **Archivgesetzen** verlangt, dass eine **Einwilligung der ursprünglich abgebenden Stelle** in die Schutzfristverkürzung einzuholen ist.[101]

99 Dies ist vorgesehen z. B. in der Archivbenutzungsordnung von Quedlinburg, dort § 5 II, siehe https://www.quedlinburg.de/index.php?&object=tx,3771.3.1&ModID=6&FID=3771.501.1&kuo=1&call=0&k_sub=0&La=1.

100 So auch die erwähnte Archivbenutzungsordnung von Quedlinburg, dort § 1 III. Anderer Ansicht Hannes Berger, Sächsisches Archivgesetz. Kommentar, § 9 Rn. 4 (zum LArchG SN): „Alle anderen öffentlichen Institutionen als die abgebende öffentliche Stelle müssen sich an die [also alle! Th. H.] Benutzungsvorschriften aus dem Sächsischen Archivgesetz und aus der Sächsischen Archivbenutzungsverordnung halten."

101 Z. B. § 12 IV BArchG.

Teil 4: Der Antrag auf Nutzung und das Verwaltungsverfahren

Bei privaten Archiven kann der Archivträger frei entscheiden, wie das Rechtsverhältnis zu den Nutzerinnen und Nutzern ausgestaltet wird und ob überhaupt die Nutzung gestattet wird.[102] Von den folgenden Ausführungen sind daher nur die Hinweise zu Neben- und Schutzpflichten teilweise auf private Archive übertragbar.

A. Der Nutzungsantrag

I. Die generelle Notwendigkeit des Nutzungsantrags

In öffentlichen Archiven gilt gemäß der Theorie des modifizierten Privateigentums das Recht der öffentlichen Sachen als ein staatliches Sondersachenrecht, das das BGB-Sachenrecht teilweise verdrängt.[103] Bei diesen öffentlichen Sachen bestehen drei Typen des Gebrauchs, woraus sich unterschiedliche Regelungen u. a. für den Zugang und die Notwendigkeit des Nutzungsantrags ergeben.

Bei Archivgut handelt es sich um **öffentliche Sachen im Einrichtungs- oder Bürgergebrauch** (die leider noch immer weit verbreitete Terminologie „Anstaltsgebrauch“ ist überholt).[104] Dies verbindet Archive auch juristisch z. B. mit öffentlichen Theatern, Bibliotheken und Krankenhäusern.[105] Bei Sachen im Einrichtungsgebrauch ist ausnahmslos eine Zulassung zur Nutzung durch den Inhaber der öffentlichen Sachherrschaft nötig, folglich ist bei öffentlichen Archiven ein **Nutzungsantrag zwingend notwendig.**[106]

Anders ist die Rechtslage bei **öffentlichen Sachen im Gemeingebrauch**; dort ist die Nutzung im Rahmen der Zweckbestimmung ohne Nutzungsantrag möglich. Typisch für öffentliche Sachen im Gemeingebrauch ist, dass die öffentliche Hand außer der Sache keine Hilfeleistungen zur Verfügung stellt, also insbesondere keine Einrichtung. Derartige öffentliche Sachen im Gemeingebrauch sind z. B. öffentliche Straßen – dort gibt es keine Hilfeleistungen (also z. B. keine Wegelotsen). Das ist bei Archivgut evident anders, so dass Archivgut nicht im Gemeingebrauch steht.

---

102 „Es besteht kein Rechtsanspruch auf die Zulassung zur Nutzung“, legt z. B. die Benutzungsordnung für Archiv und Bibliothek der Leopoldina fest (§ 6 I 2, https://www.leopoldina.org/fileadmin/redaktion/Ueber_uns/Bibliothek/2018-09-20_Ordnungen_Druck_Web_2018_A5.pdf). Dass allerdings die öffentlichen Zuwendungsgeber dieses Vorgehen akzeptieren, bleibt erstaunlich.

103 Dazu Thema 8, Teil 3, Abschnitt A.

104 Diese Einteilungen im Anschluss an Pappermann/Löhr/Andriske, Recht der öffentlichen Sachen, München 1987, S. 9 ff.; Archive werden dort (nur) in Fn. 26 erwähnt.

105 Juristisch ähnlich eingestuft sind übrigens die *res sacrae*, das sind öffentliche Sachen, die dem kirchlichen Gebrauch dienen.

106 So auch Strauch, der hervorhebt, dass „der Benutzer einen Antrag auf Nutzung stellen muß“ (Archivalieneigentum, Köln 1998, S. 62).

Zudem gibt es **öffentliche Sachen im internen Verwaltungsgebrauch.** Dazu gehören in einem Archiv alle Sachen, die für das Funktionieren des Archivs als Behörde notwendig sind. Das Archivgut, auf das sich der Nutzungsantrag richtet, gehört dazu nicht.

Das subjektiv-öffentliche Recht auf Nutzung von Archivgut richtet sich also auf **öffentliche Sachen im Einrichtungs- oder Bürgergebrauch**, was einen Nutzungsantrag ausnahmslos erforderlich macht.

Durch die inzwischen weitgehende Einführung eines **Jedermannrechts** entfällt der Nutzungsantrag nicht, denn (anders als z.B. bei Straßen) ist der Zugang zu Archivgut nur innerhalb der Anstalt[107] möglich, genauso wie der Zugang zu einem kommunalen Schwimmbad den Zugang zu dem eingegrenzten Raum voraussetzt, in dem sich das Schwimmbecken befindet.[108]

Ein solcher Antrag ist ausnahmslos auch im Kommunalbereich und bei der privaten Nutzung von Archivgut durch Archivmitarbeiter.innen nötig.

> Beispiel: **Auch Bürgermeister haben kein antragsloses Zutrittsrecht zum Archiv „ihrer" Gemeinde.** Ein solches Recht kann auch nicht gewohnheitsrechtlich entstehen, weil nicht etwa das Archiv den antragslosen Zutritt als Verringerung seiner Rechtsposition geduldet hat. Vielmehr ist es die Struktur des Archivs als Einrichtung, die den Antrag erforderlich macht.

II. Die Anforderungen an den Nutzungsantrag

Der Antrag auf Zulassung zur Nutzung („Ob") ist **öffentlich-rechtlich**, und zwar auch dann, wenn der Staat oder die Kommune das Archiv mit einer privatrechtlichen Organisationsform ausgestattet hat, so dass bei einer Verweigerung der Zulassung die Verwaltungsgerichte zuständig sind.

1. Formfreiheit und Formulare

Ein Nutzungsantrag kann, **wenn das Archiv damit einverstanden ist,** – ähnlich wie ein Antrag auf Abschluss eines Beförderungsvertrages beim Betreten von Fahrzeugen im öffentlichen Personennahverkehr – **formfrei und konkludent,** also durch schlüssiges Handeln, gestellt werden.[109] Es kommt nicht darauf an, dass Nutzerinnen und Nutzer wissen, dass sie einen solchen Antrag stellen; und es kommt auch nicht darauf an, ob das Archiv von einem Nutzungsantrag aus-

107 „Anstalt" wird hier im Sinne des Rechts der öffentlichen Sachen in einer umfassenden Bedeutung verwendet. Weder die bei den meisten Archiven nicht vorliegende Rechtsfähigkeit noch eine eigenständige Organisation sind Voraussetzung für eine „Anstalt" in diesem Sinn.

108 Der Anstaltsgebrauch kann sogar zu einer Benutzungspflicht werden (Schulpflicht, Anschluss- und Benutzungszwang bei der Kanalisation). Eine solche Pflicht wird im Hinblick auf Archive aber nicht erörtert.

109 Anders, aber ohne Begründung: Hausmann, Archivrecht, S. 63: „Der Antrag ist schriftlich zu stellen."

geht. Vielmehr reicht ein Verhalten, das aus juristischer Sicht als Stellen eines Nutzungsantrags gewertet wird.

> Der Nutzer ist **schon *vor* der Entstehung des Benutzungsverhältnisses** analog zu den zivilrechtlichen Regelungen über das „Verschulden bei Vertragsverhandlungen" geschützt, also z. B. beim Einsturz der Theke, an der der Nutzungsantrag ausgefüllt wird.

Wenn das Archiv für den Nutzungsantrag aber ein **Formular** erstellt hat, kann das Archiv die Bearbeitung des Antrags von der Verwendung des ausgefüllten Formblattes abhängig machen.[110]

2. *Stellvertretung*

Der Antrag kann – wenn das vom Archiv akzeptiert wird – **auch in Stellvertretung** gestellt werden.[111] Dies bedeutet bei Nutzungsanträgen von **Personen unter 18 Jahren**: Diese sind nicht handlungsfähig im Hinblick auf das Verwaltungsverfahren,[112] sondern z. B. die Eltern können für sie als gesetzliche Vertreter handeln; materiell-rechtlich besteht der Nutzungsanspruch auch für Minderjährige uneingeschränkt.[113] Allerdings führt die Beaufsichtigung von Kleinkindern im Lesesaal wohl ausnahmslos zu einem unverhältnismäßigen Verwaltungsaufwand und damit zu einer Benutzungseinschränkung oder -versagung.[114]

3. *Mitwirkungsobliegenheiten, Glaubhaftmachung und „false flag-Nutzung"*

Soweit die Nutzer.in den Sachverhalt besser als die Behörde kennt, bestehen **Mitwirkungsobliegenheiten** (§ 26 II 1 + 2 VwVfG).[115]

> Beispiele zu Fragen im Nutzungsantrag:
>
> „Sind Sie Wissenschaftler.in im Sinne von Art. 5 III GG?" – diese Frage ist verfehlt, da nicht die Nutzer.in, sondern das Archiv die Subsumtion vorzunehmen hat.
>
> „Legen Sie bitte dar, ob Sie Ihre Forschung auf der Grundlage einer Methode vornehmen" – hier wird nach Tatsachen gefragt, deren Vorliegen zur Bejahung der Rechtsfolge-

---

110 Dies ist keine Pflicht (da die Durchsetzung nicht erzwungen werden kann), sondern eine Obliegenheit der Antragsteller.in. Ein ohne Antragsformular gestellter Antrag ist allerdings fristwahrend. Vgl. zu allem Kopp/Ramsauer, VwVfG-Kommentar, 17. Aufl. 2016, § 64 Rn. 9.

111 Allerdings begründet ein erfolgreicher Antrag nur ein höchstpersönliches Recht, dazu gleich.

112 § 12 VwVfG iVm. § 104 ff. BGB.

113 Ähnlich Partsch, BArchG-Kommentar, § 10 Rn. 13 aE, der allerdings auf die prozessuale und nicht auf die hier einschlägige verfahrensrechtliche Handlungsfähigkeit abstellt.

114 Z. B. nach § 13 II Nr. 2 BArchG.

115 Es handelt sich im juristischen Sinne nicht um Pflichten, da das Archiv die Mitwirkung nicht eigenständig erzwingen kann; bei fehlender Mitwirkung trotz Obliegenheit wird „nur" der Antrag als unbegründet abgelehnt. Allgemein zu Obliegenheiten: Thema 8, Teil 2, Abschnitt E.I.2.c.bb.

voraussetzung „Wissenschaft" in Art. 5 III GG führt. Da die Nutzer.in viel leichter als das Archiv die Antwort finden kann (das Archiv müsste frühere Publikationen der Nutzer.in lesen), hat die Nutzer.in eine Mitwirkungsobliegenheit.

Es handelt sich nicht um Pflichten der Nutzer.in, da die Antwort nicht erzwungen werden kann; die Nutzer.in muss aber die Nachtteile tragen, wenn eine Obliegenheit nicht erfüllt wird (z. B. im Hinblick auf Schutzfristverkürzungen, wenn nicht ermittelt werden kann, ob die Nutzer.in Wissenschaftler.in ist). Die Angaben müssen aber nur **glaubhaft** sein; es muss kein Beweis erbracht werden.[116]

„False flag"-Nutzer.innen sind ein möglicherweise im Archivbereich unterschätztes Problem. Wer nach Unterlagen zu Ereignissen aus seinem privaten Umfeld sucht und sich für diesen Zweck als Wissenschaftler.in/Journalist.in beim Archiv meldet, kann insbesondere dann schwer erkannt werden, wenn keine Namensgleichheit vorliegt. Das gilt auch für „Strohmann"-Nutzung, wenn eine Nutzer.in z. B. eine tatsächliche Wissenschaftler.in/Journalist.in schickt, weil bei dieser aufgrund von Art. 5 III GG eine Nutzung genehmigungsfähig ist, die beim „Hintermann" abgelehnt würde.[117] Ein unmittelbar wirkendes juristisches Mittel gegen derartige Nutzungen gibt es nicht; Archive können nur nach Indizien für ein derartiges Unterlaufen der Nutzungsregeln Ausschau halten.

4. Anonyme und pseudonyme Anträge

In den Archivgesetzen ist zwar nicht – anders als teilweise im Transparenzrecht – vorgeschrieben, dass der Nutzungsantrag die Identität des Antragstellers erkennen lassen muss und somit **anonyme oder pseudonyme Anträge** ausgeschlossen sind. Doch kann sich eine Nutzungsgenehmigung nur auf einen konkreten Bestand von Archivalien beziehen, weil nur so die immer notwendige Prüfung durchgeführt werden kann, ob eine Nutzungsversagung erfolgen muss.[118] Auch wenn keine Nutzungsbeschränkung besteht („freies Archivgut"), handelt es sich bei Archivgut um Unikate, so dass sich aus dem öffentlich-rechtlichen Benutzungsverhältnis zwischen Archiv (genauer: dem Archivträger) und der Nutzer.in eine Vielzahl von wichtigen Pflichten für die Nutzer.in ergeben (keine Hinzufügungen, keine Umsortierung, keine Beschädigung etc.).[119] Auch die Nutzer.in profitiert juristisch von dem Benutzungsverhältnis, weil unter Umständen von dem Archivgut selbst Gefahren ausgehen (Schimmel etc.). Dieses Rechtsverhältnis mit vielen Rechten und Pflichten für beide Seiten kann nicht funktionieren, wenn eine Seite anonym bleibt.

---

116 Zum Schutzfristenverkürzungsantrag und zur Glaubhaftmachung siehe auch Teil 5, Abschnitt H.

117 Siehe dazu auch das Beispiel am Ende von Thema 13, Teil 6, Abschnitt C.II.1.

118 Dies ist ein wesentlicher Unterschied z. B. zu Bibliotheken, bei denen der Leseausweis einen generellen Anspruch auf Nutzung aller in der Bibliothek vorhandenen Bücher begründet.

119 Dazu detailliert Thema 10, Teil 6, insbesondere Abschnitt C II.

Deshalb muss beim Antrag auf Nutzung auf Verlangen die Identität nachgewiesen werden („**Authentisierung**"), eine anonyme oder pseudonyme Nutzung öffentlicher Archive ist nicht möglich.[120] Es besteht auch kein verfassungsrechtlicher Anspruch auf Informationszugang ohne die Angabe persönlicher Daten.[121]

Per **eID** (*electronic identification*) ist zur Zeit nur das Bundesarchiv zugänglich, obwohl alle E-Government-Gesetze der Länder die Landesbehörden und damit auch die Landesarchive zur Zugangseröffnung mittels eID verpflichten. Seit 2014 besteht zudem die Pflicht, jede notifizierte europäische eID anzunehmen.[122]

B. Das Verwaltungsverfahren zur Entscheidung über den Antrag

Im Hinblick auf das **Nutzungsverhältnis nach der Zulassung zur Nutzung („Wie")** haben staatliche und kommunale Archivträger eine **Wahlfreiheit**, ob sie es privat- oder öffentlich-rechtlich ausgestalten.[123] Soweit ersichtlich, gibt es aber bei staatlichen oder kommunalen Archiven ausnahmslos keine „Allgemeinen Geschäftsbedingungen", sondern öffentlich-rechtliche Benutzungsordnungen, so dass für das Verwaltungsverfahren (weil die Archivgesetze kein Verfahrensrecht enthalten) **das VwVfG** und bei Streitigkeiten der Verwaltungsrechtsweg einschlägig ist. Die **Entscheidung über den Antrag** erfolgt daher nach dem VwVfG in einem förmlichen Verfahren und durch einen VA.[124]

Bei der Entscheidung über den Antrag werden **Behörden** nach § 12 I Nr. 4 VwVfG durch ihre Leiter.in, deren Vertreter.in oder Beauftragte vertreten.

I. Amtsermittlungsgrundsatz

Das Verfahren zur Entscheidung über den Nutzungsantrag ist vom **Amtsermittlungsgrundsatz** (§ 24 VwVfG) geprägt. Das Archiv muss also

---

120 Bei Jost Hausmann, Der anonyme Nutzer, in: Irmgard Christa Becker u.a.(Hrsg.), Nicht nur Archivgesetze ... [...], Beiträge zum 22. Archivwissenschaftlichen Kolloquium der Archivschule Marburg, Marburg 2019, S. 119 ff., finden sich zu diesem Thema einige Hinweise.

121 Dazu ausführlich und mit Bezug auf die Transparenzgesetzgebung ein Beschluss des Verfassungsgerichtshofs Rheinland-Pfalz v. 27.10.2017 (VGH B 37/16), zugänglich unter: https://www.landesrecht.rlp.de/bsrp/document/NJRE001323187.

122 Vgl. Art. 6 eIDAS (electronic IDentification, Authentication and trust Services), das ist die EU-Verordnung (EU) 910/2014 des Europäischen Parlaments und des Rates v. 23.07.2014 über elektronische Identifizierung und Vertrauensdienste für elektronische Transaktionen im Binnenmarkt und zur Aufhebung der Richtlinie 1999/93/EG. Herrn Steffen Schwalm (msg Public Sector) danke ich für seine Hinweise.

123 Hans-Uwe Erichsen, Das Verwaltungshandeln, in: ders./Dirk Ehlers, Allgemeines Verwaltungsrecht, Berlin 2002, S. 455.

124 Dazu Hannes Berger, Sächsisches Archivgesetz. Kommentar, § 9 Rn. 10 (zum LArchG SN). Teilweise anders Hausmann, Archivrecht, S. 65: „Die Benutzungsgenehmigung kann bei Archivgut, das uneingeschränkt zur Benutzung freigegeben ist, als *Realakt* erfolgen." Aber auch in diesem Fall führt die Nutzungsgenehmigung zu einem öffentlich-rechtlichen Benutzungsverhältnis, folglich liegt eine unmittelbar auf die Setzung von Rechtsfolgen gerichtete Maßnahme vor und somit ein VA.

- selbst den Sachverhalt ermitteln, der zur Bejahung oder Verneinung der Rechtsfolgevoraussetzungen führt und
- die Subsumtion selbst vornehmen

Aus dem Amtsermittlungsgrundsatz ergibt sich auch die Antwort auf die Frage,

- wer **Einwilligungen von Betroffenen** einholen muss – die Nutzer.in oder das Archiv?[125]
- muss das Archiv auch den mit dem Nutzungsantrag verbundenen **Antrag auf Schutzfristverkürzung** prüfen, und muss das Archiv bei Ablehnung einer Schutzfristverkürzung ermitteln, wann diese zukünftig bewilligt werden wird?[126]

II. Auslegung des Antrags

> Archiv: „Leider kann Ihr Nutzungsantrag nicht genehmigt werden, da die Schutzfrist noch nicht abgelaufen ist. Für Ihr Forschungsvorhaben wünsche ich Ihnen alles Gute."
>
> Nutzer.in: „Aber … ich bin das erste Mal im Archiv. Kann man denn gar nichts machen?"
>
> Archiv: „Sie haben einen Nutzungsantrag gestellt, und den musste ich ablehnen. Auf Wiedersehen."

Der zur Einleitung eines Verwaltungsverfahrens gestellte Antrag ist auszulegen, und zwar nach § 133 BGB analog, da das VwVfG insoweit keine Regelung enthält. Es gilt dabei der verwaltungsrechtliche Grundsatz der „**Meistbegünstigung**": Der Antrag ist so auszulegen, dass das angestrebte Ziel am besten verwirklicht wird.

> Beispiele:
>
> Eine Nutzer.in beruft sich in ihrem Antrag beim Archiv auf das Archivgesetz und stellt einen Antrag auf Nutzung von sog. Zwischenarchivgut. Es ist nicht ausreichend, nur den Antrag mit dem zutreffenden Hinweis darauf abzulehnen, dass das Archivgesetz auf Zwischenarchivgut nicht angewendet werden kann.[127] Vielmehr **muss mindestens die für die Antragstellung zuständige Behörde genannt werden**, zudem lässt sich das von der Nutzer.in angestrebte Ziel am besten erreichen, wenn sie schon durch das Archiv auf die Anwendbarkeit des einschlägigen Informationsfreiheitsgesetzes hingewiesen wird.
>
> Ein Antrag auf Nutzung von Unterlagen enthält regelmäßig auch bereits den **Schutzfristverkürzungsantrag**, da nur diese Auslegung zum Zugang führen kann, falls der Nutzung noch Schutzfristen entgegenstehen. Damit wird das Prinzip der Gleichbehandlung umgesetzt, da Antragsteller.innen, die die Logik von Schutzfristen und der Verkürzung durch einen Schutzfristverkürzungsantrag nicht kennen, gleich behandelt

---

125 Dazu Thema 13, Teil 5, Abschnitt H.II.1.

126 Dazu Thema 13, Teil 5 Abschnitt H.

127 Dazu oben Thema 1, Teil 3 Abschnitt A: Vorbemerkung I zu „Zwischenarchiven".

werden mit Nutzer.innen, die über dieses archivrechtliche Grundwissen verfügen. Das Verhalten des Archivs im Eingangsbeispiel ist daher nicht nur unfreundlich, sondern rechtswidrig.

Teil 5: Die Entscheidung über den Nutzungsantrag

Ein Antrag, der an formellen Voraussetzungen scheitert, ist unzulässig und wird abgelehnt oder zurückgewiesen; außerdem kann der Antrag zulässig, aber unbegründet sein und wird dann ebenfalls zurückgewiesen oder abgelehnt. Die **Zulässigkeit eines Antrags ist immer vor der Begründetheit** zu prüfen.

A. Die Zweckgebundenheit der Nutzung/kein Leistungsrecht

Der Nutzungsantrag richtet sich – wie z. B. bei einem Staatstheater oder auch einer Justizvollzugsanstalt – auf die Nutzung einer öffentlichen Einrichtung (nur) **gemäß ihrem Zweck.** Dieser Zweck ist die Nutzung von

- konkret benanntem
  - ausnahmsweise ist eine „explorative Suche" im Hinblick auf Findmittel zulässig[128]
- erschlossenem
  - im Archiv verfügbaren (keine Durchführung von Bestandserhaltungmaßnahmen/keine Verwendung in einer Ausstellung)
- Archivgut[129]
  - das Archivgut **muss nicht im Eigentum des Archivträgers stehen**, sondern kann sich z. B. im Eigentum einer Depositalgeber.in befinden
  - wenn die Eigentumslage von Archivgut, das sich im Archiv befindet, ungeklärt ist, steht das möglicherweise einer Nutzung entgegen. Zwar können Unterlagen auch dann zu Archivgut gewidmet werden, wenn sich das Eigentum nicht bei der widmenden Stelle befindet. Wenn aber *konkrete* Gefahr besteht, das bei ungeklärter Eigentumslage eine Person, die die Eigentumsrechte geltend macht, im Rahmen der Nutzung Besitz an den Unterlagen erlangt und dann verlangt, die Unterlagen mitzunehmen, ist es rechtmäßig, wenn die Unterlagen vorsichtshalber, aber nur vorläufig für die Nutzung gesperrt sind, wenn sich das Archiv aktiv um eine Klärung der Eigentumslage kümmert. Wenn hingegen nur die bloß *abstrakte* Gefahr eines solchen Vorfalls besteht, steht einer Nutzungssperre entgegen, dass das Archiv damit die Grundrechte von Nutzer.innen wesentlich einschränkt.

---

128 Dazu Thema 11, Teil 1, Abschnitt D.

129 Zur Entstehung von Archivgut durch Übergabe plus Bewertung plus Widmung siehe Thema 10, Teil 1, Abschnitt E.

Ein Antrag auf eine **Sondernutzung** (die nicht dem Einrichtungszweck entspricht) ist regelmäßig abzulehnen.

> Beispiele: Wer beantragt, im Staatstheater zu demonstrieren, im städtischen Schwimmbad nach Gold zu graben, in der Justizvollzugsanstalt den Winter zu verbringen oder im Archiv zu schlafen, hat einen Antrag auf eine Sondernutzung gestellt; diese Anträge werden abgelehnt. Wer auf dem Bürgersteig (Zweck: Fortbewegung) Cafétische aufstellen oder einen Flohmarkt veranstalten will, muss ebenfalls einen Antrag auf Sondernutzung stellen, der ggf. genehmigt wird. Wer hingegen eine Straftat begeht, verurteilt wird und dann in die Justizvollzuganstalt kommt, nimmt eine zweckgemäße Nutzung vor – diesmal allerdings ohne Antrag, sondern aufgrund eines Benutzungszwanges.[130]

Wenn die Antragsteller.in auf der Grundlage der Archivgesetze – jenseits des Zwecks eines Archivs –

- die Zusammenstellung von Informationen aus dem Archivgut begehrt[131] oder
- die Entzifferung historischer Schriften in den Unterlagen verlangt[132]

wird ein **Leistungsrecht** geltend gemacht. Ein solches Leistungsrecht kann aber nicht aus dem Grundrecht aus Informationsfreiheit und auch nicht aus der grundgesetzlich geschützten Wissenschaftsfreiheit abgeleitet werden.[133] Bei Ablehnung eines solchen Leistungsantrags muss Leistungsklage erhoben werden. Auch diese Überlegungen zeigen übrigens, warum die Kategorie „Nutzungsantrag" nötig ist.

Ein Nutzungsausschluss oder eine -beschränkung kann sich bei Unterlagen, die aufgrund eines Depositalvertrages im Archiv vorhanden sind, auch daraus ergeben, dass entsprechende **Regelungen im Depositalvertrag** vereinbart worden waren.

Eine generelle Ablehnung des Nutzungsantrags ist zudem möglich, wenn die Antragsteller.in bereits mit erheblichen **Verstößen gegen** rechtmäßige[134] **Regelungen der Archivnutzung** (also z. B. die Benutzungsordnung oder Auflagen) aufgefallen ist.

---

130 Frau Britta Günther (Stadtarchiv Chemnitz) danke ich für den Hinweis auf dieses Beispiel.

131 Dazu Thema 2, Teil 3, Abschnitt A.I.1. b. mit einem konkreten Beispiel. Zu Auskunftsansprüchen, die jenseits der Archivgesetze bestehen können, siehe oben Thema 13, Teil 2.

132 So auch Hausmann, Archivrecht, S. 68. Das Landesarchiv NRW formuliert dazu rechtlich zutreffend: „Beim Lesen einzelner Wörter erteilen die Archivare im Lesesaal Hilfestellung, jedoch ist das natürlich abhängig vom aktuellen Dienstbetrieb. Da das diensthabende Personal für alle Benutzer im Lesesaal zur Verfügung stehen soll, ist es aber grundsätzlich nicht möglich, ganze Textpassagen oder komplette Texte vorzulesen, zu übersetzen oder zusammenzufassen."

133 Also weder aus Art. 5 I 1 2. Hs. GG noch aus Art. 5 III GG.

134 Nach der in diesem Lehrbuch vertretenen Ansicht ist die Belegexemplarpflicht in Archiven rechtswidrig (siehe Thema 13, Teil 6, Abschnitt C.II.2.d.); ihre Nichterfüllung kann daher keine Grundlage für die Verweigerung einer Nutzungsgenehmigung sein.

B. Rechtsfolgen ungenehmigter Sondernutzungen (Hausrecht)

Kann die Archivleiter.in bei unerwünschten und ungenehmigten Sondernutzungen ein Hausverbot verhängen? Die meisten Personen, die eine Sondernutzung des Archivs vornehmen (Demonstration/Schutz vor Kälte), haben keinen Nutzungsantrag gestellt und die Benutzungsordnung nicht akzeptiert. Daher kann gegen diese Personen nicht mittels eines in der Benutzungsordnung geregelten Hausverbotes[135] vorgegangen werden.

Folglich kann dann nur das **allgemeine Hausrecht** benutzt werden. Dieses liegt beim Träger des Archivs, übertragen an die Archivleiter.in und dann z.B. an den Hausmeister delegiert. Strittig ist, ob für die Ausübung dieses Hausrechts und den „Erlass" eines „Hausverbots" im Fall von unerwünschten Sondernutzungen eine gesetzliche Ermächtigung nötig ist. Wegen des **Vorbehalts des Gesetzes**[136] spricht viel dafür, dass die Archivleiter.in **nur einen Verweis** aussprechen kann, der zum Hausfriedensbruch nach § 123 StGB führt, so dass dann **erst die Polizei das Hausverbot erlässt** (und ggf. durchsetzt).[137]

C. Kapazitätsbegrenzungen des Lesesaals als Grund für die Ablehnung einer Nutzung vor Ort

Zudem sind Kapazitätsauslastungen als Grenze von Nutzungsgenehmigungen zu beachten: Wie auch sonst bei Benutzungsverhältnissen ist der **Zugang nur im Rahmen der vorhandenen Kapazität** möglich. Zwar muss das Archiv seine Lesesaal-Kapazitäten ausschöpfen.[138] Doch gilt bei Archiven wie auch sonst: *„impossibilium nulla est obligatio"* (vgl. § 275 Abs. 1 BGB).

Bei Kapazitätsengpässen (z.B. aufgrund von Vorgaben zur Corona-Vorsorge) wird daher aus dem gebundenen Zulassungsanspruch („Jedermannrecht") ein **Anspruch** (nur) **auf eine ermessensfehlerfreie Entscheidung über den Nutzungsantrag.** Daher muss gemäß Art. 3 GG eine nicht willkürliche Auswahl anhand eines sachgerechten Kriteriums getroffen werden. Möglich sind

- das Prioritätsprinzip (*„first come, first serve"*/„Windhundprinzip") oder
- das Los oder auch
- ein Kriterium, das bestimmte Gruppen von Nutzer.innen im Einklang mit gesetzlichen Wertungen bevorzugt.[139]

---

135 Beispiel: „Verstößt ein Benutzer gröblich gegen die Vorschriften des Bundesarchivgesetzes oder gegen die nach § 6 des Bundesarchivgesetzes erlassenen Rechtsverordnungen, wird er von Benutzungen beim Bundesarchiv ausgeschlossen." § 5 Bundesarchiv-Benutzungsverordnung – BArchBV.

136 Zur Wesentlichkeitstheorie siehe Thema 3, Teil 1, Abschnitt B.

137 Ausführlich dazu mit Blick auf Museen Wilhelm Mößle, Öffentliches Recht – Handbuch des Museumsrechts, Opladen 1999, S. 165f.

138 Bei Medizinstudiengängen gibt es inzwischen das eigene Rechtsgebiet „Kapazitätsrecht"; bei Archiven liegen allerdings keine Fälle vor, bei denen die von Archiven gesetzten Kapazitätsgrenzen gerichtlich angefochten wurden.

139 Pappermann/Löhr/Andriske, Recht der öffentlichen Sachen, München 1987, S. 140.

Das Archiv muss sich an die von ihm gesetzten Kriterien halten und darf nicht „unter der Hand“ spezifische Nutzer.innen bevorzugen.

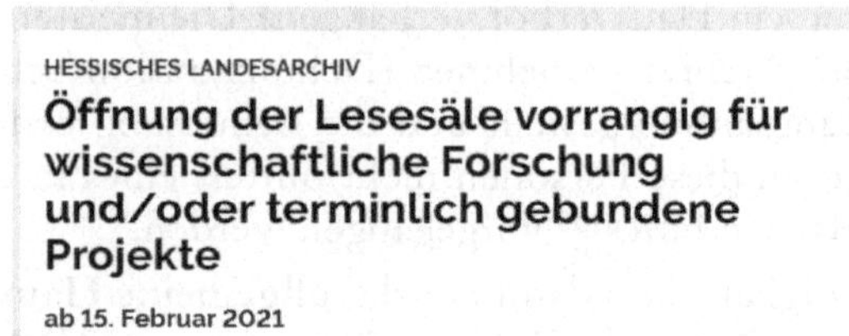
HESSISCHES LANDESARCHIV

Öffnung der Lesesäle vorrangig für wissenschaftliche Forschung und/oder terminlich gebundene Projekte

ab 15. Februar 2021

Beispiel: Siehe nebenstehendes Bild. Diese Bevorzugung steht im Einklang mit den Diskriminierungsverboten in Art. 3 III GG und berücksichtigt den besonderen Schutz des GG für wissenschaftliche Forschung nach Art. 5 III GG. Die Bevorzugung von terminlich gebundenen Projekten zielt besonders auf Prüfungsarbeiten und berücksichtigt damit den besonderen Schutz der Berufsfreiheit (Art. 12 GG). Wenn die Lesesaal-Kapazität dadurch nicht ausgeschöpft ist, erhalten auch andere Nutzer.innen Zugang.

D. Vorschlag: Ein Prüfungsschema mit vier Prüfungsschritten

Um die Rechte der Nutzerinnen und Nutzer mit den Rechten der Personen, die im Archivgut vorkommen, abzuwägen, könnten die Archivgesetze z. B. Regelfälle definieren und Ausnahmen zulassen oder nur die abwägungsrelevanten Gesichtspunkte aufführen und die Abwägung ohne die Vorgabe von Zahlen der Rechtsanwender.in überlassen. Diese beiden Wege sind in den Archivgesetzen nicht eingeschlagen worden.

Stattdessen ist die **Gesetzessystematik** der Archivgesetze mit ihrer Mischung von unterschiedlichen Fristen, Kasuistik und Generalklauseln, Ausnahmen und Rückausnahmen, gebundenen und Ermessensentscheidungen **unübersichtlich**, zumal zusätzlich zu den Regelungen im BArchG bzw. in den LArchG die oben angeführten allgemeinen Grundrechtslehren (z. B. Verhältnismäßigkeitsgrundsatz, Wechselwirkungslehre)[140] und z. B. das archivrelevante Verwaltungsrecht[141] berücksichtigt werden müssen. Aber, wie auch ein sorgfältiger, auf Hamburger Recht bezogener Aufsatz von Jenny Kotte[142] belegt:

> „Die Archivpraxis hat die Prüfungsabfolge dergestalt systematisiert, dass der Gesetzesvollzug handhabbar ist.“[143]

Und das Fazit von Rainer Polley im Jahr 2002, es sind

> „über fünfzehn Jahre lang **so gut wie keine gerichtlichen Streitigkeiten** [aus dem Nutzungsrecht] erwachsen“[144],

140 Thema 2, Teil 1.

141 Thema 4.

142 Jenny Kotte, Das Verwaltungsverfahren bei Schutzfristverkürzungen, Archivar 2/2008.

143 Schoch, ArchivG-ProfE, S. 190 Rn. 4.

144 Rainer Polley, Die Schutzfristverkürzung, in: VdA – Verband deutscher Archivarinnen und Archivare e.V. (Hrsg.), Archive und Forschung. Referate des 73. Deutschen Archivtags 2002 in Trier, Siegburg 2003, S. 169 ff. (172).

ist grundsätzlich auch für die seitdem vergangene Zeit zutreffend; zu Gerichtsverfahren führen vorrangig (dort aber auch häufig) Anträge auf Nutzung von Unterlagen sog. Nachrichtendienste; konfliktträchtig ist zudem die Rechtsfolgevoraussetzung „Staatswohl".

Die Prüfung, ob die beantragte Nutzung Urheberrechte verletzt, ist nicht Gegenstand des folgenden Prüfungsschemas, da in diesem Lehrbuch das Urheberrecht nicht behandelt wird. Aufgrund der Möglichkeit der Störerhaftung[145] muss das Archiv aber **zusätzlich und separat**[146] prüfen, ob die beantragte Nutzung Urheberrechte verletzt.

Es empfiehlt sich[147] folgendes Vorgehen bei der archivrechtlichen Prüfung (alle Prüfungsschritte sind im Anschluss an das Prüfungsschema ausführlich erläutert):

1. Schritt 1: LArchG oder BAarchG?
Ist das LArchG oder das BArchG anwendbar?

Das **BArchG** gilt unter anderem für ...

- Archivgut des Bundes → §§ 3 f. BArchG
- auch für Unterlagen des BVerfG, aber verzögert → Abschnitt E I.
- Archivgut des Landes, wenn die Geheimnisse des Archivguts bundesrechtlich geschützt sind und das LArchG für diese Fälle eine Verweisnorm auf das BArchG enthält → Abschnitt E II.
- Archivgut, das vom Bund an Landesarchive abgegeben wurde, wenn das LArchG insoweit eine Verweisnorm auf das BArchG enthält → Abschnitt E III.

Das **LArchG** gilt für ...

- Archivgut des Landes und
- in der Regel grundsätzlich auch für kommunale Archive
- für Archivgut, das vom Bund an Landesarchive abgegeben wurde, wenn das LArchG keine Verweisnorm auf das BArchG enthält

145 Dazu Thema 8, Teil 2, Abschnitt E II.2.

146 Die These, dass die urheberrechtliche Schutzfristen „als *lex specialis* den Schutzfristregelungen der Archivgesetze" vorgehen (Polley, Archivrecht in Deutschland, in Becker/Rehm, Archivrecht, S. 19ff. (24)), ist mE nicht zutreffend, denn z.B. der Ablauf der urheberrechtlichen Schutzfrist führt nicht notwendigerweise dazu, dass die archivrechtlichen Schutzfristen entfallen. Anders ist das Verhältnis von IFG und Archivgesetzen, die explizit miteinander verknüpft sind.

147 Die folgende Empfehlung zum Prüfungsaufbau folgt der Gesetzessystematik in § 13 BArchG nur teilweise. Diese Norm setzt implizit voraus, dass in *allen* Fällen, also auch bei genereller Nutzungsversagung, vorab die Schutzfristen nach §§ 11–12 BArchG 2017 ermittelt werden („Das Bundesarchiv hat die Nutzung nach den §§ 10 bis 12 einzuschränken oder zu versagen, wenn ..."). Es ist aber nicht arbeitsökonomisch, eine möglicherweise komplizierte Schutzfristenermittlung vorzunehmen und erst dann auf die Nutzungsversagung einzugehen, also die Reihenfolge von Schritt 3 und Schritt 2 zu vertauschen. Auch Hausmann, Archivrecht, S. 60ff. folgt dem hier präferierten Prüfungsaufbau.
Anders Volker Hirsch, Musterverfahren zur Feststellung von Schutzfristen, in: Irmgard Christa Becker (Hrsg.), Schutzfristen – Festlegung und Verkürzung, Marburg 2012, S. 109ff. (110), der vorschlägt, die Versagungsgründe (und auch den Benutzungsantrag) erst ganz am Ende zu prüfen.

2. Schritt 2: Nutzungsversagung oder -einschränkung?

Liegt im Hinblick auf das Archivgut ein Nutzungsversagungsgrund („NVG") vor?

Es *muss* eine **generelle Nutzungsversagung oder -einschränkung** erfolgen (*gebundene* Entscheidung),

wenn ...

- die **Staatswohlklausel** eingreift → Abschnitt F I.
- Rechtsvorschriften über **Geheimhaltung** verletzt sind → Abschnitt F II.
- überwiegende schutzwürdige **Interessen Dritter** entgegenstehen → Abschnitt F III. oder
- Vereinbarungen in einem **Depositalvertrag** der Nutzung entgegenstehen → Thema 10, Teil 2, Abschnitt D., dort § 5
- **andere wichtige Gründe** vorliegen / „Verfolgung sachwidriger Interessen" → Abschnitt F IV.

Es *kann* eine **spezielle Nutzungsversagung** erfolgen (Ermessensentscheidung),

wenn ...

- der **Erhaltungszustand** → Abschnitt F V. oder
- der **Verwaltungsaufwand** → Abschnitt F VI. der Nutzung entgegenstehen

3. Schritt 3: Bestimmung der Schutzfrist

Wie lange ist die Schutzfrist → Abschnitt G II.: Was ist die Rechtsfolge einer Schutzfrist?

0 Jahre: keine Schutzfrist besteht

- bei Unterlagen, die bereits bei ihrer Entstehung zur Veröffentlichung bestimmt waren → Abschnitt G III.
- bei Archivgut, das während seiner Aufbewahrung in der Verwaltung „bereits einem Informationszugang nach dem IFG offen gestanden hat" → Thema 5, Teil 2

30 Jahre: Die **allgemeine Schutzfrist** in fast allen Archivgesetzen

- zur **Berechnung**: → Abschnitt G IV.

50 oder 60 Jahre: (je nach Archivgesetz): **längere allgemeine Schutzfrist** für Unterlagen mit (besonderen) Geheimhaltungspflichten

- → Abschnitt G V.

10/100/60 Jahre: zusätzliche **besondere Schutzfrist** für personenbezogenes (→ Abschnitt G VI.1) Archivgut Lebender oder Verstorbener (falls keine Einwilligung vorliegt (→ Abschnitt G VI.2)), berechnet wie folgt:

- **zu Lebzeiten**, falls der Betroffene lebt
- (meist) 10 Jahre nach dem Tod, falls **der Todeszeitpunkt bekannt ist**

- (meist) 100 **Jahre** nach Geburt, falls der **Todeszeitpunkt unbekannt** ist
- **60 Jahre** nach Entstehung der Unterlagen, falls auch das **Geburtsdatum unbekannt** ist
- **Ausnahme:** diese besondere Schutzfrist findet keine Anwendung bei
  - Amtsträgern in Ausübung ihrer Ämter (→ Abschnitt G VII.1) und
  - Personen der Zeitgeschichte (→ Abschnitt G VII.2.)
  - **Rückausnahme:** der schutzwürdige private Lebensbereich (→ Thema 2, Teil 2, Abschnitt B.III.2) ist betroffen
  - dann gilt insoweit doch die besondere Schutzfrist

Verhältnis der Schutzfristen untereinander: Es ist die jeweils längste dieser Schutzfristen zu ermitteln.

- **Rückausnahme**: der schutzwürdige private Lebensbereich (→ Thema 2, Teil 2, Abschnitt B.III.2) ist betroffen

Folge der Schutzfristermittlung (Begründung: → Abschnitt G II.)

- **Bis zum Ende der Schutzfrist** besteht ein **Nutzungsverbot mit Erlaubnisvorbehalt**
- **Ab dem Ende der Schutzfrist** besteht eine **Nutzungserlaubnis mit Verbotsvorbehalt**

4. Schritt 4: Schutzfristverkürzung oder –verlängerung im Einzelfall?

Einzelfallprüfung: Muss die Schutzfrist verkürzt oder verlängert werden?

Fall 1: Die Schutzfrist ist noch nicht abgelaufen

- es besteht ein Erlaubnisvorbehalt, so dass die Nutzer.in einen **Schutzfristenverkürzungsantrag („SVA“)** stellen kann, der dann vom Archiv geprüft werden muss
- Die Verkürzung der Schutzfristen ist eine **Ermessensentscheidung**
- Die Prüfung erfolgt anhand unterschiedlicher Maßstäbe
  - bei **Sachakten** → Abschnitt H.I. bzw.
  - bei **Personalakten** → Abschnitt H.II.
- Bei der Entscheidung über den SVA ist ggf. zu berücksichtigen:
  - es gibt Geheimhaltungsfristen (→ Abschnitt H.III.)

Fall 2: Die Schutzfrist ist abgelaufen

- es besteht ein Verbotsvorbehalt, den das Archiv von Amts wegen prüfen muss
  - das **Wissenschaftsprivileg** (→ Abschnitt H.IV.) bzw.
  - die **„Yad Vashem“**-Klausel (→ Abschnitt H.V.)

E. Zu Schritt 1: Anwendung des jeweiligen LArchG oder des BArchG

Im Folgenden sind zwei zentrale und problematische Themenfelder erläutert, bei denen zwischen der Anwendung eines LArchG und des BArchG zu entscheiden ist.

Unproblematisch ist die Anwendbarkeit des BArchG, wenn Archive außerhalb des Bundesarchivs pauschal die Anwendbarkeit jedenfalls der Schutzfristen und Nutzungsversagungsgründe des BArchG festlegen; dies trifft für das Politische Archiv des Auswärtigen Amts zu.[148]

I. Die verzögerte Anwendbarkeit des BArchG bei Unterlagen des BVerfG

Nur im Hinblick auf Unterlagen des Bundesverfassungsgerichts gibt es im Bundesverfassungsgerichtsgesetz (BVerfGG) eine eigenwillige Regelung, wonach das BArchG erst zeitverzögert angewandt werden kann.

> § 35 b V BVerfGG
>
> [1]Für die Einsicht in die Akten des Bundesverfassungsgerichts, die beim Bundesarchiv oder durch das Bundesarchiv als Zwischenarchivgut aufbewahrt werden, gelten nach Ablauf von **30 Jahren** seit Abschluss des Verfahrens die archivgesetzlichen Regelungen. [2]Für Entwürfe von Urteilen, Beschlüssen und Verfügungen, Arbeiten zu ihrer Vorbereitung und Dokumente, die Abstimmungen betreffen, gilt dies nach Ablauf von **60 Jahren**. […]

II. Die Anwendung des BArchG bei Landesarchivgut, dessen Geheimnisse bundesrechtlich geschützt sind

Wenn Rechtsvorschriften des Bundes über Geheimhaltung eingreifen, findet die Nutzung nicht nach dem jeweiligen LArchG, sondern nach dem BArchG statt. Da insbesondere die Möglichkeiten zur Schutzfristverkürzung in den LArchG einerseits und dem BArchG andererseits unterschiedlich geregelt sind, liegt eine **höchst relevante Weichenstellung** vor. Beispielsweise das LArchG NW legt fest:

> „Dies [also die Anwendung des **BArchG**, Th. H.] gilt auch für solches Archivgut, das **Rechtsvorschriften des Bundes über Geheimhaltung** unterliegt.“

Die LArchG hätten diese Rechtsfragen auch selbst regeln können, denn die Unterlagen in den Landesarchiven „unterliegen“ auch dem Grundgesetz des

[148] Dazu Thema 1, Teil 3, Abschnitt C. IV.

Bundes, ohne dass deshalb pauschal das BArchG zur Anwendung kommt.[149] Die Begründungen zu den aktuellen LArchG geben regelmäßig keine Begründung für den Verweis in das BArchG.

Diese Notwendigkeit, bei vielen Unterlagen die Nutzung sowohl nach dem LArchG als auch nach dem BArchG zu prüfen, führt zu einem **erheblich erhöhten Prüfungsaufwand.** Es gibt leider keinen juristisch zulässigen Weg, diese Mehrfachprüfung zu vermeiden. Es ist jedenfalls keine Lösung, die Nutzer.in zu verpflichten, in den genutzten Unterlagen über die Daten, die Rechtsvorschriften des Bundes über Geheimhaltung unterliegen, ohne Kenntnisnahme hinwegzulesen. Vielmehr sollte bereits im Rahmen der Anbietung von der abgebenden Stelle mitgeteilt werden, ob die Unterlagen Geheimnisse enthalten, die durch „Rechtsvorschriften des Bundes über Geheimhaltung" geschützt sind.

Was unter „Rechtsvorschriften des Bundes über Geheimhaltung" zu verstehen ist und wann also der Lösungsweg über das BArchG führt, stellt eine der zwei[150] kompliziertesten Fragen des Archivrechts dar.

Der **Meinungsstand zu dieser Frage** ist vielfältig;[151] im Anschluss an Manegold und Partsch wird im Folgenden in drei Schritten eine Lösung entwickelt, die vom Wortlaut „Rechtsvorschrift des Bundes über Geheimhaltung" ausgeht.

---

149 Manegold (Archivrecht, S. 332) gibt als Begründung an, dass die Länder die (nunmehr 60-jährige) Schutzfrist „gemäß §§ 8, 10, 11 BArchG [2013] zu beachten haben." Das überzeugt nicht, denn diese Normen regeln das Schutzniveau, dass zu beachten ist, wenn z.B. dem Steuergeheimnis unterliegende Unterlagen z.B. einem Landesarchiv „angeboten und übergeben werden" (§ 8 BArchG 2013). Der Bundesgesetzgeber hat keine Vorgabe zum Schutzniveau getroffen, wenn Unterlagen auf Landesebene entstanden sind. Das wäre auch gar nicht möglich, vgl. dazu die Graphik zur Abgrenzung der Zuständigkeiten von Bundes- und Landesarchiv bei Thema 10, Teil 1, Abschnitt A.II.2.

150 Der Schwierigkeitsgrad dieses Problems ist (leider) so hoch wie der des Problems, welche rechtsdogmatische Funktion landesrechtliche Löschungssurrogate gegenüber bundesrechtlichen Löschungsgeboten haben, dazu Thema 10, Teil 1, Abschnitt A.VI.1.

151 Die Gesetzesbegründung zum LArchG NW liefert nur eine nicht weiter erläuterte Paraphrase der Norm: „Zu Absatz 4: Für Archivgut des Bundes, das dem Landesarchiv übergeben worden ist und solches, das Rechtsvorschriften des Bundes über die Geheimhaltung unterliegt, gelten die Schutzfristen des Bundesarchivgesetzes." Landtag Nordrhein-Westfalen, Drucksache 14/10028, S. 18 (https://www.landtag.nrw.de/Dokumentenservice/portal/WWW/dokumentenarchiv/Dokument/MMD14-10028.pdf).

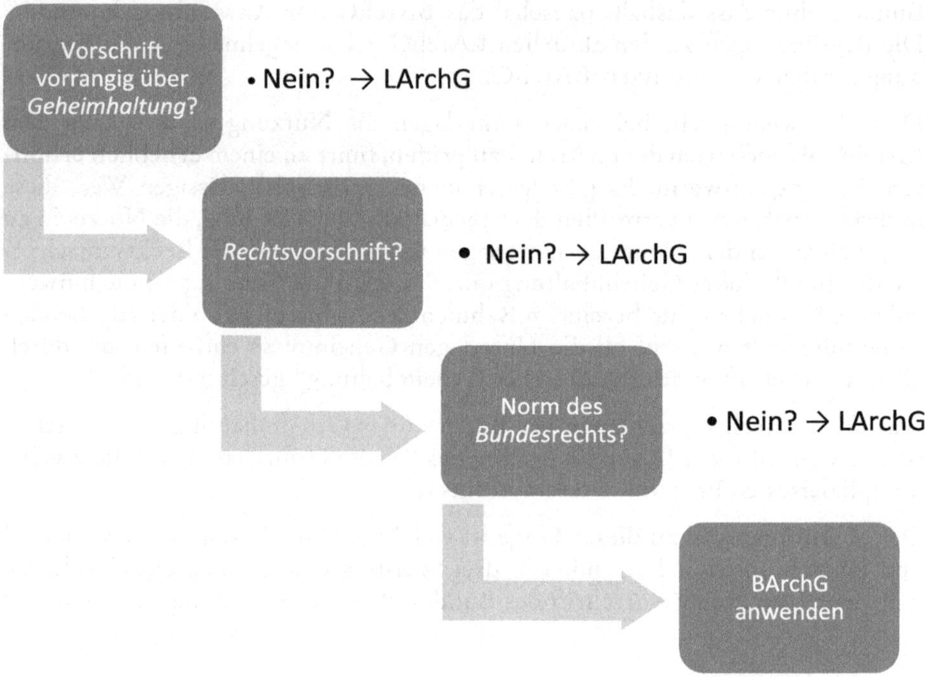

1. *Prüfungsschritt 1: Liegt eine* ***Vorschrift über Geheimhaltung*** *vor?*

Zu klären ist im ersten Schritt, wann eine „Vorschrift über Geheimhaltung" vorliegt.

a. Der Meinungsstand in der Literatur

- Die **Begründung zum Gesetzentwurf des aktuellen BArchG** gibt an, der „Begriff der Geheimhaltungsvorschriften" sei „umfassend zu verstehen, er umfasst auch den Geheimnis*schutz*: Neben solchen Vorschriften, die öffentliche (insbesondere Staats- und Dienst-)Geheimnisse schützen, sollen auch solche vom Geltungsbereich der Regelung erfasst sein, die dem Individualinteresse der oder des Einzelnen an der Geheimhaltung bestimmter Tatsachen dienen".[152] Damit wird erstens geklärt, dass Geheimhaltungsvorschriften sowohl *Kollektiv- als auch Einzelinteressen* an Geheimhaltung schützen können. Zweitens ergibt sich, dass alle Vorschriften, die dem Geheimhaltungsinteresse *dienen*, Geheimhaltungsvorschriften sind.
- **Partsch** schließt sich einer im Jahr 2015 publizierten Studie von Hevers[153] an und bejaht das Vorliegen einer Geheimhaltungsvorschrift dann, „wenn

[152] Bundestags-Drucksache 18/9633, S. 57.
[153] Erik Hevers, Informationszugangsansprüche des forschenden Wissenschaftlers, 2015.

die Vorschrift im Kern darauf gerichtet ist, die Information lediglich einem geringen und kontrollierbaren Kreis zugänglich zu machen; es genügt nicht, wenn dies lediglich eine Nebenfolge der Rechtsvorschrift ist."[154] Nach diesem Kriterium muss eine Geheimhaltungsvorschrift *vorrangig* den Geheimschutz anordnen; der Geheimschutz setzt dabei voraus, dass nur ein „kontrollierbarer Kreis" von Personen Zugang zu den Daten hat.

- **Manegold** gibt an, dass es „in großer Zahl" sachgebietsbezogene Geheimhaltungsvorschriften gibt; (einfache) Geheimhaltungsvorschriften liegen bereits dann vor, wenn sie „lediglich die ‚unbefugte' **Offenbarung** verbieten".[155] „Offenbarung" wird hier also als Gegenteil von „Geheimhalten" verstanden.

b. Stellungnahme und zusammenfassende Definition einer Vorschrift über Geheimhaltung von Unterlagen

Man kann die obigen Stellungnahmen in der Literatur zusammenfassen:

> Vorschriften über Geheimhaltung von Unterlagen dienen dem (im Sinne von: *zielen ausdrücklich* auf den) Geheimschutz, also der Zugänglichkeit der Daten nur für einen begrenzten Personenkreis. Der Geheimschutz ist *nicht nur ein Nebeneffekt*, sondern diese Vorschriften sollen vorrangig eine unbefugte Offenbarung verhindern, da dies Individual- oder Kollektivinteressen widerspricht.

2. *Prüfungsschritt 2: Ist diese Vorschrift eine Rechtsvorschrift?*

*Rechts*vorschriften sind Satzungen, Rechtsverordnungen und Gesetze.[156] Bei den bei Schritt 1 erwähnten Geheimnissen, die durch Gesetze geschützt sind, führt Schritt 2 also nicht in das jeweilige LArchG, sondern die Prüfung wird mit Schritt 3 fortgesetzt.

Verwaltungsvorschriften, also beispielsweise **Verschlusssachenanweisungen, reichen aber nicht aus**;[157] ebenso nicht Gewohnheitsrecht.[158] Wenn Geheimnisse „nur" auf diese Weise geschützt sind, erfolgt der Zugang zu diesen Unterlagen nach dem jeweiligen LArchG.

---

[154] Partsch, BArchG-Kommentar, § 6 Rn. 9 mN. in Fn. 9.

[155] Archivrecht, S. 138f.; Hervorhebung von Th. H.

[156] Partsch, BArchG-Kommentar, § 6 Rn. 8.

[157] So ausdrücklich der Gesetzentwurf der Bundesregierung v. 15.09.2016 zum späteren BArchG, Bundestagsdrucksache 18/9633, S. 58, online zugänglich unter: https://dserver.bundestag.de/btd/18/096/1809633.pdf.

[158] Partsch/Koschmieder, BArchG-Kommentar, § 13 Rn. 28.

3. *Prüfungsschritt 3: Ist diese Vorschrift eine Norm des Bundesrechts?*

Fast alle der bei der Prüfung von Schritt 1 erwähnten Normen sind solche des Bundesrechts.

Nur wenn bei allen drei Schritten eine bejahende Antwort gegeben wird, ist das BArchG anwendbar; ansonsten ist das jeweilige LArchG anzuwenden.

4. *Beispiele für Rechtsvorschriften über die Geheimhaltung von Unterlagen*

Es gibt in der archivrechtlichen Literatur kaum systematische Zusammenstellungen, welche Normen derartige Rechtsvorschriften sind.[159] Im Folgenden sind ohne Anspruch auf Vollständigkeit ein gutes Dutzend einschlägiger Normen aufgeführt.[160] Zur besseren Übersicht sind geschützten Geheimnisse **alphabetisch angeordnet.**

a. Adoptionsgeheimnis (§ 1758 BGB)

Diese Norm enthält unter anderem ein Offenbarungsverbot: Jede Person, die amtlich oder Privatkenntnis von Tatsachen hat, deren Mitteilung zur Aufdeckung einer Adoption beitragen können, ist mit diesem Verbot belegt. Die Norm, eine Rechtsvorschrift des Bundes, zielt also explizit auf Geheimhaltung und ist damit eine Vorschrift über Geheimhaltung.[161] Zu beachten ist aber die in § 1758 BGB vorgegebene Einschränkung des Offenbarungsverbots, wenn „besondere Gründe des öffentlichen Interesses" dies erfordern.

b. Anwaltsgeheimnis – § 43a BRAO

Das **Anwaltsgeheimnis** ist in § 43 a Bundesrechtsanwaltsordnung (BRAO), einem Bundesgesetz, geschützt und umfasst vor allem das Recht der Mandant.innen, dass Informationen, die der Rechtsanwält.in mitgeteilt wurden, nicht ohne Zustimmung der Mandant.innen weitergegeben werden. Dieses Geheimnis besteht, da es die Mandant.innen schützt, bis zu deren Lebensende.

> Beispiel: Wenn ein Archiv Handakten einer Rechtsanwält.in übernommen hat, unterliegen die dort zu findenden Informationen, die die Mandantin mitgeteilt hat, dem Anwaltsgeheimnis. Wenn sich hingegen aus gerichtlichen Unterlagen die Verteidigungsstrategie der Rechtsanwält.in ergibt, ist dies nicht vom Anwaltsgeheimnis erfasst (auch dann nicht, wenn das Verfahren nicht öffentlich stattfand).

---

159 Eine hilfreiche Aufstellung findet sich bei Berger, Archivgesetz, § 10 Rn. 16ff. Partsch/Koschmieder, BArchG-Kommentar, § 13 Rn. 30 verweist auf eine Zusammenstellung in der Gesetzesbegründung „zur vergleichbaren Vorschrift des § 3 Abs. 4 IFG".

160 Michael Klein berichtete 2003, dass bei einem (nicht genannten) Staatsarchiv eine Liste mit „über 30 Geheimhaltungsnormen des Bundes" kursierte. Archivalien – Archivgesetzliche Bestimmungen und praktische Anwendung, in: Archivpflege in Westfalen und Lippe, Jg. 58 (2003), S. 22 (23).

161 So auch Berger, Sächsisches Archivgesetz, Hamburg 2018, § 10 Rn. 18.

c. Aktienrechtliche Verschwiegenheitspflicht – § 395 AktG

Im Hinblick auf die in § 395 AktG benannten Prüfungspflichten besteht eine Verschwiegenheitspflicht für die dort genannten Personen, damit liegt eine Rechtsvorschrift über Geheimhaltung vor.

d. Beratungsgeheimnis, richterliches – § 43 DRiG

Das **richterliche Beratungsgeheimnis** (der „Hergang bei der Beratung und Abstimmung“) ist in § 43 Deutsches Richtergesetz (DRiG) geschützt und als Rechtsvorschrift über Geheimhaltung zutreffend in der Gesetzesbegründung zum jetzigen BArchG erwähnt.[162] Zeitlich besteht das Beratungsgeheimnis bis zum Tode der Richter.innen, die an der Beratung und Abstimmung beteiligt waren.

Umstritten ist, ob nur die eigentliche Beratung oder auch vorbereitende Voten vom Beratungsgeheimnis umfasst sind. Die letztere These dominiert zwar in der Literatur zum Bundesverfassungsgerichtsgesetz.[163] Dieser Position hat sich das Bundesverwaltungsgericht im Jahr 1987 aber entgegengestellt, und in den Kommentierungen zu den Prozessordnungen der Fachgerichtsbarkeiten ist sie umstritten.[164] In einer späteren Entscheidung[165] lässt das Bundesverwaltungsgericht diese Frage ausdrücklich offen.

Stellungnahme: Wenn Voten zugänglich sind und sich daraus ergibt, dass die endgültige Gerichtsentscheidung davon abweicht und folglich eine kontroverse Diskussion im Gericht erfolgte, unterminiert das nicht die Legitimation einer Entscheidung – jedenfalls lassen sich dafür bei Fällen, bei denen inzwischen die Voten bekannt sind, keine Belege finden.

Folgt man der Gegenthese, gilt: Wenn von Unterlagen von Gerichten eines Bundeslandes nur wenige Seiten vom Beratungsgeheimnis geschützt sind, erfolgt die Nutzung nur dieses kleinen Teils der Unterlagen über das BArchG. Das verkompliziert die Prüfung der Zugangsvoraussetzungen erheblich.

---

162 Gesetzentwurf der Bundesregierung v. 15.09.2016, Bundestagsdrucksache 18/9633, S. 57 (fünf Fn. zuvor).

163 Zum Beispiel: Tristan Barczak (Hrsg.), BverfGG Mitarbeiterkommentar zum Bundesverfassungsgerichtsgesetz, Berlin 2018, § 20 Rn. 10c und Christofer Lenz/Ronald Hansel, Bundesverfassungsgerichtsgesetz, 3. Aufl. 2020, § 35 b Rn. 9; Dieter C. Umbach u. a. (Hrsg.), Bundesverfassungsgerichtsgesetz, 2. Aufl. 2005, § 20 Rn. 30 und Christian Burkiczak u. a. (Hrsg.), Bundesverfassungsgerichtsgesetz, 2. Aufl. 2022, § 20 Rn. 24.

164 Im Anschluss an einen Beschluss des Bundesverwaltungsgerichts (NVwZ 1987, 127: Sachbericht und Votum werden „vom Beratungsgeheimnis nicht erfaßt“) wird die Gegenthese z. B. vertreten von Otto Rudolf Kissel/Herbert Mayer, Gerichtsverfassungsgesetz. Kommentar, 10. Aufl., München 2021, § 193 Rn. 4: Voten „unterliegen (nur) der allgemeinen dienstrechtlichen Verschwiegenheitspflicht“; Sodan/Ziekow-Czybulka, Verwaltungsgerichtsordnung. Großkommentar, 3. Aufl. 2010, § 55 Rn. 68. Anders aber Johann Schmidt-Räntsch, Deutsches Richtergesetz, 6. Aufl., München 2009, § 43 Rn. 5.

165 BVerwG NJW 2007, 1705 (1706).

e. Betriebs- und Geschäftsgeheimnis – Gesetz zum Schutz von Geschäftsgeheimnissen (GeschGehG)

Dieses im Jahr 2019 in Kraft getretene Bundesgesetz dient dem Schutz von Geschäftsgeheimnissen vor unerlaubter Erlangung, Nutzung und Offenlegung.[166] Davor waren Geschäftsgeheimnisse im Gesetz gegen den unlauteren Wettbewerb (UWG) geschützt.[167]

f. Bankrechtliche Geheimhaltungsvorschriften

Auch die

- **Schweigepflicht im Gesetz über die Deutsche Bundesbank** und die
- **Verschwiegenheitspflicht nach dem Gesetz über das Kreditwesen**

erzeugen Unterlagen, die einer Rechtsvorschrift über Geheimhaltung unterliegen. Zwar sind die zugehörigen Normen anders als im früheren BArchG[168] nicht mehr im Gesetz genannt, doch sollte damit keine inhaltliche Einschränkung vorgenommen werden, sondern es gab zu häufige Änderungen der früher explizit benannten Normen.

g. Betriebs- und Personalratsunterlagen – Schweigepflichten

Insoweit gelten umfassende, gesetzlich verankerte Schweigepflichten mit nur wenigen Tatbeständen, die eine Offenbarung erlauben. Soweit diese Normen aus dem Bundesrecht stammen,[169] sind die Geheimnisse bundesrechtlich geschützt.

h. Sozialgeheimnis – § 35 Sozialgesetzbuch I (SGB I)

Das in § 35 I Satz 1 SGB I geschützte Sozialgeheimnis macht eine unbefugte Verarbeitung derartiger Daten durch die Leistungsträger rechtswidrig. Dies sind gemäß § 12 SGB I die Stellen, die in §§ 18 bis 29 SGB I genannt sind. In mehreren LArchG ist sogar explizit erwähnt, dass bei Unterlagen, die das Sozialgeheimnis betreffen, die Schutzfristen des BArchG zur Anwendung kommen.[170]

---

166 § 1 Abs. 1 GeschGehG.

167 §§ 17–19 UWG.

168 Im früheren BArchG lautete der dortige § 2 IV 1: „Anzubieten und zu übergeben sind auch Unterlagen, die 1. dem
- § 30 der Abgabenordnung, dem
- § 35 des Ersten Buches Sozialgesetzbuch, dem
- § 32 des Gesetzes über die Deutsche Bundesbank oder dem
- § 9 des Gesetzes über das Kreditwesen unterliegen, oder

2. anderen als den in Nummer 1 genannten Rechtsvorschriften des Bundes über Geheimhaltung unterliegen."

169 § 79 Betriebsverfassungsgesetz, § 10 Bundespersonalvertretungsgesetz,

170 Z.B. § 10 IV LArchG BB, allerdings mit einem statischen Verweis auf das frühere BArchG, „zuletzt geändert durch Gesetz vom 13. März 1992". Wie mit überholten statischen Verweisen

i. Statistikgeheimnis – § 16 BStatG

Da sich das Statistikgeheimnis auf Bundesstatistiken bezieht,[171] ist es konsequent, dass diese Vorschrift eine über Geheimhaltung ist und somit, falls insoweit Unterlagen in einem Landesarchiv vorhanden sind, das BArchG anwendbar ist.

j. Steuergeheimnis – § 30 Abgabenordnung (AO)

Diese Geheimhaltungsvorschrift aus dem Steuerverfahrensrecht ist als nunmehr einzige im BArchG explizit benannt.[172] Die Norm verbietet die unbefugte Offenbarung von Unterlagen für alle Amtsträger[173] und ihnen gleichgestellte Personen. Dieser Regelungsgehalt, also die Begründung des Verbots der unbefugten Offenbarung, steht im Zentrum der Norm.

5. *Keine Rechtsvorschriften über die Geheimhaltung von Unterlagen*

Auch die folgende Aufzählung ist alphabetisch geordnet, nur beispielhaft und erhebt keinen Anspruch auf Vollständigkeit.

a. Arztgeheimnis – Regelung der Landesärztekammer

Das Arztgeheimnis verpflichtet Ärzte, umfassend über die ärztliche Behandlung ihrer Patient.innen zu schweigen. Die Frage, ob damit die Voraussetzungen von Schritt 1 erfüllt sind, kann aber letztlich offenbleiben, denn: Das Arztgeheimnis ist nicht von der (nicht rechtsfähigen) „Bundesärztekammer“,[174] sondern von den **Landesärztekammern** geregelt, die als Körperschaften des öffentlichen Rechts[175] zur landesrechtlichen Rechtssetzung befugt sind. Weil die *Landes*ärztekammern die Rechtssetzung vorgenommen haben und folglich *kein Bundes*recht entsteht, **scheiden Unterlagen, die durch das Arztgeheimnis geschützt sind, jedenfalls bei Schritt 3 aus.**

umzugehen ist, ist erläutert bei Thema 13, Teil 5, Abschnitt E.III.2. Auch § 5 III 1 LArchG NI verweist beim Sozialgeheimnis explizit in das BArchG.

171 „Einzelangaben über persönliche und sachliche Verhältnisse, die für eine Bundesstatistik gemacht werden, sind von den Amtsträgern und Amtsträgerinnen und für den öffentlichen Dienst besonders Verpflichteten, die mit der Durchführung von Bundesstatistiken betraut sind, geheim zu halten, soweit durch besondere Rechtsvorschrift nichts anderes bestimmt ist. Die Geheimhaltungspflicht besteht auch nach Beendigung ihrer Tätigkeit fort.“ § 16 I 1 + 2 Bundesstatistikgesetz – BStatG.

172 § 6 I 1 BArchG. Der Gesetzeswortlaut stellt § 30 AO mittels „oder“ den „Rechtsvorschriften des Bundes über die Geheimhaltung“ gleich; der Gesetzgeber hätte wohl auch formulieren können: „z. B. § 30 AO“

173 Legaldefinition von „Amtsträger“ in § 11 I Nr. 2 StGB.

174 Die „Bundesärztekammer (Arbeitsgemeinschaft der deutschen Ärztekammern)“ ist keine Körperschaft des öffentlichen Rechts, sondern nur ein nicht eingetragener Verein, dem daher die Rechtsfähigkeit fehlt.

175 Dazu Thema 1, Teil 1 Abschnitt A.

Ergebnis: Wenn in einem Landesarchiv Unterlagen vorhanden sind, die das Arztgeheimnis betreffen, führt dies nicht zur Anwendung des BArchG anstelle des LArchG.

b. Beichtgeheimnis

Grundlage des Beichtgeheimnisses sind evangelische bzw. katholische kirchenrechtliche Normen. Daher liegen keine Normen des Bundesrechts vor, so dass das Beichtgeheimnis archivrechtlich keine Rechtsvorschrift über die Geheimhaltung von Unterlagen darstellt.

Ergebnis: Wenn in einem Landesarchiv Unterlagen vorhanden sind, die das Beichtgeheimnis betreffen, führt dies nicht zur Anwendung des BArchG anstelle des LArchG.

c. Datengeheimnis – § 53 BDSG

Das „Datengeheimnis" ist in § 53 Bundesdatenschutzgesetz geschützt und verbietet „nur" die unbefugte Verarbeitung. Diese Norm ist also ebenfalls keine Rechtsvorschrift über Geheimhaltung.

d. Geheimhaltungsvorschrift, allgemeine – § 30 VwVfG

Diese Norm gilt zwar für alle Verwaltungsverfahren nach dem VwVfG, es wird aber nur die unbefugte Offenbarung untersagt. Folglich liegt keine Rechtsvorschrift über Geheimhaltung vor.

e. Lastenausgleichsgeheimnis?

Das Sozialgeheimnis stellt zwar wie oben begründet[176] eine Rechtsvorschrift über Geheimhaltung dar. Allerdings ist das Sozialgeheimnis nur für die Unterlagen einschlägig, die Leistungen nach den Sozialgesetzbüchern betreffen.[177] Der Lastenausgleich war und ist außerhalb der Sozialgesetzbücher geregelt,[178] und ein „Lastenausgleichsgeheimnis" ist jedenfalls in den aktuellen Regelungen zum Lastenausgleich nicht zu finden.

f. Meldegeheimnis (§ 7 BMG)/Datengeheimnis (§ 53 BDSG)

§ 16 I Bundesmeldegesetz (BMG) begründet eine Anbietungspflicht von Meldeunterlagen an die durch Landesrecht bestimmten Archive nach den jeweiligen archivrechtlichen Vorschriften. § 7 I BMG ordnet nicht die Geheimhaltung der

---

176 Thema 13, Teil 5, Abschnitt E II.4.c.

177 §§ 3 ff. SGB I.

178 Gesetz über den Lastenausgleich (Lastenausgleichsgesetz – LAG).

Unterlagen an, es wird auch nicht die unbefugte Offenbarung verboten. Sondern verboten ist nur die unbefugte *Verarbeitung*. § 7 II BMG führt dazu, dass die Personen, die in Meldebehörden arbeiten, ein „Meldegeheimnis" wahren müssen. Diese Personen müssen daher auch über befugte Verarbeitungen von Meldedaten schweigen, und dies auch nach ihrer Tätigkeit.

> „Das Meldegeheimnis hat also – anders als seine Bezeichnung nahe legen könnte – nichts mit besonders geheimhaltungsbedürftigen Daten zu tun. Vielmehr betrifft es alle Daten, die das Melderegister enthält."[179]

Folglich ist § 7 BMG **keine Rechtsvorschrift über Geheimhaltung**, sondern eine Norm zum Schutz vor unbefugter Verarbeitung.

Ergebnis: Wenn in einem Landesarchiv Unterlagen vorhanden sind, die das Meldegeheimnis betreffen, führt dies nicht zur Anwendung des BArchG anstelle des LArchG.

g. Privat- und Dienstgeheimnis (§§ 203, 353 b StGB) (umstritten)

In den Unterlagen in Archiven gibt es viele Geheimnisse, die von vielen Personengruppen erzeugt wurden, die in § 203 StGB aufgeführt sind. Daher stellt sich häufig die Frage, ob § 203 StGB im Sinne des Archivrechts ebenfalls eine „Rechtsvorschrift des Bundes über Geheimhaltung" ist. Wenn die Frage bejaht wird, ist insbesondere die Schutzfristverkürzung nach dem BArchG zu beurteilen, zumal § 203 V StGB eine Geltung dieser Norm auch nach dem Tod des Betroffenen anordnet.

§ 203 StGB

(1) Wer unbefugt ein fremdes Geheimnis, namentlich ein zum persönlichen Lebensbereich gehörendes Geheimnis oder ein Betriebs- oder Geschäftsgeheimnis, offenbart, das ihm als

1. Arzt, [...] bekanntgeworden ist, wird [...] bestraft.

(2) Ebenso wird bestraft, wer unbefugt ein fremdes Geheimnis, namentlich ein zum persönlichen Lebensbereich gehörendes Geheimnis oder ein Betriebs- oder Geschäftsgeheimnis, offenbart, das ihm als

1. Amtsträger [...] anvertraut worden oder sonst bekanntgeworden ist. [...]

(5) Die Absätze 1 bis 4 sind auch anzuwenden, wenn der Täter das fremde Geheimnis nach dem Tod des Betroffenen unbefugt offenbart.

179 https://www.rehm-verlag.de/verwaltung/aktuelle-beitraege-zum-pass-ausweis-und-melderecht/die-schriftliche-verpflichtung-auf-das-meldegeheimnis/.

Beispiel (übernommen aus einer Publikation von Udo Schäfer[180]): „Das Staatsarchiv A verwahrt Mehrfertigungen von Gutachten, die ein Psychiater in den Jahren 1980 bis 1990 wegen Sexualdelikten über die Beschuldigten erstattet hat. Der Besitz und das Eigentum an den Mehrfertigungen ist dem Staatsarchiv A von den Erben E des P übertragen worden. Der Forscher F beabsichtigt, mit Hilfe der Mehrfertigungen der Gutachten [...] Anamnesen zu erstellen. Zu diesem Zweck beantragt F beim Staatsarchiv A den Zugang zu den Mehrfertigungen. [...] Die Mehrfertigungen unterlagen vor der Übernahme als Archivgut einer Rechtsvorschrift des Bundes über Geheimhaltung [Schäfer bezieht sich auf § 203 StGB, Th. H.]. Fraglich ist deshalb, ob der Antrag des F auf Zugang zu den Mehrfertigungen nach § 5 IV [LArchG HH] oder nach § 5 V Sätze 1–4 BArchG [2013, jetzt § 12 II + III BArchG] zu entscheiden ist." Die Antwort findet sich am Ende der folgenden Ausführungen zu § 203 StGB.

Die Antwort auf die Frage, ob § 203 StGB im Sinne des Archivrechts eine „Vorschrift über Geheimhaltung" ist, ist umstritten. Viele archivrechtliche Autoren bejahen diese Frage,[181] das LArchG NRW führt § 203 StGB sogar explizit als eine solche Norm auf. Das LArchG von Hamburg bezeichnet § 203 StGB ebenfalls als eine der „Rechtsvorschriften über Geheimhaltung"[182]. Auch die Gesetzesbegründung zum aktuellen BArchG führt § 203 StGB als Rechtsvorschrift über Geheimhaltung an.[183] Im früheren BArchG war § 203 I – III StGB ebenfalls ausdrücklich als Rechtsvorschrift über Geheimhaltung aufgeführt.[184]

Deshalb wird im Hinblick auf die „Geheimhaltungsvorschrift" § 203 StGB häufig zuerst eine ausufernde Anwendung des BArchG in den Landesarchiven bejaht und mit der scharfen GG-Norm „Bundesrecht bricht Landesrecht"[185] operiert.[186] Gegen diese Lösung spricht nicht nur, dass es in einem Rechtsstaat kaum vorstellbar ist, dass seit Jahrzehnten und massenhaft Bundesrecht Landesrecht „bricht". Hinzu kommt, dass der angenommene weite Anwendungsbe-

---

180 Udo Schäfer, Rechtsvorschriften über Geheimhaltung, in: Rainer Polley (Hrsg.), Archivgesetzgebung in Deutsch-land – Ungeklärte Rechtsfragen, Marburg 2003, S. 39 ff. (39).

181 Partsch/Koschmieder, BArchG-Kommentar, § 13 Rn. 31; Becker/Oldenhage, BArchG-Kommentar (zum früheren BArchG), § 5 Rn. 107 (andererseits wird § 203 StGB bei Rn. 37–40 nicht erwähnt); Bartholomäus Manegold, Archivrecht, Berlin 2002, S. 351; Berger, Sächsisches Archivgesetz, § 10 Rn. 16; Jost Hausmann, Archivrecht, Frankfurt/M. 2016, S. 61; Michael Scholz, Schutzfristenbestimmung und Schutzfristenverkürzung, Vortrag bei einer Fortbildungsveranstaltung der Landesfachstelle für Archiv und Öffentliche Bibliotheken Brandenburg, 15.02.2017, Folie 31 (mit dem Hinweis: „umstritten"); teilweise auch Udo Schäfer, Rechtsvorschriften über Geheimhaltung, in: Rainer Polley (Hrsg.), Archivgesetzgebung in Deutschland – Ungeklärte Rechtsfragen, Marburg 2003, S. 39 ff. (49 ff.).

182 § 5 V 1 Nr. 5 LArchG NRW.

183 Gesetzentwurf der Bundesregierung v. 15.09.2016, Bundestagsdrucksache 18/9633, S. 57, online zugänglich unter: https://dserver.bundestag.de/btd/18/096/1809633.pdf.

184 § 5 VI Nr. 5 BArchG (alt).

185 Art. 31 GG.

186 So z. B. bei Benjamin Kram, Die Archivierung und Nutzung von Unterlagen, die Geheimhaltungsvorschriften unterliegen, in: Archivar Jg. 68 (2015), S. 345 ff.; Udo Schäfer, Das Patientengeheimnis – ein Hindernis für die Archivierung von Patientenunterlagen, in: Dietrich Meyer/Bernd Hey, Akten betreuter Personen als archivische Aufgabe, Neustadt/Aisch 1997, S. 11 ff. (mit Bezug auf das Arztgeheimnis und das LArchG BW).

reich von § 203 StGB das Nutzungsrecht der LArchG weitgehend überflüssig machen würde. Um das zu verhindern, wird teilweise § 203 StGB (eine Norm aus dem Strafgesetzbuch, für das nur der *Bundes*gesetzgeber die Kompetenz hat!) kurzerhand als „landesrechtliche Geheimhaltungsvorschrift" gesehen.

Aber: § 13 III BArchG spricht sogar von „*Unterlagen*, die der Geheimhaltungs*pflicht* nach § 203 [StGB] unterlagen".[187] Das ist jedenfalls missverständlich: Eine Pflicht kann nicht unmittelbar auf Sachen zielen, sondern verpflichtet werden können nur *Personen*. Diese Personen unterliegen im Hinblick auf bestimmte Unterlagen Geheimhaltungspflichten.

Daraus ergibt sich das zentrale Argument: § 203 StGB richtet sich nur an die *Täterinnen und Täter*, die eine *bereits bestehende* und – das ist entscheidend – in einer *anderen* Norm festgelegte Geheimhaltungsvorschrift verletzen. Ob § 203 StGB vorrangig Individual- oder Kollektivinteressen schützt,[188] kann dabei offen bleiben – wesentlich ist, dass jedenfalls durch § 203 StGB *nicht die Unterlagen*, sondern die Interessen von Einzelpersonen oder Kollektiven geschützt sind. Eben deshalb wird natürlich auch nur die *unbefugte* Bekanntgabe von Geheimnissen bestraft – diese Einschränkung bleibt bei den Autoren, die § 203 StGB als „Rechtsvorschrift über Geheimhaltung" sehen, regelmäßig unbeachtet.

Außerdem wäre, wenn § 203 StGB selbst die Pflichten festlegen würde, die Norm erheblich zu kurz, weil weder zum präzisen Inhalt der einzelnen Pflichten noch zum Verhältnis zu den andernorts vorgenommenen Präzisierungen der Pflichten etwas im § 203 StGB gesagt wird.

§ 203 StGB erzeugt also „keine neuen, bundesrechtlichen Geheimnisvorbehalte", sondern ordnet lediglich *strafrechtliche* Sanktionen für die Verletzung bestimmter, *andernorts zu findender* „funktions- und berufsspezifischer Geheimhaltungsvorschriften an".[189] Dazu passt der Wortlaut von § 8 II und § 12 III LArchG HE, wonach die *Unterlagen* den Rechtsvorschriften über Geheimhaltung unterliegen müssen.

Für dieses Ergebnis spricht zweitens, dass die Gegenthese gegen die Wesentlichkeitstheorie verstößt, wonach die wesentlichen Grundrechtseinschränkungen (hier z. B. die Eingriffe in die Daten der Personen, um die es in den Unterlagen geht) im jeweiligen Gesetz selbst geregelt sein müssen. Wäre § 203 StGB eine Vorschrift, die im Sinne des LArchG HH zu den „Rechtsvorschriften des Bundes über Geheimhaltung" gehört, würde in sehr großem Umfang Archivgut, das sich in Archiven der Länder befindet, bei der Nutzung nach bundesrechtlichem Archivrecht behandelt, das nicht vom Landesgesetzgeber beschlossen wurde.

---

187 Hervorhebungen von Th. H..

188 Das ist innerhalb der Strafrechtsdogmatik umstritten und im Hinblick auf die Möglichkeit der Einwilligung durch Betroffene relevant.

189 Manegold, Archivrecht, S. 249f.

Das Problem der aktuell wohl herrschenden Meinung im Archivrecht, die eine durch § 203 StGB ausufernde Anwendung des BArchG bei Nutzungen im Landesarchiv durch kreative Lösungen wieder reduzieren muss, besteht daher gar nicht.

Ergebnis: **§ 203 StGB ist im Sinne des Archivrechts keine Geheimhaltungsvorschrift.**

Lösung zu dem obigen Beispiel: § 203 StGB führt nicht in das BArchG; die aus Nutzersicht nachteilige Regelung in § 12 III BArchG 2017, wonach die Schutzfrist um höchstens 30 Jahre verkürzt werden kann, ist nicht anwendbar. Über die Schutzfristen ist alleine aufgrund des LArchG HH zu entscheiden; der von Udo Schäfer im obigen Beispiel vorgeschlagene komplizierte[190] und nach dem aktuellen § 12 III BArchG für den Nutzer nachteilige Lösungsweg (die Schutzfrist kann nur um höchstens 30 Jahre verkürzt werden) ist nicht zutreffend.

Zu **§ 353 b StGB** (Verletzung des Dienstgeheimnisses und einer besonderen Geheimhaltungspflicht) wird jedenfalls im Hinblick auf Verschlusssachen die gleiche These vertreten:

> „Sind die als Archivgut übernommenen Verschlusssachen bei einer öffentlichen Stelle des Bundes […] entstanden, so handelt es sich bei § 353 b StGB um eine **Rechtsvorschrift** des Bundes *über Geheimhaltung*."[191]

Die obigen Argumente, die gegen die Einstufung von § 203 StGB als archivrechtliche „Rechtsvorschrift über Geheimhaltung" sprechen, **treffen aber auch auf § 353 b StGB zu** und sollen deshalb hier nicht wiederholt werden.

III. Die Anwendung des BArchG bei Unterlagen, die gemäß § 7 BArchG an Landesarchive abgegeben wurden

In Umsetzung von § 7 BArchG werden (wie oben erörtert) Unterlagen öffentlicher Stellen des Bundes an Landes- oder Kommunalarchive abgegeben.[192] Voraussetzung ist gemäß § 7 BArchG unter anderem, dass

> „die Vorgaben der §§ 6 und 10 bis 14 [BArchG] durch Landesgesetze [also die LArchG] sichergestellt sind."[193]

---

190 „Die grammatikalische und die komparative Auslegung des § 5 II Satz 1 Nr. 4 LArchG HH führen zu dem Ergebnis, dass § 5 BArchG nur insoweit auf Mehrfertigungen anzuwenden ist, als er den Beginn und die Dauer der Schutzfristen regelt." (Patientengeheimnis (vier Fn. zuvor), S. 41).

191 Udo Schäfer, Rechtsvorschriften über Geheimhaltung sowie Berufs- und besondere Amtsgeheimnisse im Sinne der Archivgesetze des Bundes und der Länder, in: Rainer Polley (Hrsg.), Archivgesetzgebung in Deutschland, Marburg 2003, S. 39ff. (59). Hervorhebung im Zitat von Th. H.

192 Dazu oben Thema 10, Teil 1 A.II.2.c.

193 § 7 letzter Halbsatz BArchG. Dazu oben Thema 10, Teil 1 A.II.2.c.

Soweit die oben erwähnten (und andere) „Vorgaben" der §§ 6 und 10 bis 14 BArchG nicht im jeweiligen LArchG zu finden sind, ist das Landesarchiv aufgrund des öffentlich-rechtlichen Vertrages, der bei der Übernahme geschlossen wurde, dazu verpflichtet, bei Nutzungsanträgen die oben genannten Gesichtspunkte zu berücksichtigen.

Da Landesbedienstete die Unterlagen bewerten und zur Nutzung bereitstellen, handeln die Landesarchive insoweit **„als Landesbehörden"**.[194] Es ist in der archivrechtlichen Literatur unstrittig, dass über den Nutzungsantrag von den Landesarchiven **auf der Grundlage des jeweiligen LArchG** entschieden werden muss.[195]

Ein mindestens großer Teil der Landesgesetzgeber hat aber darauf verzichtet, insoweit *eigene* Normen zu schaffen, sondern – wie z. B. das LArchG HE **– zur Nutzung auf die Regelungen des BArchG verwiesen.** Es hat also nicht der Bund die Anwendung des BArchG in diesen Fällen erzwungen, sondern der Landesgesetzgeber hat auf die ihm mögliche eigene Ausgestaltung freiwillig verzichtet und stattdessen auf das BArchG verwiesen.[196]

Ein solcher Verweis auf ein anderes Gesetz kann statisch oder dynamisch sein;[197] im Archivrecht werden zwei Varianten des dynamischen Verweises verwendet. Aus dem jeweiligen Typ der Verweise ergeben sich aber Probleme.

---

194 Herbert Günther, Zur Übernahme fremden Archivguts durch staatliche Archive, Archivalische Zeitschrift 1996, S. 37 ff. (38).

195 Der jetzige § 7 BArchG entspricht weitgehend dem § 2 Abs. 3 BArchG a.F (die Gesetzesbegründung für das jetzige BArchG führt zu § 7 BArchG aus: „entspricht weitgehend dem bisherigen Recht" (die Änderung, um die es dann geht, betrifft nicht die hier diskutierte Frage, siehe https://dserver.bundestag.de/btd/18/096/1809633.pdf, dort S. 64 der pdf-Datei)). Zu jener Norm im BArchG a. F. schrieb der damals einzige Kommentar zum BArchG: „Die Formulierung ‚durch Landesgesetze' stellt sicher, dass grundsätzlich **Landesrecht** anzuwenden ist; dies gilt **auch für die Benutzung**" (Becker/Oldenhage, BArchG-Kommentar, § 2 Rn. 36; ebd. gibt es keinen Hinweis auf eine entgegenstehende Praxis und andere Ansichten). Ebenso gibt der Kommentar zum jetzigen BArchG an, dass Landesarchivrecht anzuwenden ist (Partsch/Mütze, BArchG-Kommentar, 1. Aufl., § 7 Rn. 11 f.). Und auch Hannes Berger ist in seinem Kommentar zum LArchG SN derselben Ansicht (§ 4 Rn. 13). Die These, dass hier seit Jahrzehnten Art. 31 GG („Bundesrecht bricht Landesrecht") angewandt werden müsse und *auf diese Weise* das BArchG zur Anwendung komme, ist mE daher nicht vertretbar.

196 Die teleologische Auslegung der Norm ergibt also keinen Grund, sie eng auszulegen.

197 Dazu das vom Bundesministerium der Justiz und für Verbraucherschutz zusammengestellte Handbuch der Rechtsförmlichkeit, Rn. 239 ff., http://hdr.bmj.de/page_b.4.html (ein vorbildlich kurzer Link).

1. *Dynamischer (Rück-)Verweis auf das BArchG*

Der Verweis vom LArchG auf das BArchG kann als sog. **dynamischer Verweis** erfolgen. Beispielsweise legt das LArchG NW fest:

> „Für Unterlagen, die das Landesarchiv nach § 4 Absatz 4 dieses Gesetzes von Stellen des Bundes übernommen hat, gelten die entsprechenden Schutzfristen des Bundesarchivgesetzes **in der jeweiligen gültigen Fassung.**“[198]

Der Landesgesetzgeber verweist hier also auf eine Norm des Bundesgesetzgebers. Ein solcher Verweis ist unzulässig, wenn eine versteckte Verlagerung von Rechtssetzungsbefugnissen erfolgt, da der Landesgesetzgeber die bundesgesetzliche Regelung der Schutzfristen nicht beeinflussen kann. Auch die Wesentlichkeitstheorie muss beachtet werden: Der Landesgesetzgeber muss die wesentlichen Fragen der Grundrechtseinschränkung von Nutzern *selbst* regeln. Durch die Übernahme der Bundesunterlagen sind diese zu Landesarchivgut geworden. Die Grundrechtseinschränkungen bei der Benutzung von Landesarchivgut sind daher vom Landesgesetzgeber zu regeln, zumal das BArchG wie erwähnt eine Normsetzung durch „Landesgesetze“ fordert. Der dynamische Rückverweis auf das BArchG ist daher rechtlich mindestens bedenklich, muss aber angewendet werden.[199]

2. *Begrenzt dynamischer oder statischer Verweis nur auf das BArchG 2013*

Wenn ein LArchG – wie in **Niedersachsen**[200] und in **Sachsen**[201] – auf das BArchG

> „vom 6. Januar 1988 […] in der jeweils geltenden Fassung“

verweist, liegt ein begrenzt dynamischer Verweis vor und es ist zu klären, ob das BArchG 2017 eine Neufassung des BArchG 2013 ist oder ein neu erlassenes Gesetz. Das BArchG 2013 trat am 10.03.2017 außer Kraft,[202] seit dem 11.03.2017 gilt das BArchG 2017. Folglich liegt – trotz der nicht selten zu findenden gegen-

---

198 § 7 IV LArchG NW.

199 So auch Herbert Günther, Zur Übernahme fremden Archivguts durch staatliche Archive, Archivalische Zeitschrift 1996, S. 37ff. (38).

200 5 III 1 LArchG NI legt in der aktuell geltenden Fassung fest: „Für die Nutzung von Archivgut, das dem Sozialgeheimnis unterliegende Daten enthält, gelten die Schutzfristen des § 5 des Bundesarchivgesetzes vom 6. Januar 1988 (Bundesgesetzblatt I S. 62) in der jeweils geltenden Fassung.“

201 § 4 III LArchG SN: „Das Sächsische Staatsarchiv kann, soweit das Gesetz über die Sicherung und Nutzung von Archivgut des Bundes (Bundesarchivgesetz – BArchG) vom 6. Januar 1988 (BGBl. I S. 62), zuletzt geändert durch Gesetz vom 27. Juni 2013 (BGBl. I S. 1888), in der jeweils geltenden Fassung, es zulässt, Unterlagen von Stellen des Bundes und Archivgut des Bundes übernehmen, wenn hierfür ein öffentliches Interesse des Freistaates Sachsen besteht.“

202 Art. 6 Satz 2 im Gesetz zur Neuregelung des Bundesarchivrechts v. 10.03.2017, BGBl. 2017 I S. 410ff.

teiligen These[203] – **keine Neufassung**, sondern eine **Neuregelung** vor. Es erfolgt also – rechtsstaatlich bedenklich – ein Verweis auf ein nicht mehr geltendes Gesetz. Das gilt erst recht, wenn ein statischer Verweis auf das BArchG 2013 vorliegt.

Daher ist zu prüfen, ob mittels einer systematischen und teleologischen Auslegung dennoch ein Verweis auf die aktuelle Fassung des BArchG vorliegt. Ein Landesgesetzgeber, der explizit ein Gesetz von 1988 in seinen Willen aufnimmt, kann aber ein neues Gesetz von 2017 nicht einbezogen haben. Es ist auch nicht ersichtlich, dass ein bloßes Redaktionsversehen vorliegt. Die damit vorliegende Lücke kann durch eine Analogie gefüllt werden, wenn – wie hier – eine planwidrige Regelungslücke vorliegt und zudem eine vergleichbare Interessenlage bejaht werden kann. Das frühere und das jetzige BArchG nehmen in vergleichbarer Weise eine Abwägung der widerstreitenden Interessen vor.

Man kann allerdings auch argumentieren, dass hier keine Lücke, sondern nur ein verwaltungsinternes Problem vorliegt, denn soweit die Schutzfristen des LArchG NI nicht – wie von § 7 BArchG 2017 gefordert – die Vorgaben der Schutzfristen nach dem BArchG 2017 umsetzen, liegt zwar ein Verstoß gegen die Voraussetzungen der Abgabe an das Landesarchiv vor. Doch es ist fraglich, ob dieses verwaltungsinterne Problem dem Nutzer entgegengehalten werden kann, was zur Geltung des LArchG NI in diesen Fällen führt.

F. Zu Schritt 2: Generelle oder spezifische Nutzungsversagung/ -einschränkung

In den Archivgesetzen gibt es in abschließenden Aufzählungen (also nicht gemäß einer Generalklausel)[204] Regelungen, die die Nutzung des Archivguts generell oder im spezifischen Fall ausschließen, sog. **Nutzungsversagungsgründe** („NVG“).

> Alle LArchG und das BArchG sprechen dabei von Nutzungs*versagung*; der in der Alltagssprache synonyme und auch in der Rechtssprache in anderen Gesetzen verwendete Begriff „*Unter*sagung“ sollte daher im Zusammenhang mit einem Nutzungsausschluss im Archiv nicht verwendet werden.

Es ist immer der **Verhältnismäßigkeitsgrundsatz**[205] zu beachten:

- Falls möglich, ist eine Nutzungseinschränkung statt einer Nutzungsuntersagung zu wählen
- Bei Nutzungseinschränkungen ist nicht nur eine geeignete, sondern auch eine erforderliche, also aus Sicht der Nutzer.in **die mildeste, Nutzungseinschränkung** auszuwählen.

> Beispiel: Pseudonymisierung oder Anonymisierung

---

203 Belege bei Thema 1, Teil 2, Abschnitt B.II.
204 § 5 VI BArchG 2013 bzw. § 13 BArchG 2017.
205 Dazu Thema 3, Teil 2.

Wenn ein Nutzungsversagungsgrund vorliegt, braucht für die betroffenen Unterlagen die Schutzfrist nicht mehr berechnet zu werden.

I. „Staatswohlklausel"

Wenn „Grund zur Annahme besteht, dass durch die Nutzung das Wohl der Bundesrepublik Deutschland (bzw. eines ihrer Länder) gefährdet ist" („Staatswohlklausel"), liegt ein Nutzungsversagungsgrund vor. Dadurch ist auch eine Einschränkung des vorbehaltlosen Grundrechts auf Wissenschaftsfreiheit möglich, denn das „Staatswohl" ist ein Wert von Verfassungsrang.[206]

Dieser in den Archivgesetzen geringfügig anders als sonst formulierte Geheimhaltungsgrund, ein **unbestimmter Rechtsbegriff**, „greift nicht weiter als das Nachteilbereiten für das Wohl des Bundes im Sinne des § 99 Abs. 1 Satz 2 Alt. 1 VwGO."[207] Das „Wohl des Bundes" im Sinne jener VwGO-Vorschrift entspricht dem in § 96 StPO verwendeten Begriff[208] und umfasst u. a. die „Funktionsfähigkeit des Staates und seiner wesentlichen Einrichtungen".[209] Auch die Kriterien zur Anwendung dieser Klausel in anderen Rechtsgebieten (z. B. Ausländerrecht) können ergänzend herangezogen werden. Die archivspezifischen Kriterien hat Jenny Kotte zusammengefasst:

> „Dieser Tatbestand ist in der Regel nur dann erfüllt, wenn
> - der Bestand und die Funktionsfähigkeit des Staates bzw. seiner wesentlichen Einrichtungen
> - die innere oder äußere Sicherheit oder
> - die Beziehungen zu anderen Staaten und internationalen Organisationen beeinträchtigt oder gefährdet werden würden
>
> Hierfür kommen in erster Linie Vorgänge aus den Bereichen Verteidigung, Zivilschutz, Verfassungsschutz oder Vorgänge von erheblicher staatspolitischer Bedeutung in Betracht."[210]

Zu präzisieren ist nur das Stichwort „Beziehungen zu anderen Staaten": Hier kommt es darauf an, dass die aktuelle oder zukünftige Zusammenarbeit mit anderen Staaten gefährdet würde, weil zugesicherte oder erwartete Vertraulichkeit verletzt würde.

---

206 Zur rechtsdogmatischen Funktion von „Werten von Verfassungsrang" siehe Thema 2, Teil 1 Abschnitt B.

207 BVerwG, Urteil v. 27.06.2013 (BVerwG 7 A 15.10), https://www.bverwg.de/270613U7A15.10.0, dort Rn. 24. Auch das jetzt neu in § 10 IV Nr. 2 BND-Gesetz aufgenommene „Wohl des Bundes" wird in diesem Sinne zu verstehen sein.

208 Kopp, VwGO-Kommentar, 8. Aufl., München 1989, § 99 Rn. 7. So auch Ullrich Hockenbrink, Archivgesetz Nordrhein-Westfalen, Vieselbach u. a. 1993, S. 49: „Der Begriff des Nachteils für das Wohl der Bundesrepublik Deutschland oder eines seiner [richtig: ihrer, Th. H.] Länder [in § 6 I 2 LArchG NW a. F.] entspricht dem Begriff in § 96 StPO."

209 Peter Wysk/Bamberger, Verwaltungsgerichtsordnung, Kommentar, München 2011, § 99 Rn. 9.

210 Kotte, Einschränkung und Versagung des Zugangs, in: Becker/Rehm, Archivrecht, S. 166 f.

Die Feststellung einer Staatswohlgefährdung erfordert eine **Prognose** durch das Archiv (**Beurteilungsspielraum**).[211]

> Beispiel: Eine Nutzer.in, die den **Holocaust bestreitet**, will diese These mit Archivgut beweisen. Muss das Archiv deshalb die Nutzung versagen?
>
> Antwort:[212] Eine Nutzungsversagung nach § 13 I 1 Nr. 1 BArchG oder den LArchG setzt voraus, dass das „Wohl der Bundesrepublik" gefährdet ist; dazu gehört u.a. die Funktionsfähigkeit des Staates. So wichtig und richtig es ist, dass das Selbstverständnis der Bundesrepublik die Erinnerung an den Holocaust umfasst – die Funktionsfähigkeit des Staates hängt davon nicht ab. Zudem ist es nicht die Nutzung, die das „Wohl der Bundesrepublik" gefährdet, sondern es sind die unsinnigen und nicht von den Unterlagen gedeckten Schlüsse, die die Nutzer.in zieht und die zur Holocaustleugnung führen. Folglich ist keine Nutzungsversagung möglich.[213]

Die Möglichkeit des Archivs zu einer eigenen Prognose ist eingeschränkt, wenn eine **Beurteilungsprärogative** einer anderen Stelle anerkannt ist. Das gilt insbesondere für die Bundesregierung im Hinblick auf die außenpolitischen Folgen, die die Nutzung von Unterlagen hat.[214]

1. *Der Umgang mit VS-Einstufungen bei der Prüfung der Staatswohlgefährdung*

Die Staatswohlgefährdung ist ein *materielles* Kriterium. Daher ergibt sich auch aus der fortbestehenden VS-Einstufung *nicht automatisch*, dass eine Nutzungsversagung erfolgen muss.[215] Stattdessen ist – wie auch sonst – eine *eigenständige* Prüfung und eine Subsumtion z.B. anhand von § 14 I Nr. 1 LArchG HE nötig, hier als Prognosebewertung zur Staatswohlgefährdung.[216] Der bloße Verweis

211 Zur eingeschränkten gerichtlichen Überprüfbarkeit bei Entscheidungen mit Beurteilungsspielraum Thema 1, Teil 2 Abschnitt E.III.2.

212 Zur Frage, ob sich die Archivar.in im Kontext dieser Nutzung strafbar macht (z.B. wegen Beihilfe zur Holocaustleugnung (§ 130 StGB)), siehe Thema 9, Abschnitt C.

213 Anders Irmgard Christa Becker, Ein Musterverfahren für die Verkürzung von Schutzfristen, in: dies. (Hrsg.), Schutzfristen – Festlegung und Verkürzung. Beiträge zum Workshop der Archivschule Marburg am 3. Mai 2011, Marburg 2012, S. 119ff. (120): Es „muss sichergestellt sein, dass der Nutzungszweck tatsächlich archivrechtlich begründbar ist. Damit soll ausgeschlossen werden, dass sich Holocaustleugner oder Rechtsextreme unter Vorspiegelung falscher Tatsachen Zugang zu Archivgut erschleichen, um die daraus gewonnen Informationen für politische Zwecke zu missbrauchen."

214 Partsch/Koschmieder, BArchG-Kommentar, § 13 Rn. 18 m.N.

215 So auch Partsch/Koschmieder, BArchG-Kommentar, § 13 Rn. 9 mit Nachweisen aus der Rechtsprechung in Fn. 10–12. Anderer Ansicht Becker-Oldenhage, BArchG-Kommentar, § 5 Rn. 106 mit Verweis auf Manegold, Archivrecht, S. 348, insb. auch S. 350, Anm. 702.

216 Die Kriterien dafür sind umfassend erläutert bei Partsch/Koschmieder, BArchG-Kommentar, § 13 Rn. 12–19. Die Prognose erfolgt in Hessen nicht seitens des Landesarchivs, sondern durch das aufsichtführende Ministerium (HMWK), § 8 II LArchG HE. Dass hier nicht das Archiv, sondern ein Ministerium entscheidet, ist eine Besonderheit, die es bundesweit nur im hessischen Archivrecht gibt (Michael Scholz, Zugang zu Archivgut: Besondere Fälle, in: Becker/Rehm, Archivrecht, S. 186).

auf die VS-Einstufung ist gemäß etlichen Urteilen des Bundesverwaltungsgerichts (BVerwG) nicht ausreichend,[217] weil durch die Verweigerung der Prognose ein justitiabler Verstoß gegen den Beurteilungsspielraum vorliegt.

Insbesondere bei einer sehr lange zurückliegenden, aber noch andauernden VS-Einstufung ist es möglich, dass einer nunmehrigen Nutzung das Wohl des Bundes bzw. eines Landes nicht entgegensteht.

Es muss also nicht erst eine Ausstufung im abgebenden Bundesland durchgeführt werden.[218] Andererseits muss das Archiv den Informanten- und Methodenschutz berücksichtigen, um die Geheimhaltungsbedürftigkeit zu beurteilen und dabei natürlich Hinweise der abgebenden Stelle in seine Überlegungen einbeziehen.

Hinzu kommt, dass die VS-Einstufung *generell* auf die Geheimhaltungsbedürftigkeit abstellt, während nun über den konkreten Antrag einer Nutzer.in zu entscheiden ist, so dass in *diesem speziellen* Fall möglicherweise keine Staatswohlgefährdung vorliegt.

Ein anderes Vorgehen, also der bloße Verweis auf eine fortbestehende VS-Einstufung als Begründung für eine Nutzungsversagung, wäre auch rechtssystematisch nicht vertretbar: Es ist nicht möglich, dass die aufgrund einer *Verwaltungsvorschrift* vorgenommene VS-Einstufung die Wissenschaftsfreiheit nach dem Grundgesetz einschränkt, da die Wissenschaftsfreiheit nach Art. 5 III GG keinen Gesetzesvorbehalt hat. Nur Werte von Verfassungsrang können die Wissenschaftsfreiheit einschränken, und das Wohl der Bundesrepublik bzw. das ihrer Länder sind ein solcher Wert.

Das ändert sich auf der Ebene des Bundesarchivrechts nicht dadurch, dass im BArchG festgelegt wird, dass ab der Übernahme der Unterlagen die Verschlusssachenanweisung anzuwenden ist.[219] Diese Verwaltungsvorschrift wirkt – wie auch Verwaltungsvorschriften generell – nur *intern*.[220] Auch das bei Scholz erwähnte

> „gelegentlich praktizierte pragmatische Verfahren, die Einsichtnahme in VS-Schriftgut in Archiven von einer Sicherheitsüberprüfung des Benutzers und [sic!] der Genehmigung des jeweiligen Innenministeriums abhängig zu machen",[221]

---

[217] Belege bei Scholz, Zugang (Fn. zuvor), S. 186 in Fn. 52; ähnlich Partsch, BArchG-Kommentar, § 6 Rn. 81 mN.

[218] Mit dieser These löst sich das folgende Problem: „Aus der Archivpraxis wird von einem weit verbreiteten Desinteresse der zuständigen Stellen an der Überprüfung der Einstufung und der notwendigen Herabstufung bzw. Aufhebung der Einstufung berichtet." (berichtet bei Schoch, ArchivG-ProfE, S. 191 Rn. 5 mN.).

[219] § 6 III 1 Nr. 1 BArchG.

[220] Partsch, BArchG-Kommentar, § 6 Nr. 71: „ohne Außenwirkung".

[221] Michael Scholz, Zugang zu Archivgut: Besondere Fälle, in: Becker/Rehm, Archivrecht, S. 186. Auch Scholz sieht dieses Vorgehen zutreffend kritisch.

verstößt evident gegen den Wortlaut der Archivgesetze. Diese Gesetze stellen – auch jenseits von Hessen – auf das Wohl der Bundesrepublik bzw. der Länder ab, so dass die Entscheidung über die Nutzung aufgrund einer archivgesetzlichen Subsumtion fallen muss und nicht durch das alternative Abstellen auf gesetzesfremde Merkmale. Es kann aber natürlich das Ergebnis einer Sicherheitsüberprüfung bei der Prognose berücksichtigt werden, ob die Nutzung durch die jeweilige Nutzerin eine Staatswohlgefährdung darstellt.

Zudem ist es möglich, dass die Nutzung von Verschlusssachen zu einer Beeinträchtigung von schutzwürdigen Belangen Dritter (also z. B. von V-Leuten) führt, so dass z. B. § 14 I Nr. 2 LArchG HE eingreift.

Wie auch sonst ist zudem aufgrund des Verhältnismäßigkeitsgrundsatzes das mildeste Mittel zu wählen, so dass eine Nutzungsbeschränkung (z. B. Auflagen) einer Nutzungsversagung vorzuziehen ist.

Zwischenergebnis: Bei der nicht-amtlichen Nutzung von Verschlusssachen im Archiv ist bei der Klärung der Frage, ob eine Nutzungsversagung erfolgen muss, eine Prognosebewertung im Hinblick auf eine mögliche Staatswohlgefährdung nötig. Diese Subsumtion kann weder durch Ausstufungen noch durch den bloßen Verweis auf eine fortbestehende VS-Einstufung noch durch Sicherheitsüberprüfungen der Nutzer ersetzt werden.

2. *Erstreckung der Staatswohlklausel auf Kommunen?*

Es gibt kommunale Archivsatzungen, die die Staatswohlklausel auf Kommunen übertragen und das „Wohl der Kommune“ als Nutzungsbegrenzung einführen. Fraglich ist insoweit aber, ob es einen relevanten Anwendungsbereich für derartige Klauseln auf kommunaler Ebene geben kann.

Blickt man auf die obigen Voraussetzungen der Staatswohlgefährdung, ergibt sich, dass ein lediglich kommunaler Vorgang nicht von einer derartigen Brisanz sein kann, dass das „Wohl der Kommune“ gefährdet ist.

> Beispiel: Eine Kommune verfügt über Unterlagen zu Militäranlagen oder zu zivilen Verteidigungsanlagen auf ihrem Gebiet. Die Einsichtnahme in die Unterlagen kann die Bundesaufgabe der militärischen Verteidigung gefährden, so dass ggf. eine Gefährdung des Wohls der Bundesrepublik vorliegt; eine Argumentation mit dem „Wohl der Kommune“ ist nicht nötig.

Kann in einer kommunalen Archivsatzung eine Benutzungsgenehmigung dann „eingeschränkt oder versagt“ werden, wenn durch die Nutzung die nicht weiter präzisierten **„Interessen“ des *kommunalen* Archivträgers „verletzt werden könnten“?**[222] Alle Nutzer.innen sind also dazu verpflichtet, sich mindestens

---

[222] Die Zitate stammen aus § 8 Nr. 2 der Satzung des Gemeindearchivs der Gemeinde Hallbergmoos, zugänglich unter: https://www.hallbergmoos.de/buerger/rathaus-and-verwaltung/bekanntmachungen/satzungen-verordnungen.

neutral gegenüber den „Interessen“ des kommunalen Archivträgers zu verhalten.

Zwar gibt es z. B. in Sonderrechtsverhältnissen und im Arbeitsrecht Begrenzungen der Grundrechte aus Art. 5 GG, so dass die Interessen von Arbeitgebern bei der Ausübung der Meinungsfreiheit gewahrt werden müssen. Auch müssen Gemeindevertreter in Gremien die Interessen der Gemeinde (und nicht ihre eigenen) verfolgen.[223] Das öffentlich-rechtliche Benutzungsverhältnis im Archiv führt aber heutzutage (anders als in der Zeit vor den Archivgesetzen) nicht mehr zu einem Sonderrechtsverhältnis. Die erwähnte generelle Interessenwahrungsklausel für Archivnutzer.innen ist zudem im Hinblick auf den rechtsstaatlichen Bestimmtheitsgrundsatz bedenklich.[224]

II. Nutzungsversagungsgrund „Verletzung von Rechtsvorschriften über Geheimhaltung“

Gemäß vielen Archivgesetzen ist es ein Nutzungsversagungsgrund, wenn eine Nutzung zur Verletzung von Rechtsvorschriften über Geheimhaltung führt.[225] Es geht hier also um Geheimhaltungsvorschriften, von denen die Unterlagen auch noch nach der Übernahme in das Archiv geschützt sind.

Bei Schritt 1 ist erläutert, welche Regelungen „Rechtsvorschriften über Geheimhaltung“ sind. Wie bei allen Nutzungsversagungsgründen ist auch hier zu prüfen, ob eine **mildere Maßnahme** als die völlige Nutzungsversagung möglich ist, wozu insbesondere Nutzungsauflagen wie Pseudonymisierung oder Anonymisierung führen können.

III. Nutzungsausschluss bei überwiegenden schutzwürdigen Belangen Dritter

Es ist **von Amts wegen zu ermitteln,**[226] ob **Belange Dritter** der Nutzung entgegenstehen. „Erster“ ist die Nutzer.in, „Zweiter“ das Archiv.

> „Besondere Schwierigkeiten entstehen dabei nach Berichten aus der Praxis vor allem in Bezug auf
> - die Wahrung von Urheber- und Persönlichkeitsrechten sowie bei der
> - Feststellung von Betriebs- und Geschäftsgeheimnissen in den Unterlagen“.[227]

---

223 Siehe z. B. § 113 I 1 Gemeindeordnung NRW.

224 Siehe den Konjunktiv II in der zitierten Regelung: „verletzt werden *könnten*“.

225 Es ist auch möglich, dass die Verletzung von Geheimhaltungsvorschriften nur zu einer verlängerten Schutzfrist führt.

226 § 24 VwVfG. Zur Frage, wie hier Archivgesetze und das VwVfG zusammenspielen, siehe die Einleitung zu Thema 4.

227 Schoch, ArchivG-ProfE, S. 190 Rn. 4 mN.

Wenn gemäß den Archivgesetzen „**Grund zur Annahme**" überwiegender schutzwürdiger Belange Dritter bestehen muss, ist – wie bei der Staatswohlklausel[228] – eine **Prognoseentscheidung** nötig, bei der die konkrete Form der beantragten Nutzung im Hinblick auf die Auswirkungen auf die schutzwürdigen Belange zu überprüfen ist. Wie bei der Staatswohlklausel besteht dabei ein **Beurteilungsspielraum**, der zu einer nur eingeschränkten gerichtlichen Überprüfbarkeit führt.[229]

1. *Informationelle Selbstbestimmung Lebender/ postmortaler Persönlichkeitsschutz*

Dieser Nutzungsausschluss bezieht sich insbesondere bei lebenden „Dritten" auf das **allgemeine Persönlichkeitsrecht Dritter** in Form des Rechts auf informationelle Selbstbestimmung.[230]

> „**Vor Ablauf** der Schutzfristen sind im Zweifelsfall die schutzwürdigen Belange Dritter im Verhältnis zum Benutzerinteresse vorrangig;
> **nach Ablauf** der Schutzfristen haben dieses Belange nur Vorrang, wenn sie zweifelsfrei schutzwürdig sind".[231]

Es sei daran erinnert, dass sich mit dem Tod des „Dritten" dessen Grundrecht auf informationelle Selbstbestimmung in ein postmortales Persönlichkeits„recht" verwandelt,[232] weshalb die Archivgesetze zutreffend von „schutzwürdigen *Belangen*" Dritter sprechen. Die Archive haben aufgrund des Würdeschutzes in Art. 1 GG die Aufgabe, **den allgemeinen Achtungsanspruch Verstorbener zu wahren, bis er „verblasst"**.[233] Die nur zehnjährige Schutzfrist (siehe Schritt 3) ersetzt keinesfalls die Überlegung (nicht: Abwägung), ob im konkreten Fall das Verblassen vorliegt.[234]

Wenn sich nicht mit zumutbarem Aufwand ermitteln lässt, ob die Unterlagen, auf die sich ein Nutzungsantrag bezieht, die Daten Lebender oder Verstorbener enthalten, muss genaugenommen eine zweifache Prüfung erfolgen. Das ist arbeitsökonomisch kaum sinnvoll, aber durch die Grundstruktur der Archivgesetze vorgegeben.

---

228 Dazu oben Abschnitt I.
229 Zu den möglichen Beurteilungsfehlern siehe Thema 1, Teil 2, Abschnitt E III.2.
230 Siehe dazu Thema 2, Teil 2.
231 Becker-Oldenhage, BArchG-Kommentar, § 5 Rn. 107.
232 Dazu Thema 2, Teil 2, Abschnitt C.
233 Auch dazu Thema 2, Teil 2, Abschnitt C mit vielen Beispielen.
234 So auch Diethelm Gerhold (Ministerialdirektor bei der Bundesbeauftragten für den Datenschutz und die Informationsfreiheit (BfDI)), Das Bundesdatenschutzgesetz, in: Andreas Nachama/Uwe Neumärker (Hrsg.), Gedenken und Datenschutz, Berlin 2017, S. 67 ff. (69).

2. *Postmortale Religionsfreiheit als schutzwürdiger Belang? Rechtsprobleme der Nutzung von Archivgut für „Totentaufen" durch Mormonen*

Das Ausgangsproblem ist im folgenden Zitat auf den Punkt gebracht:

> „Regelmäßig erhalten Kirchengemeinden [und etliche Archive, Th. H.] das Angebot, ihre Kirchenbücher kostenlos auf Mikrofilm sichern zu lassen. Es kommt von der ‚Kirche Jesu Christi der Heiligen der Letzten Tage' (Mormonen), die diese Dokumente für genealogische Forschungen benutzt, um die Namen und Lebensdaten von Personen zu erhalten, die nicht Mormonen waren und nun im Nachhinein mormonisch ‚getauft' werden sollen. Wegen dieser Praxis der ‚Taufe für die Verstorbenen', so die offizielle Bezeichnung, haben Mormonen in bomben- und erdbebensicheren Stollen in den Rocky Mountains die größte genealogische Datensammlung der Welt angelegt."[235]

> Art. 4 GG
>
> (1) Die Freiheit des Glaubens, des Gewissens und die Freiheit des religiösen und weltanschaulichen Bekenntnisses sind unverletzlich.
>
> (2) Die ungestörte Religionsausübung wird gewährleistet.

Ein Blick auf die Rechtslage in staatlichen und kommunalen Archiven ergibt: **Art. 4 GG wirkt** unstrittig **über den Tod des Grundrechtsträgers hinaus.** Auch wenn eine unmittelbare postmortale Geltung des Art. 4 I, II GG abzulehnen sein sollte, gebietet die über Art. 1 I, 2 I GG geschützte Würde des Verstorbenen eine **Beachtung seiner religiösen Anschauungen über den Tod hinaus.**

> Beispiele: Ein Grabkreuz darf nicht gegen den prämortalen Willen des Verstorbenen angebracht werden. Umgekehrt muss der säkulare Staat, wenn er für die Beerdigungskosten aufkommen muss, eine zum Glauben des Verstorbenen passende Grabgestaltung bezahlen.

Der postmortale Aspekt der Glaubensfreiheit führt also zu Abwehr- und Leistungsrechten.

Daher ist es **problematisch**, wenn Archive den Mormonen umfassende Datensammlungen zur Verfügung stellen, da das einzige Interesse der Mormonen an diesen Archivalien die Vorbereitung der „Totentaufen" ist. **Das Archiv muss auch in einem säkularen Staat zu einem effektiven Grundrechtsschutz auch im Hinblick auf das Nachwirken der Religionsfreiheit beitragen.** Wann dieser postmortale Schutz „verblasst", ist – wie beim allgemeinen Persönlichkeitsrecht – im Hinblick auf das spezifische Grundrecht zu bestimmen. Dabei ist der Ewigkeitsanspruch der Religionen zu berücksichtigen.

---

[235] Evangelische Zentralstelle für Weltanschauungsfragen, https://www.ezw-berlin.de/publikationen/artikel/totentaufe-mormonen/. Dort wird zugleich mitgeteilt, dass inzwischen evangelische und katholische Kirchengemeinden die Mitwirkung an dieser Datensammlung ablehnen.

Das Argument, die

> „Maßnahme wäre zu Lebzeiten des Betroffenen als ein zulässiger Missionierungsversuch zu werten gewesen; der postmortale Schutz reicht insofern nur temporal, aber nicht materiell über den Grundrechtsschutz hinaus, der dem Lebenden zukommt."[236]

ist mE nicht überzeugend, denn zu Lebzeiten kann der Betroffene öffentlich widersprechen, was postmortal nicht möglich ist.[237] Kaum vertretbar ist zudem die schlichte These, aus archivalischer Sicht gelte, es „leisten die Mormonen Großartiges".[238] Auch der Verweis auf den finanziellen Nutzen für die Archive kann, unabhängig von der Größe der Einnahmen durch das Archiv, die Problematik der postmortalen Grundrechtsbeeinträchtigung nicht beseitigen.

Im Übrigen sollte auch berücksichtigt werden, dass „Totentaufen" von jüdischen Holocaustopfern bereits zu öffentlichen Konflikten und einer Vereinbarung mit den Mormonen geführt haben, wonach keine „Totentaufen" bei Juden erfolgen. Die Nichtberücksichtigung des Nachwirkens der Religionsfreiheit kann also ein Archiv ggf. auch in öffentliche Konfliktlagen führen.[239]

3. *Schutzwürdige Belange bei der Veröffentlichung von Daten zu „Euthanasie"-Opfern*

Ein vieldiskutiertes und strittiges Beispiel zur Frage, ob und wieweit Rechte von Angehörigen ein überwiegender schutzwürdiger Belang im Rahmen des archivrechtlichen Nutzungsrechts sein können, stellt der Zugang zu Datenbanken zu „Euthanasie"-Opfern dar. Im Folgenden wird das Problem anhand der Unterlagen im Bundesarchiv diskutiert; in vielen Gedenkstätten und Archiven gibt es vergleichbare Unterlagen.

a. Ausgangslage

Insgesamt fielen etwa 300.000 Menschen der NS-„Euthanasie" zum Opfer. Für rund ein Zehntel von ihnen existieren Unterlagen im Bundesarchiv.

---

236 Diana Zacharias, Der postmortale Schutz religiöser Freiheit, in: Balázs Schanda u.a. (Hrsg.), Neuere Entwicklungen im Religionsrecht europäischer Staaten, Berlin 2013, S. 859ff. (869). Dr. Clemens Regenbogen (Landesarchiv Baden-Württemberg) danke ich für den Hinweis auf diesen Aufsatz.

237 Genau das war die Ausgangslage im „Mephisto-Fall" (BVerfGE 30, 173ff.): Gustaf Gründgens hatte zu Lebzeiten die Publikation von Klaus Manns Roman „Mephisto – Roman einer Karriere" in Westdeutschland verhindern können.

238 So Klaus Graf auf http://archivalia.hypotheses.org/9824#comments. Es liegt auch weit unter dem Niveau archivfachlicher Diskussionen, wenn dort von „religiöse[m] Zinnober" gesprochen wird.

239 Dazu ein Spiegel-Artikel aus dem Jahr 2012: „Toten-Taufe bringt Mormonen in Bedrängnis", https://www.spiegel.de/panorama/gesellschaft/ritual-fuer-juedische-ns-opfer-toten-taufe-bringt-mormonen-in-bedraengnis-a-818403.html.

Seit langem konnten Angehörige diese Unterlagen ohne Beschränkungen nutzen, und mit Auflagen war auch die wissenschaftliche Nutzung möglich.[240] Unter anderem im Kontext der Gedenkstättenarbeit entstanden aber **Forderungen nach einer Veröffentlichung** jedenfalls der Namen und einiger weiterer Daten zu den Opfern der NS-„Euthanasie". Diese Frage war seit vielen Jahren diskutiert worden, als im Jahr 2016 eine **Konferenz** zu diesem Thema stattfand.[241] Aus juristischer Sicht sprach sich dort vor allem der SPD-Politiker und Vizepräsident des Verfassungsgerichtshofs Berlin a. D., **Erhart Körting**, für eine Publikation aus; ein weiterer Rechtswissenschaftler ist im Tagungsband nicht vertreten. Vor der Tagung hatte Körting ein Gutachten zu diesen Fragen erstellt.[242]

Es gab bereits zuvor Namenslisten im Internet, von denen die größte unstrittig illegal entstanden ist und einen größeren Teil der beim Bundesarchiv vorhandenen Daten enthält (sog. „israelische Liste").[243] Die Zugänglichkeit dieser Liste hat zu zustimmenden und berührenden Äußerungen von Angehörigen geführt:

> „Wenn ich [den Namen meiner Tante] nicht zufällig auf einer Liste von Opfern der NS-‚Euthanasie' im Internet gefunden hätte, wüsste ich wohl immer noch nicht, dass man Anna 1940 in der Gaskammer von Grafeneck ermordet hat."[244]

Andererseits ist der Umgang mit den Daten jedenfalls dieser Datenbank erschreckend. Die Seite wird pseudonym betrieben und beruft sich auf ihrer Startseite für die Rechtmäßigkeit ihres Handelns auf jenes Gutachten von Erhart Körting.[245]

---

240 Michael Hollmann, Das Bundesarchiv und das Gedenken an die Opfer der nationalsozialistischen Gewaltherrschaft, in: Andreas Nachama/Uwe Neumärker (Hg.), Gedenken und Datenschutz. Die öffentliche Nennung der Namen von NS-Opfern in Ausstellungen, Gedenkbüchern und Datenbanken, Berlin 2017 (= Tagungsband zu der gleich erwähnten Tagung), S. 31 ff. (38).

241 Tagungsband: Siehe Fn. zuvor.

242 Zugänglich unter http://www.ns-euthanasie.de/downloads/Gutachten_Namensnennung.pdf . Auf der Konferenz 2016 erklärte Körting: „Ich will die Begründung hier nicht wiederholen" (Wiederherstellung des „Personseins" von Opfern der NS-„Euthanasie" von 1939 bis 1945, in: Andreas Nachama/Uwe Neumärker (Hg.), Gedenken und Datenschutz. Die öffentliche Nennung der Namen von NS-Opfern in Ausstellungen, Gedenkbüchern und Datenbanken, Berlin 2017 S. 19 ff. (23)). Daher müssen Körtings Kernthesen im Folgenden gemäß der Publikation des Gutachten auf jener Internetseite referiert werden.

243 Der zugrundeliegende Sachverhalt wird von Hollmann, Gedenken an die Opfer (Fn. …), S. 39 f. dargestellt. Der Entwendung der Daten durch einen israelischen „Antipsychiatrie"-Aktivisten folgte ein Gerichtsverfahren: https://de.wikisource.org/wiki/Verwaltungsgericht_Koblenz_-_Benutzung_des_Bundesarchivs. Dazu auch Klaus Oldenhage, Zur Wirksamkeit von Auflagen bei Archivbenutzungen, in: Der Archivar, Jg. 58 (2005), S. 32 f. Vor dem Gerichtsverfahren hatte der „Bund der ‚Euthanasie'-Geschädigten und Zwangssterilisierten e.V." auf die unkritische Haltung jenes Aktivisten gegenüber einer anti-psychiatrischen Scientology-Organisation hingewiesen (diese Angabe im erwähnten Urteil des VG Koblenz).

244 http://blog.gedenkort-t4.eu/2013/11/07/sigrid-falkenstein-ein-plaedoyer-fuer-die-freigabe-der-namen-von-opfern-der-ns-euthanasie/, nicht mehr aufrufbar.

245 http://www.ns-euthanasie.de/

Auch eine **Petition an den Deutschen Bundestag** unterstützte die Forderung, den Zugang zu den Beständen im Bundesarchiv zu erleichtern und die Namen der Opfer öffentlich zu nennen.[246] Mithilfe der Petition solle – so die Motivation der Petitionsverfasser.innen – die Wahrheit nun endlich ans Licht gebracht und der unschuldig Getöteten gedacht werden. „Andernfalls würde man im Ergebnis die Interessen der Täter unterstützen“, heißt es im Petitionstext. Die Bundesbeauftragte für den Datenschutz und die Informationsfreiheit, Andrea Voßhoff, konnte laut einer Stellungnahme keine Gefahr der Persönlichkeitsrechtsverletzung der Angehörigen erkennen. Voraussetzung sei, dass mit den Namen keine weiteren Daten veröffentlicht würden, durch die sich Angehörige den Opfern und etwaigen – so der Sprachgebrauch in der Stellungnahme – „erblichen Krankheiten“ zuordnen ließen.[247]

2018 hat das Bundesarchiv dann die Namen, Geburtsdaten und weitere Daten (siehe Abbildung) von rund 30.000 Opfern der NS-„Euthanasie“-Aktion „T4“ **als pdf-Datei** veröffentlicht;[248] Daten aus den Krankenakten sind nicht aufgenommen worden.

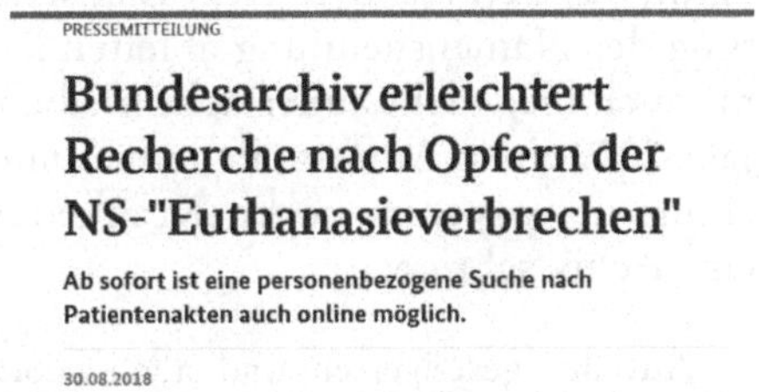
PRESSEMITTEILUNG

Bundesarchiv erleichtert Recherche nach Opfern der NS-"Euthanasieverbrechen"

Ab sofort ist eine personenbezogene Suche nach Patientenakten auch online möglich.

30.08.2018

Es gibt in Gedenkstätten weiterhin eine unterschiedliche Praxis des Umgangs mit derartigen Daten, wobei in den letzten Jahren eine deutliche Tendenz zur Freigabe von mehr Daten in diesem Kontext festzustellen ist.[249] Doch bleibt diese Praxis – wie z. B. im Jahr 2019 eine Diskussion auf dem Archivtag in Suhl

Namen von Opfern der NS-"Euthanasie", zu denen im Bundesarchiv-Bestand R 179 Patientenakten vorliegen

Familienname	Vorname	Geburtsname	Geburts-datum	Abtransport-datum	letzter Eintrag	erfasste Anstalten

246 https://www.bundestag.de/webarchiv/presse/hib/2017_09/525788-525788.

247 Die Stellungnahme wird wiedergegeben in der Fn. zuvor.

248 https://www.bundesarchiv.de/DE/Content/Artikel/Ueber-uns/Aus-unserer-Arbeit/euthanasie-im-dritten-reich.html.

249 Dazu mehrere Beiträge in dem Tagungsband zu jener Konferenz 2016.

belegte – eine strittige. Auch deshalb bleibt es wichtig, die Rechtsfragen zu diesem Thema zu behandeln, auch wenn auf der Ebene des Bundesarchivs eine nicht mehr korrigierbare Entscheidung gefallen ist.

b. Rechtsfragen

Im Vorwort zum Tagungsband der oben erwähnten Konferenz von 2016 liest man:

> „Folgende Handlungsempfehlungen für den weiteren Umgang mit der Thematik haben sich im Laufe der Konferenz herauskristallisiert: […] Die Nennung von Namen von NS-‚Euthanasie'-Opfern, ihrer Lebensdaten sowie der letzten Anstalt vor der Deportation sind **(archiv-)rechtlich unbedenklich.**"[250]

Ist die These der (archiv-)rechtlichen Unbedenklichkeit der Nennung von Namen, Lebensdaten und Anstalt überzeugend?

aa. Schutzwürdige Belange der „Euthanasie"-Opfer

Es ist zutreffend, dass der immaterielle Teil des Persönlichkeitsrechts der „Euthanasie"-Opfer im Laufe der Zeit „verblasst". Seit dem Tod der „Euthanasie"-Opfer sind über 70 Jahre vergangen.[251] Es sprechen auch Gründe dafür, das sich aus dem hypothetischen Willen der Ermordeten eine Befürwortung der Namensnennung ableiten lässt.[252] Andererseits sollte das Arztgeheimnis auch hier nicht außer acht bleiben. Ein Jurist und Psychiater publizierte im Jahr 2009 einen Aufsatz, in dem er mit Bezug auf die umstrittene Zugänglichmachung der psychiatrischen Krankenakte des Schauspielers Klaus Kinski durch ein Archiv schrieb:

> „Aus der gesteigerten und auch generationenübergreifenden Schutzbedürftigkeit psychiatrischer Anamnesen und Befunde folgt […] unmittelbar die Verpflichtung der psychiatrischen Institutionen, dauerhaft den Schutz solcher Patientengeheimnisse sicherzustellen."[253]

Zu diesem Patientengeheimnis zählt auch die ärztliche Behandlung selbst.

---

250 Andreas Nachama/Uwe Neumärker, Vorwort, in: dies. (Hrsg.), Gedenken und Datenschutz, Berlin 2017, S. 13ff. (16).

251 Im Folgenden wird nicht auf die Opfergruppe der Zwangssterilisierten eingegangen.

252 Körting, Wiederherstellung des „Personseins" von Opfern der NS-„Euthanasie" von 1939 bis 1945, in: Andreas Nachama/Uwe Neumärker (Hg.), Gedenken und Datenschutz. Die öffentliche Nennung der Namen von NS-Opfern in Ausstellungen, Gedenkbüchern und Datenbanken, Berlin 2017, S. 19ff. (25).

253 Helmut Hausner/Hermann Spießl/Göran Hajak, „Reden ist Silber, Schweigen ist Gold": Der Fall Kinski und die ärztliche Schweigepflicht, Psychiatrische Praxis 2009; 36(1): 2–3 www.thieme-connect.com/products/ejournals/abstract/10.1055/s-0028-1090090.

bb. Schutzwürdige Belange der Angehörigen

Fraglich ist vor allem, ob nach § 13 I 1 Nr. 2 BArchG schutzwürdige Belange **der Angehörigen** der vom Bundesarchiv geplanten Nutzung entgegenstehen. Körting schreibt dazu in seinem Gutachten:

> „Die bloße Namensnennung betrifft die Persönlichkeitssphäre eines Dritten – hier: eines Angehörigen – aber nur dann, wenn der Dritte, der Angehörige selber zum Thema einer Veröffentlichung gemacht wird. Der Rückschluss auf den Angehörigen aufgrund einer Veröffentlichung wäre eine ‚bloße Reflexwirkung'."

Ausgangspunkt einer Datenbank zu „Euthanasie"-Opfern sind aber **genetische Daten** (in einem weiteren Sinn). Die besondere datenschutzrechtliche Problematik knüpft nicht an die Ermordung der „Euthanasie"-Opfer an,[254] sondern an den Grund des Mordes, nämlich an die vorangegangene Generierung genetischer Daten des späteren Mordopfers. Die von Körting nicht explizit erwähnte[255] Besonderheit dieser Daten besteht in ihrer **Multipersonalität.**

Üblicherweise ist das Zuordnungsobjekt des Schutzes von personenbezogenen Daten der Betroffene selbst.[256] Bei genetischen Daten sind aber – und das ist ihre hier entscheidende Besonderheit – auch **Rückschlüsse auf Dritte** möglich, wobei dieser Rückschluss bei genetischen Daten aufgrund der nicht beseitigbaren Verbindung Vorfahre – Nachfahre ein objektiver ist,[257] während z.B. ein Schluss von der Religion des Vorfahren auf die des Nachfahren bestenfalls eine Vermutung ist.[258]

Deshalb kommt es im Hinblick auf die Rechtsstellung von Angehörigen nicht auf das eventuelle Fortwirken des ideellen Persönlichkeitsrechts des „Euthanasie"-Opfers an, sondern **die Angehörigen sind unmittelbar selbst das Zuordnungsobjekt des Schutzes genetischer Daten**. Es handelt sich hier also nicht um die von Körting oben erwähnte bloße „Reflexwirkung". Deshalb sind

---

254 Die „Eigenschaft, Angehöriger eines Opfers zu sein, [reicht allein] für eigene Ansprüche aber nicht aus, es ist nach Auffassung des [BVerfG] lediglich ein automatischer Reflex, der vom Persönlichkeitsrecht nicht geschützt wird." Diethelm Gerhold, Das Bundesdatenschutzgesetz, in: Andreas Nachama/Uwe Neumärker (Hg.), Gedenken und Datenschutz. Die öffentliche Nennung der Namen von NS-Opfern in Ausstellungen, Gedenkbüchern und Datenbanken, Berlin 2017, S. 67ff. (70).

255 Körting spricht nur von der „persönlich empfundenen Betroffenheit von Angehörigen" (S. 13, 1. Abs., Quelle siehe Fn. 141).

256 Diese Ausführungen in Anlehnung an Nicolaj Torbohm, Genetische Informationen im Familienverbund. Der neue § 3 a ESchG, Berlin 2015, S. 5 (https://books.google.de/books?id=1g8YBgAAQBAJ&lpg=PT17&dq=genetische%20daten&pg=PT17#v=onepage&q=genetische%20daten&f=false)

257 So auch Gerhold, Bundesdatenschutzgesetz (drei Fn. zuvor), S. 75.

258 Deshalb sind **Datenbanken zu jüdischen Holocaustopfern** juristisch unbedenklich; dazu Thema 13, Teil 5, Abschnitt G.VI.1.d.

genetische Daten inzwischen in der DS-GVO explizit als schützenswerte Daten aufgeführt.[259]

Dass Daten aus der Krankenakte nicht in die Datenbank aufgenommen werden sollen, beseitigt nicht die Schutzbedürftigkeit der Angehörigen. Zum Patientengeheimnis zählt unstrittig nicht nur die Diagnose, sondern **bereits der Arztbesuch selbst**.

Da sie „identitätsrelevante Gesundheitsdaten“ sind, wird bei genetischen Daten ein besonders hohes Schutzniveau angewandt. Beispielsweise bestehen nach heutiger Rechtslage umfassende Vernichtungspflichten im Hinblick auf die Ergebnisse genetischer Untersuchungen.[260]

Das Schutzniveau kann nicht dadurch beeinträchtigt werden, dass die Zuschreibung der genetischen Daten mindestens teilweise durch Ärzte erfolgte, die bei der Billigung der Ermordung jenseits ihres Berufsauftrages handelten. Entscheidend für den Schutzauftrag ist die zeitgenössische Zuschreibung genetischer Daten, und es ist kaum vertretbar, dass die Täuschung des „Euthanasie“-Opfers durch den Arzt datenschutzrechtlich zu Lasten seiner Nachkommen geht.[261]

Es kommt auch nicht darauf an, dass diese Zuschreibungen auf der Grundlage und in der Diktion der NS-Rassengesetze erfolgten. Es ist nicht unwahrscheinlich, dass aufgrund der Zuschreibung genetischer Daten an die späteren „Euthanasie“-Opfer auch heute noch Rückschlüsse auf die Angehörigen vorgenommen werden und somit eine Stigmatisierung erfolgt. Das Ziel, gegen derartige Stigmatisierungen vorzugehen, ist in jeder Hinsicht begrüßenswert. Es ist auch nachvollziehbar, dass einzelne Angehörige wie erwähnt die illegal bereits existierende Datenbank als Gewinn für die Erforschung der eigenen Familiengeschichte betrachten. Die Angehörigen der „Euthanasie“-Opfer können aber **nicht ungefragt und in ihrer Gesamtheit** als Mittel zur Erreichung dieser Ziele eingesetzt werden.

Es ist nicht ausreichend, wenn Körting betroffene Angehörige auf den Schutz durch das Straf- und Zivilrecht verweist.[262] Vielmehr muss eine staatliche Institution bei ihrem Handeln von vornherein den Schutz Betroffener berücksichtigen, zumal etliche Stigmatisierungen von Angehörigen jenseits der Justitiabilität liegen. Es kann nicht rechtmäßig sein, dass die Veröffentlichung der Datenbank den Angehörigen die Aufgabe auferlegt, sich gegen die nun erst möglichen Stigmatisierungen zu wehren.

---

259 Erwägungsgrund 34 der DS-GVO.

260 § 12 Gendiagnostikgesetz.

261 Diese Übelegung wird nicht angesprochen bei Becker-Oldenhage, BArchG-Kommentar, § 5 Rn. 115.

262 S. 13, 2. Absatz.

Körting führte außerdem aus:

> „Die bloße Tatsache, dass das Opfer ‚behindert' war, rechtfertigt die Anonymisierung der Namen nicht. Dem steht schon die Grundentscheidung des Grundgesetzes nach **Art. 3 Abs. 3 Satz 2 GG** entgegen, dass niemand wegen seiner Behinderung benachteiligt werden darf."

Es ist aber nicht ersichtlich, warum es gegen Art. 3 GG verstoßen sollte, wenn die Rechte der Angehörigen gewahrt werden.

Es sollte im Übrigen keinesfalls leichtfertig übergangen werden, dass sich auf der erwähnten Konferenz im Jahr 2016 ausgerechnet **die Vertretung der „Euthanasie"-Opfer gegen die Datenbank aussprach.**[263]

cc. Überwiegen diese schutzwürdigen Belange mit Blick auf die vom Bundesarchiv gewählte Publikationsform?

Ob diese schutzwürdigen Belange der „Euthanasie"-Opfer überwiegen, hängt auch davon ab, wie intensiv die Publikation in jene Belange eingreift.

- Eine geringe Eingriffsintensität haben Publikationen in analoger Form (**Stolpersteine, Gedenktafeln/-buch**), auch weil dadurch regelmäßig eine Verknüpfung mit anderen Daten nur im Einzelfall und mit hohem Aufwand möglich ist.[264]
- Etwas anderes gilt aber, wenn derartige Publikationen **unproblematisch mit den Daten noch lebender Personen verknüpft werden können**, weil z. B. im selben Haus oder in derselben kleinen Gemeinde namensgleiche Nachfahren der „Euthanasie"-Opfer leben.
- Wenn Erschließungsdaten so bereitgestellt werden, dass **online nur zu einzelnen Personen recherchiert werden kann**, liegt ebenfalls eine lediglich geringe Eingriffsintensität vor.[265]

---

263 Wenn auch mit einer anderen als der hier vorgetragenen Argumentation (Margret Hamm, Zwangssterilisierte und „Euthanasie"-Geschädigte und ihre (Nicht-)Würdigung als Opfer und Verfolgte, in: Andreas Nachama/Uwe Neumärker (Hrsg.), Gedenken und Datenschutz, Berlin 2017, S. 83 ff.). Die Vertreterin der „Arbeitsgemeinschaft Bund der ‚Euthanasie'-Geschädigten und Zwangssterilisierten" ist keine Juristin.

264 Der letztere Gesichtspunkt wird zutreffend auch von Körting erwähnt (Gutachten, S. 13 1. Abs.; Quelle siehe Fn. 141).

265 Auf jener Konferenz 2016 erklärte Diethelm Gerhold (Mitarbeiter bei der Bundesbeauftragten für Datenschutz), dass bei dieser Publikationsform keine „datenschutzrechtliche Intervention" erforderlich sei. (Gerhold, Das Bundesdatenschutzgesetz, in: Andreas Nachama/Uwe Neumärker (Hrsg.), Gedenken und Datenschutz, Berlin 2017, S. 73).

- Wesentlich höher ist die Eingriffsintensität, wenn **Namenslisten** publiziert werden, weil dann mit geringem Aufwand Verknüpfungen hergestellt werden können (z. B. die erwähnten „100 häufigsten Namen“).[266]

Das Bundesarchiv hat wie erwähnt letztlich den Weg gewählt, eine Namensliste als pdf-Datei zu publizieren. Damit ist jede Einzelfallprüfung, ob schutzwürdige Belange von Angehörigen entgegenstehen, durch die kollektive Aufnahme in die pdf-Datei ausgeschlossen. Vor allem aber lässt sich diese Liste mit geringem technischen Aufwand in eine Datenbank verwandeln, so dass **dann vielfältige Verknüpfungen möglich** sind. Daher bestehen gegen diese Publikationsform im Hinblick auf schutzwürdige Interessen insbesondere der Angehörigen der „Euthanasie“-Opfer **erhebliche rechtliche Bedenken.** Damit übereinstimmend erklärte auf jener Konferenz 2016 ein Mitarbeiter bei der Bundesbeauftragten für Datenschutz im Hinblick auf

> „technisch-organisatorische Maßnahmen […], die ein Kopieren der Daten und eine Verknüpfung mit anderen Daten über Suchmaschinen ausschließen oder zumindest deutlich erschweren“: „Aus datenschutzrechtlicher Sicht sollten solche technischen Vorkehrungen unbedingt getroffen werden“.[267]

IV. Nutzungsausschluss aus anderen wichtigen Gründe oder wegen der „Verfolgung sachwidriger Interessen“

Das LArchG TH ordnet mittels einer Generalklausel an, dass die Nutzung von Archivgut auch

> „aus anderen wichtigen Gründen, insbesondere aufgrund der Verfolgung sachwidriger Interessen“

versagt werden muss.[268] Die Gesetzesbegründung führt als Beispiel dafür an, dass „sich das Archivgut in einer Ausstellung oder Restaurierung befindet“.[269] Dann aber besteht von vornherein kein Nutzungsanspruch, da sich dieser Anspruch nur auf allgemein zugängliches Archivgut richtet.[270] Zum Nutzungsversagungsgrund „Verfolgung sachwidriger Interessen“ liefern die Gesetzgebungsmaterialien kein Beispiel, und es fällt schwer, insoweit ein Beispiel für eine rechtmäßige Nutzungsuntersagung zu finden, zumal die Nutzung nicht mehr an

---

266 Siehe dazu die oben erwähnte Liste der „100 häufigsten Namen in der Datenbank“.

267 Gerhold, Bundesdatenschutzgesetz (zwei Fn. zuvor), S. 73.

268 § 18 I Nr. 7 LArchG TH.

269 Drucksache 6/4942 Thüringer Landtag (6. Wahlperiode) v. 17.01.2018, S. 40, zugänglich unter https://parldok.thueringer-landtag.de/ParlDok/dokument/65345/thueringer_gesetz_ueber_die_sicherung_und_nutzung_von_archivgut_thueringer_archivgesetz_thuerarchivg.pdf

270 Siehe dazu die Ausführungen zu Art. 5 I 1 GG bei Thema 2, Teil 3, Abschnitt A.I.1.a. Zur Nutzung von Archivgut durch Ausstellungen außerdem Thema 14.

berechtigte Interessen geknüpft ist. Deshalb kommen die anderen Archivgesetze zu Recht ohne diesen Nutzungsversagungsgrund aus.

V. Nutzungsausschluss, falls „der Erhaltungszustand des Archivguts gefährdet wäre"

Es ist „jede Nutzung für die Substanz schädlich".[271] Aber: Gemäß der Wechselwirkungslehre sind grundrechtseinschränkende Regelungen im Licht des Grundrechts auszulegen und selbst wieder einzuschränken. Ein Pauschalverweis auf die Gefährdung durch eine Nutzung ist nicht ausreichend. Daher gilt: Es

> „muss angesichts des Zustands der Archivalie vor der potenziellen Nutzung im konkreten Fall auf eine erhöhte Existenzgefahr für das Archivgut geschlossen werden können".[272]

Andererseits besteht (auch hier) kein Leistungsanspruch des Nutzers auf Durchführung konservatorischer Maßnahmen, um die Nutzung von Archivalien ohne Gefährdung des Archivguts zu ermöglichen.

VI. Nutzungsausschluss bei unverhältnismäßigem Verwaltungsaufwand

Damit dieser spezielle Nutzungsversagungsgrund als Folge einer rechtmäßigen Ermessensentscheidung eingreift, muss die Nutzung für das Archiv einen außerordentlichen, unangemessenen Arbeitsaufwand erzeugen. Diese Angemessenheit ist auch mit Blick auf die Bedeutung der Nutzung zu beurteilen.

> Beispiel: Ein Nutzungsantrag, der zur Aufklärung über ein zentrales Ereignis der bundesdeutschen Geschichte beitragen will, ist anders zu beurteilen als eine Nutzungsantrag zu heimatgeschichtlichen Unterlagen.

Wenn das Archiv nicht effizient organisiert ist, kann das nicht zu Nachteilen für Nutzer.innen führen. Regelungen aus den IFGs zum „unverhältnismäßigen Verwaltungsaufwand" können nicht ohne weiteres bei der Beurteilung dieser archivrechtlichen Aufgabe herangezogen werden, weil die Ermöglichung der Nutzung von Unterlagen eine zentrale Aufgabe von Archiven ist, während die Erfüllung von IFG-Ansprüchen durch Behörden kaum zu deren Kernaufgaben gezählt werden kann.

271 Susanne Behnisch-Hollatz, Recht auf Zugang zu öffentlichem Kulturgut, Aachen 2004, S. 31.
272 Schoch, ArchivG-ProfE, S. 193 Rn. 12.

G. Zu Schritt 3: Bestimmung der Schutzfrist

I. Vom „Grenzjahr" zur Schutzfrist

Als im 19. Jahrhundert ein Interesse von Historikern am Zugang zu Unterlagen in Archiven entstand, wurde lange Zeit der Zugang über feste „Grenzjahre" geregelt, wobei die „Grenzjahre" immer näher an die Gegenwart heranrückten.[273] In der Nachkriegszeit sahen die staatlichen Archive ihre Aufgabe lange Zeit vorrangig daran, die Legitimität staatlichen Handelns zu schützen; die Festlegung des Grenzjahres 1932 ist also im Kontext des „Schweigekonsens" zu sehen: Die NS-Zeit blieb außen vor, zumal es keinen juristisch abgesicherten Anspruch auf Zugang zu Archivgut gab.

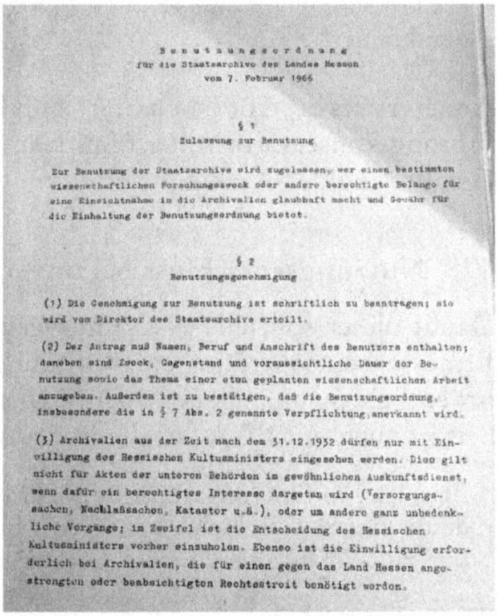
Benutzungsordnung
für die Staatsarchive des Landes Hessen
vom 7. Februar 1966

§ 1
Zulassung zur Benutzung

Zur Benutzung der Staatsarchive wird zugelassen, wer einen bestimmten wissenschaftlichen Forschungszweck oder andere berechtigte Belange für eine Einsichtnahme in die Archivalien glaubhaft macht und Gewähr für die Einhaltung der Benutzungsordnung bietet.

§ 2
Benutzungsgenehmigung

(1) Die Genehmigung zur Benutzung ist schriftlich zu beantragen; sie wird vom Direktor des Staatsarchivs erteilt.

(2) Der Antrag muß Namen, Beruf und Anschrift des Benutzers enthalten; daneben sind Zweck, Gegenstand und voraussichtliche Dauer der Benutzung sowie das Thema einer etwa geplanten wissenschaftlichen Arbeit anzugeben. Außerdem ist zu bestätigen, daß die Benutzungsordnung, insbesondere die in § 7 Abs. 2 genannte Verpflichtung anerkannt wird.

(3) Archivalien aus der Zeit nach dem 31.12.1932 dürfen nur mit Einwilligung des Hessischen Kultusministers eingesehen werden. Dies gilt nicht für Akten der unteren Behörden im gewöhnlichen Auskunftsdienst, wenn dafür ein berechtigtes Interesse dargetan wird (Versorgungssachen, Nachlaßsachen, Kataster u.ä.), oder um andere ganz unbedenkliche Vorgänge; im Zweifel ist die Entscheidung des Hessischen Kultusministers vorher einzuholen. Ebenso ist die Einwilligung erforderlich bei Archivalien, die für einen gegen das Land Hessen angestrengten oder beabsichtigten Rechtsstreit benötigt werden.

Beispiel: **Benutzungsordnung** für die Staatsarchive des Landes Hessen vom 7. Februar **1966**

§ 1 Zulassung zur Benutzung

Zur Benutzung des Staatsarchivs wird zugelassen, wer einen bestimmten wissenschaftlichen Forschungszweck oder andere **berechtigte Belange** für eine Einsichtnahme in die Archivalien glaubhaft macht und Gewähr für die Einhaltung der Benutzungsordnung bietet.

§ 2 Benutzungsgenehmigung

(3) Archivalien aus der Zeit **nach dem 31.12.1932** dürfen **nur mit Einwilligung des Hessischen Kultusministers** eingesehen werden. Dies gilt nicht für Akten der unteren Behörden im gewöhnlichen Auskunftsdienst, wenn dafür ein berechtigtes Interesse dargetan wird (Versorgungssachen, Nachlaßsachen, Kataster u.ä.), oder um ganz andere **unbedenkliche Vorgänge**; im Zweifel ist die Entscheidung des Hessischen Kultusministers vorher einzuholen. Ebenso ist die Einwilligung erforderlich bei Archivalien, die für einen gegen das Land Hessen angestrengten oder beabsichtigten Rechtsstreit benötigt werden.[274]

Das **Bundesarchiv** arbeitete hingegen schon in den 1950er Jahren mit dem Grenzjahr **1945**:

---

[273] Dazu Clemens Rehm, Geheimnis – Gedächtnis, in: Becker/Rehm, Archivrecht, S. 1 ff. (7 ff.).

[274] Diese Benutzungsordnung war Teil einer Ausstellung, die Studierende des 61. Fachhochschullehrgangs der Archivschule anlässlich des Tages der Demokratie 2024 für das Staatsarchiv Marburg erstellt haben. Hervorhebungen von Th. H.

„13. Im behördlichen Geschäftsgang entstandene Archivalien, die die Zeit nach dem **8.5.1945** betreffen, sind bis zu einer anderweitigen Regelung grundsätzlich nicht zur privaten Benutzung freizugeben."[275]

Die Aufbruchstimmung der 1960er Jahre führte jedenfalls **im Bundesarchiv zur Abschaffung des „Grenzjahres".** Das Bundesarchiv erhielt im Jahr 1969 eine neue – soweit ersichtlich – nicht publizierte Benutzungsordnung, in der „für amtliches Schriftgut eine **grundsätzliche Sperrfrist von 30 Jahren** einem festen Grenzjahr vorgezogen wurde".[276]

Die **Länge dieser Sperrfrist** ist **nicht archivwissenschaftlich** begründet, sondern, wie Heinz Boberach mitteilt,

„beruht auf § 80 der Gemeinsamen Geschäftsordnung der Bundesministerien vom 8. Januar 1958, die Ministerialakten nach dieser Frist für die freie wissenschaftliche Forschung offen sein läßt".[277]

Auch die vorangegangene Geschäftsordnung der Reichsministerien legte dafür bereits eine 30-jährige Frist fest.[278] Nur durch diese langährige Vertrautheit der Archivare mit „Grenzjahren" lässt sich erklären, dass bei der Einführung der Archivgesetze die rechtsdogmatisch eigenwilligen Schutzfristen verankert wurden: Schutzfristen haben wie die Grenzjahre klar definierte Jahreszahlen, sind aber durch die Möglichkeit von Schutzfristerkürzungen flexibler. Doch wie lässt sich dies juristisch präzise formulieren?

II. Vorüberlegung: Was ist die Rechtsfolge einer archivrechtlichen „Schutzfrist"?

Liegt im Archivrecht aufgrund der Schutzfristen eine **generelle Nutzungserlaubnis mit Verbotsvorbehalt** vor oder (wie im Datenschutzrecht[279]) ein **generelles Nutzungsverbot mit Erlaubnisvorbehalt**? In der archivrechtlichen Literatur wird wohl überwiegend von einer generellen Nutzungserlaubnis mit einem Verbotsvorbehalt ausgegangen. Doch es wird sich zeigen, dass die Antwort lautet: Teils – teils, nämlich vor bzw. nach Ablauf der Schutzfristen.[280]

---

275 Benutzungsordnung des Bundesarchivs, genehmigt durch Erlass des Bundesministeriums des Innern v. 12.10.1954 (nicht veröffentlicht); teilweise abgedruckt in Der Archivar Jg. 18 (1965), Sp. 182 f. (182).

276 Heinz Boberach, Die neue Benutzungsordnung für das Bundesarchiv, Der Archivar Jg. 23 (1970), Sp. 63 ff. (67). Die Benutzungsordnung ist ab Sp. 69 abgedruckt.

277 Boberach, Benutzungsordnung (wie Fn. zuvor).

278 § 112 I Gemeinsame Geschäftsordnung der Reichsministerien, Allgemeiner Teil, Berlin 1926, zugänglich unter https://training.ehri-project.eu/gemeinsame-gesch%C3%A4ftsordnung-der-reichsministerien-allgemeiner-teil-ggo-i

279 Dazu Thema 5, Teil 1.

280 Von „datenschutzrechtlich geprägten archivischen Schutzfristen" (so Christian Keitel, Überlieferungsbildung, in: Becker/Rehm, Archivrecht, S. 75) kann man daher mE nur mit einer Ein-

Nach dem Ablauf von Fristen tritt eine Rechtswirkung ein. Die Antwort auf die Frage, welche Rechtsfolge das Ende einer archivrechtlichen Schutzfrist hat, ist jedenfalls nicht, dass nach dem Ablauf der Schutzfrist die Nutzung immer und davor nie möglich ist. Die folgenden Ausführungen geben eine differenzierte Antwort – und es wird sich zeigen, dass sich dadurch letztlich manches vereinfacht, aber auch manche Sicherheiten der „Schutzfristenmathematik" trügerisch werden.

1. *Schutzfristen in anderen Rechtsgebieten – ein Vergleich*

Um eine rechtssystematische Einordnung vornehmen zu können, lohnt als erstes ein Blick in Rechtsgebiete, die ebenfalls den Begriff „Schutzfristen" verwenden. Wird in anderen Rechtsgebieten unter „Schutzfrist" das gleiche rechtsdogmatische Instrument verstanden?

Schutzfristen nach dem Mutterschutzgesetz:

1. **Wer wird von der Schutzfrist geschützt?** Nur die Mutter und das Kind vor und nach der Geburt. Innerhalb bestimmter Schutzfristen rund um die Geburt besteht ein taggenaues Beschäftigungsverbot.
2. **Welches Spannungsverhältnis löst die Schutzfrist?** Der Gesetzgeber gibt Schutzfristen vor, um im Konflikt zwischen dem Beschäftigungsinteresse des Arbeitgebers, dem (eventuellen) Arbeitsinteresse der werdenden Mutter und dem Gesundheitsschutz eine Entscheidung zu treffen.
3. **Verkürzung/Verlängerung der Schutzfrist im Einzelfall möglich?** Eine teilweise Verkürzung der Schutzfrist (vor der Geburt) ist durch einen der Beteiligten selbst (die werdende Mutter) möglich. Eine Verlängerung der Schutzfrist ist aufgrund besonderer Umstände möglich (z. B. Mehrlingsgeburt).
4. **Entscheidung über die Verlängerung/Verkürzung im Einzelfall durch eine dritte Instanz?** Eine dritte Instanz, die in jedem Einzelfall („Mutter besonders stark"/„Baby besonders schwach") eine Abwägung der Interessen vornimmt, ist nicht vorgesehen. Folglich gibt es www.mutterschutzrechner.de

Schutzfristen im Urheberrecht:

1. **Wer wird von der Schutzfrist geschützt?** Die (Regel-)Schutzfrist ist die übliche Schutzdauer urheberrechtlich geschützter Werke und schützt (nur) den Urheber und sein geistiges Eigentum taggenau.
2. **Welches Spannungsverhältnis löst die Schutzfrist?** Die Länge der Frist ist das Ergebnis der Abwägung, die der Gesetzgeber zwischen dem Interesse

schränkung sprechen: Die Schutzfristen verwirklichen Datenschutzrecht, stehen aber quer zur Systematik des Datenschutzrechts.

des Urhebers an der Verwertung seines Eigentums und dem Interesse der Gesellschaft an der gemeinfreien Nutzung des Werks vorgenommen hat.

3. **Verkürzung/Verlängerung der Schutzfrist im Einzelfall möglich?** Eine Veränderung der Schutzfristlänge aufgrund besonderer persönlicher Umstände des Urhebers („besonders arm") oder besonders starker Interessen der Gesellschaft an der freien Nutzung („besonders wichtiges Werk") ist nicht möglich.
4. **Entscheidung über die Verlängerung/Verkürzung im Einzelfall durch eine dritte Instanz?** Eine dritte Instanz, die in jedem Einzelfall eine Abwägung der Interessen vornimmt, ist nicht vorgesehen.

Zusammengefasst: Die Schutzfristen im Mutterschutzgesetz und im Urheberrecht schützen also die Interessen nur einer Person (Mutter (plus Kind)/Urheber), sind entweder gar nicht oder nur unter engen Voraussetzungen verkürzbar oder verlängerbar – und darüber entscheidet keine dritte Instanz. Das taggenaue Ausrechnen der Schutzfrist ist relativ einfach und der letzte und in jedem Fall abschließende Schritt. Der Fristablauf wirkt materiell-rechtlich.

Die Schutzfristen im Mutterschutzgesetz und im Urheberrecht sind also wesentlich verschieden von den archivrechtlichen Schutzfristen. Das wird noch deutlicher, wenn man die obigen vier Fragen im Archivrecht stellt.

2. *Wer wird im Archivrecht wie von der Schutzfrist geschützt?*

Schon die Antwort auf diese erste der obigen vier Fragen ist strittig – mit weitreichenden Auswirkungen.

- Vielfach wird vertreten, es diene die „Schutzfrist" dem „Schutz der betroffenen Person".[281]
- Anders jedoch der aktuelle Kommentar zum Bundesarchivgesetz: „Schutzfristen sollen der Überlieferungssicherheit dienen, das heißt der Bereitschaft von Behörden, ihre Akten an Archive abzugeben."[282] Deshalb spricht Bartholomäus Manegold in seiner auch heute noch anregungsreichen Dissertation nicht von Schutz-, sondern von „Sperrfristen". Manegold ergänzt mit Verweis auf archivrechtliche Gesetzgebungsmaterialien, die „allgemeine Sperrfrist" diene „dem abstrakt institutionellen Schutz der als Verfassungsgüter geschützten Organisationsgewalt".[283]

---

281 So z. B. die Gesetzesbegründung der Bundesregierung aus dem Jahr 1987 zu § 5 II BArchG (alt), Bundestags-Drucksache 11/498, S. 12 und Angelika Menne-Haritz, Schlüsselbegriffe der Archivterminologie, 3. Aufl., Marburg 2000, S. 91 (Stichwort „Sperrfrist (Schutzfrist)").

282 Partsch, BArchG-Kommentar, § 11 BArchG Rn. 1 mit Verweis auf Manegold, Archivrecht, S. 269, der auf etliche entsprechende Gesetzesbegründungen zu Archivgesetzen verweist.

283 Manegold, Archivrecht. Ähnlich Michael Scholz, Schutzfristenbestimmung und Schutzfristenverkürzung, Folien zu einer Fortbildungsveranstaltung am 15.2.2017, dort Folie 7 und Hannes Berger, Sächsisches Archivgesetz. Kommentar, Hamburg 2018, § 10 Rn. 2. Eine umfangreiche

Meines Erachtens müssen beide Thesen kombiniert werden. Das ergibt sich daraus, dass die Länge der Schutzfrist – entgegen weit verbreiteten Thesen – eine nicht nur begrenzte materiell-rechtliche Auswirkung hat, sondern vor allem eine **verfahrensrechtliche**. Zwar ist vor und nach dem Ablauf der Schutzfrist – was nicht zwingend ist – dieselbe Behörde zur Prüfung des Nutzungsanspruchs berechtigt,[284] doch gilt:

- Bis zum Ende der Schutzfrist besteht ein **Nutzungsverbot mit Erlaubnisvorbehalt**[285]
- Ab dem Ende der Schutzfrist besteht eine **Nutzungserlaubnis mit Verbotsvorbehalt**[286]

Der Ablauf der Schutzfrist – im Detail zu berechnen nach dem VwVfG und dem BGB[287] – führt also vor allem zu einer wesentlichen **verfahrensrechtlichen** Änderung: Nunmehr muss das Archiv prüfen und ggf. darlegen und begründen, warum die Nutzungserlaubnis ausnahmsweise eingeschränkt wird, während vor Ablauf der Schutzfrist der Nutzer bzw. die Nutzerin im Antrag auf ausnahmsweise Schutzfristverkürzung die dafür notwendigen Rechtsfolgevoraussetzungen darlegen und ggf. beweisen muss.

Dieser verfahrensrechtliche Wechsel kommt sowohl den Personen zugute, deren Daten in den Unterlagen vorhanden sind, als auch der abgebenden Behörde. Deshalb sind die archivrechtlichen Schutzfristen im Wortsinn

- eine Schutz-Frist für die betroffenen Personen und zudem
- eine Sperr-Frist für die abgebende Behörde.

Zudem liegt aus Nutzersicht dann eine Sperrfrist vor, wenn Unterlagen gesperrt sind.[288] Ein Oberbegriff zu „Sperrfrist“ und „Schutzfrist“ existiert nicht, sondern die Mehrzahl der Archivgesetze verwendet den Begriff „Schutzfrist“, so dass dieser Begriff im Folgenden übernommen wird.

Zusammenstellungen weiterer Begründungen für Schutzfristen bei Helge Kleifeld, Archive und Demokratie, Essen 2018, S. 64 ff.

[284] Insoweit anders die frühere Benutzungsordnung für die Staatsarchive des Landes Hessen: „Archivalien aus der Zeit nach dem 1.1.1919 dürfen nur mit Genehmigung des Hessischen Ministers für Erziehung und Volksbildung eingesehen werden.“ (§ 2 III 1 der Benutzungsordnung aus dem Jahr 1962, Staatsanzeiger für das Land Hessen, 1962 Nr. 51, S. 1677 f. (1678)).

[285] So auch Partsch, BArchG-Kommentar, § 11 BArchG Rn. 1, der allerdings diese Überlegung nicht für die Zeit ab dem Ende der Schutzfrist fortführt.

[286] So auch Rainer Polley, Die Schutzfristverkürzung, in: VdA – Verband deutscher Archivarinnen und Archivare e.V. (Hrsg.), Archive und Forschung. Referate des 73. Deutschen Archivtags 2002 in Trier, Siegburg 2003, S. 169 ff. (173) und zuvor Udo Schäfer, Das Recht auf Zugang zu Informationen des öffentlichen Sektors […], in: Michael Wettengel (Hrsg.), Digitale Herausforderungen für Archive, Koblenz 1999, S. 61 ff. (72).

[287] § 31 VwVfG iVm. §§ 187–193 BGB, dazu gleich Abschnitt IV.

[288] Darauf verweist Clemens Rehm, Rahmenbedingungen für den Zugang zu Archivgut, in: Becker/Rehm, Archivrecht, S. 135 ff. (138).

„Warum reichen, so fragen sich jene, die in mehreren Landesarchiven mit dem Sachverhalt konfrontiert worden sind, in einzelnen Ländern vergleichsweise kurze Fristen, um Archivgut ausreichend zu schützen, während andere für den gleichen Schriftguttyp mehr als die doppelte Zeit dafür veranschlagen?"[289]

Nur mit der hier vertretenen These zu den Rechtsfolgen archivrechtlicher Schutzfristen lassen sich für Nutzer.innen die erheblichen Unterschiede in der Länge der Schutzfristen in den einzelnen Archivgesetzen hinnehmen. Es ließe sich kaum begründen, warum eine Nutzer.in in einem Bundesland mit wesentlich längeren Schutzfristen als in einem anderen konfrontiert werden kann, wenn diese Schutzfristen eine materiell-rechtliche Auswirkung hätten.

3. *Folgen für den Prüfungsumfang bei Schutzfristen*

Der lediglich verfahrensrechtliche Wechsel beim Schutzfristende bedeutet aber zugleich, dass **auch nach dem Ende der Schutzfrist ausnahmslos zu prüfen ist, ob ein Verbotsvorbehalt greift.** Die These „Nach 110 Jahren ist alles und immer frei" ist unzutreffend, weil keine vollständige Subsumtion vorgenommen wurde. Dass das BArchG in § 12 III die Verlängerungsmöglichkeit nur für Geheimdienstunterlagen anspricht, ist also nicht als Ausschluss von Verlängerungsmöglichkeiten im Übrigen zu verstehen, sondern hat nur Bedeutung im Hinblick auf die in § 12 III BArchG genannte Obergrenze der Verlängerungsmöglichkeit.

Es bleibt letztlich dabei, dass *Justitia* beim archivischen Nutzungsrecht – und eben anders als bei den Schutzfristen im Mutterschafts- und Urheberrecht – **mit einer Waage**, nicht mit einem Rechenschieber arbeitet. Die These, dass die Archive durch diese Gesetzessystematik letztlich

„von der steten Einzelfallprüfung […] ‚entbunden'" sind,[290]

ist daher rechtsstaatlich bedenklich. Materiellrechtlich definieren die Schutzfristen daher letztlich „nur" ein **Regel-/Ausnahmeverhältnis**: Bis zum Ablauf der Schutzfrist ist die Nutzung regelmäßig versagt und nur ausnahmsweise gestattet, nach dem Ablauf der Schutzfrist dreht sich dieses Verhältnis um. Die Auswirkungen des Ablaufs der archivrechtlichen Schutzfrist sind damit wesentlich geringer als im Mutterschutz- oder Urheberrecht.

Aus dieser Perspektive ist die Länge der Schutzfristen das Ergebnis einer standardisierten Abwägung der Interessen der Nutzer gegen die Interessen der

---

289 Michael Klein, Archivalien – Archivgesetzliche Bestimmungen und praktische Anwendung, in: Archivpflege in Westfalen und Lippe, Jg. 58 (2003), S. 22 (24).

290 So Christine Axer, Zugangsbeschränkungen durch Archivrecht, in: Becker/Rehm, Archivrecht, S. 142ff. (144).

Betroffenen.[291] Da es für eine solche standardisierte Abwägung keine Formeln gibt, wundert es nicht, dass verschiedene Gesetzgeber zu erheblich unterschiedlichen Fristen kommen.

III. Keine Schutzfrist bei Unterlagen, die zur Veröffentlichung bestimmt waren

Wenn Unterlagen bei der abgebenden Stelle auf dem Weg zur Veröffentlichung waren und die Veröffentlichung durch die Abgabe an das Archiv unterblieb, gibt es keinen Grund, mit Schutzfristen zu arbeiten, was § 11 V Nr. 1 BArchG klarstellt.[292] Allerdings müssen die Unterlagen, wie diese Norm sagt, „bereits" bei ihrer Entstehung zur Publikation bestimmt gewesen sein, die Publikation muss also der Zweck der Entstehung genau jener Unterlagen sein, die nun Archivgut sind. Daran fehlt es, wenn sich im Archiv nur Vorstufen einer späteren Publikation befinden.

> Beispiel: Schriftstellerin S hat in ihrer Jugend ein Romanmanuskript erstellt, es aber nie publiziert. Wenn dieses Manuskript nunmehr Archivgut ist, sind die üblichen Schutzfristen anzuwenden, denn das Manuskript war von S eben nicht zur Publikation ausgewählt worden.

Dass die Publikation in einem legalen Kontext erfolgen sollte, ist keine Rechtsfolgevoraussetzung

> Beispiel: Bei kinderpornografischen Unterlagen, die für die Veröffentlichung im Darknet erstellt, aber vorher beschlagnahmt wurden, besteht keine Schutzfrist, allerdings überwiegen natürlich die Rechte Dritter (Schritt 2).

„In der Regel gelten die Schutzfristen der LArchG auch für

- die der Aufsicht der Länder unterstehenden juristischen Personen des öffentlichen Rechts und deren Zusammenschlüsse bzw.
- für die öffentlichen Archive, d.h. auch für die Archive der Kreise, Städte, Hochschulen

bzw. sie sind entsprechend anzuwenden."[293]

Bei der wie erwähnt meist dreißigjährigen allgemeinen Schutzfrist ist als erstes ihr Beginn fraglich.

---

[291] Becker/Oldenhage spricht von einem „formalisierten Kompromiss", der „im Grundsatz ein ausgewogenes Verhältnis zwischen Informationsfreiheit und Persönlichkeitsschutz herstellt" (BArchG-Kommentar, § 5 Rn. 14). Ähnlich Polley. der von „summarischen Kompromisslösungen" ausgeht (Die historische Entwicklung der Schutzfristendiskussion, in: Irmgard Christa Becker (Hrsg.), Schutzfristen – Festlegung und Verkürzung, Marburg 2012, S. 43).

[292] Dazu auf der Grundlage von § 10 II 1 LArchG SN: Berger, Sächsisches Archivgesetz. Kommentar, § 10 Rn. 40ff. Weitere Beispiele bei Becker/Oldenhage, BArchG-Kommentar, § 5 Rn. 45f.

[293] Axer, Schutzfristen, in: Becker/Rehm, Archivrecht, S. 142ff. (143).

IV. Beginn und Berechnung der allgemeinen Schutzfrist

Dass die allgemeine Schutzfrist meist[294] **genau 30 Jahre** beträgt, ist nicht aus Verfassungsrecht ableitbar,[295] sondern beruht auf der Inanspruchnahme von Gestaltungsbefugnis des Gesetzgebers. Es ist mehrfach kritisiert worden, dass eine tragfähige Begründung für die lange Frist von 30 Jahren fehlt.[296]

Dass eine internationale Archivtagung im Jahr 1968 die 30-jährige Frist als Empfehlung beschlossen hat,[297] hatte möglicherweise eine Ausstrahlungswirkung bis in die deutsche Gesetzgebung; eine juristische Begründung für die Zahl „30“ kann sich daraus aber nicht ergeben.

Zwar müssen Entscheidungen des Gesetzgebers nachvollziehbar begründet sein, damit nicht das Willkürverbot eingreift. Eine Rechtswidrigkeit der Festsetzung dieser Frist liegt aber in der Gesamtschau jedenfalls deshalb nicht vor, weil die 30-jährige Frist durch das System der Schutzfristverkürzungen und -verlängerungen letztlich eher den Ausgangs- als den Fixpunkt der Entscheidung bildet.

1. Der Beginn der allgemeinen Schutzfrist

Im BArchG 2013 war der Beginn der allgemeinen Schutzfrist „bewusst“ nicht weiter konkretisiert worden.[298] Möglich ist, den Beginn der allgemeinen Schutzfrist

- ab der Entstehung der einzelnen Urkunde oder
- ab der Entstehung der Gesamtheit der Unterlagen
- erst ab der Hinzufügung des letzten Schriftstücks der Akte

zu berechnen. **Viele LArchG** stellen für den Beginn der allgemeinen Schutzfrist als Mittelweg auf einen **Entstehungszeitpunkt** ab; im Hinblick auf die Konkretisierung dieses Rechtsbegriffs besteht kein Beurteilungsspielraum, sondern man kann die Präzisierung im niedersächsischen LArchG übernehmen, dass die **letzte inhaltliche Bearbeitung** maßgebend ist, nicht hingegen Verfü-

---

294 § 9 III 1 LArchG SH und einige andere LArchG legen eine nur 10-jährige Schutzfrist fest (Aufstellung bei Axer, Schutzfristen, (Fn. zuvor), S. 144). Der urheberrechtliche Begriff der „Regelschutzfrist“ ist im Archivrecht nicht verbreitet; soweit ersichtlich, hat die unterschiedliche Begrifflichkeit aber keine juristischen Folgen.

295 Anders, aber ohne weitere Begründung die Entwurfsbegründung zum späteren BArchG 2017: „Die Vorhaltung einer Schutzfrist für Unterlagen, die personenbezogene Daten enthalten, folgt einem entsprechenden verfassungsrechtlichen Gebot.“ BT-Drucksache 18-09633, S. 67.

296 Manegold, Archivrecht, S. 267 ff.; Schoch, ArchivG-ProfE, S. 183 ff.

297 Dazu Rainer Polley, Die historische Entwicklung der Schutzfristendiskussion […], in: Irmgard Christa Becker (Hrsg.), Schutzfristen – Festlegung und Verkürzung, Marburg 2012, S. 43 ff. (53) (online zugänglich unter https://www.archivschule.de/uploads/Publikation/VOE54/VOe54_Internet.pdf).

298 Daher die vage Formulierung „aus einer mehr als 30 Jahre zurückliegenden Zeit“ in § 5 I 1 BArchG 2013. Dazu Becker/Oldenhage, BArchG-Kommentar, § 5 Rn. 18.

gungen, die im Anschluss daran nur den weiteren Umgang mit den Unterlagen festlegen.[299]

> **Gegenbeispiel** zu einer inhaltlichen Bearbeitung: Es ist „Ziel des Bundesverwaltungsgerichts, eine Laufzeitverlängerung von Unterlagen durch regelmäßig wiederholte substanzlose Bearbeitungen und damit Unterlaufen der Anbietungspflicht *ad infinitum* zu verhindern."[300]

Zudem ist bei einer Gesamtakte nicht formal auf die letzte inhaltliche Bearbeitung der Gesamtakte abzustellen, sondern bei **in sich abgeschlossenen Vorgängen** innerhalb einer Gesamtakte beginnt die allgemeine Schutzfrist **jeweils separat** für den in sich abgeschlossenen Vorgang, wenn dort die letzte inhaltliche Bearbeitung vorliegt.

Die Archivgesetze präzisieren nicht, wie eine Schutzfrist berechnet werden soll. Daher ist auf das Verwaltungsverfahrensgesetz (VwVfG) zurückzugreifen, das in § 31 die Regelungen in **§§ 187–193 BGB** für analog anwendbar erklärt, soweit nicht Regelungen in **§ 31 II–VII VwVfG** vorhanden sind.[301]

Deshalb gilt: Nach § 187 I BGB wird der Tag der Schließung der Unterlagen für den Beginn der Berechnung der Schutzfrist nicht mitgerechnet. Die Schutzfrist beginnt **am darauffolgenden Tag** um 0:00 Uhr.

2. *Die Berechnung des Endes der allgemeinen Schutzfrist*

Die in Jahren berechnete allgemeine Schutzfrist knüpft an ein Ereignis an, daher ist für die Berechnung des Endes der allgemeinen Schutzfrist **§ 188 II 1. Hs. BGB** einschlägig. Gemäß dieser (kompliziert formulierten) Norm endet die Frist 30 Jahre nach dem Tag des den Fristbeginn auslösenden Tages. Die Schutzfrist endet daher **30 Jahre später am Tag der Schließung der Unterlagen um 24:00 Uhr**. Zu beachten ist aber die Ausnahme gemäß § 31 III 1 VwVfG:

> Fällt das Ende einer Frist auf einen Sonntag, einen gesetzlichen Feiertag oder einen Sonnabend, so endet die Frist mit dem Ablauf des nächstfolgenden Werktags.

> Beispiel: Schließung von Unterlagen am 10.07.1992. Schutzfristbeginn am 11.07.1992 um 0:00 Uhr. Ende der allgemeinen Schutzfrist am 10.07.2022. Da dieser Tag ein Sonntag war, endet die Schutzfrist erst am 11.07.2022 um 24:00 Uhr. Soweit keine anderen Gründe der Nutzung entgegenstehen, besteht ein Nutzungsanspruch ab dem 12.07.2022 0:00 Uhr und kann ab dem Beginn der regulären Öffnungszeit des Archivs am 12.07.2022 geltend gemacht werden.

---

299 Dies im Anschluss an Christine Axer, Zugangsbeschränkungen durch Archivrecht, in: Becker/Rehm, Archivrecht, S. 144f.

300 Bernhard Homa, Ausgewählte neuere Rechtsprechung zu archivischen Aufgabenfeldern: in: Recht und Zugang, Heft 2-2021 (DOI: https://doi.org/10.5771/2699-1284-2021-2-90), S. 90ff. (107) mit Verweis auf BVerwG, Urteil v. 11.12.2019 – 6 C 21/18.

301 So auch für das LArchG SN: Berger, Sächsisches Archivgesetz, Hamburg 2018, § 10 Rn. 11.

V. Die längere allgemeine Schutzfrist für Unterlagen, bei denen (besondere) Geheimhaltungspflichten bestehen

Viele Verwaltungsunterlagen sind durch Geheimhaltungspflichten unterschiedlicher Stärke geschützt. Die Archivgesetze sorgen mit gleich zwei Instrumenten für die Einhaltung der Geheimhaltungspflichten:

- erstens besteht ein Nutzungsversagungsgrund (Schritt 2 des Prüfungsschemas) und[302]
- zweitens eine längere Schutzfrist (Schritt 3), wobei ein Schutzfristenverkürzungsantrag möglich ist (Schritt 4).

Diese **längere allgemeine**[303] **Schutzfrist**, deren Rechtsfolgevoraussetzungen in den Archivgesetzen nicht einheitlich geregelt sind,[304] beträgt – je nach Archivgesetz – **30 bis 60 Jahre**. Die längere allgemeine Schutzfrist im BArchG hat auch für den Geltungsbereich der LArchG eine wesentliche Bedeutung, da die LArchG wie erwähnt häufig die Anwendung des BArchG für Unterlagen festlegen, deren Geheimnisse bundesrechtlich geschützt sind.

Eine **Begründung** für die erheblich längere allgemeine Schutzfrist findet sich in der Gesetzesbegründung zum früheren BArchG:

> „Die Verdoppelung der Frist ist vor allem erforderlich, um z.B. juristische Personen gegen eine unvertretbar frühe Offenbarung – z.B. von Betriebsgeheimnissen – zu schützen und das Vertrauen in die Wirksamkeit des Bankgeheimnisses nicht zu beeinträchtigen."[305]

Diese Begründung ist wenig überzeugend: Erstens bleibt offen, warum die Verhinderung einer „unvertretbar frühen Offenbarung" gleich zu einer Verdoppelung der Schutzfrist führt. Zweitens ist das in der Begründung erwähnte Bankgeheimnis nur eines von vielen Geheimnissen. Die Entscheidung des Gesetzgebers ist aber hinzunehmen.

> Hinweis zum **Aufbau der Prüfung**: Von der Reihenfolge der Schritte 2 und 3 des allgemeinen Prüfungsschemas sollte jedenfalls dann abgewichen werden, wenn die verlängerte Schutzfrist nach Schritt 3 unproblematisch vorliegt und ein Schutzfristverkür-

---

302 Anders Berger, Sächsisches Archivgesetz, Hamburg 2018, § 10 Rn. 13ff., der mit „entweder – oder" operiert. Die Archivgesetze liefern aber keinen Anhaltspunkt für Bergers These.

303 Der Begriff „längere allgemeine Schutzfrist" wird hier im Anschluss an, Christine Axer, Zugangsbeschränkungen durch Archivrecht, in: Becker/Rehm, Archivrecht, S. 145, gewählt, weil diese Schutzfrist eine gesamte Gruppe von Archivgut betrifft, während personenbezogenes Archivgut nur jeweils kleine Gruppen von Archivgut umfasst.

304 Die Rechtsfolgevoraussetzungen der verlängerten allgemeinen Schutzfrist sind leider in den 17 Archivgesetzen wenig einheitlich geregelt: Erstens werden teilweise Rechtsvorschriften über Geheimhaltung vorausgesetzt, teilweise nur Geheimhaltungsvorschriften. Zweitens ist teilweise eine *besondere* Geheimhaltungsvorschrift nötig, teilweise fehlt dieses Merkmal.

305 Bundestags-Drucksache 10/3072 v. 26.03.1985, S. 11, https://dserver.bundestag.de/btd/10/030/1003072.pdf.

zungsantrag evident nicht erfolgreich ist; diese Prüfung ist gegebenenfalls einfacher, als im Schritt 2 die Prüfung einer verhältnismäßigen Nutzungsuntersagung vorzunehmen.

1. *Erste Rechtsfolgevoraussetzung: Rechtsvorschrift über Geheimhaltung*

Eine „Rechtsvorschrift" ist ein materielles Gesetz, also ein Parlamentsgesetz oder eine Rechtsverordnung;[306] auch eine kommunale Satzung ist insoweit ausreichend,[307] nicht jedoch eine Verwaltungsvorschrift. Zur Klärung der Frage, ob eine „**Rechtsvorschrift** über Geheimhaltung" vorliegt, kann auf Schritt 1 und Schritt 2 des Prüfungsschemas zurückgegriffen werden, das oben für die Frage der Anwendbarkeit des BArchG oder des LArchG entwickelt wurde.[308]

Wenn sich daraus ergibt, dass eine Rechtsvorschrift über Geheimhaltung vorliegt und wenn keine besondere Geheimhaltungsvorschrift gefordert wird, ist die Prüfung beendet und die längere allgemeine Schutzfrist greift ein. Dies gilt insbesondere für das BArchG, das gemäß Schritt 1 auch bei Unterlagen angewendet werden muss, die im Übrigen einem LArchG unterliegen, wenn eine Norm des Bundesrechts die Geheimhaltung anordnet.

Beispiel: Drei weitere Archivgesetze (Baden-Württemberg, Rheinland-Pfalz und Sachsen-Anhalt[309]) setzen für diese längere allgemeine Schutzfrist nur voraus, dass die Unterlagen einer „Rechtsvorschrift über Geheimhaltung" unterliegen.

2. *Die teilweise zweite Rechtsfolgevoraussetzung: „besondere Geheimhaltungsvorschrift"*

Die fragliche Geheimhaltungsvorschrift kann eine „besondere" oder nur eine „einfache" sein.

Beispiele: Elf Gesetze (Hessen, Nordrhein-Westfalen, Bayern, Brandenburg, Bremen, Hamburg, Mecklenburg-Vorpommern, Niedersachsen, Saarland, Schleswig-Holstein und Thüringen) verlangen für die längere allgemeine Schutzfrist eine *besondere* Geheimhaltungsvorschrift.[310] Bei zwei Gesetzen (Berlin und Sachsen[311]) gibt es nochmals andere Rechtsfolgevoraussetzungen.

---

306 Im Hinblick auf das IFG hier entschieden: http://www.jurpc.de/jurpc/show?id=20160170.

307 So auch Christine Axer, Zugangsbeschränkungen durch Archivrecht, in: Becker/Rehm, Archivrecht, S. 142 ff. (145 mit Fn. 14).

308 Thema 13, Teil 5, Abchnitt F.II.

309 BArchG: Die 60-jährige Schutzfrist nach § 11 III BArchG gilt für Unterlagen, die „Rechtsvorschriften des Bundes über Geheimhaltung […] unterliegen" (§ 6 I 1 BArchG) oder „Betriebs- und Geschäftsgeheimnisse enthalten" (§ 6 IV BArchG), ähnlich § 6 II 2 LArchG BW, § 3 III 4 LArchG RP und § 10 III 4 iVm. § 9 II LArchG SA.

310 LArchG HE: „Archivgut, das bei der Übernahme durch das öffentliche Archiv besonderen [sic!] Geheimhaltungsvorschriften unterlegen hat, darf im Regelfall erst 60 Jahre nach Entstehung der Unterlagen genutzt werden" (§ 9 I 2 LArchG HE), ähnlich § 7 I 2 LArchG NW, Art. 10 II 4 LArchG BY, § 10 II LArchG BB, § 7 III 2 LArchG HB, § 5 II Nr. 3 LArchG HH, § 10 I LArchG MV, § 5 II 2 LArchG NI, § 11 II 1 LArchG SL, § 9 III 2 LArchG SH und § 17 III 1 LArchG TH.

311 LArchG BE: „Archivgut, das **bundesrechtlichen oder besonderen** Geheimhaltungsvorschriften unterliegt, darf frühestens 30 Jahre nach seiner Entstehung und nur dann zur Benutzung freigege-

Im Anschluss an Manegold[312] liegen **besondere** (bzw. qualifizierte) Geheimhaltungsvorschriften vor, wenn die Regelungen

„die Offenbarung an einen **abschließenden gesetzlichen Katalog von Offenbarungstatbeständen** knüpfen".

Hingegen handelt es sich um bloße **einfache** Geheimhaltungsvorschriften, wenn die Regelungen **„lediglich die ‚unbefugte' Offenbarung verbieten"**.[313]

3. 60 Jahre Schutzfrist bei „Angaben über Verhältnisse eines anderen"? Ein Redaktionsversehen in § 6 IV BArchG

Die 60-jährige Schutzfrist nach § 11 III BArchG besteht gemäß dieser Norm auch für Unterlagen, die der Geheimhaltungspflicht nach § 6 IV BArchG unterliegen. Zu diesen Unterlagen gehören gemäß § 6 IV 2. Alt. BArchG generell auch all die, die

„Angaben über Verhältnisse eines anderen […] enthalten."

Wird damit für das BArchG überraschenderweise eine generelle 60-jährige Schutzfrist für personenbezogene Unterlagen herbeigeführt? Dieser Wortlautauslegung **steht die historische Auslegung entgegen**: Im Entwurf zum späteren BArchG ist angegeben, dass insoweit **die bisherige Rechtslage nicht geändert werden sollte**.[314]

Die verunglückte Formulierung im § 6 IV BArchG beruht darauf, dass dort § 8 BArchG a. F. integriert wurde, aber bei der Integration bei den Worten „Angaben über Verhältnisse eines anderen" sinnwidrig der Bezug auf § 30 AO aufgehoben wurde. § 8 BArchG a. F. führte die längere allgemeine Schutzfrist nämlich nur herbei für

„Unterlagen, die dem Steuergeheimnis nach § 30 der Abgabenordnung unterliegende Angaben über Verhältnisse eines anderen […] enthalten".

---

ben werden, wenn ein öffentliches Interesse an der Geheimhaltung nicht entgegensteht. (§ 8 II 2). Eigenwillig ist das LArchG SN: 60 Jahre Schutzfrist für „Unterlagen, die sich nach ihrer Zweckbestimmung auf einen durch ein Berufsgeheimnis, ein **besonderes** Amtsgeheimnis oder einen durch **sonstige Rechtsvorschrift über Geheimhaltung** geschützten Lebenssachverhalt beziehen" (§ 10 I 2 Nr. 2 LArchG SN).

312 Manegold, Archivrecht, S. 139.

313 So im Ergebnis (aber ohne vertiefte Begründung) auch Michael Scholz, Zugang zu Archivgut: Besondere Fälle, in: Becker/Rehm, Archivrecht, S. 184 (bei Fn. 50).

314 „§ 11 Absatz 3 [des späteren BArchG 2017] entspricht § 5 Absatz 3 Satz 1 im bisher geltenden Bundesarchivgesetz", so die Bundestags-Drucksache 18/9633, S. 69; so auch Partsch, BArchG-Kommentar, § 11 Rn. 20. „§ 6 Absatz 4 entspricht den §§ 8 und 11 im bisherigen Gesetz." Die hier besprochenen Regelungsinhalte wurden im Gesetzgebungsverfahren zum BArchG nicht verändert.

§ 6 IV BArchG ist also aufgrund des Redaktionsversehens dahingehend zu verstehen, dass es keine eigenständige zweite Tatbestandsalternative gibt, sondern die Rechtsfolgevoraussetzungen dieser Norm so zu lesen sind wie der frühere § 8 BArchG a. F.

4. *Beispiele für Vorschriften, die mindestens meist zur längeren allgemeinen Schutzfrist führen*

Diese beiden Differenzierungen (Rechtsvorschrift ja/nein bzw. allgemeine/besondere Geheimhaltungsvorschrift) führen bei einigen der in der Archivpraxis häufiger einschlägigen Vorschriften über Geheimhaltung zu folgenden Ergebnissen:

> Enthalten **die Archivgesetze** selbst „besondere Geheimhaltungsvorschriften"?
> Auch diese Frage ist praxisrelevant, aber nicht hier, sondern bei der Frage des Zugangs von Behörden zu Archivgut
> Siehe Thema 10, Teil 3 Abschnitt C.

a. Steuergeheimnis – § 30 Abgabenordnung (AO)

§ 30 IV AO, ein Parlamentsgesetz, ist eine Vorschrift des Steuerverfahrensrechts. Sie enthält einen ausführlichen, aber abschließenden Katalog von gesetzlichen Offenbarungstatbeständen, es liegt also eine *besondere* Rechtsvorschrift über Geheimhaltung vor.

b. Schweigepflichten bei Betriebs- und Personalratsunterlagen

Insoweit gelten umfassende, gesetzlich verankerte Schweigepflichten mit nur wenigen Tatbeständen, die eine Offenbarung erlauben.[315] Folglich liegen besondere Geheimhaltungsvorschriften vor.

c. Geheimhaltungsvorschriften für Verschlusssachen

Im Hinblick auf die Herkunft der Geheimhaltung bei Verschlusssachen wird **nur von einem Teil der Archivgesetze eine *Rechts*vorschrift** gefordert.[316]

Den Geheimhaltungsgrad legt nur die ausgebende Stelle fest;[317] im Archiv muss also nicht die Vergabe eines Geheimhaltungsgrades geprüft werden, sondern

---

[315] § 79 Betriebsverfassungsgesetz bzw. § 11 Bundespersonalvertretungsgesetz, ähnlich z. B. § 68 Hessisches Personalvertretungsgesetz.

[316] So z. B. nach § 6 IV iVm. § 11 III BArchG 2017 oder nach § 6 Abs. 2 Satz 1 LArchG BW.

[317] Festgelegt z. B. in der Geheimschutzordnung des Bundestages (dort § 3 Abs. 2, https://www.bundestag.de/parlament/aufgaben/rechtsgrundlagen/go_btg/anlage3/245182) oder § 4 Abs. 4

nur, was aus der bestehenden Geheimhaltungspflicht folgt. Andererseits folgt aus der Umwidmung von Verwaltungsunterlagen zu Archivgut als datenschutzrechtliches Löschungssurrogat nicht, dass damit die Geheimhaltungspflicht ebenfalls gelöscht ist.[318]

Im Folgenden wird erläutert, ob die Geheimhaltungsvorschriften für Verschlusssachen gemäß einigen der Archivgesetze zur längeren allgemeinen Schutzfrist führen.

aa. Bund

Für die 60-jährige Schutzfrist sind gemäß dem BArchG *Rechts*vorschriften des Bundes über die Geheimhaltung nötig;[319] eine *besondere* Geheimhaltungsvorschrift wird nicht verlangt.

Die neueste Gesetzgebung zu den sog. Nachrichtendiensten auf der Bundesebene hat umfassend gesetzliche Regelungen zur Geheimhaltung geschaffen, so dass nun vielfältige neue *Rechts*vorschriften vorliegen.

Die 60-jährige Schutzfrist greift aber nur dann ein, wenn die Einstufung zum Zeitpunkt des Nutzungsantrags noch **materiell gerechtfertigt** ist; da es sich um die Rechtsfolgevoraussetzungen einer Norm des BArchG handelt, liegt die Entscheidungskompetenz beim Archiv bzw. im Streitfall beim Gericht.[320]

Wie bei der Prognoseentscheidung über die Staatswohlgefährdung[321] wird das Archiv natürlich die Gründe, die zur Einstufung als „vertraulich" geführt haben, bei der einstufenden Stelle zu ermitteln versuchen und berücksichtigen.

bb. Bayern und Hessen als Beispiele

Das bayerische und auch das hessische Archivgesetz verlangen nur, dass „Geheimhaltungs*vorschriften*"[322] vorliegen. Damit führen auch Regelungen unterhalb von Rechtsverordnungen und Satzungen zur Anwendbarkeit dieser Vorschrift, es reichen in Bayern und Hessen folglich auch Verwaltungsvorschriften, die zur Geheimhaltung ermächtigen.[323]

---

der Geheimschutzordnung für den Landtag Rheinland-Pfalz (= Anlage 5 zur Geschäftsordnung des Landtages Rheinland-Pfalz).

318 Anders Berger, Sächsisches Archivgesetz, Hamburg 2018, § 10 Rn. 23 aE: „Mit der Übergabe an das öffentliche Archiv erlischt die Verschlusssachenanweisung." Das ist schon deshalb nicht überzeugend, weil das Archiv ggf. intern die Verschlusssachenanweisung zu beachten hat (§ 6 III 1 Nr. 1 BArchG).

319 § 11 III BArchG iVm. § 6 I 1 + IV BArchG.

320 So auch Partsch, BArchG-Kommentar, 2. Aufl., § 11 Rn. 20 mN. zu Gerichtsentscheidungen in Fn. 71 f.

321 Dazu Thema 13, Teil 5, Abschnitt F.I.

322 Art. 10 III 4 LArchG BY bzw. § 9 I 2 LArchG HE.

323 Dies im Anschluss an Manegold, Archivrecht, S. 337f. Allerdings gibt es in Hessen jetzt (was aus rechtsstaatlicher Sicht sehr zu begrüßen ist) eine *gesetzliche* Grundlage für den Umgang mit

Allerdings sind in Bayern und Hessen „*besondere* Geheimhaltungsvorschriften" nötig. Diese Rechtsfolgevoraussetzung liegt bei den einschlägigen Regelungen vor, da sie vorrangig eine unbefugte Offenbarung verhindern sollen.[324] Folglich gilt bei Verschlusssachen in Bayern und Hessen im Regelfall eine **60-jährige Schutzfrist**.

Wenn wie z. B. in Hessen die VS-Einstufung gemäß einer Verwaltungsvorschrift grundsätzlich nach 30 Jahren aufgehoben ist, „sofern auf der VS keine kürzere oder längere Frist bestimmt ist",[325] folgt daraus **keine automatische Verkürzung** der Schutzfrist, weil eine Verwaltungsvorschrift, zumal aus dem Geschäftsbereich eines anderen Ministeriums, nicht unmittelbar auf das Verhältnis zwischen Archiv und Nutzer.in einwirkt.[326] Diese Verwaltungsvorschrift hat aber eine große Bedeutung bei der Entscheidung über einen Antrag auf Schutzfristverkürzung in solchen Fällen.[327]

cc. Die Folgen für die annehmende Behörde, wenn sie Unterlagen mit einer in einem anderen Bundesland vorgenommenen VS-Einstufung übernimmt („durchmischte Unterlagen")

Die Weitergabe auch von VS-Unterlagen ist z. B. nach dem Sicherheitsüberprüfungsgesetz (SÜG) des Bundes ausdrücklich möglich.[328] Fraglich ist allerdings, wie mit der VS-Einstufung jener Unterlagen umzugehen ist, die ursprünglich aus anderen Bundesländern bzw. dem Bund stammten.

Die VS-Einstufung ist keine der Unterlage unmittelbar anhaftende Eigenschaft, sondern die VS-Einstufung hindert bestimmte Personen an der Einsichtnahme in die Unterlage, solange die Unterlagen im Eigentum der Körperschaft (Bund oder Land) steht, die die VS-Einstufung durchgeführt hat.

Wenn eine Unterlage mit einer VS-Einstufung in das Eigentum einer anderen Körperschaft (Bund/Land) kommt, gilt z. B. nach dem SÜG Bund: Die „herausgebende Stelle *kann* weitere Vorgaben zum Schutz der Verschlusssache treffen."[329] Das bedeutet zugleich, dass die VS-Einstufung keine automatische unmittelbare Wirkung für die annehmende Stelle hat.

Verschlusssachen, nämlich das Hessische Sicherheitsüberprüfungs- und Verschlusssachen*gesetz* (HSÜVG).

[324] Verschlusssachen sind „so zu schützen, dass Durchbrechungen ihrer Vertraulichkeit entgegengewirkt wird." § 2 a III 1 HSÜVG.

[325] „Die VS-Einstufung ist … aufgehoben, sofern …" (§ 9 III 1 VSA, Staatsanzeiger für das Land Hessen v. 29.03.2010, S. 934 ff.).

[326] Auch dass die Verschlusssachenanweisung des Landes Hessen (VSA) (Staatsanzeiger für das Land Hessen v. 29.03.2010, S. 934 ff.) auch für das Landesarchiv gilt (§ 1 I 1 VSA), ist im Hinblick auf die Schutzfrist nicht wesentlich, da internes Recht der Verwaltung den Bürger.innen grundsätzlich nicht entgegengehalten werden kann.

[327] Dazu Abschnitt Buchstabe I, III.

[328] § 4 IV 3 SÜG Bund.

[329] § 4 IV 3 SÜG Bund.

Es ist aber natürlich möglich, dass die annehmende Landesbehörde (also z. B. Landesamt für Verfassungsschutz) ihre VS-Einstufung jedenfalls konkludent auch auf die von anderen Körperschaften übernommenen Bestandteile seiner Unterlagen erstreckt. Insoweit kommt es auf die aktuelle Praxis der Behörden an. Jedenfalls sind bei übernommenen Unterlagen nunmehr die Regelungen des annehmenden Landes maßgeblich.

Beispielsweise die hessische Regelung (§ 2 I HSÜVG) stellt ausdrücklich klar, dass es bei Verschlusssachen auf die Geheimhaltungsbedürftigkeit „zum Schutz des Wohles *des Bundes oder eines Landes*" ankommt. Wenn bei Unterlagen, die das Land Hessen übernommen hat, in einem *anderen* Land (oder beim Bund) eine VS-Einstufung vorgenommen worden war, ist das ein Indiz für die Geheimhaltungsbedürftigkeit im annehmenden Land.

Auch wenn im annehmenden Land Hessen keine VS-Einstufung vorgenommen wurde, liegt also im Hinblick auf die übernommenen Unterlagen jedenfalls in der Regel eine Verschlusssache nach dem HSÜVG vor.

Die VS-Einstufung eines anderen Bundeslandes ist für das annehmende Bundesland also nicht bindend. Die herausgebende Stelle kann aber Vorgaben treffen, und die annehmende Stelle kann die VS-Einstufung der übrigen Bestandteile der Unterlage (konkludent) auf die übernommenen Bestandteile erstrecken. Da die VS-Einstufung in einem anderen Bundesland eine Indizwirkung für die Geheimhaltungsbedürftigkeit ist, liegt in der Regel bei „durchmischten" Unterlagen insgesamt eine Verschlusssache vor.

5. *Beispiele für Vorschriften, die nicht oder nur gemäß einigen Archivgesetzen zur längeren allgemeinen Schutzfrist führen*

a. Meldegeheimnis (§ 7 BMG)

aa. Allgemeines

Wie bei Schritt 1 erläutert, ist das Meldegeheimnis keine Rechtsvorschrift über Geheimhaltung und erst recht keine besondere Geheimhaltungsvorschrift. Das Meldegeheimnis führt daher nicht zur längeren allgemeinen Schutzfrist.

bb. Sonderproblem: Das Nutzungsrecht an „melderechtsfremden Daten"

Vorbemerkung zur Literaturlage: Lediglich in einem Beitrag von Michael Scholz in dem Sammelband von Becker/Rehm,[330] in einem Tätigkeitsbericht des damaligen Sächsischen Datenschutzbeauftragten Thomas Giesen[331] und in einem auf

330 Michael Scholz, Besondere Fälle/Zugang zu Archivgut, in: Becker/Rehm, Archivrecht, S. 171 ff. (177).

331 6. Tätigkeitsbericht des Sächsischen Datenschutzbeauftragten (1998), Sächsischer Landtag, Drucksache 2/9004, S. 85 f.

Brandenburg bezogenen Aufsatz von Martin Reibe[332] wird auf die hier zu erörternde Frage eingegangen. Drei herangezogene melderechtliche Werke[333] und auch – soweit ersichtlich – die übrige archivrechtliche Literatur (inkl. dem Kommentar zum Sächsischen Archivgesetz[334]) gehen auf das Problem „melderechtsfremder Daten" nicht ein. Auch eine Recherche in *google books* und *google scholar* erbrachte außer dem Verweis auf die einschlägigen Normen keine Erträge.

Ausgangspunkt sind die Meldekarteien von Volkspolizei-Kreisämtern. Dort waren Daten erhoben worden, die teilweise nach bundesdeutschem Melderecht nicht hätten erhoben werden dürfen, so dass sie nun zu löschen gewesen wären.[335] Stattdessen entschied sich der Gesetzgeber in Sachsen – wie auch in Brandenburg[336] – dafür, diese Meldekarteien an Archive zu übergeben.

Die folgenden Ausführungen diskutieren das Nutzungsrecht mit besonderer Berücksichtigung des sächsischen Rechts; die Überlegungen lassen sich aber auch auf die anderen neuen Bundesländer übertragen.

Zum Umgang mit diesen Daten wurde in Sachsen eine „Verordnung über melderechtsfremde Daten"[337] (im Folgenden: VO-MFD) erlassen, und im Jahr 1995 erfolgte die Abgabe an sächsische Kreisarchive. Ein Bewertungsrecht der Archive im Hinblick auf diese Unterlagen ist in der VO weder angesprochen noch ausgeschlossen. Soweit ersichtlich, wurden die Unterlagen von den Archiven zu 100 % als archivwürdig angesehen, was in der Literatur unterstützt wird.[338] In der VO-MFD wurden „melderechtsfremde Daten" definiert als solche, die

> „über die in § 5 SächsMG genannten Daten hinausgehen".

Außerdem wurde das Nutzungsrecht des sächsischen Archivgesetzes für entsprechend anwendbar erklärt. **Die VO-MFD trat Ende 2006 außer Kraft.**[339]

---

332 Martin Reibe, Die Kreismeldekartei der DDR im vereinten Deutschland – ihr Weg in die Archive im Land Brandenburg, in: Brandenburgische Archive Jg. 25 (2008), S. 76–84.

333 Engelbrecht/Schwabenbauer, Bundesmeldegesetz. Kommentar, München 2022; Breckwoldt, Meldrechtskommentar, 2. Aufl. 2017; Ehmann, Mit Meldedaten richtig umgehen, 3. Aufl. 2017.

334 Hannes Berger, Sächsisches Archivgesetz. Kommentar, Hamburg 2018.

335 Ausführlich zu dem Diskussionen um die Daten Reibe, Kreismeldedatei (drei Fn. zuvor).

336 Scholz, Besondere Fälle (sechs Fn. zuvor), S. 177 mit Fn. 182f.

337 Verordnung über melderechtsfremde Daten v. 25.10.1995, https://www.revosax.sachsen.de/vorschrift/2892.1

338 Reibe, Kreismeldedatei (sechs Fn. zuvor) schreibt: „vor dem Hintergrund der Besonderheit ‚DDR' in der deutschen Geschichte ist an der Archivwürdigkeit der [Meldekarteien] nicht zu zweifeln."

339 § 58 Sächsische MeldeVO v. 13.12.2006 idF. von 2006 https://www.revosax.sachsen.de/vorschrift/5618-Saechsische-Meldeverordnung#p58. Diese MeldeVO von 2006 ist inzwischen abgelöst durch die MeldeVO v. 2015 (https://www.revosax.sachsen.de/vorschrift/16644-Saechsische-Meldeverordnung. Beide VOs enthalten soweit ersichtlich keine Regelungen zu melderechtsfremden Daten.

Zur VO-MFD gehört eine Verwaltungsvorschrift,[340] die gemäß ihrem Wortlaut von 1996 „zur Durchführung" von § 1 VO-MFD erlassen wurde. Da die VO-MFD wie erwähnt längst aufgehoben worden ist, kann eine Verwaltungsvorschrift, die zu „ihrer Durchführung" erlassen worden war, nun keine Funktion mehr ausfüllen. Bei revosax ist daher im Hinblick auf die Verwaltungsvorschrift zutreffend angegeben: **„gültig bis: 31. Dezember 2005"**.[341]

Zwischenergebnis: Sowohl die VO-MFD als auch die zugehörige Verwaltungsvorschrift haben für die heutige Nutzung dieser Daten keine unmittelbare Bedeutung mehr.

Zu klären ist daher das auf diese Unterlagen anzuwendende Nutzungsrecht „nur" gemäß dem LArchG SN; die im Folgenden diskutierten Normen dieses Gesetzes finden auch auf kommunale Archive Anwendung.[342]

(1) Nutzung der Unterlagen durch Privatpersonen

Neben dem Nutzungsrecht durch Dritte gibt es wie üblich gemäß § 6 LArchG SN die Rechtsansprüche betroffener Personen. Dies sind hier die Personen, deren Daten in den Meldekarteien erfasst sind. Es sind bei diesen Ansprüchen aus § 6 LArchG SN keine Besonderheiten ersichtlich, die sich aus den Meldekarteien ergeben. Zu beachten ist allerdings, dass das Auskunftsrecht nur die zur eigenen Person erfassten Daten umfasst und dass in Ausnahmefällen auch die Herausgabe von Daten zur eigenen Person schutzwürdige Belange Dritter berührt.[343] Einige rechtliche Fragen wirft hingegen das Nutzungsrecht aus § 9 I 1 LArchG SN auf.

Zwingender Untersagungsgrund nach § 9 II LArchG SN?

Es ist möglich, dass schutzwürdige Belange Dritter (§ 9 II 1 Nr. 2 LArchG SN) der Nutzung der Daten durch Privatpersonen entgegenstehen, wenn z. B. eine bislang nicht bekannte Adoption/Vaterschaft/Erkrankung dadurch gegenüber der Nutzer.in aufgedeckt wird. Dabei wird es sich aber vermutlich um sehr wenige Ausnahmefälle handeln.

Verletzt die Nutzung im Sinne von § 9 II 1 Nr. 3 LArchG SN „Rechtsvorschriften über Geheimhaltung"? Wie erwähnt, ist das sog. „Meldegeheimnis" *keine* solche Rechtsvorschrift.

340 VwV melderechtsfremde Daten v. 18.03.1996, https://www.revosax.sachsen.de/vorschrift/1732-VwV-melderechtsfremde-Daten#x1000

341 https://www.revosax.sachsen.de/vorschrift/1732-VwV-melderechtsfremde-Daten#x1000, dort rechts in der Rubrik „Gültigkeitszeitraum".

342 § 13 IV LArchG SN.

343 Reibe, Kreismeldedatei (elf Fn. zuvor), S. 82 verweist insoweit auf Daten im Kontext von Zwangsadoptionen.

Damit liegt ein zwingender Untersagungsgrund nach § 9 II 1 LArchG SN nur in den erwähnten seltenen Fällen vor.

Schutzfristen

Die Schutzfristenprüfung erfolgt kumulativ; einschlägig ist die längste Schutzfrist.

Vorab ist zu klären, ob § 10 I 3 LArchG SN zu § 11 III Bundesarchivgesetz (BArchG) führt, so dass sich über § 6 IV 1. Alt. BArchG eine 60-jährige Schutzfrist ergibt. Entscheidend ist dabei wiederum die Frage, ob das „Meldegeheimnis" eine „Rechtsvorschrift des Bundes über die Geheimhaltung" im Sinne von § 6 IV 1. Alt. BArchG darstellt. Wiederum ist diese Frage zu verneinen, so dass die Schutzfristen alleine aus dem LArchG SN zu entnehmen sind.

Gemäß § 10 II 2 iVm. § 4 II 2 LArchG SN gelten die allgemeine und die besondere Schutzfrist nicht für Unterlagen von Funktionsvorgängern heutiger Behörden. Ob die Kreisämter der Volkspolizei auch für die „melderechtsfremden" Daten als Funktionsvorgänger der heutigen Meldebehörden bezeichnet werden können, ist fraglich, da die Meldebehörden keine melderechtsfremden Daten verarbeiten. Daher wird im Folgenden davon ausgegangen, dass § 4 II 2 LArchG SN nicht zum Ausschluss der Anwendbarkeit der allgemeinen und besonderen Schutzfrist führt.

Allgemeine Schutzfrist nach § 10 I 2 Nr. 1 LArchG SN

Diese dreißigjährige Schutzfrist beginnt mit der *Entstehung* der Unterlagen. Fraglich ist, ob zur Festlegung des Beginns der Schutzfrist auf das Bundesmeldegesetz (BMG) zurückgegriffen werden kann. Die Meldekarteien waren weder bei ihrer Entstehung noch später vom BMG oder von den Vorgängergesetzen im Melderecht erfasst. Deshalb wurden die Meldekarteien als „melderechts*fremd*" bezeichnet und verblieben nicht bei den Meldebehörden, sondern wurden den Archiven übergeben. Deshalb ist insoweit nicht das BMG einschlägig.

Fraglich ist, ob zur Festlegung der „Enstehung" stattdessen auf jene Normen des Rechts der DDR zurückgegriffen werden muss, die die Entstehung der Meldekarteien rechtlich begleitet haben. Es war im Rahmen dieses Gutachtens nicht möglich, die damals geltenden Normen des DDR-Rechts zu ermitteln. Es sei aber im Folgenden unterstellt, dass jene Normen keine Regelungen dazu enthielten, dass die Schließung der Meldekarteien erst mit einem gewissen zeitlichen Abstand zum Tod/Umzug der betroffenen Personen eintrat.

Daher ist auf § 2 V LArchG SN zurückzugreifen, so dass die letzte Bearbeitung der Unterlagen maßgeblich ist. Diese muss aufgrund des Beitritts der DDR spätestens im Jahr 1990 erfolgt sein. Folglich ist die anschließende 30-jährige allgemeine Schutzfrist inzwischen abgelaufen.

Besondere Schutzfrist nach § 10 I 2 Nr. 2 LArchG SN

Gemäß der letzten Alternative dieser Norm greift eine 60-jährige Schutzfrist ein, wenn die Unterlagen durch eine „Rechtsvorschrift über Geheimhaltung" geschützt sind. Wie bereits oben begründet, ist das „Meldegeheimnis" keine solche Vorschrift;[344] die 60-jährige Schutzfrist greift also nicht ein.

Personenbezogene Schutzfrist nach § 10 I 2 Nr. 3 LarchG SN

Es handelt sich evident um personenbezogene Unterlagen. Die Schutzfrist beginnt

- mit dem Tod bzw der Geburt der Person (Nr. a bzw. b; insoweit ist die Berechnung unproblematisch) oder
- mit der Entstehung der Unterlagen (Nr. c). Aus den oben dargelegten Gründen ist auch hier § 2 V LArchG SN anzuwenden: Es „gilt der Zeitpunkt der letzten Bearbeitung der Unterlagen" als Zeitpunkt der Entstehung. Die Unterlagen der DDR-Kreispolizei können letztmals im Oktober 1990 bearbeitet worden sein, also vor nunmehr 32 Jahren; es ist jedoch auch möglich, dass die jeweiligen Unterlagen schon viel früher letztmalig bearbeitet wurden. Auch hier sind gemäß der obigen Argumentation Vorgaben aus dem BMG zur Schließung von Meldeunterlagen irrelevant.

Gemäß § 10 IV LArchG SN ist beim Vorliegen von *Einwilligungen* die Nutzung unabhängig von diesen personenbezogenen Schutzfristen zulässig. Es sei aber darauf hingewiesen, dass die Regelung in § 10 IV 2 LArchG SN erheblichen rechtlichen Bedenken begegnet, da es hier um den Schutz des postmortalen Persönlichkeitsrechts geht, das auf der Menschenwürde in Art. 1 GG beruht. Die Entscheidung über den Schutz der Menschenwürde steht nicht zur Disposition der in § 10 IV 2 LArchG SN genannten Personen, so dass Stellungnahmen dieser Personen nur indizielle Wirkung haben.[345]

Schutzfristverkürzung

Soweit Schutzfristenverkürzungsanträge gestellt werden, ist § 10 V 2 LArchG einschlägig; es gibt im LArchG insoweit keine Untergrenze für die Verkürzung. Die frühere Verwaltungsvorschrift, die auch auf Anträge zur Schutzfristenverkürzung einging, ist wie erwähnt nicht mehr gültig.

Soweit sich die Anfragen

- auf *Erbenermittlung, Vertreterbestellung und Ermittlung von Bestattungspflichtigen* beziehen, gilt: In diesen Fällen wird die Nutzung regelmäßig zur

344 So im Ergebnis auch Reibe, Kreismeldedatei (zwölf Fn. zuvor), S. 82, allerdings ohne Begründung und ohne Bezug zu Meldegesetzen.

345 Zur Begründung dieser These, ausgehend von einer Stellungnahme des Bundesminsteriums der Justiz zu einer ähnlichen Regelung im LArchG RP, siehe Thema 13, Teil 5, Abschnitt H.II.2.

Wahrung berechtigter Belange einer anderen Personen erforderlich sein (§ 10 V 2 1. Alt. LArchG SN) und es werden regelmäßig die berechtigten Interesssen der anfragenden Person die schutzwürdigen Belange der Personen, auf die sich das Archivgut bezieht (§ 10 V 2 2. Alt. LArchG SN), überwiegen.[346]

- zu Zwecken der *Familienforschung* stellen, gilt: Hier muss im Einzelfall sehr genau geprüft werden, ob die berechtigten Belange des Familienforschers die schutzwürdigen Belange der betroffenen Person überwiegen (z. B. bei bislang nicht bekannten Adoptionen etc.)

(2) Nutzung durch Behörden

Gemäß § 10 III 1 LArchG SN sind die Schutzfristen grundsätzlich auch auf die Benutzung durch öffentliche Stellen anzuwenden. Ein Bericht des sächsischen Datenschutzbeauftragten aus dem Jahr 1998 erwähnt:

> Es haben „Nachrichtendienste, Polizei und Staatsanwaltschaften in einzelnen Fällen versucht, Zugang zu archivierten melderechtsfremden Altdaten (z. B. aus den alten Kreismeldedateien) zu erhalten."[347]

Der Datenschutzbeauftragte legt dann dar, dass das LArchG SN für diese Behörden die *einzige* Zugangsmöglichkeit zu den Daten darstelle. Ob sich im Hinblick auf Polizei und Staatsanwaltschaft aus § 161 Satz 1 Strafprozessordnung eine Ausnahme ergibt, war damals gemäß dem Datenschutzbericht noch offen und Gegenstand von Debatten.

Stellungnahme: Das Verwaltungsverfahrensgesetz (VwVfG) legt fest:

> „Die ersuchte Behörde ist insbesondere zur Vorlage von Urkunden oder Akten sowie zur Erteilung von Auskünften nicht verpflichtet, wenn die Vorgänge nach einem Gesetz oder ihrem Wesen nach geheim gehalten werden müssen."[348]

Einschlägig sind hier nicht alle, sondern nur **„besondere Geheimhaltungspflichten"**.[349] Bei den Regelungen der Archivgesetze handelt es sich aber nur um einfache Geheimhaltungsvorschriften, weil sie lediglich die unbefugte Offenbarung verbieten. Folglich begründen die Archivgesetze selbst keine „besonderen Geheimhaltungspflichten" und der Zugang für die im Datenschutzbericht genannten Stellen ist aufgrund der speziellen Normen für Polizei, Staatsanwaltschaft und Nachrichtendienste zu gewähren. Inwieweit die Daten dann für die Zwecke dieser Stellen verwendet werden können, ist durch das auf diese Stellen anzuwendende Recht begrenzt.

346 So auch Reibe, Kreismeldedatei (vierzehn Fn. zuvor), S. 82 rechte Spalte unten.
347 Datenschutzbericht Sachsen 1998, S. 85
348 § 5 II 2 VwVfG.
349 Kopp/Ramsauer, VwVfG-Kommentar, 17. Aufl. 2016, § 5 Rn. 24.

Fraglich ist, auf welche „abgebende öffentliche Stelle“ die privilegierende Ausnahmevorschrift in § 10 III 2 LArchG SN anzuwenden ist. Die Unterlagen sind nicht direkt von den Volkspolizei-Kreisämtern an die Archive übergeben worden, sondern befanden sich vor der Übergabe in Beständen der kommunalen Meldebehörden.[350]

Für diese Behörden besteht aber ein privilegierter Zugang gemäß § 10 III 2 LArchG SN nur dann, wenn die Meldekarteien bei ihnen nicht einem Löschungsgebot unterlagen. Dieses Löschungsgebot gilt für alle „melderechtsfremden“ Daten, die nach dem Sächsischen Meldegesetz von 1993 hätten gelöscht werden müssen. Dieses Gesetz ist leider online nicht zugänglich.[351]

Man kann das Ergebnis aber auch umgekehrt formulieren: Die Meldebehörden können jetzt nur auf die Daten der Volkspolizei-Kreisämter zugreifen, die sie zum damaligen Zeitpunkt auf der Grundlage des Sächsischen Meldegesetzes von 1993 hätten erheben und speichern dürfen. Für alle übrigen Daten gelten auch bei Nutzung durch die Meldebehörden die oben erwähnten Schutzfristen.[352] Die Prüfung, ob ein Löschungsgebot eingegriffen hätte, muss jedenfalls auch[353] vom Archiv vorgenommen werden.

b. Arztgeheimnis – Regelung der *Landes*ärztekammer

Die **ärztliche Schweigepflicht** ist z. B. in § 9 der Berufsordnung der Landesärztekammer Hessen geregelt.[354] Damit liegt erstens keine Rechtsvorschrift vor. Zudem gibt es keinen abschließenden gesetzlichen Katalog von Offenbarungstatbeständen, sondern es ist eine Abwägung mit anderen Rechtsgütern vorzunehmen.[355] Deshalb liegt auch keine *besondere* Geheimhaltungsvorschrift vor.

Grundsätzlich führt das Arztgeheimnis also nicht zur längeren allgemeinen Schutzfrist. Aber: Im **saarländischen** Archivgesetz ist explizit eine 60-jährige Schutzfrist angeordnet, wenn Unterlagen der ärztlichen Schweigepflicht unterliegen.[356] Zudem führt auch das Persönlichkeitsrecht[357] zu einem umfassenden Schutz des Arztgeheimnisses.

---

350 Auch Reibe, Kreismeldedatei (achtzehn Fn. zuvor), S. 81, betont, dass ausschließlich die Meldebehörde die abgebende Stelle ist.

351 https://www.revosax.sachsen.de/vorschrift/5035.1 „Datei ist nicht im Datenbestand“

352 Die These, dass jene Daten „den Meldebehörden nicht mehr zugänglich sein dürfen“ (so Scholz, Besondere Fälle (Fn. 231), S. 177 bei Fn. 183) ist daher mE nicht zutreffend.

353 Reibe, Kreismeldedatei (21 Fn. zuvor), S. 81 verengt diese Aufgabe mE unzutreffend auf die Meldebehörde. Die Anwendung des Archivgesetzes erfolgt durch das Archiv.

354 Berufsordnung für die Ärztinnen und Ärzte in Hessen vom 26. März 2019 (HÄBL 6/2019, S. 396).

355 „Ärztinnen und Ärzte sind zur Offenbarung befugt, [...] soweit die Offenbarung zum Schutze eines höherwertigen Rechtsgutes erforderlich ist“ (§ 9 II 1 der Berufsordnung für Ärztinnen und Ärzte (wie Fn. zuvor).

356 § 11 II 2 LArchG SL.

357 Dazu Thema 2, Teil 2.

c. Privat- und Dienstgeheimnis (§§ 203, 353 b StGB) *(umstritten)*

Bei Schritt 1 ist ausführlich begründet, warum diese beiden Normen archivrechtlich **keine Rechtsvorschrift über Geheimhaltung** ist. Mit Blick auf die längere allgemeine Schutzfrist zeigt sich auch vom Ergebnis her, dass die Gegenthese zu unvertretbaren Ergebnissen führt, weil damit ein Großteil der Unterlagen in öffentlichen Archiven mit einer bis zu 60-jährigen Schutzfrist belegt werden müsste.[358]

d. Sozialgeheimnis – § 35 Sozialgesetzbuch I

§ 35 I 1 SGB I ist eine *Rechts*vorschrift, enthält aber nur das Verbot der unbefugten Offenbarung von Sozialdaten. Es gibt in dieser Norm keinen Katalog von Offenbarungstatbeständen, stattdessen gibt es im Sozialrecht und verstreut in vielen Normen Erlaubnisse zur Offenbarung. Folglich liegt keine *besondere* Geheimhaltungsvorschrift vor.

Das Sozialgeheimnis führt also nur dann zur längeren allgemeinen Schutzfrist, wenn im Archivgesetz nicht verlangt wird, dass eine besondere Geheimhaltungsvorschrift vorliegen muss. Einen Sonderweg beim Gesetzgebungsstil geht das **saarländische** Archivgesetz: Dort ist explizit eine 60-jährige Schutzfrist angeordnet, wenn Unterlagen dem Sozialgeheimnis unterliegen.[359]

e. Geheimhaltungsvorschriften der Datenschutzgesetze

Die **Datenschutzgesetze** arbeiten mit einem generellen Verbot mit Erlaubnistatbeständen, bei denen schon wegen des Umfangs kaum von einem *abschließenden* Katalog gesprochen werden kann. Außerdem können die Datenschutzgesetze kaum besondere Geheimhaltungsvorschriften darstellen, weil sie generell gelten. Zudem sind die Archivgesetze bereichsspezifisches Datenschutzrecht. Daher können die allgemeinen Datenschutzgesetze keine längere allgemeine Schutzfrist herbeiführen.

6. *Die Bedeutung von Einwilligungen beim Eingreifen von Geheimhaltungsvorschriften*

Die Bedeutung derartiger Einwilligungen sei anhand des **BArchG** erläutert, das insoweit nicht nur direkt anwendbar ist, sondern gemäß Schritt 1 der Prüfung auch in weitem Umfang das anzuwendende Archivrecht für Unterlagen in Landes- und Kommunalarchiven liefert, wenn es um dort vorhandene Unterlagen

[358] So das Ergebnis bei Berger, Sächsisches Archivgesetz, Hamburg 2018, § 10 Rn. 16. Berger geht aber nicht vertieft auf die Argumente ein, die aus meiner Sicht gegen die Anwendbarkeit des § 203 StGB in diesem Kontext sprechen.

[359] § 11 II 2 LArchG SL.

geht, die durch eine einschlägige bundesrechtliche Rechtsvorschrift zur Geheimhaltung geschützt sind.[360]

Beim Eingreifen derartiger Geheimhaltungsvorschriften gilt wie erwähnt grundsätzlich die sechzigjährige Schutzfrist nach § 11 III BArchG, so dass nach § 11 II 1 BArchG nur eine Verkürzung der Schutzfrist als Ermessensentscheidung erfolgen kann – und vor allem die Schutzfrist gemäß § 12 III BArchG nur auf mindestens 30 Jahre verkürzt werden kann.

Zu beachten ist aber zusätzlich § 11 V Nr. 2 BArchG, so dass ein vor der Übergabe an das Archiv bestehender Anspruch nach einem „Informationszugangsgesetz" die Anwendung der sechzigjährigen Schutzfrist nach § 11 III BArchG ausschließt. Ein solcher Anspruch für den Betroffenen selbst kann sich eventuell aus dem Bundes-IFG ergeben, gemäß dem dortigen § 1 III ist aber der Anspruch nach **Art. 15 DSGVO** für den Betroffenen vorrangig. Die Einschränkungen der Rechte aus Art. 15 DSGVO in § 14 I – III BArchG sind insoweit nicht einschlägig, weil Art. 15 DSGVO nicht gegenüber dem Archiv geltend gemacht wird, sondern es um einen Anspruch nach der DSGVO geht, der vor der Übergabe an das Archiv bestand. Zu prüfen ist also, ob die Rechtsfolgevoraussetzungen des Rechts auf Auskunft vorlagen, bevor die Unterlagen in das Archiv kamen. Der Anspruch muss nicht geltend gemacht worden sein, sondern es reicht aus, dass der Anspruch hätte geltend gemacht werden können.[361] Zu beachten ist dabei unter anderem, dass Geheimhaltungsvorschriften, die auch andere Individualrechtsgüter oder Universalrechtsgüter schützen, nicht durch eine Einwilligung des (auch) Betroffenen beseitigt werden können.

Beispiel: Das Adoptionsgeheimnis schützt den Adoptierten und seine neue Familie. Daher ist es nicht ausreichend, wenn nur der Adopierte in die Offenlegung der Unterlagen einwilligt. Anders ist es beim Sozialgeheimnis.

Folglich gilt im Hinblick auf die Einwilligung: Wie auch sonst, muss der Einwilligende einwilligungsfähig sein, also in der Lage sein, die Bedeutung und Tragweite seiner Einwilligung zu überschauen; zudem muss die Einwilligung vor der Einsicht in die Unterlagen gegeben worden sein (andernfalls liegt eine Zustimmung als nachträgliche Einwilligung vor). Wenn all das zu bejahen ist, gilt: Ein Betroffener kann *die ihn betreffenden* Daten im Bundesarchiv bzw. im Landesarchiv auch dann einsehen, wenn sie durch eine Rechtsvorschrift des Bundes über Geheimhaltung geschützt sind, soweit dem Betroffenen das Recht auf Auskunft aus § 15 DSGVO vor der Abgabe an das Archiv zustand. Eine wirksame Einwilligung führt also dazu, dass die längere allgemeine Schutzfrist für Unterlagen, bei denen (besondere) Geheimhaltungsvorschriften vorliegen, nicht eingreift.

360 Dazu Thema 13, Teil 5, Abschnitt E II.

361 So auch Partsch, BArchG-Kommentar, § 11 Rn. 32f. mit Bezug auf den IFG-Anspruch, der in der obigen Konstellation aber wie erwähnt nachrangig ist.

In analoger Anwendung von § 14 II BArchG steht die Möglichkeit der Einwilligung auch **Angehörigen** zu, wenn die in § 14 II BArchG genannten Rechtsfolgevoraussetzungen erfüllt sind.

VI. Die besondere Schutzfrist für personenbezogenes Archivgut

Mit dieser besonderen Schutzfrist wird bei lebenden Betroffenen ihr Recht auf informationelle Selbstbestimmung[362] geschützt, weil diese Schutzfrist zu Lebzeiten noch nicht einmal beginnt und also in jedem Fall ein Schutzfristenverkürzungsantrag nötig ist. Zudem wird das postmortale Persönlichkeitsrecht[363] geschützt.

1. Die Abgrenzung personen-/sachbezogenes Archivgut

Da nur bei personenbezogenem Archivgut die besonderen Schutzfristen für personenbezogenes Archivgut eingreifen, ist die Abgrenzung von personen- und sachbezogenem Archivgut von hoher Relevanz.

Andererseits sind die Nutzungsversagungsgründe auch für sachbezogenes Archivgut anwendbar. Personenbezogene Daten, die sich in sachbezogenem Archivgut befinden, sind also archivrechtlich geschützt. Einen Rechtsgrundsatz, dass personenbezogene Daten in sachbezogenem Archivgut ohne weitere Prüfung vorgelegt werden können, gibt es nicht.

Da Findbücher wie erwähnt wie Archivgut zu behandeln ist, gelten die folgenden Ausführungen entsprechend auch für Findbücher.

Die **Unterscheidung zwischen personen- und sachbezogenem Material** ist auch in anderen Rechtsgebieten problematisch; das Bundesbeamtengesetz rettet sich bei der entsprechenden → Legaldefinitionen in die vagen Begriffe des „unmittelbaren inneren Zusammenhangs".[364]

a. Keine Begriffsjurisprudenz – eigenständige Auslegungen im Datenschutz- und Archivrecht

Wie auch ansonsten,[365] können die gleichen Worte in unterschiedlichen Rechtsgebieten eine unterschiedliche Auslegung erfahren. Hier also können die Definitionen von „personenbezogen"

[362] Dazu Thema 2, Teil 2, Abschnitt B.

[363] Dazu Thema 2, Teil 2, Abschnitt C.

[364] § 106 I 4 Bundesbeamtengesetz: „Zur Personalakte gehören alle Unterlagen, die die Beamtin oder den Beamten betreffen, soweit sie mit ihrem oder seinem Dienstverhältnis in einem unmittelbaren inneren Zusammenhang stehen (Personalaktendaten)."

[365] Dagmar Felix, Einheit der Rechtsordnung, Tübingen 1998, S. 226ff.

- im Datenschutzrecht,
- im Personalrecht (also solange es um Unterlagen geht) und
- im Archivrecht (wenn es um Archivgut geht)

voneinander abweichen.[366]

Führt die Möglichkeit, aus sachbezogenen Daten im Archiv die zugehörige Person herzuleiten („**personenbeziehbare Daten**"), zu personenbezogenem Archivgut? Zwar erzeugt die Bestimmbarkeit der zugehörigen Person im Datenschutzrecht eine Einstufung als personenbezogenes Datum, doch das Archivrecht ist an dieses Verständnis nicht gebunden. Dafür spricht bereits die grundsätzlich unterschiedliche Struktur der beiden Rechtsgebiete:

- Das Datenschutzrecht arbeitet mit einem Verbotsprinzip plus Erlaubnisvorbehalt
- Im Archivrecht gilt strukturell umgekehrt ein generelles Nutzungsrecht mit Schutzfristen

Daraus ergeben sich wesentliche Folgen: Eine Rechtsposition im Datenschutzrecht kann im Archivrecht zu einem bloßen **Rechtsreflex** werden.

b. Die frühere Rechtslage

Das BArchG 2013 forderte für das Eingreifen der besonderen Schutzfrist für personenbezogenes Archivgut nur einen Bezug des Archivguts auf natürliche Personen;[367] schon im damaligen Gesetzgebungsverfahren war eine Einschränkung dieser weitgehenden Formulierung gefordert worden.[368] Die damalige Rechtspraxis des Bundesarchivs hat – mit Zustimmung des Kommentars von Becker/Oldenhage[369] – dennoch eine Einschränkung des vom Gesetz vorgesehenen weiten Begriffs des personenbezogenen Archivguts vorgenommen.[370] Ob diese Gesetzesauslegung, die der historischen Auslegung widersprach, teleologisch gerechtfertigt war, kann dahinstehen, da das BArchG 2013 nunmehr in den Bereich der Rechtsgeschichte gehört.

366 So auch Manegold, Archivrecht, S. 278 mit Bezug auf den Begriff „personenbezogen"

367 § 5 II 1 BArchG 2013.

368 Dazu Becker/Oldenhage, BArchG-Kommentar, § 5 Rn. 32.

369 Die „Vorschrift muss [sic!] aber auch ohne diese Ergänzung sachgerecht im Sinne des Bundesrates [der jene Einschränkung gefordert hatte, Th. H.] ausgelegt werden", so Becker/Oldenhage (wie Fn. zuvor).

370 Der Referentenentwurf zum späteren BArchG 2017 resümiert trocken: Der Vorschlag, die Voraussetzungen für die Einstufung als personenbezogenes Archivgut enger zu fassen, „formuliert die in der Praxis des Bundesarchiv[s] gängigen Anknüpfungspunkte für die Einstufung von Archivgut als personenbezogen". BT-Drucksache 18/9633, S. 68.

c. Die jetzige Rechtslage nach dem BArchG 2017

Das **BArchG 2017** geht – in Übernahme einer Formulierung im LArchG NW[371] und wie „insbesondere jüngere Archivgesetze“[372] – von einem engeren Begriff der Personenakte aus, die nur vorliegt, wenn sich das Archivgut

> „seiner **Zweckbestimmung** oder **seinem wesentlichen Inhalt nach** auf eine oder mehrere natürliche Personen bezieht“.[373]

Kombiniert werden also ein formelles („Zweck“) und ein materielles Kriterium („Inhalt“). Im Hinblick auf die zweite Voraussetzung erläutert der Entwurf zum späteren BArchG 2017:

> „Voraussetzung ist lediglich, dass die Betroffenen in der maßgeblichen Bezeichnung des Archivguts namentlich genannt werden oder tatsächlich als Person wesentlicher Gegenstand des jeweiligen Inhalts sind […] Demgegenüber enthalten Sachakten nur vereinzelt personenbezogene Daten, wie zum Beispiel Namen oder Adressen, ohne dass die Art der Daten das hohe Schutzniveau von § 11 Absatz 2 [BArchG 2017] erfordert.“

Dieses Ergebnis ist auch durch die Wechselwirkungslehre gerechtfertigt: Bei der Auslegung des Tatbestandsmerkmals „personenbezogen“ muss nicht nur das informationelle Selbstbestimmungsrecht Betroffener berücksichtigt werden, sondern auch, wie sich die Auslegung auf die Wissenschafts- und Informationsfreiheit von Nutzerinnen und Nutzern auswirkt.[374]

Archivgut, das nur personenbeziehbar ist, stellt daher archivrechtlich kein personenbezogenes Archivgut dar.

Die Abgrenzung von personen- und sachbezogenem Archivgut kann dennoch im konkreten Fall schwierig sein; eine für jedes Aktenblatt unterschiedliche Einstufung kann zu schwer handhabbaren Schutzfristen für die einzelnen Blätter führen, zumal wenn unterschiedliche Personen mit divergierenden betroffenen Grundrechten in der Akte vorkommen. Im Übrigen ist auch wegen des Amtsermittlungsgrundsatzes (§ 24 VwVfG) eine Einzelfallprüfung nötig.

> Beispiele:
>
> **„Personal-, Prozess-, Steuer- oder Kreditakten“** sind in ihrer Gesamtheit personenbezogenes Archivgut.[375]

---

[371] § 7 III 2 LArchG NW. Die Übernahme der Regelung aus Nordrhein-Westfalen wird in der Gesetzesbegründung jedenfalls angedeutet, siehe BT-Drucksache 18/9633, S. 68.

[372] Diese Formulierung bei Christine Axer, Zugangsbeschränkungen durch Archivrecht, in: Becker/Rehm, Archivrecht, S. 147.

[373] § 11 II 1 BArchG 2017.

[374] Zustimmend Hannes Berger, Sächsisches Archivgesetz, § 10 Rn. 28 aE.

[375] Becker/Oldenhage, BArchG-Kommentar, § 5 Rn. 29.

Bei „**Personalakten, Patientenakten, Schülerakten, Sozialhilfeakten** handelt es sich in der Regel um Archivgut, das sich seiner Zweckbestimmung nach auf natürliche Personen bezieht".[376]

Bei **Bauakten** ist nicht der Eigentümer als Person wesentlicher Bestandteil der Akten, sondern es geht vorrangig um das Gebäude und es liegen daher aus archivrechtlicher Sicht Sachakten vor.

Die Eigenschaft „Person" geht – anders als die Grundrechtsfähigkeit[377] – nicht mit dem Tod unter, daher ist bei der Abgrenzung von Personen- und Sachakten keine besondere juristische Perspektive auf verstorbene Personen nötig.

d. Beispiel: Rechtsprobleme von Datenbanken zu jüdischen Holocaustopfern und überlebenden Nachfahren

Die **Nennung von Namen ermordeter jüdischer Holocaustopfer** in entsprechenden und seit langem existierenden Datenbanken ist unproblematisch. Soweit solche Datenbanken Personen erfassen, die nach 1945 lebten, sind selbstverständlich die archivrechtlichen Schutzfristen im Hinblick auf die Zugänglichmachung personenbezogener Daten zu beachten, was die Publikation von Daten *lebender* Personen ohne deren Einwilligung (= vorherige Zustimmung) ausschließt.

Beispiel: **Datenbank „Mindener Juden"** in der Fassung von 2015[378]: Die Stellungnahme und Intervention des Landesbeauftragten für Datenschutz und Informationsfreiheit Nordrhein-Westfalen (LDI NRW) in seinem 22. Datenschutz- und Informationsfreiheitsbericht ist im Hinblick auf die Aufnahme *lebender* Personen ohne deren Einwilligung zutreffend. Der LDI NRW geht allerdings dann soweit, wegen der Namensidentität zwischen Vorfahren und Abkömmlingen in der Publikation von Namen der Vorfahren zugleich „personenbeziehbare Angaben zu lebenden Personen" zu sehen, so dass deren schutzwürdige Belange berücksichtigt werden müssten. Solche Belange seien die – von den Datenbankerstellern zwar nicht beabsichtigte, aber aus der Perspektive von Nachfahren vorliegende „öffentliche Ausgrenzung und Anprangerung". Es kann hier offenbleiben, ob dieses These für das BDSG zutrifft. Jedenfalls kann diese Auslegung nicht auf das Archivrecht übertragen werden, da dort eine eigenständige Festlegung des Begriffs „personenbezogenes Datum" vorgenommen wird.[379] Aus Sicht des Archivrechts liegt ein bloßer Rechtsreflex vor.[380] Mit der These des LDI NRW, die auf das Stichwort „Rechtsreflex" nicht eingeht, könnte im Übrigen z. B. jede Arbeit im Archiv über NS-Täter durch Nachfahren verhindert werden. Inzwischen gibt es eine Neufassung der Mindener Datenbank.[381]

376 Christine Axer, Schutzfristen, in: Becker/Rehm, Archivrecht, S. 141 ff. (146).
377 Dazu Thema 2, Teil 2, Abschnitt C.
378 https://web.archive.org/web/20140709110544/http://mindener-juden.kommunalarchiv-minden.de/.
379 Dazu Abschnitt a.
380 Zu diesem Begriff Thema 1, Teil 1, Abschnitt C.
381 Online unter https://juedisches-leben.kommunalarchiv-minden.de/.

An der rechtlichen Zulässigkeit der Nennung von Namen ermordeter jüdischer Holocaustopfer ändert sich auch dann nichts, wenn der Nachfahre einen seltenen Familiennamen trägt, der die Zuordnung zu Religion und Straftaten seines Vorfahren erleichtert. Hier „verwirklicht sich nur das allgemeine Lebensrisiko des Trägers eines ungewöhnlichen Familiennamens."[382]

2. *Die Rechtsfolge einer Einwilligung beim Eingreifen einer besonderen Schutzfrist für personenbezogenes Archivgut*

Die folgenden Ausführungen beziehen sich nicht auf die Rechtsfolgen einer Einwilligung beim Eingreifen einer längeren *allgemeinen* Schutzfrist für Unterlagen, bei denen (besondere) Geheimhaltungsvorschriften vorliegen, sondern nur auf Unterlagen, für die eine *besondere* Schutzfrist für personenbezogenes Archivgut eingreift.

Es ist möglich, dass die betroffenen Personen in die Nutzung ihres personenbezogenen Archivguts einwilligen oder nach ihrem Tode andere Personen derartige Einwilligungen (= vorherige Zustimmung) erteilen. Die **Rechtsfolge** einer solchen Einwilligung hängt von dem anzuwendenden Archivgesetz ab. Zur Vermeidung von Missverständnissen sei darauf hingewiesen, dass die hier erläuterten Einwilligungen nur die Schutzfrist betreffen, **nicht aber die zuvor bei Schritt 2 zu prüfende Nutzungsuntersagung.**[383]

⇨ Möglichkeit 1: Schutzfristverkürzung

Zum Beispiel das BArchG und das LArchG NW legen fest: Falls eine Einwilligung vorliegt, muss die Schutzfrist für das personenbezogene Archivgut ermittelt werden; danach erfolgt anhand von Schritt 4 die Prüfung der Schutzfristverkürzung.[384]

⇨ Möglichkeit 2: Nichtanwendbarkeit nur der *besonderen* Schutzfrist

Zum Beispiel das LArchG HE geht den Weg, diese Rechtsfolge anzuordnen.[385] Im Hinblick auf die Rechtsfolgevoraussetzungen dieser Norm kann daher auf die Ausführungen verwiesen werden, die sich auf die Rechtsfolge „Schutzfristverkürzung" beziehen.[386]

⇨ Möglichkeit 3: Nichtanwendbarkeit *aller* Schutzfristen/
Ausnahme bei Rechtsvorschriften des Bundes über Geheimhaltung

382 Entscheidung des Landgericht Berlin vom 13.11.2012 – 27 O 500/12, ZUM-RD 2013, 642ff. (644).

383 Dazu oben Thema 13, Teil 5, Abschnitt F.

384 Dazu Abschnitt H.II.

385 § 9 VI LArchG HE.

386 Siehe Abschnitt H.II.

Das LArchG TH legt fest:

> Eine Benutzung personenbezogenen Archivguts ist unabhängig [nur! Th. H.] von den festgelegten Schutzfristen auch zulässig, wenn es sich um den Betroffenen selbst handelt oder wenn die Person, auf die sich das Archivgut bezieht, oder im Falle ihres Todes, ihre Angehörigen zugestimmt haben.[387]

Diese Regelung kann sich aber nicht auf Unterlagen beziehen, „die Rechtsvorschriften des Bundes über Geheimhaltung unterliegen", denn für diese Unterlagen gelten nach dem LArchG TH *nur* die Regelungen des BArchG.[388] Insoweit sind also die weiter oben[389] erläuterten Folgen einer Einwilligung beim Eingreifen von Geheimhaltungsvorschriften relevant.

3. *Die Länge und die Berechnung der besonderen Schutzfrist für personenbezogenes Archivgut*

Die nunmehr „meisten"[390] Archivgesetze und auch das BArchG 2017 legen bei diesem Archivgut eine **10-jährige Schutzfrist ab dem Tod des Betroffenen** fest. Für die Berechnung sind – wie bei den allgemeinen Schutzfristen – die **§§ 187–193 BGB** anzuwenden, soweit nicht in **§ 31 II – VII VwVfG** Sonderregelungen zu finden sind.[391]

> Beispiel: Die im personenbezogenen Archivgut vorkommende Person ist am 10.07.2012 verstorben. Schutzfristbeginn ist am 11.07.2012 um 0:00 Uhr. Ende der allgemeinen Schutzfrist am 10.07.2022. Da dieser Tag ein Sonntag war, endet die Schutzfrist erst am 11.07.2022 um 24:00 Uhr. Soweit keine anderen Gründe der Nutzung entgegenstehen, besteht ein Nutzungsanspruch ab dem 12.07.2022 0:00 Uhr und kann ab dem Beginn der regulären Öffnungszeit des Archivs am 12.07.2022 geltend gemacht werden.

Wenn der Todeszeitpunkt nicht bzw. nicht mit vertretbarem Aufwand ermittelt werden kann, gibt es leicht divergierende Regelungen, welche Schutzfrist ab der Geburt zugrunde zulegen ist;[392] häufig gilt eine **100-jährige Frist**.

Ist auch das Geburtsdatum nicht ermittelbar, schließen jetzt „immer mehr" Archivgesetze die Regelungslücke und legen „mehrheitlich" eine **60-jährige Schutzfrist** ab Entstehung der Unterlagen zugrunde.[393]

---

387 § 17 VI 1 LArchG TH. Im Hinblick auf die Einwilligungsbefugnis der Angehörigen muss die Norm verfassungskonform ausgelegt werden; dazu Thema 13, Teil 5, H.II.1.

388 § 18 II LArchG TH.

389 Siehe Thema 13, Teil 5, Abschnitt G.6.

390 Christine Axer, Zugangsbeschränkungen durch Archivrecht, in: Becker/Rehm, Archivrecht, S. 148

391 Zur Begründung für die Anwendbarkeit dieser Normen siehe Thema 1, Teil 5, Abschnitt H.II.2.

392 Dazu die Zusammenstellung bei Axer, Zugangsbeschränkungen (zwei Fn. zuvor), S. 148.

393 Die Zitate bei Axer, Zugangsbeschränkungen (wie Fn. zuvor).

VII. Generelle Verkürzung der besonderen Schutzfrist bei Archivgut zu Amtsträgern und zu Personen der Zeitgeschichte

Zur besonderen Schutzfrist für personenbezogenes Archivgut gibt es im BArchG 2017 eine wichtige generelle Schutzfristverkürzung bei Archivgut, das sich auf **Amtsträger bei Amtsausübung und auf „Personen der Zeitgeschichte“** bezieht, **es sei denn** (Rückausnahme), **es ist die Privatsphäre dieser Personen betroffen.**[394]

> § 11 I Nr. 2 StGB
>
> Es ist „**Amtsträger:** wer nach deutschem Recht
>
> a) Beamter oder Richter ist,
>
> b) in einem sonstigen öffentlich-rechtlichen Amtsverhältnis steht oder
>
> c) sonst dazu bestellt ist, bei einer Behörde oder bei einer sonstigen Stelle oder in deren Auftrag Aufgaben der öffentlichen Verwaltung unbeschadet der zur Aufgabenerfüllung gewählten Organisationsform wahrzunehmen“

Der **Legaldefinition** eines **„Amtsträgers“** im StGB (siehe Kasten) kann auch bei der Auslegung der Archivgesetze verwendet werden.[395]

Der strafrechtliche Begriff des „Amtsträgers“ ist enger als der staatshaftungsrechtliche Begriff. Keine Amtsträger im Sinne des StGB sind u. a. Abgeordnete, Mandatsträger auf kommunaler Ebene und Soldaten.[396] Ehrenamtliche Tätigkeit kann jedoch zur Amtsträgereigenschaft führen (Wahlhelfer).

1. *Wann „bezieht“ sich Archivgut auf „Amtsträger in Ausübung ihrer Ämter“ und auf „Personen der Zeitgeschichte“?*

Wenn man die Voraussetzung „bezieht sich“ im Hinblick auf Amtsträger so verstehen würde, dass nur Archivgut gemeint ist, dass während der amtlichen Tätigkeit der jeweiligen Personen entstanden ist, wäre damit erstens die Erforschung von amtlichen Vorgängen der jüngeren Zeitgeschichte wesentlich erschwert. Zweitens sorgt die Rückausnahme im letzten Halbsatz von § 13 IV BArchG für den nötigen Schutz der Privatsphäre. Drittens würde eine solche Auslegung zu einer unterschiedlichen Behandlung von Amtsträgern und Personen der Zeitgeschichte führen, da für die letztere Personengruppe im Gesetz keine Begrenzung auf die Zeit der Eigenschaft als „Person der Zeitgeschichte“ vorgesehen ist. Und viertens spricht auch die Begründung im Gesetzesentwurf zum späteren BArchG[397] für eine Auslegung, bei der **objektiv auf den Inhalt**

---

394 § 11 IV BArchG 2017.

395 So auch Partsch, BArchG-Kommentar, § 11 Rn. 25.

396 Zu letzterem vgl. § 113 I 1 StGB, wo Soldaten zusätzlich zu Amtsträgern aufgeführt sind.

397 Die Begründung zu § 11 IV BArchG führt aus, dass „der dort genannte Personenkreis außerhalb seines privaten Lebensbereichs weniger schutzbedürftig ist. Dessen amtliche bzw. öffentliche

des Archivguts abgestellt wird und nicht berücksichtigt wird, ob ein Amtsträger die Unterlagen, die später zu Archivgut wurden, in Ausübung des Amtes oder außerhalb erzeugt hat.

Beispiel: Wenn das Archivgut ein Tagebuch ist, das eine Amtsträgerin außerhalb ihrer amtlichen Tätigkeit erstellt und in dem sie über ihre Amtstätigkeit berichtet, bezieht sich das Archivgut auf die amtliche Tätigkeit der Amtsträgerin, so dass dieses Archivgut unter § 11 IV BArchG fällt.

2. *„Personen der Zeitgeschichte"*

Die im Gesetzeswortlaut nicht weiter ausdifferenziertere Formulierung „Personen der Zeitgeschichte" spiegelt die aktuelle Rechtsprechung.

Nach der früheren Rechtsprechung des Bundesgerichtshofs wurde unmittelbar aus der Einstufung als *absolute* (z.B. Hochadel) und *relative* (z.B. Spitzensportler.innen) Personen der Zeitgeschichte eine Rechtsfolge im Hinblick auf die Gewichtung des Interesses der Öffentlichkeit an Vorgängen rund um jene Personen abgeleitet. Diese zu starre Systematik wurde aufgrund einer Kritik des Europäischen Gerichtshofs für Menschenrechte aus dem Jahr 2004[398] anschließend langsam von der deutschen Rechtsprechung aufgegeben.

Seitdem ist immer **im Einzelfall**

- das Informationsinteresse gegen
- die Interessen der betroffenen Person

abzuwägen. Folglich ist die Intimsphäre auch bei „Personen des öffentlichen Lebens" immer geschützt, **ein Interesse der Öffentlichkeit an der Privatsphäre des Betroffenen kann bei besonderer Bekanntheit bestehen.**

Problematisch bleibt der Fall, dass eine Recherche über einen Korruptionsverdacht eingeschränkt wird, wenn die Korruption über die nicht öffentlich hervortretende Ehefrau des Bürgermeisters abläuft. Diese Ehefrau ist keine Person der Zeitgeschichte und keine Amtsträgerin.

H. Zu Schritt 4: Schutzfristverkürzung oder -verlängerung im Einzelfall?

Der Schutz grundrechtlicher Positionen kann durch ein starres Fristensystem und „Schutzfristenmathematik" nur teilweise erfolgen – Justitia hat aus gutem

Tätigkeit ist vielmehr in besonderem Maße der Öffentlichkeit verpflichtet und Dokumentation sowie Bekanntgabe der amtlichen bzw. öffentlichen Tätigkeit unterliegen daher nicht der Selbstbestimmung der jeweiligen (Privat-)Person." BT-Drucksache 18/9633, S. 70; diese Formulierungen werden zustimmend referierte von Partsch, BArchG-Kommentar, § 11 Rn. 23 mit Fn. 61 f.

398 Entscheidung des EGMR vom 24.06.2004.

Grund eine *Waage*, keinen Rechenschieber in der Hand. Daher sind **mit Blick auf den Einzelfall Verkürzungen, aber auch Verlängerungen notwendig**, um

- durch Schutzfrist**verkürzungen** einen effektiven Grundrechtsschutz von Archivnutzer.innen zu erreichen bzw.
- durch Schutzfrist**verlängerungen** in besonderen Konstellationen die Grundrechte Dritter[399] oder andere Belange zu schützen.

Die Schutzfristverkürzungen sind im BArchG und in den LArchG im Hinblick auf die Gesetzessystematiken recht unterschiedlich geregelt; letztlich sind aber bei der Ermessensentscheidung sehr ähnliche Gesichtspunkte zu berücksichtigen.

Der **Schutzfristenverkürzungsantrag („SVA")** kann schon zugleich mit dem Nutzungsantrag gestellt werden; die Stellung des SVA steht dann unter der Bedingung, dass der ursprüngliche Nutzungsantrag nicht erfolgreich ist. [400]

Im Hinblick auf die Rechtsfolgevoraussetzungen der Schutzfristverkürzung reicht die **Glaubhaftmachung**;[401] es muss nicht der volle Beweis erbracht werden.

Bei Ablehnung einer Schutzfristverkürzung[402] muss das Archiv aber nicht ermitteln, wann diese zukünftig bewilligt werden wird; insoweit liegt ein unzulässiger Ausforschungsantrag vor.

Wenn es um eine Schutzfristen**verkürzung** geht, liegt eine Ermächtigung der Verwaltung vor, eine **Ermessensentscheidung** zu treffen;[403] die Nutzerinnen und Nutzer haben einen Anspruch auf eine ermessensfehlerfreie Entscheidung[404] über die Verkürzung.

Eine Schutzfristen**verlängerung** ist immer **von Amts wegen** zu prüfen.[405]

---

399 Dass das BArchG 2017 in § 12 III die Verlängerungsmöglichkeit nur für Geheimdienstunterlagen anspricht, ist also nicht als Ausschluss von Verlängerungsmöglichkeiten im Übrigen zu verstehen, sondern hat nur Bedeutung im Hinblick auf die in § 12 III BArchG 2017 genannte Obergrenze der Verlängerungsmöglichkeit.

400 Zur Frage, ob ein Nutzungsantrag regelmäßig bereits einen Schutzfristenverkürzungsantrag enthält, siehe oben Thema 13, Teil 4 Abschnitt B.II.

401 Das Archiv (bzw. die zuständige Bearbeiter.in) muss nicht vollständig von der Richtigkeit von Tatsachenbehauptungen, die die Nutzer.in aufstellt, überzeugt sein. Es genügt, wenn die Behauptung nach den Gesamtumständen und der Lebenserfahrung überwiegend wahrscheinlich erscheint (das Archiv ist z. B. nicht verpflichtet, bei dem Hinweis von Nutzer.innen auf Publikationen zu überprüfen, ob nur eine bloße Namensgleichheit vorliegt).

402 Zum Verwaltungsverfahren Thema 10, Teil 4, Abschnitt B.

403 Dazu Jenny Kotte, Prüfung der Verkürzbarkeit von Schutzfristen, in: Becker/Rehm, Archivrecht, S. 152 ff.

404 Dazu Thema 1, Teil 2, Abschnitt E.III.1.

405 Zu eng Axer, Schutzfristen, in Becker/Rehm, Archivrecht, S. 143: Durch die allgemeine Schutzfrist „werden die Archive von der steten Einzelfallprüfung des von Nutzern zur Einsichtnahme bestellten Archivguts auf möglicherweise darin enthaltene schützenswerte personenbezogene Informationen ‚entbunden'."

Beispiel: Bei Bilder von nackten Kindern aus der sog. **„Lebensreformbewegung"** am Anfang des 20. Jahrhunderts sind alle Schutzfristen abgelaufen, die Ereignisse liegen über 110 Jahre zurück. Abgesehen von der Frage, ob jene Bilder heute als kinderpornografische Darstellungen zu werten sind, ist zu prüfen, ob die sexualisierte Darstellung so sehr zu einer Objektifizierung der Kinder führt, dass die Schutzfrist zu verlängern ist.

Die gleiche Problematik besteht z. B. bei **Unterlagen zur NS-Gewaltkriminalität**: Die von den Tätern vorgenommene **massive Entwürdigung** der Opfer kann es notwendig machen, die Schutzfristen zu verlängern. Der Verwendungszweck „Aufklärung über NS-Gewaltkriminalität" kann, muss aber nicht der Schutzfristverlängerung entgegenstehen; es kommt auf den Einzelfall an. Erst recht gelten diese Überlegungen z. B. bei **Tatortbildern**.

I. Abänderung der allgemeinen Schutzfrist für Sachakten

Gemäß dem **BArchG** gilt für Sachakten: Die Schutzfristverkürzung ist eine Ermessensentscheidung, bei der eine Vielzahl von sog. „Einschränkungsgründen" zu berücksichtigen ist.[406] Zudem ist bei Archivgut, das von Stellen des Bundes stammt, zusätzlich die Einwilligung (= *vorherige* Zustimmung) der zuständigen Stelle einzuholen.[407] Die Ablehnung der Einwilligung ist für das Bundesarchiv bindend. Problem: Die funktionale Trennung von Verwaltung und Archiv wird hier eingeschränkt, die Wirkung der Umwidmung von Verwaltungsunterlagen zu Archivgut führt nicht zur alleinigen Entscheidungsbefugnis des Archivs. Dass die Nutzung die **Wissenschaftsfreiheit** nach Art. 5 III GG umsetzt, ist im BArchG 2017 im Hinblick auf Sachakten nicht explizit als Grund erwähnt, der in die Ermessensentscheidung einzubeziehen ist, ergibt sich aber aufgrund der **Wechselwirkungslehre**.[408]

Auch nach dem LArchG NW erfolgt eine Ermessensentscheidung, doch sind derartige Einschränkungsgründe, die gegen die Verkürzung der Sachaktenschutzfrist sprechen, nicht explizit aufgeführt.[409] Die Gesetzesbegründung erläutert nur, dass eine derartige Verkürzung in „besonders begründeten Fällen" möglich sei.[410] Die im BArchG explizit benannten Gründe sind aber auch dann in die Ermessensentscheidung einzubeziehen, wenn sie in einem LArchG nicht ausdrücklich erwähnt sind. Eine derartige einfache Ermessensklausel findet sich auch in anderen LArchG.[411]

---

406 § 12 I iVm. § 13 BArchG 2017.

407 § 12 IV BArchG 2017.

408 Zum persönlichen Schutzbereich der Wissenschaftsfreiheit, inbesondere zur Einbeziehung von „Heimatforscher.innen", siehe Thema 2, Teil 3, Abschnitt B.I.1.d.

409 § 7 VI 1 LArchG NW.

410 Landtagsdrucksache 14/10028, S. 19 (https://www.landtag.nrw.de/Dokumentenservice/portal/WWW/dokumentenarchiv/Dokument/MMD14-10028.pdf).

411 Dazu Kotte, Verkürzbarkeit (acht Fn. zuvor), S. 155.

Bei anderen LArchG wird ein überwiegendes öffentliches Interesse gefordert;[412] es müssen also schutzwürdige Belange der Allgemeinheit vorliegen. Auch damit ergibt sich aber keine grundsätzlich andere Abwägung, denn da Presse, Rundfunk und Wissenschaft durch das Grundgesetz auch als Institution geschützt sind, liegt der Schutz ihrer Vertreter.innen im Interesse der Allgemeinheit.

II. Abänderung der besonderen Schutzfrist bei personenbezogenem Archivgut

Bei personenbezogenem Archivgut ist durch eine Verkürzung der Schutzfrist insbesondere das (ggf. postmortale) Persönlichkeitsrecht jener Personen betroffen.

1. Einwilligung in die Schutzfristverkürzung, falls das Persönlichkeitsrecht zu Lebzeiten betroffen ist

Auf die hier betroffenen Teile ihres Persönlichkeitsrechts können die Betroffenen **zu Lebzeiten** – wenn es nicht um die unverzichtbare Menschenwürde als Teil des Persönlichkeitsrechts geht – verzichten, so dass dann eine (formlos mögliche) **Einwilligung** (= vorherige Zustimmung)[413] vorliegt. Ausnahmen sind denkbar, soweit das Archivgut **entwürdigende Behandlungen** der Person belegt (z.B. Folter- oder Tatortfotos), da der Betroffene und auch andere einwilligungsberechtigte Personen nicht den von der Menschenwürde geschützten Teil des Persönlichkeitsrechts aufgeben können.[414]

Soweit eine wirksame Einwilligung vorliegt, führt diese nach einigen Archivgesetzen wie erwähnt bereits zur Nichtanwendbarkeit der personenbezogenen Schutzfrist.[415] Andere Archivgesetze (z.B. das BArchG[416] und das LArchG NW[417]) ermöglichen beim Vorliegen einer Einwilligung eine Ermessensentscheidung über die Schutzfristverkürzung.[418]

---

[412] Zum Beispiel in § 9 IV 1 LArchG BE.

[413] Man sollte den Sprachgebrauch der Archivgesetze übernehmen und von Einwilligung und nicht von „Einverständnis" sprechen. Letzteres schließt einen Tatbestand aus, während es hier um die Zulässigkeit der Nutzung, also um deren fehlende Rechtswidrigkeit, geht, wozu nach dem juristischen Sprachgebrauch eine Einwilligung führt. Zur Einwilligung: Thema 8, Teil 2, Abschnitt B.II.

[414] Enger: Becker-Oldenhage, BArchG-Kommentar, § 5 Rn. 69.

[415] Dazu oben Abschnitt G VI.2.

[416] § 12 II 1 BArchG 2017. Etwas anders strukturiert ist § 9 VI 2 LArchG HE: Bei einer Einwilligung sind die Schutzfristen von vornherein nicht anwendbar, und die Nutzung „ist" zulässig (gebundene Entscheidung).

[417] § 7 VI 1 + 2 LArchG NW.

[418] Zu den Anforderungen an diese Ermessensentscheidung siehe Partsch/Mütze, BArchG-Kommentar, § 12 Rn. 5. Die Einwilligung führt daher nicht zum tatsbestandsausschließenden Einverständnis (so aber Mütze, Rn. 7), sondern in der Regel zur Ermessensreduktion auf Null (so auch Manegold, Archivrecht, S. 305).

Wer muss die Einwilligung besorgen? In einem Aufsatz von 2003 wird berichtet:

> „Am weitesten verbreitet scheint die Ansicht zu sein, dass diese zeitaufwändige Aufgabe die Antragsteller zu übernehmen hätten.“[419]

Eine solche Pflicht der Nutzer.innen lässt sich mit dem Amtsermittlungsgrundsatz (§ 24 VwVfG) nicht vereinbaren. Das Archiv muss ermessensfehlerfrei entscheiden, welche Mittel es dafür einsetzt, die Einwilligung zu besorgen („Verfahrensermessen“).[420]

Es ist nur möglich, dass das Archiv die Nutzer.in darauf hinweist, dass sie zur Verfahrensbeschleunigung die **Einwilligung selbst besorgen kann** (§ 25 II 2 2. Alt. VwVfG). Wenn das erfolgt ist, hat das Archiv die Pflicht zur Überprüfung der Einwilligung („nachvollziehende Amtsermittlung“).

Wenn aber bereits die Mitteilung des Namens der Betroffenen an die Nutzer.in einen Eingriff in das Persönlichkeitsrecht darstellt (und nicht nur ein Berühren des Schutzbereichs), entfällt die Mitwirkung der Nutzer.in bei der Besorgung der Einwilligung.

Wenn die Einholung der Einwilligung aufgrund einer großen Anzahl Betroffener nur mit unzumutbarem Aufwand möglich wäre (oder wenn bereits unklar ist, ob die Betroffenen noch leben), kann – im Anschluss an die Rechtsdogmatik des Strafrechts – mit der Rechtsfigur der **hypothetischen Einwilligung** gearbeitet werden; es ist der mutmaßliche Wille des Betroffenen zu ermitteln. Dabei ist zu berücksichtigen, dass das Interesse, dass bestimmte Vorgänge nicht bekannt werden, zu Lebzeiten häufig *ansteigt*; dieser Ansatz der BVerfG-Entscheidungen zum „Recht auf Vergessen(werden)“[421] muss auch bei Schutzfristverkürzungen ohne Einwilligung des Betroffenen berücksichtigt werden.

2. *Schutzfristverkürzung, falls das postmortale Persönlichkeitsrecht betroffen ist*

Das BArchG enthält keine Regelung, ob eine Verkürzung der besonderen Schutzfrist für personenbezogenes Archivgut nach dem Tod des Betroffenen durch eine Einwilligung anderer möglich ist.

Können nach dem Tod des Betroffenen **Angehörige** einwilligen? Zu dieser Frage wird von Becker/Oldenhage in ihrem Kommentar zum BArchG 2013 Folgendes vertreten:

---

[419] Michael Klein, Die Benutzung von eingeschränkt zugänglichen Archivalien, Archivpflege in Westfalen und Lippe, Jg. 58 (2003), S. 22 ff. (26).

[420] Dazu allgemein Kopp/Ramsauer, VwVfG-Kommentar, 17. Aufl. 2016, § 24 Rn. 8.

[421] Dazu Thema 12, Teil 2.

> „Liegt die Einwilligung eines Verstorbenen nicht vor, kann das Recht auf Verkürzung der Frist zweifelsfrei auch von dem oder den nächsten Angehörigen ausgeübt werden. […] Die Zustimmung der Angehörigen setzt die mutmaßliche Einwilligung des Verstorbenen voraus (Manegold, S. 306)."[422]

Diesen zwei, teils widersprüchlichen Thesen kann nicht gefolgt werden. Wie weiter oben erläutert, besteht das postmortale Persönlichkeitsrecht aus einem vererblichen, vermögenswerten und einem nicht vererblichen, ideellen Bestandteil. Daher gilt:

- Soweit die Schutzfristverkürzung die **vermögenswerten Bestandteile** des postmortalen Persönlichkeitsrechts betrifft, haben **die Erben** als Gesamtrechtsnachfolger (§ 1922 BGB) **die Einwilligungsbefugnis**; ob die Erben Angehörige sind, ist irrelevant. Es kommt auch nicht darauf an, ob aus Sicht des Archivs eine mutmaßliche Einwilligung des Verstorbenen vorliegt. Allerdings ist eine letztwillige Verfügung des Erblassers zu beachten. Weil es sich um ein eigenes Recht der Erben handelt, ist bei verweigerter Einwilligung der Erben keine Abwägung mit den Rechten Dritter möglich.
- Soweit die Schutzfristverkürzung (wie im Archivkontext meist) die **ideellen Bestandteile** des postmortalen Persönlichkeitsrechts betrifft, gilt:
  - Die **Erben** sind grundsätzlich auch Rechtsnachfolger im Hinblick auf Gestaltungsrechte wie Einwilligungen. Allerdings ist das, in das von der lebenden Person hätte eingewilligt werden können, nach ihrem Tod nicht mehr vorhanden, nämlich der teilweise Verzicht auf die Ausübung eines Grundrechts, denn Grundrechte stehen nur lebenden Personen zu. Erben können daher, soweit es um die ideellen Teile des postmortalen Persönlichkeitsrechts geht, nicht in die Nutzung personenbezogenen Archivguts nach dem Tod des Betroffenen einwilligen.
  - Die **Angehörigen** haben ebenfalls keine Einwilligungsbefugnis im Hinblick auf die ideellen Bestandteile des postmortalen Persönlichkeitsrechts, denn dieses beruht auf dem Würdeschutz, der nicht den Angehörigen übertragen ist. Den Angehörigen (nicht den Erben) steht nur der **öffentlich-rechtliche Unterlassungsanspruch** zur Verfügung.[423]

---

[422] § 5 Rn. 64.

[423] Dieser Anspruch ist – anders als der entsprechende zivilrechtliche Anspruch aus §§ 823, 1004 BGB – nicht gesetzlich verankert, aber allgemein anerkannt. Rechtsfolgevorausssetzungen sind

1. Die Beeinträchtigung subjektiv-öffentlicher Rechte des Anspruchstellers. Zwar besteht hier ein solches Recht nicht, die Angehörigen sind aber Wahrnehmungsberechtigte für die Geltendmachung des postmortalen Persönlichkeitsrechts des Verstorbenen. „Beeinträchtigung" meint beim postmortalen Persönlichkeitsrecht, dass das Lebensbild des Betroffenen schwerwiegend entstellt wird.
2. Die Beeinträchtigung erfolgt durch Beeinträchtigung durch einen Träger öffentlicher Gewalt, hier durch das öffentliche Archiv.
3. Keine Duldungspflicht: Ein Berühren der Menschenwürde genügt nicht, sondern es ist eine sie treffende Verletzung erforderlich. Ein Verstoß allein gegen Regeln des politischen Anstandes und des „guten Geschmacks" genügt nicht.

- Stattdessen hat **das Archiv** die Aufgabe, als Teil des Würdeschutzes das Lebensbild des Verstorbenen zu schützen, wobei das Lebensbild im Laufe der Zeit verblasst, ohne dass dafür pauschal Zahlen angegeben werden können. Dabei kann auf die ausgefeilte **strafrechtliche Rechtsdogmatik zur mutmaßlichen Einwilligung** zurückgegriffen werden. Demnach ist der hypothetische Wille des Verstorbenen zu ermitteln; die **Aussagen von Angehörigen haben nur indizielle Bedeutung.**

Damit verringert sich auch die Bedeutung des von Becker/Oldenhage im Anschluss an das obige Zitat ausführlich erörterten Problems, wie bei Uneinigkeit der Angehörigen zu verfahren ist. Auch eventuelle Widersprüche zwischen den Aussagen von Angehörigen, die nicht Erben sind, und den Erben sind folglich nur im Rahmen der Indizwirkung zu berücksichtigen.

Diesen Überlegungen entspricht das **LArchG NW**, wonach bei personenbezogenem Archivgut eine Schutzfristverkürzung möglich ist, wenn

> im Falle des Todes der Betroffenen deren Rechtsnachfolger in die Nutzung eingewilligt haben, es sei denn, ein Betroffener hat zu Lebzeiten der Nutzung nachweislich widersprochen, oder die Erklärung der Einwilligung wäre nur höchstpersönlich durch die Betroffenen möglich gewesen.[424]

Mit dem ersten Halbsatz dieser Regelung („Rechtsnachfolger“) wird der vermögenswerte Teil des Persönlichkeitsrechts angesprochen; der letzte Halbsatz der Regelung betrifft den ideellen Teil, über den die Rechtsnachfolger nicht bestimmen können.

Können LArchG davon abweichende Regelungen treffen, insbesondere im Hinblick auf eine **Einwilligungsbefugnis von Angehörigen?** Im **LArchG RP** findet sich eine solche Regelung:[425]

> „Soweit Rechtsvorschriften nicht entgegenstehen, ist es zulässig, die Sperrfristen […] auf Antrag zu verkürzen, wenn […] die abgebende Stelle und bei personenbezogenem Archivgut der Betroffene oder nach dessen Tod sein Ehegatte oder Lebenspartner, seine Kinder oder seine Eltern eingewilligt haben, wobei die Existenz eines vorrangig Benannten alle anderen von der Entscheidung ausschließt“

In einer Publikation des Bundesarchivs hat das Bundesministerium der Justiz insoweit **verfassungsrechtliche Bedenken** formuliert,[426] die überzeugen: Die ideellen Bestandteile des postmortalen Persönlichkeitsrechts sind in der Men-

---

Eine Abwägung mit den Grundrechten anderer findet nicht statt, da der Schutz der postmortalen Menschenwürde in Art. 1 GG verankert ist, bei der es nach zutreffender und hM keine Abwägung geben darf. Instruktiv und zusammenfassnend OLG Köln, Urteil 12.07.2018, 15 U 151/17.

424 § 7 VI Nr. 2 LArchG NW.

425 § 3 IV Nr. 1 LArchG RP.

426 Nachgewiesen bei Kotte, Schutzfristverkürzung, in: Becker/Rehm, Archivrecht, S. 159 Fn. 36; Kotte lässt die Frage aber offen.

schenwürde verankert und stehen daher nicht zur Disposition Dritter, sondern können – falls keine mutmaßliche Einwilligung vorliegt – nur „verblassen". Es ist daher eine **verfassungskonforme Auslegung** dieser Regelung nötig, dass die Entscheidung der Angehörigen nur indizielle Wirkung hat.

III. Abänderung der längeren allgemeinen Schutzfrist für Unterlagen mit Geheimhaltungsfristen

Die verlängerte allgemeine Schutzfrist für Unterlagen mit Geheimhaltungspflichten[427] kann (Ermessensentscheidung) ebenfalls auf Antrag verkürzt oder von Amts wegen verlängert werden. Nach dem **BArchG** ist jedoch bei Unterlagen, die einer 60-jährigen Schutzfrist unterliegen, nur eine Verkürzung **um maximal 30 Jahre** möglich.[428] An dieser Stelle zeigt sich nochmals die Bedeutung der Weichenstellung bei Schritt 1, ob also das BArchG anzuwenden ist oder ein LArchG, das eine solche Vorschrift nicht enthält.

IV. Wissenschaftsprivileg bei Sach- und Personenakten

Die Archivgesetze sehen umfangreiche Besserstellungen im Hinblick auf die Möglichkeit von Schutzfristverkürzungen vor, wenn die Nutzung des Archivguts in den Schutzbereich von Art. 5 III GG fällt.[429] Durch das Zusammenspiel von Anonymisierung (verbunden z. B. mit einer von der Nutzer.in abgegebenen Verpflichtungserklärung) und dem Schutz der Forschungsfreiheit kann im Hinblick auf die Schutzfristverkürzung in diesen Fällen sogar eine **Ermessensreduktion auf Null** vorliegen.[430]

> Beispiel: „Ein bekannter Wissenschaftler möchte zur Anfertigung seiner Habilitationsschrift einen vor 28 Jahren erstellten Prüfungsbericht des Landesrechnungshofes nutzen. Das Forschungsvorhaben wird von einem Bundesminister unterstützt. Die Verkürzungsmöglichkeit […] liegt insbesondere im Interesse einer zeitgeschichtlichen Forschung. Angesichts der Tatsache, daß die Sperrfrist hier bereits zu einem weitaus überwiegenden Teil abgelaufen ist und in der Person des Wissenschaftlers keine Bedenken ersichtlich sind, die einen Mißbrauch der Informationen vermuten lassen [Glaubhaftmachung reicht aus, dazu siehe Abschnitt H., Th. H.], fällt hier die Abwägung zwischen dem Schutz verwaltungsinterner Information und der Freiheit der Wissenschaft auch im Hinblick darauf, daß eine andere Verwaltung offensichtlich Interesse an der Forschungsarbeit hat, eindeutig zu Gunsten der Wissenschaft aus."[431]

427 Dazu oben Abschnitt G.V.

428 § 12 III BArchG.

429 Dazu Thema 2, Teil 3, Abschnitt B.

430 Dazu z. B. Udo Schäfer, Sackgasse – Zur Übermittlung personenenbezogener Daten aus Archivgut vor Ablauf der Schutz- oder Sperrfristen, in: VdA – Verband deutscher Archivarinnen und Archivare e.V. (Hrsg.), Archive und Forschung. Referate des 73. Deutschen Archivtags 2002 in Trier, Siegburg 2003, S. 181 ff.

431 Das Beispiel findet sich bei Ullrich Hockenbrink, Archivgesetz Nordrhein-Westfalen, Erfurt 1993, S. 56.

Die Archivgesetze regeln insbesondere diese Fälle mit einer Vielzahl unbestimmter Rechtsbegriffe, was im Hinblick auf den Bestimmtheitsgrundsatz gerade wegen der Einschränkung des Persönlichkeitsrechts Betroffener Bedenken begegnet.

V. „Yad Vashem"-Klauseln

Eine Reproduktion umfangreicher Archivbestände für die Arbeit von Gedenkstätten wie Yad Vashem war im BArchG 2013 nicht geregelt. Insbesondere Unterlagen zur Aufarbeitung des NS-Unrechts aus der Zeit nach 1945 unterliegen noch in weitem Umfang den Schutzfristen.

Das BArchG 2017 hat nun für das Bundesarchiv die Möglichkeit geschaffen, bei besonderem öffentlichem Interesse schon vor Ablauf der Schutzfristen derartige **Reproduktionen für Museen, Archive und Gedenkstätten** bereitzustellen, wenn die Stelle, bei der die Unterlagen entstanden sind, zustimmt und wenn die Stelle, die die Unterlagen erhält, im Hinblick auf das dort zu wahrende Schutzniveau bestimmte Anforderungen einhält.[432] Die Gesetzesbegründung erwähnt außer Yad Vashem auch das United States Holocaust Memorial Museum in den USA. Natürliche Personen sind durch diese Norm nicht begünstigt, sondern nur Institutionen. Im Übrigen kann eine Eingrenzung, welche Institutionen durch diese Norm begünstigt werden, nur anhand des vorausgesetzten *besonderen* öffentlichen Interesses vorgenommen werden, das über das allgemeine öffentliche Interesse hinausgeht. Ob ein solches besonderes Interesse vorliegt, ist jedenfalls im Strafrecht eine nicht justitiable Entscheidung.

Im LArchG NW ist bei der dortigen „Yad Vashem"-Klausel eine präzisere Formel verwendet: Begünstigt werden können Institutionen, die „einen besonderen Auftrag zur Dokumentation des Schicksals einer Gruppe natürlicher Personen unter nationalsozialistischer Herrschaft haben."[433] Außerdem ist in Nordrhein-Westfalen der Landesdatenschutzbeauftragte einzubeziehen.

Teil 6: Die Rechtslage nach der Genehmigung des Nutzungsantrags

A. Allgemeines zum Rechtsverhältnis zwischen Nutzer.in und öffentlichem Archiv

Sobald und soweit der Nutzungsantrag genehmigt wurde, liegt ein öffentlich-rechtliches **Schuldverhältnis** in Form eines **öffentlich-rechtlichen Benutzungsverhältnisses** vor.[434] Dieses Verhältnis ist durch das jeweils anwendbare

---

432 § 16 iVm. § 12 IV BArchG 2017.

433 § 7 VII 1 LArchG NW.

434 Herbert Günther, Rechtsprobleme der Archivbenutzung, in: Rainer Polley (Hrsg.), Archivgesetzgebung in Deutschland. Beiträge eines Symposiums, Marburg 1991, S. 120ff. (153).

Bundes- bzw. Landesarchivgesetz ausgestaltet, ergänzend durch das Verwaltungsverfahrensgesetz (VwVfG). Finden sich auch dort keine Regelungen, kann auf das BGB in analoger Anwendung zurückgegriffen werden.

Das Benutzungsverhältnis ist hingegen kein öffentlich-rechtlicher Vertrag (§ 54 ff. VwVfG), weil das Archiv den Nutzer grundsätzlich zulassen muss („Jedermannrecht"). Die ergänzende Anwendbarkeit des BGB auf das Benutzungsverhältnis im Archiv ergibt sich daher nicht aus § 62 Satz 2 VwVfG.

Vorrang und Vorbehalt des Gesetzes sind auch für das öffentlich-rechtliche Benutzungsverhältnis maßgebend.

> Beispiel: Für das Rauchverbot im Lesesaal ist, da es in die allgemeine Handlungsfreiheit eingreift, eine Ermächtigung nötig. Diese kann sich bei einem Kommunalarchiv aus der allgemeinen Satzungsermächtigung ergeben; bei Landesarchiven aus dem jeweiligen LArchG.

B. Das Rechtsverhältnis zwischen dem Objekt der Nutzung und der Nutzer.in

Wenn die Nutzerin das Objekt der Nutzung erhält, wird sie berechtigte unmittelbare Besitzerin (§ 854 BGB)[435] mit allen daraus folgenden Rechten; der Eigentümer des Archivguts wird mittelbarer Besitzer, denn das Nutzungsverhältnis als öffentlich-rechtliches Schuldverhältnis ist ein „ähnliches Verhältnis" im Sinne von § 868 BGB.

> Beispiel: Im Lesesaal hat Nutzer N Unterlagen bestellt und erhalten, die Nutzer X ebenfalls, aber erst nach dem Nutzungsantrag von N bestellt hatte. X ärgert sich und legt die Unterlagen, als N kurz den Lesesaal verlässt, kurzerhand auf seinen Tisch und beginnt die Auswertung. N bemerkt das, als er zurückkommt. Mit einem schnellen Griff nimmt N die Unterlagen und legt sie wieder auf seinen Schreibtisch. X beschwert sich bei der Lesesaalaufsicht über N.s „Selbstjustiz". Zu Unrecht, denn N hat nur die Besitzschutzrechte des BGB ausgeübt.

Die Eigentumslage inklusive der öffentlich-rechtlichen Dienstbarkeit[436] bleibt bei der Nutzung selbstverständlich unverändert. Die Nutzung führt auch nicht zur Einräumung eines dinglichen Nutzungsrechts, denn ein solch starker Schutz der Nutzer.in ist nicht nötig.[437]

---

[435] Es gibt kein eigenständiges Recht der öffentlichen Sachen, das diese Rechtsfragen beantwortet (dazu Thema 8, Teil 3, Abschnitt A.1.). Daher ist auch hier mit der Theorie des modifizierten Privateigentums auf das BGB zurückzugreifen.

[436] Als Folge der Widmung zu Archivgut, dazu Thema 10, Teil 1, Abschnitt E.II.

[437] Dingliche Nutzungsrechte bleiben bei einer Veräußerung der genutzten Sache grundsätzlich bestehen, was die Nutzer.in schützt. Übereignungen von Archivgut während der Nutzung sind jedoch höchst unwahrscheinlich.

C. Haupt- und Nebenleistungspflichten des Archivs und der Nutzerinnen und Nutzer

Nutzer und Archivträger haben – wie auch sonst bei Schuldverhältnissen – vielfältige **Haupt- und Nebenleistungspflichten.**

I. Pflichten des Archivs

Die Pflichten des Archivs ergeben sich daraus, dass das Archiv eine effektive Verwirklichung der Grundrechte der Nutzer.in aus Art. 5 GG ermöglichen muss, zudem sind die Konkretisierungen in den Archivgesetzen und Nutzungsordnungen zu beachten.

1. Das Objekt der Nutzung

Es „beinhaltet Art. 5 I 1 Hs. 2 das **Recht auf Auswahl** zwischen mehreren zur Verfügung stehenden Informationsquellen."[438] Das Archiv kann daher nicht bestimmte Unterlagen zur Nutzung zuweisen, sondern die Nutzer.in hat die Auswahl, welche Unterlagen sie oder er einsehen möchte.

Dass der Art. 5 GG als der für die Nutzer.in zentrale Grundrechtsartikel kein umfassendes Leistungsrecht gegenüber dem Archiv begründet,[439] hat viele Folgen: Das Archiv muss als Hauptleistungspflicht nur die Nutzung des

- **bereits erschlossenen** und
- **im Archiv vorhandenen Archivguts**

ermöglichen.[440]

Das Archiv ist nicht verpflichtet, Zugang zu sog. **„Zwischenarchivgut"** oder zu Unterlagen zu gewähren, die noch nicht durch Übergabe, Bewertung und Widmung zu Archivgut geworden sind. Zusätzlich muss das Archivgut bereits erschlossen sein, denn anderes Archivgut gemäß dem Wunsch der Nutzer.in zu finden, würde einen unvertretbaren Aufwand erzeugen.[441] Dadurch ergibt sich übrigens nochmals die hohe Grundrechtsrelevanz der Erschließung. Es besteht jedoch **kein Anspruch auf Erschließung** bestimmter Unterlagen. Möglich, aber wenig verbreitet ist das Angebot einer kostenpflichtigen **„Erschließung *on demand*"**.

---

438 Pieroth, Grundrechte Staatsrecht II, 31. Aufl. 2015, Rn. 649.

439 Dazu Thema 2, Teil 3, Abschnitt A.I.1.b.

440 Vgl. zu den folgenden Ausführungen auch Hannes Berger, Sächsisches Archivgesetz, § 9 Rn. 6.

441 Berger, Archivgesetz (wie Fn. zuvor) mit Verweis auf den Nutzungsausschluss, der sich als gebundene Entscheidung (also kein Ermessen!) aus § 9 II 1 Nr. 5 LArchG SN bei einem „nicht vertretbaren Arbeitsaufwand" für das Archiv aufgrund der Nutzung ergeben würde.

Wenn **Findmittel** vorhanden sind, richtet sich der Nutzungsanspruch aber ebenfalls darauf.[442]

Mangels Leistungsrecht gegenüber dem Archiv gibt es bei analogen Unterlagen, die aus Gründen der Bestandserhaltung nicht mehr in analoger Form genutzt werden können, **keinen Anspruch auf Digitalisierung.**[443] Das Angebot einer kostenpflichtigen **„Digitalisierung *on demand*"** ist aber natürlich möglich.

Das Archiv kann auch eigenständig über die Einleitung von Maßnahmen zur Bestandserhaltung oder zur Nachkassation entscheiden, auch wenn dadurch die Nutzung vorübergehend oder dauerhaft nicht mehr möglich ist. Diese Festlegungen müssen aber natürlich das Ergebnis einer verfahrensrechtlich einwandfreien Entscheidungsfindung sein, insbesondere darf keine Willkür oder „Bestrafung" einzelner Nutzer.innen vorliegen.

Die Vorlage eines **Digitalisats** ist dann ausreichend, wenn für den Nutzungszweck keine der zusätzlichen Daten nötig sind, die nur im ursprünglichen analogen Archivgut enthalten waren.

Beispiel: Um den Text der Goldenen Bulle zu nutzen, ist das Digitalisat einer der Ausfertigungen ausreichend. Zielt die Nutzung aber auf die chemische Untersuchung des verwendeten Papiers, ist die Nutzung des Digitalisats nicht genügend. Deshalb ist die Entsorgung von Originalen im Anschluss an die Digitalisierung grundrechtsrelevant, dieser Eingriff kann aber jedenfalls bei Massenprodukten (z.B. Zeitungen) aufgrund der hohen Erhaltungskosten verhältnismäßig und damit rechtmäßig sein.

Wie an anderer Stelle erläutert,[444] ist das Archiv nur verpflichtet, das dort vorhandene Archivgut zur Nutzung bereit zu stellen – wenn Unterlagen rechtswidrig falsch abgegeben wurden, ist das Archiv nicht zu Besorgung dieser Unterlagen verpflichtet.

2. *Hilfsmittel zur Zugänglichmachung und Speicherung von Informationen aus dem Archivgut*

Bei vielen Arten von Unterlagen (z.B. Dias, Filmen, digitalem Archivgut (insbesondere bei ungewöhnlichen Dateiformaten)) sind besondere technische Hilfsmittel für die Nutzung zwingend nötig. Zudem kann bei Nutzer.innen der Wunsch bestehen, Reproduktionen selbst zu erstellen oder erstellen zu lassen.

Aus der Genehmigung zur Nutzung von Unterlagen folgt nicht notwendig die Erlaubnis zur Reproduktion. Die Untersagung oder Beschränkung selbst herge-

442 Manegold, Archivrecht, S. 256 mit Verweis auf § 1 III Archivbenutzungsordnung BW, wonach für die Nutzung „von nicht publizierten Findmitteln, sonstigen Hilfsmitteln und Reproduktionen" das Nutzungsrecht entsprechend anzuwenden ist.

443 Möglich ist aber das Angebot einer „Digitalisierung *on demand*" gegen Bezahlung.

444 Thema 13, Teil 5, Abschnitt A.

stellter Reproduktionen ist eine **Auflage,**[445] die unmittelbar auf die Archivgesetze oder die untergesetzlichen Nutzungsregelungen gestützt werden kann und zudem Teil des Hausrechts ist und auch durch die Eigentümerstellung begründet sein kann.

Im Hinblick auf das „Ob" der Auflage muss das **Auswahlermessen** rechtmäßig ausgeübt werden.[446] Da das Archiv wie begründet z.B. die Grund- und Urheberrechte Dritter schützen muss,[447] sind beim „Wie" der Auflage zu beachten:

- einerseits die Drittwirkung der grundgesetzlich geschützten **Informationsfreiheit**[448]

> Beispiel: Ein hohes Informationsinteresse der Öffentlichkeit

- andererseits
  - die Drittwirkung der **Persönlichkeitsrechte** der Personen, deren Daten reproduziert werden bzw. der Schutz des postmortalen Persönlichkeitsrechts

> Beispiel: Das Persönlichkeitsrecht von Straftäter.innen kann überwiegen, wenn durch die Reproduktion und die anschließende Publikation die Resozialisierung gefährdet ist („Medienpranger").

  - und deren Urheberrechte

Dabei ist zu berücksichtigen, dass die Gefahr von **Urheberrechtsverletzungen** und der **Verletzung von schutzwürdigen Belangen Dritter** durch die Reproduktion wesentlich steigt,[449] denn durch die Reproduktionserlaubnis ergibt sich ein Kontrollverlust.

Im Einzelnen gilt:

- Wenn Nutzer.innen die nötige Technik (z.B. ein Dialesegerät oder einen Fotoapparat) selber mitbringen möchten, kann das vom Archiv abgelehnt werden, wenn die organisatorischen Abläufe im Lesesaal wesentlich gestört werden oder eine Beschädigung des Archivguts zu befürchten ist. Jedenfalls hat das Archiv die Pflicht, vor einem Einsatz im Archiv die Sicherheit und Tauglichkeit des Geräts zu überprüfen, um das Archivgut und die anwesenden Personen zu schützen.
- Nutzer.innen können auch hier **kein Leistungsrecht auf Besorgung der nötigen Hilfsmittel** geltend machen, schon weil der Aufwand bei seltenen Film- oder Dateiformaten sehr erheblich sein kann.

---

445 Zu Auflagen siehe Thema 4, Teil 2 Abschnitt D.

446 Zum Ermessen Thema 1, Teil 2, Abschnitt E.III.

447 Dazu im Hinblick auf Grundrechte: Thema 2, Teil 1, Abschnitt B.

448 Zur Drittwirkung Thema 1, Teil 2, Abschnitt E.II.3.; zur Informationsfreiheit Thema 2, Teil 3 Abschnitt A.

449 Beispielhaft zu den letzteren zwei Punkten: § 5 der Benutzersaalordnung für das Bundesarchiv, https://www.bundesarchiv.de/DE/Content/Artikel/Ueber-uns/Rechtsgrundlagen/Weitere-Rechtsgrundlagen/rechtsgrundlagen_benutzersaalordnung-fuer-das-bundesarchiv-neu.html.

- Ob Archive die Möglichkeit einräumen *müssen*, dass eine Nutzer.in **selbst Reproduktionen erstellt**, ist früher (offenbar erst seit 2010[450]) streitig diskutiert worden. Inzwischen hat eine große Mehrheit von Archiven die entsprechenden Erlaubnisse in die Nutzungsordnungen aufgenommen. Die Anfertigung eigener Reproduktionen steht also unter Erlaubnisvorbehalt.
- Kein Argument in diesem Zusammenhang ist der Rückgang bei Gebühreneinnahmen

Beispiel: Das Archiv hat eine Kopie von Datensätzen erhalten; die abgebende Stelle veräußert die Daten (z. B. Geodaten) in einem Online-Shop gegen hohe Gebühren. Die wesentlich geringeren Gebühren im Archiv untergraben dieses Geschäftsmodell. Das ist aber rechtlich irrelevant, denn der vorrangige Zweck von Gebühren ist – neben der Ressourcenverteilung –, die Kosten für individuell zurechenbare öffentliche Leistungen ganz oder teilweise zu decken.[451]

- Das schlichte Argument, die erlaubnisfreie Zulässigkeit von Handyfotos ergäbe sich daraus, dass es sich um „öffentliches Archivgut" handele, ist nicht zutreffend: Archivgut ist für die Öffentlichkeit zugänglich, aber nicht schrankenlos.
- Die pauschale These, dass Reproduktionen „nur zum angegebenen Zweck [...] angefertigt werden" dürfen,[452] muss differenziert werden:
  - Wegen der möglichen urheberrechtlichen Störerhaftung[453] muss das Archiv überprüfen, ob Urheberrechtsverstöße zu erwarten sind.
  - Andere Verwendungen der Reproduktion, die die Nutzer.in nicht angegeben hat, können juristisch unproblematisch sein (z. B. eine Vodoo-Zeremonie mit der Reproduktion)
  - Reproduktionen, die zu Zwecken erfolgen, die nicht mit dem Zweck von Archiven übereinstimmen, brauchen nicht gestattet zu werden.

Beispiel: Auf das Selfie „Ich und das Original der Goldenen Bulle" besteht kein Anspruch, weil keine durch Art. 5 GG abgedeckte Nutzung der Informationsfreiheit vorliegt.

- Aus der Gemeinfreiheit von Unterlagen folgt nicht, dass in jedem Fall eine Reproduktion zulässig ist, denn aus dem Eigentum des Archivträgers an den Unterlagen kann sich ein eigenes und zu schützendes Verwertungsinteresse des Archivs ergeben

---

450 Diese These bei Stefan Flesch, „Man muss auch jönne könne": Das Rheinische Grundgesetz in seiner Anwendung für die archivische Praxis. Vortrag gehalten auf dem 27. Norddeutschen Kirchenarchivtag in Hofgeismar, 11. September 2017, publiziert in www.blog.archiv.ekir.de/wp-content/uploads/2017/09/Nordtagung2017_StefanFlesch.pdf, dort S. 2 mit Verweis auf Clemens Rehm (Hrsg.): Rechtsfragen der Benutzung von Archivgut, Stuttgart 2010.

451 Dazu gleich Abschnitt II.2.

452 Hausmann, Archivrecht, S. 72 oben.

453 Dazu Thema 8, Teil 2, Abschnitt E II. 2.

Beispiel: Das Archiv möchte eine Reproduktion einer verfassungsrechtsgeschichtlich herausragend wichtigen mittelalterlichen Quelle herstellen und anlässlich eines Jahrestages veräußern. Eine Nutzer.in plant ebenfalls ein solches Projekt; daher untersagt das Archiv eine Reproduktion jener Quelle. Alleine aus der Gemeinfreiheit folgt nicht die Rechtswidrigkeit des Vorgehens des Archivs (BGH-Urteil von 2018 zu Fotos aus dem Reiss-Engelhorn-Museum; zu prüfen ist bei einem Archiv aber zudem das Auswahlermessen.

- Die **Einfügung eines Wasserzeichens in die Reproduktion** kann grundsätzlich auf das Eigentum des Archivträgers an den reproduzierten Unterlagen und den verbesserten Schutz vor Urheberrechts- und anderen Verletzungen gestützt werden. Bei der Beurteilung der Rechtmäßigkeit einer solchen Maßnahme sind das Auswahlermessen und im Hinblick auf das „Wie" insbesondere die Größe des Wasserzeichens zu beachten; möglicherweise ist ein kleineres Wasserzeichen oder eine andere technische Maßnahme gleich gut geeignet.

Verstöße gegen Reproduktionsauflagen können – wie auch sonst bei Auflagen – eigenständig verfolgt werden; in den engen Grenzen des Nothilferechts ist ggf. sogar ein Einschreiten des Archivs vor Ort rechtmäßig und geboten.

> Beispiel: vorübergehende Wegnahme der Speicherkarte aus der Kamera zwecks Löschung rechtswidriger Reproduktionen; unmittelbare Durchsetzung des Herausgabeverlangens durch den Einsatz angemessener Mittel.

3. *Der Ort der Nutzung: Versand von Archivgut?*

Es besteht nur ein Anspruch auf **Nutzung im Lesesaal**; weder kann die Nutzer.in verlangen, selbst im Magazin nach den gewünschten Unterlagen zu suchen noch besteht ein Anspruch auf Versand der Unterlagen an ein anderes Archiv. Wenn das Archiv insoweit in der Nutzungsordnung erwähnt, dass die Nutzung „grundsätzlich" im Lesesaal erfolgt, hat das Archiv aber die Pflicht, einen entsprechenden Antrag der Nutzer.in zu prüfen und darzulegen, warum keine Ausnahme möglich ist. Diese Begründung kann gerichtlich überprüft werden.[454] Falls ein Versand erfolgt, wird mit der Nutzer.in ein Leihvertrag abgeschlossen.

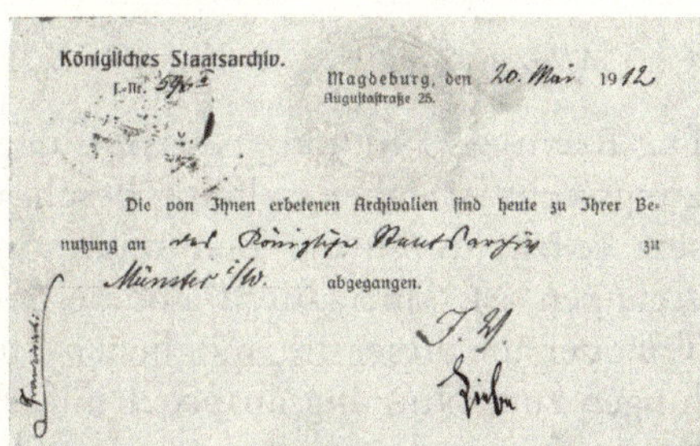
Königliches Staatsarchiv.
J.-Nr.
Magdeburg, den 20. Mai 1912
Augustastraße 25.

Die von Ihnen erbetenen Archivalien sind heute zu Ihrer Benutzung an das Königliche Staatsarchiv zu Münster i/W. abgegangen.

Information zum nutzerfreundlichen Versand von Archivalien aus dem Jahr 1912

---

454 Zur Versendung von Archivgut öffentlicher Archive an andere Behörden und an Gerichte siehe Hausmann, Archivrecht, S. 72 f.

4. *Pflichten des Archivs, wenn die Nutzung physisch gefährlich ist*

Das Archiv muss bei Vorlage von Archivgut, von dem eine physische Gefahr für die Nutzer.in ausgeht (z. B. Schimmelbefall) vorliegt, auf die Gefahren hinweisen und z. B. Schutzhandschuhe zur Verfügung stellen (Nebenpflicht). Wenn sich das Archiv die nötigen Maßnahmen bezahlen lässt („Handschuhe können Sie bei uns erwerben"), ist dies ohne gebührenrechtliche Grundlage rechtlich mindestens zweifelhaft. Wenn das Archiv die Nutzerinnen und Nutzer auffordert, selbst die nötigen Maßnahmen vorzunehmen („Kaufen Sie sich die Handschuhe selbst"), ist das nur möglich, wenn sich die Nutzerinnen und Nutzer damit einverstanden erklären, da nicht die Nutzer.in, sondern das Archiv die Gefahrenquelle beherrscht. Auch wenn die Nutzerin einverstanden ist, selbst für Schutzmaßnahmen zu sorgen, bleibt es eine Pflicht des Archivs, zu überprüfen, ob die Maßnahme, die die Nutzerinnen und Nutzer ergriffen haben, ausreichend sind (ob also z. B. die mitgebrachten Handschuhe den Schimmel abhalten).

5. *Die Haftung des Archivs bei Pflichtverstößen*

Haftungsbeschränkungen auf Vorsatz und grobe Fahrlässigkeit sind möglich, nicht jedoch ein vollständiger Haftungsausschluss.

Zusätzlich zur Haftung des Archivs aus dem öffentlich-rechtlichen Schuldverhältnis kann eine **deliktsrechtliche Haftung** (§§ 823 ff. BGB) in Form des Amtshaftungsanspruchs[455] bestehen.

II. Pflichten der Nutzerinnen und Nutzer

1. *Allgemeines*

Das Recht zur Nutzung besteht **nur gemäß dem Zweck des Archivs**. Das Nutzungsrecht ist daher vielfältig beschränkt: Durch das anzuwendende Archivgesetz selbst, durch die Benutzungsordnung, die aufgrund des Archivgesetzes ergangen ist, und durch andere Gesetze. Die Archivgesetze führen einen Teil oder alle dieser drei möglichen Einschränkungen häufig gleich bei den Regelungen zum Nutzungsanspruch auf.[456]

In den **Benutzungsordnungen** sind vielfältige Pflichten der Nutzerinnen und Nutzer geregelt, z. B. darf man das Funktionieren der Einrichtung nicht stören; z. B. die eigenmächtige Verteilung von Flugblättern in Lesesaal ist unzulässig und ebenso das Schlafen.[457] Jedenfalls die gefahrenabwehrrechtlichen Generalklauseln bieten dem Archiv eine Grundlage zum Einschreiten.

---

455 § 839 BGB iVm. Art. 34 GG.

456 Z. B. § 5 I LArchG HH.

457 … ausser es gibt im Archiv Räume, die diesem Zweck – voilà – gewidmet sind: István Kenyeres (Stadtarchiv Budapest), Forschen, Sporteln und Schlafen im Archiv, in: insights 2/2016, S. 6 ff., online: https://documents.icar-us.eu/documents/2016/11/insights-022016-2.pdf.

Auch **Auflagen** zur Nutzung des Archivguts begründen Pflichten für die Nutzerinnen und Nutzer; Verstöße können zum Widerruf der Bewilligung des Nutzungsantrags führen.[458]

Problematisch ist es allerdings, wenn ein Archiv eine rechtmäßige Verwendung von Archivgut verhindern möchte.

> Beispiel 1: „Die Landesarchivverwaltung untersagt allerdings jegliche Verwendung, die verfassungsfeindlich, rassistisch, sexistisch, gewaltverherrlichend, pornografisch, beleidigend, verleumderisch ist oder gegen das Persönlichkeitsrecht, das Urheberrecht oder Strafrecht verstößt."[459]

Stellungnahme: Ein öffentliches Archiv kann die Verhinderung von rechtlich erlaubtem, aber aus seiner Sicht gesellschaftlich unerwünschtem Verhalten als seinen gesellschaftlichen Auftrag verstehen. Ein Archiv kann diesen Auftrag aber nicht hoheitlich, also durch die rechtliche Untersagung dieses Verhaltens, umsetzen.[460] Erst recht nicht zulässig ist das Verbot, soweit es in die grundgesetzlich geschützte Kunstfreiheit eingreift.[461]

> Beispiel 2: „Tarnkappennutzung"/„false flag-Nutzung":[462] Bei der Nutzung von Archivgut für ein wissenschaftliches Vorhaben entdeckt die Nutzer.in ihr bislang unbekannte biografische Details zu Personen aus ihrer Familie. Die Nutzer.in geht diesen Details nach, obwohl sie für das wissenschaftliche Vorhaben irrelevant sind. Obwohl diese Nutzung nicht mehr auf der Wissenschaftsfreiheit nach Art. 5 III GG beruht, sondern „nur" auf der Informationsfreiheit nach Art. 5 I GG, ist sie vom Zweck des Archivs gedeckt. Problematisch wird diese Nutzung nur, wenn der Zugang zu diesem Archivgut spezifisch aufgrund der wissenschaftlichen Nutzung gestattet wurde.

2. *Pflichten zur Zahlung von Gebühren*

In Anknüpfung an Legaldefinitionen in Kommunalabgabengesetzen lassen sich Gebühren definieren als eine Geldleistung, die die Gebührenschuldner.in zu zahlen hat

- aus Anlass individuell zurechenbarer öffentlicher Leistungen und
- die dazu bestimmt ist, die Kosten der Leistung ganz oder jedenfalls teilweise zu decken

---

458 Dazu mit Beispielen Berger, Sächsisches Archivgesetz, § 9 Rn. 14.

459 Sog. „Disclaimer" des Landeshauptarchivs Rheinland-Pfalz, https://www.landeshauptarchiv.de/distanzierung/disclaimer, aufbauend auf einer „Allgemeinverfügung zu Veröffentlichungsgenehmigungen und -gebühren": https://www.landeshauptarchiv.de/landesarchivverwaltung/rechtliche-grundlagen/allgemein verfuegung-zu-veroeffentlichungsgenehmigungen-und-gebuehren .

460 Das gilt übrigens auch bei einem Lied, bei dem gute Gründe dafür sprechen, den Liedtext als sexistisch zu beurteilen. Anders ist es aber, wenn ein Hoheitsträger privatrechtlich handelt (z. B. als Partyveranstalter) und dann vertraglich vereinbart, das ein derartiges Lied nicht gespielt wird – das ist zulässig.

461 Pornografie kann unter die Kunstfreiheit nach Art. 5 III GG fallen („Mutzenbacher-Entscheidung", BVerfGE 83, 130).

462 Dazu auch Thema 13, Teil 4, Abschnitt A.II.3.

Eine Gebühr darf zusätzlich auch einen **Lenkungszweck** verfolgen, also darauf zielen, das Verhalten der Gebührenschuldner.in zu beeinflussen.

Hinweis: Der Kostenausgleich bei der Übernahme von Archivgut anderer Archive ist behandelt im Abschnitt zur Entstehung von Archivgut aufgrund von Depositalverträgen.[463]

a. Prinzipien des Gebührenrechts

Das Gebührenrecht wird von zwei Prinzipien geprägt:[464]

- **Äquivalenzprinzip**: Das Verhältnismäßigkeitsprinzip muss zwischen der öffentlichen Leistung und der Gegenleistung der Gebührenschuldner.in gewahrt sein.
- **Kostendeckungsprinzip**, das in zwei Richtungen besteht (Kostendeckungsprinzip und Kostenüberschreitungsverbot) und jeweils mit Blick auf das gesamte angestrebte Gebührenaufkommen zu beurteilen ist. Die einzelne Gebühr darf also höher sein als die öffentliche Leistung Kosten verursacht.

In den Kommunalabgabengesetzen wird regelmäßig die hergebrachte Einteilung in Verwaltungs- und Benutzungsgebühren umgesetzt. Jedenfalls bei Gebühren im Archiv ist keine Ertrag ersichtlich, der aus der Umsetzung dieser Unterscheidung folgt, so dass hier darauf verzichtet wird.

b. Gebühren bei der Nutzung durch Jedermann

aa. Allgemeines

- **Ermächtigungsgrundlage**: Aufgrund des Vorbehalts des Gesetzes muss eine Ermächtigungsgrundlage für die Gebührenerhebung bestehen.[465] An diese Ermächtigungsgrundlage im jeweiligen Gebührengesetz und an die zugehörige archivbezogene Rechtsverordnung (z. B. § 12 LArchG NW) sind die Anforderungen zu stellen, die sich aus der Rechtsdogmatik des öffentlich-rechtlichen Gebührenrechts ergeben. Nötig ist z. B. die „vollständig[e] Nennung aller **Gebührenzwecke** durch den Gesetzgeber in der Ermächtigungsgrundlage für die Gebührenordnungen“.[466] Und **nur für jene Zwecke** dürfen Gebühren erhoben werden.

Beispiel: § 12 LArchG NW ist die Ermächtigungsgrundlage für Gebühren zur „Nutzung des Landesarchivs einschließlich der […] *Nutzung* des Archivguts“. Das Ober-

463 Thema 10, Teil 2 Abschnitt F.

464 Dazu Marcel Kaufmann, Kommunale Gebühren, in: Hans-Günter Henneke u. a. (Hrsg.), Recht der Kommunalfinanzen, München 2006, S. 256 ff. (258 ff.)

465 Vgl. dazu die Ausführungen zum Vorbehalt des Gesetze (Thema 3, Teil 1, Abschnitt B.).

466 OVG Berlin, Urteil v. 22.06.2005 (OVG 2 B 7.05) zum Baugebührenrecht, auch bei https://archivalia.hypotheses.org/28608.

verwaltungsgericht Nordrhein-Westfalen hat dazu festgestellt:[467] „In der **Ausstrahlung einer Fernsehsendung** bzw. einer Video- oder Filmproduktion [...] liegt aber nicht [...] eine Benutzung des beklagten Landesarchivs." Das ist zutreffend, denn nur bei der Kopie des Archivguts liegt eine Nutzung des Archivs vor. Die Weiterverwendung jener Kopie ist keine Nutzung des Archivs. Ein Gebührenbescheid, der sich nicht nur auf die einmalige Wiedergabe von Filmsequenzen mit Archivaufnahmen bezog, sondern „mit jeder weiteren Wiederholung eine Gebühr in Höhe von 105,00 Euro" forderte, war daher rechtswidrig – diese Gebühr war nicht von der Ermächtigungsgrundlage gedeckt.

- **Rechtsgrundlage**: Die Gebühren, die in öffentlichen Archiven erhoben werden, können anhand der staatlichen Gebührenordnungen bzw. der kommunalen Gebührensatzungen erhoben werden; vorzugswürdig ist aber eine an die Spezifika des Archivs angepasste eigene Gebührenordnung bzw. -satzung des öffentlichen Archivs.
- **Höhe der Gebühren**: Diese hat sich (z.B. gemäß § 6 Abs. 1 S. 2 BArchG) danach zu richten, welcher Personal- und Sachaufwand aufgrund der Benutzung des Bundesarchivs verursacht wird. Diese **Begrenzung** – die Gebühren sollen keine Einnahmequelle im Sinne einer kommerziellen Vermarktung von Archivgut sein – **bezweckt die Verwirklichung der Grundrechte von Benutzern**. Denn sie soll verhindern, dass sich die Gebührensätze nachteilig auf die Wissenschaftsfreiheit und die Wahrnehmung berechtigter persönlicher Belange der Benutzenden auswirken.[468] Eine realistische Betrachtung des Stundenlohns der Mitarbeiter.innen, die mit der Gebührenerhebung und -verwaltung beschäftigt sind, wird zudem ergeben, dass eine Kostendeckung kaum zu erreichen ist.[469]
- **Höhere Gebühren für Familienforscher.innen/Gebührenfreiheit im Übrigen**: In „fast allen"[470] öffentlichen Archiven in Deutschland werden für die Nutzung zu genealogischen Zwecken Gebühren erhoben, die bei anderen Nutzungszwecken nicht anfallen. Das Stadtarchiv Bochum begründet dies wie folgt:

  „Die Benutzung von Archivgut aus amtlichen, wissenschaftlichen, publizistischen, heimatkundlichen, pädagogischen und anderen **Gründen, die im öffentlichen Interesse liegen, ist gebührenfrei**. Für die **rein private Nut-**

[467] OVG Nordrhein-Westfalen, Urteil v. 18.12.2009 – 9 A 2984/07, https://openjur.de/u/142651.html.

[468] Becker/Oldenhage, BArchG-Kommentar, § 6 Rn. 8.

[469] „Namhafte Einnahmen werden in der Regel nicht erzielt, und das Geld, was eingenommen wird, verschwindet in den meisten Fällen im allgemeinen Haushalt des Trägers, ohne sich auf die Arbeit der Archive nachhaltig auszuwirken." Michael Scholz, Ordnung durch Gebühren? Grundfragen von Gebührenordnungen in Archiven, in: Brandenburgische Archive. Berichte und Mitteilungen aus den Archiven des Landes Brandenburg, Jg. 28 (2011), S. 20ff. (20).

[470] Diese Einschätzung bei www.hildesheim.de/staticsite/staticsite.php?menuid=886.

zung (Familienforschung, Bestellung von Geburtstagszeitungen und anderes) fallen Gebühren an.“[471]

Dies ist gemäß der Rechtsprechung eine rechtmäßige Unterscheidung:

„Aus Gründen des öffentlichen Interesses kommt eine Gebührenermäßigung oder -befreiung in Betracht, wenn an der Amtshandlung **(auch) ein öffentliches Interesse besteht**“.[472]

Das Archiv muss also selbstständig beurteilen, ob dieses öffentliche Interesse besteht. Bescheinigungen von Auftraggebern (z. B. von Betreuer.innen von universitären Qualifikationsarbeiten) können dafür hilfreich sein, dürfen aber nicht zur Voraussetzung gemacht werden.

Beispiel: Eine wissenschaftliche Nutzung setzt nur voraus, dass die Voraussetzungen der juristischen Definition von Wissenschaft erfüllt sind.[473]

- **Höhere Gebühren bei unmittelbarer wirtschaftlicher Verwertung der im Archiv gewonnenen Informationen**: Beispielsweise nach der „Benützungsordnung [sic] für die staatlichen Archive Bayerns“[474] werden für viele Tätigkeiten des Archivpersonals nach Zeit abgerechnete Gebühren fällig, allerdings sind Nutzungen „für wissenschaftliche, heimatkundliche, familiengeschichtliche und unterrichtliche Zwecke“ insoweit gebührenbefreit.[475] Selbst wenn kommerzielle „Erbenermittler“ wissenschaftlich arbeiten und damit in den Schutzbereich von Art. 5 III GG fallen (s. o.), so dient die Erbenermittlung dennoch keinen wissenschaftlichen Zwecken, so dass die Gebührenbefreiung nach der bayerischen Benützungsordnung nicht eintritt. **Eine solche gebührenrechtliche Differenzierung ist zulässig**, da es nach dem Bundesgebührengesetz angemessen ist, auch den wirtschaftlichen Wert, den eine Leistungsempfänger.in erhält, bei der Gebührenfestsetzung zu berücksichtigen.[476]
- **Gebührenbescheide**: Da das Benutzungsverhältnis in öffentlichen Archiven öffentlich-rechtlich geregelt ist,[477] werden die Gebühren in einem **VA** festgesetzt[478] und ggf. im Rahmen der Verwaltungsvollstreckung beigetrieben (doch liegen Gebühren häufig unter der Kleinbetragsgrenze, bei der von einer Vollstreckung abgesehen wird). Private Archive verlangen Entgelte, die privatrechtlich festgelegt werden.

471 https://www.bochum.de/amt44/das-haus/recherche-im-archiv/nav/9BDCZ5837BOCM, nicht mehr aufrufbar.

472 BVerwG 5 C 26.05G v. 16.11.2006, https://www.bverwg.de/161106U5C26.05.0, Rn. 14.

473 Dazu Thema 2, Teil 3, Abschnitt B.

474 https://www.gda.bayern.de/fachinformationen/more/benuetzungsordnung/.

475 § 13 I und § 13 der Benützungsordnung.

476 § 9 BGebG.

477 Dazu Thema 13, Teil 6, Abschnitt A.

478 Es gelten also die üblichen Anforderungen an die Rechtmäßigkeit von VA.

- **Umsatzsteuerpflicht im Hinblick auf die erhobenen Gebühren:** Nach § 2 b Umsatzsteuergesetz (UStG) gibt es viele Ausschlusstatbestände für die Umsatzsteuerpflicht bei Gebühren, die in öffentlichen Archiven erhoben werden. Insbesondere wird der durch Gebühren erzielte Umsatz häufig die Grenze von 17.500 € nicht erreichen.

bb. Einzelne Gebühren

Archive können – mit guten Gründen[479] – auf einige der im Folgenden aufgeführten möglichen Gebühren verzichten. Diskutiert wird im Folgenden nur die Rechtmäßigkeit derartiger Gebühren, von denen eine kleine Auswahl alphabetisch aufgeführt ist:

- **Aushebegebühr** (auch „**Vorlagegebühr**" genannt): Die Gebühr knüpft an die Bestellung aus dem Magazin an.
- **Beglaubigungsgebühr:** Bundes- und landesrechtliche Regelungen sehen regelmäßig vor, dass öffentliche Archive als Verwaltungsbehörden die Beglaubigungsbefugnis haben. Das Auswahlermessen, ob Beglaubigungen durchgeführt werden, muss ermessensfehlerfrei ausgeübt werden. Da Archivgut auch nicht zum Zweck der Beglaubigung einer Abschrift aus dem Archiv entfernt werden darf, muss das öffentliche Archiv derartige Beglaubigungen durchführen und kann dafür eine angemessene Gebühr erheben.
- **Benutzungsgebühr** (auch „**Eintrittsgebühr**" genannt): Aus dem „Jedermannrecht" auf Nutzung von Archivgut folgt kein Recht auf gebührenfreie Nutzung; auch bei anderen Institutionen, die einem bestimmten Zweck gewidmet sind, gibt es keinen kostenfreien Zugang. Eine nicht bindende Empfehlung des Ministerrats des Europarats hatte im Jahr 2000 aber gefordert:

> „Access to archives is part of the function of public archive services, for which, as such, fees should not be charged."[480]

- **Fotoerlaubnisgebühr:** Die Beaufsichtigung eines schonenden Fotografierens durch die Nutzer.in mit ihrem eigenen Geräten erzeugt einen Verwaltungsaufwand; an diesen Aufwand knüpft die Gebühr an. Es ist möglich, eine Gebühr für die generelle Fotoerlaubnis zu erheben – oder aber eine Gebühr

[479] „Im Zeitalter von Open Data und Fake News sind Gebühren für gemeinfreie Informationen ein Anachronismus, der dem Wunsch nach bürgerschaftlichem Engagement und Partizipation entgegensteht", formuliert der Direktor des Stadtarchivs Leipzig, Dr. Michael Ruprecht (https://www.leipzig.de/news/news/stadtarchiv-kostenfreier-zugang-und-mehr-digitales-archivgut/); nicht mehr aufrufbar.

[480] Recommendation No. R (2000) 13 of the Committee of Ministers to member states on a European policy on access to archives, adopted by the Committee of Ministers on 13 July 2000, https://search.coe.int/cm/Pages/result_details.aspx?ObjectId=09000016804cea4f, Appedix, Abschnitt II.6.

pro Foto, denn der Überwachungsaufwand besteht bei jedem Foto, das eine Nutzer.in anfertigt. Damit ist das Äquivalenzprinzip gewahrt.

- **Nutzungsgebühr:** Diese Gebühr kann nur erhoben werden, wenn das Archiv urheberrechtlich das (ausschließliche) Verwertungsrecht besitzt.[481] Das Verwertungsrecht kann grundsätzlich nicht übertragen werden (die Bezeichnung „*Verwertungs*gebühr“ ist daher ungenau), sondern es kann ein Nutzungsrecht z.B. für eine Veröffentlichung eingeräumt werden. Die dafür verlangte Zahlung ist keine „Gebühr“ im eigentlichen Sinne, wird aber oft als Gebühr bezeichnet.[482]

  Die Höhe eines Nutzungsentgelts kann grundsätzlich an die **Auflagenhöhe** der Veröffentlichung anknüpfen; problematisch ist es aber, wenn dieses Vorgehen über eine **Gebühr** erfolgt, die ein Archiv erhebt. Erstens kollidiert dieses Vorgehen mit der oben diskutierten Begrenzung, dass Gebühren nur auf die „Benutzung“ von Archivgut erhoben werden können – diese „Benutzung“ erfolgt bei Verwendung z.B. einer Kopie des Archivguts im Manuskript, doch die Publikation des Manuskripts verwendet dann nicht mehr Archivgut. Zweitens steht diesem Vorgehen das oben erwähnte Grundverständnis von Gebühren entgegen: Es muss eine zurechenbare Leistung erfolgen. Diese, nämlich die Bereitstellung von Archivgut zur Veröffentlichung, ist identisch bei allen Auflagenhöhen, so dass eine Differenzierung nach Auflagenhöhen zwar generell bei Nutzungsvereinbarungen möglich ist, aber nicht mittels einer Gebühr im Archiv. Soweit Gebührenordnungen also derartige Regelungen vorsehen, liegt juristisch gesehen keine Gebühr vor, sondern ein (grundsätzlich rechtmäßiges) Vertragsangebot zur Zahlung eines Nutzungsentgelts; dieses Angebot wird durch die Zahlung der „Gebühr“ angenommen.

---

481 Das Eigentum an den Unterlagen ist dafür weder eine hinreichende noch eine notwendige Voraussetzung. Vgl. dazu die urheberrechtliche Literatur, da hier – wie im Vorwort erläutert – nicht vertieft auf das archivrelevante Urheberrecht eingegangen werden kann.

482 So auch Michael Scholz, Ordnung durch Gebühren? Grundfragen von Gebührenordnungen in Archiven, in: Branden-burgische Archive. Berichte und Mitteilungen aus den Archiven des Landes Brandenburg, Jg. 28 (2011), S. 20ff. (S. 25 rechte Spalte).

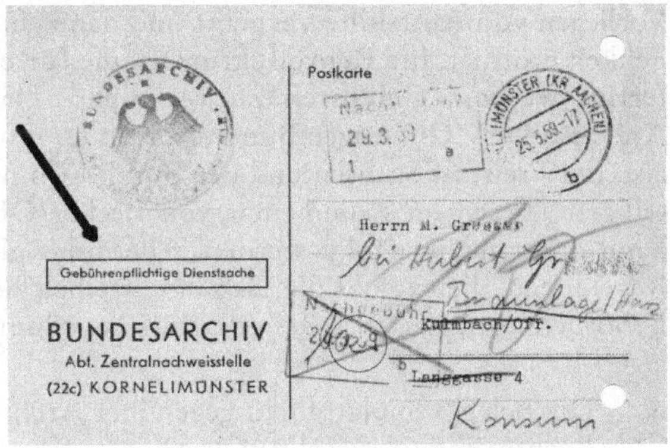

Postsachen, die überwiegend eigenen Belangen des Empfängers dienten, wurden bis in die 1950er Jahre als „Gebührenpflichtige Dienstsache" verschickt. Das Porto wurde als Nachgebühr vom Empfänger bezahlt.

- **Versandgebühren:** Zusätzlich zu den Portokosten kann eine pauschale Gebühr für die Verpackung erhoben werden; oder es wird eine Gebühr aus dem konkreten Verpackungsaufwand abgeleitet. Die früher z. B. beim Bundesarchiv übliche Praxis, die verhältnismäßig geringen Portokosten mit Hilfe der Bundespost und mit hohem Personalaufwand einziehen zu lassen („Gebührenpflichtige Dienstsache", siehe die nebenstehende Postkarte), besteht nicht mehr.
- **Recherchegebühr:** Üblicherweise wird an den Zeitaufwand für die Recherche angeknüpft.
- **Reproduktionsgebühren**: Auch hier kann auf den Zeitaufwand abgestellt werden oder die Gebühr pro Auftrag erhoben werden. Wenn die Nutzer.in von einem digitalen Dokument selbst eine Kopie herstellt, kann dafür keine Gebühr erhoben werden.

c. Gebühren bei der Archivnutzung durch Behörden – kostenfreie Amtshilfe?

Aus § 4 VwVfG folgt für die ersuchende Behörde das Recht, eine nach § 8 I VwVfG gebührenfreie **Amtshilfe** von der ersuchten Behörde zu verlangen, wenn eine der Voraussetzungen von § 5 I VwVfG vorliegt. Handelt es sich bei der Bereitstellung von Reproduktionen für die ersuchende Behörde um eine *eigene* Aufgabe des Archivs nach § 4 II 2 VwVfG?

Archive haben als eigene Aufgabe, Archivgut nutzbar zu machen. Fraglich ist, ob über die Auskunft und die Möglichkeit der Einsichtnahme hinaus auch die Bereitstellung von Reproduktionen dazu zählt.

Eine Art „Musterprozess" zwischen dem Sächsischen Staatsarchiv und dem Bundesvermögensamt hat zu diesen Fragen eine Stellungnahme der Rechtsprechung hervorgebracht.[483] Das Verwaltungsgericht Dresden hat in jenem Fall das

[483] VG Dresden, Urteil v. 13.11.2007 – 2 K 621/05. Ausführlicher zu dem Fall Arnd Vollmer, Aktuelle rechtliche Fragen der Archivbenutzung, in: Landesverband Sachsen im Verband deutscher Archivarinnen und Archivare e.V. (Hrsg.): Ist der Kunde König? Was Benutzer wollen und Ar-

Vorliegen von **Amtshilfe verneint** und damit für das ersuchte Archiv die Möglichkeit eröffnet, **für Reproduktionen, die für eine ersuchende Behörde angefertigt werden, Gebühren zu verlangen**. Das ist überzeugend, denn nach Art. 104a I + V GG tragen Bund und Länder ihre Ausgaben selbst; in jenem Fall also der Freistaat Sachsen und der Bund. Den nicht weiter begründeten gegenteiligen Thesen im Kommentar von Becker/Oldenhage zum BArchG 2013[484] kann daher nicht gefolgt werden. Allerdings gibt es teilweise archivrechtliche Regelungen, die explizit die Gebührenfreiheit bei Archivnutzung durch andere Behörden festlegen, so z. B. in der Kostenordnung zum BArchG 2013.[485]

d. Die Belegexemplarpflicht gegenüber Archiven: Rechtmäßig oder rechtswidrig?

Vorbemerkung: Aus welcher Perspektive wurden die folgenden Überlegungen niedergeschrieben? Es werden im Folgenden nicht Thesen vertreten, die vordergründig „für Archive" am günstigsten sind. Doch das folgende Lehrbuch ist nicht von einem „Standesvertreter" verfasst. Und zudem kann in einem Rechtsstaat ein nicht rechtmäßiges Vorgehen nicht das „günstigste" Vorgehen sein.

Folgt aus dem Benutzungsverhältnis eine Belegexemplarpflicht? Das **Bundesarchiv** fordert, dass ihm „von jeder [sic!] Veröffentlichung, für die Archivalien des Bundesarchivs benutzt wurden, unaufgefordert ein Exemplar an die Bibliothek des Bundesarchivs abzugeben" ist. Das **Geheime Staatsarchiv Preußischer Kulturbesitz** grenzt diese Pflicht darauf ein, dass die Publikation unter „wesentlicher Nutzung von Archiv- oder Bibliotheksgut" entstanden ist. Das GStA PK hat dies in seiner Hausordnung geregelt,[486] diejenige des Bundesarchivs schweigt zu dieser Frage; das Bundesarchiv hat die Verpflichtung im Nutzungsantrag untergebracht.[487] Das neue Kulturgesetzbuch Nordrhein-Westfalen hat die Belegexemplarpflicht (mit Einschränkungen) ebenfalls aufgenommen.[488]

Auf der Ebene des **Landesarchivrechts** ist diese Pflicht teilweise in den LArchG selbst geregelt,[489] so z. B. in **Baden-Württemberg** und **Nordrhein-Westfalen,**

---

chive leisten können. Tagungsband 18. Sächsischer Archivtag. 24.–26. Juni 2011 in Görlitz, Chemnitz 2012, S. 29–37, hier S. 33f.

484 Becker/Oldenhage, BArchG-Kommentar, S. 62 und 102.

485 Dazu Becker/Oldenhage, BArchG-Kommentar, S. 101 f.

486 § 7 Nr. 4 der Hausordnung, https://gsta.preussischer-kulturbesitz.de/nutzung/nutzungshinweise/rechtsgrundlagen/hausordnung.html.

487 www.bundesarchiv.de/DE/Content/Artikel/Benutzen/Hinweise-zur-Benutzung/Unterseiten-Buecher/belegexemplare-bibliothek.html.

488 § 4 VI Kulturgesetzbuch für das Land Nordrhein-Westfalen (Kulturgesetzbuch – KulturGB NRW) vom 01.12.2021; dazu Thema 1, Teil 2 Abschnitt A.

489 Eine ausführliche Zusammenstellung der Regelungen aller LArchG mit Stand 2012 bei Rainer Polley, Der archivische Belegexemplaranspruch in vielseitiger Ausprägung als Rechtsproblem, Archivpflege in Westfalen-Lippe Jg. 2012, S. 25 ff. (https://www.lwl.org/waa-download/archivpflege/heft76/Heft_76_2012.pdf). Zuvor hatte Petra Nau, Verfassungsrechtliche Anfor-

und setzt dort ebenfalls die „wesentliche Nutzung“ von Archivgut voraus.[490] Zusätzlich ist im LArchG BW – nicht aber z.B. in NRW – die Belegexemplarpflicht bei einer „niedrigen Auflage“ bei „hohen Kosten des Druckwerkes“ mit einer Entschädigungsmöglichkeit in Höhe des halben Ladenpreises verbunden. Die Kommunalarchive können gemäß einer Ermächtigung im LArchG BW die dortige Regelung zum Belegexemplar in die kommunalen Archivsatzungen übernehmen.[491]

In **Bayern** entsteht die Belegexemplarpflicht, wenn die Veröffentlichung „zu einem erheblichen Teil unter Verwendung von Archivgut eines staatlichen Archivs“ angefertigt wurde, jedoch kann auf die kostenlose Abgabe „in Ausnahmefällen“ verzichtet werden.[492]

Auch **kirchliche Archive** fordern Belegexemplare; zum Beispiel gilt diese Forderung im Kirchenrecht der ev. Kirche der Pfalz, wenn die Publikation „im Wesentlichen auf der Archivalienbenutzung beruht“.[493]

„Betrachten Sie diese Verpflichtung getrost als Bitte“

rät Martin Burkhardt in seinem Leitfaden „Arbeiten im Archiv“.[494] Diese These ist juristisch überwiegend zutreffend.

Die folgenden Ausführungen beziehen sich vorrangig auf die Pflicht, ein *gedrucktes* Belegexemplar an das Archiv zu übergeben. Soweit „nur“ eine Pflicht zur Übermittlung einer pdf-Datei der Publikation besteht, bleibt aber ebenfalls die Frage nach der Rechtfertigung dieser Pflicht bestehen.

aa. Ausgangspunkt: Die Pflichtexemplar-Entscheidung des BVerfG

In seiner **Pflichtexemplar-Entscheidung** im Jahr 1981[495] hatte das **BVerfG** über eine Regelung zu entscheiden, die die kostenfreie Ablieferung sogar mehrerer Exemplare eines in einem Verlag veröffentlichten Werkes an zuvor festgelegte Bibliotheken vorsah. Ein Landesgesetz hatte einen Landesminister ermächtigt, durch Verordnung die Pflicht zur Ablieferung im Hinblick auf die Empfängerbibliotheken zu konkretisieren.

Dies ist, so das BVerfG, keine nach Art. 14 III GG nur aufgrund eines Gesetzes mögliche und entschädigungspflichtige Enteignung, sondern eine **Inhalts- und**

derungen an Archivgesetzes des Bundes und der Länder, Kiel 2000, S. 309 mit Fn. 311f. eine Zusammenstellung der Normen mit dem Stand des Jahres 1998 publiziert.

490 § 6 VII LArchG BW/§ 6 V LArchG NRW.

491 § 7 III 2 LArchG BW.

492 § 10 Archiv-Benützungsordnung, www.gesetze-bayern.de/Content/Document/BayArchivBO.

493 § 8 der Ordnung für die Benutzung kirchlichen Archivgutes, https://kirchenrecht-evpfalz.de/pdf/14499.pdf.

494 Paderborn 2006, S. 90f.

495 BVerfGE 58, 137ff.

Schrankenbestimmung des Eigentums.[496] Zur Begründung schreibt das BVerfG:

> „Die Ablieferungspflicht ist zwar auf ein einzelnes Belegstück gerichtet, gleichwohl handelt es sich **nicht um eine Enteignung** im Sinne des Art. 14 Abs. 3 GG. Die Vorschrift enthält **keine Ermächtigung für die Exekutive, durch Einzelakt auf ein bestimmtes von ihr benötigtes Vermögensobjekt zuzugreifen**, sondern begründet in genereller und abstrakter Weise eine Naturalleistungspflicht in der Form einer Abgabe. Sie trifft diejenigen, die – in aller Regel in Ausübung eines Berufs – als Verleger Eigentum in den Verkehr bringen und **ruht auf der Gesamtheit der zu einer Auflage gehörenden und im Eigentum des Verlegers stehenden Druckstücke**, die das Gesetz als Druckwerk bezeichnet. Dieses Eigentum am Druckwerk ist schon bei seiner Entstehung mit der Verpflichtung zur Ablieferung eines Exemplars belastet. **Die vom Verleger vorzunehmende Auswahl** und Ablieferung eines beliebigen Druckstücks der Auflage aktualisiert die allgemein und im vorhinein diesem obliegende Verpflichtung. Die Pflichtexemplarregelung ist somit eine objektivrechtliche Vorschrift, die in allgemeiner Form den Inhalt des Eigentums am Druckwerk als der Gesamtheit aller Druckstücke bestimmt.“[497]

Daraus folgt: Auch die Belegexemplarpflicht gegenüber Archiven bezieht sich auf eine Gruppe von Büchern, nämlich auf die Gruppe der im Eigentum der Archivnutzer.in stehenden Bücher. Die Autor.in kann als ehemalige Nutzer.in auswählen, welches Buch abgeliefert wird; die Belegexemplarpflicht betrifft nicht ein bestimmtes Exemplar. Daher ist auch die Belegexemplarpflicht an Art. 14 I/II GG (Inhalts- und Schrankenbestimmung) zu messen und nicht an Art. 14 III GG (Enteignung).

Folglich ist **auch die Regelungsebene der Verordnung möglich**, da die gesetzliche Ermächtigung nach Inhalt und Zweck hinreichend bestimmt war. Das BVerfG forderte aus Verhältnismäßigkeitsgründen allerdings eine Kostenerstattung jedenfalls bei kleiner Auflage und hohen Herstellungskosten und erklärte die damaligen Regelungen insoweit für verfassungswidrig.

bb. Überlegungen zur Rechtmäßigkeit der Belegexemplarpflicht gegenüber Archiven

Ein **Gewohnheitsrecht**, das die Belegexemplarpflicht begründet, kann jedenfalls der Entscheidung des BVerfG und der dort konkretisierten Kompetenzordnung nicht entgegenstehen.[498]

---

[496] Unzutreffend daher Jürgen Zander (Rechtsprobleme bei der Benutzung von Handschriftenbibliotheken, Bibliotheksdienst Jg. 1995, S. 296ff., Fn. 2), der die archivische Belegexemplarpflicht in Verbindung mit Art. 14 III GG bringt.

[497] BVerfGE 58, 137 (144f.). Hervorhebungen von Th. H.

[498] So auch Herbert Günther, Rechtsprobleme der Archivbenutzung, in: Rainer Polley (Hrsg.), Archivgesetzgebung in Deutschland. Beiträge eines Symposiums, Marburg 1991, S. 120ff. (172) mit zusätzlichem Bezug auf Art. 80 GG.

Es gibt – entgegen einer jüngst publizierten These von Brinkhus[499] – keinen Anhaltspunkt dafür, dass es neben dem explizit gesetzlich verankerten urheberrechtlichen Archivprivileg[500] auch ein ungeschriebenes **Archivprivileg im Belegexemplarrecht** gibt.

Die Belegexemplarpflicht lässt sich auch nicht „gleichsam als **Gegenleistung für die Gebührenfreiheit**" für bestimmte Gruppen von Nutzer.innen rechtfertigen[501] – die teilweise Gebührenfreiheit beruht auf dem öffentlichen Interesse an der Nutzung.

Die Pflicht zur Ablieferung eines Belegexemplars kann auch nicht als **Auflage zur Nutzung** als Ergebnis einer Ermessensentscheidung gerechtfertigt werden, denn der Schutz der Archivalien ist unabhängig von der späteren Ablieferung eines Belegexemplars der Publikation. Der vom Bundesarchiv angegebene Zweck der Belegexemplarpflicht, dass so die Ergebnisse der Arbeit mit den Archivalien „einem breiten Publikum innerhalb und außerhalb des Bundesarchivs bekannt gemacht" werden und „somit zukünftige Forschungen mit den Beständen des Bundesarchivs" erleichtern,[502] rechtfertigt nicht die Pflicht zur Ablieferung eines veröffentlichten Exemplars, sondern zur Erreichung des angegebenen Zwecks würde es als milderes Mittel ausreichen, wenn Nutzer.innen zu einem Hinweis auf die Publikation verpflichtet werden und diese dann vom Archiv besorgt wird.[503]

Es bleibt die Frage, ob sich **aus der Pflichtexemplarentscheidung** eine Begründung für die Rechtmäßigkeit der Belegexemplarpflicht gegenüber Archiven entnehmen lässt. Problematisch ist insoweit bereits, dass sich die von Archiven postulierte Belegexemplarpflicht an den *Autor* oder die Autorin des Werkes richtet, *nicht* etwa *an den Verleger*. Die erwähnte Entscheidung des BVerfG begründet aber nur eine Pflicht des Verlegers, als inhaltliche Ausgestaltung seines Eigen-

---

499 Jörn Brinkhus, Erschließung und Findmittel, in: Becker/Rehm, Archivrecht, S. 115 ff. (S. 126). Die dortige These einer „Ausformung" des Archivprivilegs im Belegexemplarrecht wird von Brinkhus nicht weiter präzisiert.

500 Die Digitalisierung auch kompletter Bibliotheksbestände war grundsätzlich vom sog. *Archivprivileg* nach § 53 Abs. 2 S. 1 Nr. 2 UrhG (aF) abgedeckt.

501 So aber Michael Scholz, Ordnung durch Gebühren? Grundfragen von Gebührenordnungen in Archiven, in: Brandenburgische Archive. Berichte und Mitteilungen aus den Archiven des Landes Brandenburg, Jg. 28 (2011), S. 20 ff. (23, rechte Spalte).

502 https://www.bundesarchiv.de/DE/Content/Artikel/Benutzen/Hinweise-zur-Benutzung/Unterseiten-Buecher/belegexemplare-bibliothek.html, dort vorletzter Absatz.

503 So auch Polley, Belegexemplaranspruch (Fn. 392), S. 30. Anders Schoch, ArchivG-ProfE, S. 224 Rn. 8. Die dort genannte „Erschließungsfunktion" des Belegexemplars gibt dem Archiv eine unpassende Bibliotheksfunktion. Dass ein Belegexemplar, wie Schoch ebd. ausführt, außerdem das Archivgut vor nochmaliger Nutzung schützt, instrumentalisiert den Autor des Belegexemplars für die Erfüllung einer Aufgabe, die das Archiv hat. Die zusätzlich genannte „Abgeltungsfunktion", also die Gegenleistung für die Inanspruchnahme, kollidiert mit dem nicht an eine Gebühr gebundenen Zugang zur Nutzung. Und die von Schoch abschließend genannte Kontrollfunktion des Belegexemplars (sind die Nutzungsauflagen eingehalten?) hätte in einer Nutzungsauflage verankert sein müssen.

tums bezogen auf alle von ihm verlegten und in seinem Eigentum stehenden Exemplare.[504] Den Nutzer trifft die Belegexemplarpflicht gegenüber dem Archiv aber im Hinblick auf die – im Vergleich zu Auflage des Werks – notwendigerweise nur wenigen Exemplare, die er als Freiexemplare vom Verleger erhalten hat. Die Argumentation, die zur Zulässigkeit des Pflichtexemplarrechts gegenüber dem Verleger geführt hat, kann daher nicht ohne weiteres zur Begründung einer Pflicht des Archivnutzers gegenüber dem Archiv genutzt werden.[505]

Außerdem kommt die Belegexemplarpflicht gegenüber dem Archiv zur Pflicht des Verlegers hinzu, insgesamt drei (oder zwei) Exemplare gemäß dem Gesetz über die Deutsche Nationalbibliothek und gemäß dem jeweiligen Pflichtexemplargesetz des Bundeslandes[506] an die jeweiligen Bibliotheken abzuliefern. Die **zusätzliche** Ablieferung eines vierten (oder dritten) Exemplars an das Archiv müsste also einen Zweck erfüllen, der allein durch die bereits bestehende Ablieferungspflicht an eine Bibliothek nicht erfüllt werden kann. Diese Pflicht besteht gemäß der Formulierung des BVerfG, um „die literarischen Erzeugnisse dem wissenschaftlich und kulturell Interessierten möglichst geschlossen zugänglich zu machen".[507] Insoweit begegnet die **doppelte Ablieferungspflicht** an Bibliotheken und Archive grundsätzlichen verfassungsrechtlichen Bedenken.[508] Dies gilt erst recht im Zeitalter digitaler Kataloge, die einfache Recherche und kostengünstige Fernleihmöglichkeiten eröffnen.

Blickt man auf die Frage, welche Bedeutung Pflichtexemplare im Rahmen der Bestandserhaltung haben, ergibt sich daraus mittelbar ein weiteres Argument gegen die Belegexemplarpflicht gegenüber Archiven: Wenn von einem Werk in Bibliotheken zwei oder mehr Exemplare vorhanden sind, ist es die wohl übliche Praxis, dass diejenige Bibliothek für die Bestandserhaltung zuständig ist, die das Werk als Pflichtexemplar erhalten hat.[509] Aus dieser Perspektive ist es nicht nötig, das zu den Pflichtexemplaren in Bibliotheken zusätzliche derartige Exemplare in Archiven vorhanden sind.

---

504 § 14 Gesetz über die Deutsche Nationalbibliothek (DNBG).

505 So auch Partsch, BArchG-Kommentar, § 10 Rn. 26 und Herbert Günther, Rechtsprobleme der Archivbenutzung, in: Rainer Polley (Hrsg.), Archivgesetzgebung in Deutschland. Beiträge eines Symposiums, Marburg 1991, S. 120 ff. (169 f.).

506 Zusammenstellung der landesrechtlichen Normen bei https://www.dnb.de/SharedDocs/Downloads/DE/Professionell/Sammeln/regelungLandesebenePflichtexemplar.pdf?__blob=publicationFile&v=2.

507 BVerfGE 58, 137 (149).

508 Diese Bedenken lassen sich nicht dadurch überwinden, dass die Maßstäbe des BVerfG in seiner Pflichtexemplar-Entscheidung einfach auf die Belegexemplarpflicht in Archiven übertragen werden, ohne zu berücksichtigen, dass nunmehr eine *zweite* Ablieferungspflicht vorliegt. So aber die Begründung zur § 6 VII LArchG BW, nachgewiesen bei Hermann Bannasch, Archivrecht in Baden-Württemberg, Stuttgart 1990, S. 155; ebenso Petra Nau, Verfassungsrechtliche Anforderungen an Archivgesetze des Bundes und der Länder, Kiel 2000, S. 308 ff. und Schoch, ArchivG-ProfE, S. 225 mit Fn. 18.

509 Jakob Frohmann/Martin Mayer, An einer Schnittstelle zu den Archiven. Originalerhalt von Tageszeitungen als Pflichtexemplare in den Regionalbibliotheken, in: Archivnachrichten aus Hessen, Heft 23/1 (2023), S. 11 ff. (12).

Selbst wenn man in der Pflichtexemplarentscheidung eine rechtliche Grundlage für die Belegexemplarpflicht gegenüber den Archiven sieht, kann die Forderung des BVerfG nach der Regelungsebene „Verordnung in Verbindung mit einem Gesetz" nicht dadurch umgangen werden, dass bei Fehlen von Gesetz und Verordnung die Regelung in den Nutzungsantrag verschoben wird.[510]

Damit kann der **Weg des Bundesarchivs**, die Belegexemplarpflicht nur im Nutzungsantrag und ausnahmslos entschädigungslos zu verankern, **verfassungsrechtlich nicht akzeptiert werden.**[511]

Nur im Übrigen ist die erwähnte **Norm im LArchG BW verfassungsgemäß,** denn erstens hat der Landesgesetzgeber gehandelt,[512] und zweitens ist eine Entschädigungsregelung aufgenommen worden.[513] Deren Fehlen wiederum macht die Regelung im **LArchG NW** höchst problematisch. Der Verzicht auf die entschädigungslose Belegexemplarpflicht „in Ausnahmefällen" in der **bayerischen Benützungsverordnung** ist zwar im Hinblick auf den Bestimmtheitsgrundsatz nicht optimal, bei einer verfassungskonformen Auslegung in Anlehnung an die Pflichtexemplar-Entscheidung des BVerfG aber akzeptabel.

Beim **GStA PK** ist zu beachten, dass hier eine öffentlich-rechtliche Stiftung mit Satzungshoheit vorliegt, die auch den Erlass einer Benutzungsordnung ermöglicht.[514] Wegen der Grundrechtsbindung ist jedoch auch hier das Fehlen einer Entschädigungsregelung bei besonders hohen Kosten der Ablieferung zu bemängeln.

Und schließlich gilt für die Kirchen die Bindung an staatliche Grundrechte nur, soweit sie hoheitliche Gewalt ausüben (z.B. im Kirchensteuerrecht), nicht jedoch im innerkirchlichen Bereich. Die Benutzung **kirchlicher Archive** fällt aber kaum in den Bereich der hoheitlichen Aufgaben der Kirche, so dass sich die Nutzerinnen und Nutzer kirchlicher Archive auch nicht auf Art. 14 GG berufen

---

510 Eine passendere normative Grundlage fordert auch Polley, Belegexemplaranspruch (Fn. 392), S. 30.

511 So auch Partsch, BArchG-Kommentar § 10 Rn. 26. Im Hinblick auf das Bibliotheksrecht (Belegexemplarpflicht bei Handschriftenbenutzung?) findet sich eine ähnliche Argumentation bei Jürgen Christop Gödan, Zur rechtlichen Zulässigkeit besonderer Bedingungen für die Benutzung von Handschriftenbibliotheken, in: Bundesvereinigung Deutscher Bibliotheksverbände (Hrsg.), Gutachtensammlung zum Bibliotheksrecht, Bd. 1: Gutachten, Wiesbaden 2002, S. 234 ff. (239 ff.) (zuvor publiziert in Bibliotheksdienst, Jg. 1994, S. 1638 ff.).

512 Die Belegexemplarpflicht betrifft auch nicht das Verlags- oder Urheberrecht, so dass der Landesgesetzgeber hier zuständig ist. Die Notwendigkeit einer gesetzlichen Grundlage betont auch Günther, Rechtsprobleme (sieben Fn. zuvor), S. 171.

513 Die Notwendigkeit einer solchen Regelung betont auch Eric Steinhauer in seiner Stellungnahme zum späteren LArchG HE, Ausschussvorlage WKA/18/45, Stand 9.10.2012 (http://starweb.hessen.de/cache/AV/18/WKA/WKA-AV-045-T1.pdf), dort S. 9 ff. (20).

514 Unzutreffend daher Klaus Grafs pauschale These, wonach „nach herrschender Lehre eine Rechtsverordnung nicht ausreicht, um Bibliotheken oder Archiven Belegexemplare zu sichern" (https://archivalia.hypotheses.org/20330). Dass dieser Autor bei der Diskussion juristischer Fragen Anwürfe wie „dümmlich" und „Baumschulniveau" verwendet (https://archivalia.hypotheses.org/28356), fällt auf ihn selbst zurück.

können. Eine ausnahmslos entschädigungslose Pflicht zur Ablieferung eines Belegexemplars bei kirchlichen Archiven ist daher **zulässig.** Erst recht können Privatarchive eine solche Belegexemplarpflicht anordnen, auch – wie z. B. das Archiv der Max-Planck-Gesellschaft – im Nutzungsantrag.[515]

Allerdings: Es

> „wird kein Archiv einen Gerichtsprozess anstrengen, wenn Sie ihm ein Buch zum Ladenpreis von durchschnittlich 36 Euro oder gar einen Aufsatz vorenthalten."[516]

Doch noch hat – soweit ersichtlich – keine Nutzerin und kein Nutzer die Rechtmäßigkeit dieser Regelungen gerichtlich klären lassen (können).

Dabei geht es aus Sicht der Archive letztlich nicht um sehr viel Geld: Die Gesetzesbegründung für die oben erwähnte Norm zur Belegexemplarpflicht im LArchG BW[517] gibt für das Jahr 1990 an, dass in Baden-Württemberg jährlich nur ca. 25.000 DM für den Erwerb der Belegexemplare im Buchhandel auszugeben wären. Hochgerechnet auf alle Länder plus den Bund wäre insgesamt also jährlich vermutlich nur ein Betrag im niedrigen sechsstelligen Bereich nötig, der durch freiwillige Überlassungen durch die Autorinnen und Autoren noch wesentlich gesenkt würde.

Zudem könnte das Archiv die Nutzer.in um die Überlassung einer **pdf-Datei** der Publikation bitten, soweit die Nutzer.in über eine solche Datei verfügt.

D. Das Ende des Benutzungsverhältnisses

Wenn das Archiv einstürzt, geht damit nicht das öffentlich-rechtliche Benutzungsverhältnis unter, sondern es wird nur die Erfüllung der Hauptleistungspflicht unmöglich. Insbesondere die Haftung des Archivs bleibt erhalten.

Doch endet das Benutzungsverhältnis beispielsweise, wenn die Nutzerin mitteilt, nun nicht mehr das Archiv nutzen zu wollen, oder wenn der Nutzer von der weiteren Benutzung ausgeschlossen wird.[518]

---

515 https://www.archiv-berlin.mpg.de/74065/benutzungsantragde.pdf.

516 Burkhardt, Arbeiten im Archiv (Fn. 397), S. 91.

517 Hermann Bannasch u. a., Archivrecht in Baden-Württemberg, Stuttgart 1990, S. 157.

518 §§ 48 f. VwVfG.

Thema 14: Die Nutzung von Archivgut durch Ausstellungen

Für Ausstellungen oder ggf. auch für andere Zwecke kann das Archiv als Teil seiner Öffentlichkeitsarbeit mit dem Aussteller einen Leihvertrag schließen.[1]

Es besteht seitens des Ausstellers kein Anspruch auf Abschluss eines solchen Vertrages, aber das Archiv muss ermessensfehlerfrei über die Anfrage des Ausstellers entscheiden. Ein solcher Vertrag kann an entsprechende Verträge aus dem Museumsbereich angelehnt werden;[2] u.a. sollte die Gefahrtragung und Versicherung, die Bestandserhaltung und die Kostenübernahme für den Transport geregelt werden. Wenn Archivgut das Hoheitsgebiet Deutschlands verlässt, sind außerdem die entsprechenden Vorgaben der Kulturgutgesetzgebung zu beachten; bei Unterlagen, die aufgrund eines Depositalvertrages in das Archiv gelangt sind, können sich zudem aus dem Depositalvertrag Einschränkungen ergeben.

---

1 Ein solcher Vertrag ist kein „öffentlich-rechtlicher Leihvertrag" (so aber Hausmann, Archivrecht, S. 74), denn die angewandeten Normen (aus dem BGB) berechtigen und verpflichten nicht nur Hoheitsträger, und der Vertrag zielt auch nicht auf eine öffentlich-rechtliche Leistung (also z.B. die Erteilung einer Baugenehmigung). Nicht entscheidend ist die rechtliche Einordnung der Vertragsparteien; auch ein Leihvertrag zwischen zwei öffentlichen Archiven ist daher kein öffentlich-rechtlicher Leihvertrag.

2 Ein Beispiel unter https://museumsverband-mv.de/media/leihvetrag_muster.pdf.

Stichwortverzeichnis